Le Roman Comique

Paul Scarron, Victor Fournel

Alpha Editions

This edition published in 2023

ISBN : 9789357941211

Design and Setting By
Alpha Editions
www.alphaedis.com
Email - info@alphaedis.com

As per information held with us this book is in Public Domain. This book is a reproduction of an important historical work. Alpha Editions uses the best technology to reproduce historical work in the same manner it was first published to preserve its original nature. Any marks or number seen are left intentionally to preserve its true form.

INTRODUCTION.

Du roman comique, satirique et bourgeois, au XVIIe siècle, et en particulier du Roman comique *de Scarron.*

Le *Roman comique* de Scarron n'est pas une tentative isolée au XVIIe siècle: il se rattache à une série d'ouvrages peu connus et qui mériteroient de l'être davantage. En publiant dans la Bibliothèque elzevirienne le chef-d'oeuvre du burlesque cul-de-jatte, l'occasion me paroît donc propice pour étudier rapidement les oeuvres d'un genre analogue qui présentent, à des degrés divers, ce caractère familier, satirique ou plaisant, qu'on n'est point habitué à rencontrer dans les romans de cette époque.

I.

D'où vient que ceux-là même qui recherchent avec passion les coins les plus pittoresques et les plus inexplorés du grand domaine des lettres ont si complétement négligé ce chapitre aussi neuf que curieux de l'histoire littéraire du XVIIe siècle, ou qu'ils ont à peine daigné jeter quelques phrases sur cette longue série d'oeuvres originales, comme on jette machinalement une pelletée de terre sur un mort? Et pourtant il y a là une veine puissante et vive du vieil esprit françois, passant à la dérobée à travers l'époque régulière et correcte de Louis XIV, pour relier le XVIe siècle au XVIIIe, l'âge de Rabelais, de Verville et de Desperriers, à l'âge de Voltaire, de Diderot et de Restif de la Bretonne;--dernier reste de la verve capricieuse et fantasque des fabliaux et joyeux devis, alliance de l'élément gaulois à l'influence espagnole, alors dans toute sa force; protestation du bon sens narquois, de l'esprit positif et railleur, non seulement contre les subtilités, les raffinements, l'héroïsme guindé et menteur des *Cyrus*, des *Grand Scipion*, des *Astrée* et des *Polexandre*, contre le langage faux et les faux sentiments des pastorales, mais aussi contre les allures solennelles et disciplinées, contre la dignité un peu gourmée, quelquefois même légèrement pédantesque, de la littérature officielle. Le besoin de la réalité, l'amour du détail, se révoltent également contre ce caractère impersonnel qui va dominant de plus en plus dans les écrits, à mesure qu'on avance vers la fin du siècle. Il y a là enfin la préparation et même l'avénement, sous une forme encore indécise et souvent maladroite, du roman moderne,--non seulement du roman de dimension modeste et de la nouvelle, au lieu de ces interminables épopées qui remplissoient dix et vingt volumes; non seulement du roman réaliste, comme on dit dans le jargon d'aujourd'hui,--mais du roman de moeurs et d'observation, choses dont MM. d'Urfé, Scudéry et la Calprenède ne paroissent pas s'être beaucoup plus inquiétés que leurs pâles comparses, MM. Pélissery, de Vaumorière, d'Audiguier, *e tutti quanti*.

La plupart des écrivains à qui l'on doit les oeuvres que nous allons passer en revue étoient des esprits nets et vifs, mordants et familiers, ennemis de toute emphase, de toute morgue, de tous grands airs, et, par haine d'un excès, se jetant parfois dans l'excès opposé. Libres penseurs en littérature, sauf quelques exceptions, dans la mesure de leur époque et de leur caractère,--marchant à part, en dehors des salons et des coteries, ils joignoient presque tous à cette indépendance littéraire une hardiesse d'opinions plus ou moins grande dans la philosophie, la morale et la religion. Beaucoup d'entre eux se rattachoient à cette société de *libertins* qui faisoient fi du décorum et de l'étiquette et s'oublioient volontiers au cabaret dans d'agréables débauches, côte à côte avec Desbarreaux, Guillaume Colletet, ou ce gros Saint-Amant et ce joyeux et insouciant Chapelle.

Don Quichotte avoit paru en 1617, et avoit été traduit presque immédiatement en françois. Au delà des Pyrénées, le triomphe du quévédisme et l'avènement du roman picaresque (dont le nom--de *picaro*, gueux, vaurien--indique assez la nature) venoient de transformer la littérature. *Lazarille de Tormes, Marc Obregon, Guzman d'Alfarache, Don Pablos de Ségovie, l'Aventurier Buscon*, sans parler du Décaméron castillan, *le comte Lucanor*,--toute cette vivante et puissante glorification de la misère, cette familière et railleuse épopée du vagabondage, s'étoient succédé en peu de temps, et n'étoient point restés inconnus en France, grâce au courant qui entraînoit les esprits par delà les monts, depuis la Ligue et les princesses de la maison d'Autriche. L'influence de Cervantes, de Hurtado de Mendoza, de Quevedo, de don Juan Manuel, est visible pour les plus aveugles, aussi bien que celle de Gongora et du cavalier Marin, dans presque toutes les branches de notre littérature, de 1600 à 1650 surtout; elle est principalement visible dans les principaux romans bourgeois, satiriques et comiques. Bien plus, on peut dire que l'*Astrée* même avoit entr'ouvert la porte par où devoient passer les romans destinés à le combattre et à le discréditer peu à peu: car, non seulement à côté de l'idéal représenté par Céladon et sa bergère il avoit mis en contraste l'amour ordinaire et commun dans Hylas et Galatée, mais encore ce même Hylas étoit chargé d'égayer l'ouvrage par ses plaisanteries, à la façon des satyres dans les pastorales, de sorte que d'Urfé avoit songé au côté railleur et comique comme au côté positif et réel.

Du reste, pendant les premières années du XVIIe siècle, il y a déjà comme un courant de réalité dans l'air, par un naturel esprit de réaction contre les tendances opposées qui commençoient à se manifester, et qui devoient régner principalement de 1650 à 1680. On trouve dans G. Colletet, dans Théophile, dans les poésies détachées de Saint-Amant, et même dans son *Moïse sauvé*, comme plus tard dans la *Pucelle* de Chapelain, une manie de description minutieuse dont s'est moqué Boileau, et qui ne recule même pas toujours devant les détails où la familiarité devient triviale, et la trivialité grotesque et repoussante.

Mais, sans nous arrêter à ces considérations incidentes, qui ne rentrent qu'indirectement dans notre cadre, nous allons ouvrir la marche par deux ouvrages qui, malgré la date de leur publication, semblent se rattacher plutôt à l'époque précédente. Je parle du *Baron de Fæneste*, qui, au fond, est du XVIe siècle par la vie de son auteur, Agrippa d'Aubigné, aussi bien que par son style et toute sa physionomie, et des *Satires d'Euphormion*, écrites par Jean Barclay dans l'idiome des savans et des beaux esprits de la renaissance, dans cet idiome alors universel qui faisoit d'Erasme, de Scaliger et de Bembo, malgré la différence des nationalités, autant de compatriotes réunis par la communauté du langage.

Le *Baron de Fæneste* (1617-1620) est une satire plutôt qu'un roman, un pamphlet dialogué plutôt qu'un récit. Ce n'est point là une fantaisie sans réalité extérieure, née simplement de la libre imagination de l'auteur: d'Aubigné dit lui-même qu'il a voulu se récréer par la *description de son siècle*, mot qui met un abîme entre cet ouvrage et les romans héroïques d'alors, où l'on pensoit tout au plus à glisser quelques portraits auxquels le lecteur curieux pût appliquer des clefs plus ou moins exactes, et à reproduire la physionomie de certains salons et de certains *réduits* que n'avoit jamais éclairés un rayon de vérité et de naturel.

Sauf l'adjonction, dans la quatrième partie, du sieur de Beaujeu, et, dans les autres, de quelques masques subalternes et passagers, tels que les deux théologiens burlesques Mathé et Clochard, tout se passe entre trois personnages, le baron de Fæneste, dont le nom grec ([Greek: phainestai]) indique suffisamment le naturel vantard, fanfaron, glorieux, brûlant de *paroître*, et sacrifiant tout aux beaux dehors,--le seigneur Enay ([Greek: einai]), qui, par contraste, ne vise qu'au solide et à la vertu réelle,--enfin le valet du baron, type remarquable et pittoresque, qu'on retrouvera, sous des transformations diverses, dans les comédies du temps, et que d'Aubigné a amené avec bonheur dans la trame de son pamphlet, pour varier, en l'égayant, l'antithèse un peu monotone qui en fait le fond. Mais soyons juste: le baron, un aîné des Mascarilles et des marquis de Molière, suffiroit bien à lui seul pour dérider l'intrigue. C'est un personnage gonflé d'outrecuidance et de sottise orgueilleuse, qui rentre dans l'immortelle série de ces capitans matamores dont j'ai essayé ailleurs d'esquisser rapidement l'histoire sur notre théâtre; la triple influence de la Gascogne, son pays natal, de l'Espagne et de l'Italie, ses pays d'adoption, en ont fait un héros couard, hâbleur, orgueilleux, et néanmoins prodigue de ces formules obséquieusement emphatiques de la politesse la plus exagérée, que la patrie des Médicis avoit mises à la mode en France.

Il ne falloit pas s'attendre que l'auteur de la *Confession de Sancy*, et peut-être,--hypothèse toutefois peu probable,--du *Divorce satirique*, abdiquât dans le *Baron de Fæneste* ce naturel frondeur qui en faisoit parfois un si fâcheux personnage, même pour son compère Henri IV. Il y attaque, en vrai huguenot qui s'est nourri de l'*Apologie pour Hérodote*, les gens d'église et les prédicateurs, sans ménager aux courtisans des satires où l'on trouve comme un avant-goût de Saint-Simon. Les manies et les engoûments de l'époque, entre autres la rage des duels et les croyances superstitieuses, quoique d'Aubigné fût un spadassin déterminé et qu'il crût à la sorcellerie, n'y sont pas plus épargnés, et, d'un bout à l'autre, on y sent passer un souffle de libéralisme qui, sur bien des points, devance le siècle de l'auteur, et touche de fort près aux idées modernes.

L'*Euphormion* de Barclay [1], qui, du moins, ressemble à un vrai roman pour la forme, est un ouvrage d'un genre tout différent; s'il montre quelques velléités de satire, il n'a presque rien de commun, sauf dans certains détails accessoires où l'écrivain paroît s'être inspiré de ses souvenirs, avec la peinture réelle de la société d'alors, avec l'observation vraie et la fidèle reproduction des moeurs, et il se maintient, presque partout, dans des généralités qui font de ses passages les plus virulents un recueil de diatribes fort anodines et fort inoffensives, où la plaisanterie tourne sans cesse à l'amplification et l'épigramme à l'homélie. Toute la satire se borne à peu près à des *discours* contre les procès, les médecins, les courtisans, les sorciers, etc., à des réflexions morales peu piquantes, à des déclamations vagues et sans but: c'est, avant tout, l'oeuvre d'un rhéteur. Quoi qu'il en soit, cet ouvrage, bien certainement inspiré par les romans espagnols, où, en haine des grandes épopées chevaleresques, on racontoit les aventures de quelque héros du commun, est d'une tout autre famille que les oeuvres de Gomberville et de madame de Scudéry. Ce n'est pas que le style y ait beaucoup plus de simplicité et de naturel; mais du moins, malgré ses périphrases, sa froideur et son emphase un peu fatigante, il nous introduit souvent dans les intérieurs domestiques, et jusqu'à un certain point dans les détails familiers ou plaisants de la vie commune. On comprendra mieux la différence que je veux signaler, si l'on songe qu'Euphormion, au lieu d'être un héros grec ou romain, est un esclave qui raconte lui-même les malheurs de son existence vagabonde et méprisée, alternant dans son récit les tableaux d'orgies et d'émeutes, les combats de voleurs, les épisodes burlesques, les scènes d'alchimistes, de sorcières, de laquais, de sergents, d'archers. À travers cette succession de péripéties, le merveilleux apparoît et reparoît sans cesse; l'*Ane d'or*, que Barclay devoit avoir relu bien des fois, a prêté aux *Satires d'Euphormion* un reflet de son réalisme fantastique. L'allégorie, trop souvent obscure, domine surtout dans la seconde partie, où l'on croit voir percer les allusions contemporaines à travers le voile d'une mythologie d'emprunt: aussi les clefs, fort diverses toutefois, n'ont-elles pas plus manqué à cet ouvrage qu'elles ne manquèrent plus tard à celui de La Bruyère.

Note 1: (retour) La 1re partie avoit paru à Londres en 1602.

C'est encore, par quelques points, une physionomie du XVIe siècle, que celle de Théophile de Viau, qui nous a laissé des *Fragments d'histoire comique*, où se retrouve, affoiblie, il est vrai, et dans des proportions beaucoup plus modestes, la verve gauloise des cyniques railleurs de cette époque. Théophile a trouvé moyen d'encadrer dans ces quelques chapitres inachevés et trop tôt interrompus les principaux types de comédie d'alors: le débauché, le *libertin*, l'Italien, l'Allemand, le pédant surtout, dont il a laissé dans la personne de Sidias, l'involontaire *gracioso* de son roman, un modèle qui devoit rester comme le prototype du genre, et dont se souviendront surtout Cyrano et Molière. Toutefois ces fragments, malgré les excellents tableaux dont ils sont parsemés, me semblent écrits d'un style un peu lent, et les réflexions littéraires, les digressions philosophiques et morales, viennent trop souvent retarder la marche de l'intrigue.

Mais nous voici arrivés à une étape importante de notre excursion, à l'homme dont les oeuvres doivent nous fournir, sinon les pages les plus remarquables, du moins les plus nombreuses, et peut-être les plus originales, après celles de Cyrano, qui n'a été donné à personne de surpasser en ce point. Je veux parler de Charles Sorel. *La vraye histoire comique de Francion*, qu'il publia en 1622, l'année même où paroissoient le deuxième volume de l'*Astrée* et la *Cythérée* de Gomberville, est un essai tenté par un homme d'esprit, dans le but, ainsi qu'il le dit lui-même, de ressusciter le roman rabelaisien,--l'idéal du genre à ses yeux,--et de l'opposer aux compositions tristement langoureuses qui commençoient à envahir la littérature.

Francion est un roman de moeurs, mais c'est aussi un roman d'intrigue, influencé par la littérature espagnole, vers la fin surtout. Sorel, qui connoissoit le goût du siècle, savoit que l'observation pure n'auroit pas chance de succès, et ce fut pour n'avoir pas pris les mêmes précautions que Furetière échoua plus tard. Cet ouvrage est un vrai roman picaresque; le héros, Francion (qui est, sinon pour les aventures, du moins pour les idées et le caractère--on le reconnoît à divers traits--l'incarnation de Sorel), personnage d'humeur vagabonde et peu scrupuleuse, sorte de Gil Blas anticipé, sert de trait d'union entre les diverses scènes et les tableaux détachés dont se compose l'ouvrage, et qui se succèdent, sans former un tout, comme dans une lanterne magique. Il n'y faut pas chercher un plan plus solidement conçu; mais ce qu'il faut y chercher, c'est la satire littéraire et morale, c'est l'épigramme se mêlant à la comédie, et le trait de moeurs coudoyant l'anecdote historique. Pour qui veut l'étudier de près, *Francion* est particulièrement utile à l'histoire intime du temps, à celle des modes et des ridicules, aussi bien qu'à celle des usages et de l'opinion. Il va du Pont-Neuf aux boutiques des libraires, de l'intérieur des châteaux à celui des collèges: charlatans, rose-croix, opérateurs, courtisans et courtisanes, voleurs, bravi, pédants, écoliers, hommes de loi, fripons, débauchés de toutes les espèces, défilent tour à tour sous nos yeux; et il faut bien avouer que c'est là un monde étrange, dont les moeurs soulèvent plus d'une fois, à juste titre, les nausées du lecteur délicat.

Le plus souvent c'est avec des aventures réelles, avec des anecdotes et des personnages historiques, que Sorel a composé son roman. Ainsi, pour en donner quelques exemples, on trouve au 10e livre l'aventure des trois Sallustes, c'est-à-dire celle des trois Racan, que Tallemant des Réaux et Ménage ont mise en récit et Boisrobert en comédie; ailleurs (5e livre) il a présenté Boisrobert lui-même avec son effronterie et ses procédés ingénieux pour s'enrichir aux dépens des seigneurs, dans le personnage du joueur de luth Mélibée. Le pédant Hortensius, avec sa fatuité naïve et son orgueil béat qui le font bafouer sans qu'il s'en doute, qui ne parle que par hyperboles recherchées, par images et comparaisons exquises, par doctes antithèses, n'est autre que Balzac. Celui-ci est Racan, celui-là Porchères L'Augier, etc. Bien des épigrammes aussi qui paroissent d'abord frapper dans le vide se laissent deviner à mesure qu'on les regarde de plus près et qu'on les rapproche du témoignage des contemporains. Dans le 5e livre en particulier, le plus curieux de tous au point de vue littéraire, il suffit, pour donner une valeur historique à bien des traits détachés, de les comparer aux satires de Boileau, au *Poëte crotté* de Saint-Amant, aux comédies de Molière; ces rapprochements faciles éclairent les tableaux de Sorel, et ceux-ci complètent à leur tour les renseignements qu'on rencontre ailleurs. Ainsi l'on trouvera dans ce livre de piquants et véridiques détails sur la puérilité des discussions littéraires de l'époque, sur la pauvreté, la servilité, la cupidité des poètes; leurs moyens de capter la réputation, les flatteuses préfaces ou les vers louangeurs qu'ils se commandoient les uns aux autres, ou qu'ils composoient eux-mêmes en leur propre honneur sous le nom d'un ami, leur prédilection ou plutôt leur manie pour le genre épistolaire, leur haine contre certains mots; leurs projets de réforme de l'orthographe, où ils veulent retrancher les lettres superflues, absolument comme les *révolutionnaires de l'ABC*, dont M. Erdan est le porte-étendard; leur libertinage, leur vie de cabaret; les stances qu'ils composent pour les musiciens de la Samaritaine et les chantres du Pont-Neuf, etc., etc. Il n'existe pas, que je sache, de clef proprement dite pour *Francion*; mais les auteurs contemporains, en particulier Tallemant, peuvent y suppléer jusqu'à un certain point.

Quoique Sorel n'ait certes pas fait preuve dans cet ouvrage d'un talent extraordinaire, que son style soit presque toujours lent, pâteux, embarrassé, et qu'il sache rarement tirer un parti complet d'une situation heureuse ou d'une donnée comique; quoiqu'il manque, en un mot, sinon d'esprit, du moins de verdeur, de vivacité et d'éclat, on trouve néanmoins dans *Francion* bien des germes qui ne demandoient qu'à mûrir, bien des mots et des choses que de plus illustres n'ont pas dédaigné d'en tirer depuis. Il est évident pour moi que Molière avoit lu et relu *Francion* et qu'il y a puisé largement. Je noterai quelques unes de ces imitations, qui ne sont pas les seules, mais qui suffiront à mon but. Au troisième livre, dans une curieuse description de la vie de collége, Sorel fait citer à Hortensius, aussi avare que pédant, la sentence de Cicéron, dont Harpagon fera plus tard son profit, «qu'il ne faut manger que pour vivre, non pas vivre pour manger». Ailleurs (11e livre, p. 628) on retrouve dans une phrase un peu crue: «Ce n'est pas imiter un homme que de péter ou tousser comme lui», l'original des fameux vers:

> Quand sur une personne on prétend se régler,
>
> C'est par les beaux côtés qu'il lui faut ressembler;
>
> Et ce n'est point du tout la prendre pour modèle,

Monsieur, que de tousser et de cracher comme elle.

Thomas Diaforus m'a bien l'air d'avoir volé à Francion, dans une de ses harangues à sa maîtresse Nays, sa belle comparaison du souci qui se tourne toujours vers le soleil; seulement il a changé le souci en un héliotrope. Enfin, pour me borner là, la cérémonie du mamamouchi est plus qu'indiquée dans le 11e livre de *Francion*, où on feint d'élire roi de Pologne Hortensius, qui prend la chose au sérieux, se prête à tous les détails de la cérémonie, et développe fort au long les extravagants projets de réforme qu'il se propose de mettre à exécution pendant son règne. Avant *l'Histoire comique* de Cyrano, Sorel a prêté à Hortensius le plan d'un voyage dans la lune, et il a émis quelques unes des plus étranges idées qu'on rencontre dans les oeuvres du mousquetaire périgourdin.

Si ces rapprochements ne prouvent pas toujours une imitation réelle, ils montrent du moins qu'il ne faut dédaigner ni ce livre ni son auteur.

Je passe par dessus une infinité d'autres, dont Voltaire lui-même m'auroit fourni quelques uns des plus curieux, et j'arrive à un dernier, qu'on ne s'attendroit pas, j'en suis sûr, à rencontrer ici. Francion, devenu charlatan, s'avise d'un moyen ingénieux pour découvrir les femmes qui ont violé la fidélité conjugale (10e livre): il déclare que les maris trompés doivent être, le lendemain, métamorphosés en chiens; l'un d'eux, au point du jour, feint d'aboyer comme un gros dogue, et sa moitié, effrayée et tremblante, lui fait sa confession. Or on peut se rappeler avoir vu au Vaudeville, il y a quatre ou cinq ans, une petite comédie, intitulée, je crois, *la Dame de Pique*, qui reposoit absolument sur la même donnée et sur des développemens tout à fait analogues, avec quelques différences secondaires de détail. Ce ne sont donc pas seulement les érudits qui lisent et qui étudient *Francion*.

Ce livre eut un succès prodigieux: on le réimprima soixante fois dans le courant du siècle, on le traduisit ou on l'imita dans presque toutes les langues; Gillet de la Tessonnerie en tira une comédie du même titre. Néanmoins Sorel, qui l'avoit publié sous le nom de Moulinet du Parc, ne voulut jamais en avouer franchement la paternité, sans doute à cause des gravelures innombrables et souvent dégoûtantes qu'il renferme, et dont son titre officiel d'historiographe lui faisoit un devoir de rougir. Un fait singulier et un contraste bizarre, c'est que, même dans son ouvrage, il mêle à ses saletés les réflexions les plus morales et les plus édifiantes, et que souvent il tâche, après coup, de déduire d'une page obscène, comme pour s'excuser, de sages et vertueuses conclusions. Il respecte toujours la religion proprement dite, même quand il outrage le plus les moeurs, et, dans une grande débauche qui dépasse de bien loin l'orgie de Couture, l'un des conviés voulant commencer un conte gras sur un prêtre, il lui fait imposer silence avec indignation, et s'emporte contre Erasme, Rabelais, Marot, la Reine de Navarre, qui ont mis le clergé en scène dans leurs contes licencieux, tandis qu'il a eu un grand soin de n'y pas toucher dans *Francion*.

Ce désaveu, dont pourtant il prit soin quelquefois d'atténuer la portée, laissa le champ libre à la tourbe des auteurs de bonne volonté trop pauvres pour créer un ouvrage de leur propre fonds, et, son succès aidant, ce roman fut considéré comme une sorte de canevas commun sur lequel chacun pouvoit broder à sa guise. La première édition n'avoit que sept livres; Sorel en ajouta cinq à la seconde, et d'autres se chargèrent d'y coudre qui une page scandaleuse, qui une anecdote satirique; de sorte que Francion se trouva bientôt être le fils anonyme de plusieurs pères [2].

Note 2: (retour) À cause de cette diversité des éditions, je crois devoir prévenir que j'ai fait mon travail sur celle de Rouen, 1660, qui renferme, du reste, le texte ordinaire.

Déjà, dans cet ouvrage, Sorel avoit montré son aversion pour les romans à la mode, et il avoit aussi décoché quelques traits contre les poètes, les rangeant parmi les bouffons et déclarant que «c'est un grand avantage pour la poésie que d'être fou». Ce n'étoit là qu'un foible prélude: il alloit maintenant porter les coups définitifs. Après avoir réagi indirectement contre le genre reçu et consacré, il alloit l'attaquer droit au coeur et le charger à fond de train, avec plus ou moins de bonheur, mais avec une fougue et une audace incontestables.

Depuis *Francion*, le succès de l'*Astrée* et des *Bergeries* avoit été croissant. Sorel s'en indignoit et pestoit en silence contre le mauvais goût du public. Enfin la patience lui échappe; voyez sa préface: «Je ne puis plus souffrir, dit-il, qu'il y ait des hommes si sots que de croire que, par leurs romans, leurs poésies et leurs autres ouvrages inutiles, ils méritent d'être au rang des beaux esprits: il y a tant de qualités à acquérir avant que d'en venir là, que, quand ils seroient tous fondus ensemble, on n'en pourroit pas faire un personnage aussi parfait qu'ils se croient être chacun.» Le réquisitoire continue sur ce ton cavalier et exaspéré. Sorel en vient même aux gros mots contre les écrivains du jour; on sent que c'est un homme à bout de longanimité et qui brûle de faire prompte et complète justice. En conséquence, il prend sa plume de paladin pourfendeur, et il écrit *le Berger extravagant, où parmi des fantaisies amoureuses, l'on voit les impertinences des romans et de la poésie* [3]. Poètes et romanciers, tenez-vous fermes: car voici venir un rude adversaire, armé de pied en cap, et traînant à sa suite la cavalerie légère de la raillerie et la pesante artillerie de l'érudition!

Note 3: (retour) Quelques éditions de ce livre furent données sous le nom de l'*Antiroman*, qui en marquoit nettement le but.

Le Berger extravagant (1627) est une évidente imitation de *Don Quichotte*. Lysis est devenu fou par la lecture des romans et des pastorales, et son innocente folie consiste à prendre au sérieux toutes les inventions des poètes, à interpréter littéralement toutes les fictions de la mythologie, à vouloir reproduire et retrouver dans la réalité les rêves de l'âge d'or et les fantaisies de la fable. Le plan, est conçu, on le voit, de manière à présenter en action une satire continuelle du genre d'ouvrage auquel en vouloit l'auteur;--satire multiple, minutieuse, qui s'en prend à la fois au côté littéraire et à l'influence morale,--s'éparpillant en d'interminables longueurs et ne reculant pas même devant la caricature et la bouffonnerie burlesque. Cette satire se produit presque toujours sous la forme de l'antithèse, soit entre le lyrisme de Lysis et le bon sens positif du bourgeois Anselme, soit entre l'amour mystique du pauvre homme et la vulgarité de sa bien aimée Catherine, vraie Dulcinée du Toboso; soit entre sa folie poétique et la sottise triviale de son valet Carmelin, une doublure de Sancho. C'est surtout l'*Astrée* qui est en cause; mais du reste Ch. Sorel ne ménage personne, et, une fois dans la mêlée, il frappe comme un sourd, à droite et à gauche, toujours fort, souvent juste, avec le bon sens rude et mordant; mais un peu grossier, d'un homme positif, qui ne se paie pas des mots poétiques et des phrases à la mode.

Ce livre est l'oeuvre d'un esprit qui a horreur des banalités romanesques, des oripeaux consacrés, des lieux communs de style et d'invention. Sorel attaque en mathématicien les fictions les plus souriantes, les dépeçant une à une et en prouvant l'absurdité à tous les points de vue. Je pourrois citer plus d'un point de détail, où il se rencontre non seulement avec Furetière, mais avec Molière et Boileau. Malheureusement ce beau zèle, légitime dans son principe, n'est pas toujours juste dans l'extrême rigueur de ses impitoyables conclusions; il a ses écarts et ses entraînements; il faut plaindre un esprit qui va jusqu'à envelopper la poésie elle-même dans la ruine du roman, qui la condamne sous les accusations de fausseté et d'invraisemblance, qui la poursuit sous toutes ses formes avec la bouffonnerie sacrilège d'un iconoclaste, et qui la chasse honteusement de sa république, sans même la couronner de fleurs. Qu'eût dit Boileau s'il eût entendu le verdict de Sorel contre Homère, dans lequel il devance la Motte en le dépassant? Même lorsqu'on reconnoît la justesse et la vivacité de son esprit, on est contraint d'avouer que cet esprit est presque toujours étroit, chagrin, exclusif et prosaïque. *Le Berger extravagant* est un recueil de taquineries vétilleuses en trois volumes, dirigées contre la lignée tout entière des romanciers et des poètes. Et pourtant Sorel, lui aussi, avoit sacrifié à la muse du roman et à celle de la poésie.

Le lecteur curieux pourra se donner une idée à peu près exacte des qualités et des défauts de l'auteur en lisant quelques pages détachées du cinquième livre. Lysis, qui s'est fait berger, comme don Quichotte s'est fait chevalier errant, tombe dans le creux d'un vieux saule en voulant reprendre son chapeau, qui s'est accroché aux branches, et son cerveau, malade de ses récentes lectures, lui persuade aussitôt qu'il est changé en arbre. On ne peut parvenir à le convaincre du contraire; il s'obstine à rester dans le tronc, et prouve doctement, non sans indignation, aux profanes qui le contredisent,--par exemples catégoriques tirés des *Métamorphoses d'Ovide*, de l'*Endymion* de Gombauld et de tous les «bons auteurs», qu'il n'y a rien là d'impossible, ni même d'invraisemblable. Il est assez difficile de lui répondre, car ses démonstrations sont toujours appuyées sur les ouvrages les plus accrédités et reçus avec le plus de respect. Rien de bouffon comme la manière dont on s'y prend pour le déterminer à manger et à boire, sous le prétexte de l'arroser,--les nécessités humaines de plus bas étage auxquelles, malgré sa qualité d'arbre et de demi-dieu, il se trouve obligé de satisfaire;--ce qui fournit à Sorel une ample matière de plaisanteries peu ragoûtantes, dont il ne manque pas d'abuser;--les cérémonies mythologiques auxquelles le convient à la clarté de la lune de feintes Hamadryades qui sont forcées de lui citer Desportes pour lui prouver qu'il peut sortir de son tronc;--ses aventures nocturnes avec le dieu Morin, la collation des arbres qui mangent du pâté, le cyprès qui joue du violon, et au milieu de tout cela les savantes et poétiques réflexions de Lysis. Mais à la longue toutes ces inventions, qui avoient réjoui d'abord, et où l'on trouvoit à bon droit de l'esprit, de l'imagination, une certaine verve,--finissent par paroître et par être réellement puériles, forcées, monotones, invraisemblables. Une folie poussée à ce point,--quoique Sorel ait eu le bon esprit de donner à Lysis, comme Cervantes à don Quichotte, des accès lucides, mais trop rares et trop effacés, et quoique cette folie soit la condamnation du prétendu bon sens des poètes et des romanciers,--a peu de chose qui puisse nous intéresser longtemps. L'auteur semble ne s'en être pas aperçu, et l'on diroit souvent qu'il ne songe qu'à accumuler des mystifications sans but réel; il ne sait pas s'arrêter à temps, et gâte ses plaisanteries à force de les vouloir épuiser.

Chaque livre est suivi de longues remarques où Sorel commente lui-même son oeuvre en détail avec autant et plus même de respect et de conviction que s'il s'agissoit de l'*Iliade*. Cela n'étonnera aucun de ceux qui auront lu ces cavalières préfaces où il parle de lui et de ses écrits sur le ton d'une confiance si fanfaronne et d'une si naïve outrecuidance. Dans ces remarques il revient, en son propre nom, sur les hommes et les ouvrages dont il a parlé, sur les idées qu'il a émises, pour les appuyer et les compléter à son aise; et, chemin faisant, il trouve moyen de déployer une érudition littéraire des plus étendues, sinon des plus discrètes et des mieux dirigées, qui témoigne d'une immense lecture. *Le Berger extravagant* est, pour ainsi dire, une vraie encyclopédie, où toutes les oeuvres de la littérature pastorale, romanesque et poétique, de l'antiquité et des temps modernes, de la France et des nations étrangères, comparoissent les unes après les autres par devant le tribunal souverain de ce Minos inflexible, qui les juge et les condamne sans se laisser émouvoir à l'éloquence ni aux grâces des coupables.

Avec tous ces défauts, *le Berger extravagant* fut une oeuvre salutaire et qui porta coup. Il contribua certainement à la chute de la pastorale, qui, surtout après le succès de l'*Astrée*, avoit envahi les livres et le théâtre. Déjà compromise par l'abus qu'on en avoit fait, par l'absence d'un caractère bien déterminé qui la séparât nettement du drame et de la comédie, elle fut enfin tuée par le ridicule. On avoit vu Des Yveteaux, dans sa maison de la rue des Marais, tout enguirlandée de lacs d'amour, se promener une houlette à la main, couvert de rubans, côte à côte avec sa bergère,--et transformer son jardin en pastiche de l'Arcadie. N'y avoit-il pas là de quoi justifier l'idée qui fait la base du livre de Sorel, et le berger Lysis ne semble-t-il point la parodie légitime du berger Vauquelin? Quoi qu'il en soit, la pastorale mourut pour ne ressusciter que plus tard,--mais sous une autre forme et sans remonter sur le théâtre,--avec Segrais et madame Deshoulières; seulement Molière, qui a recueilli toutes les traditions théâtrales, même celles de l'opéra, du ballet et de la tragi-comédie, s'y essaya en passant pour varier les amusements de la cour, ce qui ne l'empêcha pas de s'en moquer dans le *Malade imaginaire*.

Je ne relèverai pas, faute d'espace, tous les emprunts qu'on a faits au *Berger extravagant* 4: ils sont plus nombreux encore que pour *Francion*, et Molière, en particulier, s'en est souvenu plus d'une fois, sans parler de La Fontaine et de Scarron. Je me bornerai à dire que, sans avoir obtenu autant de succès que *Francion*, il en eut assez pour mettre en mouvement le servile troupeau des imitateurs. Du Verdier calqua sur ce patron son *Chevalier hypocondriaque*, et Clerville son *Gascon extravagant*. Mais l'imitation la plus sérieuse et la plus remarquable fut celle de Thomas Corneille, qui, toujours à la piste du goût et de la mode du moment, fit de l'ouvrage de Sorel sa comédie en vers des *Bergers extravagants*, où il a transporté les personnages et les aventures les plus saillantes du roman, sans rien ou presque rien y ajouter du sien.

Note 4: (retour) J'en ai noté un des plus curieux dans l'Athenæum de 1855, p. 565.

Et pourtant Ch. Sorel est oublié aujourd'hui! Ne nous hâtons pas de crier à l'injustice; ce n'est qu'un écrivain à l'état d'embryon; ses livres ne sont guère que des ébauches inégales, qui n'ont rien de complet et d'harmonieux, et qui auroient besoin d'être dégrossies par une main plus habile; ils valent plus par le but et l'intention que par la réalité, et c'est précisément ce but *excentrique*, cette intention originale, qui les rendent dignes d'examen. Il y a là une curiosité littéraire dont l'étude ne peut manquer d'être piquante pour les simples amateurs et utile pour les érudits,--rien de plus.

Théophile, au début de ses *Fragmens d'histoire comique*, s'étoit déjà moqué du jargon des romans; Scarron le parodiera de même, comme Sorel et Furetière. En 1626, un auteur inconnu, Fancan, publia aussi un opuscule, le *Tombeau des romans*, où il plaide tour à tour le pour et le contre, et, dans cette dernière partie, il s'en prend surtout aux romans de chevalerie, et parmi les modernes, à l'*Astrée* [5] et à l'*Argenis*. On voit que les idées de révolte avoient déjà commencé à se répandre avant Molière et Boileau. Plus tard, au dix-huitième siècle, le père Bougeant, qui ne manquoit point d'esprit, devoit reprendre la même thèse et la traiter à sa manière en son *Voyage merveilleux du prince Fan-Feredin dans le pays de Romancie*.

Note 5: (retour) Citons encore, parmi les attaques les plus vives dirigées contre l'*Astrée*, au plus fort de sa faveur, celle qu'on lit dans le *Don Quixote gascon* (*Jeux de l'inconnu*). L'auteur va jusqu'à ranger ce roman parmi les livres «que les hommes accorts et capables rejettent comme excréments, avortons de l'esprit... où il n'y a ni invention, ni locution, ni disposition, etc.»

Mais, pour ne pas sortir de l'époque que nous avons choisie, *le Berger extravagant*, imitation de *Don Quichotte*, comme nous l'avons dit, donna lui-même naissance à plusieurs imitations, parmi lesquelles il faut distinguer *le Gascon extravagant* de Clerville, sujet qu'avoit déjà illustré d'Aubigné dans l'ouvrage que nous avons examiné plus haut, et *le Chevalier hypocondriaque* de du Verdier, qui, après avoir jeté bon nombre de romans dans le moule banal, se laissa entraîner par le succès de Sorel à railler ce qu'il avoit adoré jusque alors. *Le Chevalier hypocondriaque*, dont la lecture n'a rien de particulièrement récréatif, surtout à la longue, tend tout au plus à attaquer la dangereuse influence des livres de chevalerie sur les cerveaux foibles, sans chercher directement à démontrer l'ineptie de leurs inventions, leurs contradictions et leurs invraisemblances; par là, comme par d'autres points de détail, il serre de fort près *Don Quichotte* et pousse parfois jusqu'au plagiat ce qui chez Sorel n'avoit été qu'une imitation originale et discrète. Ce n'est pas une satire littéraire, pas même, à proprement parler, une satire morale, mais un roman comique où domine la fantaisie, et dont le côté plaisant repose surtout sur l'intrigue et les situations, comme dans *l'Etourdi* de Molière et les comédies espagnoles. Malgré son but satirique et ses traits contre les romans, *le Chevalier hypocondriaque*, par une contradiction qui est assez commune dans les ouvrages du même genre, ressemble, pour le plan et les procédés, au premier roman venu de l'époque.

En plusieurs passages de son livre, du Verdier prend plaisir à accabler les villageois d'expressions méprisantes. On voit, en effet, que la plupart des écrivains d'alors professoient pour les bourgeois, et à plus forte raison pour les paysans, un dédain superbe, dont les traces ne sont pas rares dans leurs oeuvres, quand ils daignent faire mention de ces petits personnages. Sans parler ici de la fameuse lettre de madame de Sévigné et des passages non moins fameux de La Bruyère, Furetière, et surtout Sorel, deux petits bourgeois pourtant, et deux esprits qui paroissent peu faits pour se laisser prendre à cette morgue aristocratique, nous en offriroient de nombreux exemples. Il sembloit qu'aux yeux des gens de lettres,--qui en étoient venus à partager les manières de voir des gentilshommes et des courtisans, leurs Mécènes,--les paysans fussent des espèces d'animaux mal léchés, et qu'il fût permis d'assommer sans scrupule *ces coquins*, comme les nomme du Verdier, en les laissant *se guérir comme ils peuvent des coups qu'ils ont reçus*.

Un mot des autres ouvrages de Sorel qui se rattachent à la même catégorie. *Polyandre, histoire comique* (1648), beaucoup moins libre que celle de Francion, renferme, a-t-il dit lui-même, «des aventures de cinq ou six personnes de Paris qu'on appelle des originaux... Il y a l'homme adroit, le poète grotesque, l'alchimiste trompeur, le parasite, le fils de partisan, l'amoureux universel.» La *Description de l'île de Portraiture* est une satire de la mode des portraits, qui s'étoit répandue depuis quelque temps dans les lettres. Sous forme de voyage, Sorel y étudie tour à tour, d'une manière assez mordante, les peintres héroïques, les peintres comiques et burlesques, les peintres satiriques, les peintres amoureux, etc.; il raille leurs défauts ou leurs ridicules, et n'épargne pas davantage les prétentions de ceux qui se font peindre. L'intrigue est fort légère, mais le récit ne manque ni de vivacité ni d'intérêt. Ce qu'il y a de plus remarquable, c'est que l'auteur place dans la bouche de son guide un grand éloge des portraits que Scudéry frère et soeur ont semés dans leurs romans, en particulier dans *Cyrus et Clélie*, qu'il a si vertement attaqués ailleurs. Sorel est peut-être aussi l'auteur des *Aventures satiriques de Florinde, habitant de la basse région de la Lune* (1625), dirigées «contre la malice insupportable des esprits de ce siècle.» (Préface.)

Mettons côte à côte avec cet ouvrage la *Relation du royaume de Coquetterie*, par l'abbé d'Aubignac, le pédantesque auteur de cet *Art poétique* draconien qui régenta long-temps le théâtre [6]. Le début de ce livret satirique, évidente imitation du *Voyage de Tendre*, comme la *Relation du siége de Beauté*, fourmille de personnifications abstraites, et nous rencontrons, dès les premiers pas, les châteaux d'Oisiveté et de Libertinage, la place de Cajolerie, la plaine des Agréments, le gué de l'Occasion, etc. Mais cette géographie métaphysique fait bientôt place à quelque chose de plus vif et de plus piquant; les romans y sont critiqués, surtout au point de vue moral; la galanterie raffinée du jour y est criblée d'épigrammes; les diverses catégories de coquettes qui peuplent l'empire de la mode,--Admirables, Précieuses, Ravissantes, Mignonnes, Évaporées, que sais-je encore?--défilent successivement sous nos yeux, et les petits soins, les petits manéges, les petits caprices, de cette bizarre et changeante république, sont étudiés avec une verve parfois ingénieuse, quoiqu'elle n'égale point celle de Ch. Sorel.

Note 6: (retour) L'abbé d'Aubignac est aussi l'auteur d'un autre roman allégorique, mais fort peu satirique, *Macarize, ou la Reine des îles Fortunées*.

Mais, pour en finir avec ce dernier, dont l'abbé d'Aubignac nous a écartés un moment sans nous en éloigner tout à fait, j'ajouterai que, dans ses *Nouvelles françoises*, il a tracé les aventures de personnages de la condition médiocre en un style qui, à ce qu'il assure du moins, est approprié au sujet. C'est toujours, on le voit, les mêmes tendances bourgeoises et réalistes: il n'a guère sacrifié aux faux dieux que dans l'*Orphize de Chryzante*; mais il étoit si jeune et le roman est si court en regard de l'*Astrée*! Enfin citons, pour ne rien omettre, quoique cet ouvrage ne rentre que fort incidemment dans notre sujet, la *Relation de ce qui s'est passé au royaume de Sophie, depuis les troubles excités par la rhétorique et l'éloquence*, composée pour faire suite à l'*Histoire des derniers troubles arrivés au royaume de l'Eloquence* [7], de Furetière. Ces sortes d'allégories, le plus souvent mêlées de satires, qui nous paroissent d'un genre un peu froid aujourd'hui, étoient alors en grande faveur. On avoit créé une espèce de géographie symbolique, qui dressoit la carte des sentimens et des opinions, des vices et des ridicules, des systèmes et des partis [8]. Les plus connus parmi ces ouvrages, avec celui que nous venons de nommer, furent la *Carte du royaume des Précieuses*, attribuée au comte de Maulevrier, *la Carte du royaume d'Amour*, attribuée à Tristan; *la Carte de la cour* [9], *le Parnasse réformé et la Guerre des auteurs*, de Gueret; plus tard, vers la fin du siècle, l'*Histoire poétique de la nouvelle guerre entre les anciens et les modernes*, de Callières; auxquels on peut joindre la *Relation du pays de Jansénie*, par Louis Fontaines; la *Carte des pays d'Icarie et d'Utopie*, etc.

Note 7: (retour) Dans plusieurs endroits de cette *Nouvelle allégorique*, Furetière préludoit déjà à ses futures attaques contre le roman officiel.

Note 8: (retour) Ces allégories se retrouvent souvent disséminées dans divers ouvrages de l'époque. Il n'est presque pas d'auteur qui n'ait fait la sienne; une des plus curieuses de ce genre est la topographie des régions habitées par le bon goût, tracée par Sénecé dans sa *Lettre de Clément Marot*. On remarquera que Sénecé dit que le pays habité par le bon goût se nomme les Plaines allégoriques.

Note 9: (retour) Réimprimée par M. Paulin Pâris sous le titre de: *le Pays des Braquesidraques*, à la fin du 4e volume de Tallemant des Réaux, et par M. Boiteau, sous le titre de *Carte du pays de Braquerie*, à la fin de l'*Histoire amoureuse des Gaules*, édition Jannet.

La longue suite des ouvrages de Sorel nous a entraînés loin; il faut maintenant remonter jusqu'en 1624, pour retrouver le *Roman satirique* de J. de Lannel, quoique, en vérité, il mérite à peine de nous arrêter en chemin. L'ouvrage n'a guère de satirique que le titre, mais on doit tenir compte à l'auteur de l'intention: car c'est déjà quelque chose d'avoir songé à composer un roman satirique qui peignît les moeurs et combattît les vices contemporains, à cette date où l'on n'écrivoit que des romans pastoraux ou chevaleresques, sans réalité ni vraisemblance. Cette concession faite, il faut reconnoître que c'est chose déplorable et risible à la fois de voir comme le pauvre homme s'y est pris pour conduire son idée à bonne fin.

Il déclare, dans la préface, qu'il a voulu «représenter le dérèglement des passions humaines sous des noms supposés», et, pour cela, il n'a rien trouvé de mieux que de copier maladroitement et à profusion,--comme s'il eût craint d'en laisser un seul de côté,--les procédés les plus banals et les plus outrés de toutes les intrigues romanesques, en exagérant, avec une bonne foi désespérante, chaque défaut et chaque ridicule. Dans l'intrigue, qui est niaise et prolixe, ce ne sont que duels et grands coups d'épées, amours, enlèvements, pleurs abondants et longs récits épisodiques. Dans le style, pâle décalque de la phraséologie usuelle, ce ne sont que *flammes et feux, soupirs, mains qui arrachent les coeurs sans faire mal, etc.* Quant aux personnages, ils se nomment Boittantual, Ennemidor, Gardenfort, Argentuare, Regnault-Chanfort; dispensez-moi du reste.

Où donc est la satire là-dedans? Elle est dans certains discours moraux, j'allois dire dans certains sermons, que l'auteur prête parfois à ses personnages; dans les réflexions générales jetées de page en page sous forme d'épiphonèmes; dans les épigrammes, presque toujours fort anodines et même fort puériles, où triomphe le *génie observateur* de l'écrivain, et qu'il n'avoit certes pas besoin de défendre, comme il l'a fait, contre tout soupçon de personnalités offensantes. Cependant, de loin en loin, surnagent quelques satires indirectes d'une saveur un peu plus relevée, quelques remarques justes, principalement sur les femmes, exprimées avec assez de bonheur. Mais ces débris sont noyés *in gurgite vasto*, et il faut les pêcher patiemment en eau trouble: il semble vraiment, à voir toutes ces observations vagues, qui ressortent en caractères italiques dans le texte du récit, pour mieux frapper les yeux les plus inattentifs, que de Lannel se fût surtout proposé de faire un recueil de fades épigrammes, sans sel et sans pointes, une anthologie de réflexions banales sur toute matière indifféremment, sur la beauté, les passions, la dissimulation, les arts, les lettres, le duel, l'irréligion, l'athéisme, etc., etc.; quelque chose, en un mot, dans le goût «des quatrains de Pibrac ou des doctes tablettes du conseiller Mathieu».

Il ne faut rien moins que le nom suivant pour nous consoler de tant de platitude, rien moins que Cyrano de Bergerac avec ses *Histoires comiques de la Lune et du Soleil*, pour nous faire oublier de Lannel et son prétendu roman satirique. Les *Histoires comiques* de Cyrano, quoique n'appartenant point au monde réel, puisqu'elles se déroulent tout entières dans le capricieux domaine de l'imagination, dans le pays des chimères, dans l'espace illimité où règnent le fantastique et le merveilleux, rentrent pourtant dans notre étude par leur côté satirique et bouffon, sans parler des points de détail qui les rattachent aux récits familiers et bourgeois: je ne pouvois donc me dispenser de les énumérer à leur rang.

Cette forme de voyages imaginaires a souvent été employé par les auteurs satiriques, à qui elle fournit un cadre commode et fait à souhait. Le XVIIe siècle, outre ceux que nous avons déjà rencontrés, en offre divers autres exemples, parmi lesquels je me borne à citer ici, pour ne point tomber dans des répétitions fatigantes, l'*Histoire des Sevarambes* (1677-1679), utopie philosophique, aux idées hardies, aux vues avancées, quelquefois même téméraires, qui fut proscrite dans presque toute l'Europe pour la coupable audace de ses allusions.

La chronologie est féconde en contrastes. L'année même où paroissoit l'*Histoire comique de la Lune*, l'abbé de Pure, sous le pseudonyme de Gelasire, publioit le premier volume d'un roman bien différent, si même on peut donner le nom de roman à *la Prétieuse ou le Mystère des ruelles*. Rien qui soit en effet plus complétement le contre-pied des oeuvres de Cyrano que cette satire languissante, pâteuse, prolixe, dans les dernières parties surtout, que l'abbé écrivit pour se venger des ruelles, dont il avoit été d'abord un des fidèles les plus dévots et les plus assidus. Cette rapsodie en quatre volumes, qui n'est pourtant pas à dédaigner pour l'histoire littéraire de l'époque, parcequ'on y découvre, en les déblayant des puérilités inouïes qui les cachent d'abord, un assez grand nombre de traits curieux et de révélations piquantes relatives à la société des précieuses, à leur langage émaillé de néologismes, dont plusieurs ont pris racine et se sont acclimatés parmi nous, à leurs sentiments dans les questions d'art et de morale, à leurs discussions subtiles, par exemple, pour ou contre le mariage, sur l'avantage de l'absence en amour, etc.;--à leur métaphysique quintessenciée, dont l'échantillon le plus intéressant est une apologie de la laideur en amour, faite en vers assez bien tournés, et accompagnée d'une histoire concluante à l'appui;--à la haute opinion qu'elles avoient d'elles-mêmes, et à bien d'autres particularités encore; cette rapsodie, ai-je dit, n'est, au fond, qu'une série de dialogues raffinés et d'interminables conversations. Le roman, absent du reste de l'ouvrage, s'est réfugié dans les histoires incidentes, parfois assez scabreuses, même pour des oreilles moins chastes que ne dévoient l'être, ce semble, celles de ces *divines et incomparables* personnes. De Pure a eu soin aussi de multiplier les vers, les lettres, les portraits, suivant la mode d'alors: car, bien qu'il ait semé son ouvrage d'épigrammes, directes et indirectes, contre le genre en vogue, il tâchoit néanmoins de s'en rapprocher, n'étant point un esprit assez vigoureux pour s'affranchir de cette routine à laquelle ne savoient pas toujours se dérober les plus indépendants eux-mêmes. Pourtant, dans les premières pages du quatrième volume, il a prêté à l'une des précieuses, Eulalie, une dissertation assez judicieuse sur un nouveau genre de romans à tenter. Sans attaquer précisément le genre reçu, elle désireroit néanmoins quelque chose de différent, par exemple des romans basés tout entiers sur les développements de l'amour, au lieu de ceux où la curiosité et l'inquiétude sont les principaux aliments de l'intérêt. Elle y proscriroit l'uniformité de la marche suivie, les coups d'épée, l'introduction parasite et envahissante des éléments extérieurs. La conversation se continue long-temps sur ce projet de réforme, mais elle finit par une protestation de l'assemblée contre le retranchement des grandes actions et des exploits héroïques et contre les tendances bourgeoises.

Outre bien d'autres défauts, dont j'ai déjà effleuré quelques uns, *la Prétieuse* en a deux qui suffiroient pour en faire une oeuvre manquée, même aux yeux des juges les plus indulgents. Loin d'avoir la netteté de toute bonne critique, ce livre est, au contraire, d'une obscurité rare, et le sens en reste trop souvent caché; la pensée de l'auteur s'y confond si bien, la plupart du temps, avec celle des personnages, qu'on ne peut toujours les démêler sans embarras. Un autre défaut, plus grave encore peut-être, c'est qu'il appartient corps et âme au genre ennuyeux: si ce sont bien là les conversations des précieuses, et tout nous porte à le croire, il falloit que ces dames y missent beaucoup de candeur et de bonne volonté pour s'en amuser comme elles le faisoient.

De Pure a poursuivi la même tâche satirique contre les précieuses, dans une comédie introuvable, jouée sur le théâtre italien. On peut aussi rapprocher de son ouvrage la pièce de Somaize, *les Véritables Précieuses*, et le tableau qu'a tracé de la même société, dans ses *Portraits*, la grande Mademoiselle, un an avant la comédie de Molière.

C'est encore une satire qui, suivant moi, n'est guère plus claire et plus amusante, mais qui a le mérite d'être plus courte, que cette *Histoire de la princesse de Paphlagonie*, écrite vers la même époque, en un moment de velléité littéraire, par mademoiselle de Montpensier. Il lui prit un jour fantaisie de railler, sous des noms supposés, quelques dames de la cour, et, pour arriver à ses fins, elle eut recours à la forme du roman,--sinon dans le style, plus simple et moins emphatique, quoiqu'il reproduise toutes les expressions consacrées,--du moins dans la fable et l'invention, farcies de tous les ingrédients habituels recommandés par la recette. Elle y perce surtout de ses flèches mademoiselle Vandy et madame de Sablé, la comtesse de Fiesque, et sa favorite, madame de Fontenac. Mais cet ouvrage, où manquent l'observation générale et l'invention, n'a d'intérêt que par la clef, qui lui donne la valeur d'un document historique [10]. Pris en soi, ce n'est qu'un récit embrouillé, diffus, sans but et sans méthode, écrit lourdement, mais non sans prétention. Mademoiselle de Montpensier fut moins heureuse encore dans la *Relation de l'Ile imaginaire*, dont on lui attribue la composition, bien qu'elle porte la signature de Segrais [11], qui servit également de prête-nom à madame de Lafayette. Au moins y avoit-il quelques peintures de moeurs dans le précédent ouvrage, tandis que celui-ci, à la fois fort court et assez insignifiant, est écrit sans gaîté, sans netteté et sans vraisemblance, malgré l'excellent modèle qu'elle avoit dans un épisode de *Don Quichotte*. On y trouve tout au plus quelque mérite de style. Je n'ai pu guère démêler, pour toute intention satirique, que certains traits timides décochés contre Nervèze, qui étoit alors, avec Des Escuteaux, son compère, le bouc émissaire de la littérature.

Note 10: (retour) V. la clef complète dans le *Segraisiana*.

Note 11: (retour) Segrais a composé aussi, comme on sait, un volume de *Nouvelles françoises*. Dans le préambule, tout en traçant l'éloge des romans en vogue, il fait quelques réserves, au point de vue de la vraisemblance et de la réalité, contre leurs imitateurs, n'osant sans doute les attaquer directement eux-mêmes. Il fait remarquer qu'il seroit plus naturel de prendre des aventures françoises et des héros françois. C'est peu de chose, mais c'est quelque chose.

Joignons-y encore l'*Heure du berger, demi-roman comique ou roman demi-comique*, par C. Le Petit, livre burlesque et quelque peu licencieux, plein de galimatias et de mauvais goût, ne manquant pas toutefois d'un certain esprit qui en fait supporter la lecture; *la Prison sans chagrin, histoire comique du temps*, mais histoire fade, longue et sans intérêt; les *Aventures tragi-comiques du chevalier de la Gaillardise*, par le sieur de Préfontaine.

Enfin nous voici,--il étoit temps,--sortis du fatras des infiniment petits (j'en demande pardon aux admirateurs du talent de la grande Mademoiselle), et arrivés à deux livres d'une plus haute valeur, les premiers sans contredit de ceux que nous étudions, par le nom de ceux qui les firent et par leur mérite propre: je veux parler, on le devine, du *Roman comique* de Scarron et du *Roman bourgeois* de Furetière.

Le titre du *Roman bourgeois* (1666) indique assez son but. Furetière, intime ami de Boileau, s'est proposé de peindre, en spirituel et mordant satirique, les moeurs de la bourgeoisie d'alors. Il a voulu faire un roman *réaliste* [12], sans tomber, sinon en de rares accès d'humeur bouffonne, dans la charge et la caricature. Prenant cinq ou six types marqués, le procureur et la procureuse, l'avocat, le plaideur [13], la fille bourgeoise et coquette, l'homme de lettres, etc., il les a rangés et mis en jeu dans un cadre peu varié, comme l'étoit d'ailleurs celui de presque tous les romans contemporains, qui cachoient une grande monotonie et une excessive pauvreté d'intrigue sous leur complication apparente. Tous ces personnages ont des noms (Pancrace, Javotte, Nicodème, Vollichon, Jean Bedout, Philippote, et non Mandane, Polexandre, Artamène, etc.), des caractères, des façons de parler et d'agir, qui sont aux antipodes de ces dignes romans dont la lecture charmoit à un si haut point madame de Sévigné. Rien d'héroïque dans ce monde terre à terre, pas de grands sentiments ni de belles paroles dans ces prosaïques chevaliers du pot-au-feu. Au lieu de placer la scène dans un temple ou dans un palais d'Assyrie, Furetière nous transporte, dès le début, sur la place Maubert: nous sommes avertis. Le *Roman bourgeois* est une satire en action, une continuelle épigramme, où l'allusion perce à chaque instant le tissu du récit, où la critique ingénieuse et sensée voyage côte à côte avec la parodie, mais une parodie de bon ton et de bon goût, qui laisse place à l'observation. Furetière n'idéalise pas les moeurs qu'il retrace, il les étudie à fond et dans des classes entières,--non plus seulement à l'extérieur, sous leur côté original et individuel. Ses procureurs et ses bourgeois sont des masques effrayants de vérité: nous avons tous rencontré ce Vollichon, fieffé ladre, fesse-mathieu, fort en gueule comme la Dorine de Molière, grand diseur de proverbes et quolibets, qu'on séduit en faisant sa partie de boules, et en ayant bien soin de perdre la dernière, *la belle*; vieux gueux qui ne se fait nul scrupule d'*occuper*, sous divers noms, pour deux ou trois parties à la fois; au demeurant *bon enfant*, surtout lorsqu'il est en joyeuse humeur, et méditant de devenir honnête homme dans sa vieillesse, depuis qu'il a remarqué que d'ordinaire cela rapporte davantage;--ce prédicateur *poli*, jeune abbé de bonne famille, très bien frisé, qui parle un peu gras pour avoir un langage plus mignard, et qui veut qu'on juge de l'excellence de ses sermons par le nombre des chaises louées à l'avance;--cette demoiselle Javotte, petite personne dont la beauté, splendidement insignifiante, égale la niaiserie, ou, si l'on veut, l'ingénuité, qui emprunte un laquais et des diamants pour quêter avec plus d'éclat à l'église, et met tout son orgueil à surpasser la collecte de ses rivales;--ce Nicodème, galant avocat toujours vêtu à la dernière mode, qui tourne un madrigal comme M. Prud'homme et abuse d'un poireau placé au bas du visage pour y étaler une mouche assassine;--et ce Villeflatin, digne confrère du grand Vollichon, qui, sans avertir personne, tire si admirablement parti d'une imprudente promesse de mariage, afin d'en extorquer de solides dommages-intérêts;--et ce brave Jean Bedout, et cette petite sucrée de Lucrèce, et cette pimbêche de Collantine, et cet infortuné Charroselles, le plus à plaindre des hommes de lettres. Tout le monde a son *paquet* dans ces railleries aussi spirituelles qu'impitoyables: les académies de beaux esprits, les ruelles, et surtout les ruelles bourgeoises, les poètes, et même les marquis. La satire littéraire s'y mêle sans cesse à la satire morale, et le récit fait souvent place aux malignes remarques de l'auteur et aux digressions, trop fréquentes et trop détournées peut-être, où il aime à égarer sa verve narquoise. Mais cet ouvrage est plutôt un pamphlet qu'un roman, parceque toutes ces observations ne sont pas mises en relief par une action suffisamment nouée, que le développement de l'intrigue et des caractères se fait dans un plan trop artificiel, et qu'il faudroit à toutes ces aventures un lien plus réel et plus fort pour les unir dans un ensemble harmonieux.

Note 12: (retour) «Je vous raconteray sincèrement et avec fidélité plusieurs historiettes et galanteries arrivées entre des personnes ny héros ny héroïnes..., mais qui seront de ces bonnes gens de médiocre condition, qui vont tout doucement leur grand chemin, dont les uns seront beaux et les autres laids, les uns sages et les autres sots; et ceux-cy ont bien la mine de composer le plus grand nombre.»

Note 13: (retour) C'est surtout à ces types qu'il s'est attaché; toute la gent chicanière est fustigée par lui avec une verve impitoyable. Furetière, ancien avocat et fils de procureur, nourri dans le sérail de la chicane, en connaissoit les détours: on n'est jamais trahi que par les siens. Évidemment la tradition qui lui attribue une large part de conseils dans la composition des *Plaideurs* doit être vraie: il avoit profondément étudié la question, et Racine, qui donna sa comédie plus de deux ans après, put trouver en germe quelques uns de ses types et quelques unes de ses scènes dans le roman de son ami. Il est même probable, d'après les dates, qu'ils travailloient ensemble à ces deux ouvrages, et qu'ils mirent plus d'une fois leurs idées et leurs observations en commun, dans les cabarets du *Mouton blanc* ou de la *Croix de Lorraine*.

À peu près vers le même temps où l'ouvrage de Furetière ouvrit en quelque sorte la voie au roman d'observation, les autres branches de la littérature se trouvoient entraînées par un mouvement analogue, et quittaient les caprices de la fantaisie et de l'intrigue fondées sur l'imagination pure pour le domaine de l'étude des moeurs et de l'analyse du coeur humain: la tragédie, avec Racine, passoit de la *Thébaïde* et d'*Alexandre* à *Andromaque*; Molière, après avoir fait l'*Etourdi*, qui correspondoit assez bien aux imbroglios des vieux romans, composoit alors *Tartufe* et *George Dandin*. Le roman proprement dit, lui-même, en dehors de la série à part que nous étudions, franchissoit l'immense espace qui sépare l'*Astrée*, *Clélie* et *Polexandre*, de *Zaïde* et de *la Princesse de Clèves*. N'étoit-ce pas là comme un pressentiment de La Rochefoucauld, et surtout de La Bruyère, qui alloient bientôt venir?

À côté du *Roman comique*, évidemment inspiré à Scarron par les romans picaresques de l'Espagne, avec lesquels il étoit très familier, on doit citer quelques unes de ses *Nouvelles tragi-comiques*, puisées à la même source. Bien que la plupart des personnages principaux appartiennent aux classes élevées, ce n'en sont pas moins des récits bourgeois, par les personnages subalternes et par les moeurs qui s'y trouvent retracés. L'intrigue y domine sans doute, mais les peintures de caractère et l'observation n'y manquent pas: il me suffira de citer le pingre don Marcos, dans *le Châtiment de l'avarice*, dont la lésinerie est peinte de main de maître, et, dans *l'Hypocrite*, ce passage admirable de vérité et de profondeur dont Molière devoit faire la plus belle scène de son *Tartufe* (III, 6).

Il ne nous reste plus maintenant que des ouvrages dont l'intérêt pâlit à côté de ceux-là. C'est d'abord *la Fausse Clélie* de Subligny (1670), recueil d'*histoires françoises, galantes et comiques*, que se racontent les uns aux autres les personnages du roman, et dont les héros sont presque tous des gens de qualité, mais passant par des aventures familières et plaisantes. Quant à l'héroïne, c'est une fille que la lecture de la *Clélie* a rendue folle, et qui se prend elle-même pour cette Romaine illustre. La physionomie de l'ouvrage, depuis les noms jusqu'aux lieux successifs de la scène, est tout à fait moderne, contrairement aux usages reçus, et l'on y surprend parfois des railleries et des protestations contre les *romans romanesques*.--C'est ensuite *le Louis d'or politique et galant* (1695), par Ysarn, un des littérateurs qui hantoient les samedis de mademoiselle de Scudéry, «garçon bien fait, dit Tallemant, qui a bien de l'esprit, et qui fait joliment les vers»,--sorte de petit roman satirique, dont le cadre, souvent remanié depuis, offre quelque analogie avec celui du *Diable boiteux* de Le Sage. Mais l'auteur, malgré quelques passages assez piquants et quelques protestations qui ne manquent pas de hardiesse contre les voies suivies par Louis XIV en politique et en religion, n'a pas su remplir dignement son sujet; le lecteur perd bientôt l'espérance que les premières pages lui avoient fait concevoir, et, au lieu d'un roman de moeurs et d'observations satiriques, il n'a guère qu'un mince recueil d'anecdotes sans grande portée et de discussions peu intéressantes.

Il faut réunir à *la Fausse Clélie* et aux *Nouvelles tragi-comiques* quelques autres oeuvres qui s'en rapprochent, surtout les *Nouvelles* de d'Ouville, frère du bouffon Boisrobert, et *le Gage touché, histoires galantes et comiques*, des dernières années du siècle, attribuées à Le Noble. Ce volume est un recueil de récits bourgeois, qui souvent ne sont pas sans ressemblance avec ceux de Boccace et de la reine de Navarre, dont l'auteur a même calqué le plan, comme La Fontaine en avoit imité la libre et joyeuse allure dans ses *Contes*. Les uns sont conçus dans la manière espagnole; les autres sont simplement de petits romans d'intrigue, avec une pointe de réalisme. Le Noble choisit, avec une prédilection marquée, ses sujets et ses personnages, dans les classes les plus humbles: ce ne sont que jardiniers, tailleurs, donneurs d'eau bénite, laquais, sages-femmes, etc., qu'il fait agir et parler suivant leur condition. J'ai retrouvé dans ces pages l'original du fameux drame populaire de Mercier, *la Brouette du vinaigrier*. Les caricatures ne sont pas rares non plus dans *le Gage touché*, qui se heurte même parfois au burlesque, et l'ouvrage, qui avoit débuté par des peintures plus exactes du monde réel, tombe de plus en plus vers la fin dans le romanesque et l'invraisemblance.

Mais, que *le Gage touché* soit ou non de Le Noble, il y a dans ses oeuvres un certain nombre de nouvelles qui doivent rentrer dans cette étude: telles sont (rangées sous le titre commun de *Les Aventures provinciales*), *le Voyage de Falaize, nouvelle divertissante*; *l'Avare généreux, nouvelle galante*, entremêlée de plusieurs autres; *la Fausse comtesse d'Isamberg*; sans compter beaucoup d'histoires analogues qui font partie de ses *Promenades*. Tout cela est assez vif, preste, comique, de couleur moderne et françoise, souvent bourgeoise et familière. On y trouve de l'observation, mais un peu superficielle et rarement satirique.

Ajoutons encore à cette liste, que je voudrois faire la plus complète possible, tout en avouant bien haut qu'elle ne peut l'être en aucune façon, quelques autres productions d'un genre mitoyen, qui se rattachent, par certains points de contact, à la même catégorie, sans y rentrer directement. Tels sont *le Barbon* et *la Défaite du paladin Javerzac*, pièces satiriques de Balzac, qui, par la forme et le ton, sont presque de petits romans; le *Mamurra* de Ménage; quelques unes des pages échappées à la plume trop facile de du Souhait et de Le Pays; un assez grand nombre de facéties; plusieurs morceaux qu'on peut découvrir dans les recueils du temps, en particulier dans celui de *la Maison des jeux* (par exemple: *les Amours de Vénus*, la *Relation grotesque, burlesque, comique et macaronique, des amours et transformations de Vertumne*); dans les recueils d'*OEuvres galantes* et d'*OEuvres diverses*; dans celui des *Pièces en prose les plus agréables de ce temps* (par exemple *l'Histoire du poète Sibus*, etc.); quelques *Nouvelles* ou *Histoires* de Rosset, qui, du reste, avoit traduit *Don Quichotte*; quelques contes de la Fontaine, d'Hamilton et de Sénecé; enfin toute une série de romans historico-satiriques, ou, si l'on aime mieux, de satires historico-romanesques, relatives surtout aux amours des grands personnages, et fort licencieuses pour la plupart, livrets sortis des officines de Hollande pour être débités sous le manteau, et que je ne puis passer en revue, parceque cet examen, un peu en dehors de mon sujet, m'entraîneroit beaucoup trop loin.

J'ai bien envie d'y réunir *le Page disgracié* de Tristan l'Hermite, curieuse et *romanesque* autobiographie. Il me paroît fort probable, en effet, que l'auteur de *Marianne* ne s'est pas fait faute de glisser quelques particularités de son invention dans ces pittoresques mémoires; et ce qui me pousseroit à le croire volontiers, c'est que le récit a l'air arrangé à souhait pour toutes les exigences du roman, et que le titre même semble renfermer un aveu implicite de l'auteur (*Le page disgracié, où l'on voit de vifs caractères d'hommes de tous tempéramens et de toutes professions*). Du reste, s'il n'eût voulu que faire le simple récit de ses aventures, fort variées et fort intéressantes par elles-mêmes, je l'avoue, qui l'empêchoit de mettre partout les noms propres, au lieu d'employer ces déguisements et ces détours qui donnent à l'ouvrage, quoi qu'on en ait, toute la physionomie d'un roman? Aussi est-ce de ce nom que l'appelle, dans sa *Bibliothèque françoise*, Ch. Sorel, qui le range parmi «des romans divertissans». Or les scènes de la vie commune et vulgaire, racontées dans le style qu'elles demandent, se succèdent de fort près dans ces confessions; on y rencontre même parfois des portraits grotesques et des tableaux de genre tout empreints du vieil esprit gaulois, qui ressemblent aussi peu aux tableaux ordinaires des romans d'alors qu'une toile de David Téniers à une de Lebrun.

Enfin, se récrieroit-on beaucoup si j'introduisois à la suite de tous ces noms un nom qu'on ne s'attend peut-être pas à trouver en cette compagnie, celui de Charles Perrault, qui, du reste, dans ses *Parallèles*, et dans toute la part qu'il prit à la querelle des anciens et des modernes, avoit montré les idées d'un véritable novateur littéraire? Les *Contes de fées* sont du fantastique et du merveilleux, sans doute; mais il arrive souvent que ce fantastique et ce merveilleux tiennent à la réalité familière comme à l'intention comique et satirique par les détails: c'est ce qui étoit déjà arrivé aux fables milésiennes chez les anciens, et chez les modernes aux voyages comiques de Cyrano dans la lune et le soleil; ce fut ce qui arriva également à Perrault. Quiconque a lu *le Petit Poucet*, *la Barbe-Bleue*, *le Petit Chaperon rouge* et *Peau d'Âne*, c'est-à-dire quiconque a dépassé l'âge de sept ans, se rappelle ces tableaux d'intérieur bourgeois ou populaires, ces scènes de bûcherons, de forêts, de fermes, de villages, qui s'y trouvent mêlés, et font de ces gracieux contes de petits romans familiers, d'allure naïve et simple.

Ainsi, pour nous résumer en quelques lignes, le caractère commun à la plupart des oeuvres que nous venons d'étudier est un caractère de protestation, directe ou indirecte, réfléchie ou spontanée, sérieuse ou plaisante, contre la dignité solennelle du genre à la mode, contre la subtilité, l'emphase, l'exagération des idées, des sentiments et des personnages. Elles se tiennent plus près de la terre, ne dédaignent point les menus détails et les peintures vulgaires, entrent dans la voie d'une observation plus vraie des moeurs et du coeur de l'homme; en un mot, au lieu de se lancer dans un monde factice et monotone, toujours jeté au moule de l'*Astrée* et des *Bergeries*, elles étudient le monde extérieur, surtout le monde d'en bas, pour en faire le portrait ou la satire. Tous ces ouvrages, presque sans exception, semblent vouloir aussi protester par la licence des détails et la crudité de l'expression contre la galanterie précieuse et raffinée, la langueur discrète et un peu prude, la quintessence de platonisme, mise en vogue par d'Urfé: c'est comme un ressouvenir du siècle précédent conservé en toute sa verdeur par ces esprits rebelles, qui s'effraient de voir la littérature s'assouplir sous la discipline, la langue se décolorer et pâlir, la libre et forte sève des joyeux conteurs d'autrefois s'effacer devant un jargon, prétentieux, affadi, *éviré*. Lieux, héros, aventures, tout y change de nature et de ton; le style lui-même s'assortit au fond du roman: moins régulier souvent et moins correct, il a, du moins dans les meilleures de ces oeuvres, plus d'originalité, de verve pittoresque; il abonde à la fois en hardiesses heureuses et en trop fréquentes négligences. Bien plus, presque tous ces romans offrent les mêmes singularités de détail et une physionomie toute semblable jusque dans les moindres traits: c'est ainsi que l'on y retrouve fort souvent la préface cavalière, poussant la vanité et le dédain du public jusqu'à l'outrecuidance et foudroyant ceux qui auront le front de ne pas trouver leur ouvrage admirable; mais c'est un ridicule que Scudéry et La Calprenède partagent avec de Lannel, Sorel, de Pure et Subligny, et qui nous semble avoir été emprunté à la littérature espagnole, alors dans toute son influence, surtout à Montemayor, Montalvan et Alarcon. Enfin, par un hasard étrange, un très grand nombre d'entre eux sont restés également inachevés: cette fatalité est commune aux *Histoires comiques* de Théophile et de Cyrano, au *Polyandre* de Sorel, au *Roman bourgeois*, au *Roman comique*, à *la Fausse Clélie*, etc.

D'ailleurs, indépendamment du mérite propre et de l'intérêt littéraire qui les recommandent si puissamment aux érudits et aux simples curieux, ces oeuvres, dont beaucoup ont à peu près l'attrait de l'inédit et de l'inconnu, méritent encore d'être lues et relues, comme d'inépuisables mines de renseignements sur les moeurs et les usages de l'époque, sur les opinions qui s'y reflètent avec plus de vivacité et d'exactitude, et pour ainsi dire avec plus d'abandon familier, qu'elles ne pouvoient le faire dans des romans grecs et assyriens, où la convention laissoit si peu de place à l'observation véritable. Comme les romans héroïques, et beaucoup plus qu'eux, les romans comiques et satiriques ont presque tous une clef, dont la connoissance complète, si elle étoit possible et si la plupart du temps on n'étoit réduit sur ce point à des conjectures qui n'ont rien de certain, ajouteroit beaucoup à leur intérêt et à leur utilité. Mais, en outre, ils sont, pour qui sait les comprendre, une histoire intime du XVIIe siècle: auteurs, courtisans, villageois, cabaretiers, soldats, marquis, procureurs, petits héros de bourgeoisie, etc., tout cela y parle et y agit comme dans le théâtre de Molière. Ce sont d'ailleurs presque autant de comédies que ces ouvrages: il n'y manque que le dialogue, et, sans compter les très nombreux emprunts à l'aide desquels nos comiques, et principalement le plus grand de tous, se sont enrichis à leurs dépens, on pourrait y retrouver la plupart des types de la vieille comédie françoise, de ces *masques* glorieux illustrés par Larivey, Grevin, Jodelle, Scarron, Tristan, Rotrou, Corneille, et qui cédèrent la place aux *caractères*, après avoir jeté un dernier et faible éclat dans quelques pièces de Molière lui-même. C'est ainsi qu'on peut étudier le matamore dans *le Baron de Fæneste*, le pédant sous ses diverses faces dans l'*Histoire comique* de Théophile, le *Francion* de Sorel, etc.; la femme d'intrigue dans *Francion*, le valet bouffon dans le Carmelin du *Berger extravagant*, etc.

II.

Dans cette longue série de romans comiques et familiers du XVIIe siècle, le plus important, sans contredit, le meilleur, comme le plus répandu, est l'ouvrage de Scarron [14]. On connoît ce rieur de bonne foi, ce stoïcien d'un nouveau genre, plus fort que celui qui disoit: «Douleur, tu n'es pas un mal», car sa gaîté sembloit dire à toute heure du jour: «Douleur, tu es un plaisir!» Malgré le dédain des critiques de son temps, son nom vit encore aujourd'hui, et ses oeuvres mêmes sont loin d'être mortes; elles ont été conservées par cette bonne humeur naturelle, cette naïveté et cette étonnante puissance du rire qui rachètent chez lui de si nombreux et de si grossiers défauts. Mais, indépendamment de ces qualités qui forment l'essence même de son *génie*, cet homme, qui sembloit si peu fait, sinon pour la justesse, du moins pour la sobriété, la convenance et la mesure de l'observation, a mérité, par son *Roman comique*, d'être compté parmi ceux qui ont le mieux vu et le mieux peint un coin de la société d'alors. On l'a surnommé l'Homère de la Fronde: on auroit pu le surnommer, à non moins juste titre, l'Homère des *Ragotins* et des troupes de comédiens nomades. Son nom est resté inséparable du sujet.

Note 14: (retour) Ou Scaron, comme son nom se trouve souvent écrit à cette époque, en particulier dans les anciens registres manuscrits du Mans, contemporains de son séjour en cette ville. Ce n'est que plus tard que l'orthographe actuelle a prévalu.

En écrivant *le Roman comique*, Scarron a eu le bon esprit, dont il faut lui savoir d'autant plus de gré que cela lui est rarement arrivé, de faire choix d'un sujet qui lui permît d'être en même temps vrai et burlesque, de se livrer à son irrésistible penchant pour la bouffonnerie sans sortir de la nature et sans blesser le goût. Vienne en cette matière, faite à souhait, sa verve plaisante, féconde en traits badins, en trivialités grotesques et en vives caricatures! Loin d'être déplacée et condamnable aux yeux des bons esprits, elle se trouvera, cette fois, en rapport si complet avec les personnages et le fond même du sujet, que souvent l'auteur ne seroit pas vrai s'il n'étoit pas burlesque. Le livre n'est bouffon que parceque les personnages sont bouffons et doivent l'être. Scarron lui-même a marqué nettement la différence tranchée qui sépare son oeuvre des romans ordinaires de son siècle en qualifiant de *très véritables et très peu héroïques* (liv. I, ch. 12) les aventures qu'il raconte. *Très véritables*, dans le sens littéral et rigoureux du mot, je n'en sais rien; cela pourrait bien être, au moins pour l'ensemble des faits, car nous retrouverons les origines historiques de quelques uns de ses épisodes et de plusieurs de ses types; mais, quoi qu'il en soit, très véritables certainement dans le sens littéraire, c'est-à-dire très vraisemblables, prises dans la réalité telle qu'elle est, non dans ce monde de convention où s'agite habituellement l'imagination des romanciers. *Très peu héroïques*, cela est évident, et ni d'Urfé, ni Gomberville, ni mademoiselle de Scudéry, n'eussent trouvé leur compte dans cette absence presque totale de beaux sentiments, d'illustres catastrophes et de glorieux coups d'épée. Aussi étoit-ce là précisément ce qui devoit alors faire condamner cet ouvrage par quelques faux délicats. «*Le Roman comique* de Scarron, dit Segrais, n'a pas un objet relevé; je le lui ai dit à lui-même. Il s'amuse à critiquer les actions de quelques comédiens: cela est trop bas.» Il n'est plus nécessaire aujourd'hui de réfuter méthodiquement cette accusation. Je ne sache pas qu'on ait jamais sérieusement reproché à Molière d'avoir mis en scène ses Pierrot et ses Lubin, ses Martine et ses Frosine, côte à côte avec les marquis ridicules et les bourgeois raisonneurs, non plus qu'à Le Sage de nous introduire, avec Gil Blas, dans la caverne des voleurs et au milieu des antichambres où trônent messieurs les laquais. Ce que Molière, Regnard, Dancourt, etc., ont pu faire dans leurs comédies, Scarron avoit incontestablement le droit de le faire aussi dans son roman, qui est une vraie comédie. Le titre le dit: *Roman comique*, et le titre ne ment pas. Toutes les classes, tous les degrés de la société, sont du domaine de l'observation, dans les limites que le goût réclame et que l'art enseigne; mais Segrais, façonné aux fadeurs timides de la pastorale de cour, devoit s'effaroucher de la hardiesse familière de ces peintures, comme Louis XIV des *magots* de Téniers.

Grâce à cet heureux choix, heureusement exploité, le comique sort des entrailles du sujet, sans efforts, j'ajouterai même sans burlesque proprement dit, quoique j'aie plus haut employé cette expression à défaut d'autre plus exacte. En effet, l'essence du burlesque consiste, à rigoureusement parler, dans le contraste entre l'élévation du sujet et la trivialité du style, ce qui n'est point ici le cas. Le rire arrive naturellement et sans grimace; Scarron ne cherche pas à s'égayer aux dépens de la réalité des peintures, rarement même aux dépens de la convenance et d'une certaine bienséance relative. Un grand nombre des réflexions qu'il intercale dans son récit, sous une forme plaisante et sans la moindre prétention, renferment des traits d'observation ingénieux et justes. Du reste, comme par un désir instinctif de s'élever une fois au moins jusqu'à la dignité de l'art, il a su, sans choquer en rien le naturel et la vraisemblance, sans la moindre apparence d'emphase romanesque ou de contraste systématique, mais au contraire en une mesure discrète et même délicate, introduire dans l'intrigue des parties un peu plus sérieuses, qui relèvent heureusement ce que le reste pourroit avoir de trop exclusivement bouffon. Dès l'abord, le comédien Destin, malgré la singularité de son accoutrement, nous prévient en sa faveur par *la richesse de sa mine*; bientôt mademoiselle de l'Étoile accroît cette première impression, sans parler de la figure un peu plus effacée de Léandre. Ce sont là trois rôles qui gardent presque toujours la dignité des *honnêtes gens*, tout en se déridant parfois, comme il sied en si plaisante compagnie. En outre, Scarron--on ne s'en douteroit guère--a mis du sentiment et de l'émotion en certaines pages, par exemple en plusieurs endroits de l'histoire du Destin, racontée par lui-même, et dans le passage où la Caverne exprime sa douleur, lors de l'enlèvement de sa fille Angélique, qu'elle croit déshonorée. Puisque j'ai commencé à indiquer les côtés sérieux de cette oeuvre, j'ajouterai qu'on ne sait pas assez généralement que de graves questions s'y trouvent soulevées en passant, et résolues autant que le permettoit la nature du livre. On y rencontre, entre autres, la théorie du drame moderne posée en face de la tragédie aristotélique, et l'auteur en démontre, en quelques lignes, la légitimité, la nécessité même (I, 21). Le même chapitre renferme aussi des aperçus justes et fins, qui ne manquoient pas alors de nouveauté, ni une certaine hardiesse littéraire, sur une réforme à introduire dans le roman. Quelques unes de ses conversations et quelques uns de ses épisodes ont aussi des échappées où l'on trouve plus de sens pratique et plus de raison qu'on ne s'aviseroit d'en demander à ce déterminé bouffon. Scarron a eu une fois cette bonne fortune de pouvoir révéler complétement les qualités de son esprit dans une occasion propice et sous leur jour le plus favorable, et, le bonheur du sujet aidant, il est même arrivé que cet écrivain, dont le vice ordinaire est la vulgarité de sentiment et l'incurable prosaïsme, s'est élevé, en quelques pages de son *monument*, au-dessus de ce défaut essentiel, qui sembloit complétement inséparable de toutes ses créations.

Le côté burlesque domine tellement dans Scarron qu'il a éclipsé tous les autres. Il est juste de remettre ceux-ci en lumière. On trouve dans ses *oeuvres mêlées* quelques pièces écrites d'un ton noble, qui, je l'avoue, ne sont pas toujours les meilleures. Son épitaphe est un petit chef-d'oeuvre de grâce, de tristesse voilée et doucement souriante. D'autres morceaux offrent de la délicatesse et du sentiment autant que de l'esprit; tels sont, par exemple, l'épigramme:

> Je vous ai prise pour une autre, etc.

la chanson:

> Philis, vous vous plaignez, etc.

les *Stances à la reine*:

> Scarron, par la grâce de Dieu, etc.

Quelquefois ses drames, soulevés par le souffle du génie castillan, s'élèvent et même atteignent un moment de fiers accents qu'on croiroit échappés à un poète de race cornélienne, non pas, bien entendu, des plus près du maître (Voyez *Jodelet, ou le Maître valet*, V, 4), et il en est ainsi en quelques unes des nouvelles intercalées dans *le Roman comique*, par exemple: *À trompeur trompeur et demi*, où son style a pris de la fermeté et de l'élévation. L'auteur du *Virgile travesti*, de cette débauche d'esprit dont le Poussin parle avec mépris dans une de ses lettres, commandoit des tableaux à ce même Poussin, qui nous l'apprend lui-même en un autre passage de sa correspondance [15]. Il est donc permis de dire qu'il avoit le sentiment du beau.

Note 15: (retour) «J'ai trouvé la disposition d'un sujet bachique pour M. Scarron. Si les turbulences de Paris ne lui font point changer d'opinion, je commencerai cette année à le mettre en bon état.» (7 février 1649.) Et le 29 mai 1650: «Je pourrai envoyer en même temps à M. l'abbé Scarron son tableau du *Ravissement de saint Paul.*» C'est indubitablement Paul Scarron, dont le Poussin parle plusieurs autres fois encore, et avec qui il étoit en relation, notre auteur l'ayant rencontré dans son voyage à Rome, vers 1634. Il en avait déjà parlé auparavant. Ainsi il écrit (12 janvier 1648) que Scarron lui a envoyé son *Typhon*, et il ajoute: «Je voudrois bien que l'envie qui lui est venue lui fût passée, et qu'il ne goûtât pas plus ma peinture que je ne goûte son burlesque.» On voit que le doute n'est pas possible.

J'ai dit que le livre de Scarron est une comédie: on y retrouve les types et les caractères de la scène, et des types supérieurement tracés, dans une intrigue un peu décousue et qui forme, pour ainsi dire, ce qu'on nomme en style technique une pièce *à tiroirs*, comme il en avertit lui-même le lecteur (I, 12). Voici d'abord Ragotin, petit bourgeois hargneux, querelleur, enthousiaste, bel esprit et esprit fort, très chevaleresque, très galant et très empressé près des dames, ardent à se poser en champion, mais malheureux en querelle comme en amour, personnage ridicule au physique aussi bien qu'au moral, et sur lequel, si l'on me permet ce rapprochement peu classique, sembleroit avoir été calqué le type populaire de M. Mayeux. Voici La Rancune, ce fripon misanthrope, crevant de vanité et d'envie, et néanmoins exerçant toujours une sorte d'ascendant incontesté par la supériorité de son imperturbable sang-froid. La Rappinière, qui est aussi dessiné de main de maître, surtout dans les premières pages, ne me paroît pourtant point à la hauteur des précédents, parce qu'il ne se soutient pas dans le caractère où nous l'a d'abord montré l'auteur. Scarron commence par le présenter comme le *rieur* de la ville du Mans, et nous ne le voyons plus guère ensuite que comme un coquin pendable, riant peu et faisant des méchancetés peu plaisantes. Le poète Roquebrune, avec sa physionomie gasconne et ses naïves prétentions de *mâche-laurier*, n'est point inférieur, quoique relégué sur le second plan. Il n'est pas jusqu'aux *rôles* tout à fait accessoires et secondaires, et que l'auteur n'a fait qu'esquisser en courant sans y revenir, dont les portraits ne nous arrêtent au passage. Que dites-vous, par exemple, de cette grosse sensuelle qui porte le nom caractéristique de madame Bouvillon? du curé de Domfront, dont la mésaventure est décrite avec une vérité pittoresque? et de ce grand et flegmatique la Baguenodière, si curieusement dessiné en deux traits de plume [16]?

Note 16: (retour) Les érudits me pardonneront-ils de rappeler, à propos de ce personnage, le nom bien connu du mousquetaire Porthos, géant taciturne comme la Baguenodière, et présentant, comme lui, les mêmes caractères de force, de bravoure et de simplicité d'esprit? Je sais bien que M. A. Dumas a été mis sur la voie par le type primitif, tel qu'il est simplement esquissé dans les Mémoires de d'Artagnan, de Sandras de Courtilz, et surtout par la figure historique de M. de Besmond; mais seroit-il impossible qu'il se fût souvenu aussi de la Baguenodière de Scarron, lui qui s'est souvenu de tant de choses?

Tout cela est, certes, autre chose que du burlesque: c'est du comique, sinon très profond et très fin, au moins en général très vrai, plein de vivacité, de verve et de vie, et ne dépassant point les bornes. Il est fâcheux que cette *comédie* soit quelque peu gâtée par certaines scènes où se retrouve trop le grotesque auteur du *Typhon*. Mais, quoi! Scarron ne pouvoit entièrement cesser d'être Scarron, et, même dans ses meilleurs moments, il ne faut pas lui demander les délicatesses du goût. Ainsi, on retrancheroit volontiers du *Roman comique* l'aventure du pot de chambre, pour parler son langage, et quelques plaisanteries qui ne paroissent avoir d'autre but que d'exciter le rire pour le seul plaisir du rire: tels sont, par exemple, le trait de cet avare qui pousse la lésine jusqu'à vouloir se nourrir lui-même, ainsi que toute sa famille, du lait de sa femme (I, 13); l'apparition fantastique du lévrier pendant le récit de La Caverne (II, 3), etc. Ne lui en veuillons pas non plus d'avoir, indépendamment de ces moyens bouffons, employé souvent dans *le Roman comique* les mêmes procédés que dans le *Virgile travesti*, le *Typhon* et ses autres vers burlesques, pour exciter le rire, c'est-à-dire l'intervention fréquente et inattendue de la personnalité de l'auteur se montrant tout à coup derrière ses personnages et à travers l'action,--le mélange de quelque réflexion comique cousue à quelque passage d'un ton plus élevé,--d'une remarque ironiquement naïve aux images les plus poétiques, de la solennité grotesque à la trivialité, etc. Ce sont là les ressources ordinaires du genre, dont il a usé largement sans doute, mais cette fois sans abus.

Scarron a donné à la plupart de ses personnages des noms allégoriques et expressifs, qui ressemblent à des sobriquets ridicules: le Destin, la Rancune, la Caverne, la Rappinière, madame Bouvillon. Si on vouloit le lui reprocher comme une puérilité de mauvais goût, il serait facile de le justifier d'une accusation qu'encourraient avec lui Racine (le Chicaneau des *Plaideurs*), Molière, dans ses farces et même dans ses grandes comédies (le Trissotin des *Femmes savantes*, l'huissier Loyal du *Tartufe*, etc.). Cet usage, originaire d'Italie, et assez répandu dans la littérature espagnole imitée par Scarron, et même dans *Don Quichotte*, est général dans les romans comiques. Du reste, pour ses noms de comédiens, Scarron n'a fait que se conformer à une coutume reçue et suivie dans la réalité au théâtre; pour ses personnages manceaux, il s'est également conformé aux habitudes locales et aux traditions de grosses plaisanteries qui avoient cours dans le Maine, où le goût de la raillerie à tout propos et des sobriquets ridicules a toujours été répandu. «Les noms des personnes transmis par nos vieilles chartes, nous écrit M. Anjubault, bibliothécaire du Mans: *Maluscanis, Malamusca, Sanguinator, Bibe Duas, Frigida Coquina*, ne sont pas moins caustiques que ceux qu'a inventés Scarron [17].»

Note 17: (retour) Scarron, comme on sait, avoit habité le pays où se passe la scène de son roman assez long-temps pour se pénétrer de ses moeurs, de son esprit, de ses usages. Renouard prétend qu'il étoit au Mans dès 1657. Cette opinion est peu suivie; mais ce qui sembleroit la confirmer, c'est un passage de *l'Épithalame du comte de Tessé*, par notre auteur:

> A Verny, maison bien bâtie,
>
> Un jour, en bonne compagnie,
>
> Je mangeai d'un fort grand saumon, etc.

Le château de Vernie, à 23 kilomètres du Mans, appartenoit au comte de Tessé, qui s'étoit marié en 1638. Il est probable que l'épithalame est de la même année ou à peu près, ce qui prouveroit que dès lors au moins Scarron étoit sur les lieux. Ses épîtres à madame de Hautefort démontrent qu'il y étoit encore en 1641 et 1643. C'est à cette dernière date que sa protectrice lui fait obtenir un bénéfice, qui ne lui est point accordé, comme presque tout le monde l'a dit, par M. de Lavardin, *évêque du Mans*, car le prédécesseur de M. de Lavardin sur ce siége épiscopal ne mourut que cinq ans après, le 1er mai 1648; mais il n'en est pas moins vrai qu'à cette date de 1643 l'*abbé* de Lavardin n'étoit pas étranger au Maine, qu'il visitoit souvent. «De quelle nature étoit ce bénéfice et comment en jouit-il? La question est difficile à éclaircir pour qui ne connoît point à fond la discipline cléricale et les subterfuges propres à l'éluder. Scarron, n'ayant jamais eu d'un ecclésiastique que l'habit, se sera peut-être servi d'un prête-nom pour la possession de sa prébende, comme il l'appelle. Quoi qu'il en soit, au mois de mars 1646, il habitoit une des maisons canoniales, contrairement aux statuts. Le chanoine Le Comte, qui devoit l'occuper en personne, s'excuse de ses retards devant le chapitre, et déclare, le 25 mai suivant, qu'il n'a pu aller habiter sa maison dans le délai prescrit, parceque M. Scarron, en partant, y a laissé son valet malade, mais qu'il y couchera la nuit prochaine.» (Lettre de M. Anjubault.) Scarron demeuroit au Mans, place Saint-Michel, 1. La maison subsiste encore, et une rue de la ville porte son nom. Le musée communal possède 27 tableaux sur toile, d'environ un mètre carré de superficie, de peinture fort médiocre, quoique de composition assez bonne, oeuvre d'un artiste dont on ignore le nom (on dit qu'il s'appeloit Coulon ou Coulomme), et représentant des sujets tirés du *Roman comique*. Il subsiste quelques dépendances du château de Vernie, entre autres un pavillon qu'on appeloit et qu'on appelle encore parfois le Pavillon du Roman comique, et qui renfermoit les tableaux dont nous venons de parler.

D'autres pourroient reprocher à notre auteur d'avoir un peu trop multiplié les infortunes de Ragotin, qui sont souvent de la nature la moins relevée; mais ces infortunes, qui vont de pair avec celles des héros burlesques de tous les autres romans du même genre [18], rentrent tout à fait dans le rôle du personnage, et servent à en mieux marquer le caractère, à en compléter la peinture; il est fâcheux seulement qu'au moins en un endroit Scarron ait dépassé la limite du rire et poussé la plaisanterie jusqu'à la cruauté, quand il nous montre Ragotin renversant sur lui les ruches et tout couvert de piqûres.

Note 18: (retour) Cf. L'Hortensius de *Francion*, le Lysis du *Berger extravagant*, le Nicodème du *Roman bourgeois*, etc.

Ces *farces*, d'ailleurs, ces grêles de coups et ces avalanches de taloches, qui pourraient sembler revenir trop souvent, trouvent, aussi bien que les noms ridiculement expressifs dont nous venons de parler, leur justification dans les moeurs et coutumes des Manceaux d'alors,--car Dieu me garde de médire des Manceaux d'aujourd'hui! D'une part, la jovialité, le gros rire, l'amour du plaisir, les *bons tours* de tout genre; de l'autre, les querelles et batailles continuelles, étoient leur fort. Nous voyons la police locale obligée d'intervenir souvent dans l'un et l'autre cas. Ainsi, «un chanoine, ayant représenté une farce scandaleuse le jour de Pâques, est puni par le chapitre, qui fait jurer à ses confrères de ne plus fréquenter les cabarets ni les brelans.--Dans la cathédrale, on donne permission, pendant l'office de la Pentecôte, de jeter du haut de la voûte une colombe et des fleurs; mais on défend de lancer de l'eau et des poulets. Sur la place du Cloître, devant la maison même de Scarron, il faut certains jours laisser à sec la coupe de la fontaine, afin d'éviter les insolences que se permettent les valets, etc... Lisez sur une carte de Jaillot ou de Cassini les noms anciens des localités, et recherchez-en le sens à l'aide d'un lexique roman, de toutes parts vous trouverez des souvenirs de plaisir, de faits licencieux ou turbulents... Quant aux distributions de coups de raquettes, de soufflets et de claques, Scarron ne les a que médiocrement exagérées.» Partout les disputes se terminent le plus souvent par des voies de fait. «Les archives du Mans sont pleines de récits concernant des églises, des cimetières et d'autres lieux consacrés, qui ont été déclarés pollus par suite de coups d'épée ou d'arquebuse qui s'y sont donnés et reçus. Dans les assemblées publiques, au milieu même des cortéges officiels, il n'étoit pas rare de voir surgir de violents débats au sujet des préséances. Un honnête avocat du Mans, dont j'ai les Mémoires du temps même de Scarron, raconte comme un fait qui n'a rien de très étonnant que, se promenant un jour sur la place des Jacobins avec deux demoiselles, dont l'une étoit sa maîtresse, un chanoine se permit de relever la coiffe de l'une d'elles. «Je fus obligé de lui donner un soufflet», dit l'avocat. C'étoit, à ce qu'il paroît, le plus juste prix.

Le valet d'une certaine dame noble se crut obligé d'intervenir et de prendre aux cheveux le galant défenseur, qui fut littéralement traîné sur la place. Hâtons-nous de dire que le chanoine fut puni par ses supérieurs et que le valet alla en prison.--Les grands seigneurs du pays inventoient ou importoient, la plupart, des exemples de ce genre, avec les développements et les variantes proportionnés à leur moyens. Les Lavardin [19] n'étoient pas les moins industrieux, ou du moins ils se mettoient peu en peine de changer cet état de choses [20] (V. Tallemant des Réaux).» Aussi les statuts *contra rixantes* sont-ils sans cesse renouvelés. Du reste, on sait quel rôle les coups de bâton, par exemple, jouoient alors dans les relations de la vie sociale.

Note 19: (retour) Amis et protecteurs de Scarron.

Note 20: (retour) *Lettre de M. Anjubault.*

Un critique a reproché à Scarron, comme un des plus graves défauts du *Roman comique*, d'y avoir fait preuve d'une observation trop générale, dont la plupart des traits, ne portant pas avec eux un cachet particulier de vérité locale, pourroient aussi bien s'appliquer au Paris du temps qu'à la province. Rien que parce qui précède, on voit combien ce reproche est peu fondé. On peut dire que les moeurs dont il s'est fait le peintre ont le caractère essentiellement provincial, par contraste avec Molière, qui est le peintre des moeurs de Paris. La province, et le Mans en particulier, qui étoit alors à trois journées de marche environ de la capitale, offroit par là même plus de caractères tranchés, de types originaux et indigènes, qu'aujourd'hui.

Comme beaucoup des oeuvres que j'ai passées en revue dans la première partie de cette Notice, le *Roman comique* tombe par endroits dans la satire; il ne fuit pas l'épigramme et la parodie, même littéraire, qui se trahissent dès les premières lignes. J'ai relevé dans mes notes plusieurs traits malins de l'auteur--beaucoup moins nombreux toutefois que dans le *Roman bourgeois* de Furetière, et surtout dans le *Berger extravagant* de Sorel--contre les invraisemblances et les ridicules des romans chevaleresques ou héroïques. Mais, outre ces épigrammes de détail, il y en a une plus générale répandue dans tout le corps de l'ouvrage et qui en fait l'essence même. Plusieurs des personnages du *Roman comique* semblent conçus et tracés dans un système de parodie: La Rancune est le traître, le Ganelon du livre; Ragotin est la charge du héros galant et valeureux, du chevaleresque servant des dames; les grands coups d'épée sont remplacés par de grands coups de pieds et de poing, etc.

Mais voyez la contradiction! Tout cela n'empêche pas l'auteur de tomber, comme la plupart de ses confrères, dans deux ou trois des défauts les plus habituels aux romans dont il se moque: car, sans parler de quelques longues conversations, il a intercalé dans son roman quatre nouvelles et l'histoire de Destin, qui s'interrompt et se reprend à plusieurs reprises. Ces récits, trop nombreux, sont amenés brusquement, sans lien, sans préparation, sans rentrer en rien dans l'ouvrage; en outre, ils ont le tort de se ressembler presque tous par le fond, et quelques uns d'exiger une attention très soutenue, si l'on veut ne se point embrouiller dans cette intrigue enchevêtrée et un peu confuse [21]. Toutes ces histoires, qui ne sont même pas des épisodes, pouvoient d'autant mieux se retrancher, au moins en partie, que le roman proprement dit, assez court par lui-même, ne comportoit pas de si longs et de si nombreux hors-d'oeuvre, tout à fait en disproportion avec l'ouvrage, dont ils ralentissent la marche. C'est là que s'est réfugié l'élément romanesque, bien que l'écrivain comique s'y trahisse toujours à quelques phrases, sous ce fouillis d'aventures et ces étranges *imbroglios* à l'espagnole, qui les font ressembler à des tragi-comédies de Rotrou, de Scudéry ou de Boisrobert.

Note 21: (retour) Voir surtout, dans l'histoire de Destin, l'endroit où il s'agit de l'enlèvement de mademoiselle de Saldagne par Verville.

Du reste, une considération à laquelle Scarron n'a sans doute pas expressément songé peut servir à justifier ce mélange de l'intrigue à l'observation, fait dans une mesure, avec une convenance et un bonheur plus ou moins contestables. D'une part, la vie de salon au XVIIe siècle, l'usage des réunions et des coteries avoient dû naturellement amener l'emploi et accréditer l'usage de ces continuels récits, comme celui des longues conversations; de l'autre, on étoit encore trop près des grands *romans romanesques* pour se plaire aux romans d'observation pure et simple, débarrassés des fracas d'une intrigue curieuse et embrouillée; il falloit faire passer l'étude de moeurs sous le couvert de ces aventures auxquelles on avoit habitué les lecteurs. C'est ce que ne fit pas Furetière dans le *Roman bourgeois*: aussi ce dernier ouvrage, malgré le nom, l'esprit et la malignité de l'auteur, eut-il peu de succès, tandis que *le Roman comique* de Scarron en eut beaucoup. Il est vrai qu'on peut encore indiquer une autre raison peut-être de cette différence de succès. Le roman de Furetière s'est astreint à observer simplement la vie privée et les moeurs bourgeoises de la famille; il a voulu se renfermer dans le côté intime et domestique, se donnant tort ainsi, non pas, je suis loin de le dire, aux yeux de la postérité, mais aux yeux des lecteurs du jour, curieux d'émotions plus vives, de sujets moins connus, de tableaux plus variés. Scarron, au contraire, comme l'auteur de *Francion*, quoiqu'à un moindre degré, s'en tint surtout à ce côté des moeurs qui prêtoit le plus à l'aventure, au burlesque, à la parodie; son observation court les tripots, les auberges, les théâtres, les grandes routes, au lieu de demeurer au coin du foyer. Tout en restant juste et vraie, elle est plus en dehors, par la nature même du sujet.

Quant au style du *Roman comique*, il est vif et d'une rapidité singulière; il va sans appuyer, mais en marquant d'un mot caractéristique les hommes et les choses qu'il veut peindre. Ce style ne respire pas, tant il a hâte de courir au but, bien autrement net et précis que celui des romans de mademoiselle de

Scudéry. Malgré ses négligences et ses incorrections, il a plus de prestesse, moins de lourdeur et d'embarras dans les tournures. La langue de Scarron est remarquable par le naturel, le trait, la rapidité, la clarté même en général, sans avoir une force ou une élévation que ne comportoient ni le genre choisi, ni le talent de l'auteur; elle est en progrès sur celle de beaucoup de contemporains, du moins parmi les romanciers. Pour mieux en apprécier le mérite, il ne faut pas oublier que *le Roman comique* [22] précéda *les Provinciales*, dont la première ne parut qu'en 1656. Tout cela explique son légitime succès. Au reste, chaque production de Scarron étoit fort recherchée, à cause de sa bonne humeur [23], et, après la parodie des poètes dans ses vers burlesques, on devoit être curieux de voir la parodie des romanciers dans ce livre. Généralement, et c'est là un éloge qu'il ne faut pas omettre en parlant de Scarron et d'un roman comique, il n'a pas cherché à être plaisant aux dépens de la décence, et, sauf en d'assez rares endroits, son ouvrage est relativement écrit sur un ton convenable. La seconde partie surtout, composée après son mariage [24], se ressent, tout le monde l'a remarqué, de l'heureuse influence de madame Scarron. Il faut se garder pourtant d'exagérer la portée de cette remarque, car c'est dans cette seconde partie que se trouve l'épisode de madame Bouvillon; mais on y trouve moins de trivialités grotesques, de plaisanteries peu ragoûtantes, et même le style est meilleur et renferme moins de termes anciens et passés. En effet, au témoignage de plusieurs contemporains, en particulier de Segrais (*Mém. anecd.*, II, p. 84, 85), sa femme lui servoit à la fois de secrétaire et de critique, et son influence est visible aussi dans les poésies de Scarron venues après son mariage.

Note 22: (retour) La première partie est de 1651; la deuxième ne parut qu'en 1657, mais le privilége est de 1654.

Note 23: (retour) Voir *le Burlesque malade, ou les Colporteurs affligés, etc.* Paris, Loyson, 1660.

Note 24: (retour) Scarron épousa Françoise d'Aubigné, non en 1650 ou 1651, comme beaucoup l'ont dit, mais en 1652. Cette date me paroît solidement établie par une note de M. Walckenaër (*Mémoires de madame de Sévigné*, 2, p. 447).

Suivant Ménage, l'ami de l'auteur, le *Roman comique*, est le seul de ses ouvrages qui passera à la postérité; le savant homme va jusqu'à lui appliquer solennellement, trop solennellement, le vers de Catulle:

Canescet seculis innumerabilibus.

Boileau lui-même, le sévère, l'irréconciliable ennemi du burlesque et du mauvais goût, qui gourmandoit si vertement Racine de sa foiblesse quand il le surprenoit à lire Scarron, exceptoit, dit-on, le *Roman comique* de son anathème. Les hommes les plus graves et les plus éloignés, par état comme par esprit, de si frivole matière, le lisoient également, par exemple Fléchier, comme on le voit par un passage de ses *Grands-Jours*, où il compare à la troupe de Scarron une bande de méchants comédiens qui viennent jouer à Clermont pendant les assises [25]. Le public en masse ne fit que ratifier l'impression de ces amis devant lesquels il *essayoit* son ouvrage, comme il disoit lui-même, et qui en rioient de tout leur coeur. Le Maine, surtout, préparé à cette lecture par ses moeurs et ses goûts particuliers, ainsi que nous l'avons vu, accueillit avec empressement le *Roman comique* comme une continuation perfectionnée des vieux et libres conteurs qu'il aimoit, d'Eutrapel, de Bonaventure Des Periers, qu'on lisoit beaucoup au Mans, et surtout de son Conte d'Alsinois (Nicolas Denisot). Il est malheureux seulement que l'inachèvement de l'ouvrage nous empêche de prononcer un jugement définitif, en ne nous permettant pas de pouvoir bien apprécier l'ensemble des aventures, leur rapport harmonieux, leur but final et la façon dont elles se dénouent, sans parler de l'intérêt de curiosité qui demeure en suspens: «On auroit su, dit Sorel, s'il n'auroit pu empêcher que son principal héros ne fût pendu à Pontoise, comme il avoit accoutumé de le dire.» (*Bibl. fr.*, p. 199).

Note 25: (retour) Il est vrai que Fléchier n'étoit alors qu'un petit abbé, de moeurs peu sévères, ce semble, et un simple précepteur, et que, dans cette comparaison même, il montre qu'il a lu son auteur bien vite et n'en a pas conservé un souvenir très net, car il prend la Rappinière pour un acteur, et du Destin il fait M. l'Étoile.

Entre toutes les questions que soulève le *Roman comique*, celle de ses origines est une des plus importantes et des plus négligées. On savoit bien que l'ouvrage montroit de loin en loin, surtout dans ses nouvelles épisodiques, les traces de cette littérature espagnole où l'on puisoit si largement à cette époque, Scarron tout le premier; mais jusqu'à quel point avoit-il imité ou traduit, soit dans ses nouvelles, soit dans le reste de l'oeuvre? Qu'avoit-il pris et où avoit-il pris? Quelle étoit sa part d'invention et d'originalité dans l'ensemble comme dans les détails? Toutes questions qu'on laissoit sans les résoudre, et qui pourtant devraient être résolues aussi nettement que possible en tête d'une édition sérieuse du *Roman comique*.

Et d'abord, le chef-d'oeuvre de Scarron est-il imité dans son plan et sa conception générale, et notre auteur est-il redevable à d'autres de l'idée-mère de son livre?--À notre avis, le sujet est bien à lui. Peut-être, quoique le souvenir ne s'en soit pas conservé dans le Maine, lui a-t-il été inspiré par des aventures réelles [26], sur lesquelles a brodé, comme sur un thème choisi à souhait, son imagination aventureuse et riante; peut-être avoit-il rencontré, pendant ses voyages et son séjour au Mans, cette troupe d'acteurs nomades immortalisée par lui? Probablement même tous ces types, si vrais et si plaisants, lui avoient été fournis par des originaux en chair et en os, dont on peut encore aujourd'hui retrouver quelques uns dans l'histoire;--ce qui suffiroit à prouver la personnalité de son inspiration et à écarter l'hypothèse d'un travail d'imitation étrangère, comme celui qu'il a fait dans ses comédies. Ainsi le petit Ragotin n'est autre que René Denisot, avocat du roi au présidial du Mans, mort en 1707, comme nous l'apprennent les chroniqueurs du pays, entre autres Lepaige, dans son *Dictionnaire du Maine*. Le marquis d'Orsé, dont il est parlé en termes si magnifiques au chapitre 17 de la seconde partie, paroît être le comte de Tessé, avec qui Scarron s'étoit trouvé en rapports excellents, et dont la physionomie répond bien au portrait tracé par notre auteur. Suivant une clef manuscrite trouvée par M. Paul Lacroix dans les papiers non catalogués de l'Arsenal, et que nous donnons sous toutes réserves [27], la Rappinière seroit M. de la Rousselière, lieutenant du prévôt du Mans;--le grand la Baguenodière, le fils de M. Pilon, avocat au Mans;--Roquebrune, M. de Moutières, bailli de Touvoy, juridiction de M. l'évêque du Mans;--enfin Mme Bouvillon seroit Mme Bautru, femme d'un trésorier de France à Alençon, morte en mars 1709, mère de Mme Bailly, femme de M. Bailly, maître des comptes à Paris, et grand-mère de M. le président Bailly. Scarron, pendant qu'il jouissoit de son bénéfice au Mans, avoit eu probablement des démêlés avec toutes ces personnes, et il s'en vengea en les mettant dans son roman. Placé dans une position équivoque, aimant à railler les provinciaux, peu endurants de leur nature, il n'est pas étonnant qu'il se soit fait des ennemis et qu'il ait voulu s'en venger à sa manière. Il a introduit également dans son oeuvre, sans déguisement, un certain nombre de personnages historiques, locaux et contemporains, qui, il est vrai, n'y jouent pas un rôle proprement dit et n'y sont mentionnés qu'en passant, mais qui sont, pour ainsi dire, autant de liens rattachant son roman à la réalité [28]: ici c'est le sénéchal du Maine, baron des Essards; là, ce sont les Portail, famille célèbre dans la magistrature [29], etc.

Note 26: (retour) Par exemple, le *Segraisiana* nous indique le nom du personnage dont une aventure a inspiré à Scarron l'idée du chap. 6 de la IIe partie: M. de Riandé, receveur des décimes.

Note 27: (retour) Nous en garantissons d'autant moins l'authenticité, que nous en ignorons l'origine, et que, du reste, les traditions locales sont muettes là-dessus. M. Anjubault, en particulier, n'a pu nous transmettre aucun éclaircissement sur ce point.

Note 28: (retour) Scarron, comme plusieurs de nos romanciers modernes, et en particulier Balzac, semble vouloir prendre ainsi ses précautions pour mieux faire croire à la réalité de ces *très véridiques* aventures, tantôt par certaines formes de phrase, tantôt en se mêlant lui-même au récit, tantôt en y faisant intervenir des faits historiques en dehors de ceux du roman.

Note 29: (retour) On peut aussi retrouver à peu près sûrement quelques uns des personnages que Scarron avoit en vue à l'aide des pièces et des archives locales. Ainsi il met en scène le curé de Domfront; or le curé de Domfront étoit alors Michel Gomboust, fils du sieur de La Tousche. Il est peu probable que Scarron, qui s'arrête assez longuement à cette charge bouffonne, ait employé une désignation si claire et si compromettante d'une manière vague, sans intention et au hasard, surtout dans un roman de moeurs d'une action contemporaine et d'une donnée satirique autant que comique, dont il devoit penser qu'on rechercheroit aussitôt la clef. Que son portrait soit fidèle, qu'il n'ait point cédé au plaisir de la caricature ou à l'attrait de quelque vengeance burlesque, c'est une autre affaire, et je suis loin de vouloir jurer de son innocence. L'abbesse d'Estival, qu'il introduit plus loin avec son directeur Giflot, étoit alors Claire Nau, qui gouverna la maison d'Estival en Charnie de 1627 à 1660. Le prévôt du Mans, qui avoit épousé une Portail (II, 16), doit être Daniel Neveu, prévôt provincial du Maine, qui épousa Marie Portail en 1626.

Il n'y a rien là, évidemment, que de françois par le caractère, rien que d'original et de simple et franche venue. Je sais bien qu'on a prononcé, à propos du *Roman comique*, le titre d'un ouvrage d'Augustin Rojas de Villandrado, *El viage entretenido*, vrai *Roman comique* espagnol, roulant, lui aussi, sur les troupes ambulantes de comédiens, racontant leurs tournées en province et leurs aventures, les suivant de stations en stations, nous les montrant dans leur intérieur, dans leurs habitudes intimes, peignant leurs moeurs, leur misère et leurs vices. L'auteur de ce livre curieux, qui n'a jamais été traduit en françois, homme expert, *chevalier du miracle*, comme on l'appeloit, caustique, insouciant, aventureux, vieilli lui-même sur les planches, étoit bien celui qu'il falloit pour écrire cette histoire. Le *Voyage amusant* (ou plutôt le *Voyage où l'on s'amuse*) de Rojas parut pour la première fois en 1603. Tout ouvrage espagnol étoit alors connu aussitôt, lu et exploité avec une promptitude extraordinaire, de ce côté des Pyrénées; quelquefois même, on en a des exemples, traduit sur un manuscrit avant d'avoir été imprimé en Espagne. Il est donc probable que Scarron connoissoit le livre de Rojas, et il est très possible aussi que ce livre lui ait inspiré l'idée de son roman; mais, en vérité, c'est tout ce que l'on peut admettre, et, si l'imitation a eu lieu, elle est tellement libre, elle a si bien dévié de son point de départ pour entrer dans une voie tout à fait personnelle et *sui generis*, que le *Roman comique* est tout au plus un pendant, et n'a rien d'un calque ni d'une copie. Il se rencontre pourtant avec l'ouvrage de son devancier en quelques légers points de détail que j'ai notés au passage; mais ce sont de ces rencontres vagues que devoit forcément amener la ressemblance générale du sujet, et qui disparoissent dans la diversité du style, du plan et de l'intrigue. Le *Roman comique*, en effet, bien supérieur en somme au *Voyage amusant*, est surtout écrit sur un ton complétement différent de ce dernier livre, que M. Damas Hinard a pu prendre pour base principale d'un travail fort sérieux sur le vieux théâtre de la Péninsule [30].

Note 30: (retour) *Moniteur* de 1853.

Quant aux quatre nouvelles espagnoles intercalées par Scarron dans le corps de son roman, suivant l'usage de l'époque, c'est autre chose. Là, l'imitation, la traduction même, étaient tellement flagrantes à la simple lecture et si peu déguisées [31] que le doute ne sembloit guère permis; seulement, dans une littérature aussi luxuriante et aussi peu connue que la littérature espagnole, les recherches devoient être naturellement longues et pénibles, et c'est pour cela sans doute que personne ne les avoit faites jusqu'à présent, ou que personne du moins n'y avoit réussi. Le récit circonstancié de mes propres excursions intéresseroit peu les lecteurs; aussi me bornerai-je à en constater le résultat.

Note 31: (retour) Scarron va même jusqu'à dire, avant l'*Amante invisible*: «Je m'en vais vous conter une histoire tirée d'un livre espagnol qu'on m'a envoyé de Paris», et avant le *Juge de sa propre cause* (Rom. com., II, 14): «Il lut... une historiette *qu'il avoit traduite de l'espagnol*, que vous allez lire dans le suivant chapitre.» Mais il est vrai que ces seules paroles ne seroient point une preuve: car, à la rigueur, elles pourroient n'être qu'une petite supercherie destinée à mettre ses nouvelles sous la protection de la vogue. Au chapitre 21 de la première partie, il montre assez, sous forme d'une conversation, combien il prisoit les nouvelles espagnoles et combien il s'en étoit occupé.

À force de fouiller dans l'inextricable et touffue végétation du théâtre espagnol, j'étois parvenu, aidé par quelques indications bienveillantes, à retrouver dans Lope de Vega, dans Calderon, dans Moreto, dans Tirso de Molina, les premières traces et les premiers germes, à ce qu'il me sembloit, des nouvelles du *Roman comique*, et j'allois me résoudre à croire que Scarron, faisant des frais d'invention assez larges, avoit transformé les pièces en récits, ce qui avoit souvent lieu alors, quand M. de Puibusque me signala, dans un livre rare de don Alonso Castillo Solorzano,--*los Alivios de Cassandra* (*les Délassements de Cassandre*), Barcelone, 1640, in-12,-- un récit dont le titre, me disoit-il, ressembloit exactement à celui de la seconde nouvelle du *Roman comique*: *À trompeur trompeur et demi*, puisque ce récit étoit intitulé: *A un engaño otro mayor*.

Los Alivios de Cassandra, espèce de décaméron imité des *Auroras de Diana*, de don Pedro Castro y Anaya, et peut-être aussi du *Para todos* (*Pour tous*) de Montalvan, contiennent cinq nouvelles et une comédie. L'auteur, poète, historien, et surtout romancier distingué dans le genre enjoué et picaresque, a fait d'autres ouvrages, de valeur et de succès divers. Ses *Alivios* ont été traduits en 1683 et 1685 par Vanel (*les Divertissements de Cassandre et de Diane*, ou *les Nouvelles de Castillo et de Taleyro*). En jetant les yeux sur ce livre, qu'avoit bien voulu mettre à ma disposition le savant auteur de l'*Histoire comparée des littératures espagnole et française*, je vis que ce n'étoit pas seulement le titre qui se ressembloit des deux parts, mais le récit complet, et que Scarron s'étoit à peu près borné à le mettre en françois, sans même se donner la peine de changer les noms des personnages. Ce n'est pas tout. Quelle ne fut point ma surprise de découvrir, dans le reste du même volume, les originaux de deux autres nouvelles du *Roman comique*, traduits par Scarron avec aussi peu de gêne, et à peu près aussi littéralement! Il est évident qu'en 1646, époque vers laquelle, selon toute probabilité, il commença la composition de son *Roman comique*, il avoit entre les mains ce livre récent, qui lui avoit plu, et qu'il avoit trouvé commode d'en détacher les trois premières nouvelles pour les faire raconter à ses personnages, au lieu d'en inventer lui-même ou de les réunir dans un recueil à part.

Maintenant procédons par ordre, et avec un peu plus de détails. *L'Amante invisible* (*Rom. com.*, I, 9) est simplement traduite, avec intercalation de quelques phrases burlesques, de la troisième nouvelle des *Alivios de Cassandra*, intitulée: *Los Efectos que haze Amor*. Que le sujet de cette nouvelle soit ou ne soit pas de Solorzano lui-même, je n'ai point à m'en préoccuper ici. Quoique la littérature espagnole compte à bon droit parmi les plus originales de l'Europe, il n'en est pas moins vrai que Solorzano, et beaucoup de ses contemporains, Cervantes, Salas Barbadillo, Juan de Timoneda, Tirso de Molina, etc., avoient largement puisé dans les productions de l'Italie. Mais il me suffit d'avoir retrouvé l'origine immédiate, sans vouloir remonter à l'origine primitive: la question des sources premières en littérature est encore plus incertaine et plus obscure que celle des sources du Nil.--Il est possible, probable même, que le théâtre espagnol, qui a touché à tous les sujets, et à qui celui-là devoit particulièrement plaire, l'ait également traité. Du reste, Calderon a fait *la Dama duende* (1629), imitée par Douville sous le titre analogue de *l'Esprit follet* (1642) [32], où on trouve, il faut l'avouer, fort peu de ressemblance, sauf en un ou deux points de minime importance, avec la nouvelle de Scarron [33]. Calderon a fait également, en 1635, *el Galan fantasma*; Lope, *la Discreta enamorada*; enfin, Tirso de Molina, *la Celosa de si misma*, dont les titres sont en rapport avec celui de *l'Amante invisible*.

Note 32: (retour) Pièce qui a été elle-même imitée par Hauteroche sous le même titre.

Note 33: (retour) Remarquons que d'Ouville a traduit de Solorzano *la Garduna de Sevilla* (la Fouine de Séville, 1661). Il connaissoit donc cet auteur, et, par conséquent, il est possible que, dans son *Esprit follet*, il ait un peu songé aussi à la troisième nouvelle des *Alivios*.

À trompeur trompeur et demi (I, 22) n'est autre chose, comme je l'ai dit plus haut, que la deuxième nouvelle du même livre. Mais je dois mentionner, en outre, comme ayant pu influer aussi, quoique de beaucoup plus loin, sur Scarron, quelques pièces de théâtre: *Trampa adelante* [34], de Moreto, à qui notre auteur a également emprunté *el Marques de Cigarral*, pour en faire *Don Japhet d'Arménie*; *Cautela contra cautela*, de Tirso de Molina, et *Fineza contra fineza*, de Calderon.

Note 34: (retour) Mais il faudroit que cette pièce, qui, je crois, a été imprimée seulement en 1654, eût couru manuscrite plusieurs années avant sa publication.

Les Deux Frères rivaux (II, 19) constituent un sujet qu'on trouve souvent traité dans notre théâtre de la première partie du XVIIe siècle, époque où nos auteurs prenoient à pleines mains dans la littérature espagnole; et par cela seul sa filiation se trouvoit clairement désignée. Beys a donné en 1637 *Céline, ou les Frères rivaux*, tragédie; Chevreau, en 1641, *les Véritables Frères rivaux*, dont le sujet à quelque analogie générale avec celui de Scarron; Scudéri, en 1644, *Arminius, ou les Frères ennemis*, etc. La nouvelle de Scarron est la traduction libre, mais où la plupart des noms sont restés les mêmes, du premier récit des *Alivios de Cassandra*, intitulé: *La Confusion de una noche*. Ceux qui ont lu le récit de notre auteur comprendront, en se rappelant la confusion qui se fait entre les deux frères, la nuit, dans le jardin de don Manuel, père de leur commune amante, comment la nouvelle espagnole peut porter cette étiquette, si différente de celle de la nouvelle françoise qui en est tirée. N'oublions pas non plus que Moreto a donné au théâtre *la Confusion de un jardino*, dont le titre indique aussi une certaine ressemblance de sujet. Enfin on trouve dans un recueil de *Novelas morales* de don Diego Agreda y Vargas *el Hermano indiscreto*, ou, comme dit Baudouin, dans sa traduction (1621), *le Frère indiscret, ou les Malheurs de la jalousie*; mais la ressemblance s'arrête à peu près là, malgré quelques personnages du même nom.

Reste *le Juge de sa propre cause* (II, 14), qui, cette fois, n'est pas tiré du livre de Solorzano. Au premier coup d'oeil, même avant de l'avoir lu, l'origine espagnole n'en sauroit être douteuse pour qui se rappelle *le Médecin de son Honneur*, *le Geôlier de soi-même*, et tous ces titres par rapprochements et par antithèses que cette littérature affectionne. Lope de Vega a fait *el Juez en su causa* (V. *Las comedias del famoso*, etc., in-4, dern. vol., Bibl. imp.) [35]; mais la source immédiate de la nouvelle de Scarron doit être cherchée ailleurs: c'est le 9e récit des *Novelas exemplares y amorosas*, sorte de décaméron dû à la plume de dona Maria de Zayas (Barcelone, Joseph Giralt; l'approbation est de juin 1634): *el Juez de su causa*. Scarron a fait plus qu'imiter un modèle; sauf quelques interversions et quelques légers changements, portant soit sur les noms, soit sur les détails, qu'il modifie au goût du pays et de l'époque, il s'est borné à traduire, et souvent avec la plus complète exactitude.

Note 35: (retour) Je trouve aussi, parmi les pièces de Calderon, *El gran principe de Fez*, dont plusieurs personnages portent les mêmes noms que ceux de Scarron, et dont l'action se passe au Maroc, comme dans la première partie du *Juge de sa propre cause* et dans beaucoup d'autres drames espagnols.

Voilà ce que Scarron a pris à l'Espagne dans son *Roman comique*; tout cela, je crois, sauf le *Voyage amusant*, n'avoit encore été signalé nulle part. On y pourroit joindre peut-être quelques courts passages, quelques réflexions, où l'on retrouve tantôt une phrase du *Nouvel an dramatique* de Lope, tantôt un ressouvenir de *Don Quichotte* [36], dont il parle plusieurs fois, du reste, dans son Roman, et dont les épisodes de la première partie surtout semblent l'avoir inspiré, etc. Encore ces endroits, fort rares en dehors des quatre nouvelles épisodiques, sont-ils plutôt, j'en suis convaincu, de brèves rencontres inspirées par une certaine analogie de situation que des imitations réelles. C'est, d'ailleurs, fort peu de chose dans l'ensemble du livre, et le *Roman comique* proprement dit est bien une composition originale, dont on n'est pas en droit de ravir la gloire à Scarron.

Note 36: (retour) Les titres de plusieurs chapitres, en particulier, semblent calqués sur ceux de Cervantes. Tels sont ceux-ci, par exemple: «Qui ne contient pas grand chose,--Qui contient ce que vous verrez si vous prenez la peine de le lire,--Des moins divertissants du présent volume, etc.»

Un certain nombre d'écrivains ont succombé à la tentation de reprendre l'oeuvre interrompue de Scarron et de l'achever. De là plusieurs *Suites du Roman comique*, dont il est nécessaire que nous disions quelques mots. La première est celle que l'on désigne partout, dans les catalogues, dans les histoires de la littérature, dans les biographies, sous le nom d'A. Offray. Il y a là une erreur que nous devons relever en passant. En lisant la dédicace, on y trouve cette phrase, qui, avec un peu d'attention, eût dû suffire pour avertir de la méprise: «Mais, Monsieur, après avoir agréé mon présent, ne jugerez-vous pas favorablement de *mon* auteur, et le croirez-vous sans mérite? *Ses expressions sont naturelles, son style aisé; il étale partout un fond d'agrément qui lui tient lieu de force*, etc.» Cela est parfaitement clair, il me semble, et je m'étonne qu'aucun des éditeurs précédents n'y ait fait attention. Le nom d'A. Offray, qu'on lit au bas de cette dédicace, n'est pas celui de l'auteur, mais du libraire, comme il arrivoit souvent alors. Ce libraire, peu connu, et que j'eusse peut-être cherché longtemps encore sans grands résultats si M. Péricaud aîné ne m'avoit mis sur la voie par une indication précise, est bien certainement Antoine Offray, qui édita à Lyon, en 1661, le *Sésostris* de Françoise Pascal, in-12; en 1664, le *Vieillard amoureux ou l'Heureuse feinte*, pièce comique de la même; la *Vie de Calvin*, par Bolsec; la *Vie de Labadie*, par François Mauduict (petit in-8), qu'il a dédié (on voit qu'il avoit l'habitude des dédicaces) à Messieurs de la Propagation de la foi. Il demeuroit au Change. Il faut donc qu'on se décide à lui reprendre la gloire d'une composition qui n'est pas à lui, pour la reporter à un anonyme qui restera probablement inconnu; et peut-être, au fond, cette question de paternité littéraire ne mérite-t-elle pas, *dans l'espèce*, de susciter de bien grandes recherches. Ce n'est pas que cette suite soit absolument sans valeur; elle est faite avec quelque verve et quelque esprit, et l'auteur y a assez bien saisi le genre de Scarron; mais, en tâchant de la mettre en harmonie avec le reste de l'ouvrage et de se conformer au *génie* de son modèle, dont il est loin d'avoir la naturelle bonne humeur, il s'est rangé parmi les imitateurs les plus serviles, et s'est volontairement privé du libre usage de sa force de création. Il se traîne à la remorque de Scarron, répète et reprend ses inventions, y coud péniblement les siennes, et tombe souvent dans de bien plates et bien maladroites plaisanteries. Son style surtout, qui contient des phrases d'un enchevêtrement incroyable, est beaucoup plus lourd, plus vieux et plus embarrassé.

Cette troisième partie, dont on ne connoît pas l'auteur, présente les mêmes obscurités quant à sa première édition. Une phrase de l'*Avis au lecteur* sembleroit faire entendre qu'elle remonte à trois ans environ après la mort de Scarron, qui eut lieu en 1660 [37]; mais cette phrase est vague et peut s'expliquer aussi bien d'une autre manière. M. Brunet n'a découvert aucune trace d'une édition plus ancienne que celle qui se trouve dans le volume imprimé chez Wolfgang (Amsterd., 1680); mais il est évident, d'après le nom du libraire A. Offray, qui est Lyonnois, et la dédicace à M. Boullioud, écuyer et conseiller du roi en la sénéchaussée et siège présidial de *Lyon*, qu'il a dû en paroître une autre édition auparavant dans cette dernière ville. Or le catalogue manuscrit de l'ancienne bibliothèque de Saint-Vincent, au Mans, par le savant dom de Gennes, porte la mention suivante: «Le Roman comique (par M. Scarron), troisième et dernière partie; Lyon, 1678, 1 vol. in-12.» Selon toute probabilité, ce doit être là cette première édition, qui, par malheur, n'est pas venue entre les mains du bibliothécaire actuel, mais qu'il seroit possible, sans doute, de retrouver à Lyon. Avant cette date de 1678, le *Roman comique* de Scarron est toujours annoncé dans les catalogues en deux parties ou en deux volumes, ou au moins rien n'y fait supposer dès lors une troisième partie, une suite quelconque, et il seroit assez étonnant qu'on l'eût toujours négligée à cette époque, surtout si elle avoit suivi de si près l'ouvrage de notre auteur.

Note 37: (retour) Voici cette phrase: «Au reste, j'ai attendu longtemps à la donner au public, sur l'avis que l'on m'avoit donné qu'un homme d'un mérite fort particulier y avoit travaillé sur les Mémoires de l'auteur.... mais, *après trois années* sans en avoir rien vu paroître, j'ai hasardé le mien.»

Il faut citer maintenant la suite de Preschac ou Prêchac (car il a écrit son nom des deux manières), fécond auteur de romans à titres étranges et cavaliers, tels que *l'Héroïne mousquetaire*, qui rentre dans notre cadre par la couleur bourgeoise, familière et comique de quelques pages; *le Beau Polonais, le Bâtard de Navarre*, etc. Prêchac a imité assez bien, et non sans esprit, le genre de Scarron; mais, au lieu de s'appliquer à poursuivre et à soutenir ses caractères, il s'est rejeté de préférence sur les petits côtés de l'oeuvre, sur les plaisanteries et les farces vulgaires. La première édition connue de cette suite est celle de Paris, Cl. Barbin, 1679, in-12 (catal. de la Bibl. imp.).

Ce sont là les deux principales suites et les plus célèbres, mais il y en a plusieurs autres encore. Telle est la *Suite et conclusion du Roman comique*, par M. D. L. (Amsterd., et se trouve à Rouen, chez Le Boucher fils, et à Paris, chez Pillot, 1771; mais nous ne sommes pas sûr que ce soit là la première édition). Cette *conclusion*, dont on peut voir l'analyse au deuxième volume de la *Bibliothèque universelle des romans*, est d'un genre tout à fait différent. L'avertissement prévient que, sans vouloir imiter le style ni la manière de Scarron, «on a suivi simplement l'histoire de Destin et de mademoiselle de l'Étoile, comme celle des deux personnages qui intéressent le plus». Et en effet cette conclusion, d'une rare inintelligence, a trouvé le moyen de transformer l'oeuvre de notre auteur en un vrai *roman romanesque*, bien sérieux, bien fade et bien ennuyeux.

En ces derniers temps, M. Louis Barré a donné dans une édition populaire (chez Bry, 1849) une suite et conclusion fort courte, et n'ayant d'autre but que de dénouer tous les fils entrecroisés, d'amener à terme tous les éléments de péripéties et de reconnaissances finales préparés par Scarron dans les deux premières parties. Enfin, peut-être faut-il joindre encore à tous ces noms celui de de La Croix [38], auteur de la *Guerre comique, ou la Défense de l'École des femmes*, spirituelle et judicieuse comédie en un acte, prose et vers, 1664, ou plutôt dialogue en 5 disputes. Le bibliophile Jacob, en mentionnant cette pièce dans le catalogue Soleinne (fin du premier volume), dit qu'il promettoit de mettre sous presse une troisième partie du *Roman comique*, mais qu'on ne sait s'il a tenu parole.

Note 38: (retour) Suivant les uns, c'est C. S. Lacroix, avocat au Parlement, auteur de la *Climène* (1628), de l'*Inconstance punie* (1630); suivant d'autres, c'est un certain Pierre de Lacroix, sur lequel on a peu de renseignements.

D'autres oeuvres portent le même titre, mais dans un sens plus général, et sans se rattacher directement à l'ouvrage de Scarron. Tel est, par exemple, le *Supplément au Roman comique, ou Mémoires pour servir à la vie de Jean Monnet, ci-devant directeur de l'Opéra-Comique à Paris*, etc., écrits par lui-même, 1773, Londres; in-12.

Le *Roman comique* n'a pas inspiré seulement des suites. En 1684, La Fontaine et Champmeslé ont fait *Ragotin, ou le Roman comique*, comédie en 5 actes, en vers, jouée sous le nom de ce dernier, et qui n'eut pas beaucoup de succès. Ils ont tâché d'y réunir les mots, les traits, les événements les plus remarquables du livre de Scarron, en ajoutant quelquefois à l'intrigue, et quelquefois aussi en bouleversant l'ordre des incidents, en échangeant dans certaines parties les rôles de deux ou trois personnages. La pièce est intéressante et habilement versifiée, mais elle contient de trop longs récits; il a fallu trop y accumuler les incidents comiques pour les faire tenir dans les cinq actes, et elle manque un peu de verve comique, surtout quand on vient de lire notre auteur.

En 1733, Le Tellier d'Orvilliers publia à Paris, chez Christophe David, le *Roman comique mis en vers*. C'étoit une étrange idée. Il avoit d'abord fait paroître quelques fragments dans le *Mercure* de décembre 1730, de janvier et février 1731, et il fut encouragé à poursuivre. Ses vers octosyllabiques suivent le texte original d'aussi près que possible, et cette extrême exactitude, ce frivole tour de force, est son plus grand mérite, si mérite il y a. Quelques passages sont rendus avec bonheur, mais on aimera toujours mieux les lire dans la prose de Scarron que dans les vers de Le Tellier.

Il est inutile de poursuivre cette énumération dans ses moindres détails. Ce que j'ai dit suffit pour donner une idée de l'influence qu'a exercée le *Roman comique* et des travaux divers qu'il a suscités.

Nous n'entrerons pas dans la bibliographie du *Roman comique*, qui n'en finiroit pas. La première partie parut pour la première fois en 1651, chez Toussaint Quinet (le privilége est du 20 août 1650); la deuxième chez Guillaume de Luynes, (Quinet étant mort dans l'intervalle), en 1657 seulement, quoique le privilége soit du 18 décembre 1654. Cette première édition est fort rare; la bibliothèque de l'Arsenal, seule à Paris, possède la première édition de la première partie. Aussi est-elle restée inconnue à la plupart des éditeurs modernes, si bien même que fort peu de critiques ou de biographes semblent en avoir connu la date exacte, et, avant d'avoir eu les priviléges entre les mains, je n'avois pu en rencontrer nulle part une indication précise. Cette extrême rareté a entraîné des conséquences plus ou moins graves, par exemple des différences assez importantes dans certains passages entre la première édition et les éditions postérieures.

Nous avons cru devoir joindre aux deux parties de Scarron la suite dite d'A. Offray, parceque cette suite, beaucoup plus répandue que les autres, en est venue aujourd'hui à faire corps, pour ainsi dire, avec le *Roman comique*, auquel elle est réunie, et qu'elle complète, dans presque toutes les éditions. C'est encore elle qui mérite le mieux cet honneur. Du reste, cette troisième partie, où l'auteur a abandonné, jusque dans les nouvelles intercalées, les traditions espagnoles de Scarron, abonde en allusions, en documents, en renseignements de toute sorte sur le bon vieux temps, et c'est surtout pour cela, plus que pour sa valeur littéraire, que je l'ai annotée aussi soigneusement que le livre de notre auteur.

Si le lecteur trouve quelquefois les notes bien nombreuses, bien graves, bien minutieuses, pour un ouvrage de cette nature, qu'il ne se presse pas trop de me condamner. Il y a deux espèces de commentaires: celui qui s'attache aux chefs-d'oeuvre pour en faire ressortir les qualités et les défauts; celui qui s'attache surtout aux anciens livres pour en débrouiller les allusions, éclairer et compléter le texte par des rapprochements historiques et littéraires, s'en servir, en un mot, comme d'un thème, à faire connoître les moeurs, les usages, les ouvrages, etc., oubliés: c'est ce commentaire qui est particulier à la Bibliothèque elzevirienne, et c'étoit le seul qui pût convenir au *Roman comique*. Telle remarque qui paroîtra peut-être d'une utilité fort contestable en elle-même peut servir de point d'appui ou de repère à d'autres plus importantes. Tout s'enchaîne dans l'érudition, et c'est pour cela que rien n'y est petit: car les petites choses, erreurs ou découvertes, y conduisent à de plus grandes. J'ai cru devoir, à propos du vieux théâtre, entrer brièvement dans certains détails, que les érudits trouveront parfois inutiles pour être trop connus; mais je l'ai fait, d'abord parceque le *Roman comique* s'adresse à un public plus étendu et moins au courant de ces particularités, ensuite parceque cet ouvrage, par sa nature même, appeloit presque nécessairement tous ces détails: c'est l'épopée bouffonne des comédiens, et tout ce qui tient aux comédiens doit, à l'occasion, y trouver naturellement sa place, plus et mieux qu'ailleurs.

En finissant, je dois remercier les diverses personnes qui m'ont aidé de leurs bienveillants conseils dans une tâche d'autant plus difficile que, n'ayant pas été précédé, je restois sans guide,--et surtout M. Anjubault, bibliothécaire du Mans, qui a mis son érudition à mon service avec une parfaite obligeance: c'est de lui que je tiens une bonne partie des renseignements locaux que j'ai donnés dans mes notes, et je suis heureux de lui en témoigner ici ma reconnoissance.

VICTOR FOURNEL.

PREMIÈRE PARTIE

AU COADJUTEUR [39]

C'EST TOUT DIRE.

OUI, MONSEIGNEUR,

Votre nom seul porte avec soi tous les titres et tous les eloges que l'on peut donner aux personnes les plus illustres de notre siècle. Il fera passer mon livre pour bon, quelque mechant qu'il puisse être; et ceux mêmes qui trouveront que je le pouvois mieux faire seront contraints d'avouer que je ne le pouvois mieux dedier [40]. *Quand l'honneur que vous me faites de m'aimer, que vous m'avez temoigné par tant de bontés et tant de visites, ne porteroit pas mon inclination à rechercher soigneusement les moyens de vous plaire, elle s'y porteroit d'elle-même. Aussi vous ai-je destiné mon roman dès le temps que j'eus l'honneur de vous en lire le commencement, qui ne vous deplut pas* [41]. *C'est ce qui m'a donné courage de l'achever plus que toute autre chose, et ce qui m'empêche de rougir en vous faisant un si mauvais present. Si vous le recevez pour plus qu'il ne vaut, ou si la moindre partie vous en plaît, je ne me changerois pas au plus dispos homme de France. Mais, Monseigneur, je n'oserois espérer que vous le lisiez; ce seroit trop de temps perdu à une personne qui l'employe si utilement que vous faites et qui a bien autre chose à faire. Je serai assez recompensé de mon livre si vous daignez seulement le recevoir, et si vous croyez sur ma parole, puisque c'est tout ce qui me reste* [42], *que je suis de toute mon ame,*

Monseigneur,
Votre très humble, très obeissant et très obligé serviteur,

SCARRON.

Note 39: (retour) Paul de Gondi, cardinal de Retz, un des nombreux amis et protecteurs de Scarron, qu'il étoit venu voir bien des fois dans sa petite maison pour causer familièrement avec lui (V. plus bas, et *Lettres de Scarron*), et avec qui il s'étoit lié plus intimement encore dans leur guerre commune contre Mazarin.

Note 40: (retour) Tout le monde ne sera pas de cet avis. Quoique le *Roman comique* fût l'ouvrage d'un bénéficier, il semble d'abord étrange que cette première partie ait été dédiée au coadjuteur d'un archevêque; mais celui-ci n'y regardoit pas de si près, ni Scarron non plus. Du reste, vers la même époque, et ce n'est pas le seul exemple, le *Recueil des poésies choisies*, de Sercy, malgré plusieurs pièces plus que légères, paroissoit sous la dédicace de l'abbé de Saint-Germain Beaupré, aumônier du roi.

Note 41: (retour) Nous savons par Segrais (*Mém. anecd.*) que Scarron avoit coutume d'essayer son Roman comique, comme il disoit, en le lisant à ses visiteurs, et qu'il auguroit bien de son succès futur en voyant qu'il faisoit rire de si habiles gens.

Note 42: (retour) Le *Segraisiana* dit qu'il n'avoit d'autre mouvement libre que celui de la langue et de la main; mais lui-même fait bien voir par plusieurs passages de ses oeuvres que ses mains ne lui obéissoient pas toujours (*Épîtres à la comtesse de Fiesque, à Pélisson; Seconde légende de Bourbon*). Scarron revient sans cesse sur son infirmité, pour mieux exciter la compassion de ses protecteurs. On sait qu'il en a tracé lui-même, dans son épître à Sarrazin, et surtout dans l'avis précédant sa *Relation véritable sur la mort de Voiture*, un tableau plein de verve, qu'il est curieux de comparer à celui qu'en a laissé Cyrano de Bergerac, son ennemi intime, dans ses lettres *contre les Frondeurs*, et surtout *contre Ronscar*.

AU LECTEUR SCANDALISÉ

Des fautes d'impression qui sont dans mon livre.

Je ne te donne point d'autre *errata* de mon livre que mon livre lui-même, qui est tout plein de fautes [43]. L'imprimeur y a moins failli que moi, qui ai la mauvaise coûtume de ne faire bien souvent ce que je donne à imprimer que la veille du jour que l'on l'imprime [44]; tellement, qu'ayant encore dans la tête ce qu'il y a peu de temps que j'ai composé, je relis les feuilles que l'on m'apporte à corriger à peu près de la même façon que je recitois, au collége, la leçon que je n'avois pas eu le temps d'apprendre: je veux dire, parcourant des yeux quelques lignes et passant par dessus ce que je n'avois pas encore oublié. Si tu es en peine de sçavoir pourquoi je me presse tant, c'est ce que je ne te veux pas dire; et si tu ne te soucies pas de le sçavoir, je me soucie encore moins de te l'apprendre. Ceux qui sçavent discerner le bon et le mauvais de ce qu'ils lisent reconnoîtront bientôt les fautes que je n'aurai pas été capable de faire, et ceux qui n'entendent pas ce qu'ils lisent ne remarqueront pas que j'aurai failli. Voilà, Lecteur benevole ou malevole, tout ce que j'ai à te dire. Si mon livre te plaît assez pour te faire souhaiter de le voir plus correct, achètes-en assez pour le faire imprimer une seconde fois, et je te promets que tu le verras revu, augmenté et corrigé [45].

Note 43: (retour) Le règlement donné aux libraires en 1649 se plaint fort vivement de l'incorrection habituelle des livres publiés à Paris. Tous ceux qui ont eu occasion de parcourir des éditions de cette époque reconnoîtront que la plainte est fondée.

Note 44: (retour) C'est le mot de Trissotin:

........................*Vous saurez*

Que je n'ai demeuré qu'un quart d'heure à le faire.

Au reste, les mots de ce genre sont communs parmi les auteurs d'alors. Voiture disoit d'une de ses pièces dont on lui avoit demandé copie que c'étoient les seuls vers qu'il eût écrits deux fois.

Note 45: (retour) Scarron n'a pas tenu sa promesse. Quoique cette première partie ait été réimprimée avant sa mort, elle n'a été, non plus que la seconde, ni corrigée ni augmentée par l'auteur.

CHAPITRE PREMIER.

*Une troupe de comediens arrive dans la ville
du Mans.*

Le soleil avoit achevé plus de la moitié de sa course, et son char, ayant attrapé le penchant du monde, rouloit plus vite qu'il ne vouloit. Si ses chevaux eussent voulu profiter de la pente du chemin, ils eussent achevé ce qui restoit du jour en moins d'un demi-quart d'heure, mais, au lieu de tirer de toute leur force, ils ne s'amusoient qu'à faire des courbettes, respirant un air marin qui les faisoit hannir et les avertissoit que la mer etoit proche, où l'on dit que leur maître se couche toutes les nuits [46]. Pour parler plus humainement et plus intelligiblement, il etoit entre cinq et six, quand une charrette entra dans les halles du Mans [47]. Cette charrette etoit attelée de quatre boeufs fort maigres, conduits par une jument poulinière, dont le poulain alloit et venoit à l'entour de la charrette, comme un petit fou qu'il etoit. La charrette etoit pleine de coffres, de malles et de gros paquets de toiles peintes qui faisoient comme une pyramide, au haut de laquelle paroissoit une demoiselle, habillée moitié ville, moitié campagne. Un jeune homme, aussi pauvre d'habits que riche de mine, marchoit à côté de la charrette; il avoit une grande emplâtre sur le visage, qui lui couvroit un oeil et la moitié de la joue [48], et portoit un grand fusil sur son epaule, dont il avoit assassiné plusieurs pies, geais et corneilles, qui lui faisoient comme une bandoulière, au bas de laquelle pendoient par les pieds une poule et un oison, qui avoient bien la mine d'avoir eté pris à la petite guerre. Au lieu de chapeau il n'avoit qu'un bonnet de nuit, entortillé de jarretières de différentes couleurs; et cet habillement de tête etoit une manière de turban qui n'étoit encore qu'ebauché et auquel on n'avoit pas encore donné la dernière main. Son pourpoint etoit une casaque de grisette [49], ceinte avec une courroie, laquelle lui servoit aussi à soutenir une epée qui etoit si longue qu'on ne s'en pouvoit aider adroitement sans fourchette [50]. Il portoit des chausses troussées à bas d'attache [51], comme celle des comediens quand ils représentent un heros de l'antiquité [52], et il avoit, au lieu de souliers, des brodequins à l'antique, que les boues avoient gâtés jusqu'à la cheville du pied.

Note 46: (retour) Cette entrée en matière, ironiquement emphatique, comme celle du *Roman bourgeois* de Furetière, est évidemment la parodie des exordes pompeux qu'on mettoit aux grands romans de l'époque; peut-être même Scarron a-t-il eu particulièrement en vue le début de la *Clélie*, de mademoiselle de Scudéry, et de la *Cithérée*, de Gomberville. La seconde partie commence aussi d'une façon tout à fait analogue. Voyez également le début de *l'Heure du Berger* par C. Le Petit, 1662, in-12; de la *Prison sans chagrin*, histoire comiq. du temps, 1669, in-12, et dans le *Gage touché* de Lenoble (2e journée), les premières lignes de la *Rencontre ridicule*, qui semblent des ressouvenirs ou des imitations évidentes de ce passage.

Note 47: (retour) Ces halles, en bois, construites en 1568, sur le côté S.-E. de la place des Halles, à laquelle elles donnèrent son nom, furent détruites en 1826, après la construction d'une nouvelle halle en pierres.

Note 48: (retour) Ce genre de déguisement étoit fort en usage à cette époque. Voy. les comédies de Regnard. Les Mém. de P. Lenet (coll. Petitot, t. 53, p. 140), racontent que Henri IV s'y prit de cette façon pour n'être pas reconnu dans une visite d'amour. Bussy se déguisa aussi de la sorte dans son voyage en Bourgogne, pendant la Fronde (*Mém.*, éd. in-12, t. 1, p. 199-201). La plupart des Mémoires du temps sont remplis d'exemples analogues.

Note 49: (retour) Petite étoffe grise, d'où est venu le mot de *grisette*, pour désigner d'abord les femmes ainsi vêtues, puis, par extension, celles de basse condition.

Note 50: (retour) Scarron veut parler ici d'un bâton terminé par un fer fourchu, comme ceux dont on se servoit pour soutenir les mousquets quand on vouloit ajuster.

Note 51: (retour) On appeloit bas d'attache des bas qu'on attachoit au haut des chausses avec des rubans ou des aiguillettes.

Note 52: (retour) Sorel, dans la *Maison des jeux* (Sercy, 1642, p. 453 et suiv.), donne de curieux détails sur les accoutrements que revêtoient de méchants comédiens, de Paris même, pour représenter les héros de l'antiquité. «Apollon et Hercule y paroissoient en chausses et en pourpoint.» etc. Dans la parodie de la *Cléopâtre* de La Chapelle, au 4e acte du *Ragotin*, de La Fontaine et Champmeslé, on lit:

> En quel état ici paroissez-vous, hélas!
>
> Une reine d'Égypte en habit d'Espagnole!
>
> On va vous prendre ainsi pour Jeanneton la folle.

(IV, 2.)

Un curieux passage du *Spectateur anglais* (1er volume) montre qu'il en étoit encore de même un peu plus tard sur le théâtre françois: «Les bergers y sont tout couverts de broderies... J'y ai vu deux fleuves en bas rouges, et Alphée, au lieu d'avoir la tête couverte de joncs, conter fleurettes avec une belle perruque blonde et un plumet... Dans l'*Enlèvement de Proserpine*, Pluton étoit équipé à la françoise.» La scène espagnole n'étoit pas plus avancée. Dans son *Nouvel art dramatique*, Lope dit que c'est une honte d'y voir un Turc portant une collerette à l'européenne, et un Romain en haut de chausses.

Un vieillard, vetu plus regulierement, quoique très mal, marchoit à côté de lui. Il portoit sur ses epaules une basse de viole, et, parcequ'il se courboit un peu en marchant, on l'eût pris de loin pour une grosse tortue qui marchoit sur les jambes de derrière. Quelque critique murmurera de la comparaison à cause du peu de proportion qu'il y a d'une tortue à un homme; mais j'entends parler des grandes tortues qui se trouvent dans les Indes, et de plus je m'en sers de ma seule autorité.

Retournons à notre caravane. Elle passa devant le tripot de la Biche [53], à la porte duquel etoient assemblés quantité des plus gros bourgeois de la ville. La nouveauté de l'attirail et le bruit de la canaille qui s'etoit assemblée à l'entour de la charrette furent cause que tous ces honorables bourguemestres jetèrent les yeux sur nos inconnus. Un lieutenant de prévôt, entr'autres, nommé La Rappinière [54], les vint accoster et leur demanda avec une autorité de magistrat quels gens ils etoient. Le jeune homme dont je vous viens de parler prit la parole, et, sans mettre les mains au turban (parceque de l'une il tenoit son fusil, et de l'autre la garde de son epée, de peur qu'elle ne lui battît les jambes), lui dit qu'ils etoient François de naissance, comediens de profession; que son nom de théâtre [55] étoit le Destin, celui de son vieil camarade, la Rancune, et celui de la demoiselle qui etoit juchée comme une poule au haut de leur bagage, la Caverne. Ce nom bizarre fit rire quelques uns de la compagnie, sur quoi le jeune comedien ajouta que le nom de Caverne ne devoit pas sembler plus etrange à des hommes d'esprit que ceux de la Montagne, la Valée, la Roze ou l'Epine.

Note 53: (retour) On appeloit *tripots* des lieux disposés pour le jeu de paume. Furetière prétend dans son Dictionnaire que ce mot vient de *tripudia*, parceque les baladins et sauteurs, comme les comédiens, avoient coutume de louer les vastes et hautes salles des tripots pour leurs représentations. Il y avoit à Paris des théâtres établis dans des jeux de paume de la rue de Seine, de la Vieille rue du Temple, de la rue Bourg-l'Abbé, etc., et le 4 mars 1622 intervint une sentence défendant à tous les *paumiers* de louer leurs salles à aucune troupe de comédiens pour y représenter. L'hôtel de la Biche, qu'on a vu jusqu'à ces derniers temps sur le côté méridional de la place des Halles, au Mans, a été détruit il y a une douzaine d'années.

Note 54: (retour) Suivant la clef manuscrite, citée dans la *Notice*, La Rappinière seroit M. de la Rousselière, lieutenant du prévôt du Mans.

Note 55: (retour) Les comédiens prenoient presque toujours un nom de guerre en montant sur la scène. Poquelin, en changeant son nom contre celui de Molière, n'avoit fait que suivre l'exemple donné par les comédiens italiens et par ceux de l'hôtel de Bourgogne. Quelques uns même avoient deux noms de théâtre: Ainsi Hugues Guéru s'appeloit Fléchelles dans les pièces nobles et Gautier-Garguille dans la farce; Legrand se nommoit Belleville, ou Turlupin, etc. Ils portoient souvent, comme les comédiens de Scarron, des noms expressifs, qui pouvoient leur venir soit d'un sobriquet pur et simple, soit de la nature de leurs rôles habituels. C'est ainsi qu'il y avoit Gros-Guillaume, Bellerose, Beausoleil, le Capitan Matamore, etc.

La conversation finit par quelques coups de poings et jurements de Dieu que l'on entendit au devant de la charrette: c'etoit le valet du tripot qui avoit battu le charretier sans dire gare, parceque ses boeufs et sa jument usoient trop librement d'un amas de foin qui etoit devant la porte. On apaisa la noise, et la maîtresse du tripot, qui aimoit la comedie plus que sermon ni vêpres, par une generosité inouïe en une maîtresse de tripot, permit au charretier de faire manger ses bêtes tout leur saoul. Il accepta l'offre qu'elle lui fit, et, ce pendant que ses bêtes mangèrent, l'auteur se reposa quelque temps et se mit à songer à ce qu'il diroit dans le second chapitre.

CHAPITRE II.

Quel homme etoit le sieur de la Rappinière.

Le sieur de la Rappinière etoit lors le rieur de la ville du Mans: il n'y a point de petite ville qui n'ait son rieur; la ville de Paris n'en a pas pour un, elle en a dans chaque quartier, et moi-même, qui vous parle, je l'aurois été du mien si j'avois voulu; mais il y a long-temps, comme tout le monde sait, que j'ai renoncé à toutes les vanités du monde 56. Pour revenir au sieur de la Rappinière, il renoua bientôt la conversation que les coups de poing avoient interrompue, et demanda au jeune comedien si leur troupe n'etoit composée que de mademoiselle de la Caverne, de monsieur de la Rancune et de lui. «Notre troupe est aussi complète que celle du prince d'Orange ou de Son Altesse d'Epernon 57, lui répondit-il; mais, par une disgrâce qui nous est arrivée à Tours, où notre etourdi de Portier a tué un des fuseliers de l'intendant de la province 58, nous avons eté contraints de nous sauver, un pied chaussé et l'autre nu, en l'equipage que vous nous voyez.--Ces fuseliers de M. l'intendant en ont fait autant à la Flèche, dit la Rappinière.--Que le feu saint Antoine 59 les arde! dit la tripotière; ils sont cause que nous n'aurons pas la comedie.--Il ne tiendroit pas à nous, repondit le vieux comedien, si nous avions les clefs de nos coffres pour avoir nos habits, et nous divertirions quatre ou cinq jours messieurs de la ville devant que de gagner Alençon, où le reste de la troupe a le rendez-vous.»

Note 56: (retour) Scarron fait probablement allusion ici à sa cruelle infirmité. En 1651, date de l'impression de cette première partie, il y avoit plus de 12 ans qu'il en étoit atteint, car lui-même a déterminé clairement cette époque dans plusieurs pièces de vers (*À l'infante Descars, À madame de Hautefort, À M. le Prince*, au début du *Typhon.*) Mais il se flatte en disant qu'il avoit renoncé à toutes les vanités du monde, car, malgré son mal, il étoit toujours le *rieur* en titre de son quartier.

Note 57: (retour) Guillaume de Nassau, prince d'Orange, à qui Scarron dédia un peu plus tard sa comédie de *l'Héritier ridicule*, et dont il déplora la mort dans des *stances* d'un plus haut style que d'ordinaire, lui avoit fait un présent, comme en porte témoignage un long *remercîment* de celui-ci (1651). La mention qu'il en fait dans cet endroit est peut-être un nouvel acte de courtisan. Du reste, nous verrons dans ce roman même (3e part., 8e ch.) que les comédiens françois alloient représenter jusqu'en Hollande. Plusieurs princes étrangers, entre autres l'électeur de Bavière, les ducs de Savoie, de Brunswick et de Lunebourg, avoient ainsi des troupes d'acteurs françois à leur service (Voy. Chappuzeau, *Théâtre fr.*, 1674, in-12). Quant à Son Altesse d'Epernon, son orgueil et sa magnificence bien connue peuvent servir à appuyer ce que Scarron, par la bouche de Destin, dit ici de sa troupe comique; c'est évidemment celle dont Molière étoit directeur, qui, quelques années avant de passer à Lyon, en 1653, et d'aller trouver à Pézenas le prince de Conti, avoit été accueillie avec faveur à Bordeaux par le duc d'Epernon (*Mém. sur madame de Sévigné*, par Walcken., t. I, p. 492).

Note 58: (retour) Il arrivoit souvent alors des désordres et des accidents du même genre, à la comédie, faute d'une surveillance et d'une organisation suffisantes. Il est encore question plus loin de troubles analogues (2e part., ch. 5). Guéret, dans le *Parnasse réformé*, fait dire à La Serre qu'on tua quatre portiers du théâtre la première fois que son *Thomas Morus* fut joué. On peut voir dans Chappuzeau (*Théâtre français*) combien le poste de portier de comédie étoit périlleux: «Les portiers sont commis, dit-il, pour empêcher les désordres qui pourroient survenir, et, pour cette fonction, avant les défenses étroites du roi d'entrer sans payer (9 janv. 1673), on faisoit choix d'un brave, etc.» Beaucoup de personnes vouloient s'attribuer le droit de ne pas payer en entrant, et c'étoient des rixes continuelles. On lit souvent dans le Registre de La Grange des frais de pansement pour portiers blessés (Taschereau, *Histoire de la troupe de Molière*, dans le journal *l'Ordre*, 24 janv, 1850).

Note 59: (retour) Le feu Saint-Antoine, nommé aussi *feu infernal*, ou *mal des ardents*, étoit une espèce de lèpre brûlante et épidémique semblable à une flamme intérieure. Son nom de *Feu Saint-Antoine* lui vient de ce que les reliques de saint Antoine, lors de leur translation de la Palestine, au moyen âge, avoient guéri plusieurs personnes atteintes de ce mal.

La reponse du comedien fit ouvrir les oreilles à tout le monde. La Rappinière offrit une vieille robe de sa femme à la Caverne, et la tripotière deux ou trois paires d'habits qu'elle avoit en gage, à Destin et à la Rancune. «Mais, ajouta quelqu'un de la compagnie, vous n'êtes que trois.--J'ai joué une pièce moi seul, dit la Rancune, et ai fait en même temps le roi, la reine et l'ambassadeur. Je parlois en fausset quand je faisois la reine; je parlois du nez pour l'ambassadeur, et me tournois vers ma couronne, que je posois sur une chaise; et, pour le roi, je reprenois mon siége, ma couronne et ma gravité, et grossissois un peu ma voix; et qu'ainsi ne soit, si vous voulez contenter notre charretier et payer notre depense en l'hôtellerie, fournissez vos habits, et nous jouerons devant que la nuit vienne, ou bien nous irons boire, avec votre permission, et nous reposer, car nous avons fait une grande journée.

Le parti plut à la compagnie, et le diable de la Rappinière, qui s'avisoit toujours de quelque malice, dit qu'il ne falloit point d'autres habits que ceux de deux jeunes hommes de la ville qui jouoient une partie dans le tripot, et que mademoiselle de la Caverne, en son habit ordinaire, pourroit passer pour tout ce que l'on voudroit en une comedie. Aussitôt dit, aussitôt fait; en moins d'un demi-quart d'heure les comédiens eurent bu chacun deux ou trois coups, furent travestis, et l'assemblée, qui s'etoit grossie, ayant pris place en une chambre haute, on vit, derrière un drap sale que l'on leva, le comedien Destin couché sur un matelas, un corbillon [60] dans la tête, qui lui servoit de couronne, se frottant un peu les yeux comme un homme qui s'eveille, et recitant du ton de Mondory le rôle d'Herode, qui commence par:

Fantôme injurieux, qui trouble mon repos [61],

Note 60: (retour) C'est-à-dire le petit panier d'osier où on présentoit les balles dans le jeu de paume.

Note 61: (retour) C'est le début de la *Marianne*, de Tristan l'Hermite, pièce qui parut en même temps que le *Cid*, dont elle balança le succès. Elle fut représentée par la troupe du Marais, dont Mondory étoit le chef. Le rôle d'Hérode étoit le triomphe de cet excellent comédien, un peu emphatique, mais plein de force, de passion et d'intelligence; il le jouoit avec tant d'ardeur et d'énergie, qu'un jour il fut surpris d'une attaque d'apoplexie pendant la représentation, et qu'il resta dès lors paralytique d'une partie du corps; mais il n'en mourut pas, quoi qu'en aient dit Gueret, Bayle, et quelques autres. «Quand Mondory jouoit la *Marianne*, de Tristan, dit le père Rapin, le peuple n'en sortoit jamais que resveur et pensif, faisant reflexion à ce qu'il venoit de voir, et penetré à mesme temps d'un grand plaisir (*Réflexions sur la Poét.* XXIX).

L'emplâtre qui lui couvroit la moitié du visage ne l'empêcha point de faire voir qu'il etoit excellent comedien. Mademoiselle de la Caverne fit des merveilles dans les rôles de Marianne et de Salomé; la Rancune satisfit tout le monde dans les autres [62] rôles de la pièce, et elle s'en alloit être conduite à bonne fin quand le diable, qui ne dort jamais, s'en mêla, et fit finir la tragedie non pas par la mort de Marianne et par les desespoirs d'Hérode, mais par mille coups de poing, autant de soufflets, un nombre effroyable de coups de pieds, des juremens qui ne se peuvent compter, et ensuite une belle information que fit faire le sieur de la Rappinière, le plus expert de tous les hommes en pareille matière.

Note 62: (retour) Marianne est la femme et Salomé la soeur d'Hérode; elles paroissent ensemble sur la scène (II, 2). En dehors de ces rôles et de celui d'Hérode, il en restoit plus de dix, moins importants pour la plupart, que La Rancune devoit remplir à lui seul.

CHAPITRE III.

Le deplorable succès [63] qu'eut la comedie.

Dans toutes les villes subalternes du royaume il y a d'ordinaire un tripot où s'assemblent tous les jours les faineans de la ville, les uns pour jouer, les autres pour regarder ceux qui jouent. C'est là que l'on rime richement en Dieu [64], que l'on epargne fort peu le prochain, et que les absens sont assassinés à coups de langue; on n'y fait quartier à personne, tout le monde y vit de Turc à Maure, et chacun y est reçu pour railler, selon le talent qu'il en a eu du Seigneur. C'est en un de ces tripots là, si je m'en souviens, que j'ai laissé trois personnes comiques, recitant *la Marianne* devant une honorable compagnie à laquelle presidoit le sieur de la Rappinière. Au même temps qu'Herode et Marianne s'entredisoient leurs verités [65], les deux jeunes hommes de qui l'on avoit pris si librement les habits entrèrent dans la chambre en caleçons, et chacun sa raquette à la main; ils avoient negligé de se faire frotter [66], pour venir entendre la comedie. Leurs habits, que portoient Herode et Pherore, leur frappèrent bientôt la vue; le plus colère des deux, s'adressant au valet du tripot: «Fils de chienne! lui dit-il, pourquoi as-tu donné mon habit à ce bateleur?» Le pauvre valet, qui le connoissoit pour un grand brutal, lui dit en toute humilité que ce n'etoit pas lui. «Et qui donc, barbe de cocu?» ajouta-t-il. Le pauvre valet n'osoit en accuser la Rappinière en sa présence; mais lui, qui etoit le plus insolent de tous les hommes, lui dit en se levant de sa chaise: «C'est moi; qu'en voulez-vous dire?--Que vous êtes un sot», repartit l'autre, en lui dechargeant un demesuré coup de sa raquette sur les oreilles. La Rappinière fut si surpris d'être prevenu d'un coup, lui qui avoit accoutumé d'en user ainsi, qu'il demeura comme immobile, ou d'admiration, ou parcequ'il n'etoit pas encore assez en colère et qu'il lui en falloit beaucoup pour se resoudre à se battre, ne fût-ce qu'à coups de poings, et peut-être que la chose en fût demeurée là, si son valet, qui avoit plus de colère que lui, ne se fût jeté sur l'agresseur, en lui donnant un coup de poing avec toutes ses circonstances dans le beau milieu du visage, ensuite une grande quantité d'autres où ils purent aller. La Rappinière le prit en queue et se mit à travailler sur lui en coups de poings comme un homme qui a eté offensé le premier. Un parent de son adversaire prit la Rappinière de la même façon; ce parent fut investi par un ami de la Rappinière pour faire diversion; celui-ci le fut d'un autre, et celui-là d'un autre. Enfin tout le monde prit parti dans la chambre; l'un juroit, l'autre injurioit, tous s'entrebattoient; la tripotière, qui voyoit rompre ses meubles, emplissoit l'air de cris pitoyables. Vraisemblablement ils devoient tous perir par coups d'escabeaux, de pieds et de poings, si quelques uns des magistrats de la ville qui se promenoient sous les halles avec le senechal du Maine [67], des Essarts, ne fussent accourus à la rumeur. Quelques uns furent d'avis de jeter deux ou trois seaux d'eau sur les combattans, et le remède eût peut-être réussi; mais ils se separèrent de lassitude, outre que deux pères capucins, qui se jetèrent par charité dans le champ de bataille, mirent non pas une paix bien affermie entre les combattans, mais firent accorder quelques trèves pendant lesquelles on put negocier, sans prejudice des informations qui se firent de part et d'autre. Le comedien Destin fit des prouesses à coups de poings dont on parle encore dans la ville du Mans, suivant ce qu'en ont raconté les deux jouvenceaux auteurs de la querelle, avec lesquels il eut particulierement affaire, et qu'il pensa rouer de coups, outre quantité d'autres du parti contraire qu'il mit hors de combat du premier coup. Il perdit son emplâtre durant la mêlée, et l'on remarqua qu'il avoit le visage aussi beau que la taille riche. Les museaux sanglans furent lavés d'eau fraîche, les collets dechirés furent changés, on appliqua quelques cataplasmes, et même l'on fit quelques points d'aiguille. Les meubles furent aussi remis en leur place, non pas du tout si entiers qu'alors qu'on les derangea. Enfin, un moment après, il ne resta plus rien du combat que beaucoup d'animosité, qui paroissoit sur le visage des uns et des autres.

Note 63: (retour) Dans le sens du latin *successus*: issue, résultat.

Note 64: (retour) On se rappelle le vers de Gresset:

>Vous la rima fort richement en *tain*.
>
>(*Vert-Vert*, ch. 4.)

Il avoit déjà dit avant:

>Les bateliers juroient,
>
>*Rimoient en Dieu.*
>
>(Ch. 3.)

Note 65: (retour) Acte 3, sc. 3 et 4.

Note 66: (retour) «Les joueurs de paume se font frotter par les marqueurs pour se nettoyer quand ils ont sué.» (Dict. de Furetière.)

Note 67: (retour) Voir le *Dict.* de Furetière pour les diverses fonctions du sénéchal. Le sénéchal du Maine étoit alors Tanneguy Lombelon, baron des Essarts, chaud partisan des frondeurs et du parlement, qui avoit succédé, en 1638, à J. B. L. de Beaumanoir, baron de Lavardin. Le gouverneur de la ville étoit M. de Tresmes.

Les pauvres comediens sortirent long-temps après avec la Rappinière, qui verbalisa le dernier. Comme ils passoient du tripot sous les Halles, ils furent investis par sept ou huit braves, l'epée à la main. La Rappinière, selon sa coutume, eut grand'peur et pensa bien avoir quelque chose de pis, si Destin ne se fût genereusement jeté au devant d'un coup d'epée qui lui alloit passer au travers du corps; il ne put pourtant si bien le parer qu'il ne reçût une legère blessure dans le bras. Il mit l'epée à la main en même temps, et en moins de rien fit voler à terre deux epées, ouvrit deux ou trois têtes, donna force coups sur les oreilles, et deconfit si bien messieurs de l'embuscade que tous les assistans avouèrent qu'ils n'avoient jamais vu un si vaillant homme. Cette partie ainsi avortée avoit eté dressée à la Rappinière par deux petits nobles, dont l'un avoit epousé la soeur de celui qui commença le combat par un grand coup de raquette, et vraisemblablement la Rappinière etoit gâté sans le vaillant defenseur que Dieu lui suscita en notre vaillant comedien. Le bienfait trouva place en son coeur de roche, et sans vouloir permettre que ces pauvres restes d'une troupe delabrée allassent loger en une hôtellerie, il les emmena chez lui, où le charretier dechargea le bagage comique et s'en retourna en son village.

CHAPITRE IV.

*Dans lequel on continue à parler du sieur
la Rappinière, et de ce qui arriva
la nuit en sa maison.*

Mademoiselle de la Rappinière [68] reçut la compagnie avec grande civilité, comme elle etoit la femme du monde qui se soumettoit le plus facilement. Elle n'etoit pas laide, quoique si maigre et si sèche qu'elle n'avoit jamais mouché de chandelle avec les doigts que le feu n'y prît. J'en pourrois dire cent choses rares, que je laisse de peur d'être trop long. En moins de rien les deux dames furent si grandes camarades qu'elles s'entre-appellèrent ma chère et ma fidèle. La Rappinière, qui avoit de la mauvaise gloire autant que barbier de la ville, dit en entrant qu'on allât à la cuisine et à l'office faire hâter le souper. C'etoit une pure rodomontade: outre son vieil valet, qui pansoit même ses chevaux, il n'y avoit dans le logis qu'une jeune servante et une vieille boiteuse, qui avoit du mal comme un chien. Sa vanité fut punie par une grande confusion qui lui arriva. Il mangeoit d'ordinaire au cabaret aux depens des sots, sa femme et son train si reglé etoient reduits au potage aux choux, selon la coutume du pays [69]. Voulant paroître devant ses hôtes et les regaler, il pensa couler par derrière son dos quelque monnoie à son valet pour aller querir de quoi souper. Par la faute du valet ou du maître, l'argent tomba sur la chaise où il etoit assis, et puis de la chaise en bas. La Rappinière en devint tout violet, sa femme en rougit, le valet en jura, la Caverne en souffrit, la Rancune n'y prit peut-être pas garde, et pour Destin, je n'ai pas bien su l'effet que cela fit sur son esprit; l'argent fut ramassé, et en attendant le souper on fit conversation. La Rappinière demanda au Destin pourquoi il se deguisoit le visage d'un emplâtre; il lui dit qu'il en avoit bien du sujet, et que, se voyant travesti par accident, il avoit voulu ôter ainsi la connoissance de son visage à quelques ennemis qu'il avoit.

Note 68: (retour) On sait que le nom de Madame étoit réservé aux personnes de condition noble. Le *de* placé devant un nom n'étoit point, à beaucoup près, un signe infaillible de noblesse véritable, jouissant des droits et des exemptions accordés à cet état; il étoit souvent usurpé, souvent employé par politesse, à l'égard des personnes qu'on vouloit honorer, ou qui étoient élevées, par leur position, au dessus des bourgeois ordinaires. Ainsi Jean *de* La Fontaine, malgré son *de*, étoit si peu noble qu'en 1669 il fut condamné à une amende de 3,000 fr. pour usurpation d'un titre qui ne lui appartenoit pas.

Note 69: (retour) Il paroît que c'est là aujourd'hui encore le mets favori et le fonds des repas du paysan manceau (Pesche, *Dict. de la Sarthe*, t. 3, p. 48).

Enfin le souper vint, bon ou mauvais. La Rappinière but tant qu'il s'enivra; la Rancune s'en donna aussi jusques aux gardes; Destin soupa fort sobrement en honnête homme, la Caverne en comedienne affamée, et mademoiselle de la Rappinière en femme qui veut profiter de l'occasion, c'est-à-dire tant qu'elle en fut devoyée. Tandis que les valets mangèrent et que l'on dressa les lits, la Rappinière les accabla de cent contes pleins de vanité. Destin coucha seul en une petite chambre, la Caverne avec la fille de chambre dans un cabinet, et la Rancune avec le valet je ne sais où. Ils avoient tous envie de dormir, les uns de lassitude, les autres d'avoir trop soupé, et cependant ils ne dormirent guères, tant il est vrai qu'il n'y a rien de certain en ce monde. Après le premier sommeil, mademoiselle de la Rappinière eut envie d'aller où les rois ne peuvent aller qu'en personne. Son mary se reveilla bientôt après; quoiqu'il fût bien soûl, il sentit bien qu'il etoit tout seul. Il appela sa femme; on ne lui repondit point. Avoir quelque soupçon, se mettre en colère, se lever de furie, ce ne fut qu'une même chose. À la sortie de sa chambre, il entendit marcher devant lui; il suivit quelque temps le bruit qu'il entendoit. Au milieu d'une petite galerie qui conduisoit à la chambre de Destin, il se trouva si près de ce qu'il suivoit qu'il crut lui marcher sur les talons; il pensa se jeter sur sa femme et la saisit en criant: «Ah! putain!» Ses mains ne trouvèrent rien, et, ses pieds rencontrant quelque chose, il donna du nez en terre et se sentit enfoncer dans l'estomac quelque chose de pointu. Il cria effroyablement: «Au meurtre! on m'a poignardé!» sans quitter sa femme, qu'il pensoit tenir par les cheveux et qui se debattoit sous lui. À ses cris, ses injures et ses juremens, toute la maison fut en rumeur et tout le monde vint à son aide en même temps: la servante avec une chandelle, la Rancune et le valet en chemises sales, la Caverne en jupe fort mechante, le Destin l'epée à la main, et mademoiselle la Rappinière toute la dernière, qui fut bien etonnée, aussi bien que les autres, de trouver son mari tout furieux luttant contre une chèvre qui allaitoit dans la maison les petits d'une chienne qui etoit morte. Jamais homme ne fut plus confus que la Rappinière. Sa femme, qui se douta bien de la pensée qu'il avoit eue, lui demanda s'il etoit fou. Il repondit, sans sçavoir quasi ce qu'il disoit, qu'il avoit pris la chèvre pour un voleur; le Destin devina ce qui en etoit; chacun regagna son lit et crut ce qu'il voulut de l'aventure, et la chèvre fut renfermée avec ses petits chiens.

CHAPITRE V.

Qui ne contient pas grand'chose.

Le comedien la Rancune, un des principaux heros de notre roman, car il n'y en aura pas pour un dans ce livre-ci, et, puisqu'il n'y a rien de plus parfait qu'un heros de livre [70], demi-douzaine de heros ou soi-disant tels feront plus d'honneur au mien qu'un seul, qui seroit peut-être celui dont on parleroit le moins, comme il n'y a qu'heur et malheur en ce monde. La Rancune donc etoit de ces misanthropes qui haïssent tout le monde et qui ne s'aiment pas eux-mêmes, et j'ai su de beaucoup de personnes qu'on ne l'avoit jamais vu rire. Il avoit assez d'esprit et faisoit assez bien de mechans vers [71]; d'ailleurs homme d'honneur en aucune façon, malicieux comme un vieil singe et envieux comme un chien. Il trouvoit à redire en tous ceux de sa profession: Belleroze etoit trop affecté, Mondory trop rude, Floridor trop froid [72], et ainsi des autres; et je crois qu'il eût aisement laissé conclure qu'il avoit eté le seul comedien sans defaut, et cependant il n'etoit plus souffert dans la troupe qu'à cause qu'il avoit vieilli dans le metier. Au temps qu'on etoit reduit aux pièces de Hardy, il jouoit en fausset et sous le masque les rôles de nourrice [73]; depuis qu'on commença à mieux faire la comedie, il etoit le surveillant du portier, jouoit les rôles de confidens, ambassadeurs et recors, quand il falloit accompagner un roi, assassiner quelqu'un ou donner bataille; il chantoit une mechante taille aux trios, et se farinoit à la farce [74]. Sur ces beaux talens-là il avoit fondé une vanité insupportable, laquelle etoit jointe à une raillerie continuelle, une medisance qui ne s'epuisoit point et une humeur querelleuse qui etoit pourtant soutenue par quelque valeur. Tout cela le faisoit craindre à ses compagnons; avec le seul Destin il etoit doux comme un agneau et se montroit raisonnable autant que son naturel le pouvoit permettre. On a voulu dire qu'il en avoit été battu; mais ce bruit-là n'a pas duré long-temps, non plus que celui de l'amour qu'il avoit pour le bien d'autrui jusqu'à s'en saisir furtivement: avec tout cela le meilleur homme du monde [75]. Je vous ai dit, ce me semble, qu'il coucha avec le valet de la Rappinière, qui s'appeloit Doguin. Soit que le lit où il coucha ne fût pas trop bon ou que Doguin ne fût pas bon coucheur, il ne put dormir toute la nuit. Il se leva dès le point du jour (aussi bien que Doguin, qui fut appelé par son maître), et, passant devant la chambre de la Rappinière, lui alla donner le bon jour. La Rappinière reçut son compliment avec un faste de prevôt provincial et ne lui rendit pas la dixième partie des civilités qu'il en reçut; mais, comme les comediens jouent toutes sortes de personnages, il ne s'en emut guères. La Rappinière lui fit cent questions sur la comedie, et de fil en aiguille (il me semble que ce proverbe est ici fort bien appliqué) lui demanda depuis quand ils avoient le Destin dans leur troupe, et ajouta qu'il etoit excellent comedien. «Ce qui reluit n'est pas or, repartit la Rancune. Du temps que je jouois les premiers rôles, il n'eût joué que les pages; comment sçauroit-il un metier qu'il n'a jamais appris? Il y a fort peu de temps qu'il est dans la comedie: on ne devient pas comedien comme un champignon. Parcequ'il est jeune, il plaît; si vous le connoissiez comme moi, vous en rabattriez plus de la moitié. Au reste, il fait l'entendu comme s'il etoit sorti de la côte de saint Louis [76], et cependant il ne decouvre point qui il est ni d'où il est, non plus qu'une belle Cloris qui l'accompagne, qu'il appelle sa soeur, et Dieu veuille qu'elle le soit! Tel que je suis, je lui ai sauvé la vie dans Paris aux depens de deux bons coups d'epée, et il en a eté si meconnoissant qu'au lieu de me faire porter chez un chirurgien, il passa la nuit à chercher dans les boues je ne sçais quel bijou de diamans d'Alençon [77] qu'il disoit lui avoir eté pris par ceux qui nous attaquèrent.» La Rappinière demanda à la Rancune comment ce malheur-là lui etoit arrivé. «Ce fut le jour des Rois, sur le Pont-Neuf», repondit la Rancune. Ces dernières paroles troublèrent extremement la Rappinière et son valet Doguin; ils pâlirent et rougirent l'un et l'autre, et la Rappinière changea de discours si vite et avec un si grand desordre d'esprit que la Rancune s'en etonna. Le bourreau de la ville et quelques archers, qui entrèrent dans la chambre, rompirent la conversation et firent grand plaisir à la Rancune, qui sentoit bien que ce qu'il avoit dit avoit frappé la Rappinière en quelque endroit bien tendre, sans pouvoir deviner la part qu'il y pouvoit prendre.

Note 70: (retour) Scarron revient encore plus loin sur cette remarque en disant fort justement que ces héros imaginaires «sont quelquefois incommodes à force d'être trop honnêtes gens». C'est là un reproche que les écrivains satiriques faisoient souvent aux romans d'alors.

Note 71: (retour) Cette phrase, qui est, pour ainsi dire, passée en proverbe, se retrouve à peu près textuellement dans la *Satire des satires* de Boursault:

> Je fais passablement de mechantes paroles,

dit le marquis, et le chevalier lui répond:

> Tu fais de mechants vers admirablement bien.

(Sc. 3.)

Note 72: (retour) Nous avons déjà parlé de Mondory (V. page 16), dont Tallemant dit, ce qui fait comprendre le reproche de la Rancune, qu'il «etoit plus propre à faire un heros qu'un amoureux». Pierre le Messier, dit Belleroze, étoit un acteur de l'hôtel de Bourgogne, remarquable dans les rôles tragiques, bien que La Rancune le jugeât trop affecté, et que madame de Montbazon lui trouvât l'air trop fade (*Mém. du card. de Retz*). Tallemant s'exprime à peu près de même, le traitant de «comédien fardé, qui regardoit où il jetteroit son chapeau, de peur de gâter ses plumes». Floridor étoit un comédien de la même troupe, qui avoit pourtant commencé par faire partie de celle du Marais. Son vrai nom étoit Josias de Soulas, sieur de Prinefosse. Il étoit fort aimé du public; le roi le favorisoit, et Molière lui fit la grâce de ne pas le nommer parmi les acteurs de l'hôtel de Bourgogne qu'il critique dans *l'Impromptu de Versailles*. On peut voir le splendide éloge qu'en a fait de Visé, dans sa critique de la *Sophonisbe* de P. Corneille, où il le nomme «de plus grand comédien du monde». Néanmoins, le satirique Tallemant, à l'endroit même où il parle de Mondory et de Bellerose (Éd. Monmerqué, in-8, t. 6), se rapproche encore du sentiment de la Rancune: «C'est, dit-il, un médiocre comedien, quoi que le monde en veuille dire. Il est toujours pâle.»

Note 73: (retour) Le manque d'actrices sur les anciens théâtres étoit cause qu'on avoit dû les remplacer par des acteurs dans certains rôles de femmes, comme ceux de nourrices et de soubrettes; ces derniers rôles, du reste, étoient presque toujours si licencieux que des hommes seuls pouvoient s'en charger. Dès lors le masque et la voix de fausset étoient nécessaires. On nous a conservé les noms de quelques comédiens qui s'étoient rendus particulièrement célèbres dans ce genre, entre autres d'Alizon, qui jouoit à l'hôtel de Bourgogne dans la première moitié du XVIIe siècle. Personne n'ignore que ce fut P. Corneille qui, dans la *Galerie du Palais*, fit disparoître la nourrice du théâtre en la remplaçant par la suivante. Dès lors l'acteur se borna à certains rôles de vieilles et de ridicules, tels que celui de la comtesse d'Escarbagnas. Cet usage ne cessa entièrement au théâtre qu'après la retraite de Hubert (avril 1685), qui avoit rempli avec beaucoup de succès plusieurs de ces rôles de femmes.

Note 74: (retour) C'étoit une habitude répandue parmi les acteurs qui jouoient la farce: ainsi Gros-Guillaume, Jean-Farine, Jodelet, et tous ceux qui avoient le visage naturellement mobile et comique, s'enfarinoient; mais quelques uns, comme Guillot-Gorju, Gautier-Garguille et Turlupin, préféroient se couvrir d'un masque (*Hist. du Théât. franç.*, des frères Parfait); on sait, par le témoignage de Villiers (*Vengeance des marquis*), que Molière fit comme ces derniers, en jouant d'abord le rôle de Mascarille des *Précieuses ridicules*.

Note 75: (retour) C'est le: *au demeurant, le meilleur fils du monde*, de Clément Marot.

Note 76: (retour) Molière a fait dire de même à madame Jourdain: «Est-ce que nous sommes, nous autres, de la côte de saint Louis?» (*Bourg. gent.*, act. 3, sc. 12.) C'étoit une façon de parler fort usitée alors, et dont on devine facilement le sens.

Note 77: (retour) On appeloit diamants d'Alençon de faux diamants qu'on recueilloit aux environs de cette ville, dans un terrain plein d'un sable fort luisant et de pierres grises et très dures. Quelques uns de ces diamants atteignoient la grosseur d'un oeuf, et ils étoient parfois aussi nets et aussi brillants que des diamants véritables. (*Dict.* de Furetière.)

Cependant le pauvre Destin, qui avoit eté si bien sur le tapis, etoit bien en peine: la Rancune le trouva avec mademoiselle de la Caverne, bien empêché à faire avouer à un vieil tailleur qu'il avoit mal ouï et encore plus mal travaillé. Le sujet de leur differend etoit qu'en dechargeant le bagage comique, le Destin avoit trouvé deux pourpoints et un haut-de-chausses fort usés, qu'il les avoit donnés à ce vieil tailleur pour en tirer une manière d'habit plus à la mode que les chausses de page [78] qu'il portoit, et que le tailleur, au lieu d'employer un des pourpoints pour raccommoder l'autre et le haut de chausses aussi, par une faute de jugement indigne d'un homme qui avoit raccommodé des vieilles hardes toute sa vie, avoit rhabillé les deux pourpoints des meilleurs morceaux du haut-de-chausses; tellement que le pauvre Destin, avec tant de pourpoints et si peu de hauts-de-chausses, se trouvoit reduit à garder la chambre ou à faire courir les enfans après lui, comme il avoit fait dejà avec son habit comique. La liberalité de la Rappinière repara la faute du tailleur, qui profita des deux pourpoints rhabillés, et le Destin fut regalé de l'habit d'un voleur qu'il avoit fait rouer depuis peu. Le bourreau, qui s'y trouva present, et qui avoit laissé cet habit en garde à la servante de la Rappinière, dit fort insolemment que l'habit etoit à lui; mais la Rappinière le menaça de lui faire perdre sa charge. L'habit se trouva assez juste pour le Destin, qui sortit avec la Rappinière et la Rancune. Ils dînèrent en un cabaret aux depens d'un bourgeois qui avoit à faire de la Rappinière. Mademoiselle de la Caverne s'amusa à savonner son collet sale et tint compagnie à son hôtesse. Le même jour, Doguin fut rencontré par un des jeunes hommes qu'il avoit battus le jour de devant dans le tripot, et revint au logis avec deux bons coups d'epée et force coups de bâton; et, à cause qu'il etoit bien blessé, la Rancune, après avoir soupé, alla coucher dans une hôtellerie voisine, fort lassé d'avoir couru toute la ville, accompagnant, avec son camarade Destin, le sieur de la Rappinière, qui vouloit avoir raison de son valet assassiné.

Note 78: (retour) Les chausses de page, appelées aussi *grègues*, *trousses*, ou *culottes*, étoient des espèces de hauts-de-chausses d'ancienne mode, serrés et plissés, et qui, abandonnés depuis le siècle précédent, étoient réservés seulement aux pages.

CHAPITRE VI.

*L'aventure du pot de chambre; la mauvaise nuit que
la Rancune donna à l'hôtellerie; l'arrivée d'une
partie de la troupe; mort de Doguin,
et autres choses memorables.*

La Rancune entra dans l'hôtellerie un peu plus que demi-ivre. La servante de la Rappinière, qui le conduisoit, dit à l'hôtesse qu'on lui dressât un lit. «Voici le reste de notre ecu [79], dit l'hôtesse; si nous n'avions point d'autre pratique que celle-là, notre louage seroit mal payé.--Taisez-vous, sotte, dit son mari; monsieur de la Rappinière nous fait trop d'honneur. Que l'on dresse un lit à ce gentilhomme.--Voire qui en auroit, dit l'hôtesse; il ne m'en restoit qu'un que je viens de donner à un marchand du bas Maine.» Le marchand entra là-dessus, et, ayant appris le sujet de la contestation, offrit la moitié de son lit à la Rancune, soit qu'il eût à faire à la Rappinière, ou qu'il fût obligeant de son naturel. La Rancune l'en remercia autant que sa secheresse de civilité le put permettre. Le marchand soupa, l'hôte lui tint compagnie, et la Rancune ne se fit pas prier deux fois pour faire le troisième et se mettre à boire sur nouveaux frais. Ils parlèrent des impôts, pestèrent contre les maltôtiers [80], reglèrent l'Etat, et se reglèrent si peu eux-mêmes, et l'hôte tout le premier, qu'il tira sa bourse de sa pochette et demanda à compter, ne se souvenant plus qu'il etoit chez lui. Sa femme et sa servante l'en traînèrent par les epaules dans sa chambre, et le mirent sur un lit tout habillé. La Rancune dit au marchand qu'il etoit affligé d'une difficulté d'urine et qu'il etoit bien fâché d'être contraint de l'incommoder; à quoi le marchand lui repondit qu'une nuit etoit bientôt passée. Le lit n'avoit point de ruelle et joignoit la muraille; la Rancune s'y jetta le premier, et, le marchand s'y etant mis après en la bonne place, la Rancune lui demanda le pot de chambre. «Et qu'en voulez-vous faire? dit le marchand.--Le mettre auprès de moi, de peur de vous incommoder», dit la Rancune. Le marchand lui repondit qu'il lui donnerait quand il en auroit à faire, et la Rancune n'y consentit qu'à peine, lui protestant qu'il etoit au desespoir de l'incommoder. Le marchand s'endormit sans lui repondre, et à peine commença-t-il à dormir de toute sa force que le malicieux comedien, qui etoit homme à s'eborgner pour faire perdre un oeil à un autre, tira le pauvre marchand par le bras, en lui criant: «Monsieur! ho! Monsieur!» Le marchand, tout endormi, lui demanda en bâillant: «Que vous plaît-il?-- Donnez-moi un peu le pot de chambre», dit la Rancune. Le pauvre marchand se pencha hors du lit, et, prenant le pot de chambre, le mit entre les mains de la Rancune, qui se mit en devoir de pisser, et, après avoir fait cent efforts ou fait semblant de les faire, juré cent fois entre ses dents et s'être bien plaint de son mal, il rendit le pot de chambre au marchand sans avoir pissé une seule goutte. Le marchand le remit à terre, et dit, ouvrant la bouche aussi grande qu'un four à force de bâiller: «Vraiment, Monsieur, je vous plains bien», et se rendormit tout aussitôt. La Rancune le laissa embarquer bien avant dans le sommeil, et, quand il le vit ronfler comme s'il n'eût fait autre chose toute sa vie, le perfide l'eveilla encore et lui demanda le pot de chambre aussi mechamment que la première fois. Le marchand le lui mit entre les mains aussi bonnement qu'il avoit dejà fait, et la Rancune le porta à l'endroit par où l'on pisse, avec aussi peu d'envie de pisser que de laisser dormir le marchand. Il cria encore plus fort qu'il n'avoit fait et fut deux fois plus long-temps à ne point pisser, conjurant le marchand de ne prendre plus la peine de lui donner le pot de chambre, et ajoutant que ce n'etoit pas la raison et qu'il le prendroit bien. Le pauvre marchand, qui eût lors donné tout son bien pour dormir son soûl, lui repondit, toujours en bâillant, qu'il en usât comme il lui plairoit, et remit le pot de chambre en sa place. Ils se donnèrent le bon soir fort civilement, et le pauvre marchand eût parié tout son bien qu'il alloit faire le plus beau somme qu'il eût fait de sa vie. La Rancune, qui sçavoit bien ce qui en devoit arriver, le laissa dormir de plus belle; et, sans faire conscience d'eveiller un homme qui dormoit si bien, il lui alla mettre le coude dans le creux de l'estomac, l'accablant de tout son corps et avançant l'autre bras hors du lit, comme on fait quand on veut amasser quelque chose qui est à terre. Le malheureux marchand, se sentant étouffer et ecraser la poitrine, s'eveilla en sursaut! criant horriblement: «Hé! morbleu! Monsieur, vous me tuez!» La Rancune, d'une voix aussi douce et posée que celle du marchand avoit eté vehemente, lui repondit: «Je vous demande pardon, je voulois prendre le pot de chambre.--Ah! vertubleu, s'écria l'autre, j'aime bien mieux vous le donner et ne dormir de toute la nuit. Vous m'avez fait un mal dont je me sentirai toute ma vie.» La Rancune ne lui repondit rien, et se mit à pisser si largement et si roide que le bruit seul du pot de chambre eût pu reveiller le marchand. Il emplit le pot de chambre, benissant le Seigneur avec une hypocrisie de scelerat. Le pauvre marchand le felicitoit le mieux qu'il pouvoit de sa copieuse ejaculation d'urine, qui lui faisoit esperer un sommeil qui ne seroit plus interrompu, quand le maudit la Rancune, faisant semblant de vouloir remettre le pot de chambre à terre, lui laissa tomber et le pot de chambre et tout ce qui etoit dedans sur le visage, sur la barbe et sur l'estomac, en criant en hypocrite: «Hé! Monsieur, je vous demande pardon.» Le marchand ne repondit rien à sa civilité; car, aussitôt qu'il se sentit noyer de pissat, il se leva, hurlant comme un homme furieux et demandant de la chandelle. La Rancune, avec une froideur capable de faire renier un theatin, lui disoit: «Voilà Un grand malheur!» Le marchand continua ses cris: l'hôte, l'hôtesse, les servantes et les valets y vinrent. Le marchand leur dit qu'on l'avoit fait coucher avec un diable, et pria qu'on lui fît du feu autre part. On lui demanda ce qu'il avoit; il ne repondit rien, tant il etoit en colère, prit ses habits et ses hardes, et s'alla secher dans la cuisine, où il passa le reste de la nuit sur un banc, le long du feu. L'hôte demanda à la Rancune ce qu'il lui avoit foit. Il lui dit, feignant une grande ingenuité: «Je ne sçais de quoi il se peut plaindre. Il s'est eveillé et m'a reveillé, criant au meurtre: il faut qu'il ait fait quelque mauvais songe ou qu'il soit fou; et, de plus, il a pissé au lit.» L'hôtesse y porta la main et dit qu'il etoit vrai, que son matelas etoit tout percé, et jura son grand Dieu qu'il le paieroit [81]. Ils donnèrent le bonsoir à la Rancune, qui dormit toute la nuit aussi paisiblement qu'auroit fait un homme de bien, et se recompensa de celle qu'il avoit mal passée chez la Rappinière. Il se leva pourtant plus matin qu'il ne pensoit, parceque la servante de la Rappinière le vint querir à la hâte pour venir voir Doguin, qui se mouroit et qui demandoit à le voir devant que de mourir. Il y courut, bien en peine de sçavoir ce que lui vouloit un homme qui se mouroit et qui ne le connoissoit que du jour precedent. Mais la servante s'etoit trompée; ayant ouï demander le comedien au pauvre moribond, elle avoit pris la Rancune pour le Destin, qui venoit d'entrer dans la chambre de Doguin quand la Rancune arriva, et qui s'y etoit enfermé, ayant appris du prêtre qui l'avoit confessé que le blessé avoit quelque chose à lui dire qu'il lui importoit de sçavoir. Il n'y fut pas plus d'un demi-quart d'heure que la Rappinière revint de la ville, où il etoit allé dès la pointe du jour pour quelques affaires. Il apprit en arrivant que son valet se mouroit, qu'on ne lui pouvoit arrêter le sang parcequ'il avoit un gros vaisseau coupé, et qu'il avoit demandé à voir le comedien Destin devant que de mourir. «Et l'a-t-il vu?» demanda tout emu la Rappinière. On lui repondit qu'ils etoient enfermés ensemble. Il fut frappé de ces paroles comme d'un coup de massue, et s'en courut tout transporté frapper à la porte de la chambre où Doguin se mouroit, au même temps que le Destin l'ouvroit pour avertir que l'on vînt secourir le malade qui venoit de tomber en foiblesse. La Rappinière lui demanda, tout troublé, ce que lui vouloit son fou de valet. «Je crois qu'il rêve, repondit froidement le Destin, car il m'a demandé cent fois pardon, et je ne pense pas qu'il m'ait jamais offensé; mais qu'on prenne garde à lui, car il se meurt.» On s'approcha du lit de Doguin sur le point qu'il rendoit le dernier soupir, dont la Rappinière parut plus gai que triste. Ceux qui le connoissoient crurent que c'etoit à cause qu'il devoit les gages à son valet. Le seul Destin sçavoit bien ce qu'il en devoit croire.

Note 79: (retour) «Se dit de ceux qui surviennent en une compagnie, et qu'on n'attendoit pas.» (Leroux, *Dict. comiq.*)

Note 80: (retour) Les plaintes, les imprécations de toute sorte, contre les maltôtiers et les partisans, qui se livroient souvent à des exactions et à des friponneries dont ils avoient à répondre devant les chambres de justice, remplissent les écrits de l'époque et les chansons manuscrites. V. La *Chasse aux larrons*, de J. Bourgoing, in-8; les *Satires* de Courval-Sonnet et de Gacon; beaucoup de *Mazarinades*; La Bruyère, *Des biens de fortune*, etc., etc.--Maltôte vient de *malè tolta* (tollir mal), et signifioit rigoureusement une imposition faite sans nécessité, sans droit et sans fondement; on appliquoit souvent ce terme aux subsides onéreux et extraordinaires, et même, par abus, le peuple l'étendoit à toute imposition nouvelle. Les maltôtiers étoient les financiers qui se chargeoient d'établir et de faire marcher les maltôtes.

Note 81: (retour) Segrais nous apprend que ce fut M. de Riandé, receveur des décimes, personnage fort goutteux, qui «donna occasion» à Scarron de raconter cette sale aventure du pot de chambre. (*Mém. anecd.*)

Là-dessus deux hommes entrèrent dans le logis qui furent reconnus par notre comedien pour être de ses camarades, desquels nous parlerons plus amplement au suivant chapitre.

CHAPITRE VII.

L'aventure des brancards.

Le plus jeune des comediens qui entrèrent chez la Rappinière etoit valet de Destin. Il apprit de lui que le reste de la troupe etoit arrivé, à la reserve de mademoiselle de l'Etoile, qui s'etoit demis un pied à trois lieues du Mans. «Qui vous a fait venir ici, et qui vous a dit que nous y etions? lui demanda le Destin.--La peste, qui etoit à Alençon, nous a empêchés d'y aller et nous a arrêtés à Bonnestable [82], repondit l'autre comedien, qui s'appeloit l'Olive, et quelques habitans de cette ville que nous avons trouvés nous ont dit que vous avez joué ici, que vous vous etiez battu et que vous aviez eté blessé. Mademoiselle de l'Etoile en est fort en peine, et vous prie de lui envoyer un brancard [83].» Le maître de l'hôtellerie voisine, qui etoit venu là au bruit de la mort de Doguin, dit qu'il y avoit un brancard chez lui, et, pourvu qu'on le payât bien, qu'il seroit en etat de partir sur le midi, porté par deux bons chevaux. Les comediens arretèrent le brancard à un ecu, et des chambres dans l'hôtellerie pour la troupe comique. La Rappinière se chargea d'obtenir du lieutenant general permission de jouer, et, sur le midi, le Destin et ses camarades prirent le chemin de Bonnestable. Il faisoit un grand chaud. La Rancune dormoit dans le brancard; l'Olive etoit monté sur le cheval de derrière, et un valet de l'hôte conduisoit celui de devant; le Destin alloit de son pied, un fusil sur l'epaule, et son valet lui contoit ce qui leur etoit arrivé depuis le Château du Loir [84] jusqu'à un village auprès de Bonnestable, où mademoiselle de l'Etoile s'etoit demis un pied en descendant de cheval, quand deux hommes bien montés, et qui se cachèrent le nez de leur manteau en passant auprès de Destin, s'approchèrent du brancard du côté qu'il etoit decouvert, et, n'y trouvant qu'un vieil homme qui dormoit, le mieux monté de ces deux inconnus dit à l'autre: «Je crois que tous les diables sont aujourd'hui dechaînés contre moi et se sont deguisés en brancards pour me faire enrager.» Cela dit, il poussa son cheval à travers les champs, et son camarade le suivit. L'Olive appela le Destin, qui etoit un peu eloigné, et lui conta l'aventure, en laquelle il ne put rien comprendre et dont il ne se mit pas beaucoup en peine.

Note 82: (retour) Petite ville du Maine, sur la Dive, avec une forêt considérable.

Note 83: (retour) Un brancard étoit une sorte de lit portatif, destiné surtout à voiturer les malades. Il étoit fait en forme de grande civière, avec des cerceaux en berceau, qu'on pouvoit garnir au besoin de matelas et de couvertures, et il étoit porté, comme une litière, sur des mulets ou des chevaux.

Note 84: (retour) Petite ville du Maine, à onze lieues environ du Mans.

À un quart de lieue de là, le conducteur du brancard, que l'ardeur du soleil avoit assoupi, alla planter le brancard dans un bourbier, où la Rancune pensa se repandre. Les chevaux y brisèrent leurs harnois, et il les en fallut tirer par le cou et par la queue, après qu'on les eut detelés. Ils ramassèrent les debris du naufrage et gagnèrent le prochain village le mieux qu'ils purent. L'equipage du brancard avoit grand besoin de reparation. Tandis qu'on y travailla, la Rancune, l'Olive et le valet de Destin burent un coup à la porte d'une hôtellerie qui se trouva dans le village. Là-dessus il arriva un autre brancard, conduit par deux hommes de pied, qui s'arrêta aussi devant l'hôtellerie. À peine fut-il arrivé qu'il en parut un autre, qui venoit cent pas après du même côté. «Je crois que tous les brancards de la province se sont ici donné rendez-vous pour une affaire d'importance ou pour un chapitre general, dit la Rancune, et je suis d'avis qu'ils commencent leur conference, car il n'y a pas apparence qu'il en arrive davantage.--En voici pourtant un qui n'en quittera pas sa part», dit l'hôtesse. Et, en effet, ils en virent un quatrième qui venoit du côté du Mans. Cela les fit rire de bon courage, excepté la Rancune, qui ne rioit jamais, comme je vous ai déjà dit. Le dernier brancard s'arrêta avec les autres. Jamais on ne vit tant de brancards ensemble. «Si les chercheurs de brancards que nous avons trouvés tantôt etoient ici, ils auraient contentement, dit le conducteur du premier venu.--J'en ai trouvé aussi», dit le second. Celui des comediens dit la même chose, et le dernier venu ajouta qu'il en avoit pensé être battu. «Et pourquoi? lui demanda le Destin.--À cause, lui repondit-il, qu'ils en vouloient à une demoiselle qui s'etoit demis un pied et que nous avons menée au Mans. Je n'ai jamais vu des gens si colères; ils se prenoient à moi de ce qu'ils n'avoient pas trouvé ce qu'ils cherchoient.» Cela fit ouvrir les oreilles aux comediens, et, en deux ou trois interrogations qu'ils firent au brancardier, ils sçurent que la femme du seigneur du village où mademoiselle de l'Etoile s'etoit blessée lui avoit rendu visite, et l'avoit fait conduire au Mans avec grand soin.

La conversation dura encore quelque temps entre les brancards, et ils sçurent les uns des autres qu'ils avoient eté reconnus en chemin par les mêmes hommes que les comediens avoient vus. Le premier brancard portoit le curé de Domfront, qui venoit des eaux de Bellesme [85] et passoit au Mans pour faire faire une consultation de medecins sur sa maladie; le second portoit un gentilhomme blessé qui revenoit de l'armée. Les brancards se separèrent. Celui des comediens et celui du curé de Domfront retournèrent au Mans de compagnie, et les autres où ils avoient à aller. Le curé malade descendit en la même hôtellerie des comediens, qui etoit la sienne. Nous le laisserons reposer dans sa chambre, et verrons, dans le suivant chapitre, ce qui se passoit en celle des comediens.

Note 85: (retour) Petite ville du Perche, à trois lieues sud de Mortagne, qui possède des eaux minérales.

CHAPITRE VIII.

*Dans lequel on verra plusieurs choses necessaires
à sçavoir pour l'intelligence du present livre.*

La troupe comique etoit composée de Destin, de l'Olive et de la Rancune, qui avoient chacun un valet pretendant à devenir un jour comedien en chef. Parmi ces valets, il y en avoit quelques uns qui recitoient dejà sans rougir et sans se defaire [86]. Celui de Destin, entre autres, faisoit assez bien, entendoit assez ce qu'il disoit et avoit de l'esprit. Mademoiselle de l'Etoile et la fille de mademoiselle de la Caverne recitoient les premiers rôles; la Caverne representoit les reines et les mères et jouoit à la farce [87]. Ils avoient de plus un poète, ou plutôt un auteur, car toutes les boutiques d'epiciers du royaume etoient pleines de ses oeuvres [88], tant en vers qu'en prose. Ce bel esprit s'etoit donné à la troupe quasi malgré elle, et, parcequ'il ne partageoit point et mangeoit quelque argent avec les comediens, on lui donnoit les derniers rôles, dont il s'acquittoit très mal [89]. On voyoit bien qu'il etoit amoureux de l'une des deux comediennes; mais il etoit si discret, quoiqu'un peu fou, qu'on n'avoit pu decouvrir encore laquelle des deux il devoit suborner sous esperance de l'immortalité. Il menaçoit les comediens de quantité de pièces, mais il leur avoit fait grâce jusqu'à l'heure; on savoit seulement par conjecture qu'il en faisoit une intitulée Martin Luther, dont on avoit trouvé un cahier, qu'il avoit pourtant desavoué, quoiqu'il fût de son ecriture [20].

Note 86: (retour) C'est-à-dire sans se déconcerter, sans perdre contenance.

Note 87: (retour) Cette réunion de rôles si divers joués par un même acteur étoit alors fort commune, même parmi les plus célèbres comédiens. Ainsi, pour ne citer qu'eux, les farceurs Gautier-Garguille et Turlupin étoient également distingués dans la tragédie. (V. plus haut, note 2 de la page 11, ch. I.)

Note 88: (retour) On retrouvera souvent cette plaisanterie chez Boileau quand il parle de ces auteurs

> Dont les vers en paquet se vendent à la livre,

et qu'on voit

> Suivre chez l'épicier Neuf-Germain et La Serre, etc.
>
> (Sat. 9.)

Note 89: (retour) Il n'étoit pas rare alors de voir des poètes à la solde des troupes comiques. Ils les suivoient dans leurs excursions, soit pour les fournir de pièces ou pour modifier les comédies du répertoire suivant les désirs des acteurs et les besoins du moment, soit pour diriger les représentations. Ce fut ainsi que Hardy fit ses six cents pièces, et Tristan l'Hermite nous a raconté, dans sa curieuse autobiographie, la façon cavalière dont messieurs les comédiens traitoient leur poète ordinaire pour la moindre peccadille, ne fût-ce que pour avoir refusé de jouer à la boule avec eux pendant qu'il composoit des vers. Quelques uns de ces poètes étoient en même temps acteurs, comme Molière le fut plus tard. Les troupes ambulantes d'Espagne avoient aussi leur poète, et il y en a un dans le *Voyage amusant* de Rojas de Villandrado, ce *Roman comique* espagnol.

Note 90: (retour) Suivant la clef manuscrite citée dans notre notice, l'original du portrait du poète Roquebrune auroit été M. de Moutières, bailli de Touvoy (juridiction de Mgr l'évêque du Mans).

Quand nos comediens arrivèrent, la chambre des comediennes etoit dejà pleine des plus echauffés godelureaux de la ville, dont quelques uns etoient dejà refroidis du maigre accueil qu'on leur avoit fait. Ils parloient tous ensemble de la comedie, des bons vers, des auteurs et des romans: jamais on n'ouït plus de bruit en une chambre, à moins que de s'y quereller. Le poète, sur tous les autres, environné de deux ou trois qui devoient être les beaux esprits de la ville, se tuoit de leur dire qu'il avoit vu Corneille, qu'il avoit fait la debauche avec Saint-Amant et Beys, et qu'il avoit perdu un bon ami en feu Rotrou [21]. Mademoiselle de la Caverne et mademoiselle Angelique, sa fille, arrangeoient leurs hardes avec une aussi grande tranquillité que s'il n'y eût eu personne dans la chambre. Les mains d'Angelique etoient quelquefois serrées ou baisées, car les provinciaux sont fort endemenés et patineurs [22]; mais un coup de pied dans l'os des jambes, un soufflet ou un coup de dent, selon qu'il etoit à propos, la delivroient bientôt de ces galans à toute outrance. Ce n'est pas qu'elle fût devergondée, mais son humeur enjouée et libre l'empêchoit d'observer beaucoup de ceremonies; d'ailleurs elle avoit de l'esprit et etoit très honnête fille. Mademoiselle de l'Etoile etoit d'une humeur toute contraire: il n'y avoit pas au monde une fille plus modeste et d'une humeur plus douce; et elle fut lors si complaisante qu'elle n'eut pas la force de chasser tous ces gracieuseux hors de sa chambre, quoiqu'elle souffrît beaucoup au pied qu'elle s'etoit demis, et qu'elle eût grand besoin d'être en repos. Elle etoit tout habillée sur un lit, environnée de quatre ou cinq des plus douceureux, etourdie de quantité d'equivoques qu'on appelle pointes dans les provinces [23], et souriant bien souvent à des choses qui ne lui plaisoient guère. Mais c'est une des grandes incommodités du metier, laquelle, jointe à celle d'être obligé de pleurer et de rire lorsque l'on a envie de faire toute autre chose, diminue beaucoup le plaisir qu'ont les comediens d'être quelquefois empereurs et imperatrices, et être appelés beaux comme le jour quand il s'en faut plus de la moitié, et jeune beauté, bien qu'ils aient vieilli sur le théâtre et que leurs cheveux et leurs dents fassent une partie de leurs hardes. Il y a bien d'autres choses à dire sur ce sujet; mais il faut les menager et les placer en divers endroits de mon livre pour diversifier.

Note 91: (retour) On connoît Saint-Amant et Rotrou. Charles Beys (1610-1659), poète, auteur de quelques comédies, entre autres de *l'Hôpital des fous*, maître et ami de Scarron, qui a fait des vers pour mettre en tête de ses ouvrages, est moins connu. Loret, d'accord avec notre auteur sur les dispositions de Beys pour la débauche, nous dit, dans sa *Muse historique* (4 octobre 1659), qu'il *faisoit gloire*

> De bien manger et de bien boire,

et il ajoute:

> Beys, qui n'eut jamais vaillant un jacobus,
>
>   Courtisa Bacchus et Phoebus,
>
>   Et leurs lois, voulut toujours suivre.
>
> Bacchus en usa mal, Phoebus en usa bien;
>
> Mais en ce divers sort Beys ne perdit rien:
>
>   Si l'un l'a fait mourir, l'autre l'a fait revivre.

Note 92: (retour) *Endémenés*, lubriques, à peu près le même sens que *patineurs*. Voir, si l'on en est curieux, pour la justification de cette dernière épithète, *Dict.* de Furetière, art. *Patin*, et Dict. de Bayle, art. *Le Pays*, note 7. C'est un terme que Scarron aime; il y revient encore plus loin (ch. 10), ainsi que dans deux vers bien connus de l'*Épître chagrine* à M. d'Albret, qu'on a souvent attribués au chevalier de Boufflers.

Note 93: (retour) Scarron, qui n'étoit pas toujours fort sévère sur le choix de ses bouffonneries, n'aimoit pourtant pas les pointes, bien qu'elles fussent grandement à la mode dans la première moitié du XVIIe siècle, surtout parmi les écrivains burlesques. Aussi Cyrano, le classique du genre, lui reproche-t-il d'en être «venu à ce point de bestialité..... que de bannir les pointes de la composition des ouvrages.» (*Lettre contre Ronscar.*)

Revenons à la pauvre mademoiselle de l'Etoile, obsédée de provinciaux, la plus incommode nation du monde, tous grands parleurs, quelques uns très impertinens, et entre lesquels il s'en trouvoit de nouvellement sortis du collège. Il y avoit entre autres un petit homme veuf, avocat de profession, qui avoit une petite charge dans une petite juridiction voisine. Depuis la mort de sa petite femme, il avoit menacé les femmes de la ville de se remarier et le clergé de la province de se faire prêtre, et même de se faire prelat à beaux sermons comptans. C'etoit le plus grand petit fou qui ait couru les champs depuis Roland 24. Il avoit etudié toute sa vie, et, quoique l'étude aille à la connoissance de la verité, il etoit menteur comme un valet, presomptueux et opiniâtre comme un pedant 25, et assez mauvais poète pour être etouffé s'il y avoit de la police dans le royaume 26. Quand le Destin et ses compagnons entrèrent dans la chambre, il s'offrit de leur dire, sans leur donner le temps de se reconnoître, une pièce de sa façon intitulée: Les faits et les gestes de Charlemagne, en vingt-quatre journées 27. Cela fit dresser les cheveux en la tête à tous les assistans, et le Destin, qui conserva un peu de jugement dans l'epouvante generale où la proposition avoit mis la compagnie, lui dit en souriant qu'il n'y avoit pas apparence de lui donner audience devant le souper. «Eh bien! ce dit-il, je m'en vais vous conter une histoire tirée d'un livre espagnol 28 qu'on m'a envoyé de Paris, dont je veux faire une pièce dans les règles.» On changea de discours deux ou trois fois pour se garantir d'une histoire que l'on croyoit devoir être une imitation de Peau-d'Ane 22; mais le petit homme ne se rebuta point, et, à force de recommencer son histoire autant de fois que l'on l'interrompoit, il se fit donner audience, dont on ne se repentit point, parceque l'histoire se trouva assez bonne et dementit la mauvaise opinion que l'on avoit de tout ce qui venoit de Ragotin (c'etoit le nom du godenot 100). Vous allez voir cette histoire dans le suivant chapitre, non telle que la conta Ragotin, mais comme je la pourrai conter d'après un des auditeurs qui me l'a apprise. Ce n'est donc pas Ragotin qui parle, c'est moi.

Note 94: (retour) Allusion aux folies de Roland, dans le poème de l'Arioste.

Note 95: (retour) Voilà un trait bien inoffensif, si on le compare à beaucoup d'autres, de la haine particulière de l'époque contre le pédant. C'étoit un des types favoris de la vieille comédie et du roman satirique au XVIIe siècle, où on l'avoit en horreur, comme plus tard le bourgeois. Larivey, Cyrano, Rotrou, Molière, Scarron lui-même (dans les *Boutades du capitan Matamore*), etc., l'ont mis en scène, avec une verve impitoyable, sous les traits d'un personnage sale, laid, avare, ridicule de tout point. Qu'on se souvienne aussi du Sidias de Théophile dans les *Fragments d'une histoire comique*, de l'Hortensius du *Francion* de Sorel, du *Barbon* de Balzac et du *Mamurra* de Ménage, qui s'attaque autant au pédant qu'au parasite dans la personne de Montmaur. Les précieuses elles-mêmes, ces pédantes du beau sexe, faisoient voeu de haïr les pédants, et, un peu plus tard, Richelet introduisoit cette définition dans son dictionnaire: «Pédant, mot qui vient du grec et qui est injurieux... De tous les animaux domestiques à deux pieds qu'on appelle vulgairement pédans, du Clérat est le plus misérable et le plus cancre.»

Note 96: (retour) Cf. les vers de Boileau sur les oeuvres des méchants poètes:

Ils ont bien ennuyé le roi, toute la cour,

Sans que le moindre édit ait, pour punir leur crime,
Retranché les auteurs ou supprimé la rime.

(Sat. 9.)

Note 97: (retour) Ne seroit-ce point là une épigramme indirecte contre quelques immenses pièces de théâtre du temps, par exemple, *les Chastes et loyales amours de Théagène et Chariclée*, par Hardy, en huit poèmes dramatiques (1601), et d'autres un peu moins longues, mais d'une belle taille encore? Après la mort de Gustave-Adolphe, on joua en Espagne (1633), devant le roi et la reine, un drame sur ce sujet (*la Mort du roi de Suède*), dont la représentation dura douze jours (*Gaz. de Fr.* du 12 février 1633).

Note 98: (retour) Effectivement, la nouvelle qui suit est tirée des *Alivios de Cassandra* de Solorzano; c'est la traduction du troisième récit de ce livre: *los Efectos que haze amor*, (V. notre notice.)

Note 99: (retour) Il ne s'agit point ici, bien entendu, du conte de Perrault, qui ne parut pour la première fois qu'en 1694. M. Walckenaër, dans ses *Lettr. sur l'orig. de la féerie et des contes de fées attribués à Perrault* (1826, in-12), a démontré clairement que la légende de *Peau d'Ane* étoit d'une origine beaucoup plus ancienne, et qu'elle étoit fort populaire déjà,--sans qu'on puisse la retrouver expressément dans aucun écrit,--avant que Perrault l'eût empruntée aux récits des nourrices pour la rédiger à sa manière, d'abord en vers, puis en prose. Beaucoup d'auteurs, du reste, ont parlé de *Peau-d'Ane* bien avant 1694: le cardinal de Retz dans ses *Mémoires*, Boileau dans sa *Dissertation sur Joconde* (1669), Molière dans *le Malade imaginaire* (act. 2, sc. 1.), La Fontaine dans *le Pouvoir des Fables*, Scarron non seulement dans le *Roman comique*, mais dans son *Virgile travesti* (liv. 2), Perrault lui-même dans son *Parallèle des anciens et des modernes* (1688). Quelques uns ont cru qu'il s'agissoit de la 130e nouvelle de Bonaventure des Périers; mais il suffit d'avoir jeté un coup d'oeil sur ce conte, aussi court qu'insignifiant, pour s'assurer qu'il n'a pu avoir cette popularité et que ce n'est pas de là que Perrault a tiré le sien.

Note 100: (retour) Ragotin est évidemment un diminutif de *ragot*, qui signifioit un petit homme, mal bâti, gros, court et membru. Il y a eu aussi à Paris, sous Louis XII et François Ier, un mendiant bouffon du nom de Ragot. On trouve encore dans Tallemant le mot *ragoter*, dans le sens de gronder avec mauvaise humeur (*Histor. de Niert*). Quant au mot *godenot*, il désignoit au propre un petit morceau de bois ayant la figure d'un marmouzet, et dont se servoient les joueurs de gobelets pour amuser le menu peuple, et au figuré les personnages mal dégrossis et d'un physique ridicule (*Dict. com.* de Leroux). Les chroniqueurs manceaux nous apprennent que René Denisot, avocat du roi au présidial du Mans, qui mourut en 1707, servit de modèle à Scarron pour le type de Ragotin (*Almanach manç.*, 1767; Lepaige, *Dict. du Mans*).

CHAPITRE IX.

Histoire de l'amante invisible.

Dom Carlos d'Aragon etoit un jeune gentilhomme de la maison dont il portoit le nom. Il fit des merveilles de sa personne dans les spectacles publics que le vice-roi de Naples donna au peuple aux noces de Philippe second, troisième ou quatrième, car je ne sais pas lequel. Le lendemain d'une course de bague dont il avoit emporté l'honneur, le vice-roi permit aux dames d'aller par la ville deguisées et de porter des masques à la françoise [101], pour la commodité des étrangères que ces rejouissances avoient attirées dans la ville. Ce jour-là, dom Carlos s'habilla le mieux qu'il put, et se trouva avec quantité d'autres tyrans des coeurs dans l'eglise de la galanterie [102]. On profane les eglises en ce pays-là aussi bien qu'au nôtre, et le temple de Dieu sert de rendez-vous aux godelureaux et aux coquettes, à la honte de ceux qui ont la maudite ambition d'achalander leurs eglises et de s'ôter la pratique les uns aux autres. On y devroit donner ordre et establir des chasse-godelureaux et des chasse-coquettes dans les eglises, comme des chasse-chiens et des chasse-chiennes [103]. On dira ici de quoi je me mêle. Vraiment, on en verra bien d'autres! Sache le sot qui s'en scandalise que tout homme est sot en ce bas monde aussi bien que menteur [104], les uns plus, les autres moins, et moi, qui vous parle, peut-être plus sot que les autres, quoique j'aie plus de franchise à l'avouer, et que, mon livre n'étant qu'un ramas de sottises, j'espère que chaque sot y trouvera un petit caractère de ce qu'il est, s'il n'est trop aveuglé de l'amour-propre. Dom Carlos donc, pour reprendre mon conte, etoit dans une eglise avec quantité d'autres gentilshommes italiens et espagnols, qui se miroient dans leurs belles plumes comme des paons, lorsque trois dames masquées l'accostèrent au milieu de tous ces Cupidons dechaînés, l'une desquelles lui dit ceci ou quelque chose qui en approche: «Seigneur dom Carlos, il y a une dame en cette ville à qui vous êtes bien obligé. Dans tous les combats de barrière [105] et toutes les courses de bague, elle vous a souhaité d'en emporter l'honneur, comme vous avez fait.--Ce que je trouve de plus avantageux en ce que vous me dites, repondit dom Carlos, c'est que je l'apprends de vous, qui paroissez une dame de merite, et je vous avoue que, si j'eusse esperé que quelque dame se fût declarée pour moi, j'aurois apporté plus de soin que je n'ai fait à meriter son approbation.» La dame inconnue lui dit qu'il n'avoit rien oublié de tout ce qui le pouvoit faire paroître un des plus adroits hommes du monde, mais qu'il avoit fait voir par ses livrées de noir et de blanc qu'il n'etoit point amoureux [106]. «Je n'ai jamais bien su ce que signifioient les couleurs, repondit dom Carlos; mais je sais bien que c'est moins par insensibilité que je n'aime point que par la connoissance que j'ai que je ne merite pas d'être aimé.» Ils se dirent encore cent belles choses que je ne vous dirai point, parceque je ne les sçais pas [107], et que je n'ai garde de vous en composer d'autres, de peur de faire tort à dom Carlos et à la dame inconnue, qui avoient bien plus d'esprit que je n'en ai, comme j'ai sçu depuis peu d'un honnête Napolitain qui les a connus l'un et l'autre. Tant y a que la dame masquée declara à dom Carlos que c'etoit elle qui avoit eu inclination pour lui. Il demanda à la voir; elle lui dit qu'il n'en etoit pas encore là, qu'elle en chercheroit les occasions, et que, pour lui temoigner qu'elle ne craignoit point de se trouver avec lui seul à seul, elle lui donnoit un gage. En disant cela, elle découvrit à l'Espagnol la plus belle main du monde et lui presenta une bague qu'il reçut, si surpris de l'aventure qu'il oublia quasi à lui faire la reverence lorsqu'elle le quitta. Les autres gentilshommes, qui s'etoient éloignés de lui par discretion, s'en approchèrent. Il leur conta ce qui lui etoit arrivé et leur montra la bague, qui etoit d'un prix assez considerable. Chacun dit là-dessus ce qu'il en croyoit, et dom Carlos demeura aussi piqué de la dame inconnue que s'il l'eût vue au visage, tant l'esprit a de pouvoir sur ceux qui en ont.

Note 101: (retour) Il étoit alors d'usage, en France, que les femmes de condition portassent un masque de velours noir lorsqu'elles sortoient à pied (V. *la Promenade du Cours*, 1630, in-12, p. 12), et parfois même les bourgeoises en portoient aussi pour jouer aux grandes dames.

Note 102: (retour) Sera-ce exagérer la portée des paroles de Scarron que de voir ici un petit trait décoché en passant contre le roman allégorique et contre ces rencontres amoureuses dans les temples, qui remplissent les romans de l'époque? «Nos galands.., quoyque d'ordinaire ils ayent assez de peine à estre devots..., ne laisseront pas de frequenter les eglises... Comme c'est aux dames que l'on desire plaire le plus..., il faut chercher l'endroit où elles se rangent.» (*Loix de la galanterie*.) On voit par là, comme par ce qu'ajoute Scarron, que cet usage des romans étoit fondé sur un fait de la vie réelle. La *traduction d'une lettre italienne..., contenant une critique agréable de Paris*, du même temps, à peu près, vient encore à l'appui: «Le peuple fréquente les églises avec piété. Il n'y a que les nobles et les grands qui y viennent pour se divertir, pour parler et se faire l'amour.» V. aussi Furet., le *Rom. bourg.*, p. 31 et 32, éd. Jannet.

Note 103: (retour) On appeloit *chasse-chien*, et quelquefois *chasse-coquin*, le suisse ou bedeau, considéré dans l'exercice particulier des fonctions suffisamment déterminées par ce titre: «J'ay esté sans reproche marguillier, j'ay esté beguiau, j'ay esté portofrande, j'ay esté chasse-chien», dit Gareau, énumérant la série des honneurs de ce genre par lesquels il a passé. (Cyrano de Bergerac, *le Pédant joué*, acte. 2, sc. 2.)

Note 104: (retour) Allusion probable à l'*Omnis homo mendax* de l'Écriture.

Note 105: (retour) C'est-à-dire ceux qui ont lieu dans une enceinte fermée de barrières, comme pour les combats de taureaux, les tournois, les courses de bague, etc.

Note 106: (retour) Dans les tournois et les carrousels, les chevaliers exprimoient leurs pensées et leurs sentiments par le moyen de livrées, de chiffres, d'armoiries ou de devises. On lit dans le père Ménestrier, qui a donné la signification des diverses couleurs en usage: «Le noir signifioit la douleur, le désespoir, etc.; le blanc signifioit la pureté, la sincérité, l'innocence et l'indifférence, la simplicité, la candeur, etc.» (*Traité des carrousels et tournois.*)

Note 107: (retour) Épigramme indirecte contre l'invraisemblance des romans, dont les auteurs semblent toujours connoître, on ne sait comment, les particularités les plus intimes de la vie de leurs héros. Déjà à la fin du ch. 8, Scarron avoit dit quelque chose d'approchant par l'intention: «Vous allez voir cette histoire, non telle que la conta Ragotin, mais comme je la pourrai conter d'après un des auditeurs, qui me l'a apprise, etc.» V. encore, un peu plus loin, même chap., et beaucoup d'autres endroits. On retrouve quelques traits de satire analogues dans le *Roman bourgeois* de Furetière, celui-ci, par exemple: «Par malheur pour cette histoire, Lucrèce n'avoit point de confidente, ni le marquis d'escuyer, à qui ils répétassent en propres termes leurs plus secrettes conversations. C'est une chose qui n'a jamais manqué aux heros et aux heroïnes. Le moyen, sans cela, d'ecrire leurs aventures et d'en faire de gros volumes! Le moyen qu'on pust sçavoir tous leurs entretiens, leurs plus secrettes pensées! qu'on pust avoir coppie de tous leurs vers et des billets doux qui se sont envoyez, et toutes les autres choses necessaires pour bastir une intrigue!» Et plus loin: «Par malheur, on ne sçait rien de tout cela, parceque la chose se passa en secret.» (Édit. elzevir., p. 80 et 85.) Subligny s'exprime à peu près de même, dans *la Fausse Clélie* (édit. 1679, in-12, p. 222), à propos des lettres écrites par les héros des romans, et le Père Bougeant, dans son *Voyage du prince Fan-Férédin au pays de Romancie*, raille également les romanciers qui rapportent d'un bout à l'autre les entretiens de leurs personnages, comme s'ils en avoient pris copie à la façon des greffiers.

On lit aussi dans les Mémoires de Grammont, par Hamilton, ch. 13: «A Dieu ne plaise que cela nous regarde, nous qui faisons profession de ne coucher dans ces mémoires que ce que nous tenons de celui même dont nous écrivons les faits et les dits! Qui jamais, excepté l'écuyer Féraulas, a pu tenir compte des pensées, des soupirs et du nombre d'exclama

Il fut bien huit jours sans avoir des nouvelles de la dame, et je n'ai jamais su s'il s'en inquieta bien fort. Cependant il alloit tous les jours se divertir chez un capitaine d'infanterie, où plusieurs hommes de condition s'assembloient souvent pour jouer. Un soir qu'il n'avoit point joué et qu'il se retiroit de meilleure heure qu'il n'avoit accoutumé, il fut appelé par son nom d'une chambre basse d'une grande maison. Il s'approcha de la fenêtre, qui etoit grillée, et reconnut à la voix que c'etoit son amante invisible, qui lui dit d'abord: «Approchez-vous, dom Carlos; je vous attends ici pour vider le differend que nous avons ensemble.--Vous n'êtes qu'une fanfaronne, lui dit dom Carlos; vous defiez avec insolence et vous vous cachez huit jours pour ne paroître qu'à une fenêtre grillée.--Nous nous verrons de plus près quand il en sera temps, lui dit-elle. Ce n'est point faute de coeur que j'ai différé de me trouver avec vous; j'ai voulu vous connoître devant que de me laisser voir. Vous sçavez que dans les combats assignés il se faut battre avec armes pareilles: si votre coeur n'etoit pas aussi libre que le mien, vous vous battriez avec avantage; et c'est pour cela que j'ai voulu m'informer de vous.--Et qu'avez-vous appris de moi? lui dit dom Carlos.--Que nous sommes assez l'un pour l'autre», repondit la dame invisible. Dom Carlos lui dit que la chose n'etoit pas egale: «Car, ajouta-t-il, vous me voyez et sçavez qui je suis; et moi, je ne vous vois point et ne sçais qui vous êtes. Quel jugement pensez-vous que je puisse faire du soin que vous apportez à vous cacher? On ne se cache guère quand on n'a que de bons desseins, et on peut aisement tromper une personne qui ne se tient pas sur ses gardes; mais on ne la trompe pas deux fois. Si vous vous servez de moi pour donner de la jalousie à un autre, je vous avertis que je n'y suis pas propre, et que vous ne devez pas vous servir de moi à autre chose qu'à vous aimer.--Avez-vous assez fait de jugemens temeraires? lui dit l'invisible.--Ils ne sont pas sans apparence, repondit dom Carlos.--Sçachez, lui dit-elle, que je suis très véritable, que vous me reconnoîtrez telle dans tous les procedés que nous aurons ensemble, et que je veux que vous le soyez aussi.--Cela est juste, lui dit dom Carlos; mais il est juste aussi que je vous voie et que je sçache qui vous êtes.--Vous le sçaurez bientôt, lui dit l'invisible; et cependant esperez sans impatience: c'est par là que vous pouvez meriter ce que vous pretendez de moi, qui vous assure (afin que votre galanterie ne soit pas sans fondement et sans espoir de recompense) que je vous egale en condition; que j'ai assez de bien pour vous faire vivre avec autant d'eclat que le plus grand prince du royaume; que je suis jeune, que je suis plus belle que laide; et, pour de l'esprit, vous en avez trop pour n'avoir pas decouvert si j'en ai ou non.» Elle se retira en achevant ces paroles, laissant dom Carlos la bouche ouverte et prêt à repondre, si surpris de la brusque declaration, si amoureux d'une personne qu'il ne voyoit point, et si embarrassé de ce procedé etrange et qui pouvoit aller à quelque tromperie, que, sans sortir d'une place, il fut un grand quart d'heure à faire divers jugemens sur une aventure si extraordinaire. Il sçavoit bien qu'il y avoit plusieurs princesses et dames de condition dans Naples; mais il sçavoit bien aussi qu'il y avoit force courtisanes affamées, fort âpres après les etrangers, grandes friponnes, et d'autant plus dangereuses qu'elles etoient belles [108]. Je ne vous dirai point exactement s'il avoit soupé et s'il se coucha sans manger, comme font quelques faiseurs de romans, qui règlent toutes les heures du jour de leurs heros, les font lever de bon matin, conter leur histoire jusqu'à l'heure du dîner, dîner fort legerement, et après dîner reprendre leur histoire ou s'enfoncer dans un bois pour y parler tout seuls, si ce n'est quand ils ont quelque chose à dire aux arbres et aux rochers; à l'heure du souper, se trouver à point nommé dans le lieu où l'on mange, où ils soupirent et rêvent au lieu de manger [109], et puis s'en vont faire des châteaux en Espagne sur quelque terrasse qui regarde la mer, tandis qu'un ecuyer revèle [110] que son maître est un tel, fils d'un roi tel, et qu'il n'y a pas un meilleur prince au monde, et qu'encore qu'il soit pour lors le plus beau des mortels, qu'il etoit encore toute autre chose devant que l'amour l'eût defiguré [111].

Note 108: (retour) Cette ville, qui, depuis les expéditions d'Italie, avoit donné son nom au *mal de Naples*, passoit en effet pour un réceptacle de courtisanes. Beaucoup des écrits du temps en portent témoignage.

Note 109: (retour) Sorel raille de même ce dédain des choses positives et cet oubli des réalités vulgaires de la vie dans les romans héroïques (*Berg. extrav.*, liv. 10). Il parle aussi, un peu plus loin, de la facilité avec laquelle les romanciers font vivre leurs héros, sans un sou, en terre étrangère (liv. 11); et Cervantes avoit déjà fait le même reproche aux romans de chevalerie dans *Don Quichotte* (t. I, l. 3). On lit dans la première lettre de mademoiselle de Montpensier à madame de Motteville, où elle lui explique le plan d'une colonie qu'elle voudroit fonder pour vivre suivant le code de *l'Astrée*: «Je ne désapprouverois pas qu'on tirât les vaches, ni que l'on fît des fromages et des gâteaux, puisqu'il faut manger, et que je ne prétends pas que le plan de notre vie soit fabuleux, comme il est en ces romans où l'on observe un jeûne perpétuel et une si sévère abstinence.»

Note 110: (retour) Cf. dans Boileau (*Héros de rom.*). «Cyrus: Eh! de grâce, généreux Pluton, souffrez que j'aille entendre l'histoire d'Aglatidas et d'Amestris, qu'on me va conter... Cependant, voici le fidèle Féraulas (son écuyer), que je vous laisse, qui vous instruira positivement de l'histoire de ma vie et de l'impossibilité de mon bonheur.»

Hamilton se moqua aussi, à plusieurs reprises, de cet usage, dans les Mém. de Grammont (ch. 3, p. 15, et ch. 13, p. 320, édit. Paulin.)

Note 111: (retour) «Tous les hommes y sont faits à peindre, dit Sénecé en parlant des romans; on ne peut rien concevoir d'égal à leur bon air ni à leur mine relevée.» (*Lett. de Clém. Marot.*) Cette même raillerie revient souvent dans *Don Quichotte*.

Pour revenir à mon histoire, dom Carlos se trouva le lendemain à son poste. L'invisible etoit dejà au sien. Elle lui demanda s'il n'avoit pas eté bien embarrassé de la conversation passée, et s'il n'etoit pas vrai qu'il avoit douté de tout ce qu'elle avoit dit. Dom Carlos, sans repondre à sa demande, la pria de lui dire quel danger il y avoit pour elle à ne se montrer point, puisque les choses etoient egales de part et d'autre, et que leur galanterie ne se proposoit qu'une fin qui seroit approuvée de tout le monde. «Le danger y est tout entier, comme vous sçaurez avec le temps, lui dit l'invisible. Contentez-vous, encore un coup, que je suis veritable, et que, dans la relation que je vous ai faite de moi-même, j'ai eté très modeste.» Dom Carlos ne la pressa pas davantage.

Leur conversation dura encore quelque temps; ils s'entredonnèrent de l'amour encore plus qu'ils n'avoient fait, et se separèrent avec promesse, de part et d'autre, de se trouver tous les jours à l'assignation.

Le jour d'après il y eut un grand bal chez le vice-roi. Dom Carlos espera d'y reconnoître son invisible, et tâcha cependant d'apprendre à qui etoit la maison où l'on lui donnoit de si favorables audiences. Il apprit des voisins que la maison etoit à une vieille dame fort retirée, veuve d'un capitaine espagnol, et qu'elle n'avoit ni filles, ni nièces. Il demanda à la voir; elle lui fit dire que, depuis la mort de son mari, elle ne voyoit personne, ce qui l'embarrassa encore davantage. Dom Carlos se trouva le soir chez le vice-roi, où vous pouvez penser que l'assemblée fut fort belle. Il observa exactement toutes les dames de l'assemblée qui pouvoient être son inconnue; il fit conversation avec celles qu'il put joindre, et n'y trouva pas ce qu'il cherchoit; enfin il se tint à la fille d'un marquis de je ne sais quel marquisat, car c'est la chose du monde dont je voudrois le moins jurer, en un temps où tout le monde se marquise de soi-même, je veux dire de son chef [112]. Elle etoit jeune et belle, et avoit bien quelque chose du ton de voix de celle qu'il cherchoit; mais, à la longue, il trouva si peu de rapport entre son esprit et celui de son invisible qu'il se repentit d'avoir en si peu de temps assez avancé ses affaires auprès de cette belle personne pour pouvoir croire, sans se flatter, qu'il n'etoit pas mal avec elle. Ils dansèrent souvent ensemble, et le bal etant fini, avec peu de satisfaction de dom Carlos, il se separa de sa captive, qu'il laissa toute glorieuse d'avoir occupé seule, et en une si belle assemblée, un cavalier qui etoit envié de tous les hommes et estimé de toutes les femmes. À la sortie du bal, il s'en alla à la hâte en son logis prendre des armes, et de son logis à sa fatale grille, qui n'en etoit pas beaucoup eloignée. Sa dame, qui y etoit dejà, lui demanda des nouvelles du bal, encore qu'elle y eût eté. Il lui dit ingenûment qu'il avoit dansé plusieurs fois avec une fort belle personne, et qu'il l'avoit entretenue tant que le bal avoit duré. Elle lui fit là-dessus plusieurs questions qui decouvrirent assez qu'elle etoit jalouse. Dom Carlos, de son côté, lui fit connoître qu'il avoit quelque scrupule de ce qu'elle ne s'etoit point trouvée au bal, et que cela le faisoit douter de sa condition. Elle s'en aperçut, et, pour lui remettre l'esprit en repos, jamais elle ne fut si charmante, et elle le favorisa autant que l'on le peut en une conversation qui se fait au travers d'une grille, jusqu'à lui promettre qu'elle lui seroit bientôt visible. Ils se separerent là-dessus, lui fort en doute s'il la devoit croire, et elle un peu jalouse de la belle personne qu'il avoit entretenue tant que le bal avoit duré.

Note 112: (retour) Scarron dit encore plus loin, en parlant du baron de Sigognac: «Au temps où nous sommes, il seroit pour le moins un marquis.» (L. 2, ch. 3.) Cette usurpation des titres étoit un effet que devoit naturellement produire l'influence exagérée de la cour et des grands seigneurs sous Louis XIV, ainsi que la haine professée par les écrivains, comme par les courtisans, contre les bourgeois, surtout à partir de 1650. Il est vrai que cette haine et ces attaques avoient pour cause, la plupart du temps, les envahissements continuels de la bourgeoisie. C'étoit surtout la Fronde qui avoit ouvert la voie à son ambition: plusieurs bourgeois étoient arrivés au pouvoir; beaucoup s'étoient trouvés en rapport avec les nobles, qu'ils avoient vus de près dans la grande salle du Palais, qu'ils avoient secondés à Paris et à Bordeaux. Ils avoient été éblouis autant de leurs défauts brillants que de leurs brillantes qualités, et ils en étoient venus à désirer les titres, et, par suite, à les prendre quelquefois, pour n'être pas rejetés en dehors de ce monde qui les charmoit. Ce n'étoit plus alors cette bourgeoisie rogue et ennemie de la noblesse du temps de la Ligue et de Richelieu. Aussi les écrivains de cette époque sont-ils pleins de témoignages analogues à celui de Scarron. Je ne parle pas de mademoiselle de Gournay, qui remonte aux premières années du siècle; mais Saint-Amant, par exemple, s'exprime en ces termes (1658): «Si je ne me suis pu résoudre jusqu'à présent à me *monsieuriser* moy-mesme dans les titres de tous mes ouvrages, je te prie de croire que ce n'est point par une modestie affectée, ou injurieuse à ceux qui en ont usé de la sorte dans les leurs, et que, quand on m'aura bien prouvé que j'ay mal fait, je ne me *monsieuriseray* pas seulement, mais, pour reparer ma faute, je me *messiriseray* et me *chevalieriseray* à tour de bras, *pour le moins avec autant de raison que la pluspart de nos galands d'aujourd'huy en ont à prendre la qualité ou de comte ou de marquis*. (Avis au lecteur précédant *la Généreuse*, édit. Jannet, 2e vol. p. 355.) Le Pays raille également ces *marquis sans marquisats* dans la préface de ses *Amitiez, amours, amourettes* (1664). Et Molière, dans *l'École des Femmes* (1662):

> De la plupart des gens c'est la démangeaison.
>
> Je sais un paysan qu'on appeloit Gros-Pierre
>
> Qui, n'ayant pour tout bien qu'un seul quartier de terre,
>
> Y fit tout à l'entour faire un fossé bourbeux,
>
> Et de monsieur de l'Isle en prit le nom pompeux.
>
> (Acte I, sc. 1.)

Il a encore ridiculisé la même manie dans le *Bourgeois gentilhomme* et dans *George Dandin*. Ne peut-on dire aussi que La Fontaine, qui pourtant n'étoit pas lui-même tout à fait irréprochable (V. plus haut notre note, ch. 4, p. 21), pensoit à la même chose en écrivant ses fables de *la Grenouille qui veut se faire aussi grosse qu'un boeuf*, et du *Geai paré des plumes du paon*? Bussy-Rabutin fit également une chanson contre les faux nobles, et Claveret une comédie, *l'Écuyer, ou les Faux nobles mis au billon* (1665), dont il faut lire la dédicace aux *vrais nobles*. Mais les épigrammes ne suffirent pas: on fut obligé de sévir contre les faux nobles.

Le lendemain, dom Carlos, étant allé ouïr la messe en je ne sais quelle église, présenta de l'eau benite à deux dames masquées qui en vouloient prendre en même temps que lui. La mieux vêtue de ces deux dames lui dit qu'elle ne recevoit point de civilité d'une personne à qui elle vouloit faire un eclaircissement. «Si vous n'êtes point trop pressée, lui dit dom Carlos, vous pouvez vous satisfaire tout à l'heure.--Suivez-moi donc dans la prochaine chapelle», lui repondit la dame inconnue. Elle s'y en alla la première, et dom Carlos la suivit, fort en doute si c'etoit sa dame, quoiqu'il la vît de même taille, parcequ'il trouvoit quelque différence en leurs voix, celle-ci parlant un peu gras. Voici ce qu'elle lui dit après s'être enfermée avec lui dans la chapelle. «Toute la ville de Naples, seigneur dom Carlos, est pleine de la haute reputation que vous y avez acquise depuis le peu de temps que vous y êtes, et vous y passez pour un des plus honnêtes hommes du monde. On trouve seulement etrange que vous ne vous soyez point aperçu qu'il y a en cette ville des dames de condition et de merite qui ont pour vous une estime particulière. Elles vous l'ont temoignée autant que la bienseance le peut permettre, et, bien qu'elles souhaitent ardemment de vous le faire croire, elles aiment pourtant mieux que vous ne l'ayez pas reconnu par insensibilité que si vous le dissimuliez par indifference. Il y en a une entre autres, de ma connoissance, qui vous estime assez pour vous avertir, au peril de tout ce qu'on en pourra dire, que vos aventures de nuit sont decouvertes; que vous vous engagez imprudemment à aimer ce que vous ne connoissez point, et, puisque votre maîtresse se cache, qu'il faut qu'elle ait honte de vous aimer ou peur de n'être pas assez aimable. Je ne doute point que votre amour de contemplation n'ait pour objet une dame de grande qualité et de beaucoup d'esprit, et qu'il ne se soit figuré une maîtresse tout adorable; mais, seigneur dom Carlos, ne croyez pas votre imagination aux depens de votre jugement. Defiez-vous d'une personne qui se cache, et ne vous engagez pas plus avant dans ces conversations, nocturnes. Mais pourquoi me deguiser davantage? C'est moi qui suis jalouse de votre fantôme, qui trouve mauvais que vous lui parliez, et, puisque je me suis declarée, qui vais si bien lui rompre tous ses desseins que j'emporterai sur elle une victoire que j'ai droit de lui disputer, puisque je ne lui suis point inferieure, ni en beauté, ni en richesses, ni en qualité, ni en tout ce qui rend une personne aimable. Profitez de l'avis si vous êtes sage.» Elle s'en alla en disant ces dernières paroles, sans donner le temps à dom Carlos de lui repondre. Il la voulut suivre, mais il trouva à la porte de l'eglise un homme de condition qui l'engagea en une conversation qui dura assez long-temps et dont il ne se put defendre. Il rêva le reste du jour à cette aventure, et soupçonna d'abord la demoiselle du bal d'être la dernière dame masquée qui lui etoit apparue; mais, songeant qu'elle lui avoit fait voir beaucoup d'esprit, et se souvenant que l'autre n'en avoit guère, il ne sut plus ce qu'il en devoit croire, et souhaita quasi de n'être point engagé avec son obscure maîtresse, pour se donner tout entier à celle qui venoit de le quitter. Mais enfin, venant à considerer qu'elle ne lui etoit pas plus connue que son invisible, de qui l'esprit l'avoit charmé dans les conversations qu'il avoit eues avec elle, il ne balança point dans le parti qu'il devoit prendre, et ne se mit pas beaucoup en peine des menaces qu'on lui avoit faites, n'étant pas homme à être poussé par là.

Ce jour-là même il ne manqua pas de se trouver à sa grille à l'heure accoutumée, et il ne manqua pas aussi, au fort de la conversation qu'il eut avec son invisible, d'être saisi par quatre hommes masqués, assez forts pour le desarmer et le porter quasi à force de bras dans un carrosse qui les attendoit au bout de la rue. Je laisse à juger au lecteur les injures qu'il leur dit et les reproches qu'il leur fit de l'avoir pris à leur avantage. Il essaya même de les gagner par promesses; mais, au lieu de les persuader, il ne les obligea qu'à prendre un peu plus garde à lui et à lui ôter tout à fait l'esperance de pouvoir s'aider de son courage et de sa force. Cependant le carrosse alloit toujours au grand trot de quatre chevaux. Il sortit de la ville, et, au bout d'une heure, il entra dans une superbe maison, dont l'on tenoit la porte ouverte pour le recevoir. Les quatre mascarades descendirent du carrosse avec dom Carlos, le tenant par dessous les bras comme un ambassadeur introduit à saluer le Grand Seigneur. On le monta jusqu'au premier etage avec la même ceremonie, et là, deux demoiselles masquées le vinrent recevoir à la porte d'une grande salle, chacune un flambeau à la main. Les hommes masqués le laissèrent en liberté et se retirèrent, après lui avoir fait une profonde reverence. Il y a apparence qu'ils ne lui laissèrent ni pistolet ni epée, et qu'il ne les remercia pas de la peine qu'ils avoient prise à le bien garder. Ce n'est pas qu'il ne fût fort civil, mais on peut bien pardonner un manquement de civilité à un homme surpris. Je ne vous dirai point si les flambeaux que tenoient les demoiselles etoient d'argent: c'est pour le moins; ils étoient plutôt de vermeil doré ciselé, et la salle etoit la plus magnifique du monde, et, si vous voulez, aussi bien meublée que quelques appartemens de nos romans, comme le vaisseau de Zelmatide dans le Polexandre, le palais d'Ibrahim dans l'Illustre Bassa, ou la chambre où le roi d'Assyrie reçut Mandane dans le Cyrus [113], qui est sans doute, aussi bien que les autres que j'ai nommés, le livre du monde le mieux meublé. Representez-vous donc si notre Espagnol ne fut pas bien etonné, dans ce superbe appartement, avec deux demoiselles masquées qui ne parloient point et qui le conduisirent dans une chambre voisine, encore mieux meublée que la salle, où elles le laissèrent tout seul. S'il eût eté de l'humeur de don Quichotte, il eût trouvé là de quoi s'en donner jusqu'aux gardes [114], et il se fût cru pour le moins Esplandian ou Amadis [115]. Mais notre Espagnol ne s'en emut non plus que s'il eût eté en son hôtellerie ou auberge. Il est vrai qu'il regretta beaucoup son invisible, et que, songeant continuellement en elle, il trouva cette belle chambre plus triste qu'une prison, que l'on ne trouve jamais belle que par dehors. Il crut facilement qu'on ne lui vouloit point de mal où l'on l'avoit si bien logé, et ne douta point que la dame qui lui avoit parlé le jour d'auparavant dans l'eglise ne fût la magicienne de tous ces enchantemens. Il admira en lui-même l'humeur des femmes et combien tôt elles executent leurs resolutions, et il se resolut aussi de son côté à attendre patiemment la fin de l'aventure et de garder fidelité à sa maîtresse de la grille, quelques promesses et quelques menaces qu'on lui pût faire. À quelque temps de là, des officiers masqués et fort bien vêtus vinrent mettre le couvert, et l'on servit ensuite le souper.

Note 113: (retour) Le roi d'Assyrie est, dans le *Grand Cyrus*, le rival d'Artamène à l'amour de Mandane. Zelmatide, un des principaux personnages du *Polexandre* de Gomberville et l'ami du héros de ce roman, est le successeur des Incas, le fils et l'héritier du grand Guina-Capa: on conçoit, dès lors, qu'il devoit avoir un vaisseau meublé conformément à son rang et aux magnifiques traditions de ses prédécesseurs. Mais mademoiselle de Scudéry n'est pas en reste avec Gomberville: on peut voir dans *l'Illustre Bassa* (3e l.) la longue et opulente *Description du palais d'Ibrahim*, que celui-ci montre en détail à son ami Docria. Rien n'y a été épargné:

>Ce ne sont que festons, ce ne sont qu'astragales.

Note 114: (retour) Cette expression, qui s'emploie ordinairement pour «boire et manger son saoul, s'en donner à tirelarigot» (*Dict. com.* de Leroux), sens dans lequel Scarron s'en est servi plus haut (ch. 4), signifie ici *s'en faire accroire, s'enivrer d'imaginations vaniteuses*.

Note 115: (retour) Esplandian est le fils qu'Amadis de Gaule a eu en secret de la jeune princesse Oriane, fille du roi Lisuart, et, comme son père, c'est la terreur des géants et des chevaliers félons. V. *Amadis de Gaule*.

Tout en fut magnifique; la musique et les cassolettes n'y furent pas oubliées, et notre dom Carlos, outre les sens de l'odorat et de l'ouïe, contenta aussi celui du goût, plus que je n'aurois pensé en l'etat où il etoit: je veux dire qu'il soupa fort bien. Mais que ne peut un grand courage? J'oublios à vous dire que je crois qu'il se lava la bouche, car j'ai sçu qu'il avoit grand soin de ses dents. La musique dura encore quelque temps après le souper, et, tout le monde s'etant retiré, dom Carlos se promena long-temps, rêvant à tous ces enchantemens, ou à autre chose. Deux demoiselles masquées et un nain masqué, après avoir dressé une superbe toilette, le vinrent deshabiller, sans savoir de lui s'il avoit envie de se coucher. Il se soumit à tout ce que l'on voulut. Les demoiselles firent la couverture et se retirèrent; le nain le dechaussa ou debotta, et puis le deshabilla. Dom Carlos se mit au lit, et tout cela sans que l'on proferât la moindre parole de part et d'autre. Il dormit assez bien pour un amoureux. Les oiseaux d'une volière le reveillèrent au point du jour. Le nain masqué se presenta pour le servir, et lui fit prendre le plus beau linge du monde, le mieux blanchi et le plus parfumé. Ne disons point, si vous voulez, ce qu'il fit jusqu'au dîner, qui valut bien le souper, et allons jusqu'à la rupture du silence que l'on avoit gardé jusques à l'heure. Ce fut une demoiselle masquée qui le rompit, en lui demandant s'il auroit agreable de voir la maîtresse du palais enchanté. Il dit qu'elle seroit la bien venue. Elle entra bientôt après, suivie de quatre demoiselles fort richement vêtues.

> *Telle n'est point la Cytherée*
>
> *Quand, d'un nouveau feu s'allumant,*
>
> *Elle sort pompeuse et parée*
>
> *Pour la conquête d'un amant.*

Jamais notre Espagnol n'avoit vu une personne de meilleure mine que cette Urgande la deconnue [116]. Il en fut si ravi et si etonné en même temps, que toutes les reverences et les pas qu'il fit, en lui donnant la main, jusqu'à une chambre prochaine, où elle le fit entrer, furent autant de bronchades. Tout ce qu'il avoit vu de beau dans la salle et dans la chambre dont je vous ai déjà parlé n'etoit rien à comparaison de ce qu'il trouva en celle-ci, et tout cela recevoit encore du lustre de la dame masquée. Ils passèrent sur le plus riche estrade que l'on ait jamais vu depuis qu'il y a des estrades au monde. L'Espagnol y fut mis en un fauteuil, en depit qu'il en eût, et, la dame s'etant assise sur je ne sais combien de riches carreaux, vis-à-vis de lui, elle lui fit entendre une voix aussi douce qu'un clavecin, en lui disant à peu près ce que je vais vous dire:

«Je ne doute point, seigneur dom Carlos, que vous ne soyez fort surpris de tout ce qui vous est arrivé depuis hier en ma maison, et si cela n'a pas fait grand effet sur vous, au moins aurez-vous vu par là que je sais tenir ma parole, et, par ce que j'ai déjà fait, vous aurez pu juger de tout ce que je suis capable de faire. Peut-être que ma rivale, par ses artifices et par le bonheur de vous avoir attaqué la première, s'est déjà rendue maîtresse absolue de la place que je lui dispute en votre coeur; mais une femme ne se rebute pas du premier coup, et si ma fortune, qui n'est pas à mepriser, et tout ce que l'on peut posseder avec moi, ne vous peuvent persuader de m'aimer, j'aurai la satisfaction de ne m'être point cachée par honte ou par finesse, et d'avoir mieux aimé me faire mepriser par mes defauts que me faire aimer par mes artifices.» En disant ces dernières paroles elle se demasqua, et fit voir à don Carlos les cieux ouverts, ou, si vous voulez, le ciel en petit: la plus belle tête du monde, soutenue par un corps de la plus riche taille qu'il eût jamais admirée; enfin, tout cela joint ensemble, une personne toute divine. À la fraîcheur de son visage on ne lui eût pas donné plus de seize ans; mais, à je ne sais quel air galant et majestueux tout ensemble que les jeunes personnes n'ont pas encore, on connoissoit qu'elle pouvoit être en sa vingtième année. Dom Carlos fut quelque temps sans lui repondre, se fâchant quasi contre sa dame invisible qui l'empêchoit de se donner tout entier à la plus belle personne qu'il eût jamais vue, et hesitant en ce qu'il devoit dire et en ce qu'il devoit faire. Enfin, après un combat interieur, qui dura assez long-temps pour mettre en peine la dame du palais enchanté, il prit une forte resolution de ne lui point cacher ce qu'il avoit dans l'ame, et ce fut sans doute une des plus belles actions qu'il eût jamais faites. Voici la reponse qu'il lui fit, que plusieurs personnes ont trouvée bien crue: «Je ne vous puis nier, Madame, que je ne fusse trop heureux de vous plaire, si je le pouvois être assez pour vous pouvoir aimer. Je vois bien que je quitte la plus belle personne du monde pour une autre qui ne l'est peut-être que dans mon imagination. Mais, Madame, m'auriez-vous trouvé digne de votre affection si vous m'aviez cru capable d'être infidèle? Et pourrois-je être fidèle si je vous pouvois aimer? Plaignez-moi donc, Madame, sans me blâmer, ou plutôt, plaignons-nous ensemble, vous de ne pouvoir obtenir ce que vous desirez, et moi de ne voir point ce que j'aime.» Il dit cela d'un air si triste que la dame put aisement remarquer qu'il parloit selon ses veritables sentimens. Elle n'oublia rien de ce qui le pouvoit persuader; il fut sourd à ses prières et ne fut point touché de ses larmes. Elle revint à la charge plusieurs fois: à bien attaqué bien defendu. Enfin, elle en vint aux injures et aux reproches, et lui dit

> *Tout ce que fait dire la rage*
> *Quand elle est maîtresse des sens* [117],

et le laissa là, non pas pour reverdir [118], mais pour maudire cent fois son malheur, qui ne lui venoit que de trop de bonnes fortunes.

Note 116: (retour) Urgande la déconnue est, avec la fée Morgain, la dame du Lac, les enchanteurs Medwin et Archalaüs, un des principaux personnages magiques de l'*Amadis*.

Note 117: (retour) Ces vers étoient, pour ainsi dire, passés en proverbe, et se citoient souvent. «Mademoiselle de ***, dit Voiture, a écrit à son déloyal *tout ce que fait dire la rage*, etc.» (Corresp. avec Costar, bill. 14.) Plus loin, Scarron emploie encore de la même manière une variante de ces vers, en remplaçant *la rage* par l'*amour*, dans la nouvelle intitulée: *Les Deux frères rivaux* (IIe p., ch. 19).»

Note 118: (retour) On disoit proverbialement: *Planter un homme pour reverdir*, quand on le laissoit là et qu'on ne venoit point le retrouver. On conçoit que cette locution prêtât à des plaisanteries et à des équivoques comme celle de Scarron. Sorel, dans son *Berger extravagant*, fait dire par Carmelin à Lysis, qui lui conseille de se métamorphoser en arbre, en se fourrant dans un grand trou creusé exprès et en se faisant arroser: «Pensez-vous qu'il me seroit beau voir planter là pour reverdir?» Et il s'applaudit de cette équivoque comme d'une application fort ingénieuse du mot reçu.

Une demoiselle lui vint dire, un peu après, qu'il avoit la liberté de s'aller promener dans le jardin. Il traversa tous ces beaux appartemens sans trouver personne jusqu'à l'escalier, au bas duquel il vit dix hommes masqués qui gardoient la porte, armés de pertuisanes et de carabines. Comme il traversoit la cour pour s'aller promener dans ce jardin, qui étoit aussi beau que le reste de la maison, un de ces archers de la garde passa à côté de lui sans le regarder, et lui dit, comme ayant peur d'être ouï, qu'un vieil gentilhomme l'avoit chargé d'une lettre pour lui, et qu'il avoit promis de la lui donner en main propre, quoiqu'il y allât de la vie s'il etoit decouvert, mais qu'un present de vingt pistoles et la promesse d'autant lui avoit fait tout hasarder. Dom Carlos lui promit d'être secret, et entra vitement dans le jardin pour lire cette lettre:

Depuis que je vous ai perdu, vous avez pu juger de la peine où je suis par celle où vous devez être, si vous m'aimez autant que je vous aime. Enfin, je me trouve un peu consolée depuis que j'ai découvert le lieu où vous êtes. C'est la princesse Porcia qui vous a enlevé; elle ne considère rien quand il va de se contenter, et vous n'êtes pas le premier Renaud de cette dangereuse Armide. Mais je romprai tous ses enchantemens et vous tirerai bientôt d'entre ses bras pour vous donner entre les miens ce que vous meritez, si vous êtes aussi constant que je le souhaite.La Dame Invisible.

Dom Carlos fut si ravi d'apprendre des nouvelles de sa dame, dont il etoit veritablement amoureux, qu'il baisa cent fois la lettre, et revint trouver, à la porte du jardin, celui qui la lui avoit donnée, pour le recompenser d'un diamant qu'il avoit au doigt. Il se promena encore quelque temps dans le jardin, ne se pouvant assez etonner de cette princesse Porcia, dont il avoit souvent ouï parler comme d'une jeune dame fort riche, et pour être de l'une des meilleures maisons du royaume; et, comme il etoit fort vertueux, il conçut une telle aversion pour elle, qu'il resolut, au peril de la vie, de faire tout ce qu'il pourroit pour se tirer hors de sa prison. Au sortir du jardin il trouva une demoiselle demasquée, car on ne se masquoit plus dans le palais, qui lui venoit demander s'il auroit agreable que sa maîtresse mangeât ce jour-là avec lui. Je vous laisse à penser s'il dit qu'elle seroit la bienvenue. On servit quelque temps après pour souper ou pour dîner, car je ne me souviens plus lequel ce doit être. Porcia y parut plus belle, je vous ai tantôt dit que la Citherée, il n'y a point d'inconvenient de dire ici, pour diversifier, plus belle que le jour ou que l'aurore. Elle fut toute charmante tandis qu'ils furent à table, et fit paroître tant d'esprit à l'Espagnol, qu'il eut un secret deplaisir de voir en une dame de si grande condition tant d'excellentes qualités si mal employées. Il se contraignit le mieux qu'il put pour paroître de belle humeur, quoiqu'il songeât continuellement en son inconnue et qu'il brûlât d'un violent desir de se revoir à sa grille. Aussitôt que l'on eut desservi, on les laissa seuls; et, dom Carlos ne parlant point, ou par respect, ou pour obliger la dame de parler la première, elle rompit le silence en ces termes: «Je ne sais si je dois esperer quelque chose de la gaîté que je pense avoir remarquée sur votre visage, et si le mien, que je vous ai fait voir, ne vous a point semblé assez beau pour vous faire douter si celui que l'on vous cache est plus capable de vous donner de l'amour. Je n'ai point deguisé ce que je vous ai voulu donner, parce-que je n'ai point voulu que vous vous pussiez repentir de l'avoir reçu, et, quoiqu'une personne accoutumée à recevoir des prières se puisse aisément offenser d'un refus, je n'aurai aucun ressentiment de celui que j'ai dejà reçu de vous, pourvu que vous le repariez en me donnant ce que je crois mieux meriter que votre Invisible. Faites-moi donc savoir votre dernière resolution, afin que, si elle n'est pas à mon avantage, je cherche dans la mienne des raisons assez fortes pour combattre celles que je pense avoir eues de vous aimer.» Don Carlos attendit quelque temps qu'elle reprît la parole, et, voyant qu'elle ne parloit plus, et que, les yeux baissés contre terre, elle attendoit l'arrêt qu'il alloit prononcer, il suivit la resolution qu'il avoit dejà prise de lui parler franchement et de lui ôter toute sorte d'esperance qu'il pût jamais être à elle. Voici comme il s'y prit: «Madame, devant que de repondre à ce que vous voulez savoir de moi, il faut qu'avec la même franchise que vous voulez que je parle, vous me decouvriez sincèrement vos sentimens sur ce que je vais vous dire. Si vous aviez obligé une personne à vous aimer, ajouta-t-il, et que, par toutes les faveurs que peut accorder une dame sans faire tort à sa vertu, vous l'eussiez obligé à vous jurer une fidelité inviolable, ne le tiendriez-vous pas pour le plus lâche et le plus traître de tous les hommes s'il manquoit à ce qu'il vous auroit promis? et ne serois-je pas ce lâche et ce traître, si je quittois pour vous une personne qui doit croire que je l'aime?» Il alloit mettre quantité de beaux arguments en forme pour la convaincre, mais elle ne lui en donna pas le temps; elle se leva brusquement, en lui disant qu'elle voyoit bien où il en vouloit venir; qu'elle ne pouvoit s'empêcher d'admirer sa constance, quoiqu'elle fût si contraire à son repos; qu'elle le remettoit en liberté, et que, s'il la vouloit obliger, il attendroit que la nuit fût venue pour s'en retourner de la même façon qu'il etoit venu. Elle tint son mouchoir devant ses yeux tandis qu'elle parla, comme pour cacher ses larmes, et laissa l'Espagnol un peu interdit, et pourtant si ravi de joie de se voir en liberté, qu'il n'eût pu la cacher quand il eût eté le plus grand hypocrite du monde; et je crois que, si la dame y eût pris garde, elle n'eût pu s'empêcher de le quereller. Je ne sais si la nuit fut longue à venir, car, comme je vous ai dejà dit, je ne prends plus la peine de remarquer ni le temps, ni les heures. Vous saurez seulement qu'elle vint, et qu'il se mit en un carrosse fermé, qui le laissa en son logis après un assez long chemin. Comme il etoit le meilleur maître du monde, ses valets pensèrent mourir de joie quand ils le virent et l'étouffer à force de l'embrasser. Mais ils n'en jouirent pas long-temps; il prit des armes, et, accompagné de deux des siens qui n'etoient pas gens à se laisser battre, il alla bien vite à sa grille, et si vite, que ceux qui l'accompagnoient eurent bien de la peine à le suivre. Il n'eut pas plus tôt fait le signal accoutumé, que sa deïté invisible se communiqua à lui. Ils se dirent mille choses si tendres que j'en ai les larmes aux yeux toutes les fois que j'y pense. Enfin l'Invisible lui dit qu'elle venoit de recevoir un deplaisir sensible dans la maison où elle etoit; qu'elle avoit envoyé querir un carrosse pour en sortir; et, parcequ'il seroit long-temps à venir et que le sien pourrait être plus tôt prêt, qu'elle le prioit de l'envoyer querir pour la mener en un lieu où elle ne lui cacheroit plus son visage. L'Espagnol ne se fit pas dire la chose deux fois; il courut comme un fou à ses gens, qu'il avoit laissés au bout de la rue, et envoya querir son carrosse. Le carrosse venu, l'Invisible tint sa parole et se mit dedans avec lui. Elle conduisit le carrosse elle-même, enseignant au cocher le chemin qu'il devoit prendre, et le fit arrêter auprès d'une grande maison, dans laquelle il entra à la lueur de plusieurs flambeaux, qui furent allumés à leur arrivée. Le cavalier monta avec la dame par un grand escalier dans une salle haute, où il ne fut pas sans inquietude, voyant qu'elle ne se demasquoit point encore. Enfin, plusieurs demoiselles richement parées les etant venus recevoir, chacune un flambeau à la main, l'Invisible ne le fut plus, et, ôtant son masque, fit voir à dom Carlos que la dame de la grille et la princesse Porcia n'etoient qu'une même personne. Je ne vous representerai point l'agreable surprise de dom Carlos. La belle Neapolitaine lui dit qu'elle l'avoit enlevé une seconde fois pour savoir sa dernière resolution; que la dame de la grille lui avoit cedé les pretentions qu'elle avoit sur lui, et ajouta ensuite cent choses aussi galantes que spirituelles. Dom Carlos se jeta à ses pieds, embrassa ses genoux, et lui pensa manger les mains à force de les baiser, s'exemptant par là de lui dire toutes les impertinences que l'on dit quand on est trop aise. Après que ses premiers transports furent passés, il se servit de tout son esprit et de toute sa cajolerie pour exagerer l'agreable caprice de sa maîtresse, et s'en acquitta en des façons de parler si avantageuses pour elle, qu'elle en fut encore plus assurée de ne s'être point trompée en son choix. Elle lui dit qu'elle ne s'etoit pas voulu fier à une autre personne qu'à elle-même d'une chose sans laquelle elle n'eût jamais pu l'aimer, et qu'elle ne se fût jamais donnée à un homme moins constant que lui. Là-dessus les parents de la princesse Porcia, ayant eté avertis de son dessein, arrivèrent. Comme elle etoit une des plus considerées personnes du royaume et dom Carlos homme de condition, on n'avoit pas eu grand'peine à avoir dispense de l'archevêque pour leur mariage. Ils furent mariés la même nuit par le curé de la paroisse, qui etoit un bon prêtre et grand predicateur, et, cela etant, il ne faut pas demander s'il fit une belle exhortation. On dit qu'ils se levèrent bien tard le lendemain, ce que je n'ai pas grand'peine à croire. La nouvelle en fut bientôt divulguée, dont le vice-roi, qui etoit proche parent de dom Carlos, fut si aise, que les rejouissances publiques recommencèrent dans Naples, où l'on parle encore de dom Carlos d'Aragon et de son amante invisible.

CHAPITRE X.

*Comment Ragotin eut un coup de busc
sur les doigts.*

L'histoire de Ragotin fut suivie de l'applaudissement de tout le monde. Il en devint aussi fier que si elle eût eté de son invention; et, cela ajouté à son orgueil naturel, il commença à traiter les comediens de haut en bas, et, s'approchant des comediennes, leur prit les mains sans leur consentement, voulut un peu patiner, galanterie provinciale qui tient plus du satyre que de l'honnête homme. Mademoiselle de l'Etoile se contenta de retirer ses mains blanches d'entre les siennes, crasseuses et velues, et sa compagne, mademoiselle Angelique, lui dechargea un grand coup de busc sur les doigts. Il les quitta sans rien dire, tout rouge de depit et de honte, et rejoignit la compagnie, où chacun parloit de toute sa force sans entendre ce que disoient les autres. Ragotin en fit taire la plus grande partie, tant il haussa sa voix pour leur demander ce qu'ils disoient de son histoire. Un jeune homme, dont j'ai oublié le nom, lui repondit qu'elle n'étoit pas à lui plutôt qu'à un autre, puisqu'il l'avoit prise dans un livre; et, en disant cela, il en fit voir un qui sortoit à demi hors de la pochette de Ragotin, et s'en saisit brusquement. Ragotin lui egratigna toutes les mains pour le ravoir; mais, malgré Ragotin, il le mit entre les mains d'un autre, que Ragotin saisit aussi vainement que le premier, le livre ayant dejà convolé en troisième main. Il passa de la même façon en cinq ou six mains différentes, auxquelles Ragotin ne put atteindre, parcequ'il étoit le plus petit de la compagnie. Enfin, s'etant allongé cinq ou six fois fort inutilement, ayant dechiré autant de manchettes et egratigné autant de mains, et le livre se promenant toujours dans la moyenne region de la chambre, le pauvre Ragotin, qui vit que tout le monde s'eclatoit de rire à ses depens, se jeta tout furieux sur le premier auteur de sa confusion, et lui donna quelques coups de poing dans le ventre et dans les cuisses, ne pouvant pas aller plus haut. Les mains de l'autre, qui avoient l'avantage du lieu, tombèrent à plomb cinq ou six fois sur le haut de sa tête, et si pesamment qu'elle entra dans son chapeau jusques au menton, dont le pauvre petit homme eut le siège de la raison si ebranlé qu'il ne savoit plus où il en etoit. Pour dernier accablement, son adversaire, en le quittant, lui donna un coup de pied au haut de la tête qui le fit aller choir sur le cul, aux pieds des comediennes, après une retrogradation fort precipitée. Representez-vous, je vous prie, quelle doit être la fureur d'un petit homme, plus glorieux lui seul que tous les barbiers du royaume [119], en un temps où il se faisoit tout blanc de son epée [120], c'est-à-dire de son histoire, et devant des comediennes dont il vouloit devenir amoureux: car, comme vous verrez tantôt, il ignoroit encore laquelle lui touchoit le plus au coeur. En verité, son petit corps, tombé sur le cul, temoigna si bien la fureur de son ame par les divers mouvemens de ses bras et de ses jambes, qu'encore que l'on ne pût voir son visage, à cause que sa tête etoit emboîtée dans son chapeau, tous ceux de la compagnie jugèrent à propos de se joindre ensemble et de faire comme une barrière entre Ragotin et celui qui l'avoit offensé, que l'on fit sauver, tandis que les charitables comediennes relevèrent le petit homme, qui hurloit cependant comme un taureau dans son chapeau, parcequ'il lui bouchoit les yeux et la bouche et lui empêchoit la respiration. La difficulté fut de le lui ôter. Il etoit en forme de pot de beurre, et, l'entrée en etant plus etroite que le ventre, Dieu sait si une tête qui y etoit entrée de force, et dont le nez etoit très grand, en pouvoit sortir comme elle y etoit entrée! Ce malheur-là fut cause d'un grand bien, car vraisemblablement il etoit au plus haut point de sa colère, qui eût sans doute produit un effet digne d'elle, si son chapeau, qui le suffoquoit, ne l'eût fait songer à sa conservation plutôt qu'à la destruction d'un autre. Il ne pria point qu'on le secourût, car il ne pouvoit parler; mais, quand on vit qu'il portoit vainement ses mains tremblantes à sa tête pour se la mettre en liberté, et qu'il frappoit des pieds contre le plancher, de rage qu'il avoit de se rompre inutilement les ongles, on ne songea plus qu'à le secourir. Les premiers efforts que l'on fit pour le decoiffer furent si violens qu'il crut qu'on lui vouloit arracher la tête. Enfin, n'en pouvant plus, il fit signe avec les doigts que l'on coupât son habillement de tête avec des ciseaux. Mademoiselle de la Caverne detacha ceux de sa ceinture, et la Rancune, qui fut l'operateur de cette belle cure, après avoir fait semblant de faire l'incision vis-à-vis du visage (ce qui ne lui fit pas une petite peur), fendit le feutre par derrière la tête depuis le bas jusqu'en haut. Aussitôt que l'on eut donné l'air à son visage, toute la compagnie s'eclata de rire de le voir aussi bouffi que s'il eût eté prêt à crever, pour la quantité d'esprits qui lui etoient montés au visage, et, de plus, de ce qu'il avoit le nez ecorché. La chose en fût pourtant demeurée là, si un mechant railleur ne lui eût dit qu'il falloit faire rentraire son chapeau. Cet avis hors de saison ralluma si bien sa colère, qui n'etoit pas tout à fait eteinte, qu'il saisit un des chenets de la cheminée, et, faisant semblant de le jeter au travers de toute la troupe, causa une telle frayeur aux plus hardis, que chacun tâcha de gagner la porte pour eviter le coup de chenet; tellement qu'ils se pressèrent si fort qu'il n'y en eut qu'un qui put sortir, encore fut-ce en tombant, ses jambes eperonnées s'etant embarrassées dans celles des autres. Ragotin se mit à rire à son tour, ce qui rassura tout le monde. On lui rendit son livre, et les comediens lui prêtèrent un vieil chapeau. Il s'emporta furieusement contre celui qui l'avoit si maltraité; mais, comme il etoit plus vain que vindicatif, il dit aux comediens, comme s'il leur eût promis quelque chose de rare, qu'il vouloit faire une comedie de son histoire, et que, de la façon qu'il la traiteroit, il etoit assuré d'aller d'un seul saut où les autres poètes n'etoient parvenus que par degrés. Le Destin lui dit que l'histoire qu'il avoit contée etoit fort agreable, mais qu'elle n'etoit pas bonne pour le théâtre. «Je crois que vous me l'apprendrez! dit Ragotin; ma mère etoit filleule du poète Garnier [121], et moi, qui vous parle, j'ai encore chez moi son ecritoire.» Le Destin lui dit que le poète Garnier lui-même n'en viendroit pas à son honneur. «Et qu'y trouvez-vous de si difficile? lui demanda Ragotin.--Que l'on n'en peut faire une comedie dans les règles, sans beaucoup de fautes contre la bienseance et contre le jugement, repondit le Destin.--Un homme comme moi peut faire des règles quand il voudra [122], dit Ragotin. Considerez, je vous prie, ajouta-t-il, si ce ne seroit pas une chose nouvelle et magnifique tout ensemble de voir un grand portail d'eglise au milieu d'un theâtre devant lequel une vingtaine de cavaliers, tant plus que moins, avec autant de demoiselles, feroient mille galanteries. Cela raviroit tout le monde. Je suis de votre avis, continua-t-il, qu'il ne faut rien faire contre la bienseance ou les bonnes moeurs, et c'est pour cela que je ne voudrois pas faire parler mes acteurs au dedans de l'eglise.» Le Destin l'interrompit pour lui demander où ils pourroient trouver tant de cavaliers et tant de dames. «Et comment fait-on dans les collèges, où l'on donne des batailles? dit Ragotin. J'ai joué à La Flèche [123] la déroute du Pont-de-Cé [124], ajouta-t-il; plus de cent soldats du parti de la reine-mère parurent sur le theâtre, sans ceux de l'armée du roi, qui etoient encore en plus grand nombre; et il me souvient qu'à cause d'une grande pluie qui troubla la fête, on disoit que toutes les plumes de la noblesse du pays, que l'on avoit empruntées, n'en releveroient jamais.» Destin, qui prenoit plaisir à lui faire dire des choses si judicieuses, lui repartit que les collèges avoient assez d'ecoliers pour cela, et, pour eux, qu'ils n'etoient que sept ou huit quand leur troupe etoit bien forte. La Rancune, qui ne valoit rien, comme vous savez, se mit du côté de Ragotin pour aider à le jouer, et dit à son camarade qu'il n'etoit pas de son avis; qu'il etoit plus vieil comédien que lui; qu'un portail d'eglise seroit la plus belle decoration de theâtre que l'on eût jamais vue, et, pour la quantité necessaire de cavaliers et de dames, qu'on en loueroit une partie, et l'autre seroit faite de carton. Ce bel expedient de carton de la Rancune fit rire toute la compagnie; Ragotin en rit aussi et jura qu'il le sçavoit bien, mais qu'il ne l'avoit pas voulu dire. «Et le carrosse, ajouta-t-il, quelle nouveauté seroit-ce en une comedie! J'ai fait autrefois le chien de Tobie [125], et je le fis si bien que toute l'assistance en fut ravie. Et, pour moi, continua-t-il, si l'on doit juger des choses par l'effet qu'elles font dans l'esprit, toutes les fois que j'ai vu jouer Pyrame et Thisbé, je n'ai pas été tant touché de la mort de Pyrame qu'effrayé du lion [126].» La Rancune appuya les raisons de Ragotin par d'autres aussi ridicules, et se mit par là si bien en son esprit, que Ragotin l'emmena souper avec lui. Tous les autres importuns laissèrent aussi les comediens en liberté, qui avoient plus envie de souper que d'entretenir les faineans de la ville.

Note 119: (retour) Nous avons déjà vu plus haut (ch. 4): «La Rappinière, qui avoit de la mauvaise gloire autant que barbier de la ville.» «Les barbiers ne sont pas les gens du monde les moins susceptibles de vanité», lit-on dans *Gil-Blas* (l. 2, ch. 7). On disoit, en façon de proverbe: «Glorieux comme un barbier.» Les barbiers, on le sait, remplissoient alors les fonctions de chirurgiens (ce ne fut qu'en décembre 1637 que la branche spéciale des barbiers perruquiers fut distraite de celle des barbiers chirurgiens). Or, les chirurgiens passoient pour gens fort glorieux, et l'on trouve des traces de cette accusation dans plus d'un livret satirique de l'époque: «Que ne dirai-je pas des chirurgiens, lit-on dans les *Caquets de l'Accouchée*, qui donnent des offices de contrôleurs, ou semblables, qui valent quinze à seize mil francs, à leurs fils? Et quant à leurs filles, il ne leur manque que le masque que l'on ne les prenne pour damoiselles.» (3e journ., p. 105, éd. Jannet.) Quoique l'origine du proverbe dont il s'agit ici remonte à une antiquité beaucoup plus reculée, il pourroit se faire néanmoins que ces prétentions des chirurgiens n'aient pas été sans influence sur cette façon de parler, et qu'elles aient contribué à l'affermir et à la répandre de plus en plus.

Note 120: (retour) Où il étoit tout fier, tout glorieux. Cette phrase étoit fort usitée alors; on en peut voir le sens dans les Dictionnaires de Leroux et de Furetière.

Note 121: (retour) Robert Garnier (1545-1601), poète tragique, étoit lieutenant général criminel au siège présidial et sénéchaussée du Maine; il etoit né dans cette province, à La Ferté-Bernard, et il mourut au Mans.

Note 122: (retour) Cette réponse en rappelle une qu'on attribue à Malherbe, dont elle semble même la parodie.

Note 123: (retour) Le collége de La Flèche, bâti sous Henri IV (1603) d'après les dons du monarque, étoit un des plus célèbres parmi ceux que les jésuites possédoient en France. Il étoit devenu bien vite florissant; les étrangers, jusqu'aux Indiens, Tartares et Chinois, y affluoient, et, vers le milieu du XVIIe siècle, il contenoit, sans compter ceux-ci, plus de 1,000 écoliers françois et 120 jésuites. Brumoy, Porée, Ducerceau, etc., y professèrent successivement. Or, les révérends Pères avoient coutume de faire, à certains jours, jouer la comédie à leurs élèves sur un théâtre intérieur. Cet usage commença surtout à l'époque de la jeunesse de Racine par des tragédies latines et chrétiennes (V. Loret, 7 et 21 août 1655). Le plus souvent, les représentations se composoient de pièces écrites par les jésuites eux-mêmes, comme furent plus tard celles du P. Ducerceau et du P. Porée. Ce n'étoient pas seulement les jésuites, mais quelquefois aussi d'autres congrégations religieuses, qui se livroient à ces passe-temps dramatiques. (V. *Richecourt*, trag.-com., 5 a., v., représentée par les pensionnaires des R. P. bénédictins de Saint-Nicolas, 1628.) On sait, du reste, que la plupart des pièces de notre vieux théâtre furent représentées dans des colléges; ainsi *l'Achille* de Nicolas Filleul, au collége d'Harcourt, en 1563; *la Trésorière*, *la Mort de César* et *les Esbahis* de Grevin, au collége de Beauvais, en 1558 et 1560; la *Cléopâtre* et l'*Eugène* de Jodelle au collége de Boncourt, en 1552. Jean Behourt, principal du collége des Bons-Enfants, à Rouen, fit aussi, vers la fin du XVIe siècle, jouer par ses élèves trois pièces françoises de sa composition. Cet usage avoit laissé des traces au siècle suivant. On peut voir dans *Francion* (l. 4, vers le commencement) le récit burlesque d'une représentation de ce genre au collége de Lisieux. (Cf. aussi Chappuzeau, *Le théâtre franç.*, l. 1, ch. 8.) Le *Ratio studiorum* autorisoit ces représentations à certaines conditions, qui n'étoient pas toutes strictement observées.

Note 124: (retour) Dans la guerre civile qui suivit la mort de Concini, et qui fut soulevée par le mécontentement des grands et de la reine-mère contre le favori Albert de Luynes, les troupes de Marie de Médicis furent mises en pleine déroute au Pont-de-Cé, près d'Angers (1620). On peut voir sur cette *drôlerie*, comme on surnomma alors la débandade du Pont-de-Cé, de curieux détails dans le *Baron de Fæneste* (l. 4, ch. 2).

Note 125: (retour) Peut-être dans la pièce de *Thobie*, tragi-comédie en 5 actes, sans distinction de scènes, de J. Ouyn (1606), où l'on voit, en effet, le chien au cinquième acte: «Anne, mère de Thobie, sort du logis et avise venir le chien, qui estoit party quand et son fils.»

Note 126: (retour) Dans *Pyrame et Thisbé*, tragédie de Théophile (1617), le lion apparoît à la fin de l'acte 4, où Thisbé s'écrie en le voyant:

> Hélas! qu'ay-je apperceu? Dieux! l'effroyable beste!
>
> Un lion affamé qui cherche ici sa quête.

Ne diroit-on pas, à ce passage, que Scarron avoit vu la fameuse scène du *Songe d'une nuit d'été*, où Lanavette, Lecoing, Vilbrequin et les autres se préparent à représenter *Pyrame et Thisbé*, en prenant leurs précautions pour que la mort de Pyrame et les rugissements du lion n'effraient pas trop les dames.

CHAPITRE XI.

*Qui contient ce que vous verrez si vous prenez
la peine de le lire.*

Ragotin mena la Rancune dans un cabaret, où il se fit donner tout ce qu'il y avoit de meilleur. On a cru qu'il ne le mena pas chez lui, à cause que son ordinaire n'etoit pas trop bon; mais je n'en dirai rien de peur de faire des jugements temeraires, et je n'ai point voulu approfondir l'affaire, parcequ'elle n'en vaut pas la peine et que j'ai des choses à ecrire qui sont bien d'une autre consequence. La Rancune, qui etoit homme de grand discernement et qui connoissoit d'abord son monde, ne vit pas plus tôt servir deux perdrix et un chapon pour deux personnes, qu'il se douta que Ragotin ne le traitoit pas si bien pour son seul merite, ou pour le payer de la complaisance qu'il avoit eue pour lui en soutenant que son histoire etoit un beau sujet de theâtre, mais qu'il avoit quelque autre dessein. Il se prepara donc à ouïr quelque nouvelle extravagance de Ragotin, qui ne decouvrit pas d'abord ce qu'il avoit dans l'ame, et continua à parler de son histoire. Il recita force vers satiriques qu'il avoit faits contre la plupart de ses voisins, contre des cocus qu'il ne nommoit point et contre des femmes; il chanta des chansons à boire et lui montra quantité d'anagrammes: car d'ordinaire les rimailleurs, par de semblables productions de leur esprit mal fait, commencent à incommoder les honnêtes gens [127]. La Rancune acheva de le gâter; il exagera tout ce qu'il ouït en levant les yeux au ciel; il jura comme un homme qui perd qu'il n'avoit jamais rien ouï de plus beau, et fit même semblant de s'en arracher les cheveux, tant il etoit transporté. Il lui disoit de temps en temps: «Vous êtes bien malheureux, et nous aussi, que vous ne vous donniez tout entier au theâtre: dans deux ans on ne parleroit non plus de Corneille que l'on fait à cette heure de Hardy. Je ne sais que c'est que de flatter, ajouta-t-il; mais, pour vous donner courage, il faut que je vous avoue qu'en vous voyant j'ai bien connu que vous etiez un grand poète, et vous pouvez savoir de mes camarades ce que je leur en ai dit. Je ne m'y trompe guère: je sens un poète de demi-lieue loin; aussi, d'abord que je vous ai vu, vous ai-je connu comme si je vous avois nourri. «Ragotin avaloit cela doux comme lait, conjointement avec plusieurs verres de vin, qui l'enivroient encore plus que les louanges de la Rancune, qui, de son côté, mangeoit et buvoit d'une grande force, s'ecriant de temps en temps: «Au nom de Dieu, Monsieur Ragotin, faites profiter le talent; encore un coup, vous êtes un méchant homme de ne vous enrichir pas, et nous aussi. Je brouille un peu du papier aussi bien que les autres; mais, si je faisois des vers aussi bons la moitié que ceux que vous me venez de lire, je ne serois pas reduit à tirer le diable par la queue et je vivrois de mes rentes aussi bien que Mondory [128]. Travaillez donc, Monsieur Ragotin, travaillez; et, si dès cet hiver nous ne jetons de la poudre aux yeux de messieurs de l'hotel de Bourgogne et du

Marais, je veux ne monter jamais sur le theâtre que je ne me rompe un bras ou une jambe; après cela je n'ai plus rien à dire, et buvons.» Il tint sa parole, et, ayant donné double charge à un verre, il porta la santé de monsieur Ragotin à monsieur Ragotin même, qui lui fit raison et renvia de la santé des comediennes, qu'il but tête nue et avec un si grand transport qu'en remettant son verre sur la table il en rompit la patte sans s'en aviser, tellement qu'il tâcha deux ou trois fois de le redresser, pensant l'avoir mis lui-même sur le côté. Enfin il le jeta par dessus sa tête et tira la Rancune par le bras, afin qu'il y prît garde, pour ne perdre pas la reputation d'avoir cassé un verre. Il fut un peu attristé de ce que la Rancune n'en rit point; mais, comme je vous ai dejà dit, il etoit plutôt animal envieux qu'animal risible. La Rancune lui demanda ce qu'il disoit de leurs comediennes; le petit homme rougit sans lui repondre, et, la Rancune lui demandant encore la même chose, enfin, begayant, rougissant et s'exprimant très mal, il fit entendre à la Rancune qu'une des comediennes lui plaisoit infiniment. «Et laquelle?» lui dit la Rancune. Le petit homme etoit si troublé d'en avoir tant dit qu'il repondit: «Je ne sais.--Ni moi aussi,» dit la Rancune. Cela le troubla encore davantage et lui fit ajouter, tout interdit: «C'est... c'est...» Il repeta quatre ou cinq fois le même mot, dont le comedien s'impatientant, lui dit: «Vous avez raison, c'est une fort belle fille.» Cela acheva de le defaire. Il ne put jamais dire celle à qui il en vouloit; et peut-être qu'il n'en savoit rien encore, et qu'il avoit moins d'amour que de vice. Enfin, la Rancune lui nommant mademoiselle de l'Etoile, il dit que c'etoit elle dont il etoit amoureux. Et pour moi, je crois que, s'il lui eût nommé Angelique ou sa mère la Caverne, qu'il eût oublié le coup de busc de l'une et l'âge de l'autre, et se seroit donné corps et âme à celle que la Rancune lui auroit nommée, tant le bouquin avoit la conscience troublée. Le comedien lui fit boire un grand verre de vin qui lui fit passer une partie de sa confusion, et en but un autre de son coté, après lequel il lui dit, parlant bas par mystère et regardant par toute la chambre, quoiqu'il n'y eût personne: «Vous n'êtes pas blessé à mort et vous vous êtes adressé à un homme qui vous peut guerir, pourvu que vous le vouliez croire et que vous soyez secret. Ce n'est pas que vous n'entrepreniez une chose bien difficile: mademoiselle de l'Etoile est une tigresse et son frère Destin un lion; mais elle ne voit pas toujours des hommes qui vous ressemblent, et je sçais bien ce que je sçais faire. Achevons notre vin et demain il sera jour.» Un verre de vin bu de part et d'autre interrompit quelque temps la conversation. Ragotin reprit la parole le premier et conta toutes ses perfections et ses richesses; dit à la Rancune qu'il avoit un neveu commis d'un financier; que ce neveu avoit fait grande amitié avec le partisan la Raillière [129] durant le temps qu'il avoit eté au Mans pour establir une maltôte, et voulut faire esperer à la Rancune de lui faire donner une pension pareille à celle des comediens du roi [130], par le credit de ce neveu; il lui dit encore que, s'il avoit des parens qui eussent des enfans, il leur feroit donner des benefices, parceque sa nièce avoit epousé le frère d'une femme qui etoit entretenue du maître d'hotel d'un abbé de la province qui avoit de bons benefices à sa collation [131].

Note 127: (retour) Les anagrammes, cultivées dans l'antiquité par Lycophron, et mises surtout en honneur au XVIe siècle par Daurat, furent en grande vogue au XVIIe siècle. Jacques de Champ-Repus faisoit, en 1609, une *Éclogue enrichie de 30 anagrammes sur cet illustre nom, Marguerite de Valois, Rouen, J. Petit.* Jean Douet (Tallemant, *Historiette de La Leu*) a fait aussi des volumes entiers d'anagrammes vers le milieu du XVIIe siècle. On peut voir dans le *Chevreana* que c'étoit là une vraie profession pour certaines gens. Le P. Pierre de Saint-Louis passa toute sa vie à en composer; il en avoit fait sur les noms des papes, des souverains, des généraux de l'ordre auquel il appartenoit, des saints et de beaucoup d'autres encore: il croyoit, dit-on, trouver la destinée des hommes dans leurs noms par ce moyen singulier, et il n'étoit pas le premier, comme on peut s'en convaincre en lisant la 3e partie de la *Cabale*. L'hôtel Rambouillet cultivoit le même genre, et l'on connoît les trois belles anagrammes (Arthénice, Eracinthe et Carinthée) composées par Racan et Malherbe, avec le nom de leurs maîtresses, qui se nommoient Catherine. C'étoit quelquefois une bonne spéculation: car, un nommé Billon ayant présenté à Louis XIII, lors de son entrée dans la ville d'Aix, 500 anagrammes qu'il avoit faites sur son nom, le roi, enchanté, lui octroya une grosse pension, reversible sur la tête de ses enfants. On faisoit même des ballets en anagrammes. Du reste, les autres petits genres littéraires n'étoient guère moins cultivés alors: avec Dulot régnoient les bouts-rimés; Neuf-Germain s'étoit consacré aux vers rimant sur chaque syllabe du nom des destinataires; Chabrol et beaucoup d'autres cultivoient les acrostiches, Montmaur les énigmes, charades et logogriphes, etc. Il y avoit encore les échos, les madrigaux, les devises, et mille autres *sottises laborieuses*, comme dit Sénecé dans une de ses épigrammes (p. 277, éd. Jannet). «Vous verrez courir de ma façon, dans les belles ruelles de Paris, 200 chansons, autant de sonnets, 400 épigrammes et plus de 1,000 madrigaux, sans compter les énigmes et les portraits», dit Mascarille (*Pr. rid.*, sc. 10). «Nous tenons, dit Colletet:

Que tous ces renverseurs de noms

Ont la cervelle renversée.

Huet se plaignoit de ce goût exagéré pour les brimborions de la littérature. «Une ode, dit-il, nous ennuie par sa longueur; à peine peut-on souffrir un sonnet. Notre génie se borne à l'étendue du madrigal. Nous sommes dans le siècle des colifichets. Toute notre industrie ne va qu'à faire de fort grandes petites choses.» (*Huetiana*, XIX.) On trouve des traits analogues dans une foule de satires et de romans comiques du temps. (V. aussi Saint-Amant, *le Poète crotté*, t. I, p. 220, éd. Jannet.)

Note 128: (retour) Mondory reçut, en 1637, une pension de 2,000 livres de Richelieu, après avoir joué, ou plutôt après avoir essayé de jouer le principal rôle de *l'Aveugle de Smyrne*, tragi-comédie des cinq auteurs. J'ai dit *après avoir essayé*: car, retiré du théâtre depuis quelque temps à cause de sa paralysie, il ne put dépasser le deuxième acte. Plusieurs grands seigneurs imitèrent la générosité du cardinal, en lui donnant également des pensions, de sorte qu'il jouit jusqu'à sa mort de 8 à 10,000 livres de rente. De pareilles fortunes n'étoient pas rares, même parmi les saltimbanques et charlatans d'alors. Ainsi Tabarin, devenu fort riche, se retira dans une terre, où il excita la jalousie des nobles ses voisins. Suivant Grimarest, Scaramouche avoit aussi amassé 10 à 12,000 livres de rentes. «Ils ont tiré des Parisiens, lit-on, au sujet des farceurs, dans *l'Anti-Caquet de l'Accouchée*, en pièces de cinq sols et huit sols... plus de trente mil livres, dont ils ont profité.» (Éd. Jannet, p. 250-252.)

Note 129: (retour) Le mot *partisan* signifioit «un financier, un homme qui fait des traitez, des partis avec le roy, qui prend ses revenus à ferme, le recouvrement des impôts, etc.» (Dictionnaire de Furetière.) Scarron devint lui-même plus tard une espèce de partisan, quand il prit à ferme l'entreprise des déchargeurs. La Raillière étoit un célèbre partisan de l'époque, qui avoit affermé la taxe établie sur les *aisés*, et l'un de ceux qui avoient le plus excité de haines par leurs malversations. Il «a esté fermier des aides, dit le *Catalogue des partisans* (1649), avec le nommé de Moussea, où ils ont volé les rentiers de l'Hôtel-de-Ville par les presens et corruptions qu'ils ont faits... Et outre, ledit La Raillière, avec le nommé Vanel, dit Trecourt, qui sont à present fermiers des entrées, ont fait le traité de quinze cent mil livres de rente sur lesdites entrées... Pour raison de quoy ils ont taxé, sous le titre d'*aysé*, qui bon leur a semblé, et sous de faux rooles ont exigé lesdites taxes avec des violences horribles en cette ville de Paris et en la campagne.» La Raillière fut arrêté et emprisonné à la Bastille en 1649. Le 1er volume du *Recueil des Mazarinades*, d'où j'extrais les lignes précédentes, renferme encore plusieurs pièces relatives à ce personnage: «*L'Adieu du sieur Catalan, envoyé de Saint-Germain, au sieur de la Rallière dans la Bastille.--La Response de la Rallière à l'Adieu de Catelan, son associé, ou l'Abrégé de la vie de ces deux infames ministres et autheurs des principaux brigandages, volleries et extorsions de la France.--Les Entretiens de Bonneau, de Catelan et de la Raillière, etc.* Peut-être, par l'établissement d'une maltôte,--mot pris en mauvaise part, et qui par là même ne dut figurer ni dans les prospectus du spéculateur, ni dans les actes officiels,--Scarron entend-il simplement l'établissement d'une loterie ou banque, opération financière dont l'usage étoit fort répandu au XVIIe siècle. M. Anjubault veut bien nous communiquer les extraits suivants des registres de l'hôtel-de-ville du Mans, les seuls, dit-il, qui puissent se rapporter à ce passage de Scarron: «Consentement du corps de ville à l'exposition d'une blanque, à condition qu'il assistera un officier dudit corps de ville à l'inventaire de la marchandise et distribution des billets d'icelle, et que la boîte soit apportée en la chambre de ville chaque soir.» (Fin de 1629, ou commencement de 1630).--«Sera signifié au procureur du roi de la sénéchaussée et de la prévôté l'opposition que forme le corps de ville à l'établissement d'une blanque. (Fin de 1635 ou commencement de 1636.)

Note 130: (retour) Les comédiens de la troupe royale, ou de l'Hôtel-de-Bourgogne, nommés le plus souvent les grands comédiens du roi. Les frères Parfait disent des acteurs de cette troupe «qu'ils obtinrent les premiers le titre de comédiens du roi, avec une pension de 12,000 livres.» (T. 3, p. 249.) Les comédiens du Marais portoient aussi ce titre. Du reste, ceux de l'Hôtel-de-Bourgogne n'étoient pas les seuls à qui fût réservé le privilége de la pension, car Monsieur, frère du roi, avoit promis 300 livres de traitement annuel à chaque acteur de la troupe de Molière, qui s'étoit mise sous le patronage de son nom; mais ce ne fut qu'une promesse.

Note 131: (retour) On connoît le vers de Racine dans *les Plaideurs*:

    Monsieur, je suis bâtard de votre apothicaire.

                   (II, 9.)

Les titres de faveur de Ragotin sont d'un genre tout à fait analogue à ceux que fait valoir l'Intimé.

Tandis que Ragotin contoit ses prouesses, la Rancune, qui s'etoit alteré à force de boire, ne faisoit autre chose qu'emplir les deux verres, qui etoient vidés en même temps, Ragotin n'osant rien refuser de la main d'un homme qui lui devoit faire tant de bien. Enfin, à force d'avaler, ils s'emplirent. La Rancune n'en fut que plus serieux, selon sa coutume, et Ragotin en fut si hebeté et si pesant qu'il se pencha sur la table et s'y endormit. La Rancune appela une servante pour se faire dresser un lit, parcequ'on etoit couché à son hôtellerie. La servante lui dit qu'il n'y auroit point de danger d'en dresser deux, et qu'en l'etat où etoit M. Ragotin il n'avoit pas besoin d'être veillé. Il ne veilloit pas cependant, et jamais on n'a mieux dormi ni ronflé. On mit des draps à deux lits, de trois qui etoient dans la chambre, sans qu'il s'éveillât; il dit cent injures à la servante et menaça de la battre quand elle l'avertit que son lit etoit prêt. Enfin, la Rancune l'ayant tourné dans sa chaise devers le feu, que l'on avoit allumé pour chauffer les draps, il ouvrit les yeux et se laissa deshabiller sans rien dire. On le monta sur son lit le mieux que l'on put, et la Rancune se mit dans le sien après avoir fermé la porte. À une heure de là, Ragotin se leva et sortit hors de son lit, je n'ai pas bien su pourquoi. Il s'egara si bien dans la chambre qu'après en avoir renversé tous les meubles et s'être renversé lui-même plusieurs fois sans pouvoir trouver son lit, enfin il trouva celui de la Rancune, et l'eveilla en le decouvrant. La Rancune lui demanda ce qu'il cherchoit. «Je cherche mon lit, dit Ragotin.--Il est à la main gauche du mien», dit la Rancune. Le petit ivrogne prit à la droite, et s'alla fourrer entre la couverture et la paillasse du troisième, qui n'avoit ni matelas ni lit de plume, où il acheva de dormir fort paisiblement. La Rancune s'habilla devant que Ragotin fût eveillé. Il demanda au petit ivrogne si c'etoit par mortification qu'il avoit quitté son lit pour dormir sur une paillasse. Ragotin soutint qu'il ne s'etoit point levé, et qu'assurement il revenoit des esprits dans la chambre. Il eut querelle avec le cabaretier, qui prit le parti de sa maison et le menaça de le mettre en justice pour l'avoir decriée. Mais il n'y a que trop long-temps que je vous ennuie de la debauche de Ragotin: retournons à l'hôtellerie des comediens.

CHAPITRE XII.

Combat de nuit.

Je suis trop homme d'honneur pour n'avertir pas le lecteur benevole que, s'il est scandalisé de toutes les badineries qu'il a vues jusqu'ici dans le present livre, il fera fort bien de n'en lire pas davantage: car, en conscience, il n'y verra pas d'autre chose [132], quand le livre seroit aussi gros que le Cyrus; et si, par ce qu'il a dejà vu, il a de la peine à se douter de ce qu'il verra, peut-être que j'en suis logé là aussi bien que lui, qu'un chapitre attire l'autre, et que je fais dans mon livre comme ceux qui mettent la bride sur le col de leurs chevaux et les laissent aller sur leur bonne foi. Peut-être aussi que j'ai un dessein arrêté, et que, sans emplir mon livre d'exemples à imiter, par des peintures d'actions et de choses tantôt ridicules, tantôt blâmables, j'instruirai en divertissant [133] de la même façon qu'un ivrogne donne de l'aversion pour son vice, et peut quelquefois donner du plaisir par les impertinences que lui fait faire son ivrognerie.

Note 132: (retour) Scarron fait toujours bon marché de ses oeuvres et de son talent; il en parle sans cesse de cette façon détachée et cavalière. Il dit plus haut, mais, il est vrai, dans un sens différent, quoique sur un ton analogue, que son livre n'est qu'un amas de sottises; et, dans son *Ode à M. Maynard* (Rec. de 1651):

> Moi qui suis un demi-poète,
>
> Qui ne travaille qu'en sornette...
>
> Helas! je n'ai pour toute Muse
>
> Qu'une malheureuse camuse, etc.

Il parle à peu près de même dans une de ses épîtres (1643), dans la dédicace du 5e liv. de son *Virgile travesti*, à Deslandes-Payen, etc. C'étoit là, du reste, une des nécessités du genre qu'il avoit adopté.

Note 133: (retour) C'est le *ridendo castigat mores* de Santeuil.

Finissons la moralité et reprenons nos comediens, que nous avons laissés dans l'hôtellerie. Aussitôt que leur chambre fut debarrassée et que Ragotin eut emmené la Rancune, le portier, qu'ils avoient laissé à Tours, entra dans l'hôtellerie, conduisant un cheval chargé de bagage. Il se mit à table avec eux, et, par sa relation et par ce qu'ils apprirent les uns des autres, on sut de quelle façon l'intendant de la province ne leur avoit pu faire de mal, ayant lui-même bien eu de la peine à se retirer des mains du peuple, lui et ses fuzeliers. Le Destin conta à ses camarades de quelle façon il s'etoit sauvé avec son habit à la turque, dont il pensoit representer le Soliman de Mairet [134], et qu'ayant appris que la peste etoit à Alençon, il etoit venu au Mans avec la Caverne et la Rancune, en l'equipage que l'on a pu voir dans le commencement de ces très veritables et très peu heroïques aventures. Mademoiselle de l'Etoile leur apprit aussi les assistances qu'elle avoit reçues d'une dame de Tours dont le nom n'est pas venu à ma connoissance, et comme par son moyen elle avait eté conduite jusqu'à un village proche de Bonnestable, où elle s'etoit demis un pied en tombant de cheval. Elle ajouta qu'ayant appris que la troupe etoit au Mans, elle s'y etoit fait porter dans la litière de la dame du village, qui la lui avoit liberalement prêtée.

Note 134: (retour) Jean de Mairet (1604-1686) est un des plus célèbres tragiques de notre vieux théâtre, et sa *Silvie* (1621) passa long-temps pour un chef-d'oeuvre. La pièce dont il est ici question, jouée en 1630 et imprimée seulement en 1639, est intitulée: *Le grand et dernier Soliman, ou la Mort de Mustapha.*

Après le souper, le Destin seul demeura dans la chambre des dames. La Caverne l'aimoit comme son propre fils; mademoiselle de l'Etoile ne lui etoit pas moins chère, et Angelique, sa fille et son unique heritière, aimoit le Destin et l'Etoile comme son frère et sa soeur. Elle ne savoit pas encore au vrai ce qu'ils etoient et pourquoi ils faisoient la comedie; mais elle avoit bien reconnu, quoiqu'ils s'appelassent mon frère et ma soeur, qu'ils etoient plus grands amis que proches parents; que le Destin vivoit avec l'Etoile dans le plus grand respect du monde; qu'elle etoit fort sage, et que, si le Destin avoit bien de l'esprit et faisoit voir qu'il avoit eté bien elevé, mademoiselle de l'Etoile paroissoit plutôt fille de condition qu'une comedienne de campagne. Si le Destin et l'Etoile etoient aimés de la Caverne et de sa fille, ils s'en rendoient dignes par une amitié reciproque qu'ils avoient pour elles, et ils n'y avoient pas beaucoup de peine, puisqu'elles meritoient d'être aimées autant que comediennes de France, quoique, par malheur plutôt que faute de merite, elles n'eussent jamais eu l'honneur de monter sur le theâtre de l'hôtel de Bourgogne ou du Marais, qui sont l'un et l'autre le *non plus ultra* des comediens [135]. Ceux qui n'entendront pas ces trois petits mots latins (à qui je n'ai pu refuser place ici, tant ils se sont presentés à propos) se les feront expliquer, s'il leur plaît. Pour finir la digression, le Destin et l'Etoile ne se cachèrent point des deux comediennes pour se caresser après une longue absence. Ils s'exprimèrent le mieux qu'ils purent les inquietudes qu'ils avoient eues l'un pour l'autre. Le Destin apprit à mademoiselle de l'Etoile qu'il croyoit avoir vu, la dernière fois qu'ils avoient representé à Tours, leur ancien persecuteur; qu'il l'avoit discerné dans la foule de leurs auditeurs, quoiqu'il se cachât le visage de son manteau, et que, pour cette raison là, il s'etoit mis un emplâtre sur le visage à la sortie de Tours, pour se rendre meconnoissable à son ennemi, ne se trouvant pas alors en etat de s'en defendre s'il en etoit attaqué la force à la main. Il lui apprit ensuite le grand nombre de brancards qu'ils avoient trouvés en allant au devant d'elle, et qu'il se trompoit fort si leur même ennemi n'etoit un homme inconnu qui avoit exactement visité les brancards, comme l'on a pu voir dans le septième chapitre. Tandis que le Destin parloit, la pauvre l'Etoile ne put s'empêcher de repandre quelques larmes. Destin en fut extremement touché, et, après l'avoir consolée le mieux qu'il put, il ajouta que, si elle vouloit lui permettre d'apporter autant de soin à chercher leur ennemi commun qu'il en avoit eu jusque alors à l'eviter, elle se verrait bientot delivrée de ses persecutions, ou qu'il y perdroit la vie. Ces dernières paroles l'affligèrent encore davantage. Le Destin n'eut pas l'esprit assez fort pour ne s'affliger pas aussi, et la Caverne et sa fille, très pitoyables de leur naturel, s'affligèrent par complaisance ou par contagion, et je crois même qu'elles en pleurèrent. Je ne sçais si le Destin pleura, mais je sçais bien que les comediennes et lui furent assez long-temps à ne se rien dire, et cependant pleura qui voulut. Enfin la Caverne finit la pause que les larmes avoient fait faire, et reprocha à Destin et à l'Etoile que, depuis le temps qu'ils etoient ensemble, ils avoient pu reconnoître jusqu'à quel point elle etoit de leurs amies, et toutefois qu'ils avoient eu si peu de confiance en elle et en sa fille qu'elles ignoroient encore leur veritable condition; et elle ajouta qu'elle avoit eté assez persecutée en sa vie pour conseiller des malheureux tels qu'ils paroissoient être. À quoi Destin repondit que ce n'etoit point par defiance qu'ils ne s'etoient pas encore decouverts à elle, mais qu'il avoit cru que le recit de leurs malheurs ne pouvoit être que fort ennuyeux. Il lui offrit après cela de l'en entretenir quand elle voudroit, et quand elle auroit quelque temps à perdre. La Caverne ne differa pas davantage de satisfaire sa curiosité, et sa fille, qui souhaitoit ardemment la même chose, s'etant assise auprès d'elle sur le lit de l'Etoile, le Destin alloit commencer son histoire, quand ils entendirent une grande rumeur dans la chambre voisine. Destin prêta l'oreille quelque temps, mais le bruit et la noise, au lieu de cesser, augmentèrent, et même l'on cria: Au meurtre! à l'aide! on m'assassine! Le Destin, en trois sauts, fut hors de la chambre, aux depens de son pourpoint, que lui dechirèrent la Caverne et sa fille en voulant le retenir. Il entra dans la chambre d'où venoit la rumeur, où il ne vit goutte, et où les coups de poings, les soufflets, et plusieurs voix confuses d'hommes et de femmes qui s'entrebattoient, mêlées au bruit sourd de plusieurs pieds nus qui trepignoient dans la chambre, faisoient une rumeur epouvantable. Il s'alla mêler parmi les combattans imprudemment, et reçut d'abord un coup de poing d'un côté et un soufflet de l'autre. Cela lui changea la bonne intention qu'il avoit de separer ses lutins en un violent desir de se venger: il se mit à jouer des mains, et fit un moulinet de ses deux bras, qui maltraita plus d'une mâchoire, comme il parut depuis à ses mains sanglantes. La mêlée dura encore assez long-temps pour lui faire recevoir une vingtaine de coups et en donner deux fois autant. Au plus fort du combat, il se sentit mordre au gras de la jambe; il y porta ses mains, et, rencontrant quelque chose de pelu, il crut être mordu d'un chien; mais la Caverne et sa fille, qui parurent à la porte de la chambre avec de la lumière, comme le feu Saint-Elme après une tempête [136], virent Destin, et lui firent voir qu'il etoit au milieu de sept personnes en chemise, qui se defaisoient l'un l'autre très cruellement, et qui se decramponnèrent d'elles-mêmes aussitôt que la lumière parut. Le calme ne fut pas de longue durée: l'hôte, qui etoit un de ces sept penitens blancs [137], se reprit avec le Poète; l'Olive, qui en etoit aussi, fut attaqué par le valet de l'hôte, autre penitent. Le Destin les voulut separer; mais l'hôtesse, qui etoit la bête qui l'avoit mordu, et qu'il avoit prise pour un chien, à cause qu'elle avoit la tête nue et les cheveux courts, lui sauta aux yeux, assistée de deux servantes, aussi nues et aussi decoiffées qu'elle. Les cris recommencèrent; les soufflets et les coups de poing sonnèrent de plus belle, et la mêlée s'echauffa encore plus qu'elle n'avoit fait. Enfin, plusieurs personnes qui s'etoient eveillées à ce bruit entrèrent dans le champ de bataille, deprirent les combattans les uns d'avec les autres, et furent cause de la seconde suspension d'armes. Il fut question de sçavoir la cause de la querelle, et quel etoit le differend qui avoit assemblé sept personnes nues en une même chambre. L'Olive, qui paroissoit le moins emu, dit que le Poète etoit sorti de la chambre et qu'il l'avoit vu revenir plus vite que le pas, suivi de l'hôte, qui le vouloit battre; que la femme de l'hôte avoit suivi son mari, et s'etoit jetée sur le Poète; que, les ayant voulu separer, un valet et deux servantes, s'etoient jetés sur lui, et que la lumière qui s'etoit eteinte là dessus etoit cause que l'on s'etoit battu plus long-temps que l'on n'eût fait. Ce fut au Poète à plaider sa cause: il dit qu'il avoit fait les deux plus belles stances que l'on eût jamais ouïes depuis que l'on en fait, et que, de peur de les perdre, il avoit eté demander de la chandelle aux servantes de l'hôtellerie, qui s'etoient moquées de lui; que l'hôte l'avoit appelé danseur de corde, et que, pour ne demeurer pas sans repartie, il l'avoit appelé cocu. Il n'eut pas plus tôt lâché le mot, que l'hôte, qui etoit en mesure, lui appliqua un soufflet. On eût dit qu'ils etoient concertés ensemble: car, tout aussitôt que le soufflet fut donné, la femme de l'hôte, son valet et ses servantes, se jetèrent sur les comediens, qui les reçurent à beaux coups de poings. Cette dernière rencontre fut plus rude et dura plus long-temps que les autres. Le Destin, s'etant acharné sur une grosse servante qu'il avoit troussée, lui donna plus de cent claques sur les fesses; l'Olive, qui vit que cela faisoit rire la compagnie, en fit autant à une autre. L'hôte etoit occupé par le Poète, et l'hôtesse, qui etoit la plus furieuse, avoit eté saisie par quelques uns des spectateurs, dont elle se mit en si grande colère, qu'elle cria: «Aux voleurs!» Ses cris eveillèrent la Rappinière, qui logeoit vis-à-vis de l'hôtellerie. Il en fit ouvrir les portes, et ne croyant pas, selon le bruit qu'il avoit entendu, qu'il n'y eût pour le moins sept ou huit personnes sur le carreau, il fit cesser les coups au nom du roi, et, ayant appris la cause de tout le desordre, il exhorta le Poète de ne faire plus de vers la nuit, et pensa battre l'hôte et l'hôtesse, parcequ'ils chantèrent cent injures aux pauvres comediens, les appelant bateleurs et baladins, et jurant de les faire deloger le lendemain; mais la Rappinière, à qui l'hôte devoit de l'argent, le menaça de le faire executer, et par cette menace lui ferma la bouche. La Rappinière s'en retourna chez lui; les autres s'en retournèrent dans leurs chambres, et Destin dans celle des comediennes, où la Caverne le pria de ne differer pas davantage de lui apprendre ses aventures et celles de sa soeur. Il leur dit qu'il ne demandoit pas mieux, et commença son histoire de la façon que vous allez voir dans le suivant chapitre.

Note 135: (retour) Le théâtre de l'hôtel de Bourgogne, sis rue Mauconseil, avoit été acheté en 1548 par les confrères de la Passion à Jean Rouvet, «marchand bourgeois de Paris». C'étoit alors, d'après les termes de l'acte de vente, «une mazure contenant 17 toises de long sur 16 de large», faisant partie de l'ancien hôtel de Bourgogne. Il passa, vers 1588, des mains des confrères à une nouvelle troupe. Quant au théâtre du Marais, il avoit été fondé en 1600 par une troupe de comédiens de province dans l'hôtel d'Argent, au coin de la rue de la Poterie, près de la Grève, d'où il fut transféré en 1620 au haut de la vieille rue du Temple. On toléra leur établissement moyennant une redevance d'un écu tournois par représentation qu'ils devoient payer aux confrères. Ces deux théâtres étoient les mieux montés en bons acteurs et en bonnes pièces, et les plus suivis du public. (V., pour plus amples détails, les *Antiquités* de Sauval, Chappuzeau, le *Théâtre françois*, liv. III; les frères Parfait, t. 3.)

Note 136: (retour) Le feu Saint-Elme, qu'on nomme aussi quelquefois *feu Saint-Germain*, ou *feu Saint-Anselme*, est une sorte de flamme volante qui apparoît autour des mâts et des cordages d'un vaisseau, après une tempête. C'est un mauvais présage, dit-on, quand il n'y en a qu'un, et un présage favorable quand on en voit plusieurs.

Note 137: (retour) Ce nom désigne une confrérie de gens séculiers qui s'assembloient à certains jours pour faire, suivant un ancien usage partagé par d'autres confréries, par exemple celle des capucins noirs, des processions, pieds nus et la face couverte d'un linge. Il y avoit des pénitents blancs à Avignon, à Lyon, etc., et il y en eut aussi à Paris.

CHAPITRE XIII.

Plus long que le précédent.

Histoire de Destin et de mademoiselle de l'Etoile.

Je suis né dans un village auprès de Paris. Je vous ferais bien croire, si je voulois, que je suis d'une maison très illustre, comme il est fort aisé à ceux que l'on ne connoît point; mais j'ai trop de sincerité pour nier la bassesse de ma naissance. Mon père etoit des premiers et des plus accommodés de son village. Je lui ai ouï dire qu'il etoit né pauvre gentilhomme, et qu'il avoit eté à la guerre en sa jeunesse, où, n'ayant gagné que des coups, il s'etoit fait ecuyer ou meneur d'une dame de Paris assez riche [138], et qu'ayant amassé quelque chose avec elle, parcequ'il etoit aussi maître d'hotel et faisoit la depense, c'est-à-dire ferroit peut-être la mule, il s'etoit marié avec une vieille demoiselle de la maison, qui etoit morte quelque temps après et l'avoit fait son heritier. Il se lassa bientôt d'être veuf, et, n'etant guère moins las de servir, il epousa en secondes noces une femme des champs qui fournissoit de pain la maison de sa maîtresse; et c'est de ce dernier mariage que je suis sorti. Mon père s'appeloit Garigues; je n'ai jamais su de quel pays il etoit; et, pour le nom de ma mère, il ne fait rien à mon histoire: il suffit qu'elle etoit plus avare que mon père et mon père plus avare qu'elle, et l'un et l'autre de conscience assez large. Mon père a l'honneur d'avoir le premier retenu son haleine en se faisant prendre la mesure d'un habit, afin qu'il y entrât moins d'étoffe [139]. Je vous pourrois bien apprendre cent autres traits de lesine qui lui ont acquis à bon titre la reputation d'être homme d'esprit et d'invention; mais, de peur de vous ennuyer, je me contenterai de vous en conter deux très difficiles à croire et neanmoins très veritables. Il avoit ramassé quantité de blé pour le vendre bien cher durant une année mauvaise. L'abondance ayant eté universelle et le blé etant amendé, il fut si possedé de desespoir et si abandonné de Dieu qu'il se voulut pendre. Une de ses voisines, qui se trouva dans la chambre quand il y entra pour ce noble dessein, et qui s'etoit cachée de peur d'être vue, je ne sais pas bien pourquoi, fut fort etonnée quand elle le vit pendu à un chevron de sa chambre. Elle courut à lui, criant: «Au secours!» coupa la corde, et, à l'aide de ma mère, qui arriva là-dessus, la lui ôta du cou. Elles se repentirent peut-être d'avoir fait une bonne action, car il les battit l'une et l'autre comme plâtre, et fit payer à cette pauvre femme la corde qu'elle avoit coupée, en lui retenant quelque argent qu'il lui devoit. L'autre prouesse n'est pas moins etrange. Cette même année que la cherté fut si grande que les vieilles gens du village ne se souviennent pas d'en avoir vu une plus grande, il avoit regret à tout ce qu'il mangeoit; et, sa femme etant accouchée d'un garçon, il se mit en la tête qu'elle avoit assez de lait pour nourrir son fils et pour le nourrir lui-même aussi, et espera que, tetant sa femme, il epargnerait du pain et se nourriroit d'un aliment aisé à digerer [140]. Ma mère avoit moins d'esprit que lui et n'avoit pas moins d'avarice, tellement qu'elle n'inventoit pas les choses comme mon père; mais, les ayant une fois conçues, elle les executoit encore plus exactement que lui. Elle tâcha donc de nourrir de son lait son fils et son mari en même temps, et hasarda aussi de s'en nourrir soi-même avec tant d'opiniâtreté que le petit innocent mourut martyr de pure faim, et mon père et ma mère furent si affoiblis, et ensuite si affamés, qu'ils mangèrent trop et eurent chacun une longue maladie. Ma mère devint grosse de moi quelque temps après, et, ayant accouché heureusement d'une très malheureuse creature, mon père alla à Paris pour prier sa maîtresse de tenir son fils avec un honnête ecclesiastique qui se tenoit dans son village, où il avoit un benefice. Comme il s'en retournoit la nuit pour eviter la chaleur du jour, et qu'il passoit par une grande rue du faubourg dont la plupart des maisons se bâtissoient encore, il aperçut de loin, aux rayons de la lune, quelque chose de brillant qui traversoit la rue. Il ne se mit pas beaucoup en peine de ce que c'etoit; mais, ayant entendu quelques gemissemens, comme d'une personne qui souffre, au même lieu où ce qu'il avoit vu de loin s'etoit derobé à sa vue, il entra hardiment dans un grand bâtiment qui n'etoit pas encore achevé, où il trouva une femme assise contre terre. Le lieu où elle etoit recevoit assez de clarté de la lune pour faire discerner à mon père qu'elle etoit fort jeune et fort bien vêtue, et c'etoit ce qui avoit brillé de loin à ses yeux, son habit etant de toile d'argent [141]. Vous ne devez point douter que mon père, qui etoit assez hardi de son naturel, ne fût moins surpris que cette jeune demoiselle; mais elle etoit en un etat où il ne lui pouvoit rien arriver de pis que ce qu'elle avoit. C'est ce qui la rendit assez hardie pour parler la première, et pour dire à mon père que, s'il etoit chretien, il eût pitié d'elle; qu'elle etoit prête d'accoucher; que, se sentant pressée de son mal et ne voyant point revenir une servante qui lui etoit allée querir une sage-femme affidée, elle s'etoit sauvée heureusement de sa maison sans avoir eveillé personne, sa servante ayant laissé la porte ouverte pour pouvoir rentrer sans faire de bruit. À peine achevoit-elle sa courte relation qu'elle accoucha heureusement d'un enfant que mon père reçut dans son manteau. Il fit la sage-femme le mieux qu'il put, et cette jeune fille le conjura d'emporter vitement la petite creature, d'en avoir soin, et de ne manquer pas, à deux jours de là, d'aller voir un vieil homme d'eglise, qu'elle lui nomma, qui lui donneroit de l'argent et tous les ordres necessaires pour la nourriture de son enfant. À ce mot d'argent, mon père, qui avoit l'âme avare, voulut deployer son eloquence d'ecuyer; mais elle ne lui en donna pas le temps: elle lui mit entre les mains une bague pour servir d'enseigne au prêtre qu'il devoit aller trouver de sa part, lui fit envelopper son enfant dans son mouchoir de cou et le fit partir avec grande precipitation, quelque résistance qu'il fît pour ne l'abandonner pas en l'etat où elle etoit. Je veux croire qu'elle eut bien de la peine à regagner son logis. Pour mon père, il s'en retourna à son village, mit l'enfant entre les mains de sa femme, et ne manqua pas, deux jours après, d'aller trouver le vieil prêtre et de lui montrer la bague. Il apprit de lui que la mère de l'enfant etoit une fille de fort bonne maison et fort riche; qu'elle l'avoit eu d'un seigneur ecossois qui etoit allé en Irlande lever des troupes pour le service du roi [142], et que ce seigneur etranger lui avoit promis mariage. Ce prêtre lui dit, de plus, qu'à cause de son accouchement precipité, elle s'etoit trouvée malade jusqu'à faire douter de sa vie, et qu'en cette extremité elle avoit tout declaré à son père et à sa mère, qui l'avoient consolée au lieu de s'emporter contre elle, parcequ'elle etoit leur fille unique; que la chose etoit ignorée dans le logis; et ensuite il assura mon père que, pourvu qu'il eût soin de l'enfant et qu'il fût secret, sa fortune etoit faite. Là-dessus, il lui donna cinquante ecus et un petit paquet de toutes les hardes necessaires à un enfant. Mon père s'en retourna en son village, après avoir bien dîné avec le prêtre. Je fus mis en nourrice, et l'etranger fut mis en la place du fils de la maison. À un mois de là, le seigneur ecossois revint, et, ayant trouvé sa maîtresse en un si mauvais etat qu'elle n'avoit plus guère à vivre, il l'epousa un jour devant qu'elle mourût, et ainsi fut aussitôt veuf que marié. Il vint deux ou trois jours après en notre village, avec le père et la mère de sa femme. Les pleurs recommencèrent, et on pensa etouffer l'enfant à force de le baiser. Mon père eut sujet de se louer de la liberalité du seigneur ecossois, et les parens de l'enfant ne l'oublièrent pas. Ils s'en retournèrent à Paris fort satisfaits du soin que mon père et ma mère avoient de leur fils, qu'ils ne voulurent point faire venir à Paris encore, parceque le mariage etoit tenu secret pour des raisons que je n'ai pas sues.

Note 138: (retour) Les dames de haute condition avoient des *meneurs* pour les aider à marcher en leur donnant la main. On appeloit particulièrement *écuyer* ou *écuyer de main* celui qui remplissoit cette charge près des princesses ou des plus grandes dames.

Note 139: (retour) Il y a un trait analogue, mais moins plaisant parcequ'il est plus forcé, dans l'*Aulularia*. Plaute dit de son avare qu'en allant se coucher il mettoit une bourse devant sa bouche pour ne pas perdre de son haleine en dormant. On trouve ici une variante dans plusieurs éditions, entre autres dans celle de Pierre Mortier, d'Amsterdam. Au lieu de cette phrase, on y lit: «Mon père a l'honneur d'avoir *inventé le morceau de chair attaché à une corde qui tient à l'anse du pot, pour le retirer quand il a assez bouilli, afin qu'il serve plusieurs fois à faire du potage.*» Il semble que cette curieuse variante ait été inspirée par la manière dont on avoit représenté Scarron dans plusieurs de ses prétendus portraits, et sur laquelle il s'est égayé lui-même: «Les autres (disent) que mon chapeau tient à une corde qui passe dans une poulie, et que je le hausse et baisse pour saluer ceux qui me visitent.»

Note 140: (retour) Ce passage semble burlesquement imité de deux anecdotes célèbres, racontées primitivement en quelques lignes par Valère Maxime (liv. 5, ch. 4), et souvent répétées depuis:--l'une, d'une jeune fille grecque nourrissant son père de son lait;--l'autre, d'une femme romaine nourrissant sa mère de la même manière.

Note 141: (retour) Personne n'ignore,--ne fût-ce que pour l'avoir vu au théâtre, dans les comédies du XVIIe siècle,--que non seulement les dames, mais aussi les hommes de condition, portoient des habits de brocard, ou, comme on disoit alors, de *brocat* d'or ou d'argent, et quelquefois d'or *et* d'argent. «L'Italie, dit le *Nouveau règlement sur les marchandises* (1634), nous envoie et apporte une infinité de diverses sortes de draps de soye, comme toilles d'or et d'argent.» (Éd. Fournier, *Var. hist. et littér.*, t. 3, p. 112.) Madame de Nouveau, «la plus grande folle de France en *braverie*», regardoit, à ce que nous apprend Tallemant, une jupe de toile d'or avec quatre grandes dentelles comme une de ses *petites* jupes. (*Histor. de Villarceaux*.)

Note 142: (retour) Il y eut souvent des troupes écossoises et irlandoises au service de France. Charles VII créa une compagnie de *gens d'armes écossois*, en souvenir du secours que Jean Stuart, comte de Boncan, et Douglas, lui avoient prêté, avec 7,000 hommes de leurs compatriotes, à la bataille de Baugé; et cette compagnie subsista sous les règnes suivants avec des priviléges extraordinaires; mais peu à peu elle ne fut plus guère écossoise que de nom. Les régiments d'Écosse et d'Irlande figurent jusqu'au dernier jour de la monarchie parmi les corps étrangers; ils rendireut de grands services sous Louis XIII surtout, et aussi sous Louis XIV. (V. *Hist. des troupes étrang. au service de France*, de Fieffé, t. 1, ch. 2, p. 142, et p. 169-179.) Plusieurs généraux d'origine irlandoise ont laissé un nom glorieux dans notre histoire, par exemple le comte Dillon et le duc de Berwick.

Aussitôt que je pus marcher, mon père me retira en sa maison pour tenir compagnie au petit comte des Glaris (c'est ainsi que l'on l'appela du nom de son père). L'antipathie que l'on dit avoir eté entre Jacob et Esaü, dès le ventre de leur mère, ne peut avoir eté plus grande que celle qui se trouva entre le jeune comte et moi. Mon père et ma mère l'aimoient tendrement, et avoient de l'aversion pour moi, quoique je donnasse autant d'esperance d'être un honnête homme que Glaris en donnoit peu. Il n'y avoit rien que de très commun en lui; pour moi, je paroissois être ce que je n'étois pas, et bien moins le fils de Garigues que celui d'un comte. Et si je ne me trouve enfin qu'un malheureux comedien, c'est sans doute que la fortune s'est voulu venger de la nature, qui avoit voulu faire quelque chose de moi sans son consentement, ou, si vous voulez, que la nature prend quelquefois plaisir à favoriser ceux que la fortune a pris en aversion.

Je passerai toute l'enfance de deux petits paysans (car Glaris l'etoit d'inclination plus que moi), et aussi bien nos plus belles aventures ne furent que force coups de poing. En toutes les querelles que nous avions ensemble, j'avois toujours de l'avantage, si ce n'est lorsque mon père et ma mère se mettoient de la partie; ce qu'ils faisoient si souvent et avec tant de passion que mon parrain, qui s'appeloit monsieur de Saint-Sauveur, s'en scandalisa et me demanda à mon père. Il lui fit un don de moi avec grand'joie, et ma mère eut encore moins de regret que lui à me perdre de vue. Me voilà donc chez mon parrain, bien vêtu, bien nourri, fort caressé et point battu. Il n'epargna rien à me faire apprendre à lire et à ecrire; et sitôt que je fus assez avancé pour apprendre le latin, il obtint du seigneur du village, qui etoit un fort honnête gentilhomme et fort riche, que j'etudierois avec deux fils qu'il avoit, sous un homme savant qu'il avoit fait venir de Paris et à qui il donnoit de bons gages. Ce gentilhomme, qui s'appeloit le baron d'Arques, faisoit elever ses enfans avec grand soin. L'aîné avoit nom Saint-Far, assez bien fait de sa personne, mais brutal sans remède, s'il y en eut jamais au monde; et le cadet, en recompense, outre qu'il etoit mieux fait que son frère, avoit la vivacité de l'esprit et la grandeur de l'âme egales à la beauté du corps. Enfin, je ne crois pas que l'on puisse voir un garçon donner de plus grandes esperances de devenir un fort honnête homme qu'en donnoit en ce temps-là ce jeune gentilhomme, qui s'appeloit Verville. Il m'honora de son amitié, et moi je l'aimois comme un frère et le respectois toujours comme un maître. Pour Saint-Far, il n'etoit capable que des passions mauvaises, et je ne puis mieux vous exprimer les sentimens qu'il avoit dans l'âme pour son frère et pour moi qu'en vous disant qu'il n'aimoit pas son frère plus que moi, qui lui etois fort indifferent, et qu'il ne me haïssoit pas plus que son frère, qu'il n'aimoit guère. Ses divertissemens etoient differens des nôtres. Il n'aimoit que la chasse et haïssoit fort l'etude; Verville n'alloit que rarement à la chasse et prenoit grand plaisir à etudier, en quoi nous avions ensemble une conformité merveilleuse aussi bien qu'en toute autre chose, et je puis dire que, pour m'accommoder à son humeur, je n'avois pas besoin de beaucoup de complaisance et n'avois qu'à suivre mon inclination.

Le baron d'Arques avoit une bibliothèque de romans fort ample. Notre precepteur, qui n'en avoit jamais lu dans le pays latin [143], qui nous en avoit d'abord defendu la lecture, et qui les avoit cent fois blâmés devant le baron d'Arques pour les lui rendre aussi odieux qu'il les trouvoit divertissans, en devint lui-même si feru, qu'après avoir devoré les vieux et les modernes, il avoua que la lecture des bons romans instruisoit en divertissant, et qu'il ne les croyoit pas moins propres à donner de beaux sentimens aux jeunes gens que la lecture de Plutarque [144]. Il nous porta donc à les lire autant qu'il nous en avoit detournés, et nous proposa d'abord de lire les modernes; mais ils n'etoient pas encore selon notre goût, et jusqu'à l'âge de quinze ans nous nous plaisions bien plus à lire les Amadis de Gaule [145] que les Astrées et les autres beaux romans que l'on a faits depuis, par lesquels les François ont fait voir, aussi bien que par mille autres choses, que, s'ils n'inventent pas tant que les autres nations, ils perfectionnent davantage [146]. Nous donnions donc à la lecture des romans la plus grande partie du temps que nous avions pour nous divertir. Pour Saint-Far, il nous appeloit les liseurs, et s'en alloit à la chasse ou battre les paysans, à quoi il reussissoit admirablement bien. L'inclination que j'avois à bien faire m'acquit la bienveillance du baron d'Arques, et il m'aima autant que si j'eusse eté son proche parent. Il ne voulut point que je quittasse ses enfans quand il les envoya à l'Academie [147]; et ainsi j'y fus mis avec eux, plutôt comme un camarade que comme un valet. Nous y apprîmes nos exercices; on nous en tira au bout de deux ans, et, à la sortie de l'Academie, un homme de condition, parent du baron d'Arques, faisant des troupes pour les Venitiens, Saint-Far et Verville persuadèrent si bien leur père, qu'il les laissa aller à Venise avec son parent. Le bon gentilhomme voulut que je les accompagnasse encore, et monsieur de Saint-Sauveur, mon parrain, qui m'aimoit extrêmement, me donna liberalement une lettre de change assez considerable, pour m'en servir si j'en avois besoin et pour n'être pas à charge à ceux que j'avois l'honneur d'accompagner. Nous prîmes le plus long chemin, pour voir Rome et les autres belles villes d'Italie, dans chacune desquelles nous fîmes quelque sejour, hormis dans celles dont les Espagnols sont les maîtres [148]. Dans Rome, je tombai malade, et les deux frères poursuivirent leur voyage, celui qui les menoit ne pouvant laisser echapper l'occasion des galères du pape qui alloient joindre l'armée des Venitiens au passage des Dardanelles, où elle attendoit celle des Turcs [149]. Verville eut tous les regrets du monde de me quitter, et moi je pensai desesperer d'être separé de lui en un temps où j'aurois pu par mes services me rendre digne de l'amitié qu'il me portoit. Pour Saint-Far, je crois qu'il me quitta comme s'il ne m'eût jamais vu, et je ne songeois en lui qu'à cause qu'il etoit frère de Verville, qui me laissa en se separant de moi le plus d'argent qu'il put; je ne sais pas si ce fut du consentement de son frère.

Note 143: (retour) Le quartier latin, alors comme aujourd'hui, étoit le centre des colléges et le séjour des savants. Les libraires de ce quartier ne publioient généralement que des ouvrages d'érudition ou de nature sérieuse. «Il ne faut qu'aller à la rue Saint-Jacques, dit Sorel en parlant des pédants en *us*, l'on y verra leurs oeuvres, et l'on y apprendra qui ils sont.» (*Francion*, liv. 3.)

Note 144: (retour) C'étoit aussi l'opinion de Huet, le savant évêque d'Avranches (Voy. *De l'orig. des rom.*) et de plusieurs autres prélats du temps.

Note 145: (retour) L'*Amadis de Gaule*, long-temps en honneur comme le type des romans chevaleresques, et dont la réputation avoit à peine été effleurée au XVIe siècle par La Noue (6e Disc.), par Brantôme (*Dam. gal.*, t. 7, p. 330) et quelques autres, avoit été détrôné par l'apparition des ouvrages de d'Urfé et de Mlle de Scudéry, bien qu'il se rattachât en plusieurs points (la galanterie raffinée, la valeur extraordinaire et les exploits des héros) à la *Clélie*, et surtout à l'*Astrée*, auxquels il a servi en quelque sorte de transition après les épopées de la Table ronde. En 1632, Du Verdier en fit une espèce de parodie dans son *Chevalier hypocondriaque*, qui est une imitation à la fois de *Don Quichotte* et du *Berger extravagant* de Sorel. Pourtant il ne faudroit pas croire que l'*Amadis* eût dès lors perdu toute considération; il inspira, durant la Fronde, plus d'un trait chevaleresque. On le lisoit, avec les romans du jour, dans la petite société de Mme de La Fayette, et plusieurs passages des lettres de Mme de Sévigné, comme les Mémoires de Mme de Motteville, témoignent assez qu'il étoit loin d'être entièrement dédaigné. Cervantès lui-même, quoiqu'il semble avoir surtout dirigé *Don Quichotte* contre cet ouvrage, le fait épargner par le curé et le barbier dans leur auto-da-fé de la bibliothèque du chevalier, comme le meilleur et le modèle des romans du même genre.

Note 146: (retour) Ce respect persistant pour l'*Astrée*, long-temps après son apparition, même de la part des auteurs comiques et satiriques qui professent peu de goût pour les romans héroïques et pastoraux, est une chose remarquable. Sorel lui-même, dans son *Berger extravagant*, qui est pourtant dirigé en particulier contre le livre de d'Urfé, en attaquant tous les autres sans distinction, conserve toujours certains égards pour cet ouvrage, et il prend soin, dans ses *Remarques* (sur le 1er liv., sur le 2e liv., etc.), d'atténuer les railleries qu'il en a faites dans le cours de son roman, comme s'il étoit effrayé de son audace. Du reste, dans sa *Bibl. franç.*, il le comble de louanges, et le traite d'*ouvrage très exquis*. Tristan, dans le *Page disgracié*, sorte d'autobiographie romanesque, qui se rapproche souvent du roman familier et comique, professe une grande admiration pour l'*Astrée* (1er vol., p. 232). Furetière est plus sévère quand il en parle dans son *Roman bourgeois*, où il va jusqu'à l'accuser de corrompre les moeurs, reproche qui a quelque chose d'analogue à celui que lui fait Guéret dans le *Parnasse réformé* (p. 136). Huet, qui traite l'*Astrée* d'incomparable, et dit que cet ouvrage, «de plus ingénieux et le plus poli qui eût jamais paru en ce genre, a terni la gloire que la Grèce, l'Italie et l'Espagne s'y étoient acquise», reconnoît qu'il est «un peu licencieux».

Note 147: (retour) *Académie* s'entend ici «des maisons, des écuries où la noblesse apprend à monter à cheval, et les autres exercices qui lui conviennent». (*Dict. de Fur.*) Les gentilshommes y entroient souvent au sortir du collège pour achever leur éducation.

Note 148: (retour) Ils étoient alors maîtres en Italie des villes du royaume de Naples.

Note 149: (retour) Le pape figura comme allié des Vénitiens dans leur guerre contre les Turcs, qui dura sans interruption de 1640 à 1667, et dont le principal théâtre fut Candie.

Me voilà donc malade dans Rome, sans autre connoissance que celle de mon hôte, qui etoit un apothicaire flamand, et de qui je reçus toutes les assistances imaginables durant ma maladie. Il n'etoit pas ignorant de la medecine, et (autant que je suis capable d'en juger) je l'y trouvois plus entendu que le medecin italien qui me venoit voir. Enfin je gueris et repris assez de mes forces pour visiter les lieux remarquables de Rome, où les etrangers trouvent amplement de quoi satisfaire à leur curiosité. Je me plaisois extrêmement à visiter les Vignes. (C'est ainsi que l'on appelle plusieurs jardins plus beaux que le Luxembourg ou les Tuileries. Les cardinaux et autres personnes de condition les font entretenir avec grand soin, plutôt par vanité que par plaisir qu'ils y prennent, n'y allant jamais, au moins fort rarement.) Un jour que je me promenois dans une des plus belles, je vis au detour d'une allée deux femmes assez bien vêtues, que deux jeunes François avoient arrêtées et ne vouloient pas laisser passer outre, que la plus jeune ne levât un voile qui lui couvroit le visage. Un de ces François, qui paroissoit être le maître de l'autre, fut même assez insolent pour lui decouvrir le visage par force, cependant que celle qui n'etoit point voilée etoit retenue par son valet. Je ne consultai point ce que j'avois à faire; je dis d'abord à ces incivils que je ne souffrirois point la violence qu'ils vouloient faire à ces femmes. Ils se trouvèrent assez étonnés et l'un et l'autre, me voyant parler avec assez de resolution pour les embarrasser, quand ils auroient eu leurs epées comme j'avois la mienne. Les deux femmes se rangèrent auprès de moi, et ce jeune François, preferant le deplaisir d'un affront à celui de se faire battre, me dit en se separant: «Monsieur le brave, nous nous verrons autre part où les epées ne seront pas toutes d'un côté.» Je lui repondis que je ne me cacherois pas; son valet le suivit, et je demeurai avec ces deux femmes. Celle qui n'etoit point voilée paroissoit avoir quelque trente-cinq ans. Elle me remercia en françois qui ne tenoit rien de l'italien, et me dit entre autres choses que, si tous ceux de ma nation me ressembloient, les femmes italiennes ne feroient point de difficulté de vivre à la françoise. Après cela, comme pour me recompenser du service que je lui avois rendu, elle ajouta qu'ayant empêché que l'on ne vît sa fille malgré elle, il etoit juste que je la visse de son bon gré. «Levez donc votre voile, Leonore, afin que monsieur sçache que nous ne sommes pas tout à fait indignes de l'honneur qu'il nous a fait de nous proteger.» Elle n'eut pas plutôt achevé de parler que sa fille leva son voile, ou plutôt m'eblouit. Je n'ai jamais rien vu de plus beau. Elle leva deux ou trois fois les yeux sur moi comme à la derobée, et, rencontrant toujours les miens, il lui monta au visage un rouge qui la fit plus belle qu'un ange. Je vis bien que la mère l'aimoit extrêmement, car elle me parut participer au plaisir que je prenois à regarder sa fille. Comme je n'etois pas accoutumé à pareilles rencontres, et que les jeunes gens se defont aisement en compagnie, je ne leur fis que de fort mauvais compliments quand elles s'en allèrent, et je leur donnai peut-être mauvaise opinion de mon esprit. Je me voulus mal de ne leur avoir pas demandé leur demeure et de ne m'être pas offert à les y conduire; mais il n'y avoit plus d'apparence de courir après. Je voulus m'enquerir du concierge s'il les connoissoit. Nous fûmes longtemps sans nous entendre, parce qu'il ne savoit pas mieux le françois que moi l'italien. Enfin, plutôt par signes qu'autrement, il me fit savoir qu'elles lui étoient inconnues, ou bien il ne voulut pas m'avouer qu'il les connoissoit. Je m'en retournai chez mon apothicaire flamand tout autre que je n'en etois sorti, c'est-à-dire fort amoureux et fort en peine de savoir si cette belle Leonore etoit courtisane ou honnête fille, et si elle avoit autant d'esprit que sa mère m'avoit temoigné d'en avoir. Je m'abandonnai à la rêverie, et me flattai de mille belles espérances qui me divertirent un peu de temps, et m'inquietèrent beaucoup après que j'en eus consideré l'impossibilité. Après avoir fait mille desseins inutiles, je m'arrêtai à celui de les chercher exactement, ne pouvant m'imaginer qu'elles pussent être long-temps invisibles, en une ville si peu peuplée que Rome et à un homme si amoureux que moi. Dès le jour même je cherchai partout où je crus les pouvoir trouver, et m'en revins au logis plus las et plus chagrin que je n'en etois parti. Le lendemain je cherchai encore avec plus de soin, et je ne fis que me lasser et m'inquieter davantage. De la façon que j'observois les jalousies et les fenêtres, et de l'impetuosité avec laquelle je courois après toutes les femmes qui avoient quelque rapport avec ma Leonore, on me prit cent fois dans les rues et dans les eglises pour le plus fou de tous les François qui ont le plus contribué dans Rome à decréditer leur nation. Je ne sais comment je pus reprendre mes forces en un temps où j'étois une vraie âme damnée [150]. Je me gueris pourtant le corps parfaitement, tandis que mon esprit demeura malade, et si partagé entre l'honneur, qui m'appeloit en Candie, et l'amour, qui me retenoit à Rome, que je doutai quelquefois si j'obéirois aux lettres que je recevois souvent de Verville, qui me conjuroit par notre amitié de l'aller trouver, sans se servir du droit qu'il avoit de me commander. Enfin, ne pouvant avoir nouvelles de mes inconnues, quelque diligence que j'y apportasse, je payai mon hôte et preparai mon petit equipage pour partir.

Note 150: (retour) Expression reçue dans le sens de *misérable*, comme ici, et souvent aussi dans le sens de *scélérat*.

La veille de mon départ, le seigneur Stephano Vanbergue (c'est ainsi que s'appeloit mon hôte) me dit qu'il me vouloit donner à dîner chez une de ses amies, et me faire avouer qu'il ne l'avoit pas mal choisie pour un Flamand, ajoutant qu'il ne m'y avoit pas voulu mener qu'à la veille de mon depart, parcequ'il en etoit un peu jaloux. Je lui promis d'y aller, par complaisance plutôt qu'autrement, et nous y allâmes à l'heure de dîner. Le logis où nous entrâmes n'avoit ni la mine ni les meubles de celui de la maîtresse d'un apothicaire. Nous traversâmes une salle bien meublée, au sortir de laquelle j'entrai le premier dans une chambre fort magnifique, où je fus reçu par Leonore et par sa mère. Vous pouvez vous imaginer combien cette surprise me fut agreable. La mère de cette belle fille se presenta à moi pour être saluée à la françoise, et je vous avoue qu'elle me baisa plutôt que je ne la baisai. J'etois si interdit que je ne voyois goutte et que je n'entendis rien du compliment qu'elle me fit. Enfin l'esprit et la vue me revinrent, et je vis

Leonore plus belle et plus charmante que je ne l'avois encore vue; mais je n'eus pas l'assurance de la saluer. Je reconnus ma faute aussitôt que je l'eus faite, et, sans songer à la reparer, la honte fit monter autant de rouge à mon visage que la pudeur avoit fait monter d'incarnat en celui de Leonore. Sa mère me dit que, devant que je partisse, elle avoit voulu me remercier du soin que j'avois eu de chercher sa demeure, et ce qu'elle me dit augmenta encore davantage ma confusion. Elle me traîna dans une ruelle, parée à la françoise [151], où sa fille ne nous accompagna point, me trouvant sans doute trop sot pour en valoir la peine. Elle demeura avec le seigneur Stephano, tandis que je faisois auprès de sa mère mon vrai personnage, c'est-à-dire le paysan. Elle eut la bonté de fournir à la conversation toute seule et s'en acquitta avec beaucoup d'esprit, quoiqu'il n'y ait rien de si difficile que d'en faire paroître avec une personne qui n'en a point. Pour moi, je n'en eus jamais moins qu'en cette rencontre, et si elle ne s'ennuya pas alors, elle ne s'est jamais ennuyée avec personne. Elle me dit, après plusieurs choses auxquelles à peine repondis-je oui et non, qu'elle etoit Françoise de naissance et que je sçaurois du seigneur Stephano les raisons qui la retenoient dans Rome. Il fallut aller dîner et me traîner encore dans la salle comme on avoit fait dans la ruelle, car j'etois si troublé que je ne sçavois pas marcher. Je fus toujours le même stupide devant et après le dîner, durant lequel je ne fis rien avec assurance que regarder incessamment Leonore. Je crois qu'elle en fut importunée, et que, pour me punir, elle eut toujours les yeux baissés. Si la mère n'eût toujours parlé, le dîner se fût passé à la chartreuse; mais elle discourut avec le seigneur Stephano des affaires de Rome, au moins je me l'imagine, car je ne donnai pas assez d'attention à ce qu'elle dit pour en pouvoir parler avec certitude. Enfin on sortit de table, pour le soulagement de tout le monde, excepté de moi, qui empirois à vue d'oeil. Quand il fallut s'en aller, elles me dirent cent choses obligeantes, à quoi je ne repondis que ce que l'on met à la fin des lettres. Ce que je fis en sortant de plus que je n'avois fait en arrivant, c'est que je baisai Leonore et que je m'achevai de perdre. Stephano n'eut pas le credit de tirer une parole de moi en tout le temps que nous mîmes à retourner en son logis. Je m'enfermai dans ma chambre, où je me jetai sur mon lit sans quitter mon manteau ni mon epée. Là je fis reflexion sur tout ce qui m'etoit arrivé. Leonore se presenta à mon imagination plus belle qu'elle n'avoit fait à ma vue. Je me ressouvins du peu d'esprit que j'avois temoigné devant la mère et la fille, et, toutes les fois que cela me venoit dans l'esprit, la honte me mettoit le visage tout en feu. Je souhaitai d'être riche; je m'affligeai de ma basse naissance; je me forgeai cent belles aventures avantageuses à ma fortune et à mon amour. Enfin, ne songeant plus qu'à chercher un honnête pretexte de ne m'en aller pas et n'en trouvant aucun qui me contentât, je fus assez desesperé pour souhaiter de retomber malade, à quoi je n'etois dejà que trop disposé. Je lui voulus ecrire; mais tout ce que j'ecrivis ne me satisfit point et je remis dans mes poches le commencement d'une lettre que je n'aurois peut-être osé envoyer quand je l'aurois achevée. Après m'être bien tourmenté, ne pouvant plus rien faire que songer à Leonore, je voulus revoir le jardin où elle m'apparut la première fois, pour m'abandonner tout entier à ma passion, et je fis aussi dessein de repasser encore devant son logis. Ce jardin etoit en un lieu des plus ecartés de la ville, au milieu de plusieurs vieux bâtimens inhabitables. Comme je passois, en rêvant, sous les ruines d'un portique, j'entendis marcher derrière moi, et en même temps je me sentis donner un coup d'epée au dessous des reins. Je me tournai brusquement, mettant l'epée à la main, et, me trouvant en tête le valet du jeune François dont je vous ai tantôt parlé, je pensois bien lui rendre pour le moins le coup qu'il m'avoit donné en trahison; mais, comme je le poussois assez loin sans le pouvoir joindre, parcequ'il lâchoit le pied en parant, son maître sortit d'entre les ruines du portique, et, m'attaquant par derrière, me donna un grand coup sur la tête et un autre dans la cuisse qui me fit tomber. Il n'y avoit pas apparence que j'echappasse de leurs mains, ayant eté surpris de la sorte; mais, comme en une mauvaise action on ne conserve pas toujours beaucoup de jugement, le valet blessa le maître à la main droite; et en même-temps deux pères minimes de la Trinité du Mont 152 qui passoient auprès de là, et qui virent de loin qu'on m'assassinoit, etant accourus à mon secours, mes assassins se sauvèrent, et me laissèrent blessé de trois coups d'epée. Ces bons religieux etoient François, pour mon grand bonheur, car, en un lieu si ecarté, un Italien qui m'auroit vu en si mauvais etat se seroit eloigné de moi plutôt que de me secourir, de peur qu'etant trouvé en me rendant ce bon office, on ne le soupçonnât d'être lui-même mon assassin. Tandis que l'un de ces deux charitables religieux me confessa, l'autre courut en mon logis avertir mon hôte de ma disgrâce. Il vint aussitôt à moi, et me fit porter demi mort dans mon lit. Avec tant de blessures et tant d'amour, je ne fus pas longtemps sans avoir une fièvre très violente. On desespera de ma vie, et je n'en esperai pas mieux que les autres.

Note 151: (retour) On entendoit par ruelles «des alcôves et des lieux parés, où les dames reçoivent leurs visites, soit dans le lit, soit sur des siéges.» (Dict. de Furetière.) C'étoit proprement le large espace qu'on laissoit de chaque côté du lit pour les visiteurs.

Note 152: (retour) Couvent sis sur le mont Pincio, et dominant la *piazza di Spagna*.

Cependant l'amour de Leonore ne me quittoit point; au contraire, il augmentoit toujours à mesure que mes forces diminuèrent. Ne pouvant donc plus supporter un fardeau si pesant sans m'en decharger, ni me resoudre à mourir sans faire savoir à Leonore que je n'aurois voulu vivre que pour elle, je demandai une plume et de l'encre. On crut que je rêvois; mais je le fis avec une si grande instance, et je protestai si bien que l'on me mettroit au desespoir si l'on me refusoit ce que je demandois, que le seigneur Stephano, qui avoit bien reconnu ma passion et qui etoit assez clairvoyant pour se douter à peu près de mon dessein, me fit donner tout ce qu'il me falloit pour ecrire, et, comme s'il eût su mon intention, il demeura seul dans ma chambre. Je relus les papiers que j'avois ecrits un peu auparavant, pour me servir des pensées que j'avois dejà eues sur le même sujet. Enfin voici ce que j'ecrivis à Leonore:

> *Aussitôt que je vous vis, je ne pus m'empêcher de vous aimer; ma raison ne s'y opposa point: elle me dit aussi bien que mes yeux que vous etiez la plus aimable personne du monde, au lieu de me representer que je n'etois pas digne de vous aimer; mais elle n'eût fait qu'irriter mon mal par des remèdes inutiles, et, après m'avoir fait faire quelque résistance, il auroit toujours fallu céder à la necessité de vous aimer, que vous imposez à tous ceux qui vous voient. Je vous ai donc aimée, belle Leonore, et d'une amour si respectueuse que vous ne m'en devez pas haïr, bien que j'aie la hardiesse de vous la decouvrir. Mais le moyen de mourir pour vous et de ne s'en glorifier pas? et quelle peine pouvez-vous avoir à me pardonner un crime que vous aurez si peu de temps à me reprocher? Il est vrai que vous avoir pour la cause de sa mort est une recompense qui ne se peut meriter que par un grand nombre de services, et vous avez peut-être regret de m'avoir fait ce bien-là sans y penser. Ne me le plaignez point, aimable Leonore, puisque vous ne me le pouvez plus faire perdre et que c'est la seule faveur que j'aie jamais reçue de la Fortune, laquelle ne pourra jamais s'acquitter de ce qu'elle doit à votre merite qu'en vous donnant des adorateurs autant au dessus de moi que toutes les beautés du monde sont au dessous de la vôtre. Je ne suis donc pas assez vain pour esperer que le moindre sentiment de pitié.....*

Je ne pus achever ma lettre: tout d'un coup les forces me manquèrent et la plume me tomba de la main, mon corps ne pouvant suivre mon esprit, qui alloit si vîte; sans cela ce long commencement de lettre que je viens de vous reciter n'auroit été que la moindre partie de la mienne, tant la fièvre et l'amour m'avoient echauffé l'imagination. Je demeurai long-temps evanoui sans donner aucun signe de vie; le seigneur Stephano, qui s'en aperçut, ouvrit la porte de la chambre pour envoyer querir un prêtre. Au même temps, Leonore et sa mère me vinrent voir: elles avoient appris que j'avois été assassiné, et parcequ'elles crurent que cela ne m'etoit arrivé que pour les avoir voulu servir, et ainsi qu'elles etoient la cause innocente de ma mort, elles n'avoient point fait difficulté de me venir voir en l'etat où j'etois. Mon evanouissement dura si long-temps qu'elles s'en allèrent devant que je fusse revenu à moi, fort affligées, à ce que l'on pût juger, et dans la croyance que je n'en reviendrois pas. Elles lurent ce que j'avois ecrit; et la mère, plus curieuse que la fille, lut aussi les papiers que j'avois laissés sur mon lit, entre lesquels il y avoit une lettre de mon père, Garigues. Je fus longtemps entre la mort et la vie; mais enfin la jeunesse fut la plus forte. En quinze jours je fus hors de danger, et au bout de cinq ou six semaines je commençois à marcher par la chambre. Mon hôte me disoit souvent des nouvelles de Leonore; il m'apprit la charitable visite que sa mère et elle m'avoient rendue, dont j'eus une extrême joie; et, si je fus un peu en peine de ce qu'on avoit lu la lettre de mon père, je fus d'ailleurs fort satisfait de ce que la mienne avoit été lue aussi. Je ne pouvois parler d'autre chose que de Leonore toutes les fois que je me trouvois seul avec Stephano. Un jour, me souvenant que la mère de Leonore m'avoit dit qu'il me pourroit apprendre qui elle etoit et ce qui la retenoit dans Rome, je le priai de me faire part de ce qu'il en savoit. Il me dit qu'elle s'appeloit mademoiselle de la Boissière; qu'elle etoit venue à Rome avec la femme de l'ambassadeur de France; qu'un homme de condition, proche parent de l'ambassadeur, etoit devenu amoureux d'elle; qu'elle ne l'avoit pas haï, et que d'un mariage clandestin il en avoit eu cette belle Leonore. Il m'apprit de plus que ce seigneur en avoit eté brouillé avec toute la maison de l'ambassadeur; que cela l'avoit obligé de quitter Rome et d'aller demeurer quelque temps à Venise avec cette mademoiselle de la Boissière, pour laisser passer le temps de l'ambassade; que, l'ayant ramenée dans Rome, il lui avoit meublé une maison et donné tous les ordres necessaires pour la faire vivre en personne de condition tandis qu'il seroit en France, où son père le faisoit revenir et où il n'avoit osé mener sa maîtresse, ou, si vous voulez, sa femme, sçachant bien que son mariage ne seroit approuvé de personne. Je vous avoue que je ne pus m'empêcher de souhaiter quelquefois que ma Leonore ne fût pas fille legitime d'un homme de condition, afin que le defaut de sa naissance eût plus de rapport avec la bassesse de la mienne; mais je me repentois bientôt d'une pensée si criminelle, et lui souhaitois une fortune aussi avantageuse qu'elle la meritoit, quoique cette dernière pensée me causât un desespoir etrange: car, l'aimant plus que ma vie, je prevoyois bien que je ne pourrois jamais être heureux sans la posseder, ni la posseder sans la rendre malheureuse.

Lorsque j'achevois de me guerir, et que d'un si grand mal il ne me restoit que beaucoup de pâleur sur le visage, causée par la grande quantité de sang que j'avois perdu, mes jeunes maîtres revinrent de l'armée des Venitiens, la peste, qui infectoit tout le Levant, ne leur ayant pas permis d'y exercer plus long-temps leur courage. Verville m'aimoit encore, comme il m'a toujours aimé, et Saint-Far ne me temoignoit point encore qu'il me haït comme il a fait depuis. Je leur fis le recit de tout ce qui m'etoit arrivé, à la reserve de l'amour que j'avois pour Leonore. Ils temoignèrent une extrême envie de la connoître, et je la leur augmentai en leur exagerant le merite de la mère et de la fille. Il ne faut jamais louer la personne que l'on aime devant ceux qui peuvent l'aimer aussi, puisque l'amour entre dans l'âme aussi bien par les oreilles que par les yeux. C'est un emportement qui a souvent bien fait du mal à ceux qui s'y sont laissé aller, et vous allez voir si j'en puis parler par experience. Saint-Far me demandoit tous les jours quand je le menerois chez mademoiselle de la

Boissière. Un jour qu'il me pressoit plus qu'il n'avoit jamais fait, je lui dis que je ne sçavois pas si elle l'auroit agreable, parcequ'elle vivoit fort retirée. «Je vois bien que vous êtes amoureux de sa fille», me repartit-il; et, ajoutant qu'il iroit bien la voir sans moi, il me rompit si rudement en visière, et je parus si etonné, qu'il ne douta plus de ce que peut-être il ne soupçonnoit pas encore. Il me fit ensuite cent mauvaises railleries, et me mit en un tel desordre que Verville en eut pitié. Il me tira d'auprès de ce brutal et me mena au Cours, où je fus extrêmement triste, quelque peine que prît Verville à me divertir par une bonté extraordinaire à une personne de son âge et d'une condition si eloignée de la mienne. Cependant son brutal de frère travailloit à sa satisfaction, ou plutôt à ma ruine. Il s'en alla chez mademoiselle de la Boissière, où l'on le prit d'abord pour moi, parcequ'il avoit avec lui le valet de mon hôte, qui m'y avoit accompagné plusieurs fois; et je crois que sans cela on ne l'y auroit pas reçu. Mademoiselle de la Boissière fut fort surprise de voir un homme inconnu. Elle dit à Saint-Far que, ne le connoissant point, elle ne savoit à quoi attribuer l'honneur qu'il lui faisoit de la visiter. Saint-Far lui dit sans marchander qu'il etoit le maître d'un jeune garçon qui avoit eté assez heureux pour avoir eté blessé en lui rendant un petit service. Ayant debuté par une nouvelle qui ne plut ni à la mère ni à la fille, comme j'ai sçu depuis, et ces deux spirituelles personnes ne se souciant pas beaucoup de hasarder la reputation de leur esprit avec un homme qui leur avoit d'abord fait voir qu'il n'en avoit guère, le brutal se divertit fort peu avec elles, et elles s'ennuyèrent beaucoup avec lui. Ce qui le pensa faire enrager, c'est qu'il n'eut pas seulement la satisfaction de voir Leonore au visage, quelque instante prière qu'il lui fit de lever le voile qu'elle portoit d'ordinaire, comme font à Rome les filles de condition qui ne sont pas encore mariées. Enfin ce galant homme s'ennuya de les ennuyer; il les delivra de sa fâcheuse visite, et s'en retourna chez le seigneur Stephano, remportant fort peu davantage du mauvais office qu'il m'avoit rendu. Depuis ce temps-là, comme les brutaux sont fort portés à vouloir du mal à ceux à qui ils en ont fait, il eut pour moi des mepris si insupportables et me desobligea si souvent que j'eusse cent fois perdu le respect que je devois à sa condition, si Verville, par des bontés continuelles, ne m'eût aidé à souffrir les brutalités de son frère. Je ne sçavois point encore le mal qu'il m'avoit fait, quoique j'en ressentisse souvent les effets. Je trouvois bien mademoiselle de la Boissière plus froide qu'elle n'etoit au commencement de notre connoissance; mais, etant egalement civile, je ne remarquois point que je lui fusse à charge. Pour Leonore, elle me paroissoit fort rêveuse devant sa mère, et, quand elle n'en etoit pas observée, il me sembloit qu'elle en avoit le visage moins triste et que j'en recevois des regards plus favorables.

Le Destin contoit ainsi son histoire, et les comediennes l'ecoutoient attentivement, sans temoigner qu'elles eussent envie de dormir, lorsque deux heures après minuit sonnèrent. Mademoiselle de la Caverne fit souvenir le

Destin qu'il devoit le lendemain tenir compagnie à la Rappinière jusqu'à une maison qu'il avoit à deux ou trois lieues de la ville, où il avoit promis de leur donner le plaisir de la chasse. Le Destin prit donc congé des comediennes et se retira dans sa chambre, où il y a apparence qu'il se coucha. Les comediennes firent la même chose, et ce qui restoit de la nuit se passa fort paisiblement dans l'hôtellerie, le poète, par bonheur, n'ayant point enfanté de nouvelles stances.

CHAPITRE XIV.

Enlevement du curé de Domfront.

Ceux qui auront eu assez de temps à perdre pour l'avoir employé à lire les chapitres precedents doivent sçavoir, s'ils ne l'ont oublié, que le curé de Domfront etoit dans l'un des brancards qui se trouvèrent quatre de compagnie dans un petit village, par une rencontre qui ne s'etoit peut-être jamais faite. Mais, comme tout le monde sait, quatre brancards se peuvent plutôt rencontrer ensemble que quatre montagnes. Ce curé donc, qui s'etoit logé dans la même hôtellerie de nos comediens, fit consulter sa gravelle par les medecins du Mans, qui lui dirent en latin fort elegant qu'il avoit la gravelle (ce que le pauvre homme ne savoit que trop), et, ayant aussi achevé d'autres affaires qui ne sont pas venues à ma connoissance, il partit de l'hôtellerie sur les neuf heures du matin pour retourner à la conduite de ses ouailles. Une jeune nièce qu'il avoit, habillée en demoiselle [153], soit qu'elle le fût ou non, se mit au devant du brancard, aux pieds du bonhomme, qui etoit gros et court. Un paysan, nommé Guillaume, conduisoit par la bride le cheval de devant, par l'ordre exprès du curé, de peur que ce cheval ne mît le pied en faute; et le valet du curé, nommé Jullian, avoit soin de faire aller le cheval de derrière, qui etoit si retif que Jullian etoit souvent contraint de le pousser par le cul. Le pot de chambre du curé, qui etoit de cuivre jaune, reluisant comme de l'or parcequ'il avoit été ecuré dans l'hôtellerie, etoit attaché au côté droit du brancard, ce qui le rendoit bien plus recommandable que le gauche, qui n'etoit paré que d'un chapeau dans un étui de carte [154], que le curé avoit retiré du messager de Paris pour un gentilhomme de ses amis qui avoit sa maison auprès de Domfront.

Note 153: (retour) C'est-à-dire en femme de condition. «Ah! qu'une femme *demoiselle* est une étrange affaire!» dit G. Dandin (act. 1, sc. 1).

Note 154: (retour) De carte, c'est-à-dire de petit carton, ou de plusieurs feuilles de papier collées ensemble. Ordinairement les *étuis de carte* étoient pour les manchons et autres objets semblables, et l'on en faisoit de bois pour les chapeaux.

À une lieue et demie de la ville, comme le brancard alloit son petit train dans un chemin creux revêtu de haies plus fortes que des murailles, trois cavaliers, soutenus de deux fantassins, arrêtèrent le venerable brancard. L'un d'eux, qui paroissoit être le chef de ces coureurs de grands chemins, dit d'une voix effroyable: «Par la mort! le premier qui soufflera, je le tue!» et presenta la bouche de son pistolet à deux doigts près des yeux du paysan Guillaume, qui conduisoit le brancard. Un autre en fit autant à Jullian, et un des hommes de pied coucha en joue la nièce du curé, qui cependant dormoit dans son brancard fort paisiblement, et ainsi fut exempté de l'effroyable peur qui saisit son petit train pacifique. Ces vilains hommes firent marcher le brancard plus vite que les mechans chevaux qui le portoient n'en avoient envie. Jamais le silence n'a eté mieux observé dans une action si violente. La nièce du curé etoit plus morte que vive; Guillaume et Jullian pleuroient sans oser ouvrir la bouche, à cause de l'effroyable vision des armes à feu, et le curé dormoit toujours, comme je vous ai dejà dit. Un des cavaliers se detacha du gros au galop et prit le devant. Cependant le brancard gagna un bois, à l'entrée duquel le cheval de devant, qui mouroit peut-être de peur aussi bien que celui qui le menoit, ou par belle malice, ou parceque l'on le faisoit aller plus vite qu'il ne lui etoit permis par sa nature pesante et endormie, ce pauvre cheval donc mit le pied dans une ornière et broncha si rudement que monsieur le curé s'en eveilla, et sa nièce tomba du brancard sur la maigre croupe de la haridelle. Le bonhomme appela Jullian, qui n'osa lui répondre; il appela sa nièce, qui n'avoit garde d'ouvrir la bouche; le paysan eut le coeur aussi dur que les autres, et le curé se mit en colère tout de bon. On a voulu dire qu'il jura Dieu, mais je ne puis croire cela d'un curé du Bas-Maine. La nièce du curé s'etoit relevée de dessus la croupe du cheval, et avoit repris sa place sans oser regarder son oncle, et le cheval, s'etant relevé vigoureusement, marchoit plus fort qu'il n'avoit jamais fait, nonobstant le bruit du curé, qui crioit de sa voix de lutrin: «Arrête, arrête!» Ses cris redoublés excitoient le cheval et le faisoient aller encore plus vite, et cela faisoit crier le curé encore plus fort. Il appeloit tantôt Jullian, tantôt Guillaume, et plus souvent que les autres sa nièce, au nom de laquelle il joignoit souvent l'epithète de double carogne. Elle eût pourtant bien parlé si elle eût voulu, car celui qui lui faisoit garder le silence si exactement etoit allé joindre les gens de cheval, qui avoient pris le devant et qui etoient eloignés du brancard de quarante ou cinquante pas; mais la peur de la carabine la rendoit insensible aux injures de son oncle, qui se mit enfin à hurler et à crier à l'aide et au meurtre, voyant qu'on lui desobeissoit si opiniâtrement. Là-dessus, les deux cavaliers qui avoient pris le devant, et que le fantassin avoit fait revenir sur leurs pas, rejoignirent le brancard et le firent arrêter. L'un d'eux dit effroyablement à Guillaume: «Qui est le fou qui crie là-dedans?--Helas! Monsieur, vous le sçavez mieux que moi», repondit le pauvre Guillaume. Le cavalier lui donna du bout de son pistolet dans les dents, et, le presentant à la nièce, lui commanda de se demasquer et de lui dire qui elle etoit. Le curé, qui voyoit de son brancard tout ce qui se passoit, et qui avoit un procès avec un gentilhomme de ses voisins nommé de Laune [155], crut que c'etoit lui qui le vouloit assassiner. Il se mit donc à crier: «Monsieur de Laune, si vous me tuez, je vous cite devant Dieu. Je suis sacré prêtre indigne, et vous serez excommunié comme un loup-garou [156].» Cependant sa pauvre nièce se demasquoit, et faisoit voir au cavalier un visage effrayé qui lui etoit inconnu. Cela fit un effet à quoi l'on ne s'attendoit point. Cet homme colère lâcha son pistolet dans le ventre du cheval qui portoit le devant du brancard, et d'un autre pistolet qu'il avoit à l'arçon de sa selle donna droit dans la tête d'un de ses hommes de pied en disant: «Voilà comme il faut traiter ceux qui donnent de faux avis.» Ce fut alors que la frayeur redoubla au curé et à son train: il demanda confession; Jullian et Guillaume se mirent à genoux, et la nièce du curé se rangea auprès de son oncle. Mais ceux qui leur faisoient tant de peur les avoient dejà quittés, et s'etoient eloignés d'eux autant que leurs chevaux avoient pu courir, leur laissant en depôt celui qui avoit eté tué d'un coup de pistolet. Jullian et Guillaume se levèrent en tremblant, et dirent au curé et à sa nièce que les gendarmes s'en etoient allés. Il fallut deteler le cheval de derrière, afin que le brancard ne penchât pas tant sur le devant, et Guillaume fut envoyé en un bourg prochain pour trouver un autre cheval. Le curé ne sçavoit que penser de ce qui lui etoit arrivé; il ne pouvoit deviner pourquoi on l'avoit enlevé, pourquoi on l'avoit quitté sans le voler, et pourquoi ce cavalier avoit tué un des siens mêmes, dont le curé n'etoit pas si scandalisé que de son pauvre cheval tué, qui vraisemblablement n'avoit jamais rien eu à demêler avec cet etrange homme. Il concluoit toujours que c'etoit de Laune qui l'avoit voulu assassiner, et qu'il en auroit la raison. Sa nièce lui soutenoit que ce n'etoit point de Laune, qu'elle connoissoit bien; mais le curé vouloit que ce fût lui, pour lui faire un bon grand procès criminel, se fiant peut-être aux temoins à gages 157 qu'il esperoit de trouver à Goron 158, où il avoit des parens.

Note 155: (retour) De Laune est un nom assez commun dans le pays, et il appartient à une ancienne famille du Maine. On trouve, vers 1670, un chanoine de ce nom au Mans, et il y a encore aujourd'hui la forge de l'Aune sur la rivière d'Orthe, dans les communes de Douillet et de Montreuil.

Note 156: (retour) Un loup-garou étoit proprement un homme ou une femme métamorphosé en loup par sorcellerie. On croyoit encore aux loups-garous au XVIIe siècle. Bodin, Boguet, Delancre, en rapportent des histoires qui se sont passées de leur temps. En 1615, J. de Nynauld publia un traité complet de la *Lycanthropie*. Vers la fin du XVIe siècle, Claude, prieur de Laval, *dans le Maine*, avoit mis au jour des *Dialogues* sur le même sujet. Les loups-garous passoient surtout pour fort communs dans le Poitou, province assez voisine du Maine.

Note 157: (retour) Les témoins du Maine, pays processif par excellence, n'étoient pas en bonne réputation, et c'est à leur mauvaise renommée que Racine fait allusion dans *les Plaideurs*:

DANDIN.

Pourquoi les récuser?

L'INTIMÉ.

        Monsieur, ils sont du Maine.

DANDIN.

Il est vrai que du Mans il en vient par douzaine.

(Acte 3, sc. 3.)

Note 158: (retour) Bourg à cinq lieues N.-O. de Mayenne.

Comme ils contestoient là-dessus, Jullian, qui vit paroître de loin quelque cavalerie, s'enfuit tant qu'il put. La nièce du curé, qui vit fuir Jullian, crut qu'il en avoit du sujet et s'enfuit aussi, ce qui fit perdre au curé la tramontane, ne sçachant plus ce qu'il devoit penser de tant d'evenemens extraordinaires; enfin, il vit aussi la cavalerie que Jullian avoit vue, et, qui pis est, il vit qu'elle venoit droit à lui. Cette troupe etoit composée de neuf ou dix chevaux, au milieu de laquelle il y avoit un homme lié et garrotté sur un mechant cheval et defait comme ceux qu'on mène pendre. Le curé se mit à prier Dieu et se recommanda de bon coeur à sa toute bonté, sans oublier le cheval qui lui restoit; mais il fut bien etonné et rassuré tout ensemble quand il reconnut la Rappinière et quelques uns de ses archers. La Rappinière lui demanda ce qu'il faisoit là, et si c'etoit lui qui avoit tué l'homme qu'il voyoit roide mort auprès du corps d'un cheval. Le curé lui conta ce qui lui etoit arrivé, et conclut encore que c'etoit de Laune qui l'avoit voulu assassiner: de quoi la Rappinière verbalisa amplement. Un des archers courut au prochain village pour faire enlever le corps mort, et revint avec la nièce du curé et Jullian, qui s'etoient rassurés et qui avoient rencontré Guillaume ramenant un cheval pour le brancard. Le curé s'en retourna à Domfront sans aucune mauvaise rencontre, où, tant qu'il vivra, il contera son enlèvement [159]. Le cheval mort fut mangé des loups ou des mâtins; le corps de celui qui avoit eté tué fut enterré je ne sais où, et la Rappinière, le Destin, la Rancune et l'Olive, les archers et le prisonnier, s'en retournèrent au Mans. Et voilà le succès de la chasse de la Rappinière et des comediens, qui prirent un homme au lieu de prendre un lièvre.

Note 159: (retour) Le curé de Domfront, pendant le séjour de Scarron au Mans, étoit, nous apprend Michel Gomboust, fils de M. de La Tousche, que notre auteur peut avoir connu. Il est possible que, placé dans une situation équivoque par la possession irrégulière de son bénéfice, Scarron ait eu maille à partir avec lui, comme avec quelques autres ecclésiastiques, et qu'il ait voulu s'en venger à sa manière en le faisant figurer dans une scène burlesque.

CHAPITRE XV.

Arrivée d'un operateur 160 *dans l'hôtellerie.*
Suite de l'histoire de Destin et de l'Etoile.

Note 160: (retour) Les *opérateurs* étoient des médecins empiriques qui couroient la France pour débiter leurs drogues, en se faisant souvent accompagner d'acteurs chargés d'attirer le public autour d'eux. Voy. *Rom. com.*, 3e partie, ch. 4 et 13. Ainsi Tabarin étoit associé de Mondor, fameux opérateur qui vendoit du baume sur la place Dauphine; Bruscambille fut long-temps acteur de Jean Farine, un des plus célèbres opérateurs du temps, et Guillot-Gorju fit aussi le même métier avant d'entrer à l'hôtel de Bourgogne. On peut voir dans la *Maison des jeux*, l. 1. p. 121 et suiv. (Sercy, 1642), d'intéressants détails sur un merveilleux opérateur du temps.

SERENADE.

Il vous souviendra, s'il vous plaît, que, dans le precedent chapitre, l'un de ceux qui avoient enlevé le curé de Domfront avoit quitté ses compagnons etoit allé au galop je ne sais où. Comme il pressoit extremement son cheval dans un chemin fort creux et fort etroit, il vit de loin quelques gens de cheval qui venoient à lui. Il voulut retourner sur ses pas pour les eviter et tourna son cheval si court et avec tant de precipitation, qu'il se cabra et se renversa sur son maître. La Rappinière et sa troupe (car c'etoient ceux qu'il avoit vus) trouvèrent fort etrange qu'un homme qui venoit à eux si vite eût voulu s'en retourner de la même façon; cela donna quelque soupçon à la Rappinière, qui de son naturel en etoit fort susceptible, outre que sa charge l'obligeoit à croire plutôt le mal que le bien; son soupçon s'augmenta beaucoup quand, etant auprès de cet homme, qui avoit une jambe sous son cheval, il vit qu'il ne paroissoit pas tant effrayé de sa chute que de ce qu'il en avoit des temoins. Comme il ne hasardoit rien en augmentant sa peur, et qu'il sçavoit faire sa charge mieux que prevôt du royaume, il lui dit en l'approchant: «Vous voilà donc pris, homme de bien; ah! je vous mettrai en lieu d'où vous ne tomberez pas si lourdement.» Ces paroles etourdirent le malheureux bien plus que n'avoit fait sa chute, et la Rappinière et les siens remarquèrent sur son visage de si grandes marques d'une conscience bourrelée que tout autre moins entreprenant que lui n'eût point balancé à l'arrêter. Il commanda donc à ses archers de lui aider à se relever et le fit lier et garotter sur son cheval. La rencontre qu'il fit un peu après du curé de Domfront dans le désordre que vous avez vu, auprès d'un homme mort et d'un cheval tué d'un coup de pistolet, lui assurèrent 161 qu'il ne s'etoit pas mepris, à quoi contribua beaucoup la frayeur du prisonnier, qui augmenta visiblement à son arrivée. Le Destin le regardoit plus attentivement que les autres, pensant le reconnoître, et ne pouvant se remettre en mémoire où il l'avoit vu; il travailla en vain sa réminiscence durant le chemin, il ne put y retrouver ce qu'il cherchoit. Enfin, ils arrivèrent au Mans, où la Rappinière fit emprisonner le prétendu criminel; et les comédiens, qui devoient commencer le lendemain à représenter, se retirèrent en leur hôtellerie pour donner ordre à leurs affaires. Ils se réconcilièrent avec l'hôte, et le poète, qui etoit liberal comme un poète, voulut payer le souper. Ragotin, qui se trouva dans l'hôtellerie et qui ne s'en pouvoit eloigner depuis qu'il etoit amoureux de l'Etoile, en fut convié par le poète, qui fut assez fou pour y convier aussi tous ceux qui avoient été spectateurs de la bataille qui s'etoit donnée la nuit précédente en chemise entre les comédiens et la famille de l'hôte.

Note 161: (retour) Il faudroit lire *assura*. Mais je trouve cette faute dans l'édition originale, et je ne crois pas devoir la corriger: c'est une conséquence naturelle de la rapidité avec laquelle travailloit Scarron.

Un peu devant le souper, la bonne compagnie qui etoit déjà dans l'hôtellerie augmenta d'un operateur et de son train, qui etoit composé de sa femme, d'une vieille servante maure, d'un singe [162] et de deux valets. La Rancune le connoissoit il y avoit long-temps; ils se firent force caresses, et le poète, qui faisoit aisement connoissance, ne quitta point l'operateur et sa femme qu'à force de compliments pompeux, et qui ne disoient pourtant pas grand chose, s'il ne leur eût fait promettre qu'ils lui feroient l'honneur de souper avec lui [163]. On soupa; il ne s'y passa rien de remarquable; on y but beaucoup et on n'y mangea pas moins. Ragotin y reput ses yeux du visage de l'Etoile, ce qui l'enivra autant que le vin qu'il avala, et il parla fort peu durant le souper, quoique le poète lui donnât une belle matière à contester, blâmant tout net les vers de Theophile, dont Ragotin etoit grand admirateur [164]. Les comédiennes firent quelque temps conversation avec la femme de l'operateur, qui etoit Espagnole et n'etoit pas desagreable. Elles se retirèrent ensuite dans leur chambre, où le Destin les conduisit pour achever son histoire, que la Caverne et sa fille mouroient d'impatience d'entendre. L'Etoile cependant se mit à etudier son rôle, et le Destin, ayant pris une chaise auprès d'un lit où la Caverne et sa fille s'assirent, reprit son histoire en cette sorte:

Note 162: (retour) Comme aujourd'hui, les charlatans et saltimbanques aimoient à s'entourer d'un attirail bizarre, destiné à capter l'attention du populaire. Le singe, en particulier, étoit recherché pour cet usage. On connoît le fameux singe de Brioché, Fagotin, dont a parlé La Fontaine, et que Cyrano, dit-on, tua d'un coup d'épée. Voy. Éd. Fournier, *Variét. hist.*, P. Jannet, t. 1, p. 277, etc. Il étoit d'usage aussi que les opérateurs eussent avec eux un *Marocain*, nègre vrai ou faux, plus souvent faux que vrai, qui remplissoit les fonctions de valet et leur servoit à attirer la foule.

Note 163: (retour) On peut voir dans l'*Histoire de Barry, de Filandre et d'Alison* (1704, in-12), les relations intimes qui existoient alors entre les comédiens et les opérateurs, et la familiarité dans laquelle ils vivoient ensemble, comme gens de métier analogue.

Note 164: (retour) «Dans ma jeunesse, dit Saint-Evremont, on admiroit Théophile, malgré ses irrégularités et ses négligences.... Je l'ai vu décrié depuis par tous les versificateurs» (*Quelques observations sur le goût et le discernement des François*). Cette remarque est d'accord avec le passage de Scarron; seulement, il est naturel que Ragotin admire beaucoup ce poète, en sa double qualité de provincial arriéré et d'esprit fort.

Vous m'avez vu jusques ici fort amoureux et bien en peine de l'effet que ma lettre auroit fait dans l'esprit de Leonore et de sa mère; vous m'allez voir encore plus amoureux et le plus desesperé de tous les hommes. J'allois voir tous les jours mademoiselle de la Boissière et sa fille, si aveuglé de ma passion que je ne remarquois point la froideur que l'on avoit pour moi, et considerois encore moins que mes trop frequentes visites pouvoient leur être à la fin incommodes. Mademoiselle de la Boissière s'en trouvoit fort importunée depuis que Saint-Far lui avoit appris qui j'etois; mais elle ne pouvoit civilement me defendre sa maison après ce qui m'etoit arrivé pour elle. Pour sa fille, à ce que je puis juger par ce qu'elle a fait depuis, je lui faisois pitié, et elle ne suivoit pas en cela les sentimens de sa mère, qui ne la perdoit jamais de vue, afin que je ne pusse me trouver en particulier avec elle. Mais, pour vous dire le vrai, quand cette belle fille eût voulu me traiter moins froidement que sa mère, elle n'eût osé l'entreprendre devant elle. Ainsi je souffrois comme une âme damnée, et mes frequentes visites ne me servoient qu'à me rendre plus odieux à ceux à qui je voulois plaire. Un jour que mademoiselle de la Boissière reçut des lettres de France qui l'obligeoient à sortir, aussitôt qu'elle les eût lues elle envoya louer un carrosse et chercher le seigneur Stephano pour s'en faire accompagner, n'osant pas aller seule depuis la fâcheuse rencontre où je l'avois servie. J'etois plus prêt et plus propre à lui servir d'ecuyer que celui qu'elle envoyoit chercher; mais elle ne vouloit pas recevoir le moindre service d'une personne dont elle se vouloit defaire. Par bonheur Stephano ne se trouva point, et elle fut contrainte de temoigner devant moi la peine où elle etoit de n'avoir personne pour la mener, afin que je m'y offrisse, ce que je fis avec autant de joie qu'elle avoit de depit d'être reduite de me mener avec elle. Je la menai chez un cardinal qui etoit lors protecteur de France [165], et qui lui donna heureusement audience aussitôt qu'elle la lui eut fait demander. Il falloit que son affaire fût d'importance et qu'elle ne fût pas sans difficulté, car elle fut long-temps à lui parler en particulier dans une espèce de grotte, ou plutôt une fontaine couverte, qui etoit au milieu d'un fort beau jardin. Cependant tous ceux qui avoient suivi ce cardinal se promenoient dans les endroits du jardin qui leur plaisoient le plus.

Note 165: (retour) Tous les pays avoient à la cour de Rome des cardinaux protecteurs, c'est-à-dire chargés d'y représenter leurs intérêts spirituels.

Me voilà donc dans une grande allée d'orangers, seul avec la belle Leonore, comme j'avois tant souhaité de fois, et pourtant encore moins hardi que je n'avois jamais eté. Je ne sais si elle s'en aperçut et si ce fut par bonté qu'elle parla la première: «Ma mère, me dit-elle, aura bien du sujet de quereller le seigneur Stephano de nous avoir aujourd'hui manqué et d'être cause que nous vous donnons tant de peine.--Et moi je lui serai bien obligé, lui repondis-je, de m'avoir procuré, sans y penser, la plus grande felicité dont je jouirai jamais.--Je vous ai assez d'obligation, repartit-elle, pour prendre part à tout ce qui vous est avantageux: dites-moi donc, je vous prie, la felicité qu'il vous a procurée, si c'est une chose qu'une fille puisse sçavoir, afin que je m'en rejouisse.--J'aurois peur, lui dis-je, que vous ne la fissiez cesser?--Moi! reprit-elle. Je ne fus jamais envieuse, et, quand je le serois pour tout autre, je ne le serois jamais pour une personne qui a mis sa vie en hasard pour moi.--Vous ne le feriez pas par envie, lui repondis-je.--Et par quel autre motif m'opposerois-je à votre felicité? reprit-elle.--Par mepris, lui dis-je.--Vous me mettez bien en peine, ajouta-t-elle, si vous ne m'apprenez ce que je mepriserois, et de quelle façon le mepris que je ferois de quelque chose vous la rendroit moins agreable?--Il m'est bien aisé de m'expliquer, lui repondis-je, mais je ne sais si vous voudriez bien m'entendre.--Ne me le dites donc point, me dit-elle: car, quand on doute si on voudra bien entendre une chose, c'est signe qu'elle n'est pas intelligible ou qu'elle peut deplaire.» Je vous avoue que je me suis etonné cent fois comment je lui pouvois repondre, songeant bien moins à ce qu'elle me disoit qu'à sa mère, qui pouvoit revenir et me faire perdre l'occasion de lui parler de mon amour. Enfin je m'enhardis, et, sans employer plus de temps en une conversation qui ne me conduisoit pas assez vite où je voulois aller, je lui dis, sans repondre à ses dernières paroles, qu'il y avoit long-temps que je cherchois l'occasion de lui parler pour lui confirmer ce que j'avois pris la hardiesse de lui ecrire, et que je ne me serois jamais hasardé à cela si je n'avois sçu qu'elle avoit lu ma lettre. Je lui redis ensuite une grande partie de ce que je lui avois ecrit, et ajoutai qu'etant prêt de partir pour la guerre que le pape faisoit à quelques princes d'Italie [166], et etant resolu d'y mourir, puisque je n'etois pas digne de vivre pour elle, je la priois de m'apprendre les sentimens qu'elle auroit eus pour moi si ma fortune eût eu plus de rapport avec la hardiesse que j'avois eue de l'aimer. Elle m'avoua en rougissant que ma mort ne lui seroit pas indifferente. «Et si vous êtes homme à faire quelque chose pour vos amis, ajouta-t-elle, conservez-nous en un qui nous a eté si utile; ou du moins, si vous êtes si pressé de mourir par une raison plus forte que celle que vous me venez de dire, differez votre mort jusques à tant que nous soyons revenus en France, où je dois bientôt retourner avec ma mère.» Je la pressai de me dire plus clairement les sentimens qu'elle avoit pour moi. Mais sa mère se trouva lors si près de nous qu'elle n'eût pu me repondre quand elle l'eût voulu. Mademoiselle de la Boissière me fit une mine assez froide, à cause peut-être que j'avois eu le temps d'entretenir Leonore en particulier, et cette belle fille même me parut en être un peu en peine. Cela fut cause que je n'osai être que fort peu de temps chez elles. Je les quittai le plus content du monde, et tirant des consequences fort avantageuses à mon amour de la reponse de Leonore.

Note 166: (retour) Cette guerre n'étoit en réalité qu'une lutte entre les Farnèse, représentés par Odoardo Farnèse, prince de Parme, et les Barberini, représentés par Urbain VIII. Lorsque le pape eut essayé d'attaquer Parme et Plaisance (1641), les princes italiens rassemblèrent une armée dans le Modenois pour arrêter ses envahissements. Après des péripéties diverses, la paix se fit par la médiation de la France.

Le lendemain, je ne manquai pas de les aller voir, suivant ma coutume. On me dit qu'elles etoient sorties, et on me dit la même chose trois jours de suite que j'y retournai sans me rebuter. Enfin le seigneur Stephano me conseilla de n'y aller plus, parceque mademoiselle de la Boissière ne permettroit pas que je visse sa fille, ajoutant qu'il me croyoit trop raisonnable pour m'aller faire donner un refus. Il m'apprit la cause de ma disgrace: la mère de Leonore l'avoit trouvée qui m'ecrivoit une lettre, et, après l'avoit fort maltraitée, elle avoit donné ordre à ses gens de me dire qu'elles n'y etoient pas, toutes les fois que je les viendrois voir. Ce fut alors que j'appris le mauvais office que m'avoit rendu Saint-Far, et que depuis ce temps-là mes visites avoient fort importuné la mère. Pour la fille, Stephano m'assura de sa part que mon merite lui eût fait oublier ma fortune si sa mère eût été aussi peu interessée qu'elle.

Je ne vous dirai point le desespoir où me mirent ces fâcheuses nouvelles; je m'affligeai autant que si on m'eût refusé Leonore injustement, quoique je n'eusse jamais esperé de la posseder; je m'emportai contre Saint-Far, et je songeai même a me battre contre lui; mais enfin, me remettant devant les yeux ce que je devois à son père et à son frère, je n'eus recours qu'à mes larmes. Je pleurai comme un enfant, et je m'ennuyai partout où je ne fus pas seul. Il fallut partir sans voir Leonore. Nous fîmes une campagne dans l'armée du pape, où je fis tout ce que je pus pour me faire tuer. La fortune me fut contraire en cela comme elle avoit toujours eté en autres choses. Je ne pus trouver la mort que je cherchois, et j'acquis quelque reputation que je ne cherchois point, et qui m'auroit satisfait en un autre temps; mais, pour lors, rien ne me pouvoit satisfaire que le souvenir de Leonore. Verville et Saint-Far furent obligés de retourner en France, où le baron d'Arques les reçut en père idolâtre de ses enfans. Ma mère me reçut fort froidement; pour mon père, il se tenoit à Paris chez le comte de Glaris, qui l'avoit choisi pour être le gouverneur de son fils. Le baron d'Arques, qui avoit sçu ce que j'avois fait dans la guerre d'Italie, où même j'avois sauvé la vie à Verville, voulut que je fusse à lui en qualité de gentilhomme. Il me permit d'aller voir mon père à Paris, qui me reçut encore plus mal que n'avoit fait sa femme. Un autre homme de sa condition, qui eût eu un fils aussi bien fait que moi, l'eût presenté au comte Ecossois; mais mon père me tira hors de son logis avec empressement, comme s'il eût eu peur que je l'eusse deshonoré. Il me reprocha cent fois, durant le chemin que nous fîmes ensemble, que j'etois trop brave, que j'avois la mine d'être glorieux et que j'aurois mieux fait d'apprendre un metier que d'être un traîneur d'epée. Vous pouvez penser que ces discours-là n'etoient guère agreables à un jeune homme qui avoit eté bien elevé, qui s'etoit mis en quelque reputation à la guerre, et enfin qui avoit osé aimer une fort belle fille, et même lui decouvrir sa passion. Je vous avoue que les sentimens de respect et d'amitié que l'on doit avoir pour un père n'empêchèrent point que je ne le regardasse comme un très fâcheux vieillard. Il me promena dans deux ou trois rues, me caressant de la sorte que je vous viens de dire, et puis me quitta tout d'un coup, me défendant expressement de le revenir voir. Je n'eus pas grand'peine à me resoudre de lui obéir. Je le quittai et m'en allai voir M. de Saint-Sauveur, qui me reçut en père. Il fut fort indigné de la brutalité du mien, et me promit de ne me point abandonner. Le baron d'Arques eut des affaires qui l'obligèrent d'aller demeurer à Paris. Il se logea à l'extremité du faubourg Saint-Germain, en une fort belle maison que l'on avoit bâtie depuis peu avec beaucoup d'autres qui ont rendu ce faubourg-là aussi beau que la ville [167].

Note 167: (retour) Ce fut surtout dans la première moitié du XVIIe siècle, sous Louis XIII et Louis XIV, que l'emplacement du *Pré-aux-Clercs* se recouvrit peu à peu de constructions monumentales, et que le faubourg Saint-Germain se trouva construit comme par enchantement. «On a commencé, dit Sauval, à y bâtir en 1630; et quoique, depuis, tant Louis XIII que Louis XIV aient souvent fait défense de passer certaines limites, on ne laisse pas néanmoins d'avancer toujours... Tous les jours on y entreprend de grands logis et beaux.» (*Antiq.*, l. 8.) Corneille lui-même va nous servir de témoin:

> Paris voit tous les jours de ces métamorphoses;
>
> Dans tout le Pré-aux-Clercs tu verras mêmes choses:
>
> Toute une ville entière, avec pompe bâtie,
>
> Semble d'un vieux fossé par miracle sortie,
>
> Et nous fait présumer, à ses superbes toits,
>
> Que tous ses habitants sont des dieux ou des rois.
>
> (*Menteur*, II, 5.)

Voir aussi le début de *l'Esprit follet* de d'Ouville (1642). Ce ne fut que vers 1620 qu'on commença à bâtir le quai Malaquais, sur une partie du terrain occupé jadis par le palais, ou plutôt par les jardins de la reine Marguerite, première femme de Henri IV. Jusque là, en sortant de la porte de Nesle, située à peu près où est maintenant l'Institut, on entroit en pleine campagne, dans le Pré-aux-Clercs. Cet emplacement, où se voyoient à peine quelques rues, composées de maisons éparses que séparoient des prés et des jardins, fut peu à peu sillonné par les rues Jacob, des Saints-Pères, du Bac, de l'Université, de Verneuil, etc.

Saint-Far et Verville faisoient leur cour, alloient au Cours [168] ou en visite, et faisoient tout ce que font les jeunes gens de leur condition en cette grande ville, qui fait passer pour campagnards les habitans des autres villes du royaume. Pour moi, quand je ne les accompagnois point, je m'allois exercer dans toutes les salles des tireurs d'armes, ou bien j'allois à la comedie, ce qui est cause, peut-être, de ce que je suis passable comedien.

Note 168: (retour) Le mot *Cours* signifioit alors un «lieu qui sert de rendez-vous au beau monde pour la promenade» (Dictionn. de Furetière). Quand on l'employoit sans autre désignation, pour Paris, il indiquoit le plus célèbre de tous: le Cours-la-Reine, ouvert sous la régence de Marie de Médicis, en 1628, date des *Lettres patentes*, au lieu où il est encore aujourd'hui, et qui fut bien vite adopté par la mode. V. Le Maire, *Paris ancien et moderne*, t. 3, p. 386. Le Cours hors la porte Saint-Antoine partageoit avec le Cours-la-Reine les préférences du beau monde. «Les vrais galands seront curieux de dresser un almanach où ils verront...... quand commence le Cours hors la porte Saint-Antoine, et quand c'est que celuy de la Reyne-Mère a la vogue.» (*Lois de la galant.*)

Un jour Verville me tira en particulier, et me decouvrit qu'il etoit devenu fort amoureux d'une demoiselle qui demeuroit dans la même rue. Il m'apprit qu'elle avoit un frère nommé Saldagne, qui etoit aussi jaloux d'elle et d'une autre soeur qu'elle avoit que s'il eût eté leur mari, et il me dit de plus qu'il avoit fait assez de progrès auprès d'elle pour l'avoir persuadée de lui donner, la nuit suivante, entrée dans son jardin, qui repondoit par une porte de derrière à la campagne, comme celui du baron d'Arques. Après m'avoir fait cette confidence, il me pria de l'y accompagner, et de faire tout ce que je pourrois pour me mettre aux bonnes grâces de la fille qu'elle devoit avoir avec elle. Je ne pouvois refuser à l'amitié que m'avoit toujours temoignée Verville de faire tout ce qu'il vouloit. Nous sortîmes par la porte de derrière de notre jardin sur les dix heures du soir, et fûmes reçus dans celui où l'on nous attendoit par la maîtresse et la suivante. La pauvre mademoiselle de Saldagne trembloit comme la feuille et n'osoit parler; Verville n'etoit guère plus assuré; la suivante ne disoit mot, et moi, qui n'etois là que pour accompagner Verville, je ne parlois point et n'en avois pas envie. Enfin, Verville s'evertua et mena sa maîtresse dans une allée couverte, après avoir bien recommandé à la suivante et à moi de faire bon guet; ce que nous fîmes avec tant d'attention, que nous nous promenâmes assez longtemps sans nous dire la moindre parole l'un à l'autre. Au bout d'une allée, nous nous rencontrâmes avec les jeunes amans. Verville me demanda assez haut si j'avois bien entretenu madame Madelon. Je lui repondis que je ne croyois pas qu'elle eût sujet de s'en plaindre. «Non assurément, dit aussitôt la soubrette, car il ne m'a encore rien dit.» Verville s'en mit à rire et assura cette Madelon que je valois bien la peine que l'on fît conversation avec moi, quoique je fusse fort melancolique. Mademoiselle de Saldagne prit la parole, et dit que sa femme de chambre n'etoit pas aussi une fille à mepriser. Et là dessus, ces amans bienheureux nous quittèrent, nous recommandant de bien prendre garde que l'on ne les surprît point. Je me preparai alors à m'ennuyer beaucoup avec une servante qui m'alloit demander sans doute combien je gagnois de gages, quelles servantes je connoissois dans le quartier, si je savois des chansons nouvelles, et si j'avois bien des profits avec mon maître. Je m'attendois après cela d'apprendre tous les secrets de la maison de Saldagne, et tous les defauts tant de lui que de ses soeurs, car peu de suivans se rencontrent ensemble sans se dire tout ce qu'ils sçavent de leur maître, et sans trouver à redire au peu de soin qu'ils ont de faire leur fortune et celle de leurs gens; mais je fus bien etonné de me voir en conversation avec une servante qui me dit d'abord: «Je te conjure, esprit muet, de me confesser si tu es valet, et, si tu es valet, par quelle vertu admirable tu t'es empêché jusqu'à cette heure de me dire du mal de ton maître.» Ces paroles si extraordinaires en la bouche d'une femme de chambre me surprirent; je lui demandai de quelle autorité elle se mêloit de m'exorciser. «Je vois bien, me dit-elle, que tu es un esprit opiniâtre, et qu'il faut que je redouble mes conjurations. Dis-moi donc, esprit rebelle, par la puissance que Dieu m'a donnée sur les valets suffisans et glorieux, dis-moi qui tu es.--Je suis un pauvre garçon, lui repondis-je, qui voudrois bien être endormi dans mon lit.--Je vois bien, repartit-elle, que j'aurai bien de la peine à te connoître; au moins ai-je déjà decouvert que tu n'es guères galant: car, ajouta-t-elle, ne me devois-tu pas parler le premier, me dire cent douceurs, me vouloir prendre la main, te faire donner deux ou trois soufflets, autant de coups de pied, te faire bien egratigner, enfin t'en retourner chez toi comme un homme à bonne fortune [169]?--Il y a des filles dans Paris, interrompis-je, dont je serois ravi de porter les marques; mais il y en a aussi que je ne voudrois pas seulement envisager, de peur d'avoir de mauvais songes.--Tu veux dire, reprit-elle, que je suis peut-être laide. Hé! monsieur le difficile, ne sais-tu pas bien que la nuit tous les chats sont gris?--Je ne veux rien faire la nuit, lui repondis-je, dont je me puisse repentir le jour.--Et si je suis belle! me dit-elle.--Je ne vous aurois pas porté assez de respect, lui dis-je; outre qu'avec l'esprit que vous me faites paroître, vous meriteriez d'être servie et galantisée par les formes.--Et servirois-tu bien une fille de merite par les formes? me demanda-t-elle.--Mieux qu'homme du monde, lui dis-je, pourvu que je l'aimasse.--Que t'importe? ajouta-t-elle, pourvu que tu en fusses aimé.--Il faut que l'un et l'autre se rencontre dans une galanterie où je m'embarquerois, lui repartis-je.--Vraiment, dit-elle, si je dois juger du maître par le valet, ma maîtresse a bien choisi en monsieur de Verville, et la servante pour qui tu te radoucirois auroit grand sujet de faire l'importante.--Ce n'est pas assez de m'ouïr parler, lui dis-je, il faut aussi me voir.--Je crois, repartit-elle, qu'il ne faut ni l'un ni l'autre.»

Note 169: (retour) Scarron a tracé lui-même, plus d'une fois, des scènes de ce genre dans ses comédies, où il va du moins jusqu'aux injures, s'il ne va pas jusqu'aux coups. Voyez, par exemple, *l'Héritier ridicule* (II, 3, et V, 5).

Notre conversation ne put durer davantage, car M. de Saldagne heurtoit à grands coups à la porte de la rue, que l'on ne se hâtoit point d'ouvrir, par l'ordre de sa soeur, qui vouloit avoir le temps de gagner sa chambre. La demoiselle et la femme de chambre se retirèrent si troublées et avec tant de precipitation, qu'elles ne nous dirent pas adieu en nous mettant hors du jardin. Verville voulut que je l'accompagnasse en sa chambre aussitôt que nous fûmes arrivés au logis. Jamais je ne vis un homme plus amoureux et plus satisfait; il m'exagera l'esprit de sa maîtresse et me dit qu'il n'auroit point l'esprit content que je ne l'eusse vue. Enfin il me tint toute la nuit à me redire cent fois les mêmes choses, et je ne pus m'aller coucher qu'alors que le point du jour commença de paroître. Pour moi, j'etois fort etonné d'avoir trouvé une servante de si bonne conversation, et je vous avoue que j'eus quelque envie de sçavoir si elle etoit belle, quoique le souvenir de ma Leonore me donnât une extrême indifference pour toutes les belles filles que je voyois tous les jours dans Paris. Nous dormîmes, Verville et moi, jusqu'à midi. Il ecrivit, aussitôt qu'il fut eveillé, à mademoiselle de Saldagne, et envoya sa lettre par son valet, qui en avoit dejà porté d'autres, et qui avoit correspondance avec sa femme de chambre. Ce valet etoit Bas-Breton, d'une figure fort desagreable et d'un esprit qui l'etoit encore plus. Il me vint en l'esprit, quand je le vis partir, que, si la fille que j'avois entretenue le voyoit vilain comme il etoit et parloit un moment à lui, qu'assurement elle ne le soupçonneroit point d'être celui qui avoit accompagné Verville. Ce gros sot s'acquitta assez bien de sa commission, pour un sot. Il trouva mademoiselle de Saldagne avec sa soeur aînée, qui s'appeloit mademoiselle de Lery, à qui elle avoit fait confidence de l'amour que Verville avoit pour elle. Comme il attendoit sa reponse, M. de Saldagne fut ouï chanter sur le degré; il venoit à la chambre de ses soeurs, qui cachèrent à la hâte notre Breton dans une garde-robe. Le frère ne fut pas long-temps avec ses soeurs, et le Breton fut tiré de sa cachette. Mademoiselle de Saldagne s'enferma dans un petit cabinet pour faire reponse à Verville, et mademoiselle de Lery fit conversation avec le Breton, qui sans doute ne la divertit guère. Sa soeur, qui avoit achevé sa lettre, la delivra de notre lourdaut, le renvoyant à son maître avec un billet par lequel elle lui promettoit de l'attendre à la même heure, dans le même jardin. Aussitôt que la nuit fut venue, vous pouvez penser que Verville se tint prêt pour aller à l'assignation qu'on lui avoit donnée. Nous fûmes introduits dans le jardin, et je me vis en tête la même personne que j'avois entretenue et que j'avois trouvée si spirituelle. Elle me la parut encore plus qu'elle n'avoit fait, et je vous avoue que le son de sa voix, et la façon dont elle disoit les choses, me firent souhaiter qu'elle fût belle. Cependant elle ne pouvoit croire que je fusse le Bas-Breton qu'elle avoit vu, ni comprendre pourquoi j'avois plus d'esprit la nuit que le jour: car, le Breton nous ayant conté que l'arrivée de Saldagne dans la chambre de ses soeurs lui avoit fait grand' peur, je m'en fis honneur devant cette spirituelle servante, en lui protestant que je n'avois pas tant eu de peur pour moi que pour mademoiselle de Saldagne. Cela lui ôta tout le doute qu'elle pouvoit avoir que je ne fusse pas le valet de Verville, et je remarquai que, depuis cela, elle commença à me tenir de vrais discours de servante. Elle m'apprit que ce monsieur de Saldagne etoit un terrible homme, et que, s'etant trouvé fort jeune sans père ni mère, avec beaucoup de bien et peu de parens, il exerçoit une grande tyrannie sur ses soeurs pour les obliger à se faire religieuses, les traitant non pas seulement en père injuste, mais en mari jaloux et insupportable. Je lui allois parler à mon tour du baron d'Arques et de ses enfans, quand la porte du jardin, que nous n'avions point fermée, s'ouvrit, et nous vîmes entrer M. de Saldagne, suivi de deux laquais, dont l'un lui portoit un flambeau. Il revenoit d'un logis qui etoit au bout de la rue, dans la même ligne du sien et du nôtre, où l'on jouoit tous les jours, et où Saint-Far alloit souvent se divertir. Ils y avoient joué ce jour-là l'un et l'autre, et Saldagne, ayant perdu son argent de bonne heure, etoit rentré dans son logis par la porte de derrière, contre sa coutume, et, l'ayant trouvée ouverte, nous avoit surpris, comme je vous viens de dire. Nous etions alors tous quatre dans une allée couverte, ce qui nous donna moyen de nous derober à la vue de Saldagne et de ses gens. La demoiselle demeura dans le jardin sous pretexte de prendre le frais, et, pour rendre la chose plus vraisemblable, elle se mit à chanter, sans en avoir grande envie, comme vous pouvez penser. Cependant Verville, ayant escaladé la muraille par une treille, s'etoit jeté de l'autre côté; mais un troisième laquais de Saldagne, qui n'etoit pas encore entré, le vit sauter, et ne manqua pas de venir dire à son maître qu'il venoit de voir sauter un homme de la muraille du jardin dans la rue. En même temps on m'ouït tomber dans le jardin fort rudement, la même treille par laquelle s'etoit sauvé Verville s'etant malheureusement rompue sous moi. Le bruit de ma chute, joint au rapport du laquais, emut tous ceux qui etoient dans le jardin. Saldagne courut au bruit qu'il avoit entendu, suivi de ses trois laquais, et, voyant un homme l'epée à la main (car aussitôt que je fus relevé je m'etois mis en etat de me defendre), il m'attaqua à la tête des siens. Je lui fis bientôt voir que je n'etois pas aisé à battre. Le laquais qui portoit le flambeau s'avança plus que les autres; cela me donna moyen de voir Saldagne au visage, que je reconnus pour le même François qui m'avoit autrefois voulu assassiner dans Rome pour l'avoir empêché de faire une violence à Leonore, comme je vous ai tantôt dit. Il me reconnut aussi, et, ne doutant point que je ne fusse venu là pour lui rendre la pareille, il me cria que je ne lui echapperois pas cette fois-là. Il redoubla ses efforts, et alors je me trouvai fort pressé, outre que je m'etois quasi rompu une jambe en tombant. Je gagnai en lâchant le pied un cabinet dans lequel j'avois vu entrer la maîtresse de Verville fort eplorée. Elle ne sortit point de ce cabinet, quoique je m'y retirasse, soit qu'elle n'en eût pas le temps ou que la peur la rendît immobile. Pour moi, je me sentis augmenter le courage quand je vis que je ne pouvois être attaqué que par la porte du cabinet, qui etoit assez etroite. Je blessai Saldagne en une main et le plus opiniâtre de ses laquais en un bras, ce qui me fit donner un peu de relâche. Je n'esperois pas pourtant en echapper, m'attendant qu'à la fin on me tueroit à coups de pistolets, quand je leur aurois bien donné de la peine à coups d'épée. Mais Verville vint à mon secours. Il ne s'etoit point voulu retirer dans son logis sans moi, et, ayant ouï la rumeur et le bruit des epées, il etoit venu me tirer du peril où il m'avoit mis, ou le partager avec moi. Saldagne, avec qui il avoit dejà fait connoissance, crut qu'il le venoit secourir comme son ami et son voisin; il s'en tint fort obligé, et lui dit, en l'abordant: «Vous voyez, Monsieur, comme je suis assassiné dans mon logis!» Verville, qui connut sa pensée, lui repondit sans hesiter qu'il etoit son serviteur contre tout autre, mais qu'il n'etoit là qu'en l'intention de me servir contre qui que ce fût. Saldagne, enragé de s'être trompé, lui dit en jurant qu'il viendroit bien à bout lui seul de deux traîtres, et, en même temps, chargea Verville de furie, qui le reçut vigoureusement. Je sortis de mon cabinet pour aller joindre mon ami, et, surprenant le laquais qui portoit le flambeau, je ne le voulus pas tuer; je me contentai de lui donner un estramaçon sur la tête qui l'effraya si fort qu'il s'enfuit hors du jardin, bien avant dans la campagne, criant: «Aux voleurs!» Les autres laquais s'enfuirent aussi. Pour ce qui est de Saldagne, au même temps que la lumière du flambeau nous manqua, je le vis tomber dans une palissade, soit que Verville l'eût blessé ou par un autre accident. Nous ne jugeâmes pas à propos de le relever, mais bien de nous retirer bien vite. La soeur de Saldagne que j'avois vue dans le cabinet, et qui savoit bien que son frère etoit homme à lui faire de grandes violences, en sortit alors et vint nous prier, parlant bas et fondant toute en larmes, de l'emmener avec nous. Verville fut ravi d'avoir sa maîtresse en sa puissance. Nous trouvâmes la porte de notre jardin entr'ouverte comme nous l'avions laissée, et nous ne la fermâmes point, pour n'avoir pas la peine de l'ouvrir si nous étions obligés de sortir.

Il y avoit dans notre jardin une salle basse, peinte et fort enjolivée, où l'on mangeoit en eté et qui étoit detachée du reste de la maison. Mes jeunes maîtres et moi y faisions quelquefois des armes, et, comme c'etoit le lieu le plus agreable de la maison, le baron d'Arques, ses enfans et moi, en avions chacun une clef, afin que les valets n'y entrassent point et que les livres et les meubles qui y etoient fussent en sûreté. Ce fut là où nous mîmes notre demoiselle, qui ne pouvoit se consoler. Je lui dis que nous allions songer à sa sûreté et à la nôtre, et que nous reviendrions à elle dans un moment. Verville fut un gros quart d'heure à reveiller son valet breton, qui avoit fait la debauche. Aussitôt qu'il nous eut allumé de la chandelle, nous songeâmes quelque temps à ce que nous ferions de la soeur de Saldagne; enfin nous resolûmes de la mettre dans ma chambre, qui etoit au haut du logis et qui n'etoit frequentée que de mon valet et de moi. Nous retournâmes à la salle du jardin avec de la lumière. Verville fit un grand cri en y entrant, ce qui me surprit fort. Je n'eus pas le temps de lui demander ce qu'il avoit, car j'ouïs parler à la porte de la salle, que quelqu'un ouvrit à l'instant que j'eteignois ma chandelle. Verville demanda: «Qui va là?» Son frère Saint-Far nous repondit: «C'est moi. Que diable faites-vous ici sans chandelle à l'heure qu'il est?--Je m'entretenois avec Garigues, parceque je ne puis dormir, lui repondit Verville.--Et moi, dit Saint-Far, je ne puis dormir aussi, et viens occuper la salle à mon tour; je vous prie de m'y laisser tout seul.» Nous ne nous fîmes pas prier deux fois. Je fis sortir notre demoiselle le plus adroitement que je pus, m'etant mis entre elle et Saint-Far, qui entroit en même-temps. Je la menai dans ma chambre, sans qu'elle cessât de se desesperer, et revins trouver Verville dans la sienne, où son valet ralluma de la chandelle. Verville me dit, avec un visage affligé, qu'il falloit necessairement qu'il retournât chez Saldagne. «Et qu'en voulez-vous faire? lui dis-je; l'achever?--Ha, mon pauvre Garigues! s'écria-t-il, je suis le plus malheureux homme du monde si je ne tire mademoiselle de Saldagne d'entre les mains de son frère.--Et y est-elle encore, puis qu'elle est dans ma chambre? lui repondis-je.--Plût à Dieu que cela fût, me dit-il en soupirant.--Je crois que vous rêvez, lui repartis-je.--Je ne rêve point, reprit-il; nous avons pris la soeur aînée de mademoiselle de Saldagne pour elle.--Quoi! lui dis-je aussitôt, n'etiez-vous pas ensemble dans le jardin?--Il n'y a rien de plus assuré, me dit-il.--Pourquoi voulez-vous donc vous aller faire assommer chez son frère? lui repondis-je, puisque la soeur que vous demandez est dans ma chambre.--Ha! Garigues, s'ecria-t-il encore, je sais bien ce que j'ai vu.--Et moi aussi, lui dis-je, et, pour vous montrer que je ne me trompe point, venez voir mademoiselle de Saldagne.» Il me dit que j'etois fou, et me suivit le plus affligé homme du monde. Mais mon etonnement ne fut pas moindre que son affliction quand je vis dans ma chambre une demoiselle que je n'avois jamais vue, et qui n'etoit point celle que j'avois amenée. Verville en fut aussi etonné que moi, mais, en recompense, le plus satisfait homme du monde, car il se trouvoit avec mademoiselle de Saldagne. Il m'avoua que c'etoit lui qui s'étoit trompé; mais je ne pouvois lui repondre, ne pouvant comprendre par quel enchantement une demoiselle que j'avois toujours accompagnée s'etoit transformée en une autre, à venir de la salle du jardin à ma chambre. Je regardois attentivement la maîtresse de Verville, qui n'etoit point assurément celle que nous avions tirée de chez Saldagne, et qui même ne lui ressembloit pas. Verville me voyant si eperdu: «Qu'as-tu donc? me dit-il. Je te confesse encore une fois que je me suis trompé.--Je le suis plus que vous si mademoiselle de Saldagne est entrée céans avec nous, lui repondis-je.--Et avec qui donc? reprit-il.--Je ne sçais, lui dis-je, ni qui le peut sçavoir, que mademoiselle même.--Je ne sçais pas aussi avec qui je suis venue, si ce n'est avec monsieur, nous dit alors mademoiselle de Saldagne, parlant de moi: car, continua-t-elle, ce n'est pas monsieur de Verville qui m'a tirée de chez mon frère; c'est un homme qui est entré chez nous un moment après que vous en êtes sorti. Je ne sais pas si les plaintes de mon frère en furent cause, ou si nos laquais, qui entrèrent en même-temps que lui, l'avoient averti de ce qui s'etoit passé. Il fit porter mon frère dans sa chambre, et, ma femme de chambre m'etant venue apprendre ce que je vous viens de dire, et qu'elle avoit remarqué que cet homme etoit de la connoissance de mon frère et de nos voisins, je l'allai attendre dans le jardin, où je le conjurai de me mener chez lui jusqu'au lendemain, que je me ferois mener chez une dame de mes amies, pour laisser passer la furie de mon frère, que je lui avouai avoir tous les sujets du monde de redouter. Cet homme m'offrit assez civilement de me conduire partout où je voudrois, et me promit de me proteger contre mon frère, même au peril de sa vie. C'est sous sa conduite que je suis venue en ce logis, où Verville, que j'ai bien connu à la voix, a parlé à ce même homme; en suite de quoi on m'a mise dans la chambre où vous me voyez.»

Ce que nous dit Mademoiselle de Saldagne ne m'eclaircit pas entièrement; mais au moins aida-t-elle beaucoup à me faire deviner à peu près de quelle façon la chose etoit arrivée. Pour Verville, il avoit eté si attentif à considerer sa maîtresse, qu'il ne l'avoit eté que fort peu à tout ce qu'elle nous dit. Il se mit à lui dire cent douceurs, sans se mettre beaucoup en peine de sçavoir par quelle voie elle etoit venue dans ma chambre. Je pris de la lumière, et, les laissant ensemble, je retournai dans la salle du jardin, pour parler à Saint-Far, quand bien il me devroit dire quelque chose de desobligeant, selon sa coutume. Mais je fus bien etonné de trouver, au lieu de lui, la même demoiselle que je savois très certainement avoir amenée de chez Saldagne. Ce qui augmenta mon etonnement, ce fut de la voir tout en desordre, comme une personne à qui on a fait une violence: sa coiffure etoit toute defaite, et le mouchoir qui lui couvroit la gorge etoit sanglant en quelques endroits, aussi bien que son visage.

«Verville, me dit-elle aussitôt qu'elle me vit paroître, ne m'approche point, si ce n'est pour me tuer; tu feras bien mieux que d'entreprendre une seconde violence. Si j'ai eu assez de force pour me defendre de la première, Dieu m'en donnera encore assez pour t'arracher les yeux, si je ne puis t'ôter la vie. C'est donc là, ajouta-t-elle en pleurant, cet amour violent que tu disois avoir pour ma soeur? Oh! que la complaisance que j'ai eue pour ses folies me coûte bon, et, quand on ne fait pas ce qu'on doit, qu'il est bien juste de souffrir les maux que l'on craint le plus! Mais que delibères-tu? me dit-elle encore, me voyant tout etonné. As-tu quelque remords de ta mauvaise action? Si cela est, je l'oublierai de bon coeur: tu es jeune, et j'ai eté trop imprudente de me fier en la discretion d'un homme de ton âge. Remets-moi donc chez mon frère, je t'en conjure; tout violent qu'il est, je le crains moins que toi, qui n'es qu'un brutal, ou plutôt un ennemi mortel de notre maison; qui n'as pu être satisfait d'une fille seduite et d'un gentilhomme assassiné, si tu n'y ajoutois un plus grand crime.»

En achevant ces paroles, qu'elle prononça avec beaucoup de vehemence, elle se mit à pleurer avec tant de violence que je n'ai jamais vu une affliction pareille. Je vous avoue que ce fut là où j'achevai de perdre le peu d'esprit que j'avois conservé en une si grande confusion; et si elle n'eût cessé de parler d'elle-même, je n'eusse jamais osé l'interrompre, de la façon que j'etois etonné et de l'autorité avec laquelle elle m'avoit fait tous ces reproches. «Mademoiselle, lui repondis-je, non seulement je ne suis point Verville, mais aussi j'ose vous assurer qu'il n'est point capable d'une mauvaise action comme celle dont vous vous plaignez.--Quoi! reprit-elle, tu n'es point Verville? Je ne t'ai point vu aux mains avec mon frère? Un gentilhomme n'est point venu à ton secours, et tu ne m'as point conduite ceans à ma prière, où tu m'as voulu faire une violence indigne de toi et de moi?» Elle ne put me rien dire davantage, tant la douleur la suffoquoit. Pour moi, je ne fus jamais en plus grande peine, ne pouvant comprendre comme elle connoissoit Verville et ne le connoissoit point. Je lui dis que la violence qu'on lui avoit faite m'etoit inconnue, et, puisqu'elle etoit soeur de M. de Saldagne, que je la menerois, si elle vouloit, où etoit sa soeur. Comme j'achevois de parler, je vis entrer dans la salle Verville et mademoiselle de Saldagne, qui vouloit absolument qu'on la ramenât chez son frère. Je ne sais pas d'où lui etoit venue une si dangereuse fantaisie. Les deux soeurs s'embrassèrent aussitôt qu'elles se virent, et se remirent à pleurer à l'envi l'une de l'autre. Verville les pria instamment de retourner dans ma chambre, leur représentant la difficulté qu'il y auroit de faire ouvrir chez Monsieur de Saldagne, la maison etant alarmée comme elle etoit, outre le péril qu'il y avoit pour elles entre les mains d'un brutal; que dans son logis elles ne pouvoient être decouvertes; que le jour alloit bientôt paroître, et que, selon les nouvelles que l'on auroit de Saldagne, on aviseroit à ce que l'on auroit à faire. Verville n'eut pas grand'peine à les faire condescendre à ce qu'il voulut, ces pauvres demoiselles se trouvant toutes rassurées de se voir ensemble. Nous montâmes en ma chambre, où, après avoir bien examiné les etranges succès qui nous mettoient en peine, nous crûmes, avec autant de certitude que si nous l'eussions vu, que la violence que l'on avoit faite à mademoiselle de Lery venoit infailliblement de Saint-Far, ne sachant que trop, Verville et moi, qu'il etoit encore capable de quelque chose de pire. Nous ne nous trompions point en nos conjectures: Saint-Far avoit joué dans la même maison où Saldagne avoit perdu son argent, et, passant devant son jardin un moment après le desordre que nous y avions fait, il s'etoit rencontré avec les laquais de Saldagne, qui lui avoient fait le recit de ce qui etoit arrivé à leur maître, qu'ils assuroient avoir eté assassiné par sept ou huit voleurs, pour excuser la lâcheté qu'ils avoient faite en l'abandonnant. Saint-Far se crut obligé de lui aller offrir son service comme à son voisin, et ne le quitta point qu'il ne l'eût fait porter dans sa chambre, au sortir de laquelle mademoiselle de Saldagne l'avoit prié de la mettre à couvert des violences de son frère, et etoit venue avec lui, comme avoit fait sa soeur avec nous. Il avoit donc voulu la mettre dans la salle du jardin, où nous etions, comme je vous ai dit; et parcequ'il n'avoit pas moins de peur que nous vissions sa demoiselle que nous en avions qu'il ne vît la nôtre, et que par hasard les deux soeurs se trouvèrent l'une auprès de l'autre quand il entra et quand nous sortîmes, je trouvai sous ma main la sienne, au même temps qu'il se trompa de la même façon avec la nôtre, et ainsi les demoiselles furent troquées, ce qui fut d'autant plus faisable que j'avois eteint la lumière et qu'elles etoient vêtues l'une comme l'autre, et si eperdues, aussi bien que nous, qu'elles ne savoient ce qu'elles faisoient. Aussitôt que nous l'eûmes laissé dans la salle, se voyant seul avec une fort belle fille, et ayant bien plus d'instinct que de raison, ou, pour parler de lui comme il merite, etant la brutalité même, il avoit voulu profiter de l'occasion, sans considerer ce qui en pourroit arriver, et qu'il faisoit un outrage irreparable à une fille de condition qui s'etoit mise entre ses bras comme dans un asile. Sa brutalité fut punie comme elle meritoit: mademoiselle de Lery se defendit en lionne, le mordit, l'egratigna et le mit tout en sang. À tout cela il ne fit autre chose que s'aller coucher, et s'endormir aussi tranquillement que s'il n'eût pas fait l'action du monde la plus deraisonnable.

Vous êtes peut-être en peine de savoir comment mademoiselle de Lery se trouvoit dans le jardin quand son frère nous y surprit; elle qui n'y etoit point venue comme avoit fait sa soeur. C'est ce qui m'embarrassoit aussi bien que vous; mais j'appris de l'une et de l'autre que mademoiselle de Lery avoit accompagné sa soeur dans le jardin pour ne se fier pas à la discretion d'une servante, et c'etoit elle que j'avois entretenue sous le nom de Madelon. Je ne m'etonnai donc plus si j'avois trouvé tant d'esprit en une femme de chambre, et mademoiselle de Lery m'avoua qu'après avoir fait conversation avec moi dans le jardin et m'avoir trouvé plus spirituel que ne l'est d'ordinaire un valet, celui de Verville, qui lui avoit fait voir qu'il n'avoit guère d'esprit, et qu'elle prenoit encore le lendemain pour moi, l'avoit extrêmement etonnée. Depuis ce temps-là, nous eûmes l'un pour l'autre quelque chose de plus que de l'estime, et j'ose dire qu'elle etoit pour le moins aussi aise que moi de ce que nous nous pouvions aimer avec plus d'egalité et de proportion que si l'un de nous deux eût eté valet ou servante.

Le jour parut que nous etions encore ensemble. Nous laissâmes nos demoiselles dans ma chambre, où elles s'endormirent si elles voulurent, et nous allâmes songer, Verville et moi, à ce que nous avions à faire. Pour moi, qui n'etois pas amoureux comme Verville, je mourois d'envie de dormir; mais il n'y avoit pas apparence d'abandonner mon ami dans un si grand accablement d'affaires. J'avois un laquais aussi avisé que le valet de chambre de Verville etoit maladroit; je l'instruisis autant que je pus, et l'envoyai decouvrir ce qui se passoit chez Saldagne. Il s'acquitta de sa commission avec esprit, et nous rapporta que les gens de Saldagne disoient que des voleurs l'avoient fort blessé, et que l'on ne parloit non plus de ses soeurs que si jamais il n'en eût eu, soit qu'il ne se souciât point d'elles, ou qu'il eût défendu à ses gens d'en parler, pour etouffer le bruit d'une chose qui lui etoit si desavantageuse. «Je vois bien qu'il y aura ici du duel, me dit alors Verville.-- Et peut-être de l'assassinat», lui repondis-je; et là-dessus je lui appris que Saldagne etoit le même qui m'avoit voulu assassiner dans Rome; que nous nous etions reconnus l'un l'autre, et j'ajoutai que, s'il croyoit que ce fût moi qui eût attenté sur sa vie, comme il y avoit grande apparence, qu'assurement il ne soupçonnoit rien encore de l'intelligence que ses soeurs avoient avec nous. J'allai rendre compte à ces pauvres filles de ce que nous avions appris, et cependant Verville alla trouver Saint-Far pour decouvrir ses sentiments et si nous avions bien deviné. Il trouva qu'il avoit le visage fort egratigné; mais, quelque question que Verville lui pût faire, il n'en put tirer autre chose, sinon que, revenant de jouer, il avoit trouvé la porte du jardin de Saldagne ouverte, sa maison en rumeur et lui fort blessé entre les bras de ses gens, qui le portoient dans sa chambre. «Voilà un grand accident, lui dit Verville, et ses soeurs en seront bien affligées: ce sont de fort belles filles; je veux leur aller rendre visite.--Que m'importe?» lui répondit ce brutal, qui se mit ensuite à siffler, sans plus rien repondre à son frère pour tout ce qu'il lui put dire. Verville le quitta et revint dans ma chambre, où j'employois toute mon eloquence pour consoler nos belles affligées. Elles se desesperoient et n'attendoient que des violences extrêmes de l'etrange humeur de leur frère, qui etoit sans doute l'homme du monde le plus esclave de ses passions. Mon laquais leur alla querir à manger dans le prochain cabaret [170], ce qu'il continua de faire quinze jours durant que nous les tînmes cachées dans ma chambre, où par bonheur elles ne furent point decouvertes, parcequ'elle etoit au haut du logis et eloignée des autres. Elles n'eussent point eu de repugnance à se mettre dans quelque maison religieuse; mais, à cause de l'aventure fâcheuse qui leur etoit arrivée, elles avoient grand sujet de craindre de ne sortir pas d'un couvent quand elles voudroient, après s'y être renfermées d'elles-mêmes.

Note 170: (retour) On donnoit à manger aussi bien qu'à boire dans les cabarets, tandis qu'on ne donnoit qu'à boire dans les tavernes, débits de plus bas étage.

Cependant, les blessures de Saldagne se guerissoient, et Saint-Far, que nous observions, l'alloit visiter tous les jours. Verville ne bougeoit de ma chambre, à quoi on ne prenoit pas garde dans le logis, ayant accoutumé d'y passer souvent les jours entiers à lire ou à s'entretenir avec moi. Son amour augmentoit tous les jours pour mademoiselle de Saldagne, et elle l'aimoit autant qu'elle en etoit aimée. Je ne deplaisois pas à sa soeur aînée, et elle ne m'etoit pas indifferente. Ce n'est pas que la passion que j'avois pour Leonore fût diminuée; mais je n'esperois plus rien de ce côté-là, et, quand je l'aurois pu posseder, j'aurais fait conscience de la rendre malheureuse.

Un jour Verville reçut un billet de Saldagne, qui le vouloit voir l'epée à la main, et qui l'attendoit avec un de ses amis dans la plaine de Grenelle [171]. Par le même billet Verville etoit prié de ne se servir point d'un autre que de moi, ce qui me donna quelque soupçon que peut-être il nous vouloit prendre tous deux d'un coup de filet. Ce soupçon etoit assez bien fondé, ayant dejà experimenté ce qu'il savoit faire; mais Verville ne s'y voulut pas arrêter, ayant resolu de lui donner toutes sortes de satisfactions, et d'offrir même d'epouser sa soeur. Il envoya querir un carrosse de louage, quoiqu'il y en eût trois dans le logis. Nous allâmes où Saldagne nous attendoit, et où Verville fut bien etonné de trouver son frère qui servoit son ennemi. Nous n'oubliâmes ni soumissions ni prières pour faire passer les choses par accommodement; il fallut absolument se battre avec les deux moins raisonnables hommes du monde. Je voulus protester à Saint-Far que j'etois au desespoir de tirer l'epée contre lui, et je ne repondis qu'avec des soumissions et des paroles respectueuses à toutes les choses outrageantes dont il exerça ma patience. Enfin, il me dit brutalement que je lui avois toujours deplu, et que, pour regagner ses bonnes grâces, il falloit que je reçusse de lui deux ou trois coups d'epée. En disant cela, il vint à moi de furie. Je ne fis que parer quelque temps, resolu d'essayer d'en venir aux prises au peril de quelques blessures. Dieu favorisa ma bonne intention, il tomba à mes pieds. Je le laissai relever, et cela l'anima encore davantage contre moi. Enfin, m'ayant blessé legèrement à une epaule, il me cria, comme auroit fait un laquais, que j'en tenois, avec un emportement si insolent que ma patience se lassa. Je le pressai, et, l'ayant mis en desordre, je passai si heureusement sur lui que je pus lui saisir la garde de son epée. «Cet homme que vous haïssez tant, lui dis-je alors, vous donnera neanmoins la vie.» Il fit cent efforts hors de saison sans jamais vouloir parler, comme un brutal qu'il etoit, quoique je lui representasse que nous devions aller separer son frère et Saldagne, qui se rouloient l'un sur l'autre; mais je vis bien qu'il falloit agir autrement avec lui. Je ne l'epargnai plus, et je pensai lui rompre la main d'un grand effort que je fis en lui arrachant son epée, que je jetai assez loin de lui. Je courus aussitôt au secours de Verville, qui etoit aux prises avec son homme. En les approchant, je vis de loin des gens de cheval qui venoient à nous. Saldagne fut desarmé, et en même temps je me sentis donner un coup d'epée par derrière. C'etoit le genereux Saint-Far qui se servoit si lâchement de l'epée que je lui avois laissée. Je ne fus plus maître de mon ressentiment: je lui en portai un qui lui fit une grande blessure. Le baron d'Arques, qui survint à l'heure même et qui vit que je blessois son fils, m'en voulut d'autant plus de mal qu'il m'avoit toujours voulu beaucoup de bien. Il poussa son cheval sur moi et me donna un coup d'epée sur la tête. Ceux qui etoient venus avec lui fondirent sur moi à son exemple. Je me demêlai assez heureusement de tant d'ennemis; mais il eût fallu ceder au nombre si Verville, le plus genereux ami du monde, ne se fût mis entre eux et moi au peril de sa vie. Il donna un grand estramaçon sur les oreilles de son valet, qui me pressoit plus que les autres, pour se faire de fête. Je presentai mon epée par la garde au baron d'Arques: cela ne le flechit point. Il m'appela coquin, ingrat, et me dit toutes les injures qui lui vinrent à la bouche, jusqu'à me menacer de me faire pendre. Je repondis avec beaucoup de fierté que, tout coquin et tout ingrat que j'etois, j'avois donné la vie à son fils, et que je ne l'avois blessé qu'après en avoir eté frappé en trahison. Verville soutint à son père que je n'avois pas tort; mais il dit toujours qu'il ne me vouloit jamais voir. Saldagne monta avec le baron d'Arques dans le carrosse où l'on avoit mis Saint-Far; et Verville, qui ne me voulut point quitter, me reçut dans l'autre auprès de lui. Il me fit descendre dans l'hôtel d'un de nos princes, où il avoit des amis, et se retira chez son père. M. de Saint-Sauveur m'envoya la nuit même un carrosse, et me reçut en son logis secretement, où il eut soin de moi comme si j'eusse eté son fils. Verville me vint voir le lendemain, et me conta que son père avoit eté averti de notre combat par les soeurs de Saldagne, qu'il avoit trouvées dans ma chambre. Il me dit ensuite avec grande joie que l'affaire s'accommoderoit par un double mariage, aussitôt que son frère seroit gueri, qui n'etoit pas blessé en un lieu dangereux; qu'il ne tiendroit qu'à moi que je ne fusse bien avec Saldagne, et, pour son père, qu'il n'etoit plus en colère et etoit bien fâché de m'avoir maltraité. Il souhaita ensuite que je fusse bientôt gueri pour avoir part à tant de rejouissance; mais je lui repondis que je ne pouvois plus demeurer dans un pays où l'on pouvoit me reprocher ma basse naissance, comme avoit fait son père [172], et que je quitterois bientôt le royaume pour me faire tuer à la guerre, ou pour m'elever à une fortune proportionnée aux sentiments d'honneur que son exemple m'avoit donnés. Je veux croire que ma resolution l'affligea; mais un homme amoureux n'est pas long-temps occupé par une autre passion que l'amour.

Note 171: (retour) C'étoit un des rendez-vous favoris des bretteurs, avec la porte Saint-Honoré, le boulevard de la porte Saint-Antoine, le pré du Marché-aux-Chevaux, et la place Royale, qu'il ne faut pas oublier, car il étoit presque devenu de mode parmi les gentilshommes de la choisir pour y vider leurs querelles d'honneur. On se battoit parfois en pleine rue et dans les passages les plus fréquentés. Nous pourrions citer, par exemple, le duel, si ce mot est juste, de Chalais et du comte de Pontgibault dans la rue Croix-des-Petits-Champs, ou, selon Tallemant, sur le Pont-Neuf; celui de Darquy et de Baronville sur ce même pont, etc.

Note 172: (retour) En l'appelant coquin, car ce mot se trouve souvent employé à cette époque pour désigner injurieusement les *petites gens*, les hommes de naissance vile, faisant partie, comme on disoit, de la *canaille*. N'est-ce point en ce sens que Cyrano de Bergerac a dit: «L'ingratitude est un vice de *coquin* dont la noblesse est incapable (*Lett. cont. les frond.*)», et qu'ailleurs il fait dire au Sommeil: «J'élève aussi, quand il me plaît, un *coquin* sur le trône.» (*Énigme.*) Le P. Garasse, dans sa *Doctrine curieuse*, s'attache à faire voir que tous les libertins et hérésiarques sont *coquins et bélitres d'extraction*. Scarron lui-même a dit ailleurs:

> Je suis pauvre par le courroux
>
> Qu'a contre moi dame Fortune...
>
> Tant il est vrai que le Destin
>
> En me faisant fit un *coquin*.
>
> (*Étrennes à Mlle Descars.*)

Ce mot a pu venir de *coquus*, pour désigner les gueux, en tant que hantant les cuisines. Voyez, d'ailleurs, la ressemblance de *queux* et de *gueux*.

Le Destin continuoit ainsi son histoire, quand on ouït tirer dans la rue un coup d'arquebuse, et tout aussitôt jouer des orgues. Cet instrument, qui peut-être n'avoit point encore eté ouï à la porte d'une hôtellerie, fit courir aux fenêtres tous ceux que le coup d'arquebuse avoit eveillés. On continuoit toujours de jouer des orgues, et ceux qui s'y connoissoient remarquèrent même que l'organiste jouoit un chant d'eglise. Personne ne pouvoit rien comprendre en cette devote serenade, qui pourtant n'etoit pas encore bien reconnue pour telle; mais on n'en douta plus quand on ouït deux mechantes voix dont l'une chantoit le dessus et l'autre râloit une basse. Ces deux voix de lutrin se joignirent aux orgues, et firent un concert à faire hurler tous les chiens du pays; ils chantèrent:

> *Allons de nos voix et de nos luths d'ivoire*
>
> *Ravir les esprits,*

(On peut voir cette chanson, au moins en partie, dans la *Coméd. de chans.*, IV, sc. 3. *Ancien Th. franç.*, édit. Jannet, t. 9, p. 195).

et le reste de la chanson. Après que cet air suranné fut mal chanté, on ouït la voix de quelqu'un qui parloit bas, le plus haut qu'il pouvoit, en reprochant aux chantres qu'ils chantoient toujours une même chose; les pauvres gens repondirent qu'ils ne savoient pas ce qu'on vouloit qu'ils chantassent. «Chantez ce que vous voudrez, repondit à demi-haut la même personne; il faut chanter, puisqu'on vous paie bien!» Après cet arrêt definitif les orgues changèrent de ton, et on ouït un bel *Exaudiat* [173], qui fut chanté fort devotement. Personne des auditeurs n'avoit encore osé parler, de peur d'interrompre la musique, quand la Rancune, qui ne se fut pas tu en une pareille occasion pour tous les biens du monde, cria tout haut: «On fait donc ici le service divin dans les rues?» Quelqu'un des ecoutans prit la parole et dit que l'on pouvoit proprement appeler cela chanter tenèbres; un autre ajouta que c'etoit une procession de nuit. Enfin, tous les facetieux de l'hôtellerie se rejouirent sur la musique sans que pas un d'eux pût deviner celui qui la donnoit, et, encore moins, à qui ni pourquoi. Cependant l'*Exaudiat* avançoit toujours chemin, lorsque dix ou douze chiens, qui suivoient une chienne de mauvaise vie, vinrent, à la suite de leur maîtresse, se mêler parmi les jambes des musiciens; et, comme plusieurs rivaux ensemble ne sont pas long-temps d'accord, après avoir grondé et juré quelque temps les uns contre les autres, enfin, tout d'un coup, ils se pillèrent avec tant d'animosité et de furie que les musiciens craignirent pour leurs jambes et gagnèrent au pied, laissant leurs orgues à la discretion des chiens. Ces amans immoderés n'en usèrent pas bien: ils renversèrent une table à treteaux qui soutenoit la machine harmonieuse, et je ne voudrois pas jurer que quelques uns de ces maudits chiens ne levassent la jambe et ne pissassent contre les orgues renversées, ces animaux etant fort diuretiques de leur nature, principalement quand quelque chienne de leur connoissance a envie de proceder à la multiplication de son espèce. Le concert etant ainsi deconcerté, l'hôte fit ouvrir la porte de l'hôtellerie et voulut mettre à couvert le buffet d'orgues, la table et les treteaux. Comme ses valets et lui s'occupoient à cette oeuvre charitable, l'organiste revint à ses orgues, accompagné de trois personnes, entre lesquelles il y avoit une femme et un homme qui se cachoit le nez de son manteau. Cet homme etoit le veritable Ragotin, qui avoit voulu donner une serenade à mademoiselle de l'Etoile, et s'etoit adressé pour cela à un petit châtré, organiste d'une église [174]. Ce fut ce monstre, ni homme ni femme, qui chanta le dessus et qui joua des orgues, que sa servante avoit apportées; un enfant de choeur qui avoit dejà mué chanta la basse; et tout cela pour le prix et somme de deux testons [175], tant il faisoit dejà cher vivre dans ce bon pays du Maine. Aussitôt que l'hôte eut reconnu les auteurs de la serenade, il dit, assez haut pour être entendu de tous ceux qui etoient aux fenêtres de l'hôtellerie: «C'est donc vous, Monsieur Ragotin, qui venez chanter vêpres à ma porte; vous feriez bien mieux de dormir et de laisser dormir mes hôtes!» Ragotin lui repondit qu'il le prenoit pour un autre; mais ce fut d'une façon à faire croire encore davantage ce qu'il feignoit de vouloir nier. Cependant l'organiste, qui trouva ses orgues rompues et qui etoit fort colère, comme sont tous les animaux imberbes, dit à Ragotin, en jurant, qu'il les lui falloit payer. Ragotin lui repondit qu'il se moquoit de cela. «Ce n'est pourtant pas moquerie, repartit le châtré, je veux être payé!» L'hôte et ses valets donnèrent leurs voix pour lui; mais Ragotin leur apprit, comme à des ignorans, que cela ne se pratiquoit point en serenade, et, cela dit, s'en alla tout fier de sa galanterie. La musique chargea les orgues sur le dos de la servante du châtré, qui se retira en son logis de fort mauvaise humeur, la table sur l'epaule et suivi de l'enfant de choeur, qui portoit les deux treteaux. L'hôtellerie fut refermée; le Destin donna le bonsoir aux comediennes, et remit la fin de son histoire à la première occasion.

Note 173: (retour) Psaume XIX.

Note 174: (retour) On sait que l'usage, venu d'Italie, d'employer des castrats comme chanteurs et musiciens, se répandit dans les autres contrées, et dura même long-temps en France. On connoît Berthod l'*incommodé*, qui faisoit partie de la musique du roi. (V. Tallemant, historiette de Bertaut.) C'étoient de semblables *incommodés* qui chantoient dans les opéras que faisoit jouer Mazarin.

Note 175: (retour) Un teston est une ancienne monnoie, remontant au règne de Louis XII, qui valoit d'abord quinze sous six deniers, et qui subit de grandes variations dans sa valeur. Il fut supprimé par Henri III. Son nom venoit de la *tête* du roi qu'il portoit sur une de ses faces.

CHAPITRE XVI.

*L'ouverture du théâtre, et autres choses qui
ne sont pas de moindre consequence.*

Le lendemain, les comediens s'assemblèrent dès le matin en une des chambres qu'ils occupoient dans l'hôtellerie, pour repeter la comedie qui se devoit representer après-dîner. La Rancune, à qui Ragotin avoit dejà fait confidence de la serenade, et qui avoit fait semblant d'avoir de la peine à le croire, avertit ses compagnons que le petit homme ne manqueroit pas de venir bientôt recueillir les louanges de sa galanterie raffinée, et ajouta que, toutes les fois qu'il en voudrait parler, il falloit en detourner le discours malicieusement. Ragotin entra dans la chambre en même temps, et, après avoir salué les comediens en general, il voulut parler de sa serenade à mademoiselle de l'Etoile, qui fut alors pour lui une etoile errante: car elle changea de place sans lui repondre, autant de fois qu'il lui demanda à quelle heure elle s'etoit couchée et comment elle avoit passé la nuit. Il la quitta pour mademoiselle Angelique, qui, au lieu de lui parler, ne fit qu'etudier son rôle. Il s'adressa à la Caverne, qui ne le regarda seulement pas. Tous les comediens, l'un après l'autre, suivirent exactement l'ordre qu'avoit donné la Rancune, et ne repondirent point à ce que leur dit Ragotin, ou changèrent de discours autant de fois qu'il voulut parler de la nuit precedente. Enfin, pressé de sa vanité et ne pouvant laisser languir sa reputation davantage, il dit tout haut, parlant à tout le monde: «Voulez-vous que je vous avoue une verité?--Vous en userez comme il vous plaira, repondit quelqu'un.--C'est moi, ajouta-t-il, qui vous ai donné cette nuit une serenade.--On les donne donc en ce pays avec des orgues? lui dit le Destin. Et à qui la donniez-vous? N'est-ce point, continua-t-il, à la belle dame qui fit battre tant d'honnêtes chiens ensemble?--Il n'en faut pas douter, dit l'Olive: car ces animaux de nature mordante n'eussent pas troublé une musique si harmonieuse à moins que d'être rivaux, et même jaloux, de monsieur Ragotin.» Un autre de la compagnie prit la parole et dit qu'il ne doutoit point qu'il ne fût bien avec sa maîtresse et qu'il ne l'aimât à bonne intention, puisqu'il y alloit si ouvertement. Enfin tous ceux qui etoient dans la chambre poussèrent à bout Ragotin sur la serenade, à la reserve de la Rancune, qui lui fit grâce, ayant eté honoré de l'honneur de sa confidence; et il y a apparence que cette belle raillerie de chien eût épuisé tous ceux qui etoient dans la chambre, si le poète, qui en son espèce etoit aussi sot et aussi vain que Ragotin, et qui de toutes les choses tiroit matière de contenter sa vanité, n'eût rompu les chiens en disant du ton d'un homme de condition, ou plutôt qui le fait à fausses enseignes: «À propos de serenade, il me souvient qu'à mes noces on m'en donna une quinze jours de suite, qui etoit composée de plus de cent sortes d'instruments. Elle courut par tout le Marais; les plus galantes dames de la place Royale [176] l'adoptèrent; plusieurs galants s'en firent honneur, et elle donna même de la jalousie à un homme de condition, qui fit charger par ses gens ceux qui me la donnoient. Mais ils n'y trouvèrent par leur compte, car ils etoient tous de mon pays, braves gens s'il en est au monde, et dont la plus grande partie avoient eté officiers dans un regiment que je mis sur pied quand les communes de nos quartiers [177] se soulevèrent. La Rancune, qui avoit contraint son naturel moqueur en faveur de Ragotin, n'eut pas la même bonté pour le poète, qu'il persecutoit continuellement. Il prit donc la parole et dit au nourrisson des Muses: «Votre serenade, de la façon que vous nous la representez, etoit plutôt un charivari dont un homme de condition fut importuné, et envoya la canaille de sa maison pour le faire taire ou pour le chasser plus loin. Ce qui me le fait croire encore davantage, c'est que votre femme est morte de vieillesse, et six mois après votre hymenée, pour parler en vos termes.--Elle mourut pourtant du mal de mère, dit le poète.--Dites plutôt de grand'mère, d'aïeule ou de bisaïeule, repondit la Rancune. Dès le regne d'Henry quatrième, la mère ne lui faisoit plus de mal, ajouta-t-il; et, pour vous montrer que j'en sais plus de nouvelles que vous-même, quoique vous nous la prôniez si souvent, je vous veux apprendre une chose d'elle qui n'est jamais venue à votre connoissance: Dans la cour de la reine Marguerite... [178]» Ce beau commencement d'histoire attira auprès de la Rancune tous ceux qui etoient dans la chambre, qui savoient bien qu'il avoit des memoires contre tout le genre humain. Le poète, qui le redoutoit extrêmement, l'interrompit en lui disant: «Je gage cent pistoles que non.» Ce defi de gager fait si à propos fit rire toute la compagnie et le fit sortir hors de la chambre. C'etoit toujours ainsi par des gageures de sommes considerables que le pauvre homme defendoit ses hyperboles quotidiennes, qui pouvoient bien monter chaque semaine à la somme de mille ou douze cents impertinences, sans y comprendre les menteries. La Rancune etoit le contrôleur general tant de ses actions que de ses paroles, et l'ascendant qu'il avoit sur lui etoit si grand que je l'ose comparer à celui du genie d'Auguste sur celui d'Antoine, cela s'entend prix pour prix, et sans faire comparaison de deux comediens de campagne à deux Romains de ce calibre-là. La Rancune ayant donc commencé son conte, et en ayant eté interrompu par le poète, comme je vous ai dit, chacun, le pria instamment de l'achever; mais il s'en excusa, promettant de leur conter une autre fois la vie du poète tout entière, et que celle de sa femme y seroit comprise.

Note 176: (retour) Sous la régence d'Anne d'Autriche, la place Royale et le Marais étoient le centre où se réunissoit, comme de concert, cette société épicurienne de grands seigneurs et de grandes dames qui a laissé tant de traces dans les mémoires du temps, et dont Saint-Évremont a célébré le souvenir dans son *Épître à Ninon*. Il s'y tenoit des assemblées auxquelles Marion Delorme et Ninon de Lenclos, les deux plus *galantes dames* du quartier, donnoient naturellement le ton. Aussi un proverbe, rapporté par Saint-Simon, disoit-il: «Henri IV avec son peuple sur le Pont-Neuf; Louis XIII avec les gens de qualité à la place Royale.» Du reste, les *dames galantes* devoient y être attirées par le voisinage des financiers, qui logeoient alors en grand nombre au Marais. (V. *Catal. des partisans*, t. 1, p. 113 du *Rec. des Mazarinades*.) «Mesdames de Rohan *et les autres galantes* de la place, dit Tallemant, ne craignoient rien tant que madame Pilon, bien loin qu'elle les servît en leurs amourettes.» (*Hist. de madame Pilon*.) Le Marais, voisin de la place où logeoit Scarron, étoit considéré comme un pays de Cocagne, comme l'île des plaisirs et des ris. Aussi Louis XIII, reprochant à Cinq-Mars sa paresse, lui disoit-il «que ce vice n'étoit bon qu'à ceux du Marais, où il avoit été nourri, qui étoient surtout adonnés à leurs plaisirs, et que, s'il vouloit continuer cette vie, il falloit qu'il y retournât». (Lett. de Louis XIII à Richel., 4 janv. 1641.) Dans son *Adieu au Marais et à la Place-Royale*, Scarron s'exprime ainsi:

> Adieu, beau quartier favori,
>
> Des honnestes gens tant chéri,
>
> Adieu, belle place où n'habite
>
> Que mainte personne d'élite, etc.

Parmi les hauts et illustres personnages dont il nous a laissé la liste dans cette pièce, et qui donnoient son principal lustre à cette place et aux alentours, on peut citer MM. de Villequier de Courcy, le prince de Gourné, le prince de Guemenée, Sarrazin, La Ménardière, etc.; mais ce sont surtout les dames qu'il énumère complaisamment:--La princesse de Guéménée, la duchesse de Rohan et sa fille, les marquises de Piennes et de Grimault; mesdames de Bassompierre, de Blerancourt, de Maugiron, de Martel, de Choisy, de Boisdauphine, de Gourné; les comtesses de Belin, du Lude, de La Suze;--sans parler de Ninon et de Marion.

Note 177: (retour) Des bords de la Garonne. Roquebrune est Gascon, comme on a pu s'en apercevoir déjà à sa confiance en lui-même et à ses hâbleries; Scarron, d'ailleurs, le dit plus loin (l. 1, ch. 19).

Note 178: (retour) La première femme de Henri IV.

Il fut question de repeter la comedie qu'on devoit jouer le jour même dans un tripot voisin. Il n'arriva rien de remarquable pendant la repetition. On joua après dîner et on joua fort bien. Mademoiselle de l'Etoile y ravit tout le monde par sa beauté; Angelique eut des partisans pour elle, et l'une et l'autre s'acquitta de son personnage à la satisfaction de tout le monde; le Destin et ses camarades firent aussi des merveilles, et ceux de l'assistance qui avoient souvent ouï la comedie dans Paris avouèrent que les comediens du roi n'eussent pas mieux représenté. Ragotin ratifia en sa tête la donation qu'il avoit faite de son corps et de son âme à mademoiselle de l'Etoile, passée par devant la Rancune, qui lui promettoit tous les jours de la faire accepter à la comedienne. Sans cette promesse, le desespoir eût bientôt fait un beau grand sujet d'histoire tragique d'un méchant petit avocat. Je ne dirai point si les comediens plurent autant aux dames du Mans que les comediennes avoient fait aux hommes, quand j'en saurois quelque chose je n'en dirais rien; mais, parceque l'homme le plus sage n'est pas quelquefois maître de sa langue, je finirai le present chapitre, pour m'ôter tout sujet de tentation.

CHAPITRE XVII.

Le mauvais succès qu'eut la civilité de Ragotin.

Aussitôt que Destin eut quitté sa vieille broderie et repris son habit de tous les jours, la Rappinière le mena aux prisons de la ville, à cause que l'homme qu'ils avoient pris le jour que le curé de Domfront fut enlevé demandoit à lui parler. Cependant les comediennes s'en retournèrent en leur hôtellerie avec un grand cortége de Manceaux. Ragotin, s'etant trouvé auprès de mademoiselle de la Caverne dans le temps qu'elle sortoit du jeu de paume, où l'on avoit joué, lui presenta la main pour la ramener, quoiqu'il eût mieux aimé rendre ce service-là à sa chère l'Etoile. Il en fit autant à mademoiselle Angelique, tellement qu'il se trouva ecuyer à droit [179] et à gauche. Cette double civilité fut cause d'une incommodité triple, car la Caverne, qui avoit le haut de la rue, comme de raison, etoit pressée par Ragotin, afin qu'Angelique ne marchât point dans le ruisseau. De plus, le petit homme, qui ne leur venoit qu'à la ceinture, tiroit si fort leurs mains en bas, qu'elles avaient bien de la peine à s'empêcher de tomber sur lui. Ce qui les incommodoit encore davantage, c'est qu'il se retournoit à tout moment pour regarder mademoiselle de l'Etoile, qu'il entendoit parler derrière lui à deux godelureaux qui la ramenoient malgré elle. Les pauvres comediennes essayèrent souvent de se deprendre les mains, mais il tint toujours si ferme qu'elles eussent autant aimé avoir les osselets [180]. Elles le prièrent cent fois de ne prendre pas tant de peine; il leur repondit seulement: «Serviteur, serviteur» (c'etoit son compliment ordinaire), et leur serra les mains encore plus fort. Il fallut donc prendre patience jusqu'à l'escalier de leur chambre, où elles esperèrent d'être remises en liberté; mais Ragotin n'etoit pas homme à cela. En disant toujours: «Serviteur, serviteur», à tout ce qu'elles lui purent dire, il essaya premièrement de monter de front avec les deux comediennes, ce qui s'etant trouvé impossible parceque l'escalier etoit trop etroit, la Caverne se mit le dos contre la muraille, et monta la première, tirant après soi Ragotin, qui tiroit après soi Angelique, qui ne tiroit rien et qui rioit comme une folle. Pour nouvelle incommodité, à quatre ou cinq degrés de leur chambre, ils trouvèrent un valet de l'hôte chargé d'un sac d'avoine d'une pesanteur excessive, qui leur dit à grand'peine, tant il etoit accablé de son fardeau, qu'ils eussent à descendre, parcequ'il ne pouvoit remonter, chargé comme il etoit. Ragotin voulut repliquer; le valet jura tout net qu'il laisseroit tomber son sac sur eux. Ils defirent donc avec precipitation ce qu'ils avoient fait fort posément, sans que Ragotin voulût encore quitter les mains des comediennes. Le valet chargé d'avoine les pressoit etrangement, ce qui fut cause que Ragotin fit un faux pas, qui ne l'eût pas pourtant fait tomber, se tenant comme il faisoit aux mains des comediennes; mais il s'attira sur le corps la Caverne, laquelle le soutenoit davantage que sa fille, à cause de l'avantage du lieu. Elle tomba donc sur lui, et lui marcha sur l'estomac et sur le ventre, se donnant de la tête contre celle de sa fille si rudement qu'elles en tombèrent et l'une et l'autre. Le valet, qui crut que tant de monde ne se releveroit pas si tôt, et qui ne pouvoit plus supporter la pesanteur de son sac d'avoine, le dechargea enfin sur les degrés, jurant comme un valet d'hôtellerie. Le sac se delia ou se rompit par malheur. L'hôte y arriva, qui pensa enrager contre son valet; le valet enrageoit contre les comediennes, les comediennes enrageoient contre Ragotin, qui enrageoit plus que pas un de ceux qui enragèrent, parceque mademoiselle de l'Etoile, qui arriva en même temps, fut encore temoin de cette disgrâce, presque aussi fâcheuse que celle du chapeau que l'on lui avoit coupé avec des ciseaux quelques jours auparavant. La Caverne jura son grand serment que Ragotin ne la mènerait jamais, et montra à mademoiselle de l'Etoile ses mains, qui etoient toutes meurtries. L'Etoile lui dit que Dieu l'avoit punie de lui avoir ravi M. Ragotin, qui l'avoit retenue devant la comedie pour la ramener, et ajouta qu'elle etoit bien aise de ce qui etoit arrivé au petit homme, puisqu'il lui avoit manqué de parole. Il n'entendit rien de tout cela, car l'hôte parloit de lui faire payer le dechet de son avoine, ayant déjà, pour le même sujet, voulu battre son valet, qui appela Ragotin avocat de causes perdues. Angelique lui fit la guerre à son tour, et lui reprocha qu'elle avoit eté son pis-aller. Enfin, la fortune fit bien voir jusque là qu'elle ne prenoit encore nulle part dans les promesses que la Rancune avoit faites à Ragotin de le rendre le plus heureux amant de tout le pays du Maine, à y comprendre même le Perche et Laval. L'avoine fut ramassée, et les comediennes montèrent dans leur chambre l'une après l'autre, sans qu'il leur arrivât aucun malheur. Ragotin ne les y suivit point, et je n'ai pas bien sçu où il alla. L'heure du souper vint: on soupa dans l'hôtellerie; chacun prit parti après le souper, et le Destin s'enferma avec les comediennes pour continuer son histoire.

Note 179: (retour) Se disoit alors pour *droite*:

>............On prend la tabatière;
>Soudain, à gauche, à *droit*, par devant, par derrière, etc.
>
>(*Le Festin de Pierre*, de Th. Corneille, acte *I*, sc. 1.)

Il se trouve même dans Boileau:

>Les voyageurs sans guide assez souvent s'égarent,
>L'un à *droit*, l'autre à gauche.....
>
>(Sat. 4.)

Note 180: (retour) Donner les *osselets* à quelqu'un, c'étoit lui mettre au pouce ou au poignet un noeud coulant, qu'on serroit à l'aide d'un os de pied de mouton. On employoit surtout les *osselets* avec les prisonniers, pour les obliger à suivre ceux qui les conduisoient.

CHAPITRE XVIII.

Suite de l'histoire de Destin et de l'Etoile.

J'ai fait le precedent chapitre un peu court; peut-être que celui-ci sera plus long; je n'en suis pourtant pas bien assuré: nous allons voir. Le Destin se mit en sa place accoutumée et reprit son histoire en cette sorte: Je m'en vais vous achever le plus succinctement que je pourrai une vie qui ne vous a dejà ennuyées que trop long-temps. Verville m'etant venu voir, comme je vous ai dit, et n'ayant pu me persuader de retourner chez son père, il me quitta fort affligé de ma resolution, à ce qu'il me parut, et s'en retourna chez lui, où quelque temps après il se maria avec mademoiselle de Saldagne, et Saint-Far en fit autant avec mademoiselle de Lery. Elle etoit aussi spirituelle que Saint-Far l'etoit peu, et j'ai bien de la peine à m'imaginer comment deux esprits si disproportionnés se seront accordés ensemble. Cependant je me gueris entierement, et le genereux monsieur de Saint-Sauveur, ayant approuvé la resolution que j'avois prise de m'en aller hors du royaume, me donna de l'argent pour mon voyage, et Verville, qui ne m'oublia point pour s'être marié, me fit present d'un bon cheval et de cent pistoles. Je pris le chemin de Lyon pour retourner en Italie, à dessein de repasser par Rome, et, après y avoir vu ma Leonore pour la dernière fois, de m'aller faire tuer en Candie [181], pour n'être pas long-temps malheureux. À Nevers, je logeai dans une hôtellerie qui etoit proche de la rivière. Etant arrivé de bonne heure et ne sçachant à quoi me divertir en attendant le souper, j'allai me promener sur un grand pont de pierre qui traverse la rivière de Loire. Deux femmes s'y promenoient aussi, dont l'une, qui paroissoit être malade, s'appuyoit sur l'autre, ayant bien de la peine à marcher. Je les saluai, sans les regarder, en passant auprès d'elles, et me promenai quelque temps sur le pont, songeant à ma malheureuse fortune et plus souvent à mon amour. J'etois assez bien vêtu, comme il est necessaire de l'être à ceux de qui la condition ne peut faire excuser un mechant habit. Quand je repassai auprès de ces femmes, j'entendis dire à demi-haut: «Pour moi, je croirois que ce fût lui s'il n'etoit point mort.» Je ne sçais pourquoi je tournai la tête, n'ayant pas sujet de prendre ces paroles-là pour moi. On ne les avoit pourtant pas dites pour un autre. Je vis mademoiselle de la Boissière, le visage fort pâle et defait, qui s'appuyoit sur sa fille Leonore. J'allai droit à elles avec plus d'assurance que je n'eusse fait dans Rome, m'etant beaucoup formé le corps et l'esprit durant le temps que j'avois demeuré à Paris. Je les trouvai si surprises et si effrayées, que je crois qu'elles se fussent mises en fuite si mademoiselle de la Boissière eût pu courir. Cela me surprit aussi. Je leur demandai par quelle heureuse rencontre je me trouvois avec les personnes du monde qui m'etoient les plus chères. Elles se rassurèrent à mes paroles. Mademoiselle de la Boissière me dit que je ne devois point trouver etrange si elles me regardoient avec quelque sorte d'etonnement; que le seigneur Stefano leur avoit fait voir des lettres de l'un des gentilshommes que j'accompagnois dans Rome, par lesquelles on lui mandoit que j'avois eté tué durant la guerre de Parme [182], et ajouta qu'elle etoit ravie de ce qu'une nouvelle qui l'avoit si fort affligée ne se trouvoit pas veritable. Je lui repondis que la mort n'etoit pas le plus grand malheur qui me pouvoit arriver, et que je m'en allois à Venise faire courir le même bruit avec plus de verité. Elles s'attristèrent de ma resolution, et la mère me fit alors des caresses extraordinaires dont je ne pouvois deviner la cause. Enfin, j'appris d'elle-même ce qui la rendoit si civile. Je pouvois encore lui rendre service, et l'etat où elle se trouvoit ne lui permettoit pas de me mepriser et de me faire mauvais visage, comme elle avoit fait dans Rome. Il leur etoit arrivé un malheur assez grand pour les mettre en peine. Ayant fait argent de tous leurs meubles, qui etoient fort beaux et en quantité, elles etoient parties de Rome avec une servante françoise qui les servoit il y avoit long-temps, et le seigneur Stefano leur avoit donné son valet, qui etoit Flamand comme lui et qui vouloit retourner en son pays. Ce valet et cette servante s'aimoient à dessein de se marier ensemble, et leur amour n'etoit connu de personne. Mademoiselle de la Boissière, etant arrivée à Rouane, se mit sur la rivière. A Nevers, elle se trouva si mal qu'elle ne put passer outre. Durant sa maladie, elle fut assez difficile à servir, et sa servante s'en acquitta fort mal, contre sa coutume. Un matin, le valet et la servante ne se trouvèrent plus, et, ce qui fut de plus fâcheux, l'argent de la pauvre demoiselle disparut aussi. Le deplaisir qu'elle en eut augmenta sa maladie, et elle fut contrainte de s'arrêter à Nevers pour attendre des nouvelles de Paris, d'où elle esperoit recevoir de quoi continuer son voyage. Mademoiselle de la Boissière m'apprit en peu de mots cette fâcheuse aventure. Je les ramenai en leur hôtellerie, qui etoit aussi la mienne, et, après avoir eté quelque temps avec elles, je me retirai en ma chambre pour les laisser souper. Pour moi, je ne mangeai point, et je crus avoir eté à table cinq ou six heures pour le moins. Je les allai voir aussitôt qu'elles m'eurent fait dire que j'y serois le bien venu. Je trouvai la mère dans son lit, et la fille me parut avec un visage aussi triste que je l'avois trouvée gaie un moment auparavant. Sa mère etoit encore plus triste qu'elle, et je le devins aussi. Nous fûmes quelque temps à nous regarder sans rien dire. Enfin, mademoiselle de la Boissière me montra des lettres qu'elle avoit reçues de Paris, qui la rendoient, sa fille et elle, les plus affligées personnes du monde. Elle m'apprit le sujet de son affliction avec une si grande effusion de larmes, et sa fille, que je vis pleurer aussi fort que sa mère, me toucha tellement, que je ne crus pas leur temoigner assez bien mon ressentiment, quoique je leur offrisse tout ce qui dependoit de moi, d'une façon à ne les point faire douter de ma franchise. «Je ne sais pas encore ce qui vous afflige si fort, leur dis-je; mais, s'il ne faut que ma vie pour diminuer la peine où je vous vois, vous pouvez vous mettre l'esprit en repos. Dites-moi donc, Madame, ce qu'il faut que je fasse. J'ai de l'argent si vous en manquez, j'ai du courage si vous avez des ennemis, et je ne pretends de tous les services que je vous offre que la satisfaction de vous avoir servie.» Mon visage et mes paroles leur firent si bien voir ce que j'avois dans l'ame, que leur grande affliction se modera un peu. Mademoiselle de la Boissière me lut une lettre par laquelle une femme de ses amies lui mandoit qu'une personne qu'elle ne nommoit point, et que je m'aperçus bien être le père de Leonore, avoit eu commandement de se retirer de la cour et qu'il s'en étoit allé en Hollande. Ainsi la pauvre demoiselle se trouvoit dans un pays inconnu, sans argent et sans esperance d'en avoir. Je lui offris de nouveau ce que j'en avois, qui pouvoit monter à cinq cens ecus, et lui dis que je la conduirois en Hollande et au bout du monde, si elle y vouloit aller. Enfin, je l'assurai qu'elle avoit retrouvé en moi une personne qui la serviroit comme un valet et de qui elle seroit aimée et respectée comme d'un fils. Je rougis extrêmement en prononçant le mot de fils; mais je n'etois plus cet homme odieux à qui l'on avoit refusé la porte dans Rome et pour qui Leonore n'étoit pas visible, et mademoiselle de la Boissière n'etoit plus pour moi une mère severe. A toutes les offres que je lui fis elle me repondit toujours que Leonore me seroit fort obligée. Tout se passoit au nom de Leonore, et vous eussiez dit que sa mère n'etoit plus qu'une suivante qui parloit pour sa maîtresse: tant il est vrai que la plupart du monde ne considère les personnes que selon qu'elles leur sont utiles.

Note 181: (retour) Dans la guerre que Venise, assistée du pape, y soutenoit contre les Turcs. Voir notre note plus haut, I. 1, ch. 13.

Note 182: (retour) Voir plus haut notre note (1re partie, chapitre 15).

Je les laissai fort consolées, et me retirai en ma chambre le plus satisfait homme du monde. Je passai la nuit fort agreablement, quoiqu'en veillant, ce qui me retint au lit assez tard, n'ayant commencé à dormir qu'à la pointe du jour. Leonore me parut ce jour-là habillée avec plus de soin qu'elle n'étoit le jour de devant, et elle put bien remarquer que je ne m'etois pas negligé. Je la menai à la messe sans sa mère, qui etoit encore trop foible. Nous dînâmes ensemble, et depuis ce temps-là nous ne fûmes plus qu'une même famille. Mademoiselle de la Boissière me temoignoit beaucoup de reconnoissance des services que je lui rendois, et me protestoit souvent qu'elle n'en mourroit pas ingrate. Je vendis mon cheval, et, aussitôt que la malade fut assez forte, nous prîmes une cabane [183] et baissâmes jusqu'à Orleans. Durant le temps que nous fûmes sur l'eau, je jouis de la conversation de Leonore, sans qu'une si grande felicité fût troublée par sa mère. Je trouvai des lumières dans l'esprit de cette belle fille aussi brillantes que celles de ses yeux, et le mien, dont peut-être elle avoit pu douter dans Rome, ne lui deplut pas alors. Que vous dirai-je davantage? elle vint à m'aimer autant que je l'aimois, et vous avez bien pu reconnoître depuis le temps que vous nous voyez l'un et l'autre, que cette amour reciproque n'est point encore diminuée.

Note 183: (retour) Ce mot désigne ici un bateau à fond plat et couvert, dont on se servoit principalement sur la Loire. (*Dict. de Furetière.*)

«Quoi! interrompit Angelique, mademoiselle de l'Etoile est donc Leonore?-- Et qui donc?» lui repondit le Destin. Mademoiselle de l'Etoile prit la parole, et dit que sa compagne avoit raison de douter qu'elle fût cette Leonore dont le Destin avoit fait une beauté de roman. «Ce n'est point par cette raison-là, repartit Angelique, mais c'est à cause que l'on a toujours de la peine à croire une chose que l'on a beaucoup désirée.» Mademoiselle de la Caverne dit qu'elle n'en avoit point douté, et ne voulut pas que ce discours allât plus avant, afin que le Destin poursuivît son histoire, qu'il reprit de cette sorte.

Nous arrivâmes à Orleans, où notre entrée fut si plaisante que je vous en veux apprendre les particularités. Un tas de faquins qui attendent sur le port ceux qui viennent par eau, pour porter leurs hardes, se jetèrent à la foule dans notre cabane. Ils se presentèrent plus de trente à se charger de deux ou trois petits paquets que le moins fort d'entre eux eût pu porter sous ses bras. Si j'eusse eté seul, je n'eusse pas peut-être eté assez sage pour ne m'emporter point contre ces insolens. Huit d'entre eux saisirent une petite cassette qui ne pesoit pas vingt livres, et ayant fait semblant d'avoir bien de la peine à la lever de terre, enfin ils la haussèrent au milieu d'eux, par dessus leurs têtes, chacun ne la soutenant que du bout du doigt. Toute la canaille qui etoit sur le port se mit à rire, et nous fûmes contraints d'en faire autant. J'etois pourtant tout rouge de honte d'avoir à traverser toute une ville avec tant d'appareil, car le reste de nos hardes, qu'un seul homme pouvoit porter, en occupa une vingtaine, et mes seuls pistolets furent portés par quatre hommes. Nous entrâmes dans la ville dans l'ordre que je vais vous dire: huit grands pendards ivres, ou qui le devoient être, portoient au milieu d'eux une petite cassette, comme je vous ai dejà dit. Mes pistolets suivoient l'un après l'autre, chacun porté par deux hommes. Mademoiselle de la Boissière, qui enrageoit aussi bien que moi, alloit immédiatement après. Elle etoit assise dans une grande chaise de paille, soutenue sur deux grands bâtons de batelier, et portée par quatre hommes 184 qui se relayoient les uns les autres, et qui lui disoient cent sottises en la portant. Le reste de nos bardes suivoit, qui etoit composé d'une petite valise et d'un paquet couvert de toile, que sept ou huit de ces coquins se jetoient l'un à l'autre durant le chemin, comme quand on joue au pot cassé. Δ Je conduisois la queue du triomphe, tenant Leonore par la main, qui rioit si fort qu'il falloit malgré moi que je prisse plaisir à cette friponnerie. Durant notre marche, les passans s'arrêtoient dans les rues pour nous considerer, et le bruit que l'on y faisoit à cause de nous attiroit tout le monde aux fenêtres.

Note 184: (retour) On reconnoît ici la chaise à porteurs, travestie en caricature. La chaise à porteurs, qui étoit, avec le brancard pour les malades et les vieillards, la litière, la vinaigrette, etc., sans parler des coches et carrosses pour les voyageurs, un des moyens de locomotion les plus répandus et celui qu'avoient adopté les gens du bel air, fut d'abord découvert, et Sauval nous apprend (*Antiq.*, t. i, p. 192) que c'étoit la reine Marguerite qui en avoit introduit l'usage. Montbrun-Souscarrière rapporta d'Angleterre la mode des chaises couvertes, suivant Tallemant et le *Ménagiana*, et en 1649 il en obtint le privilége pour 40 ans, avec madame de Cavoye.

Note A: (retour) Rabelais mentionne parmi les jeux de Gargantua le casse-pot (*Garg.*, I, 22). Voici la note de Le Duchat sur ce passage: «Au pot cassé, dit Mathurin Cordier, ch. 38, n° 26, de son De *corrupt. serm. emend.* On pend au plancher, avec une corde, un vieux pot de terre, puis on bande les yeux à tous ceux de la compagnie, lesquels, en cet état, vont tour à tour, un bâton à la main, tâcher d'atteindre le pot, au hasard que les éclats en volent sur eux, ce qui cause un tintamarre où il y a toujours du danger. Scarron, ch. 18 de la 1re partie de son *Roman comique*, parle d'une autre manière de jouer au pot cassé.» Effectivement, le jeu auquel notre auteur fait ici allusion seroit plutôt une espèce de palet, un de ces jeux où les enfants se divertissent à lancer des tessons de pots les uns contre les autres. C'est, d'ailleurs, ce que semblent indiquer les termes de Mathurin Cordier à l'endroit mentionné: «*Ludamus ollâ pertusâ. Certemus ruptis fictilibus.*»

Enfin nous arrivâmes au faubourg qui est du côté de Paris, suivis de force canaille, et nous logeâmes à l'enseigne des Empereurs. Je fis entrer mes dames dans une salle basse, et menaçai ensuite ces coquins si serieusement qu'ils furent trop aises de recevoir fort peu de chose que je leur donnai, l'hôte et l'hôtesse les ayant querellés. Mademoiselle de la Boissière, que la joie de n'être plus sans argent avoit guérie plutôt qu'autre chose, se trouva assez forte pour aller en carrosse. Nous arrêtâmes trois places dans celui qui partoit le lendemain, et en deux jours nous arrivâmes heureusement à Paris. En descendant à la maison des coches, je fis connoissance avec la Rancune, qui etoit venu d'Orleans aussi bien que nous, dans un coche qui accompagna notre carrosse. Il ouït que je demandois où etoit l'hôtellerie des coches de Calais: il me dit qu'il y alloit à l'heure même, et que, si nous n'avions point de logis arrêté, qu'il nous meneroit loger, si nous voulions, chez une femme de sa connoissance, qui logeoit en chambre garnie, où nous serions fort commodément. Nous le crûmes, et nous nous en trouvâmes fort bien. Cette femme etoit veuve d'un homme qui avoit eté, toute sa vie, tantôt portier, et tantôt decorateur d'une troupe de comediens [185], et même avoit tâché autrefois de reciter, et n'y avoit pas reussi. Ayant amassé quelque chose en servant les comediens, il s'etoit mêlé de loger en chambre garnie et de prendre des pensionnaires, et par-là s'etoit mis à son aise. Nous louâmes deux chambres assez commodes. Mademoiselle de la Boissière fut confirmée dans les mauvaises nouvelles qu'elle avoit eues du père de Leonore, et en apprit d'autres qu'elle nous cacha, qui l'affligèrent assez pour la faire retomber malade. Cela nous fit differer quelque temps notre voyage de Hollande, où elle avoit resolu que je la conduirois, et la Rancune, qui alloit y joindre une troupe de comediens [186], voulut bien nous attendre après que je lui eus promis de le defrayer.

Note 185: (retour) Nous avons déjà dit quelles étoient les fonctions du portier de comédie; pour celles du décorateur, on peut consulter le *Théâtre français* de Chappuzeau, liv. 3.

Note 186: (retour) Sans doute la troupe du prince d'Orange, dont il est question dans le premier chapitre de ce roman.

Mademoiselle de la Boissière etoit souvent visitée par une de ses amies, qui avoit servi en même temps qu'elle la femme de l'ambassadeur de Rome en qualité de femme de chambre, et qui avoit même eté sa confidente pendant le temps qu'elle fut aimée du père de Leonore. C'etoit d'elle qu'elle avoit appris l'eloignement de son pretendu mari, et nous en reçûmes plusieurs bons offices pendant le temps que nous fûmes à Paris. Je ne sortois que le moins souvent que je pouvois, de peur d'être vu de quelqu'un de ma connoissance, et je n'avois pas grand'peine à garder le logis, puisque j'etois avec Leonore, et que, par les soins que je rendois à sa mère, je me mettois toujours de mieux en mieux en son esprit. À la persuasion de cette femme dont je vous viens de parler, nous allâmes un jour nous promener à Saint-Cloud pour faire prendre l'air à notre malade. Notre hôtesse fut de la partie et la Rancune aussi. Nous prîmes un bateau. Nous nous promenâmes dans les plus beaux jardins, et, après avoir fait collation, la Rancune conduisit notre petite troupe vers notre bateau, tandis que je demeurai à compter dans un cabaret avec une hôtesse fort déraisonnable [187], qui me retint plus long-temps que je ne pensois. Je sortis d'entre ses mains au meilleur marché que je pus, et m'en retournai rejoindre ma compagnie. Mais je fus bien etonné de voir notre bateau fort avant dans la rivière, qui ramenoit mes gens à Paris sans moi et sans me laisser même un petit laquais qui portoit mon epée et mon manteau [188]. Comme j'etois sur le bord de l'eau, bien en peine de sçavoir pourquoi on ne m'avoit pas attendu, j'ouïs une grande rumeur dans une cabane; et, m'en etant approché, je vis deux ou trois gentilshommes, ou qui avoient la mine de l'être, qui vouloient battre un batelier parcequ'il refusoit d'aller après notre bateau. J'entrai à tout hasard dans cette cabane dans le temps qu'elle quittoit le bord, le batelier ayant eu peur d'être battu. Mais, si j'avois eté en peine de ce que ma compagnie m'avoit laissé à Saint-Cloud, je ne fus pas moins embarrassé de voir que celui qui faisoit cette violence etoit le même Saldagne à qui j'avois tant de sujet de vouloir du mal. Dans le moment que je le reconnus, il passa du bout du bateau où il etoit à celui où j'etois, fort empêché de ma contenance. Je lui cachai mon visage le mieux que je pus; mais, me trouvant si près de lui qu'il etoit impossible qu'il ne me reconnût, et, me trouvant sans epée, je pris la resolution la plus desesperée du monde, dont la haine seule ne m'eût pas rendu capable si la jalousie ne s'y fût mêlée. Je le saisis au corps dans l'instant qu'il me reconnoissoit et me jetai dans la rivière avec lui. Il ne put se prendre à moi, soit que ses gants l'en empêchassent [189], ou parcequ'il fut surpris. Jamais homme ne fut plus près de se noyer que lui. La plupart des bateaux allèrent à son secours, chacun croyant que nous etions tombés dans l'eau par quelque accident, et Saldagne seul sçachant de quelle façon la chose etoit arrivée, et n'etant pas en etat de s'en plaindre sitôt ou de faire courir après moi. Je regagnai donc le bord sans beaucoup de peine, n'ayant qu'un petit habit qui ne m'empêcha point de nager; et, l'affaire valant bien la peine d'aller vite, je fus fort eloigné de Saint-Cloud devant que Saldagne fût pêché. Si on eut bien de la peine à le sauver, je pense qu'on n'en eut pas moins à le croire lorsqu'il declara de quelle façon je m'etois hasardé pour le perdre, car je ne vois pas pourquoi il en auroit fait un secret. Je fis un grand tour pour regagner Paris, où je n'entrai que de nuit, sans avoir eu besoin de me faire secher, le soleil et l'exercice violent que j'avois fait en courant n'ayant laissé que fort peu d'humidité dans mes habits. Enfin, je me revis avec ma chère Leonore, que je trouvai veritablement affligée. La Rancune et notre hôtesse eurent une extrême joie de me voir, aussi bien que mademoiselle de la Boissière, qui, pour mieux faire croire que j'etois son fils à la Rancune et à notre hôtesse, avoit bien fait de la mère affligée. Elle me fit des excuses en particulier de ce que l'on ne m'avoit pas attendu, et m'avoua que la peur qu'elle avoit eue de Saldagne l'avoit empêchée de songer en moi, outre qu'à la reserve de la Rancune, le reste de notre troupe n'eût fait que m'embarrasser si j'eusse eu prise avec Saldagne. J'appris alors qu'au sortir de l'hôtellerie ou du cabaret où nous avions mangé, ce galant homme les avoit suivis jusqu'au bateau; qu'il avoit prié fort incivilement Leonore de se demasquer, et que, sa mère l'ayant reconnu pour le même homme qui avoit attenté la même chose dans Rome, elle avoit regagné son bateau fort effrayée, et l'avoit fait avancer dans la rivière sans m'attendre. Saldagne cependant avoit eté joint par deux hommes de même trempe, et, après avoir quelque temps tenu conseil sur le bord de l'eau, il etoit entré avec eux dans le bateau, où je le trouvai menaçant le batelier pour le faire aller après Leonore. Cette aventure fut cause que je sortis encore moins que je n'avois fait. Mademoiselle de la Boissière devint malade quelque temps après, la melancolie y contribuant beaucoup, et cela fut cause que nous passâmes à Paris une partie de l'hiver. Nous fûmes avertis qu'un prelat italien, qui revenoit d'Espagne, passoit en Flandre par Peronne. La Rancune eut assez de credit pour nous faire comprendre dans son passeport en qualité de comediens [190]. Un jour que nous allâmes chez ce prelat italien, qui etoit logé dans la rue de Seine, nous soupâmes par complaisance, dans le faubourg Saint-Germain, avec des comediens de la connoissance de la Rancune [191]. Comme nous passions, lui et moi, sur le Pont-Neuf, bien avant dans la nuit, nous fûmes attaqués par cinq ou six tire-laine [192]. Je me defendis le mieux que je pus, et, pour la Rancune, je vous avoue qu'il fit tout ce qu'un homme de coeur pouvoit faire, et me sauva même la vie. Cela n'empêcha pas que je ne fusse saisi par ces voleurs, mon epée m'étant malheureusement tombée. La Rancune, qui se demêla vaillamment d'entre eux, en fut quitte pour un mechant manteau. Pour moi, j'y perdis tout, à la reserve de mon habit; et, ce qui me pensa desesperer, ils me prirent une boîte de portrait dans laquelle celui du père de Leonore etoit en email 193, et dont mademoiselle de la Boissière m'avoit prié de vendre les diamans. Je retrouvai la Rancune chez un chirurgien au bout du Pont-Neuf; il etoit blessé au bras et au visage, et moi je l'etois fort legerement à la tête. Mademoiselle de la Boissière s'affligea fort de la perte de son portrait; mais l'esperance d'en revoir bientôt l'original la consola. Enfin, nous partîmes de Paris pour Peronne; de Peronne, nous allâmes à Bruxelles, et de Bruxelles à La Haye.

Note 187: (retour) Saint-Cloud, lieu de rendez-vous favori des promeneurs, étoit renommé pour ses cabarets, et rempli de *maisons de bouteilles*, où les gens du bon ton alloient faire la débauche. Le plus célèbre étoit celui de la Duryer (V. son Hist. dans Tallemant). La plupart de ces cabarets étoient chers, en raison du beau monde qui les fréquentoit.

Note 188: (retour) Le *petit laquais* étoit de rigueur, comme aujourd'hui le groom microscopique, pour toute personne qui se respectoit. On en trouve la preuve dans une foule de comédies et de romans comiques du temps. Aussi la comtesse d'Escarbagnas, qui s'étoit formée à Paris, n'avoit-elle pas négligé ce point important (V. *la Comt. d'Escarb.*, sc. 5 et 6). Mais, par la suite, les femmes changèrent de mode, et, vers la fin du XVIIe siècle, elles se mirent sur le pied d'avoir, au contraire, un grand laquais.

Note 189: (retour) À cette époque, les gants étoient quelquefois surchargés de franges et de broderies qui les rendoient aussi incommodes que brillants:

> Encor cela est-il peu prisé si l'on n'a
>
> Le satin verd aux gants ou velours incarna,
>
> Ou bien de franges d'or une paire bordée
>
> Qui porte sur le bras une demi-coudée.

(*Le Satyr. de la court* [*Variétés histor. et littér.*, Janne t. 3], 1624.)

Note 190: (retour) Il n'y avoit alors rien d'impossible ni de contraire aux usages reçus à ce que des comédiens fussent compris dans la suite d'un prélat. V. plus loin notre note, 3e part., chap. 8.

Note 191: (retour) Beaucoup de comédiens logeoient dans le faubourg Saint-Germain, à cause du voisinage d'un des principaux théâtres de Paris, sis vis-à-vis la rue Guénégaud, à peu près à l'endroit que recouvre maintenant le passage du Pont-Neuf, et transféré de là, par la suite, dans la rue des Fossés-Saint-Germain. Les tavernes et cabarets, où l'on pouvoit boire ou manger à tout prix, étoient en très grand nombre autour des théâtres; en particulier, aux alentours de celui-ci, il y avoit l'hôtel d'Anjou, rue Dauphine, où l'on dînoit à bon marché; l'hôtel de France, rue Guénégaud, où l'on dînoit à 40 sous, etc.

Note 192: (retour) Voleurs, ainsi nommés de ce qu'ils *tiroient* de dessus les épaules des passants leurs manteaux et vêtements de *laine*. C'est à une étymologie analogue qu'il faut rapporter, par exemple, le nom de la rue Tirechappe. Le Pont-Neuf étoit, pendant la nuit, le rendez-vous de prédilection de ces hardis filous, grisons et rougets, comme, pendant le jour, des charlatans, chanteurs et bateleurs, parcequ'il étoit aussi le rendez-vous des oisifs et le lieu de passage le plus fréquenté de Paris. Les voleurs n'avoient même pas attendu qu'on eût achevé de le bâtir pour en faire un lieu de repaire fort dangereux, comme d'Aubigné nous l'apprend dans un passage de la *Confession de Sancy*; mais à peine eut-il été terminé que ce fut bien pis, et que les coupeurs de bourse en firent le théâtre habituel de leurs exploits, en concurrence avec les industriels, qui leur cédoient la place à la tombée de la nuit. De grands seigneurs même, à l'exemple du prince Henri et de Falstaff, dans le *Henri IV* de Shakespeare, trouvoient quelquefois plaisant de se métamorphoser en filous, sous la conduite ou d'après l'exemple de Gaston d'Orléans, comme l'attestent les témoignages de Sandras de Courtilz, de Sorel, dans *Francion* (2e liv.), etc. Ceux-là étoient les *tire-soie*. Comment la police eût-elle pu y mettre ordre, elle qui, en 1634, ne disposoit encore que de 240 archers pour faire le guet, moitié le jour et moitié la nuit, dans une ville sans réverbères; et qui d'ailleurs, jusqu'au traité des Pyrénées, exerça ses fonctions avec si peu de vigilance? V. *Hist. du Pont-Neuf*, par Éd. Fournier (*Rev. fr.*, 1 et 10 octobre 1855).

Note 193: (retour) La peinture sur émail, telle qu'elle se pratique aujourd'hui, étoit nouvelle alors. Ce fut vers 1632 que Jean Toutin, orfèvre de Châteaudun, parvint à faire des émaux de belles couleurs opaques, portraits et sujets historiques. Il eut pour disciple Gribelin, qui perfectionna ses procédés. Puis vinrent dans le même siècle l'orfèvre Dubié, qui logeoit aux galeries du Louvre; Morlière (d'Orléans), qui travailloit à Blois; et, à Blois encore, Robert Vauquier et Pierre Chartier; enfin, Petitot et Bordier. C'étoit probablement dans ce nouveau genre qu'avoit été fait le portrait de Mlle de La Boissière.

Le père de Leonore en etoit parti quinze jours auparavant pour aller en Angleterre, où il etoit allé servir le roi [194] contre les parlementaires. La mère de Leonore en fut si affligée qu'elle en tomba malade et en mourut. Elle me vit en mourant aussi affligé que si j'eusse eté son fils. Elle me recommanda sa fille, et me fit promettre que je ne l'abandonnerois point et que je ferois ce que je pourrois pour trouver son père et la lui remettre entre les mains. À quelque temps de là, je fus volé par un François de tout ce qui me restoit d'argent, et la necessité où je me trouvai avec Leonore fut telle, que nous prîmes parti dans votre troupe, qui nous reçut par l'entremise de la Rancune. Vous sçavez le reste de mes aventures; elles ont eté, depuis ce temps-là, communes avec les vôtres jusques à Tours, où je pense avoir vu encore le diable de Saldagne; et, si je ne me trompe, je ne serai pas long-temps en ce pays sans le trouver, ce que je crains moins pour moi que pour Leonore, qui seroit abandonnée d'un serviteur fidèle si elle me perdoit, ou si quelque malheur me separoit d'avec elle.

Note 194: (retour) Charles I. On se souvient que le père de Léonore étoit un seigneur écossois.

Le Destin finit ainsi son histoire, et, après avoir consolé quelque temps mademoiselle de l'Etoile, que le souvenir de ses malheurs faisoit alors autant pleurer que si elle n'eût fait que commencer d'être malheureuse, il prit congé des comediennes et s'alla coucher.

CHAPITRE XIX.

Quelques reflexions qui ne sont pas hors de propos.
Nouvelle disgrâce de Ragotin, et autres choses
que vous lirez, s'il vous plaît.

L'amour, qui fait tout entreprendre aux jeunes et tout oublier aux vieux, qui a eté cause de la guerre de Troie [195] et de tant d'autres dont je ne veux pas prendre la peine de me ressouvenir, voulut alors faire voir, dans la ville du Mans, qu'il n'est pas moins redoutable dans une mechante hôtellerie qu'en quelque autre lieu que ce soit. Il ne se contenta donc pas de Ragotin, amoureux à perdre l'appetit: il inspira cent mille desirs dereglés à la Rappinière, qui en etoit fort susceptible, et rendit Roquebrune amoureux de la femme de l'operateur, ajoutant à sa vanité, bravoure [196] et poesie, une quatrième folie, ou plutôt lui faisant faire une double infidelité, car il avoit parlé d'amour long-temps auparavant à l'Etoile et à Angelique, qui lui avoient conseillé l'une et l'autre de ne prendre pas la peine de les aimer. Mais tout cela n'est rien auprès de ce que je vais vous dire. Il triompha aussi de l'insensibilité et de la misanthropie de la Rancune, qui devint amoureux de l'operatrice; et ainsi le poète Roquebrune, pour ses pechés et pour l'expiation des livres reprouvés qu'il avoit mis en lumière, eut pour rival le plus mechant homme du monde. Cette operatrice avoit nom dona Inezilla del Prado, native de Malaga, et son mari, ou soi-disant tel, le seigneur Ferdinando Ferdinandi, gentilhomme venitien, natif de Caen en Normandie [197]. Il y eut encore dans la même hôtellerie d'autres personnes atteintes du même mal, aussi dangereusement pour le moins que ceux dont je viens de vous reveler le secret; mais nous vous les ferons connoître en temps et lieu. La Rappinière étoit devenu amoureux de mademoiselle de l'Etoile en lui voyant representer Chimène, et avoit fait dessein en même temps de decouvrir son mal à la Rancune, qu'il jugeoit capable de tout faire pour de l'argent. Le divin Roquebrune s'etoit imaginé la conquête d'une Espagnole digne de son courage. Pour la Rancune, je ne sçais pas bien par quels charmes cette etrangère put rendre capable d'aimer un homme qui haïssoit tout le monde. Ce vieil comedien, devenu âme damnée devant le temps, je veux dire amoureux devant sa mort, etoit encore au lit quand Ragotin, pressé de son amour comme d'un mal de ventre, le vint trouver pour le prier de songer à son affaire et d'avoir pitié de lui. La Rancune lui promit que le jour ne se passeroit pas qu'il ne lui eût rendu un service signalé auprès de sa maîtresse. La Rappinière entra en même temps dans la chambre de la Rancune, qui achevoit de s'habiller, et, l'ayant tiré à part, lui avoua son infirmité, et lui dit que, s'il le pouvoit mettre aux bonnes grâces de mademoiselle de l'Etoile, il n'y avoit rien en sa puissance qu'il ne pût esperer de lui, jusqu'à une charge d'archer et une sienne nièce en mariage, qui seroit son héritière parce qu'il n'avoit point d'enfans. Le fourbe la Rancune lui promit encore plus qu'il n'avoit fait à Ragotin, dont cet avant-coureur du bourreau ne conçut pas de petites esperances. Roquebrune vint aussi consulter l'oracle. Il etoit le plus incorrigible presomptueux qui soit jamais venu des bords de la Garonne, et il s'etoit imaginé que l'on croyoit tout ce qu'il disoit de sa bonne maison, richesse, poesie et valeur: si bien qu'il ne s'offensoit point des persecutions et des rompemens de visière que lui faisoit continuellement la Rancune. Il croyoit que ce qu'il en faisoit n'etoit que pour allonger la conversation, outre qu'il entendoit la raillerie mieux qu'homme du monde, et la souffroit en philosophe chretien, quand même elle alloit au solide. Il se croyoit donc admiré de tous les comediens, voire de la Rancune, qui avoit assez d'experience pour n'admirer guère de choses, et qui, bien loin d'avoir bonne opinion de ce mâche-laurier, s'etoit instruit amplement de ce qu'il etoit, pour sçavoir si les evêques et grands seigneurs de son pays, qu'il alleguoit à tous momens comme ses parens, etoient veritablement des branches d'un arbre genealogique que ce fou d'alliances et d'armoiries, aussi bien que de beaucoup d'autres choses, avoit fait faire en vieil parchemin. Il fut bien fâché de trouver la Rancune en compagnie, quoique cela le dût embarrasser moins qu'un autre, ayant la mauvaise coutume de parler toujours aux oreilles des personnes et de faire secret de tout, et fort souvent de rien [198]. Il tira donc la Rancune en particulier, et n'en fit point à deux fois pour lui dire qu'il etoit bien en peine de sçavoir si la femme de l'operateur avoit beaucoup de l'esprit, parcequ'il avoit aimé des femmes de toutes les nations, excepté des Espagnoles, et si elle valoit la peine qu'il s'y amusât; qu'il ne seroit pas plus pauvre quand il lui auroit fait un present des cent pistoles qu'il offroit de gager à toutes rencontres, ce qui lui arrivoit aussi souvent que de parler de sa bonne maison. La Rancune lui dit qu'il ne connoissoit pas assez la dona Inezilla pour lui repondre de son esprit; qu'il s'etoit trouvé souvent avec son mari dans les meilleures villes du royaume, où il vendoit le mithridate [199], et que, pour s'informer de ce qu'il desiroit sçavoir, il n'y avoit qu'à faire conversation avec elle, puisqu'elle parloit françois passablement. Roquebrune lui voulut confier sa genealogie en parchemin, pour faire valoir à l'Espagnole la splendeur de sa race; mais la Rancune lui dit que cela etoit meilleur à faire un chevalier de Malte qu'à se faire aimer. Roquebrune, là-dessus, fit l'action d'un homme qui compte de l'argent en sa main, et dit à la Rancune: «Vous sçavez bien quel homme je suis.--Oui, oui, lui repondit la Rancune, je sçais bien quel homme vous êtes et quel homme vous serez toute votre vie.» Le poète s'en retourna comme il etoit venu, et la Rancune, son rival et son confident tout ensemble, se rapprocha de la Rappinière et de Ragotin, qui etoient rivaux aussi sans le sçavoir. Pour le vieil la Rancune, outre que l'on hait facilement ceux qui ont pretention sur ce que l'on destine pour soi, et que naturellement il haïssoit tout le monde, il avoit de plus toujours eu grande aversion pour le poète, qui sans doute ne la fit point cesser par cette confidence. La Rancune fit donc dessein à l'heure même de lui faire tous les plus mechans tours qu'il pourroit, à quoi son esprit de singe etoit fort propre. Pour ne perdre point de temps, il commença dès le jour même, par une insigne mechanceté, à lui emprunter de l'argent, dont il se fit habiller depuis les pieds jusqu'à la tête, et se donna du linge. Il avoit eté malpropre toute sa vie; mais l'amour, qui fait de plus grands miracles, le rendit soigneux de sa personne sur la fin de ses jours. Il prit du linge blanc plus souvent qu'il n'appartenoit à un vieil comedien de campagne 200, et commença de se teindre et raser le poil si souvent et avec tant de soin, que ses camarades s'en aperçurent.

Note 195: (retour)

Amour, tu perdis Troie

a dit plus tard La Fontaine, dans *les Deux Coqs* (liv. 7, f. 12).

Note 196: (retour) *Bravoure* est mis ici pour *braverie*, dans le sens de mauvaise gloire, recherche dans la parure, etc.

Note 197: (retour) Ch. Sorel introduit de même dans *Francion* un opérateur qui se fait passer pour Italien, quoiqu'il soit Normand (liv. 10). C'étoit une imposture assez en usage parmi les charlatans, pour se donner plus de prestige auprès du populaire. Du reste, suivant Calepin et le Dictionnaire de Furetière, ceux-ci venoient originairement d'Italie, et, toujours suivant eux, le nom même de charlatan dérivoit, par l'italien *ceretano*, de celui de *Coeretum*, bourg proche de Spolète, d'où étoient sortis les premiers de ces opérateurs qui eussent couru les villes de France. Un des plus célèbres étoit Caretti, dont parle La Bruyère (*De quelques usages*) sous le nom de Carro-Carri: «L'émulation de cet homme, dit-il, a peuplé le monde de noms en O et en I, noms vénérables qui en imposent aux malades et aux maladies.» On voit que ce passage et le nom créé par La Bruyère s'appliquent parfaitement ici.

Note 198: (retour) Théodote... s'approche de vous, et il vous dit à l'oreille: «Voilà un beau temps, voilà un grand dégel.» (*Car. de La Bruyère*, De la cour.)

Note 199: (retour) C'étoit une composition qui servoit de remède ou de préservatif contre les poisons. Est-il besoin d'ajouter que le nom de cet antidote, dont on peut voir la recette dans les vieux livres de pharmacie, vient de Mithridate, le grand roi de Pont? On étendoit souvent ce terme à toutes les drogues vendues par les opérateurs et les charlatans.

Note 200: (retour) Mettre souvent du linge blanc étoit en effet un luxe peu usité alors, même parmi des personnes de plus haute condition que la Rancune. Dans son *Epître* à madame de Hautefort (1651), Scarron dit des demoiselles les plus distinguées du Mans

Que sur elles blanche chemise

N'est point que de mois en mois mise,

Et qu'elles prennent seulement

Le linge blanc pour l'ornement.

Il semble que la propreté ne fût pas la vertu dominante de la belle société, non plus que du peuple, au XVIIe siècle. Tallemant dit de plusieurs des plus hauts personnages du temps, comme un grand éloge, qu'ils étoient fort propres. Il dit de madame de Sablé: «Elle est toujours sur son lit, faite comme quatre oeufs, et le lit est propre comme la dame.» «L'on peut, lit-on dans une pièce curieuse qui s'adresse aux *dandys* de 1644, aller *quelquefois* chez les baigneurs, pour avoir le corps net, et tous les jours l'on prendra la peine de se laver les mains avec le pain d'amende. Il faut aussi se faire laver le visage *presque aussi souvent*» (*Lois de la galanterie*). V. les *Stances* de Voiture *à une demoiselle qui avoit les manches de sa chemise retroussées et sales.*

Ce jour-là, les comediens avoient eté retenus pour representer une comedie chez un des plus riches bourgeois de la ville, qui faisoit un grand festin et donnoit le bal aux noces d'une demoiselle de ses parentes dont il etoit tuteur. L'assemblée se faisoit dans une maison des plus belles du pays, qu'il avoit quelque part à une lieue de la ville, je n'ai pas bien sçu de quel côté. Le decorateur des comediens et un menuisier y etoient allés dès le matin pour dresser un théâtre. Toute la troupe s'y en alla en deux carrosses, et partit du Mans sur les deux heures du matin, pour arriver à l'heure du dîner où ils devoient jouer la comedie. L'Espagnole dona Inezilla fut de la partie, aux prières des comediennes et de la Rancune. Ragotin, qui en fut averti, alla attendre le carrosse en une hôtellerie qui etoit au bout du faubourg, et attacha un beau cheval qu'il avoit emprunté aux grilles d'une salle basse qui repondoit sur la rue. A peine se mettoit-il à table pour dîner qu'on l'avertit que les carrosses approchoient. Il vola à son cheval sur les ailes de son amour, une grande epée à son côté et une carabine en bandoulière. Il n'a jamais voulu declarer pourquoi il alloit à une noce avec une si grande munition d'armes offensives, et la Rancune même, son cher confident, ne l'a pu sçavoir. Quand il eut detaché la bride de son cheval, les carrosses se trouvèrent si près de lui qu'il n'eut pas le temps de chercher de l'avantage pour s'eriger en petit saint George. Comme il n'etoit pas fort bon ecuyer et qu'il ne s'etoit pas preparé à montrer sa disposition devant tant de monde, il s'en acquitta de fort mauvaise grâce, le cheval etant aussi haut de jambes qu'il en etoit court. Il se guinda pourtant vaillamment sur l'etrier, et porta la jambe droite de l'autre côté de la selle; mais les sangles, qui etoient un peu lâches, nuisirent beaucoup au petit homme: car la selle tourna sur le cheval quand il pensa monter dessus. Tout alloit pourtant assez bien jusque là; mais la maudite carabine qu'il portoit en bandoulière et qui lui pendoit au col comme un collier, s'etoit mise malheureusement entre ses jambes sans qu'il s'en aperçût, tellement qu'il s'en falloit beaucoup que son cul ne touchât au siège de la selle, qui n'etoit pas fort rase, et que la carabine traversoit depuis le pommeau jusqu'à la croupière. Ainsi il ne se trouva pas à son aise et ne put pas seulement toucher les etriers du bout des pieds. Là-dessus, les eperons qui armoient ses jambes courtes se firent sentir au cheval en un endroit où jamais eperon n'avoit touché. Cela le fit partir plus gaîment qu'il n'etoit nécessaire à un petit homme qui ne posoit que sur une carabine. Il serra les jambes; le cheval leva le derrière, et Ragotin, suivant la pente naturelle des corps pesans, se trouva sur le col du cheval et s'y froissa le nez, le cheval ayant levé la tête pour une furieuse saccade que l'imprudent lui donna; mais, pensant reparer sa faute, il lui rendit la bride. Le cheval en sauta, ce qui fit franchir au cul du patient toute l'etendue de la selle et le mit sur la croupe, toujours la carabine entre les jambes. Le cheval, qui n'etoit pas accoutumé d'y porter quelque chose, fit une croupade [201] qui remit Ragotin en selle. Le mechant ecuyer resserra les jambes, et le cheval releva le cul encore plus fort, et alors le malheureux se trouva le pommeau entre les fesses, où nous le laisserons comme sur un pivot pour nous reposer un peu: car, sur mon honneur, cette description m'a plus coûté que tout le reste du livre, et encore n'en suis-je pas trop bien satisfait.

Note 201: (retour) «Terme de manége. C'est un saut plus relevé que la courbette, et qui tient le devant et le derrière du cheval en une égale hauteur, en sorte qu'il trousse ses jambes de derrière sous le ventre, sans allonger ni montrer ses fers.» (*Dict. de Fur.*)

CHAPITRE XX.

Le plus court du present livre.

*Suite du trebuchement de Ragotin, et quelque chose
de semblable qui arriva, à Roquebrune.*

Nous avons laissé Ragotin assis sur le pommeau d'une selle, fort empêché de sa contenance et fort en peine de ce qui arriveroit de lui. Je ne crois pas que defunt Phaeton, de malheureuse memoire, ait eté plus empêché après les quatre chevaux fougueux de son père 202, que le fut alors notre petit avocat sur un cheval doux comme un âne; et s'il ne lui en coûta pas la vie, comme à ce fameux temeraire, il s'en faut prendre à la Fortune, sur les caprices de laquelle j'aurois un beau champ pour m'etendre, si je n'etois obligé, en conscience, de le tirer vitement du peril où il se trouve: car nous en aurons beaucoup à faire tandis que notre troupe comique sera dans la ville du Mans.

Note 202: (retour) Voy. Métamorphoses d'Ovide, liv. 2, f. 1

Aussitôt que l'infortuné Ragotin ne se sentit qu'un pommeau de selle entre les deux parties de son corps qui etoient les plus charnues, et sur lesquelles il avoit accoutumé de s'asseoir, comme font tous les autres animaux raisonnables; je veux dire qu'aussitôt qu'il se sentit n'être assis que sur fort peu de chose, il quitta la bride en homme de jugement et se prit aux crins du cheval, qui se mit aussitôt à courre. Là-dessus la carabine tira. Ragotin crut en avoir au travers du corps; son cheval crut la même chose, et broncha si rudement que Ragotin en perdit le pommeau qui lui servoit de siége, tellement qu'il pendit quelque temps aux crins du cheval, un pied accroché par son eperon à la selle, et l'autre pied et le reste du corps attendant le décrochement de ce pied accroché pour donner en terre, de compagnie avec la carabine, l'epée et le baudrier, et la bandoulière. Enfin le pied se decrocha, ses mains lâchèrent le crin, et il fallut tomber, ce qu'il fit bien plus adroitement qu'il n'avoit monté. Tout cela se passa à la vue des carrosses, qui s'etoient arrêtés pour le secourir, ou plutôt pour en avoir le plaisir. Il pesta contre le cheval, qui ne branla pas depuis sa chute; et, pour le consoler, on le reçut dans l'un des carrosses en la place du poète, qui fut bien aise d'être à cheval pour galantiser à la portière où etoit Inezille. Ragotin lui resigna l'epée et l'arme à feu, qu'il se mit sur le corps d'une façon toute martiale. Il allongea les etriers, ajusta la bride, et se prit sans doute mieux que Ragotin à monter sur sa bête. Mais il y avoit quelque sort jeté sur ce malencontreux animal: la selle, mal sanglée, tourna comme à Ragotin, et, ce qui attachoit ses chausses s'etant rompu, le cheval l'emporta quelque temps un pied dans l'etrier, l'autre servant de cinquième jambe au cheval, et les parties de derrière du citoyen de Parnasse fort exposées aux yeux des assistans, ses chausses lui etant tombées sur les jarrets. L'accident de Ragotin n'avoit fait rire personne, à cause de la peur qu'on avoit eue qu'il ne se blessât; mais celui de Roquebrune fut accompagné de grands eclats de risée que l'on fit dans les carrosses. Les cochers en arrêtèrent leurs chevaux pour rire leur soûl, et tous les spectateurs firent une grande huée après Roquebrune, au bruit de laquelle il se sauva dans une maison, laissant le cheval sur sa bonne foi [203]. Mais il en usa mal, car il s'en retourna vers la ville. Ragotin, qui eut peur d'avoir à le payer, se fit descendre de carrosse et alla après; et le poète, qui avoit recouvert ses posterieures, rentra dans un des carrosses, fort embarrassé et embarrassant les autres de l'equipage de guerre de Ragotin, qui eut encore cette troisième disgrâce devant sa maîtresse, par où nous finirons le vingtième chapitre.

Note 203: (retour) Expression proverbiale qu'on appliquoit particulièrement aux chevaux, pour dire qu'on les laissoit en liberté d'aller où ils voudroient.

CHAPITRE XXI

qui peut-être ne sera pas trouvé fort divertissant.

Les comediens furent fort bien reçus du maître de la maison, qui etoit honnête homme et des plus considerés du pays. On leur donna deux chambres pour mettre leurs hardes et pour se preparer en liberté à la comedie, qui fut remise à la nuit. On les fit aussi dîner en particulier, et, après dîner, ceux qui voulurent se promener eurent à choisir d'un grand bois et d'un beau jardin. Un jeune conseiller du parlement de Rennes, proche parent du maître de la maison, accosta nos comediens et s'arrêta à faire conversation avec eux, ayant reconnu que le Destin avoit de l'esprit et que les comediennes, outre qu'elles etoient fort belles, etoient capables de dire autre chose que des vers appris par coeur. On parla des choses dont l'on parle d'ordinaire avec des comediens, de pièces de théâtre et de ceux qui les font [204]. Ce jeune conseiller dit entre autres choses que les sujets connus dont on pouvoit faire des pièces regulières avoient tous eté mis en oeuvre, que l'histoire etoit epuisée, et que l'on seroit reduit à la fin à se dispenser de la règle des vingt-quatre heures; que le peuple et la plus grande partie du monde ne sçavoient point à quoi étoient bonnes les règles sévères du théâtre; que l'on prenoit plus de plaisir à voir representer les choses qu'à ouïr des recits; et, cela etant, que l'on pourroit faire des pièces qui seraient fort bien reçues, sans tomber dans les extravagances des Espagnols et sans se gehenner par la rigueur des règles d'Aristote [205]. De la comedie on vint à parler des romans. Le conseiller dit qu'il n'y avoit rien de plus divertissant que quelques romans modernes; que les François seuls en savoient faire de bons, et que les Espagnols avoient le secret de faire de petites histoires, qu'ils appellent Nouvelles, qui sont bien plus à notre usage et plus selon la portée de l'humanité que ces heros imaginaires de l'antiquité, qui sont quelquefois incommodes à force d'être trop honnêtes gens; enfin, que les exemples imitables etoient pour le moins d'aussi grande utilité que ceux que l'on avoit presque peine à concevoir; et il conclut que, si l'on faisoit des nouvelles en françois aussi bien faites que quelques unes de celles de Michel de Cervantes [206], elles auroient cours autant que les romans heroïques [207]. Roquebrune ne fut pas de cet avis. Il dit fort absolument qu'il n'y avoit point de plaisir à lire des romans s'ils n'etoient composés d'aventures de princes, et encore de grands princes, et que, par cette raison-là, l'Astrée ne lui avoit plu qu'en quelques endroits [208]. «Et dans quelles histoires trouveroit-on assez de rois et d'empereurs pour vous faire des romans nouveaux? lui repartit le conseiller.--Il en faudroit faire, dit Roquebrune, comme dans les romans tout à fait fabuleux et qui n'ont aucun fondement dans l'histoire.--Je vois bien, repartit le conseiller, que le livre de Dom Quichotte n'est pas trop bien avec vous.--- C'est le plus sot livre que j'aie jamais vu, reprit Roquebrune, quoiqu'il plaise à quantité de gens d'esprit.-

-Prenez garde, dit le Destin, qu'il ne vous deplaise par votre faute plutôt que par la sienne». Roquebrune n'eût pas manqué de repartie s'il eût ouï ce qu'avoit dit le Destin; mais il etoit occupé à conter ses prouesses à quelques dames qui s'etoient approchées des comediennes, auxquelles il ne promettoit pas moins que de faire un roman en cinq parties, chacune de dix volumes, qui effaceroit les Cassandres, Cleopâtre, Polexandre et Cyrus [209], quoique ce dernier ait le surnom de Grand, aussi bien que le fils de Pepin.

Note 204: (retour) Cette courte discussion sur les pièces de théâtre et les romans n'est-elle point un ressouvenir de Cervantes, qui a également mis dans son *Don Quichotte* des entretiens fort remarquables entre le chanoine et don Quichotte, et entre le curé et le barbier, sur le roman chevaleresque et les pièces de théâtre (IIe part.)?

Note 205: (retour) Cela, du reste, avoit déjà été fait ou tenté avec plus ou moins de bonheur, et pas aussi rarement qu'on le croit; mais, au moment où écrivoit Scarron, ces règles étoient dans toute leur puissance, quoiqu'elles ne l'aient jamais beaucoup gêné lui-même. Dans notre vieux théâtre, il n'étoit guère question des unités de temps et de lieu, qu'on s'est long-temps obstiné à regarder comme des règles imposées par Aristote. En 1597, Pierre de Laudun d'Aigaliers, dans sa *Poétique*, argumente en forme contre les vingt-quatre heures, et F. Ogier fait de même, en 1628, dans la préface du *Tyr et Sidon* de Schelandre. En 1625, Mairet, en tête de *Silvanire*, ne plaidoit que fort timidement encore pour les deux unités, se bornant à en prouver la convenance, sans vouloir en imposer la domination absolue. Lui-même attachoit si peu d'importance réelle à ce demi-manifeste, qu'il fut loin de les observer toujours. Mais, un jour, Chapelain, le grand arbitre du goût, se plaignant devant Richelieu des difficultés que la règle des vingt-quatre heures avoit à s'établir, on décida, sous l'inspiration du cardinal, tyran dans les lettres comme dans la politique, qu'elle auroit désormais force de loi. On a dit et répété,--de sorte que cette assertion est devenue un lieu commun littéraire,-- que la *Sophonisbe* de Mairet (1629) est la première où elle fut observée; mais, en y regardant de près, on arrive à concevoir au moins quelques doutes, et, pour l'unité de lieu, elle n'y est certainement pas encore. Il seroit plus juste de substituer à la *Sophonisbe* l'*Amour tyrannique* de Scudéry. Ces lois arbitraires furent assez long-temps à s'établir, même après la décision de Richelieu, comme on peut le voir, pour l'unité de lieu, par plusieurs pièces de Rotrou, par le *Ravissement de Proserpine*, de Claveret (1639), *le Jugement de Pâris*, de Sallebray (1639), etc.;--pour l'unité de temps, par les batailles en forme que lui livrèrent Claveret, dans son *Traité de la disposition du poème dramatique*; Durval, dans la préface de sa *Panthée* (1638), etc. En outre, on peut facilement trouver dans notre ancien théâtre des exemples nombreux de toutes les formes du drame moderne alliées à toutes les licences anti-aristotéliques. Nous renvoyons le lecteur curieux d'étudier cette question à un travail étendu que nous publierons prochainement sur les *Origines du drame moderne* V. aussi *Rom. com.*, 3e part., ch. 13, à la fin.

Note 206: (retour) Les *Nouvelles* de Cervantes avoient été traduites et publiées pour la première fois probablement en 1615 (le privilége est de novembre 1614),--les six premières par Rosset, et les six autres par d'Audiguier. Pour donner une idée de la vogue des romans espagnols et de la rapidité avec laquelle on les traduisoit pour satisfaire à l'avide curiosité des lecteurs françois, j'ajouterai que la première édition espagnole de *Persilès et Sigismonde* est de 1617, et que le privilége pour la traduction françoise est de la même année.

Note 207: (retour) C'est ce que Scarron lui-même a essayé, et souvent avec succès, dans les histoires tirées de l'espagnol qu'il fait raconter aux personnages de son roman, et dans ses *Nouvelles tragi-comiques*, qu'il avoit peut-être composées ou traduites avec l'intention de les encadrer également dans un récit de plus longue haleine. On voit que ce genre de travail n'étoit pas seulement chez Scarron le résultat d'un goût naturel et instinctif, mais aussi celui de la réflexion. D'autres écrivains, au XVIIe siècle, ont également essayé, avec plus ou moins de succès, de remplacer le roman héroïque par la nouvelle bourgeoise et familière (V. notre *Notice* en tête du volume).

Note 208: (retour) Contrairement, en effet, aux *Cyrus*, aux *Polexandre*, etc., l'*Astrée* retraçoit surtout des aventures de bergers: de sorte qu'à la rigueur il se rattachoit en quelque point, par le sujet, sinon par le ton, au roman familier et bourgeois. Il est vrai qu'en réalité les bergers qu'il met en scène n'étoient point de ces bergers nécessiteux «qui, pour gagner leur vie, conduisent les troupeaux aux pâturages», mais plutôt de vrais gentilshommes, qui n'avoient pris cette condition «que pour vivre plus doucement et sans contrainte.» (Préface de l'*Astrée*.) Il y a aussi des chevaliers, des hommes du monde, des princesses sous la figure de nymphes, comme Lindamor, Bélisard, Galathée.

Note 209: (retour) *Cassandre* et *Cléopâtre* sont des romans de La Calprenède, dont le premier a 10 volumes in-8, et le second 12 tomes en 23 volumes. C'est de la *Cléopâtre* que madame de Sévigné écrivoit à madame de Grignan, le 5 juillet 1671, qu'elle s'y laissoit «prendre comme à de la glu», et que cette lecture l'entraînoit «comme une petite fille.» Le *Cyrus* de Mlle de Scudéry ne dépassait pas dix *in-octavo*. Le *Polexandre* de Gomberville est le moins long. Scarron s'est déjà moqué de la longueur de ces romans, et Boileau a fait de même, dans son dialogue des *Héros de romans*.

Cependant le conseiller disoit à Destin et aux comediennes qu'il avoit essayé de faire des nouvelles à l'imitation des Espagnols, et qu'il leur en vouloit communiquer quelques unes. Inezilla prit la parole, et dit en françois qui tenoit plus du gascon que de l'espagnol, que son premier mari avoit eu la reputation de bien ecrire dans la cour d'Espagne; qu'il avoit composé quantité de nouvelles qui y avoient eté bien reçues, et qu'elle en avoit encore d'ecrites à la main qui reussiroient en françois si elles etoient bien traduites. Le conseiller etoit fort curieux de cette sorte de livres; il temoigna à l'Espagnole qu'elle lui feroit un extrême plaisir de lui en donner la lecture, ce qu'elle lui accorda fort civilement. «Et même, ajouta-t-elle, je pense en sçavoir autant que personne du monde; et, comme quelques femmes de notre nation se mêlent d'en faire, et des vers aussi [210], j'ai voulu l'essayer comme les autres, et je vous en puis montrer quelques unes de ma façon.» Roquebrune s'offrit temerairement, selon sa coutume, à les mettre en françois. Inezilla, qui etoit peut-être la plus deliée Espagnole qui jamais ait passé les Pyrenées pour venir en France, lui repondit que ce n'etoit pas assez de bien sçavoir le françois, qu'il falloit sçavoir egalement l'espagnol, et qu'elle ne feroit point difficulté de lui donner de ses nouvelles à traduire quand elle sçauroit assez de françois pour juger s'il en etoit capable. La Rancune, qui n'avoit point encore parlé, dit qu'il n'en falloit point douter, puisqu'il avoit eté correcteur d'imprimerie. Il n'eut pas plutôt lâché la parole qu'il se ressouvint que Roquebrune lui avoit prêté de l'argent. Il ne le poussa donc point selon sa coutume, le voyant dejà tout defait de ce qu'il avoit dit, et avouant avec grande confusion qu'il avoit veritablement corrigé quelque temps, chez les imprimeurs [211], mais que ce n'avoit eté que ses propres ouvrages. Mademoiselle de l'Etoile dit alors à la dona Inezilla que, puisqu'elle sçavoit tant d'historiettes, elle l'importuneroit souvent de lui en conter. L'Espagnole s'y offrit à l'heure même. On la prit au mot; tous ceux de la compagnie se mirent à l'entour d'elle, et alors elle commença une histoire, non pas du tout dans les termes que vous l'allez lire dans le suivant chapitre, mais pourtant assez intelligiblement pour faire voir qu'elle avoit bien de l'esprit en espagnol, puisqu'elle en faisoit beaucoup paroître en une langue dont elle ne sçavoit pas les beautés.

Note 210: (retour) Il n'y a pas beaucoup de ces femmes dont l'histoire littéraire ait conservé les noms. Voici les plus célèbres qui eussent paru jusqu'à cette époque: Mariana de Carbajal y Saavedra avoit publié, en 1633, huit *Nouvelles amusantes*; Maria de Zayas donna au public, en 1637 et 1647, deux recueils, dont l'un intitulé *Contes*, et l'autre *Bals* (Saraos). Pour la poésie, les seuls noms à peu près qu'on puisse indiquer, après celui de sainte Thérèse, sont ceux de Narvaëz et de dona Christovalina, qu'on trouve citées dans les *Fleurs des plus fameux poètes de l'Espagne* (1605), par P. Espinosa. Ajoutons-y deux Portuguaises: Violante del Cielo, qui publia ses *Rimes* en 1646, et Bernarda Ferreira, auteur de *l'Espagne délivrée*, sorte de poème épique, dont la première partie avoit paru en 1618.

Note 211: (retour) On ne voit pas trop, en somme, ce que cet aveu avoit d'humiliant. Roquebrune auroit pu penser, pour se consoler, que Lascaris, Etienne Dolet, Juste-Lipse, Erasme, Mélanchton, Scaliger, et d'autres non moins célèbres, avoient fait ce métier avant lui; mais c'étoit là une ressource à laquelle avoient souvent recours, pour vivre, les pauvres écrivains et les *poètes crottés*. «Pour le jour, lit-on dans l'*Histoire du poète Sibus*, il le passoit ou à porter ses ouvrages au tiers et au quart, ou à corriger les fautes dans une imprimerie.» (*Rec. en prose* de Sercy, 2e vol.) C'est pour cela que le glorieux Roquebrune est honteux de la révélation de la Rancune.

CHAPITRE XXII.

A trompeur trompeur et demi [212].

Une jeune dame de Tolède, nommée Victoria, de l'ancienne maison de Portocarrero [213], s'etoit retirée en une maison qu'elle avoit sur les bords du Tage, à demi-lieue de Tolède, en l'absence de son frère, qui etoit capitaine de cavalerie dans les Pays-Bas. Elle etoit demeurée veuve, à l'âge de dix-sept ans, d'un vieil gentilhomme qui s'etoit enrichi aux Indes [214], et qui, s'etant perdu en mer six mois après son mariage, avoit laissé beaucoup de bien à sa femme. Cette belle veuve, depuis la mort de son mari, s'etoit retirée auprès de son frère, et y avoit vecu d'une façon si approuvée de tout le monde, qu'à l'âge de vingt ans les mères la proposoient à leurs filles comme un exemple, les maris à leurs femmes, et les galans à leurs desirs, comme une conquête digne de leur merite. Mais, si sa vie retirée avoit refroidi l'amour de plusieurs, elle avoit, d'un autre côté, augmenté l'estime que tout le monde avoit pour elle. Elle goûtoit en liberté les plaisirs de la campagne dans cette maison des champs, quand, un matin, ses bergers lui amenèrent deux hommes qu'ils avoient trouvés dépouillés de tous leurs habits et attachés à des arbres où ils avoient passé la nuit. On leur avoit donné à chacun une mechante cape de berger pour se couvrir, et ce fut en ce bel equipage-là qu'ils parurent devant la belle Victoria. La pauvreté de leur habit ne lui cacha point la riche mine du plus jeune, qui lui fit un compliment en honnête homme, et lui dit qu'il etoit un gentilhomme de Cordoue appelé dom Lopez de Gongora; qu'il venoit de Seville, et qu'allant à Madrid pour des affaires d'importance et s'etant amusé à jouer à une demi-journée de Tolède, où il avoit dîné le jour auparavant, que la nuit l'avoit surpris; qu'il s'etoit endormi, et son valet aussi, en attendant un muletier qui etoit demeuré derrière, et que des voleurs, l'ayant trouvé comme il dormoit, l'avoient lié à un arbre, et son valet aussi, après les avoir depouillés jusqu'à la chemise. Victoria ne douta point de la verité de ses paroles: sa bonne mine parloit en sa faveur, et il y avoit toujours de la generosité à secourir un etranger reduit à une si fâcheuse necessité. Il se rencontra heureusement que, parmi les hardes que son frère lui avoit laissées en garde, il y avoit quelques habits: car les Espagnols ne quittent point leurs vieux habits pour jamais quand ils en prennent de neufs [215]. On choisit le plus beau et le mieux fait à la taille du maître, et le valet fut aussi revêtu de ce que l'on put trouver sur-le-champ de plus propre pour lui. L'heure du dîner etant venue, cet etranger, que Victoria fit manger à sa table, parut à ses yeux si bien fait et l'entretint avec tant d'esprit, qu'elle crut que l'assistance qu'elle lui rendoit ne pouvoit jamais être mieux employée. Ils furent ensemble le reste du jour, et se plurent tellement l'un à l'autre que la nuit même ils en dormirent moins qu'ils n'avoient accoutumé. L'etranger voulut envoyer son valet à Madrid querir de l'argent et faire faire des habits, ou du moins il en fit semblant; la belle veuve ne le voulut pas permettre, et lui en promit pour achever son voyage. Il lui parla d'amour dès le jour même, et elle l'ecouta favorablement. Enfin, en quinze jours, la commodité du lieu, le merite egal en ces deux jeunes personnes, quantité de sermens d'un côté, trop de franchise et de credulité de l'autre, une promesse de mariage offerte et la foi reciproquement donnée en presence d'un vieil ecuyer et d'une suivante de Victoria, lui firent faire une faute dont jamais on ne l'eût crue capable, et mirent ce bienheureux etranger en possession de la plus belle dame de Tolède. Huit jours durant, ce ne fut que feu et flammes entre les jeunes amans. Il fallut se separer: ce ne furent que larmes. Victoria eût eu droit de le retenir; mais, l'etranger lui ayant fait valoir qu'il laissoit perdre une affaire de grande importance pour l'amour d'elle, lui protestant que le gain qu'il avoit fait de son coeur lui faisoit negliger celui d'un procès qu'il avoit à Madrid, et même ses pretentions de la Cour, elle fut la première à hâter son départ, ne l'aimant pas assez aveuglement pour preferer le plaisir d'être avec lui à son avancement. Elle fit faire des habits à Tolède pour lui et pour son valet, et lui donna de l'argent autant qu'il en voulut. Il partit pour Madrid monté sur une bonne mule, et son valet sur une autre, la pauvre dame veritablement accablée de douleur quand il partit, et lui, s'il ne fut pas beaucoup affligé, le contrefaisant avec la plus grande hypocrisie du monde. Le jour même qu'il partit, une servante, faisant la chambre où il avoit couché, trouva une boîte de portrait enveloppée dans une lettre. Elle porta le tout à sa maîtresse, qui vit dans la boîte un visage parfaitement beau et fort jeune, et lut dans la lettre ces paroles, ou d'autres qui vouloient dire la même chose:

Note 212: (retour) Traduit de la deuxième nouvelle des *Alivios de Cassandra*, de don Alonzo Castillo Solorzano, intitulée: *A un engano otro mayor*. V. notre *Notice*.

Note 213: (retour) La maison de Portocarrero, une des plus considérables d'Espagne, s'étoit divisée en plusieurs branches importantes, sur lesquelles on peut consulter le *Dict. généal.* de La Chesnaie des Bois, et le *Nobiliario genealogico de Espana* de Haro (2e vol.).

Note 214: (retour) C'est-à-dire en Amérique, car on sait que, lorsque Christophe Colomb découvrit ce continent, il le prit d'abord pour une prolongation des Indes, et que l'usage subsista long-temps de confondre ces deux noms. Scarron, ici, a probablement en vue le Mexique ou le Pérou, qui étoient des possessions espagnoles.

Note 215: (retour) A cause, probablement, de l'habitude où sont beaucoup de peuples méridionaux, les Italiens aussi bien que les Espagnols, de garder long-temps leurs domestiques et de ne s'en point séparer, même quand l'âge les a rendus impropres au service, ce qui leur fournit un usage tout prêt pour leurs vieux habits.

Monsieur mon cousin,

Je vous envoie le portrait de la belle Elvire de Silva. Quand vous la verrez, vous la trouverez encore plus belle que le peintre ne l'a sçu faire. Dom Pedro de Silva, son père, vous attend avec impatience. Les articles de votre mariage sont tels que vous les avez souhaités, et ils vous sont fort avantageux, à ce qu'il me semble. Tout cela vaut bien la peine que vous hâtiez votre voyage.

De Madrid, ce, etc.

Dom Antoine de Ribera.

La lettre s'adressoit à Fernand de Ribera, à Seville. Representez-vous, je vous prie, l'etonnement de Victoria à la lecture d'une telle lettre, qui, selon toutes les apparences du monde, ne pouvoit être ecrite à un autre qu'à son Lopez de Gongora. Elle voyoit, mais trop tard, que cet etranger qu'elle avoit si fort obligé, et si vite, lui avoit deguisé son nom; et, par ce deguisement-là, elle devoit être toute assurée de son infidelité. La beauté de la dame du portrait ne la devoit pas moins mettre en peine, et ce mariage dont les articles etoient deja passés achevoit de la desesperer. Jamais personne ne s'affligea tant; ses soupirs la pensèrent suffoquer, et elle pleura jusqu'à s'en faire mal à la tête. «Miserable que je suis! disoit-elle quelquefois en elle-même, et quelquefois aussi devant son vieil ecuyer et sa suivante, qui avoient eté temoins de son mariage; ai-je eté si long-temps sage pour faire une faute irreparable! et devois-je refuser tant de personnes de condition de ma connoissance qui se fussent estimés heureux de me posseder, pour me donner à un inconnu, qui se moque peut-être de moi après m'avoir rendue malheureuse pour toute ma vie! Que dira-t-on dans Tolède, et que dira-t-on dans toute l'Espagne? Un jeune homme lâche et trompeur sera-t-il discret? Devois-je lui temoigner que je l'aimois devant que de sçavoir si j'en etois aimée? M'auroit-il caché son nom s'il avoit eté sincère, et dois-je esperer, après cela, qu'il cache les avantages qu'il a sur moi? Que ne fera point mon frère contre moi, après ce que j'ai fait moi-même? et de quoi lui sert l'honneur qu'il acquiert en Flandre, tandis que je le deshonore en Espagne? Non, non, Victoria, il faut tout entreprendre, puisque nous avons tout oublié; mais, devant que d'en venir à la vengeance et aux derniers remèdes, il faut, essayer de gagner par adresse ce que nous avons mal conservé par imprudence. Il sera toujours assez à temps de se perdre quand il n'y aura plus rien à esperer.»

Victoria avoit l'esprit bien fort, d'être capable de prendre sitôt une bonne resolution dans une si mauvaise affaire. Son vieil ecuyer et sa suivante la voulurent conseiller. Elle leur dit qu'elle sçavoit bien tout ce qu'on lui pouvoit dire, mais qu'il n'etoit plus question que d'agir. Dès le jour même, un chariot et une charrette furent chargés de meubles et de tapisseries, et Victoria, faisant courir le bruit parmi ses domestiques qu'il falloit qu'elle allât à la cour pour les affaires pressantes de son frère, elle monta en carrosse avec son ecuyer et sa suivante, prit le chemin de Madrid et se fit suivre par son bagage. Aussitôt qu'elle y fut arrivée, elle s'informa du logis de dom Pedro de Silva, et, l'ayant appris, elle en loua un dans le même quartier. Son vieil ecuyer avoit nom Rodrigue Santillane; il avoit eté nourri jeune par le père de Victoria, et il aimoit sa maîtresse comme si elle eût eté sa fille. Ayant force habitudes dans Madrid, où il avoit passé sa jeunesse, il sçut en peu de temps que la fille de dom Pedro de Silva se marioit à un gentilhomme de Seville, qu'on appeloit Fernand de Ribera; qu'un de ses cousins, de même nom que lui, avoit fait ce mariage, et que dom Pedro songeoit déjà aux personnes qu'il mettroit auprès de sa fille. Dès le lendemain, Rodrigue Santillane, honnêtement vêtu, Victoria, habillée en veuve de mediocre condition, et Beatris, sa suivante, faisant le personnage de sa belle-mère, femme de Rodrigue, allèrent chez dom Pedro et demandèrent à lui parler. Dom Pedro les reçut fort civilement, et Rodrigue lui dit avec beaucoup d'assurance, qu'il etoit un pauvre gentilhomme des montagnes de Tolède; qu'il avoit eu une fille unique de sa première femme, qui etoit Victoria, dont le mari etoit mort depuis peu à Seville où il demeuroit; et que, voyant sa fille veuve avec peu de bien, il l'avoit amenée à la cour pour lui chercher condition; qu'ayant ouï parler de lui et de sa fille qu'il etoit prêt de marier, il avoit cru lui faire plaisir en lui venant offrir une jeune veuve très propre à servir de duegna à la nouvelle mariée, et ajouta que le merite de sa fille le rendoit hardi à la lui offrir, et qu'il en seroit pour le moins aussi satisfait qu'il l'avoit pu être de sa bonne mine. Devant que d'aller plus avant, il faut que j'apprenne à ceux qui ne le sçavent pas que les dames en Espagne ont des duegnas auprès d'elles, et ces duegnas sont à peu près la même chose que les gouvernantes ou dames d'honneur que nous voyons auprès des femmes de grand condition. Il faut que je dise encore que ces duegnas ou duègnes sont animaux rigides et fâcheux, aussi redoutés pour le moins que des belles-mères [216]. Rodrigue joua si bien son personnage, et Victoria, belle comme elle etoit, parut, en son habit simple, si agreable et de si bon augure aux yeux de dom Pedro de Silva, qu'il la retint à l'heure même pour sa fille. Il offrit même à Rodrigue et à sa femme place dans sa maison. Rodrigue s'en excusa, et lui dit qu'il avoit quelques raisons pour ne recevoir pas l'honneur qu'il lui vouloit faire; mais que, logeant dans le même quartier, il seroit prêt à lui rendre service toutes les fois qu'il le voudroit employer.

Note 216: (retour) Cette boutade satirique a une signification particulière sous la plume de Scarron, qui n'avoit pas eu à se louer de sa propre belle-mère, Françoise de Plaix, dans ses rapports de famille, pas plus que dans ses affaires d'intérêt: V. *Factum, ou Requête, ou tout ce qu'il vous plaira*, en tête de la 3e part. de ses vers burlesques. Aussi ne l'a-t-il point ménagée. Les traits contre les belles-mères abondent dans ses oeuvres.

Elle fit, et n'y gagna guère,

> Des plaintes dont le seul récit,
>
> A ce que sa servante a dit,
>
> Toucheroit une belle-mère,

dit-il dans son *ode burlesque* sur Léandre et Héro. Il a également semé les allusions dans une foule d'autres pièces, (A. M. du Laurant, *Recommandat.-- Impréc. contre celui qui a pris son Juvén.*, etc.)

Voilà donc Victoria dans la maison de dom Pedro, fort aimée de lui et de sa fille Elvire, et fort enviée de tous les valets. Dom Antoine de Ribera, qui avoit fait le mariage de son infidèle cousin avec la fille de dom Pedro de Silva, lui venoit souvent dire que son cousin etoit en chemin et qu'il lui avoit ecrit en partant de Seville; et cependant ce cousin ne venoit point. Cela le mettoit bien en peine. Dom Pedro et sa fille ne sçavoient qu'en penser, et Victoria y prenoit encore plus de part. Dom Fernand n'avoit garde de venir si vite: le jour même qu'il partit de chez Victoria, Dieu le punit de sa perfidie. En arrivant à Illescas, un chien qui sortit d'une maison à l'improviste fit peur à son mulet, qui lui froissa une jambe contre une muraille et le jeta par terre. Dom Fernand se demit une cuisse, et se trouva si mal de sa chute qu'il ne put passer outre. Il fut sept ou huit jours entre les mains des medecins et chirurgiens du pays, qui n'etoient pas des meilleurs, et, son mal devenant tous les jours plus dangereux, il fit sçavoir à son cousin son infortune, et le pria de lui envoyer un brancard. A cette nouvelle, on s'affligea de sa chute et on se rejouit de ce que l'on sçavoit enfin ce qu'il etoit devenu. Victoria, qui l'aimoit encore, en fut fort inquietée. Don Antoine envoya querir don Fernand. Il fut amené à Madrid, où, tandis que l'on fit des habits pour lui et pour son train, qui fut fort magnifique (car il etoit aîné de sa maison et fort riche), les chirurgiens de Madrid, plus habiles que ceux d'Illescas, le guerirent parfaitement. Dom Pedro de Silva et sa fille Elvire furent avertis du jour, que dom Antoine de Ribera leur devoit amener son cousin dom Fernand. Il y a apparence que la jeune Elvire ne se negligea pas et que Victoria ne fut pas sans emotion. Elle vit entrer son infidèle paré comme un nouveau marié, et, s'il lui avoit plu mal vêtu et mal en ordre, elle le trouva l'homme du monde de la meilleure mine en ses habits de noces. Dom Pedro n'en fut pas moins satisfait, et sa fille eût eté bien difficile si elle y eût trouvé quelque chose à redire. Tous les domestiques regardèrent le serviteur de leur jeune maîtresse de toute la grandeur de leurs yeux, et tout le monde de la maison en eut le coeur epanoui, à la reserve de Victoria, qui sans doute l'eut bien serré. Dom Fernand fut charmé de la beauté d'Elvire, et avoua à son cousin qu'elle etoit encore plus belle que son portrait. Il lui fit ses premiers complimens en homme d'esprit, et, parlant à elle et à son père, s'abstint le plus qu'il put de toutes les sottises que dit ordinairement à un beau-père et à une maîtresse un homme qui demande a se marier. Dom Pedro de Silva s'enferma dans un cabinet avec les deux cousins et avec un homme d'affaires pour ajouter quelque chose qui manquoit aux articles. Cependant Elvire demeura dans la chambre environnée de toutes ses femmes, qui se rejouissoient devant elle de la bonne mine de son serviteur. La seule Victoria demeura froide et serieuse dans les emportemens des autres. Elvire le remarqua et la tira à part pour lui dire qu'elle s'etonnoit de ce qu'elle ne lui disoit rien de l'heureux choix que son père avoit fait d'un gendre qui paroissoit avoir tant de merite, et ajouta qu'au moins par flatterie ou par civilité elle lui en devoit dire quelque chose. «Madame, lui dit Victoria, ce qui paroît de votre serviteur est si fort à son avantage qu'il n'est point necessaire de vous le louer. Ma froideur, que vous avez remarquée, ne vient point d'indifference; et je serois indigne des bontés que vous avez pour moi, si je ne prenois part en tout ce qui vous touche. Je me serois donc rejouie de votre mariage, aussi bien que les autres, si je connoissois moins celui qui doit être votre mari. Le mien etoit de Seville, et sa maison n'etoit pas eloignée de celle du père de votre serviteur. Il est de bonne maison, il est riche, il est bien fait, et je veux croire qu'il a de l'esprit; enfin, il est digne de vous. Mais vous meritez l'affection toute entière d'un homme, et il ne vous peut donner ce qu'il n'a pas. Je m'empêcherois bien de vous dire des choses qui peuvent vous deplaire; mais, je ne m'acquitterois pas de tout ce que je vous dois si je ne vous decouvrois tout ce que je sçais de dom Fernand, en une affaire d'où depend le bonheur ou le malheur de votre vie.» Elvire fut fort etonnée de ce que lui dit sa gouvernante; elle la pria de ne differer pas davantage à lui eclaircir les doutes qu'elle lui avoit mis dans l'esprit. Victoria lui dit que cela ne se pouvoit dire devant ses servantes, ni en peu de paroles. Elvire feignit d'avoir affaire en sa chambre, où Victoria lui dit, aussitôt qu'elle se vit seule avec elle, que Fernand de Ribera etoit amoureux à Seville d'une Lucrèce de Monsalve, demoiselle fort aimable, quoique fort pauvre; qu'il en avoit trois enfans sous promesse de mariage; que, du vivant du père de Ribera, la chose avoit eté tenue secrète, et qu'après sa mort, Lucrèce lui ayant demandé l'accomplissement de sa promesse, il s'etoit extrêmement refroidi; qu'elle avoit remis cette affaire entre les mains de deux gentilshommes de ses parens; que cela avoit fait grand eclat dans Seville, et que dom Fernand s'en etoit absenté quelque temps, par le conseil de ses amis, pour eviter les parens de cette Lucrèce, qui le cherchoient partout pour le tuer. Elle ajouta que l'affaire etoit en cet etat-là quand elle quitta Seville, il y avoit un mois, et que le bruit couroit en même temps que dom Fernand alloit se marier à Madrid. Elvire ne put s'empêcher de lui demander si cette Lucrèce etoit fort belle. Victoria lui dit qu'il ne lui manquoit que du bien, et la laissa fort rêveuse et faisant dessein d'informer promptement son père de ce qu'elle venoit d'apprendre. On la vint appeler en même temps pour revenir trouver son serviteur, qui avoit achevé avec son père ce qui les avoit fait retirer en particulier. Elvire s'y en alla, et cependant Victoria demeura dans l'antichambre, où elle vit entrer ce même valet qui accompagnoit son infidèle quand elle le reçut si genereusement en sa maison auprès de Tolède. Ce valet apportoit à son maître un paquet de lettres qu'on lui avoit donné à la poste de Seville. Il ne put reconnoître Victoria, que la coiffure de veuve avoit fort deguisée. Il la pria de le faire parler à son maître pour lui donner ses lettres. Elle lui dit qu'il ne lui pourroit parler de long-temps, mais que, s'il lui vouloit confier son paquet, elle iroit le lui porter quand on pourroit parler à lui. Le valet n'en fit point de difficulté, et, lui ayant mis son paquet entre les mains, s'en retourna où il avoit affaire. Victoria, qui n'avoit rien à negliger, monta dans sa chambre, ouvrit le paquet, et, en moins de rien, le referma, y ajoutant une lettre qu'elle ecrivit à la hate. Cependant les deux cousins achevèrent leur visite. Elvire vit le paquet de dom Fernand entre les mains de sa gouvernante, et lui demanda ce que c'etoit. Victoria lui dit indifferemment que le valet de dom Fernand le lui avoit donné pour le rendre à son maître, et qu'elle alloit envoyer après, parcequ'elle ne s'etoit point trouvée quand il etoit sorti. Elvire lui dit qu'il n'y avoit point de danger de l'ouvrir, et que l'on y trouveroit peut-être quelque chose de l'affaire qu'elle lui avoit apprise. Victoria, qui ne demandoit pas autre chose, l'ouvrit encore une fois. Elvire en regarda toutes les lettres, et ne manqua pas de s'arrêter sur celle qu'elle vit ecrite en lettre de femme qui s'adressoit à Fernand de Ribera à Madrid. Voici ce qu'elle y lut:

> *Votre absence et la nouvelle que j'ai apprise que l'on vous marioit à la cour vous feront bientôt perdre une personne qui vous aime plus que sa vie, si vous ne venez bientôt la desabuser, et accomplir ce que vous ne pouvez differer ou lui refuser sans une froideur ou une trahison manifeste. Si ce que l'on dit de vous est veritable, et si vous ne songez plus que vous ne faites en moi et en nos enfans, au moins devriez-vous songer à votre vie, que mes cousins sçauront bien vous faire perdre quand vous me reduirez à les en prier, puisqu'ils ne vous la laissent qu'à ma prière.*

De Seville

LUCRÈCE DE MONSALVE.

Elvire ne douta plus de tout ce que lui avoit dit sa gouvernante, après la lecture de cette lettre. Elle la fit voir à son père, qui ne put assez s'etonner qu'un gentilhomme de condition fût assez lâche pour manquer de fidelité à une demoiselle qui le valoit bien et de qui il avoit eu des enfans. A l'heure même il alla s'en informer plus amplement d'un gentilhomme de Seville de ses grands amis, par lequel il avoit dejà eté instruit du bien et des affaires de dom Fernand. A peine fut-il sorti que dom Fernand vint demander ses lettres, suivi de son valet, qui lui avoit dit que la gouvernante de sa maîtresse s'etoit chargée de les lui rendre. Il trouva Elvire dans la salle, et lui dit qu'encore que deux visites lui fussent pardonnables dans les termes où il etoit avec elle, qu'il ne venoit pas tant pour la voir que pour demander ses lettres, que son valet avoit laissées à sa gouvernante. Elvire lui repondit qu'elle les lui avoit prises, qu'elle avoit eu la curiosité d'ouvrir le paquet, ne doutant point qu'un homme de son âge n'eût quelque attachement de galanterie dans une grande ville comme Seville, et que si sa curiosité ne l'avoit pas beaucoup satisfaite, qu'elle lui avoit appris, en recompense, que ceux qui se marioient ensemble devant que de se connoître hasardoient beaucoup. Elle ajouta ensuite qu'elle ne vouloit pas lui retarder davantage le plaisir de lire ses lettres, les lui remit entre les mains, et, lui faisant la reverence, le quitta sans attendre reponse. Dom Fernand demeura fort etonné de ce qu'il entendit dire à sa maîtresse. Il lut la lettre supposée, et vit bien que l'on vouloit troubler son mariage par une fourbe. Il s'adressa à Victoria, qui etoit demeurée dans la salle, et lui dit, sans s'arrêter beaucoup à son visage, que quelque rival ou quelque personne malicieuse avoit supposé la lettre qu'il venoit de lire. «Moi une femme dans Seville! s'ecrioit-il tout etonné; moi des enfans! Ah! si ce n'est la plus impudente imposture du monde, je veux qu'on me coupe la tête!» Victoria lui dit qu'il pouvoit bien être innocent, mais que sa maîtresse ne pouvoit moins faire que de s'en eclaircir, et que très assurement le mariage ne passeroit pas outre que dom Pedro ne fût assuré par un gentilhomme de Seville de ses amis, qu'il etoit allé chercher exprès, que ce pretendu intrigue fût supposé [217]. «C'est ce que je souhaite, lui repondit dom Fernand, et, s'il y a seulement dans Seville une dame qui ait nom Lucrèce de Monsalve, je veux ne passer jamais pour un homme d'honneur! Et je vous prie, continua-t-il, si vous êtes bien dans l'esprit d'Elvire, comme je n'en doute pas, de me l'avouer, afin que je vous conjure de me rendre de bons offices auprès d'elle.--Je crois, sans vanité, lui repondit Victoria, qu'elle ne fera pas pour un autre ce qu'elle m'aura refusé; mais je connois aussi son humeur: on ne l'apaise pas aisement quand elle se croit desobligée; et, comme toute l'esperance de ma fortune n'est fondée que sur la bonne volonté qu'elle a pour moi, je n'irai pas lui manquer de complaisance pour en avoir trop pour vous, et hasarder de me mettre mal auprès d'elle en tâchant de lui ôter la mauvaise opinion qu'elle a de votre sincerité. Je suis pauvre, ajouta-t-elle, et c'est à moi beaucoup perdre que de ne gagner pas. Si ce qu'elle m'a promis pour me remarier m'alloit manquer, je serois veuve toute ma vie, quoique, jeune comme je suis, je puisse encore plaire à quelque honnête homme. Mais on dit bien vrai, que sans argent...» Elle alloit enfiler un long prône de gouvernante, car pour la bien contrefaire il falloit parler beaucoup; mais dom Fernand lui dit en l'interrompant: «Rendez-moi le service que je vous demande, et je vous mettrai en etat de vous pouvoir passer des recompenses de votre maîtresse; et, pour vous montrer, ajouta-t-il, que je vous veux donner autre chose que des paroles, donnez-moi du papier et de l'encre, et je vous ferai une promesse de ce que vous voudrez.--Jesus! Monsieur, lui dit la fausse gouvernante, la parole d'un honnête homme suffit; mais, pour vous plaire, je m'en vais querir ce que vous demandez.» Elle revint avec ce qu'il falloit pour faire une promesse de plus de cent millions d'or, et dom Fernand fut si galant homme, ou plutôt il avoit la possession d'Elvire tellement à coeur, qu'il lui ecrivit son nom en blanc, dans une feuille de papier, pour l'obliger par cette confiance à le servir de bonne façon. Voilà Victoria sur les nues; elle promit des merveilles à dom Fernand, et lui dit qu'elle vouloit être la plus malheureuse du monde si elle n'alloit travailler en cette affaire comme pour elle-même, et elle ne mentoit pas. Dom Fernand la quitta rempli d'esperance, et Rodrigue Santillane, son ecuyer, qui passoit pour son père, l'etant venu voir pour apprendre ce qu'elle avoit avancé pour son dessein, elle lui en rendit compte et lui montra le blanc signé, dont il loua Dieu avec elle, et lui fit remarquer que tout sembloit contribuer à sa satisfaction. Pour ne point perdre de temps, il s'en retourna à son logis, que Victoria avoit loué auprès de celui de dom Pedro, comme je vous ai dejà dit; et là il ecrivit au dessus du seing de dom Fernand, une promesse de mariage, attestée de temoins et datée du temps que Victoria reçut cet infidèle dans sa maison des champs. Il ecrivoit aussi bien qu'homme qui fût en Espagne, et avoit si bien etudié la lettre de dom Fernand sur des vers qu'il avoit ecrits de sa main et qu'il avoit laissés à Victoria, que dom Fernand même s'y fût trompé.

Note 217: (retour) On faisoit quelquefois ce mot du masculin au XVIIe siècle. (V. le *Dict.* de Furetière.)

Dom Pedro de Silva ne trouva point le gentilhomme qu'il etoit allé chercher pour s'informer du mariage de dom Fernand; il lui laissa un billet en son logis et revint au sien, où, le soir même, Elvire ouvrit son coeur à sa gouvernante, et lui assura qu'elle desobeiroit plutôt à son père que d'epouser jamais dom Fernand, lui avouant de plus qu'elle etoit engagée d'affection avec un Diego de Maradas il y avoit long-temps; qu'elle avoit assez deferé à son père en forçant son inclination pour lui plaire, et, puisque Dieu avoit permis que la mauvaise foi de dom Fernand fût decouverte, qu'elle croyoit, en le refusant, obeir à la volonté divine, qui sembloit lui destiner un autre epoux. Vous devez croire que Victoria fortifia Elvire dans ses bonnes resolutions, et ne lui parla pas alors selon l'intention de dom Fernand. «Dom Diègue de Maradas, lui dit alors Elvire, est mal satisfait de moi à cause que je l'ai quitté pour obeir à mon père; mais, aussitôt que je le favoriserai seulement d'un regard, je suis assurée de le faire revenir, quand il seroit aussi eloigné de moi que dom Fernand l'est presentement de sa Lucrèce.--Ecrivez-lui, mademoiselle, lui dit Victoria, et je m'offre à lui porter votre lettre.» Elvire fut ravie de voir sa gouvernante si favorable à ses desseins; elle fit mettre les chevaux au carrosse pour Victoria, qui monta dedans avec un beau poulet pour dom Diego, et, s'etant fait descendre chez son père Santillane, renvoya le carrosse de sa maîtresse, disant au cocher qu'elle iroit bien à pied où elle vouloit aller. Le bon Santillane lui fit voir la promesse de mariage qu'il avoit faite, et elle ecrivit aussitôt deux billets: l'un à Diego de Maradas, et l'autre à Pedro de Silva, père de sa maîtresse. Par ces billets, signés Victoria Portocarrero, elle leur enseignoit son logis et les prioit de la venir trouver pour une affaire qui leur etoit de grande importance. Tandis que l'on porta ces billets à ceux à qui ils etoient adressés, Victoria quitta son habit simple de veuve, s'habilla richement, fit paroître ses cheveux, que l'on m'a assuré avoir eté des plus beaux, et se coiffa en dame fort galante. Dom Diègue de Maradas la vint trouver un moment après, pour sçavoir ce que lui vouloit une dame dont il n'avoit jamais ouï parler. Elle le reçut fort civilement, et à peine avoit-il pris un siége auprès d'elle qu'on lui vint dire que Pedro de Silva demandoit à la voir. Elle pria dom Diègue de se cacher dans son alcôve, en l'assurant qu'il lui importoit extrêmement d'entendre la conversation qu'elle alloit avoir avec dom Pedro. Il fit sans resistance ce que voulut une dame si belle et de si bonne mine, et dom Pedro fut introduit dans la chambre de Victoria, qu'il ne put reconnoître, tant sa coiffure, differente de celle qu'elle portoit chez lui, et la richesse de ses habits, avoient augmenté sa bonne mine et changé l'air de son visage. Elle fit asseoir dom Pedro en un lieu d'où dom Diègue pouvoit entendre tout ce qu'elle lui disoit, et lui parla en ces termes: «Je crois, Monsieur, que je dois vous apprendre d'abord qui je suis, pour ne vous laisser pas plus long-temps dans l'impatience où vous devez être de le sçavoir. Je suis de Tolède, de la maison de Porto-Carrero; j'ai eté mariée à seize ans, et me suis trouvée veuve six mois après mon mariage. Mon père portoit la croix de saint Jacques, et mon frère est de l'ordre de Calatrava.» Dom Pedro l'interrompit pour lui dire que son père avoit eté de ses intimes amis. «Ce que vous m'apprenez là me rejouit extrêmement, lui repondit Victoria, car j'aurai besoin de beaucoup d'amis dans l'affaire dont j'ai à vous parler.» Elle apprit ensuite à dom Pedro ce qui lui étoit arrivé avec dom Fernand, et lui mit entre les mains la promesse qu'avoit contrefaite Santillane. Aussitôt qu'il l'eût lue, elle reprit la parole et lui dit: «Vous sçavez, Monsieur, à quoi l'honneur oblige une personne de ma condition: quand la justice ne seroit pas de mon côté, mes parens et mes amis ont beaucoup de crédit et sont assez intéressés dans mon affaire pour la porter au plus loin qu'elle puisse aller. J'ai cru, Monsieur, que je devois vous avertir de mes pretentions, afin que vous ne passiez pas outre dans le mariage de mademoiselle votre fille; elle merite mieux qu'un homme infidèle, et je vous crois trop sage pour vous opiniâtrer à lui donner un mari qu'on lui pourroit disputer.--Quand il seroit un grand d'Espagne, répondit dom Pedro, je n'en voudrois point s'il etoit injuste: non seulement il n'epousera point ma fille, mais encore je lui defendrai ma maison; et pour vous, Madame, je vous offre ce que j'ai de credit et d'amis. J'avois déjà eté averti qu'il etoit homme à prendre son plaisir partout où il le trouve, et même de le chercher aux depens de sa reputation. Etant de cette humeur-là, quand bien il ne seroit pas à vous, il ne seroit jamais à ma fille, laquelle, s'il plaît à Dieu! ne manquera point de mari dans la cour d'Espagne.»

Dom Pedro ne demeura pas davantage avec Victoria, voyant qu'elle n'avoit rien davantage à lui dire, et Victoria fit sortir dom Diègue de derrière son alcôve, d'où il avoit ouï toute la conversation qu'elle avoit eue avec le père de sa maîtresse. Elle ne lui fit donc point une seconde relation de son histoire; elle lui donna la lettre d'Elvire, qui le ravit d'aise; et, parcequ'il eût pu être en peine de sçavoir par quelle voie elle etoit venue entre ses mains, elle lui fit confidence de sa metamorphose en duègne, sçachant bien qu'il avoit autant d'interêt qu'elle à tenir la chose secrète. Dom Diègue, devant que de quitter Victoria, ecrivit à sa maîtresse une lettre où la joie de voir ses esperances ressuscitées faisoit bien juger du deplaisir qu'il avoit eu quand il les avoit crues perdues. Il se separa de la belle veuve, qui prit aussitôt son habit de gouvernante et s'en retourna chez dom Pedro.

Cependant dom Fernand de Ribera etoit allé chez sa maîtresse et y avoit mené son cousin dom Antoine, pour tâcher de raccommoder ce qu'avoit gâté la lettre contrefaite par Victoria. Dom Pedro les trouva avec sa fille, qui etoit bien empêchée à leur repondre, quand, pour la justification de dom Fernand, ils ne demandoient pas mieux que l'on s'informât dans Seville même s'il y avoit jamais eu une Lucrèce de Monsalve. Ils redirent devant dom Pedro tout ce qui pouvoit servir à la decharge de dom Fernand, à quoi il repondit que si l'attachement avec la dame de Seville etoit une fourbe, qu'il etoit aisé de la detruire; mais qu'il venoit de voir une dame de Tolède, nommée Victoria Porto-Carrero, à qui dom Fernand avoit promis mariage, et à qui il devoit encore davantage, pour en avoir eté genereusement assisté sans en être connu; qu'il ne le pouvoit nier, puisqu'il lui avoit donné une promesse ecrite de sa main; et ajouta qu'un gentilhomme d'honneur ne devoit point songer à se marier à Madrid l'etant dejà dans Tolède. En achevant ces paroles, il fit voir aux deux cousins, la promesse de mariage en bonne forme. Dom Antoine reconnut l'ecriture de son cousin, et dom Fernand, qui s'y trompoit lui-même, quoiqu'il sçût bien qu'il ne l'avoit jamais ecrite, devint l'homme du monde le plus confus. Le père et la mère se retirèrent après les avoir salués assez froidement. Dom Antoine querella son cousin de l'avoir employé dans une affaire tandis qu'il songeoit à une autre. Ils remontèrent dans leur carrosse, où dom Antoine, ayant fait avouer à dom Fernand son mechant procedé avec Victoria, lui reprocha cent fois la noirceur de son action et lui representa les fâcheuses suites qu'elle pouvoit avoir. Il lui dit qu'il ne falloit plus songer à se marier, non seulement dans Madrid, mais dans toute l'Espagne, et qu'il seroit bien heureux d'en être quitte pour epouser Victoria sans qu'il lui en coûtât du sang ou peut-être la vie, le frère de Victoria n'etant pas un homme à se contenter d'une simple satisfaction dans une affaire d'honneur. Ce fut à dom Fernand à se taire, tandis que son cousin lui fit tant de reproches. Sa conscience le convainquoit suffisamment d'avoir trompé et trahi une personne qui l'avoit obligé, et cette promesse le faisoit devenir fou, ne pouvant comprendre par quel enchantement on la lui avoit fait ecrire.

Victoria, etant revenue chez dom Pedro en son habit de veuve, donna la lettre de dom Diègue à Elvire, laquelle lui conta que les deux cousins etoient venus pour se justifier; mais qu'il y avoit bien autre chose à reprocher à dom Fernand que ses amours avec la dame de Seville. Elle lui apprit ensuite ce qu'elle sçavoit mieux qu'elle, dont elle fit bien l'etonnée, detestant cent fois la mechante action de dom Fernand. Ce jour-là même, Elvire fut priée d'aller voir representer une comedie chez une de ses parentes. Victoria, qui ne songeoit qu'à son affaire, espera que, si Elvire la vouloit croire, cette comedie ne seroit pas inutile à ses desseins. Elle dit à sa jeune maîtresse que, si elle se vouloit voir avec dom Diègue, il n'y avoit rien de si aisé; que la maison de son père Santillane etoit le lieu le plus commode du monde pour cette entrevue, et que, la comedie ne commençant qu'à minuit, elle pouvoit partir de bonne heure et avoir vu dom Diègue sans arriver trop tard chez sa parente. Elvire, qui aimoit veritablement dom Diègue, et qui ne s'etoit laissée aller à epouser dom Fernand que par la deference qu'elle avoit aux volontés de son père, n'eut point de repugnance à ce que lui proposa Victoria. Elles montèrent en carrosse aussitôt que dom Pedro fut couché, et allèrent descendre au logis que Victoria avoit loué. Santillane, comme maître de la maison, en fit les honneurs, secondé de Beatris, qui jouoit le personnage de sa femme, belle-mère de Victoria. Elvire ecrivit un billet à dom Diègue, qui lui fut porté à l'heure même, et Victoria, en particulier, en fit un à dom Fernand au nom d'Elvire, par lequel elle lui mandoit qu'il ne tiendroit qu'à lui que leur mariage ne s'achevât; qu'elle y etoit engagée par son merite, et qu'elle ne vouloit point se rendre malheureuse pour être trop complaisante à la mauvaise humeur de son père. Par le même billet, elle lui donnoit des enseignes si remarquables pour trouver sa maison qu'il etoit impossible de la manquer. Ce second billet partit quelque temps après celui qu'Elvire avoit ecrit à dom Diègue. Victoria en fit un troisième, que Santillane porta lui-même à Pedro de Silva, par lequel elle lui donnoit avis, en gouvernante de bien et d'honneur, que sa fille, au lieu d'aller à la comedie, s'etoit absolument fait mener à la maison où logeoit son père; qu'elle avoit envoyé querir dom Fernand pour l'epouser, et que, sçachant bien qu'il n'y consentiroit jamais, elle avoit cru l'en devoir avertir pour lui temoigner qu'il ne s'etoit point trompé dans la bonne opinion qu'il avoit eue d'elle en la choisissant pour gouvernante d'Elvire. Santillane, de plus, avertit dom Pedro de ne venir point sans un alguazil, que nous appelons à Paris un commissaire. Dom Pedro, qui etoit dejà couché, se fit habiller à la hâte, l'homme du monde le plus en colère. Cependant qu'il s'habillera et qu'il enverra querir un commissaire, retournons voir ce qui se passe chez Victoria.

Par une heureuse rencontre, les billets furent reçus par les deux amoureux. Dom Diègue, qui avoit reçu le sien le premier, arriva aussi le premier à l'assignation. Victoria le reçut et le mit dans une chambre avec Elvire. Je ne m'amuserai point à vous dire les caresses que ces jeunes amans se firent. Dom

Fernand, qui frappe à la porte, ne m'en donne pas le temps. Victoria lui alla ouvrir elle-même, après lui avoir bien fait valoir le service qu'elle lui rendoit, dont l'amoureux gentilhomme lui fit cent remerciments, lui promettant encore davantage qu'il ne lui avoit donné. Elle le mena dans une chambre, où elle le pria d'attendre Elvire, qui alloit arriver, et l'enferma sans lui laisser de la lumière, lui disant que sa maîtresse le vouloit ainsi et qu'ils n'auroient pas eté un moment ensemble qu'elle ne se rendît visible; mais qu'il falloit donner cela à la pudeur d'une jeune fille de condition, laquelle, dans une action si hardie, auroit peine à s'accoutumer d'abord à la vue de celui même pour l'amour de qui elle la faisoit. Cela fait, Victoria, le plus diligemment qu'il lui fut possible, se fit extrêmement leste [218], et s'ajusta autant que le peu de temps qu'elle avoit le put permettre. Elle entra dans la chambre où etoit Dom Fernand, qui n'eut pas la moindre défiance qu'elle ne fût Elvire, n'etant pas moins jeune qu'elle et ayant sur elle des habits et des parfums à la mode d'Espagne [219], qui eussent fait passer la moindre servante pour une personne de condition. Là-dessus Dom Pedro, le commissaire et Santillane arrivent. Ils entrent dans la chambre où etoit Elvire avec son serviteur. Les jeunes amans furent extrêmement surpris. Dom Pedro, dans les premiers mouvements de sa colère, en fut si aveuglé qu'il pensa donner de son epée à celui qu'il croyoit être Dom Fernand. Le commissaire, qui avoit reconnu Dom Diègue, lui cria, en lui arrêtant le bras, qu'il prît bien garde à ce qu'il faisoit, et que ce n'etoit pas Fernand de Ribera qui etoit avec sa fille, mais Dom Diègue de Maradas, homme d'aussi grande condition et aussi riche que lui. Dom Pedro en usa en homme sage et releva lui-même sa fille, qui s'etoit jetée à genoux, devant lui. Il considera que, s'il lui donnoit de la peine en s'opposant à son mariage, il s'en donneroit aussi, et qu'il ne lui auroit pas trouvé un meilleur parti, quand il l'auroit choisi lui-même. Santillane pria Dom Pedro, le commissaire et tous ceux qui etoient dans la chambre, de le suivre, et les mena dans celle où Dom Fernand etoit enfermé avec Victoria. On la fit ouvrir au nom du Roi. Dom Fernand l'ayant ouverte et voyant Dom Pedro accompagné d'un commissaire, il leur dit avec beaucoup d'assurance qu'il etoit avec sa femme Elvire de Silva. Dom Pedro lui repondit qu'il se trompoit, que sa fille etoit mariée à un autre. «Et pour vous, ajouta-t-il, vous ne pouvez plus desavouer que Victoria Porto-Carrero ne soit votre femme.» Victoria se fit alors connoître à son infidèle, qui se trouva le plus confus homme du monde. Elle lui reprocha son ingratitude; à quoi il n'eut rien à repondre, et encore moins au commissaire, qui lui dit qu'il ne pouvoit pas faire autrement que de le mener en prison. Enfin le remords de sa conscience, la peur d'aller en prison, les exhortations de Dom Pedro, qui lui parla en homme d'honneur, les larmes de Victoria, sa beauté, qui n'etoit pas moindre que celle d'Elvire, et, plus que toute autre chose, un reste de generosité, qui s'etoit conservée dans l'ame de Dom Fernand malgré toutes les debauches et les emportements de sa jeunesse, le forcèrent de se rendre à la raison et au merite de Victoria. Il l'embrassa avec tendresse; elle pensa s'evanouir entre ses bras, et il y a apparence que les baisers de Dom Fernand ne servirent pas peu à l'en empêcher. Dom Pedro, Dom Diegue et Elvire prirent part au bonheur de Victoria, et Santillane et Beatris en pensèrent mourir de joie. Dom Pedro donna force louanges à Dom Fernand d'avoir si bien reparé sa faute. Les deux jeunes dames s'embrassèrent avec autant de temoignages d'amitié que si elles eussent baisé leurs amans. Dom Diègue de Maradas fit cent protestations d'obéissance à son beau-père, ou du moins qui le devoit bientôt être. Dom Pedro, devant que de s'en retourner chez lui avec sa fille, prit parole des uns et des autres que le lendemain ils viendroient tous dîner chez lui, où quinze jours durant il vouloit que la rejouissance fît oublier les inquietudes que l'on avoit souffertes. Le commissaire en fut instamment prié; il promit de s'y trouver. Dom Pedro le ramena chez lui, et Dom Fernand demeura avec Victoria, qui eut alors autant de sujet de se rejouir qu'elle en avoit eu de s'affliger.

Note 218: (retour) «Leste, qui est *brave*, en bon état et en bon équipage pour paroître» (*Dict. de Furetière*),--bien vêtu, pimpant.

Note 219: (retour) Les parfums à la mode d'Espagne étoient renommés pour leur finesse et leur suavité. Ils formoient une des branches les plus importantes de la composition des essences, même en dehors de l'Espagne. V. le *Parfumeur françois* de Simon Barbe; Lyon, 1693, pet. in-12. Tallemant nous apprend (*Histor. de Bullion*) que le chancelier portoit toujours au conseil des gants d'Espagne, c'est-à-dire imprégnés des parfums d'Espagne. Ces gants étoient un des cadeaux les plus galants qu'on pût faire à une dame. Les bouquetières espagnoles étoient à la mode. «Il tenoit, dit C. Le Petit, une bouquetière espagnole à gage, pour lui faire tous les jours des bouquets de jasmin pour son beau nez.» (*L'Heure du berger*, 1662, p. 84.)

CHAPITRE XXIII.

Malheur imprévu qui fut cause qu'on ne joua point la comedie.

Inezilla conta son histoire avec une grâce merveilleuse. Roquebrune en fut si satisfait qu'il lui prit la main et la lui baisa par force. Elle lui dit en espagnol que l'on souffroit tout des grands seigneurs et des fous, de quoi la Rancune lui sçut fort bon gré en son ame. Le visage de cette Espagnole commençoit à se passer; mais on y voyoit encore de beaux restes; et, quand elle eût eté moins belle, son esprit l'eût rendue preferable à une plus jeune. Tous ceux qui avoient ouï son histoire demeurèrent d'accord qu'elle l'avoit rendue agreable en une langue qu'elle ne sçavoit pas encore, et dans laquelle elle etoit contrainte de mêler quelquefois de l'italien et de l'espagnol pour se bien faire entendre. L'Etoile lui dit qu'au lieu de lui faire des excuses de l'avoir tant fait parler, elle attendoit des remercîmens d'elle, pour lui avoir donné moyen de faire voir qu'elle avoir beaucoup d'esprit. Le reste de l'après-dîner se passa en conversation; le jardin fut plein de dames et des plus honnêtes gens de la ville jusqu'à l'heure du souper. On soupa à la mode du Mans, c'est-à-dire que l'on fit fort bonne chère [220], et tout le monde prit place pour entendre la comedie. Mais mademoiselle de la Caverne et sa fille ne s'y trouvèrent point. On les envoya chercher; on fut une demi-heure sans en avoir de nouvelle. Enfin on ouït une grande rumeur hors de la salle, et presque en même temps on y vit entrer la pauvre la Caverne, echevelée, le visage meurtri et sanglant, et criant comme une femme furieuse que l'on avoit enlevé sa fille. A cause des sanglots qui la suffoquoient, elle avoit tant de peine à parler qu'on en eut beaucoup à apprendre d'elle que des hommes qu'elle ne connoissoit point etoient entrés dans le jardin par une porte de derrière, comme elle repetoit son role avec sa fille; que l'un d'eux l'avoit saisie, auquel elle avoit pensé arracher les yeux, voyant que deux autres emmenoient sa fille; que cet homme l'avoit mise en l'etat où l'on la voyoit, et s'etoit remis à cheval, et ses compagnons aussi, dont l'un tenoit sa fille devant lui. Elle dit encore qu'elle les avoit suivis long-temps criant aux voleurs; mais que, n'etant ouïe de personne, elle etoit revenue demander du secours. En achevant de parler, elle se mit si fort à pleurer qu'elle fit pitié à tout le monde. Toute l'assemblée s'en emut. Le Destin monta sur un cheval sur lequel Ragotin venoit d'arriver du Mans (je ne sçais pas au vrai si c'etoit le même qui l'avoit deja jeté par terre). Plusieurs jeunes hommes de la compagnie montèrent sur les premiers chevaux qu'ils trouvèrent, et coururent après le Destin, qui etoit déja bien loin. La Rancune et l'Olive allèrent à pied, après ceux qui alloient à cheval. Roquebrune demeura avec l'Etoile et Inezille, qui consoloient la Caverne le mieux qu'elles pouvoient. On a trouvé à redire de ce qu'il ne suivit pas ses compagnons. Quelques uns ont cru que c'etoit par poltronnerie, et d'autres, plus indulgens, ont trouvé qu'il n'avoit pas mal fait de demeurer auprès des dames. Cependant on fut reduit dans la compagnie à danser aux chansons, le maître de la maison n'ayant point fait venir de violons, à cause de la comedie. La pauvre Caverne se trouva si mal qu'elle se coucha dans un des lits de la chambre où etoient leurs hardes. L'Etoile en eut soin comme si elle eût eté sa mère, et Inezille se montra fort officieuse. La malade pria qu'on la laissât seule, et Roquebrune mena les deux dames dans la salle où etoit la compagnie.

Note 220: (retour) Scarron semble parler ici d'après son expérience et ses souvenirs personnels. Il déclare également plus loin que le Maine «abonde en personnes ventrues». Avant d'aller prendre possession de son bénéfice, en 1646, ou même plus tôt, il avoit déjà résidé au Mans, chez le comte de Tessé, chez son amie et protectrice, mademoiselle d'Hautefort, et dans ses poésies il mentionne ce séjour comme un souvenir délicieux (1re *légende de Bourbon*). Il y avoit sans doute fait plus d'une fois la débauche. En outre, mademoiselle d'Hautefort et sa soeur, mademoiselle Descars, recevoient souvent de leurs terres du Maine des chapons excellents, dont il avoit sa part--car on le connoissoit fort gourmand, et doué d'un excellent estomac,--et dont il avoit, sans doute, le souvenir présent à l'esprit en écrivant cette phrase. V. son *Epître à l'infante Descars*, au sujet d'un pâté de six perdrix et deux chapons qu'elle lui avoit envoyés. Son continuateur est du même avis que lui, car il dit de Ragotin et de la Rancune: «Ils déjeunèrent à la mode du Mans, c'est-à-dire fort bien.» (3e. part., ch. 2.) La gourmandise fut regardée de tout temps comme un des péchés favoris des Manceaux, et il faut convenir que tout dans leur contrée, gibier nombreux, basses-cours renommées, fruits de toute espèce, contribuoit à la favoriser. Costar, qui résidoit au Mans, étoit recherché autant pour la réputation de ses bons dîners que pour celle de son esprit et de sa politesse. L'évêque du Mans, Philibert-Emmanuel de Lavardin, étoit également renommé pour les délices de sa table.

A peine y avoient-elles pris place qu'une des servantes de la maison vint dire à l'Etoile que la Caverne la demandoit. Elle dit au poète et à l'Espagnole qu'elle alloit revenir, et alla trouver sa compagne. Il y a apparence que, si Roquebrune fut habile homme, il profita de l'occasion, et representa ses necessités à l'agreable Inezille. Cependant, aussitôt que la Caverne vit l'Etoile, elle la pria de fermer la porte de la chambre, et de s'approcher de son lit. Aussitôt qu'elle la vit auprès d'elle, la première chose qu'elle fit, ce fut de pleurer, comme si elle n'eût fait que commencer, et de lui prendre les mains, qu'elle lui mouilla de ses larmes, pleurant et sanglotant de la plus pitoyable façon du monde. L'Etoile la voulut consoler en lui faisant esperer que sa fille seroit bientôt trouvée, puisque tant de gens etoient allés après les ravisseurs. «Je voudrois qu'elle n'en revînt jamais, lui repondit la Caverne, en pleurant encore plus fort; je voudrois qu'elle n'en revînt jamais, repeta-t-elle, et que je n'eusse qu'à la regretter; mais il faut que je la blâme, il faut que je la haïsse et que je me repente de l'avoir mise au monde. Tenez, dit-elle, donnant un papier à l'Etoile, voyez l'honnête compagne que vous aviez, et lisez dans cette lettre l'arrêt de ma mort et l'infamie de ma fille.» La Caverne se remit à pleurer, et l'Etoile lut ce que vous allez lire, si vous en voulez prendre la peine.

> *Vous ne devez point douter de tout ce que je vous ai dit de ma bonne maison et de mon bien, puisqu'il n'y a pas apparence que je trompe par une imposture une personne à qui je ne puis me rendre recommandable que par ma sincerité. C'est par là, belle Angelique, que je vous puis meriter. Ne differez donc point de me promettre ce que je vous demande, puis que vous n'aurez à me le donner qu'alors que vous ne pourrez plus douter de ce que je suis.*

Aussitôt qu'elle eut achevé de lire cette lettre, la Caverne lui demanda si elle en connoissoit l'ecriture: «Comme la mienne propre, lui dit l'Etoile: c'est de Leandre, le valet de mon frère, qui ecrit tous nos roles.--C'est le traître qui me fera mourir, lui repondit la pauvre comedienne. Voyez s'il ne s'y prend pas bien, ajouta-t-elle encore, en mettant une autre lettre du même Leandre, entre les mains de l'Etoile.» La voici mot pour mot:

> *Il ne tiendra qu'à vous de me rendre heureux, si vous êtes encore dans la resolution où vous etiez il y a deux jours. Ce fermier de mon père qui me prête de l'argent m'a envoyé cent pistoles et deux bons chevaux: c'est plus qu'il ne nous faut pour passer en Angleterre, d'où je me trompe fort si un père qui aime son fils unique plus que sa vie ne condescend à tout ce qu'il voudra pour le faire bientôt revenir.*

«Eh bien! que dites-vous de votre compagne et de votre valet, de cette fille que j'avois si bien elevée et de ce jeune homme dont nous admirions tous l'esprit et la sagesse? Ce qui m'etonne le plus, c'est qu'on ne les a jamais vus parler ensemble et que l'humeur enjouée de ma fille ne l'eût jamais fait soupçonner de pouvoir devenir amoureuse; et cependant elle l'est, ma chère l'Etoile, et si eperdûment qu'il y a plutôt de la furie que de l'amour. Je l'ai tantôt surprise qui ecrivoit à son Leandre en des façons de parler si passionnées que je ne pourrois le croire si je ne l'avois vu. Vous ne l'avez jamais ouïe parler serieusement. Ha! vraiment, elle parle bien un autre langage dans ses lettres, et, si je n'avois dechiré celle que je lui ai prise, vous m'avoueriez qu'à l'âge de seize ans elle en sçait autant que celles qui ont vieilli dans la coquetterie. Je l'avois menée dans ce petit bois où elle a eté enlevée pour lui reprocher, sans temoins, qu'elle me recompensoit mal de toutes les peines que j'ai souffertes pour elle. Je vous les apprendrai, ajouta-t-elle, et vous verrez si jamais fille a eté plus obligée à aimer sa mère.» L'Estoile ne sçavoit que repondre à de si justes plaintes, et puis il etoit bon de laisser un peu prendre cours à une si grande affliction. «Mais, reprit la Caverne, s'il aimoit tant ma fille, pourquoi assassiner sa mère [221]? Car celui de ses compagnons qui m'a saisie m'a cruellement battue, et s'est même acharné sur moi long-temps après que je ne lui faisois plus de resistance; et, si ce malheureux garçon est si riche, pourquoi enlève-t-il ma fille comme un voleur?»

Note 221: (retour) On a déjà vu deux ou trois fois le mot *assassiner* employé par Scarron dans une acception un peu plus large que celle qu'il a aujourd'hui, où il ne s'entend que des meurtres accomplis et suivis de mort. Ici il est pris en un sens plus faible encore qu'auparavant, comme on le voit par la phrase suivante. Au XVIIe siècle, en effet, cette expression s'appliquoit aussi bien aux simples tentatives d'assassinat, et même à toute espèce d'attentat d'un genre analogue. On disoit, par exemple, d'un homme moulu de coups de bâton, qu'il avoit été assassiné. C'est ainsi que Malherbe parle de ses assassins, dans ses *Lettres à Peiresc* (Lettre du 4 octobre 1627).

La Caverne fut encore long-temps à se plaindre, l'Estoile la consolant le mieux qu'elle pouvoit. Le maître de la maison vint voir comment elle se portoit, et pour lui dire qu'il y avoit un carrosse prêt, si elle vouloit retourner au Mans. La Caverne le pria de trouver bon qu'elle passât la nuit en sa maison, ce qu'il lui accorda de bon coeur. L'Etoile demeura pour lui tenir compagnie, et quelques dames du Mans reçurent dans leur carrosse Inezille, qui ne voulut pas être si long-temps eloignée de son mari. Roquebrune, qui n'osa honnêtement quitter les comediennes, en fut bien fâché; mais on n'a pas en ce monde tout ce que l'on désire.

FIN DE LA PREMIÈRE PARTIE.

DEUXIÈME PARTIE

A MADAME LA SURINTENDANTE [222].

MADAME,

Si vous êtes de l'humeur de monsieur le surintendant, qui ne prend pas plaisir à être loué, je vous fais mal ma cour en vous dediant un livre. On n'en dedie point sans louer [223], et, sans même vous dedier de livre, on ne peut parler de vous qu'on ne vous loue. Les personnes qui, comme vous, servent d'exemple au public, doivent souffrir les louanges de tout le monde, parce qu'on les leur doit. Il leur est même permis de se louer, parce qu'elles ne font rien que de louable; qu'elles doivent être aussi equitables pour elles-mêmes que pour les autres, et qu'on pardonneroit plutôt de n'être pas quelquefois modeste que de n'être pas toujours veritable. De mon naturel, sans avoir bien examiné si je suis juge competent de la reputation d'autrui, bonne ou mauvaise, j'exerce de tout temps une justice bien sévère sur tout ce qui merite de l'estime ou du blâme. Je punis une sottise bien averée, c'est-à-dire je la taille en pièces d'une rude manière; mais aussi je recompense magnifiquement le merite où je le trouve [224]; je ne me lasse point d'en parler avec beaucoup de chaleur, et je me crois par là aussi bon ami, quoique inutile, que grand ennemi, quoique peu à craindre. C'est donc tout ce que vous pourriez faire, avec tout le pouvoir que vous avez sur moi, que de m'empêcher de vous donner des louanges autant que je le puis, si ce n'est autant que vous en meritez. Vous êtes belle sans être coquette; vous êtes jeune sans être imprudente, et vous avez beaucoup d'esprit sans ambition de le faire paroître. Vous êtes vertueuse sans rudesse, pieuse sans ostentation, riche sans orgueil, et de bonne maison sans mauvaise gloire [225]. Vous avez pour mari un des plus illustres hommes du siècle, dont les honneurs et les emplois ne recompensent pas encore assez la vertu; qui est estimé de tout le monde et n'est haï de personne, et qui de tout temps a eu l'ame si grande qu'il ne s'est servi de son bien qu'à en faire comme s'il ne s'etoit reservé que l'esperance. Enfin, Madame, vous êtes parfaitement heureuse, et ce n'est pas la moindre de toutes les louanges qu'on vous peut donner, puisque le bonheur est un bien que le ciel ne donne pas toujours à ceux à qui, comme à vous, il a donné tous les autres. Après vous avoir dit à vous-même ce que tout le monde en dit, il faut que je m'acquitte d'une obligation particulière que je vous ai, et que je vous remercie de l'honneur que vous m'avez fait de me venir voir. Je proteste, Madame, que je ne l'oublierai jamais, et, quoique je reçoive souvent de pareilles faveurs de plusieurs personnes de condition de l'un et de l'autre sexe [226], que je n'ai jamais reçu de visite qui m'ait eté si agreable que la vôtre; aussi suis-je plus que personne du monde,

Madame,

Votre très humble et très obeissant serviteur,

SCARRON.

Note 222: (retour) «Cette madame Fouquet étoit soeur de Castille, père du père de madame de Guise; il s'appeloit Montjeu, étoit trésorier de l'épargne, et sa mère étoit fille du célèbre président Jeannin (Saint-Simon, ch. 150). Le surintendant Fouquet, «non moins surintendant des belles-lettres que des finances (Corn.)», Mécène en titre des écrivains, avec qui Scarron étoit déjà entièrement lié lorsqu'il n'étoit que procureur général, lui avoit fait une pension de 1600 livres pour remplacer celle de 500 écus qu'il recevoit de la reine, et que lui avoit retirée définitivement le cardinal après sa *Mazarinade*. Scarron lui-même nous a laissé le témoignage de ces actes de munificence dans les premières stances de *Léandre et Héro*, ode burlesque, et dans sa *Lettre à****. Madame Scarron se lia très intimement avec la surintendante, et devint toute puissante auprès d'elle peu de temps après son mariage: l'amitié de Mme Fouquet et celle de Pélisson ne furent pas inutiles à Scarron pour lui attirer de nouveaux témoignages de générosité de la part du surintendant.

Note 223: (retour) Surtout à l'époque de Scarron, où l'art des dédicaces étoit devenu une industrie organisée de façon à rapporter le plus possible à l'auteur. V. *Notes de l'art*. Rangouze, Dict. de Bayle. Le grand Corneille n'a-t-il pas comparé à Auguste le financier Montauron? Ch. Sorel, dans l'Avertissement qui termine le premier volume de sa *Science universelle*, et dans *Francion* (ch. 11); Mademoiselle de Scudéry, dans ses *Conversations sur divers sujets* (t. 1); l'auteur anonyme de l'*Histoire du poète Sibus* (Rec. en prose de Sercy, t. 2); Furetière, en traçant, dans le *Roman bourgeois*, le modèle d'une épître dédicatoire au bourreau;--Scarron lui-même, en beaucoup d'endroits, entre autres dans l'*Ode à Guillaume de Nassau, prince d'Orange*, et dans la Dédicace de ses oeuvres burlesques à sa chienne Guillemette, qu'il écrivit sans doute,--il semble le faire entendre,--après un mécompte comme il en éprouva plus d'une fois, ont attaqué et raillé cet usage.

Note 224: (retour) Scarron se flatte comme il flattoit les autres; il fait sans doute allusion,--quand il parle de la magnifique récompense qu'il accorde au mérite,--à ses dédicaces et à ses nombreuses pièces de vers, où fourmillent les flatteries pour tout le monde;--quand il parle de la rude manière dont il taille en pièces tout ce qui mérite du blâme, à sa *Mazarinade*, à sa *Baronade*, etc. Il étoit extrêmement redouté pour son humeur satirique; Tallemant raconte que Chapelain réunissoit deux personnes pour leur envoyer un exemplaire de sa *Pucelle*; «mais, ajoute-t-il, à ceux qu'il craignoit, à des *pestes*, il leur en a donné un tout entier, comme à Scarron, à Boileau, à Furetière et autres» (*Histor. de Chapel.*). Du reste, bien ou mal exercée, cette justice étoit du goût des lecteurs, et l'empressement du public à acheter toutes les feuilles volantes signées du nom de Scarron pouvoit lui donner une assez grande portée. C'étoit en 1654, date du privilége de cette seconde partie, et en 1655, que Scaron publioit sa gazette burlesque, *la Muse de la Cour*, hebdomadaire et anonyme. V. *Le burlesque malade, ou les Colporteurs affligez des nouvelles de la griève et perilleuse maladie de M. Scaron... Dialogue des deux compères gazetiers*, Paris, 1660.

Note 225: (retour) Madame Fouquet méritoit en effet ces éloges: c'étoit une femme de beaucoup de sagesse et de piété, et elle le montra bien par la vie exemplaire qu'elle mena dans la retraite après la disgrâce de son mari.

Note 226: (retour) Les logis qu'habita successivement Scarron, rue des Douze-Portes, au Marais, puis rue de la Tixeranderie, où il étoit venu s'établir récemment après une courte excursion dans la rue des Saints-Pères, étoient le rendez-vous et le centre de réunion non seulement de beaucoup de littérateurs, mais d'une foule de hauts personnages, comme le cardinal de Retz, et les *petits-maîtres* qui furent les héros de la Fronde, le maréchal d'Albret, le duc de Vivonne, le commandeur de Souvré, les comtes de Selles, du Lude et de Villarceaux, D'Elbène, Mata, Grammont, Châtillon, le marquis de la Sablière. Quelquefois même de grandes dames ne dédaignoient pas de se montrer chez le cul-de-jatte, telles que madame de la Sablière, la marquise de Sévigné, la comtesse de La Suze, la duchesse de Lesdiguières; mais il faut avouer qu'il y recevoit surtout soit des femmes de réputation équivoque, comme Marion Delorme et Ninon, soit des femmes auteurs, comme mademoiselle de Scudéry et madame Deshoulières.

SECONDE PARTIE

CHAPITRE PREMIER,

Qui ne sert que d'introduction aux autres.

Le soleil donnoit à plomb sur nos antipodes et ne prêtoit à sa soeur qu'autant de lumière qu'il lui en falloit pour se conduire dans une nuit fort obscure. Le silence regnoit sur toute la terre, si ce n'etoit dans les lieux où se rencontroient des grillons, des hiboux et des donneurs de serenades. Enfin tout dormoit dans la nature, ou du moins tout devoit dormir, à la reserve de quelques poètes qui avoient dans la tête des vers difficiles à tourner, de quelques malheureux amans, de ceux qu'on appelle âmes damnées, et de tous les animaux, tant raisonnables que brutes, qui cette nuit-là avoient quelque chose à faire. Il n'est pas necessaire de vous dire que le Destin etoit de ceux qui ne dormoient pas, non plus que les ravisseurs de mademoiselle Angelique, qu'il poursuivoit autant que pouvoit galoper un cheval à qui les nuages deroboient souvent la foible clarté de la lune. Il aimoit tendrement mademoiselle de la Caverne, parce qu'elle etoit fort aimable et qu'il etoit assuré d'en être aimé, et sa fille ne lui etoit pas moins chere; outre que mademoiselle de l'Etoile, ayant de necessité à faire la comedie, n'eût pu trouver en toutes les caravanes des comediens de campagne deux comediennes qui eussent plus de vertus que ces deux-là. Ce n'est pas à dire qu'il n'y en ait de la profession qui n'en manquent point; mais dans l'opinion du monde, qui se trompe peut-être, elles en sont moins chargées que de vieille broderie et de fard.

Notre genereux comedien couroit donc après ces ravisseurs, plus fort et avec plus d'animosité que les Lapithes ne coururent après les Centaures [227]. Il suivit d'abord une longue allée sur laquelle repondoit la porte du jardin par où Angelique avoit eté enlevée, et, après avoir galopé quelque temps, il enfila au hasard un chemin creux comme le sont la plupart de ceux du Maine [228]. Ce chemin etoit plein d'ornières et de pierres, et, bien qu'il fît clair de lune, l'obscurité y etoit si grande que le Destin ne pouvoit faire aller son cheval plus vite que le pas. Il maudissoit interieurement un si mechant chemin, quand il se sentit sauter en croupe quelque homme ou quelque diable, qui lui passa les bras à l'entour du col. Le Destin eut grand'peur, et son cheval en fut si fort effrayé qu'il l'eût jeté par terre si le fantôme qui l'avoit investi, et qui le tenoit embrassé, ne l'eût affermi dans la selle. Son cheval s'emporta comme un cheval qui avoit peur, et le Destin le hâta à coups d'eperons sans savoir ce qu'il faisoit, fort mal satisfait de sentir deux bras nus à l'entour de son col et contre sa joue un visage froid qui souffloit à reprises à la cadence du galop du cheval. La carrière fut longue, parce que ce chemin n'etoit pas court. Enfin, à l'entrée d'une lande, le cheval modera sa course impetueuse et le Destin sa peur, car on s'accoutume à la longue aux maux les plus insupportables. La lune luisoit alors assez pour lui faire voir qu'il avoit un grand homme nu en croupe et un vilain visage auprès du sien. Il ne lui demanda point qui il etoit (je ne sais si ce fut par discretion). Il fit toujours continuer le galop à son cheval, qui etoit fort essoufflé; et, lorsqu'il l'esperoit le moins, le chevaucheur croupier se laissa tomber à terre et se mit à rire. Le Destin repoussa son cheval de plus belle, et, regardant derrière lui, il vit son fantôme qui couroit à toutes jambes vers le lieu d'où il etoit venu. Il a avoué depuis que l'on ne peut avoir plus de peur qu'il en eut. A cent pas de là il trouva un grand chemin qui le conduisit dans un hameau, dont il trouva tous les chiens eveillés, ce qui lui fit croire que ceux qu'il suivoit pouvoient y avoir passé. Pour s'en eclaircir, il fit ce qu'il put pour eveiller les habitans endormis de trois ou quatre maisons qui etoient sur le chemin. Il n'en put avoir audience et fut querellé de leurs chiens. Enfin, ayant ouï crier des enfants dans la dernière maison qu'il trouva, il en fit ouvrir la porte à force de menaces, et apprit d'une femme en chemise, qui ne lui parla qu'en tremblant, que les gendarmes avoient passé par leur village il n'y avoit pas longtemps, et qu'ils emmenoient avec eux une femme qui pleuroit bien fort et qu'ils avoient bien de la peine à faire taire. Il conta à la même femme la rencontre qu'il avoit faite de l'homme nu, et elle lui apprit que c'etoit un paysan de leur village qui etoit devenu fou et qui couroit les champs. Ce que cette femme lui dit de ces gens de cheval qui avoient passé par son hameau lui donna courage de passer outre et lui fit hâter le train de sa bête. Je ne vous dirai point combien de fois elle broncha et eut peur de son ombre. Il suffit que vous sachiez qu'il s'egara dans un bois, et que, tantôt ne voyant goutte et tantôt etant eclairé de la lune, il trouva le jour auprès d'une metairie, où il jugea à propos de faire repaître son cheval, et où nous le laisserons.

Note 227: (retour) Lors du combat qui troubla les noces de Pirithoüs et d'Hippodamie.

Note 228: (retour) V. *Dict. du Maine* de Lepaige, t. 2, p. 28.

CHAPITRE II.

Des bottes.

Cependant que le Destin couroit a tâtons après ceux qui avoient enlevé Angelique, la Rancune et l'Olive, qui n'avoient pas si à coeur que lui cet enlevement, ne coururent pas si vite que lui après les ravisseurs, outre qu'ils etoient à pied. Ils n'allèrent donc pas loin, et, ayant trouvé dans le prochain bourg une hôtellerie qui n'etoit pas encore fermée, ils y demandèrent à coucher. On les mit dans une chambre où etoit dejà couché un hôte, noble ou roturier, qui y avoit soupé, et qui, ayant à faire diligence pour des affaires qui ne sont pas venues à ma connoissance, faisoit etat de partir à la pointe du jour. L'arrivée des comediens ne servit pas au dessein qu'il avoit d'être à cheval de bonne heure: car il en fut eveillé, et peut-être en pesta-t-il en son ame; mais la presence de deux hommes d'assez bonne mine fut possible cause qu'il n'en temoigna rien. La Rancune, qui etoit d'une accostante manière, lui fit d'abord des excuses de ce qu'ils troubloient son repos, et lui demanda ensuite d'où il venoit. Il lui dit qu'il venoit d'Anjou et qu'il s'en alloit en Normandie pour une affaire pressée. La Rancune, en se deshabillant et pendant qu'on chauffoit des draps, continuoit ses questions; mais comme elles n'etoient utiles ni à l'un ni à l'autre, et que le pauvre homme qu'on avoit eveillé n'y trouvoit pas son compte, il le pria de le laisser dormir. La Rancune lui en fit des excuses fort cordiales, et en même temps, l'amour-propre lui faisant oublier celui du prochain, il fit dessein de s'approprier une paire de bottes neuves qu'un garçon de l'hôtellerie venoit de rapporter dans la chambre après les avoir nettoyées 229. L'Olive, qui n'avoit alors autre envie que de bien dormir, se jeta dans le lit, et la Rancune demeura auprès du feu, non tant pour voir la fin du fagot qu'on avoit allumé que pour contenter la noble ambition d'avoir une paire de bottes neuves aux depens d'autrui. Quand il crut l'homme qu'il alloit voler bien et dûment endormi, il prit ses bottes, qui etoient au pied de son lit, et, les ayant chaussées à cru, sans oublier de s'attacher les eperons, s'alla mettre, ainsi botté et eperonné qu'il etoit, auprès de l'Olive. Il faut croire qu'il se tint sur le bord du lit, de peur que ses jambes armées ne touchassent aux jambes nues de son camarade, qui ne se fût pas tu d'une si nouvelle façon de se mettre entre deux draps, et ainsi auroit pu faire avorter son entreprise.

Note 229: (retour) Rojas, dans son *Viage entretenido*, raconte des escroqueries semblables de ses deux compagnons les comediens ambulants Rios et Solano, qui essaient de voler les tapisseries d'une auberge, se sauvent avec la recette, etc. Les Chroniques du Maine--et ce ne sont pas les seules--nous apprennent que les troupes d'acteurs nomades de bas étage, qui parcouroient sans cesse les villes et les bourgades, avoient souvent des démêlés avec la police.

Le reste de la nuit se passa assez paisiblement. La Rancune dormit, ou en fit le semblant. Les coqs chantèrent, le jour vint, et l'homme qui couchoit dans la chambre de nos comediens se fit allumer du feu et s'habilla. Il fut question de se botter: une servante lui presenta les vieilles bottes de la Rancune, qu'il rebuta rudement; on lui soutint qu'elles etoient à lui; il se mit en colère et fit une rumeur diabolique. L'hôte monta dans la chambre et lui jura, foi de maître cabaretier, qu'il n'y avoit point d'autres bottes que les siennes non seulement dans la maison, mais aussi dans le village, le curé même n'allant jamais à cheval [230]. Là-dessus, il lui voulut parler des bonnes qualités de son curé, et lui conter de quelle façon il avoit eu sa cure, et depuis quand il la possedoit. Le babil de l'hôte acheva de lui faire perdre patience. La Rancune et l'Olive, qui s'etoient eveillés au bruit, prirent connoissance de l'affaire, et la Rancune exagera l'enormité du cas et dit à l'hôte que cela etoit bien vilain. «Je me soucie d'une paire de bottes neuves comme d'une savate, disoit le pauvre debotté à la Rancune; mais il y va d'une affaire de grande importance pour un homme de condition à qui j'aimerois moins avoir manqué qu'à mon propre père, et, si je trouvois les plus mechantes bottes du monde à vendre, j'en donnerais plus qu'on ne m'en demanderoit.» La Rancune, qui s'etoit mis le corps hors du lit, haussoit les epaules de temps en temps et ne lui repondoit rien, se repaissant les yeux de l'hôte et de la servante, qui cherchoient inutilement les bottes, et du malheureux qui les avoit perdues, qui cependant maudissoit sa vie et meditoit peut-être quelque chose de funeste, quand la Rancune, par une generosité sans exemple et qui ne lui etoit pas ordinaire, dit tout haut, en s'enfonçant dans son lit, comme un homme qui meurt d'envie de dormir: «Morbleu! Monsieur, ne faites plus tant de bruit pour vos bottes, et prenez les miennes, mais à condition que vous nous laisserez dormir, comme vous voulûtes hier que j'en fisse autant.» Le malheureux, qui ne l'etoit plus puisqu'il retrouvoit des bottes, eut peine à croire ce qu'il entendoit; il fit un grand galimatias de mauvais remercîment, d'un ton de voix si passionné que la Rancune eut peur qu'à la fin il ne le vînt embrasser dans son lit. Il s'ecria donc en colère, et jurant doctement: «Eh! morbleu! Monsieur, que vous êtes fâcheux, et quand vous perdez vos bottes, et quand vous remerciez ceux qui vous en donnent! Au nom de Dieu, prenez les miennes encore un coup, et je ne vous demande autre chose sinon que vous nous laissiez dormir, ou bien rendez-moi mes bottes et faites tant de bruit que vous voudrez.» Il ouvroit la bouche pour repliquer, quand la Rancune s'ecria: «Ah! mon Dieu! que je dorme ou que mes bottes me demeurent!» Le maître du logis, à qui une façon de parler si absolue avoit donné beaucoup de respect pour la Rancune, poussa hors de la chambre son hôte, qui n'en eût pas demeuré là, tant il avoit de ressentiment [231] d'une paire de bottes si genereusement donnée. Il fallut pourtant sortir de la chambre et s'aller botter dans la cuisine, et lors la Rancune se laissa aller au sommeil plus tranquillement qu'il n'avoit fait la nuit, sa faculté de dormir n'etant plus combattue du desir de voler des bottes et de la crainte d'être pris sur le fait. Pour l'Olive, qui avoit mieux employé la nuit que lui, il se leva de grand matin, et, s'etant fait tirer du vin, s'amusa à boire, n'ayant rien de meilleur à faire.

Note 230: (retour) Les bottes ne servoient proprement que pour cet usage. Le mot *botte*, dit Furetière, «signifie une chaussure de cuir dont on se sert quand on monte à cheval, tant pour y être plus ferme que pour se garantir des injures du temps.» (Dict.) V. encore *Roman comique*, l. 2, ch. 6. L'auteur des *Loix de la galanterie* mentionne comme une étrange nouveauté, dont il se moque, «que la mode est venue d'être botté, si l'on veut, six mois durant, sans monter à cheval». C'étoit là le grand ton depuis assez long-temps déjà, mais seulement dans la haute compagnie, et surtout à Paris. Cf. *le Satyrique de la Court* (*Variétés hist. et litt.*, de M. Ed. Fournier, chez Jannet, t. 3, p. 250, 251); *La grande propriété des bottes sans cheval* (*Id.*, t. 6, p. 29); et ce que dit Tallemant de cet usage, dans l'*Histor. de M. d'Aumont*. Les bottes étoient un des ornements les plus recherchés par ceux qui vouloient *paroître*, et on en étoit venu à être botté et éperonné même pour aller à pied. V. *Baron de Fæneste*, l. 1, ch. 2, p. 15, édit. Jannet; la *Mode qui court à présent*, 1613, in-12, p. 12; le *Francion* de Sorel, l. 10, p. 601 et suiv., éd. 1660.

Note 231: (retour) Ce mot veut dire ici *reconnoissance*, signification qu'il a souvent au XVIIe siècle, et même dans Racine:

> Tandis qu'autour de moi votre cour assemblée
>
> Retentit des bienfaits dont vous m'avez comblée,
>
> Est-il juste, seigneur, que seul, en ce moment,
>
> Je demeure sans voix et sans *ressentiment*!

V. aussi l'*Epître dédicat.* d'Offray en tête de la troisième partie.

La Rancune dormit jusqu'à onze heures. Comme il s'habilloit, Ragotin entra dans la chambre; il avoit le matin visité les comediennes, et, mademoiselle de l'Etoile lui ayant reproché qu'elle ne le croyoit guère de ses amis, puisqu'il n'etoit pas de ceux qui couroient après sa compagne, il lui promit de ne retourner point dans le Mans qu'il n'en eût appris des nouvelles; mais, n'ayant pu trouver de cheval ni à louer ni à emprunter, il n'eût pu tenir sa promesse si son meunier ne lui eût prêté son mulet, sur lequel il monta sans bottes, et arriva, comme je vous viens de dire, dans le bourg où avoient couché les deux comediens. La Rancune avoit l'esprit fort present; il ne vit pas plutôt Ragotin en souliers qu'il crut que le hasard lui fournissoit un beau moyen de cacher son larcin, dont il n'etoit pas peu en peine. Il lui dit donc d'abord qu'il le prioit de lui prêter ses souliers et de vouloir prendre ses bottes, qui le blessoient à un pied à cause qu'elles etoient neuves. Ragotin prit le parti avec grande joie:

car, en chevauchant son mulet, un ardillon qui avoit percé son bas, lui avoit fait regretter de n'être pas botté.

Il fut question de dîner. Ragotin paya pour les comediens et pour son mulet. Depuis son trebuchement, quand la carabine tira entre ses jambes, il fit serment de ne monter jamais sur un animal chevauchable sans prendre toutes ses sûretés. Il prit donc avantage pour monter sur sa bête; mais, avec toute sa précaution, il eut bien de la peine à se placer dans le bas du mulet. Son esprit vif ne lui permettoit pas d'être judicieux, et il avoit inconsiderement relevé les bottes de la Rancune, qui lui venoient jusqu'à la ceinture, et lui empêchoient de plier son petit jarret, qui n'etoit pas le plus vigoureux de la province. Enfin donc, Ragotin sur son mulet et les comediens à pied suivirent le premier chemin qu'ils trouvèrent, et, chemin faisant, Ragotin decouvroit aux comediens le dessein qu'il avoit de faire la comedie avec eux, leur protestant qu'encore qu'il fût assuré d'être bientôt le meilleur comedien de France, il ne pretendoit tirer aucun profit de son metier, qu'il vouloit le faire seulement par curiosité, et pour faire voir qu'il etoit né à tout ce qu'il vouloit entreprendre. La Rancune et l'Olive le fortifièrent dans sa noble envie, et, à force de le louer et de lui donner courage, le mirent en si belle humeur qu'il se prit à reciter de dessus son mulet des vers de Pyrame et Thisbé du poète Theophile 232. Quelques paysans, qui accompagnoient une charrette chargée et qui faisoient le même chemin, crurent qu'il prêchoit la parole de Dieu, le voyant declamer là comme un forcené. Tandis qu'il recita, ils eurent toujours la tête nue et le respectèrent comme un predicateur de grands chemins.

Note 232: (retour) V. plus haut, page 82, note 2; page 137, note 3.

CHAPITRE III.

L'Histoire de la Caverne.

Les deux comediennes que nous avons laissées dans la maison où Angelique avoit eté enlevée n'avoient pas dormi davantage que le Destin. Mademoiselle de l'Etoile s'etoit mise dans le même lit que la Caverne, pour ne la laisser pas seule avec son desespoir, et pour tâcher de lui persuader de ne s'affliger pas tant qu'elle faisoit. Enfin, jugeant qu'une affliction si juste ne manquoit pas de raisons pour se defendre, elle ne les combattit plus avec les siennes; mais, pour faire diversion, elle se mit à se plaindre de sa mauvaise fortune aussi fort que sa compagne faisoit de la sienne, et ainsi l'engagea adroitement à lui conter ses aventures, d'autant plus aisement que la Caverne ne pouvoit souffrir alors que quelqu'un se dît plus malheureux qu'elle. Elle s'essuya donc les larmes qui lui mouilloient le visage en grande abondance, et, soupirant une bonne fois pour n'avoir pas si tôt à y retourner, elle commença ainsi son histoire:

Je suis née comedienne, fille d'un comedien, à qui je n'ai jamais ouï dire qu'il eût des parens d'autre profession que de la sienne. Ma mère etoit fille d'un marchand de Marseille, qui la donna à mon père en mariage pour le recompenser d'avoir exposé sa vie pour sauver la sienne qu'avoit attaquée à son avantage un officier des galères, aussi amoureux de ma mère qu'il en etoit haï. Ce fut une bonne fortune pour mon père: car on lui donna, sans qu'il la demandât, une femme jeune, belle et plus riche qu'un comedien de campagne ne la pouvoit esperer. Son beau-père fit ce qu'il put pour lui faire quitter sa profession, lui proposant et plus d'honneur et plus de profit dans celle de marchand; mais ma mère, qui etoit charmée de la comedie, empêcha mon père de la quitter. Il n'avoit point de repugnance à suivre l'avis que lui donnoit le père de sa femme, sçachant mieux qu'elle que la vie comique n'est pas si heureuse qu'elle le paroît. Mon père sortit de Marseille un peu après ses noces, emmena ma mère faire sa première campagne, qui en avoit plus grande impatience que lui, et en fit en peu de temps une excellente comedienne. Elle fut grosse dès la première année de son mariage, et accoucha de moi derrière le théâtre. J'eus un frère un an après, que j'aimois beaucoup et qui m'aimoit aussi. Notre troupe etoit composée de notre famille et de trois comediens, dont l'un etoit marié avec une comedienne qui jouoit les seconds rôles. Nous passions un jour de fête par un bourg de Perigort, et ma mère, l'autre comedienne et moi etions sur la charrette qui portoit notre bagage, et nos hommes nous escortoient à pied, quand notre petite caravane fut attaquée par sept ou huit vilains hommes, si ivres qu'ayant fait dessein de tirer en l'air un coup d'arquebuze pour nous faire peur, j'en fus toute couverte de dragées, et ma mère en fut blessée au bras. Ils saisirent mon père et deux de ses camarades, devant qu'ils se pussent mettre en defense, et les batirent cruellement. Mon frère et le plus jeune de nos comediens s'enfuirent, et depuis ce temps-là je n'ai pas ouï parler de mon frère. Les habitans du bourg se joignirent à ceux qui nous faisoient une si grande violence, et firent retourner notre charrette sur ses pas. Ils marchoient fièrement et à la hâte, comme des gens qui ont fait un grand butin et le veulent mettre en sûreté, et ils faisoient un bruit à ne s'entendre pas les uns les autres. Après une heure de chemin, ils nous firent entrer dans un château, où, aussitôt que nous fûmes entrés, nous ouïmes plusieurs personnes crier avec grande joie que les Bohemiens etoient pris. Nous reconnûmes par là qu'on nous prenoit pour ce que nous n'etions pas, et cela nous donna quelque consolation. La jument qui traînoit notre charrette tomba morte de lassitude, ayant eté trop pressée et trop battue. La comedienne à qui elle etoit, et qui la louoit à la troupe, en fit des cris aussi pitoyables que si elle eût vu mourir son mari. Ma mère en même temps s'evanouit de la douleur qu'elle sentoit en son bras, et les cris que je fis pour elle furent encore plus grands que ceux que la comedienne avoit faits pour la jument. Le bruit que nous faisions, et que faisoient les brutaux et les ivrognes qui nous avoient amenés, fit sortir d'une salle basse le seigneur du château, suivi de quatre ou cinq casaques ou manteaux rouges de fort mauvaise mine 233. Il demanda d'abord où etoient les voleurs de Bohemiens, et nous fit grand'peur. Mais, ne voyant entre nous que des personnes blondes 234, il demanda à mon père qui il etoit, et n'eut pas plutôt appris que nous etions de malheureux comediens, qu'avec une impetuosité qui nous surprit, et jurant de la plus furieuse façon que j'aie jamais ouï jurer, il chargea à grands coups d'epée ceux qui nous avoient pris, qui disparurent en un moment, les uns blessés, les autres fort effrayés. Il fit delier mon père et ses compagnons, commanda qu'on menât les femmes dans une chambre et qu'on mît nos hardes en lieu sûr. Des servantes se presentèrent pour nous servir, et dressèrent un lit à ma mère, qui se trouvoit fort mal de la blessure de son bras. Un homme qui avoit la mine d'un maître d'hôtel nous vint faire des excuses de la part de son maître de ce qui s'etoit passé. Il nous dit que les coquins qui s'etoient si malheureusement mépris avoient eté chassés, la plupart battus ou estropiés; que l'on alloit envoyer querir un chirurgien dans le prochain bourg pour panser le bras de ma mère, et nous demanda instamment si l'on ne nous avoit rien pris, nous conseillant de faire visiter nos hardes pour sçavoir s'il y manquoit quelque chose.

Note 233: (retour) La casaque rouge étoit l'uniforme des archers.

Note 234: (retour) Les Bohémiens ont la peau cuivrée et les cheveux noirs. Tallemant raconte dans une note (*Histor. de Saint-Germain Beaupré*) que madame Perrochel, une fois, chez madame de Rohan, voyant des portraits, demanda de qui ils étoient. «Des princesses de Bohême, lui dit-on.--Jésus! vous m'étonnez, répondit-elle: ils sont blancs comme neige.» Elle croyoit qu'il s'agissoit de Bohémiennes. Il parle en plusieurs autres endroits de leurs cheveux noirs comme d'un caractère bien connu de cette race. (Histor. de d'Alincourt, de M. du Bellay, roi d'Yvetot.)

A l'heure du souper on nous apporta à manger dans notre chambre; le chirurgien qu'on avoit envoyé chercher arriva; ma mère fut pansée et se coucha avec une violente fièvre. Le jour suivant, le seigneur du château fit venir devant lui les comediens. Il s'informa de la santé de ma mère, et dit qu'il ne vouloit pas la laisser sortir de chez lui qu'elle ne fût guerie. Il eut la bonté de faire chercher dans les lieux d'alentour mon frère et le jeune comedien qui s'etoient sauvés; ils ne se trouvèrent point, et cela augmenta la fièvre de ma mère. On fit venir d'une petite ville prochaine un medecin et un chirurgien plus experimenté que celui qui l'avoit pansée la première fois. Et enfin les bons traitemens qu'on nous fit nous firent bientôt oublier la violence qu'on nous avoit faite.

Ce gentilhomme chez qui nous etions etoit fort riche, plus craint qu'aimé dans tout le pays, violent dans toutes ses actions comme un gouverneur de place frontière [235], et qui avoit la reputation d'être vaillant autant qu'on le pouvoit être. Il s'appeloit le baron de Sigognac. Au temps où nous sommes, il seroit pour le moins un marquis, et en ce temps-là il etoit un vrai tyran de Perigord. Une compagnie de bohemiens qui avoient logé sur ses terres avoient volé les chevaux d'un haras qu'il avoit à une lieue de son château [236], et ses gens, qu'il avoit envoyés après, s'etoient mepris à nos depens, comme je vous ai dejà dit. Ma mère se guérit parfaitement, et mon père et ses camarades, pour se montrer reconnoissans, autant que de pauvres comediens pouvoient le faire, du bon traitement qu'on leur avoit fait, offrirent de jouer la comedie dans le château tant que le baron de Sigognac l'auroit agreable. Un grand page, âgé pour le moins de vingt-quatre ans, qui devoit être sans doute le doyen des pages du royaume, et une manière de gentilhomme suivant, apprirent les rôles de mon frère et du comedien qui s'etoit enfui avec lui. Le bruit se repandit dans le pays qu'une troupe de comediens devoient representer une comedie chez le baron de Sigognac. Force noblesse perigourdine y fut conviée; et, lorsque le page sçut son rôle, qui lui fut si difficile à apprendre qu'on fut contraint d'en couper et de le reduire à deux vers, nous representâmes Roger et Bradamante, du poète Garnier [237]. L'assemblée etoit fort belle, la salle bien eclairée, le theâtre fort commode et la decoration accommodée au sujet. Nous nous efforçâmes tous de bien faire, et nous y reussîmes. Ma mère parût belle comme un ange, armée en amazone, et sortant d'une maladie qui l'avoit un peu pâlie, son teint eclata plus que toutes les lumières dont la salle etoit eclairée. Quelque grand sujet que j'aie d'être fort triste, je ne puis songer à ce jour-là que je ne rie de la plaisante façon dont le grand page s'acquitta de son rôle. Il ne faut pas que ma mauvaise humeur vous cache une chose si plaisante; peut-être que vous ne la trouverez pas telle, mais je vous assure qu'elle fit bien rire toute la compagnie et que j'en ai bien ri depuis, soit qu'il y eût veritablement de quoi en rire, ou que je sois de celles qui rient de peu de chose. Il jouoit le page du vieil duc Aymon, et n'avoit que deux vers à reciter en toute la pièce: c'est alors que ce vieillard s'emporte terriblement contre sa fille Bradamante de ce qu'elle ne veut point epouser le fils de l'empereur [238], etant amoureuse de Roger. Le page dit à son maître:

> *Monsieur, rentrons dedans, je crains que vous tombiez;*
> *Vous n'êtes pas trop bien assuré sur vos pieds.*

Ce grand sot de page, encore que son rôle fût aisé à retenir, ne laissa pas de le corrompre, et dit de fort mauvaise grâce et tremblant comme un criminel:

> *Monsieur, rentrons dedans, je crains que vous tombiez,*
> *Vous n'êtes pas trop bien assuré sur vos jambes* [239].

Note 235: (retour) La *Relation des grands jours d'Auvergne*, de Fléchier, nous montre quelles étoient les violences, les exactions, les tyrannies, des gentilshommes et gouverneurs, même dans les provinces centrales, comme l'Auvergne; il en devoit être ainsi à bien plus forte raison dans les provinces frontières, dont la situation donnoit plus de sécurité aux coupables, en cas de recherche. V., dans Tallemant, l'Histor. de Saint-Germain Beaupré, gouverneur de la Marche; du duc de Brézé, gouverneur de Brouage; du maréchal de la Meilleraye, gouverneur de Nantes, etc., etc.; et ce qu'il raconte, dans celle de M. d'Alincourt, de la mode despotique de certains gouverneurs de frontières. Ailleurs: «Ce fut alors, dit-il de Courtenan, gouverneur de Mantes, qu'il fit le petit tyran avec autant d'impunité que si c'eût été dans le Bigorre.» (Histor. de Courtenan.)

Note 236: (retour) On peut voir dans les *Recherches* de Pasquier le récit de la première apparition des Bohémiens aux portes de Paris, en 1427. Ils reparurent au XVIe siècle, plus nombreux que jamais, et furent condamnés au bannissement par les États de Blois en 1560. Au XVIIe siècle, leurs apparitions furent plus rares et leurs bandes moins nombreuses; mais ils continuèrent à signaler leur passage par des vols et des escroqueries, malgré un nouvel arrêt contre eux, prononcé, par le Parlement de Paris en 1612.

Note 237: (retour) Le vrai titre de la pièce est *Bradamante, tragi-comédie*, (1582): elle présente, en certaines scènes, comme le drame moderne, l'alliance du comique au sérieux (V. acte 2, sc. 2). Ce sujet étoit un de ceux que traitoient le plus souvent et le plus volontiers nos vieux poètes tragiques, comme l'attestent encore *la Rodomontade* de Méliglosse, *la Mort de Roger* et *la Mort de Bradamante*, par un anonyme (1622); *la Bradamante* de La Calprenède (1636), etc. On n'avoit pas eu beaucoup à retrancher au rôle du page La Roque pour le réduire à deux vers, car il n'en a que quatre ou cinq dans l'original; mais il avoit fallu plus d'industrie pour faire jouer par six comédiens une pièce qui renferme douze rôles d'hommes, sans parler des ambassadeurs.

Note 238: (retour) Léon, fils de l'empereur de Byzance (acte 2, sc. 2).

Note 239: (retour) Les Mémoires de la princesse Palatine citent un exemple de distraction analogue, et encore plus plaisante, de la part d'un acteur jouant, dans le *Médecin malgré lui*, le rôle de Géronte (Lettre du 8 mars 1701). Il seroit facile de réunir bon nombre d'autres anecdotes du même genre, plus ou moins authentiques.

Cette mauvaise rime surprit tout le monde. Le comedien qui faisoit le personnage d'Aymon s'en eclata de rire et ne put plus representer un vieillard en colère. Toute l'assistance n'en rit pas moins; et pour moi, qui avois la tête passée dans l'ouverture de la tapisserie pour voir le monde et pour me faire voir, je pensai me laisser choir à force de rire. Le maître de la maison, qui etoit de ces melancoliques qui ne rient que rarement et ne rient pas pour peu de chose, trouva tant de quoi rire dans le defaut de memoire de son page et dans sa mauvaise manière de reciter des vers qu'il pensa crever à force de se contraindre à garder un peu de gravité; mais enfin il falloit rire aussi fort que les autres, et ses gens nous avouèrent qu'ils ne lui en avoient jamais vu tant faire. Et, comme il s'etoit acquis une grande autorité dans le pays, il n'y eut personne de la compagnie qui ne rit autant ou plus que lui, ou par complaisance ou de bon courage.

«J'ai grand'peur, ajouta alors la Caverne, d'avoir fait ici comme ceux qui disent: «Je m'en vais vous faire un conte qui vous fera mourir de rire», et qui ne tiennent pas leur parole: car j'avoue que je vous ai fait trop de fête de celui de mon page.--Non, lui repondit l'Etoile, je l'ai trouvé tel que vous me l'aviez fait esperer. Il est bien vrai que la chose peut avoir paru plus plaisante à ceux qui la virent qu'elle ne le sera à ceux à qui on en fera le recit, la mauvaise action du page servant beaucoup à la rendre telle, outre que le temps, le lieu et la pente naturelle que nous avons à nous laisser aller au rire des autres peuvent lui avoir donné des avantages qu'elle n'a pu avoir depuis.»

La Caverne ne fit pas davantage d'excuses pour son conte, et, reprenant son histoire où elle l'avoit laissée: Après, continua-t-elle, que les acteurs et les auditeurs eurent ri de toutes les forces de leur faculté risible, le baron de Sigognac voulut que son page reparût sur le theatre pour y reparer sa faute, ou plutôt pour faire rire encore la compagnie; mais le page, le plus grand brutal que j'aie jamais vu, n'en voulut rien faire, quelque commandement que lui fît un des plus rudes maîtres du monde. Il prit la chose comme il etoit capable de la prendre, c'est-à-dire fort mal; et son deplaisir, qui ne devoit être que très leger, s'il eût eté raisonnable, nous causa depuis le plus grand malheur qui nous pouvoit arriver. Notre comedie eut l'applaudissement de toute l'assemblée. La farce divertit encore plus que la comedie, comme il arrive d'ordinaire partout ailleurs hors de Paris [240]. Le baron de Sigognac et les autres gentilshommes ses voisins y prirent tant de plaisir qu'ils eurent envie de nous voir jouer encore; chaque gentilhomme se cotisa pour les comediens, selon qu'il eut l'ame liberale; le baron se cotisa le premier pour montrer l'exemple aux autres, et la comedie fut annoncée pour la premiere fête. Nous jouâmes un mois durant devant cette noblesse perigourdine, regalés à l'envi des hommes et des femmes, et même la troupe en profita de quelques habits demi-usés. Le baron nous faisoit manger à sa table; ses gens nous servoient avec empressement et nous disoient souvent qu'ils nous etoient obligés de la bonne humeur de leur maître, qu'ils trouvoient tout changé depuis que la comedie l'avoit humanisé. Le page seul nous regardoit comme ceux qui l'avoient perdu d'honneur, et le vers qu'il avoit corrompu et que tout le monde de la maison, jusqu'au moindre marmiton, lui recitoit à toute heure, lui etoit, toutes les fois qu'il en etoit persecuté, un cruel coup de poignard, dont enfin il resolut de se venger sur quelqu'un de notre troupe. Un jour que le baron de Sigognac avoit fait une assemblée de ses voisins et de ses paysans pour delivrer ses bois d'une grande quantité de loups qui s'y etoient adonnés, et dont le pays etoit fort incommodé, mon père et ses camarades y portèrent chacun une arquebuse, comme firent aussi tous les domestiques du baron. Le mechant page en fut aussi, et, croyant avoir trouvé l'occasion qu'il cherchoit d'executer le mauvais dessein qu'il avoit contre nous, il ne vit pas plutôt mon père et ses camarades separés des autres, qui rechargeoient leurs arquebuses et s'entrefournissoient l'un à l'autre de la poudre et du plomb, qu'il leur tira la sienne de derriere un arbre et perça mon malheureux père de deux balles. Ses compagnons, bien empêchés à le soutenir, ne songèrent point d'abord à courir après cet assassin, qui s'enfuit et depuis quitta le pays. A deux jours de là, mon père mourut de sa blessure. Ma mère en pensa mourir de deplaisir, en retomba malade, et j'en fus affligée autant qu'une fille de mon âge le pouvoit être. La maladie de ma mère tirant en longueur, les comediens et les comediennes de notre troupe prirent congé du baron de Sigognac et allèrent quelque part ailleurs chercher à se remettre dans une autre troupe. Ma mère fut malade plus de deux mois, et enfin elle se guerit, après avoir reçu du baron de Sigognac des marques de generosité et de bonté qui ne s'accordoient pas avec la reputation qu'il avoit dans le pays d'être le plus grand tyran qui se soit jamais fait craindre dans un pays où la plupart des gentilshommes se mêlent de l'être. Ses valets, qui l'avoient toujours vu sans humanité et sans civilité, etoient etonnés de le voir vivre avec nous de la manière la plus obligeante du monde. On eût pu croire qu'il etoit amoureux de ma mère; mais il ne parloit presque point à elle et n'entroit jamais dans notre chambre, où il nous faisoit servir à manger depuis la mort de mon père. Il est bien vrai qu'il envoyoit souvent sçavoir de ses nouvelles. On ne laissa pas d'en medire dans le pays, ce que nous sçûmes depuis. Mais ma mère, ne pouvant demeurer plus longtemps avec bienseance dans le château d'un homme de cette condition-là, avoit dejà songé à en sortir et avoit fait dessein de se retirer à Marseille chez son père. Elle le fit donc sçavoir au baron de Sigognac, le remercia de tous les bienfaits que nous en avions reçus, et le pria d'ajouter à toutes les obligations qu'elle lui avoit dejà celle de lui faire avoir des montures pour elle et pour moi jusqu'à je ne sçais quelle ville, et une charrette pour porter notre petit bagage, qu'elle vouloit tâcher de vendre au premier marchand qu'elle trouveroit, si peu qu'on lui en voulût donner. Le baron parut fort surpris du dessein de ma mère, et elle ne fut pas peu surprise de n'avoir pu tirer de lui ni un consentement ni un refus.

Note 240: (retour) L'usage étoit, à l'époque où se passe l'histoire de la Caverne, d'accompagner les grandes pièces d'une farce pour varier l'amusement; cette coutume se perdit un peu plus tard, au moins à Paris. «Aujourd'hui la farce est comme abolie», dit Scarron lui-même (2e part., ch. 8). Quand Molière vint s'établir à Paris avec sa troupe, en 1658, l'hôtel de Bourgogne y avoit complétement renoncé, et ce fut lui qui la rétablit d'abord devant le roi, puis pour le public. (Grimarest, *Vie de Molière*.--Préf. des oeuv. de Molière, éd. 1682.) Mais cet usage subsista encore quelque temps en province, où, d'ailleurs, la plupart des acteurs réussissoient beaucoup mieux dans la farce que dans la comédie, comme ceux que Fléchier vit à Clermont pendant les grands jours, «qui estropioient Corneille, dit-il, mais qui représentoient assez bien le burlesque.»

Le jour d'après, le curé d'une des paroisses dont il etoit seigneur nous vint voir dans notre chambre. Il etoit accompagné de sa nièce, une bonne et agreable fille avec qui j'avois fait une grande connoissance. Nous laissâmes son oncle et ma mère ensemble et allâmes nous promener dans le jardin du château. Le curé fut long-temps en conversation avec ma mère et ne la quitta qu'à l'heure du souper. Je la trouvai fort rêveuse; je lui demandai deux ou trois fois ce qu'elle avoit, sans qu'elle me repondît. Je la vis pleurer, et je me mis à pleurer aussi. Enfin, après m'avoir fait fermer la porte de la chambre, elle me dit, pleurant encore plus fort qu'elle n'avoit fait, que ce curé lui avoit appris que le baron de Sigognac etoit eperdument amoureux d'elle, et lui avoit de plus assuré qu'il l'estimoit si fort qu'il n'avoit jamais osé lui dire ou lui faire dire qu'il l'aimât qu'en même temps il ne lui offrît de l'epouser. En achevant de parler, ses soupirs et ses sanglots la pensèrent suffoquer. Je lui demandai encore une fois ce qu'elle avoit. «Quoi! ma fille! me dit-elle, ne vous en ai-je pas assez dit, pour vous faire voir que je suis la plus malheureuse personne du monde?» Je lui dis que ce n'etoit pas un si grand malheur à une comedienne que de devenir femme de condition. «Ha! pauvre petite, me dit-elle, que tu parles bien comme une jeune fille sans experience! S'il trompe ce bon curé pour me tromper, ajouta-t-elle; s'il n'a pas dessein de m'epouser comme il me le veut faire accroire, quelles violences ne dois-je pas craindre d'un homme tout à fait esclave de ses passions! S'il veut veritablement m'epouser et que j'y consente, quelle misère dans le monde approchera de la mienne quand sa fantaisie sera passée, et combien pourra-t-il me haïr s'il se repent un jour de m'avoir aimée! Non, non, ma fille, la bonne fortune ne me vient pas chercher comme tu penses; mais un effroyable malheur, après m'avoir ôté un mari qui m'aimoit et que j'aimois, m'en veut donner un par force qui peut-être me haïra et m'obligera à le haïr.» Son affliction, que je trouvois sans raison, augmenta si fort sa violence qu'elle pensa etouffer pendant que je lui aidai à se deshabiller. Je la consolois du mieux que je pouvois, et je me servois contre son deplaisir de toutes les raisons dont une fille de mon âge etoit capable, n'oubliant pas à lui dire que la manière obligeante et respectueuse dont le moins caressant de tous les hommes avoit toujours vecu avec nous me sembloit de bon presage, et surtout le peu de hardiesse qu'il avoit eue à declarer sa passion à une femme d'une profession qui n'inspire pas toujours le respect. Ma mère me laissa dire tout ce que je voulus, se mit au lit fort affligée et s'y affligea toute la nuit au lieu de dormir. Je voulus resister au sommeil; mais il fallut se rendre, et je dormis autant qu'elle dormit peu. Elle se leva de bonne heure, et quand je m'eveillai je la trouvai habillée et assez tranquille. J'etois bien en peine de sçavoir quelle résolution elle avoit prise: car, pour vous dire la verité, je flattois mon imagination de la future grandeur où j'esperois de voir arriver ma mère si le baron de Sigognac parloit selon ses veritables sentimens, et si ma mère pouvoit reduire les siens à lui accorder ce qu'il vouloit obtenir d'elle. La pensée d'ouïr appeler ma mère madame la baronne occupoit agreablement mon esprit, et l'ambition s'emparoit peu à peu de ma jeune tête.

La Caverne contoit ainsi son histoire, et l'Etoile l'ecoutoit attentivement, quand elles ouïrent marcher dans leur chambre, ce qui leur sembla d'autant plus etrange qu'elles se souvenoient fort bien d'avoir fermé leur porte au verrou. Cependant elles entendoient toujours marcher. Elles demandèrent qui etoit là. On ne leur repondit rien, et un moment après la Caverne vit au pied du lit, qui n'etoit point fermé, la figure d'une personne qu'elle ouït soupirer, et qui, s'appuyant sur le pied du lit, lui pressa les pieds. Elle se leva à demi pour voir de plus près ce qui commençoit à lui faire peur, et, resolue à lui parler, elle avança la tête dans la chambre, et ne vit plus rien. La moindre compagnie donne quelquefois de l'assurance, mais quelquefois aussi la peur ne diminue pas pour être partagée. La Caverne s'effraya de n'avoir rien vu, et l'Etoile s'effraya de ce que la Caverne s'effrayoit. Elles s'enfoncèrent dans leur lit, se couvrirent la tête de leur couverture et se serrèrent l'une contre l'autre, ayant grand'peur, et ne s'osant presque parler. Enfin la Caverne dit à l'Etoile que sa pauvre fille etoit morte et que c'etoit son âme qui etoit venue soupirer auprès d'elle. L'Etoile alloit peut-être lui repondre, quand elles entendirent encore marcher dans la chambre. L'Etoile s'enfonça encore plus avant dans le lit qu'elle n'avoit fait, et la Caverne, devenue plus hardie par la pensée qu'elle avoit que c'etoit l'ame de sa fille, se leva encore sur son lit comme elle avoit fait, et, voyant encore paroître la même figure qui soupiroit encore et s'appuyoit sur ses pieds, elle avança la main et en toucha une fort velue qui lui fit faire un cri effroyable et la fit tomber sur le lit à la renverse. Dans le même temps elles ouïrent aboyer dans leur chambre, comme quand un chien a peur la nuit de ce qu'il rencontre. La Caverne fut encore assez hardie pour regarder ce que c'etoit, et alors elle vit un grand levrier qui aboyoit contre elle. Elle le menaça d'une voix forte, et il s'enfuit en aboyant vers un coin de la chambre, où il disparut. La courageuse comedienne sortit hors du lit, et, à la clarté de la lune qui perçoit les fenetres, elle decouvrit, au coin de la chambre où le fantôme levrier avoit disparu, une petite porte d'un petit escalier derobé. Il lui fut aisé de juger que c'etoit un levrier de la maison qui etoit entré par là dans leur chambre. Il avoit eu envie de se coucher sur leur lit, et, ne l'osant faire sans le consentement de ceux qui y etoient couchés, avoit soupiré en chien, et s'etoit appuyé des jambes de devant sur le lit, qui etoit haut sur les siennes, comme sont tous les lits à l'antique, et s'etoit caché dessous quand la Caverne avança la tête dans la chambre la première fois. Elle n'ôta pas d'abord à l'Etoile la croyance qu'elle avoit que c'etoit un esprit, et fut long-temps à lui faire comprendre que c'etoit un levrier. Tout affligée qu'elle etoit, elle railla sa compagne de sa poltronnerie, et remit la fin de son histoire à quelque autre temps que le sommeil ne leur seroit pas si necessaire qu'il leur etoit alors. La pointe du jour commençoit à paroître; elles s'endormirent, et se levèrent sur les dix heures, qu'on les vint avertir que le carrosse qui les devoit mener au Mans etoit prêt de partir quand elles voudroient.

CHAPITRE IV.

Le Destin trouve Leandre.

Le Destin cependant alloit de village en village, s'informant de ce qu'il cherchoit et n'en apprenant aucunes nouvelles. Il battit un grand pays, et ne s'arrêta point que sur les deux ou trois heures, que sa faim et la lassitude de son cheval le firent retourner dans un gros bourg qu'il venoit de quitter. Il y trouva une assez bonne hôtellerie, parce qu'elle etoit sur le grand chemin, et n'oublia pas de s'informer si on n'avoit point ouï parler d'une troupe de gens de cheval qui enlevoient une femme. «Il y a un gentilhomme là-haut qui vous en peut dire des nouvelles, dit le chirurgien du village, qui se trouva là; je crois, ajouta-t-il, qu'il a eu quelques demêlés avec eux et en a eté maltraité. Je lui viens d'appliquer un cataplasme anodin et resolutif sur une tumeur livide qu'il a sur les vertèbres du col, et je lui ai pansé une grande plaie qu'on lui a faite à l'occiput. Je l'ai voulu saigner, parce qu'il a le corps tout couvert de contusions, mais il n'a pas voulu; il en a pourtant bien besoin. Il faut qu'il ait fait quelque lourde chute et qu'il ait eté excedé de coups.» Ce chirurgien de village prenoit tant de plaisir à debiter les termes de son art qu'encore que le Destin l'eût quitté et qu'il ne fût ecouté de personne, il continua longtemps le discours qu'il avoit commencé [241], jusqu'à tant que l'on le vint querir pour saigner une femme qui se mouroit d'une apoplexie.

Note 241: (retour) Molière n'est pas le seul ni le premier qui se soit moqué des médecins d'alors. Indépendamment de Boileau, et de La Fontaine, Scarron, dans ce passage et dans plusieurs autres (V. l. 1, ch. 14, p. 128; l. 2, ch. 9); Barclay, dans *Euphormion*; Cyrano de Bergerac dans sa *Lettre contre les médecins*, etc., l'ont fait presque dans les mêmes termes que Molière. On peut voir ce qu'en dit La Bruyère (*De quelques usages*). Cf. aussi *l'Ombre de Molière*, comédie de Brécourt, 1674, etc., etc. Les médecins se discréditoient eux-mêmes par leurs querelles et leurs discussions, et, en se traitant entre eux de charlatans et d'imposteurs, ils appreneoient aux autres à les traiter de même. V. Lettres de Gui-Patin.

Cependant le Destin montoit dans la chambre de celui dont le chirurgien lui avoit parlé. Il y trouva un jeune homme bien vêtu, qui avoit la tête bandée, et qui s'etoit couché sur un lit pour reposer. Le Destin lui voulut faire des excuses de ce qu'il etoit entré dans sa chambre devant que d'avoir sceu s'il l'auroit agreable: mais il fut bien surpris quand, aux premières paroles de son compliment, l'autre se leva de son lit et le vint embrasser, se faisant connoître à lui pour son valet Leandre, qui l'avoit quitté depuis quatre ou cinq jours sans prendre congé de lui, et que la Caverne croyoit être le ravisseur de sa fille. Le Destin ne sçavoit de quelle façon il lui devoit parler, le voyant bien vêtu et de fort bonne mine. Pendant qu'il le considera, Leandre eut le temps de se rassurer, car il avoit paru d'abord fort interdit. «J'ai beaucoup de confusion, dit-il au Destin, de n'avoir pas eu pour vous toute la sincerité que je devois avoir, vous estimant comme je fais; mais vous excuserez un jeune homme sans experience, qui, devant que de vous bien connoître, vous croyoit fait comme le sont d'ordinaire ceux de votre profession, et qui n'osoit pas vous confier un secret d'où depend tout le bonheur de sa vie.» Le Destin lui dit qu'il ne pouvoit sçavoir que de lui-même en quoi il lui avoit manqué de sincerité. «J'ai bien d'autres choses à vous apprendre, si peut-être vous ne les sçavez dejà, lui repondit Leandre; mais auparavant il faut que je sçache ce qui vous amène ici.» Le Destin lui conta de quelle façon Angelique avoit été enlevée; il lui dit qu'il couroit après ses ravisseurs, et qu'il avoit appris, en entrant dans l'hôtellerie, qu'il les avoit trouvés et lui en pourroit apprendre des nouvelles. «Il est vrai que je les ai trouvés, lui repondit Leandre en soupirant, et que j'ai fait contre eux ce qu'un homme seul pouvoit faire contre plusieurs; mais, mon epée s'etant rompue dans le corps du premier que j'ai blessé, je n'ai pu rien faire pour le service de mademoiselle Angelique, ni mourir en la servant, comme j'etois resolu à l'un ou à l'autre evenement. Ils m'ont mis en l'etat où vous me voyez. J'ai été etourdi du coup d'estramaçon que j'ai reçu sur la tête; ils m'ont cru mort, et ont passé outre à grand hâte. Voilà tout ce que je sçais de mademoiselle Angelique. J'attends ici un valet qui vous en apprendra davantage: il les a suivis de loin, après m'avoir aidé à reprendre mon cheval, qu'ils m'ont peut-être laissé à cause qu'il ne valoit pas grand chose.» Le Destin lui demanda pourquoi il l'avoit quitté sans l'en avertir, d'où il venoit et qui il etoit, ne doutant plus qu'il ne lui eût caché son nom et sa condition. Leandre lui avoua qu'il en etoit quelque chose, et, s'etant recouché à cause que les coups qu'il avoit reçus lui faisoient beaucoup de douleur, le Destin s'assit sur le pied du lit, et Leandre lui dit ce que vous allez lire dans le suivant chapitre.

CHAPITRE V.

Histoire de Leandre.

Je suis un gentilhomme d'une maison assez connue dans la province. J'espère un jour d'avoir pour le moins douze mille livres de rente, pourvu que mon père meure: car, encore qu'il y ait quatre-vingts ans qu'il fait enrager tous ceux qui dependent de lui ou qui ont affaire à lui, il se porte si bien qu'il y a plus à craindre pour moi qu'il ne meure jamais qu'à esperer que je lui succède un jour en trois fort belles terres qui sont tout son bien. Il me veut faire conseiller au Parlement de Bretagne contre mon inclination, et c'est pour cela qu'il m'a fait etudier de bonne heure. J'etois ecolier à la Flèche quand votre troupe y vint representer. Je vis mademoiselle Angelique, et j'en devins tellement amoureux que je ne pus plus faire autre chose que de l'aimer. Je fis bien davantage, j'eus l'assurance de lui dire que je l'aimois; elle ne s'en offensa point; je lui écrivis, elle reçut ma lettre et ne m'en fit pas plus mauvais visage. Depuis ce temps-là une maladie qui fit garder la chambre à mademoiselle de la Caverne, pendant que vous fûtes à la Flèche, facilita beaucoup les conversations que sa fille et moi eûmes ensemble. Elle les auroit sans doute empêchées, trop sévère comme elle est pour être d'une profession qui semble dispenser du scrupule et de la severité ceux qui la suivent. Depuis que je devins amoureux de sa fille, je n'allai plus au collége et ne manquai pas un jour d'aller à la comedie. Les pères jesuites me voulurent remettre dans mon devoir; mais je ne voulus plus obeir à de si mal-plaisans maîtres, après avoir choisi la plus charmante maîtresse du monde. Votre valet fut tué à la porte de la comedie par des ecoliers bretons, qui firent cette année-là beaucoup de desordre à la Flèche, parce qu'ils y etoient en grand nombre et que le vin y fut à bon marché [242]. Cela fut cause en partie que vous quittâtes la Flèche pour aller à Angers. Je ne dis point adieu à mademoiselle Angélique, sa mère ne la perdant point de vue. Tout ce que je pus faire, ce fut de paroître devant elle, en la voyant partir, le desespoir peint sur le visage et les yeux mouillés de larmes. Un regard triste qu'elle me jeta me pensa faire mourir. Je m'enfermai dans ma chambre; je pleurai le reste du jour et toute la nuit; et, dès le matin, changeant mon habit en celui de mon valet, qui etoit de ma taille, je le laissai à la Flèche pour prendre mon equipage d'ecolier et lui laissai une lettre pour un fermier de mon père qui me donne de l'argent quand je lui en demande, avec ordre de me venir trouver à Angers. J'en pris le chemin après vous et vous attrapai à Duretail [243], où plusieurs personnes de condition qui y couroient le cerf vous arrêtèrent sept ou huit jours. Je vous offris mon service, et vous me prîtes pour votre valet, soit que vous fussiez incommodé de n'en avoir point, ou que ma mine et mon visage, qui peut-être ne vous deplurent pas, vous obligeassent à me prendre. Mes cheveux, que j'avois fait couper fort courts, me rendirent meconnaissable à ceux qui m'avoient vu souvent auprès de mademoiselle Angelique, outre que le mechant habit de mon valet que j'avois pris pour me deguiser me rendoient bien different de ce que je paraissois avec le mien, qui etoit plus beau que ne l'est d'ordinaire celui d'un ecolier. Je fus d'abord reconnu de mademoiselle Angelique, qui m'avoua depuis qu'elle n'avoit point douté que la passion que j'avois pour elle ne fût très violente, puisque je quittois tout pour la suivre. Elle fut assez genereuse pour m'en vouloir dissuader et pour me faire retrouver ma raison, qu'elle voyoit bien que j'avois perdue. Elle me fit long-temps eprouver des rigueurs qui eussent refroidi un moins amoureux que moi. Mais enfin, à force de l'aimer, je l'engageai à m'aimer autant que je l'aimois. Comme vous avez l'ame d'une personne de condition qui l'auroit fort belle, vous reconnûtes bientôt que je n'avois pas celle d'un valet. Je gagnai vos bonnes graces, je me mis bien dans l'esprit de tous les messieurs de votre troupe, et même je ne fus pas haï de la Rancune, qui passe parmi vous pour n'aimer personne et pour haïr tout le monde.

Note 242: (retour) On peut lire dans une foule d'écrivains du temps le récit des prouesses en ce genre de messieurs les écoliers. Sorel, dans *Francion* (liv. 4, etc.), nous parle au long et au large de leur turbulence, et Tristan nous raconte, dans le *Page disgracié*, une lutte terrible aux environs de Bordeaux entre les écoliers de la ville et des paysans, dont vingt ou vingt-cinq restèrent morts sur le carreau, sans compter les blessés (ch. 38 et 39). Souvent même ils se faisoient tire-laines pendant la nuit, quoiqu'il ne faille pas croire aveuglément à tout ce qu'on en rapporte: car, dit l'auteur des *Caquets de l'accouchée*, «une infinité de vagabonds et de coureurs..., pillent, voilent, destroussent..., et, qui pis est, ils empruntent le nom des escoliers et font semblant d'estre de leur cabale» (p. 70, éd. Foumier, chez Jannet).--Quoi qu'il en soit, les armes offensives, et en particulier les épées et les pistolets, furent sévèrement interdites aux écoliers par le règlement général pour la police de Paris du 30 mars 1635, qui avoit déjà été précédé d'autres ordonnances particulières dans le même sens en 1604, 1619, 1621 et 1623. On prit contre eux de nouvelles mesures encore plus rigoureuses, qui montrent combien ils étoient dangereux pour la sûreté publique: ainsi il leur fut fait défense, sous peine de la prison, de vaguer par les rues passé cinq heures du soir en hiver et neuf heures en été.

Note 243: (retour) Petite ville d'Anjou, à quatre lieues d'Angers et à deux et demie de La Flèche.

Je ne perdrai point le temps à vous redire tout ce que deux jeunes personnes qui s'entr'aiment se sont pu dire toutes les fois qu'elles se sont trouvées ensemble, vous le sçavez assez par vous-même; je vous dirai seulement que mademoiselle de la Caverne, se doutant de notre intelligence, ou plutôt n'en doutant plus, defendit à sa fille de me parler; que sa fille ne lui obeït pas, et que, l'ayant surprise qui m'ecrivoit, elle la traita si cruellement, et en public et en particulier, que je n'eus pas depuis grande peine à la faire resoudre de se laisser enlever. Je ne crains point de vous l'avouer, vous connoissant genereux autant qu'on le peut être, et amoureux pour le moins autant que moi. Le Destin rougit à ces dernières paroles de Leandre, qui continua son discours et dit au Destin qu'il n'avoit quitté la compagnie que pour s'aller mettre en etat d'executer son dessein; qu'un fermier de son père lui avoit promis de lui donner de l'argent, et qu'il esperoit encore d'en recevoir à Saint-Malo du fils d'un marchand de qui l'amitié lui etoit assurée, et qui etoit depuis peu maître de son bien par la mort de ses parents. Il ajouta que par le moyen de son ami il esperoit de passer facilement en Angleterre, et là de faire sa paix avec son père sans exposer à sa colère mademoiselle Angelique, contre laquelle, vraisemblablement, aussi bien que contre sa mère, il auroit exercé toutes sortes d'actes d'hostilité, avec tout l'avantage qu'un homme riche et de condition peut avoir sur deux pauvres comediennes. Le Destin fit avouer à Leandre qu'à cause de sa jeunesse et de sa condition son père n'auroit pas manqué d'accuser de rapt mademoiselle de la Caverne; il ne tâcha point de lui faire oublier son amour, sçachant bien que les personnes qui aiment ne sont pas capables de croire d'autres conseils que ceux de leur passion et sont plus à plaindre qu'à blâmer; mais il desapprouva fort le dessein qu'il avoit de se sauver en Angleterre, et lui representa ce qu'on pourroit s'imaginer de deux jeunes personnes ensemble qui seroient dans un pays etranger, les fatigues et les hasards d'un voyage par mer, la difficulté de recouvrer de l'argent s'il leur arrivoit d'en manquer, et enfin les entreprises que feroient faire sur eux et la beauté de mademoiselle Angelique et la jeunesse de l'un et de l'autre. Leandre ne defendit point une mauvaise cause; il demanda encore une fois pardon au Destin de s'être si long-temps caché de lui, et le Destin lui promit qu'il se serviroit de tout le pouvoir qu'il croyoit avoir sur l'esprit de mademoiselle de la Caverne pour le lui rendre favorable. Il lui dit encore que, s'il etoit tout à fait resolu à n'avoir jamais d'autre femme que mademoiselle Angelique, il ne devoit point quitter la troupe. Il lui representa que cependant son père pouvoit mourir, ou sa passion se ralentir, ou peut-être se passer. Leandre s'ecria là-dessus que cela n'arriveroit jamais. «Eh bien donc! dit le Destin, de peur que cela n'arrive à votre maîtresse, ne la perdez point de vue, faites la comedie avec nous; vous n'êtes pas le seul qui la ferez et qui pourriez faire quelque chose de meilleur. Ecrivez à votre père, faites-lui croire que vous êtes à la guerre, et tâchez d'en tirer de l'argent [244]. Cependant je vivrai avec vous comme avec un frère, et tâcherai par là de vous faire oublier les mauvais traitements que vous pouvez avoir reçus de moi tandis que je n'ai pas connu ce que vous étiez.» Leandre se fût jeté à ses pieds si la douleur que les coups qu'il avoit reçus lui faisoient sentir par tout son corps lui eût permis de le faire. Il le remercia au moins en des termes si obligeans, et lui fit des protestations d'amitié si tendres, qu'il en fut aimé dès ce temps-là autant qu'un honnête homme le peut être d'un autre. Ils parlèrent ensuite de chercher mademoiselle Angelique; mais une grande rumeur qu'ils entendirent interrompit leur conversation et fit descendre le Destin dans la cuisine de l'hôtellerie, où il se passoit ce que vous allez voir dans le suivant chapitre.

Note 244: (retour) C'étoient là des expédients reçus même dans la bonne société, et dont on ne songeoit pas à se scandaliser beaucoup, comme le prouvent les *Historiettes* de Tallemant et les comédies de Molière.

CHAPITRE VI.

*Combat à coups de poings. Mort de l'hôte et autres
choses memorables.*

Deux hommes, l'un vêtu de noir comme un magister de village, et l'autre de gris, qui avoit bien la mine d'un sergent [245], se tenoient aux cheveux et à la barbe et s'entredonnoient de temps en temps des coups de poings d'une très cruelle manière. L'un et l'autre etoient ce que leurs habits et leur mine vouloient qu'ils fussent. Le vêtu de noir, magister de village, etoit frère du curé, et le vêtu de gris, sergent du même village, etoit frère de l'hôte. Cet hôte etoit alors dans une chambre à côté de la cuisine prêt à rendre l'ame, d'une fièvre chaude qui lui avoit si fort troublé l'esprit qu'il s'etoit cassé la tête contre une muraille; et sa blessure, jointe à sa fièvre, l'avoit mis si bas qu'alors que sa frenesie le quitta, il se vit contraint de quitter la vie, qu'il regrettoit peut-être moins que son argent mal acquis. Il avoit porté les armes longtemps, et etoit enfin revenu dans son village chargé d'ans et de si peu de probité qu'on pouvoit dire qu'il en avoit encore moins que d'argent, quoiqu'il fût extrêmement pauvre. Mais, comme les femmes se prennent souvent par où elles devroient moins se laisser prendre, ses cheveux de drille [246] plus longs que ceux des autres paysans du village, ses sermens à la soldate, une plume herissée qu'il mettoit les fêtes [247], quand il ne pleuvoit point, et une epée rouillée qui lui battoit de vieilles bottes, encore qu'il n'eût point de cheval, tout cela donna dans la vue d'une vieille veuve qui tenoit hôtellerie. Elle avoit eté recherchée par les plus riches fermiers du pays, non tant pour sa beauté que pour le bien qu'elle avoit amassé avec son defunt mari à vendre bien cher et à faire mauvaise mesure de vin et d'avoine. Elle avoit constamment resisté à tous ses pretendans; mais enfin un vieil soldat avoit triomphé d'une vieille hôtesse. Le visage de cette nymphe tavernière etoit le plus petit, et son ventre etoit le plus grand du Maine, quoique cette province abonde en personnes ventrues. Je laisse aux naturalistes le soin d'en chercher la raison, aussi bien que de la graisse des chapons du pays. Pour revenir à cette grosse petite femme, qu'il me semble que je vois toutes les fois que j'y songe, elle se maria avec son soldat sans en parler à ses parens, et, après avoir achevé de vieillir avec lui et bien souffert aussi, elle eut le plaisir de le voir mourir la tête cassée, ce qu'elle attribuoit à un juste jugement de Dieu, parcequ'il avoit souvent joué à casser la sienne. Quand le Destin entra dans la cuisine de l'hôtellerie, cette hôtesse et sa servante aidoient au vieil curé du bourg à separer les combattans, qui s'etoient cramponnés comme deux vaisseaux; mais les menaces du Destin et l'autorité avec laquelle il parla achevèrent ce que les exhortations du bon pasteur n'avoient pu faire, et les deux mortels ennemis se separèrent crachant la moitié de leurs dents sanglantes, saignant du nez, et le menton et la tête pelés. Le curé etoit honnête homme et sçavoit bien son monde. Il remercia le Destin fort civilement, et le Destin, pour lui faire plaisir, fit embrasser en bonne amitié ceux qui un moment auparavant ne s'embrassoient que pour s'etrangler. Pendant l'accommodement, l'hôte acheva son obscure destinée, sans en avertir ses amis; tellement qu'on trouva qu'il n'y avoit plus qu'à l'ensevelir, quand on entra dans sa chambre après que la paix fut conclue. Le curé fit des prières sur le mort, et les fit bonnes, car il les fit courtes. Son vicaire le vint relayer, et cependant la veuve s'avisa de hurler, et le fit avec beaucoup d'ostentation et de vanité. Le frère du mort fit semblant d'être triste ou le fut veritablement, et les valets et servantes s'en acquittèrent presque aussi bien que lui. Le curé suivit le Destin dans sa chambre, lui faisant des offres de service. Il en fit autant à Leandre, et ils le retinrent à manger avec eux. Le Destin, qui n'avoit pas mangé de tout le jour et avoit fait beaucoup d'exercice, mangea très avidement. Leandre se reput d'amoureuses pensées plus que de viandes, et le curé parla plus qu'il ne mangea; il leur fit cent contes plaisans de l'avarice du defunt, et leur apprit les plaisans differens que cette passion dominante lui avoit fait avoir, tant avec sa femme qu'avec ses voisins. Il leur fit le recit entre autres d'un voyage qu'il avoit fait à Laval avec sa femme, au retour duquel, le cheval qui les portoit tous deux s'etant déferré de deux pieds, et, qui pis est, les fers s'etant perdus, il laissa sa femme tenant son cheval par la bride au pied d'un arbre, et retourna jusqu'à Laval, cherchant exactement ses fers partout où il crut avoir passé; mais il perdit sa peine, tandis que sa femme pensa perdre patience à l'attendre: car il etoit retourné sur ses pas de deux grandes lieues, et elle commençoit d'en être en peine quand elle le vit revenir les pieds nus, tenant ses bottes et ses chausses dans ses mains. Elle s'etonna fort de cette nouveauté; mais elle n'osa lui en demander la raison, tant, à force d'obeir à la guerre, il s'etoit rendu capable de bien commander dans sa maison. Elle n'osa pas même repartir, quand il la fit dechausser aussi, ni lui en demander le sujet. Elle se douta seulement que ce pouvoit être par devotion. Il fit prendre à sa femme son cheval par la bride, marchant derrière pour le hâter, et ainsi l'homme et la femme sans chaussure, et le cheval déferré de deux pieds, après avoir bien souffert, gagnèrent la maison bien avant dans la nuit, les uns et les autres fort las, et l'hôte et l'hôtesse ayant les pieds si ecorchés qu'ils furent près de quinze jours sans pouvoir presque marcher. Jamais il ne se sceut si bon gré de quelque autre chose qu'il eût faite; et, quand il y songeoit, il disoit en riant à sa femme que, s'ils ne se fussent dechaussés en revenant de Laval, ils en eussent eu pour deux paires de souliers, outre deux fers d'un cheval. Le Destin et Leandre ne s'emurent pas beaucoup du conte que le curé leur donnoit pour bon, soit qu'ils ne le trouvassent pas si plaisant qu'il leur avoit dit, ou qu'ils ne fussent pas alors en humeur de rire. Le curé, qui etoit grand parleur, n'en voulut pas demeurer là, et, s'adressant au Destin, lui dit que ce qu'il venoit d'entendre ne valoit pas ce qu'il avoit encore à lui dire de la belle manière dont le defunt s'etoit preparé à la mort. «Il y a quatre ou cinq jours, ajouta-t-il, qu'il sçait bien qu'il n'en peut échapper. Il ne s'est jamais plus tourmenté de son menage; il a eu regret à tous les oeufs frais qu'il a mangés pendant sa maladie. Il a voulu sçavoir à quoi monteroit son enterrement, et même l'a voulu marchander avec moi le jour que je l'ai confessé [248]. Enfin, pour achever comme il avoit commencé, deux heures devant que de mourir, il ordonna devant moi à sa femme de l'ensevelir dans un certain vieil drap de sa connoissance qui avoit plus de cent trous. Sa femme lui representa qu'il y seroit fort mal enseveli; il s'opiniâtra à n'en vouloir point d'autre. Sa femme ne pouvoit y consentir, et, parcequ'elle le voyoit en etat de ne la pouvoir battre, elle soutint son opinion plus vigoureusement qu'elle n'avoit jamais fait avec lui, sans pourtant sortir du respect qu'une honnête femme doit à un mari, fâcheux ou non. Elle lui demanda enfin comment il pourroit paroître dans la vallée de Josaphat, un mechant drap tout troué sur les épaules, et en quel equipage il pensoit ressusciter. Le malade s'en mit en colère, et, jurant comme il avoit accoutumé en sa santé: «Eh morbleu! vilaine, s'ecria-t-il, je ne veux point ressusciter.» J'eus autant de peine à m'empêcher de rire qu'à lui faire comprendre qu'il avoit offensé Dieu, se mettant en colère, et plus encore par ce qu'il avoit dit à sa femme, qui etoit en quelque façon une impieté. Il en fit un acte de contrition tel quel, et encore lui fallut-il donner parole qu'il ne seroit point enseveli dans un autre drap que celui qu'il avoit choisi. Mon frère, qui s'etoit eclaté de rire quand il avoit renoncé si hautement et si clairement à sa resurrection, ne pouvoit s'empêcher d'en rire encore toutes les fois qu'il y songeoit. Le frère du defunt s'en etoit formalisé, et, de paroles en paroles, mon frère et lui, tous deux aussi brutaux l'un que l'autre, s'etoient entre-harpés après s'être donné mille coups de poings, et se battroient peut-être encore si on ne les avoit separés. Le curé acheva ainsi sa relation, adressant sa parole au Destin, parceque Leandre ne lui donnoit pas grande attention. Il prit congé des comediens, après leur avoir encore offert son service, et le Destin tâcha de consoler l'affligé Leandre, lui donnant les meilleures esperances dont il se put aviser. Tout brisé qu'etoit le pauvre garçon, il regardoit de temps en temps par la fenêtre pour voir si son valet ne venoit point, comme s'il en eût dû venir plus tôt. Mais, quand on attend quelqu'un avec impatience, les plus sages sont assez sots pour regarder souvent du côté qu'il doit venir. Et je finirai par là mon sixième chapitre.

Note 245: (retour) Le sergent correspondoit à peu près à l'huissier d'aujourd'hui: c'étoit un officier subalterne de la justice, chargé de faire exécuter ses ordres, en employant, au besoin, l'aide des recors. Les sergents n'avoient guère meilleure réputation que les prévôts et autres officiers de justice.

Note 246: (retour) C'est-à-dire de coureur, vaurien, vagabond. Ce terme s'est conservé jusqu'à nos jours dans le langage populaire.

Note 247: (retour) On peut voir par les estampes du temps combien cette mode étoit répandue, en dehors même des cavaliers et des fanfarons, à qui cette habitude avoit acquis le surnom de *Plumets* (*Dict. de Fur.*). Les gens du bel air portoient de longues plumes blanches sur leurs chapeaux. «Voudriez-vous, faquins, dit Mascarille à ses porteurs, que j'exposasse l'embonpoint de mes plumes aux inclémences de la saison pluvieuse?» (*Précieuses ridic.*, sc. 8.) La Fontaine raille aussi ce *plumail* et ces aigrettes, dans le *Combat des rats et des belettes* (liv. 4, fab. 6).--V. également Somaize, *Procès des Précieuses* (1660), p. 51; *Récit de la farce des Précieuses*, Anvers, 1660, in-12, p. 19, et les couplets de La Sablière:

> Votre audace est sans seconde, etc.

Cet ornement étoit interdit aux bourgeois.

Note 248: (retour)

> ....Tu règles jusqu'au convoi,
>
> Jusqu'aux frais de tes funérailles,
>
> Dans la peur qu'à ta mort on ne gagne avec toi,

dit Chevreau dans sa fable *Le Renard et le Dragon*, imitée de Phèdre (*Chevriana*). «L'avare dépense plus, mort, en un jour, qu'il ne faisoit vivant en dix années.» (La Bruyère, *Des biens de fortune.*) On peut encore voir plusieurs traits d'avarice analogues à celui que Scarron prête à l'hôte dans l'*Harpagoniana* de Cousin d'Avallon, p. 25, 66, 87 (1801, in-18). L'avarice est un des ridicules que les écrivains du XVIIe siècle ont traité le plus souvent et le plus volontiers, et Scarron lui-même, qui y avoit déjà touché dans sa 1re partie (ch. 13), y est revenu plus au long dans le *Châtiment de l'avarice*, une de ses meilleures *nouvelles tragi-comiques*. Les satires et les comédies de ce temps, Boileau comme Molière, Cyrano de Bergerac comme Larochefoucault et comme Guy Patin, sans parler des recueils de pièces détachées (V. *Commentaire sur la lésine*, t. 3 du *Recueil pen rose* de Sercy), s'y étendent complaisamment, ainsi que tous les romans comiques, satiriques et bourgeois d'alors. Qu'il me suffise de citer Ch. Sorel dans *Francion* (l. 3 et 8); le marquis d'Argentuare, du *Roman satirique* de Lannel; le procureur Vollichon, du *Roman bourgeois* de Furetière; Tristan, avec l'*Avare libéral* de son *Page disgracié* (p. 86); le Noble, avec son *Avare généreux*, etc. C'est que, malgré la prodigalité des brillants courtisans de Versailles, l'avarice paroît avoir été un vice très répandu au XVIIe siècle. (V. surtout Tallemant, *passim*.)

CHAPITRE VII.

Terreur panique de Ragotin, suivie de disgrâces.
Aventure du corps mort. Orage de coups
de poings et autres accidens surprenans
dignes d'avoir place en cette
veritable histoire.

Leandre regardoit donc par la fenêtre de sa chambre du côté qu'il attendoit son valet, quand, tournant la tête de l'autre côté, il vit arriver le petit Ragotin, botté jusqu'à la ceinture, monté sur un petit mulet, et ayant à ses étriers, comme deux estafiers [249], la Rancune d'un côté et l'Olive de l'autre. Ils avoient appris de village en village des nouvelles du Destin, et, à force de l'avoir suivi, l'avoient enfin trouvé. Le Destin descendit en bas au devant d'eux et les fit monter dans la chambre. Ils ne reconnurent point d'abord le jeune Leandre, qui avoit changé de mine aussi bien que d'habit. Afin qu'on ne le connût pas pour ce qu'il etoit, le Destin lui commanda d'aller faire apprêter le souper avec la même autorité dont il avoit coutume de lui parler; et les comediens, qui le reconnurent par là, ne lui eurent pas plutôt dit qu'il etoit bien brave que le Destin repondit pour lui et leur dit qu'un oncle riche qu'il avoit au bas Maine l'avoit equipé de pied en cap comme ils le voyoient, et même lui avoit donné de l'argent pour l'obliger à quitter la comedie, ce qu'il n'avoit pas voulu faire, et ainsi l'avoit laissé sans lui dire adieu. Le Destin et les autres s'entredemandèrent des nouvelles de leur quête et ne s'en dirent point. Ragotin assura le Destin qu'il avoit laissé les comediennes en bonne santé, quoique fort affligées de l'enlevement de mademoiselle Angelique. La nuit vint; on soupa, et les nouveaux venus burent autant que les autres burent peu. Ragotin se mit en bonne humeur, défia tout le monde à boire, comme un fanfaron de taverne qu'il etoit, fit le plaisant et chanta des chansons en depit de tout le monde; mais, n'etant pas secondé, et le beau-frere de l'hôtesse ayant représenté à la compagnie que ce n'etoit pas bien fait de faire la debauche [250] auprès d'un mort, Ragotin en fit moins de bruit et en but plus de vin.

Note 249: (retour) Un estafier étoit un grand valet de pied qui suivoit un homme à cheval.

Note 250: (retour) Le mot *débauche* n'avoit pas, au XVIIe siècle, un sens aussi fort qu'aujourd'hui, et même il ne se prenoit pas toujours dans une mauvaise signification; c'est un de ces mots nombreux dont la valeur s'est modifiée en chemin. Quelquefois on le prenoit simplement dans le sens du *comessatio* des Latins, ou de ce que nous appelons familièrement un *extra*. C'est ainsi que nous lisons dans une lettre de Boileau à Racine (1687), à propos du verre de quinquina que Monseigneur avoit bu après déjeuner chez la princesse de

Conti, sans être malade: «J'ai été fort frappé de l'*agréable débauche* de Monseigneur.»

On se coucha: le Destin et Leandre dans la chambre qu'ils avoient dejà occupée, Ragotin, la Rancune et l'Olive dans une petite chambre qui etoit auprès de la cuisine et à côté de celle où etoit le corps du defunt, qu'on n'avoit pas encore commencé d'ensevelir. L'hôtesse coucha dans une chambre haute, qui etoit voisine de celle où couchoient le Destin et Leandre, et elle s'y mit pour n'avoir pas devant les yeux l'objet funeste d'un mari mort et pour recevoir les consolations de ses amies, qui la vinrent visiter en grand nombre: car elle etoit une des plus grosses dames du bourg, et y avoit toujours eté autant aimée de tout le monde que son mari y avoit toujours eté haï. Le silence regnoit dans l'hôtellerie; les chiens y dormoient, puisqu'ils n'aboyoient point; tous les autres animaux y dormoient aussi, ou le devoient faire; et cette tranquillité-là duroit encore entre deux et trois heures du matin, quand tout à coup Ragotin se mit à crier de toute sa force que la Rancune etoit mort. Tout d'un temps il eveilla l'Olive, alla faire lever le Destin et Leandre et les fit descendre dans sa chambre pour venir pleurer, ou du moins voir la Rancune, qui venoit de mourir subitement à son côté, à ce qu'il disoit. Le Destin et Leandre le suivirent, et la première chose qu'ils virent en entrant dans la chambre, ce fut la Rancune qui se promenoit dans la chambre en homme qui se porte bien, quoi que cela soit assez difficile après une mort subite. Ragotin, qui entroit le premier, ne l'eut pas plutôt aperçu qu'il se retira en arrière comme s'il eût eté prêt de marcher sur un serpent ou de mettre le pied dans un trou. Il fit un grand cri, devint pâle comme un mort et heurta si rudement le Destin et Leandre, lorsqu'il se jeta hors de la chambre à corps perdu, qu'il s'en fallut bien peu qu'il ne les portât par terre. Cependant que sa peur le fait fuir jusque dans le jardin de l'hôtellerie, où il hasarde de se morfondre, le Destin et Leandre demandent à la Rancune des particularités de sa mort; la Rancune leur dit qu'il n'en sçavoit pas tant que Ragotin, et ajouta qu'il n'etoit pas sage [251]. L'Olive cependant rioit comme un fol, la Rancune demeuroit froid sans parler, selon sa coutume, et l'Olive et lui ne se declaroient pas davantage. Leandre alla après Ragotin et le trouva caché derrière un arbre, tremblant de peur plus que de froid, quoiqu'il fût en chemise. Il avoit l'imagination si pleine de la Rancune mort qu'il prit d'abord Leandre pour son fantôme et pensa s'enfuir quand il s'approcha de lui. Là-dessus le Destin arriva, qui lui parut aussi un autre fantôme; ils n'en purent tirer la moindre parole, quelque chose qu'ils lui pussent dire, et enfin ils le prirent sous les bras pour le remener dans sa chambre. Mais, dans le temps qu'ils alloient sortir du jardin, la Rancune s'etant presenté pour y entrer, Ragotin se defit de ceux qui le tenoient et s'alla jeter, regardant derrière lui d'un oeil egaré, dans une grosse touffe de rosiers où il s'embarrassa depuis les pieds jusqu'à la tête, et ne s'en put tirer assez vite pour s'empêcher d'être joint par la Rancune, qui l'appela cent fois fol et lui dit qu'il le falloit enchaîner. Ils le tirèrent à trois hors de la touffe de rosiers où il s'etoit fourré. La Rancune lui donna une claque sur la peau nue, pour lui faire voir qu'il n'etoit pas mort, et enfin le petit homme effrayé fut remené dans sa chambre et remis dans son lit. Mais à peine y fut-il qu'une clameur de voix feminines qu'ils entendirent dans la chambre voisine leur donna à deviner ce que ce pouvoit être. Ce n'etoient point les plaintes d'une femme affligée, c'etoient des cris effroyables de plusieurs femmes ensemble comme quand elles ont peur. Le Destin y alla et trouva quatre ou cinq femmes avec l'hôtesse, qui cherchoient sous les lits, regardoient dans la cheminée et paroissoient fort effrayées. Il leur demanda ce qu'elles avoient, et l'hôtesse, moitié hurlant, moitié parlant, lui dit qu'elle ne sçavoit ce qu'etoit devenu le corps de son pauvre mari. En achevant de parler, elle se mit à hurler, et les autres femmes, comme de concert, lui repondirent en choeur, et toutes ensemble firent un bruit si grand et si lamentable que tout ce qu'il y avoit de gens dans l'hôtellerie entra dans la chambre, et ce qu'il y avoit de voisins et de passans entra dans l'hôtellerie.

Note 251: (retour) «N'être pas sage» est un euphémisme qui s'employoit fréquemment alors pour «être fou.»--«Bref, on dit que vous n'estes pas sage.» (Responce du sieur Hydaspe au sieur de Balzac, 1624.)

Dans ce temps-là, un maître chat s'etoit saisi d'un pigeon qu'une servante avoit laissé demi-lardé sur la table de la cuisine, et, se sauvant avec sa proie dans la chambre de Ragotin, s'etoit caché sous le lit où il avoit couché avec la Rancune. La servante le suivit un bâton de fagot à la main, et, regardant sous le lit pour voir ce qu'etoit devenu son pigeon, elle se mit à crier tant qu'elle put qu'elle avoit trouvé son maître, et le repeta si souvent que l'hôtesse et les autres femmes vinrent à elle. La servante sauta au col de sa maîtresse, lui disant qu'elle avoit trouvé son maître, avec un si grand transport de joie que la pauvre veuve eut peur que son mari ne fût ressuscité: car on remarqua qu'elle devint pâle comme un criminel qu'on juge. Enfin la servante les fit regarder sous le lit, où ils aperçurent le corps mort dont ils etoient tant en peine. La difficulté ne fut pas si grande à le tirer de là, quoiqu'il fût bien pesant, qu'à sçavoir qui l'y avoit mis. On le rapporta dans la chambre, où l'on commença de l'ensevelir. Les comediens se retirèrent dans celle où avoit couché le Destin, qui ne pouvoit rien comprendre dans ces bizarres accidens. Pour Leandre, il n'avoit dans la tête que sa chère Angelique, ce qui le rendoit aussi rêveur que Ragotin etoit fâché de ce que la Rancune n'etoit pas mort, dont les railleries l'avoient si fort mortifié qu'il ne parloit plus, contre sa coutume de parler incessamment et de se mêler en toutes sortes de conversations à propos ou non. La Rancune et l'Olive s'etoient si peu etonnés et de la terreur panique de Ragotin et de la transmigration d'un corps mort d'une chambre à l'autre sans aucun secours humain, au moins dont on eût connaissance, que le Destin se douta qu'il avoient grande part dans le prodige.

Cependant l'affaire s'eclaircissoit dans la cuisine de l'hôtellerie: un valet de charrue revenu des champs pour dîner, ayant ouï conter à une servante avec grande frayeur que le corps de son maître s'etoit levé de lui-même et avoit marché, lui dit qu'en passant par la cuisine à la pointe du jour, il avoit vu deux hommes en chemise qui le portoient sur leurs epaules dans la chambre où l'on l'avoit trouvé. Le frère du mort ouït ce que disoit le valet et trouva l'action fort mauvaise. La veuve le sçut aussitôt, et ses amies aussi; les uns et les autres s'en scandalisèrent bien fort, et conclurent tous d'une voix qu'il falloit que ces hommes-là fussent des sorciers qui vouloient faire quelque mechanceté de ce corps mort [252].

Note 252: (retour) Les cadavres servoient à divers usages dans les pratiques de sorcellerie. Suivant quelques uns, ils étoient magnétiques et jouissoient des propriétés de l'aimant ou de la boussole. Mais c'étoit surtout dans les superstitions de l'anthropomancie et de la nécromancie qu'on en faisoit usage. Les Thessaliens arrosoient un cadavre de sang chaud pour en recevoir des oracles sur l'avenir. Les Syriens vénéroient et consultoient des têtes d'enfants coupées. Ménélas, suivant Hérodote,--Héliogabale, et aussi, dit-on, Julien l'Apostat, recherchoient leur destinée dans les entrailles fumantes de malheureux qu'ils faisoient égorger, etc. On croyoit encore, dans le peuple, que les sorciers du temps n'avoient point laissé perdre les anciens usages. V. plus loin une note de la 3e partie, ch. 8.

Dans le temps que l'on jugeoit si mal de la Rancune, il entra dans la cuisine pour faire porter à dejeuner dans leur chambre. Le frère du defunt lui demanda pourquoi il avoit porté le corps de son frère dans sa chambre; la Rancune, bien loin de lui repondre, ne le regarda pas seulement. La veuve lui fit la même question; il eut la même indifference pour elle, ce que la bonne dame n'eut pas pour lui. Elle lui sauta aux yeux, furieuse comme une lionne à qui on a ravi ses petits (j'ai peur que la comparaison ne soit ici trop magnifique). Son beau-frère donna un coup de poing à la Rancune; les amies de l'hôtesse ne l'epargnèrent pas; les servantes s'en mêlèrent, les valets aussi. Mais il n'y avoit pas place en un homme seul pour tant de frappeurs, et ils s'entrenuisoient les uns aux autres. La Rancune seul contre plusieurs, et par consequent plusieurs contre lui, ne s'etonna point du nombre de ses ennemis, et, faisant de necessité vertu, commença à jouer des bras de toute la force que Dieu lui avoit donnée, laissant le reste au hazard. Jamais combat inegal ne fut plus disputé. Mais aussi la Rancune, conservant son jugement dans le peril, se servoit de son adresse aussi bien que de sa force, menageoit ses coups et les faisoit profiter le plus qu'il pouvoit. Il donna tel soufflet qui, ne donnant pas à plomb sur la première joue qu'il rencontroit, et ne faisant que glisser, s'il faut ainsi dire, alloit jusqu'à la seconde, même troisième joue, parcequ'il donnoit la plupart de ses coups en faisant la demi-pirouette, et tel soufflet tira trois sons differens de trois differentes mâchoires. Au bruit des combattans, l'Olive descendit dans la cuisine, et à peine eut-il le temps de discerner son compagnon d'entre tous ceux qui se battoient qu'il se vit battre, et même plus que lui, de qui la vigoureuse resistance commençoit à se faire craindre. Deux ou trois donc des plus maltraités par la Rancune se jetèrent sur l'Olive, peut-être pour se racquitter; le bruit en augmenta, et en même temps l'hôtesse reçut un coup de poing dans son petit oeil qui lui fit voir cent mille chandelles (c'est un nombre certain pour un incertain) et la mit hors de combat. Elle hurla plus fort et plus franchement qu'elle n'avoit fait à la mort de son mari. Ses hurlemens attirèrent les voisins dans la maison, et firent descendre dans la cuisine le Destin et Leandre. Quoi qu'ils y vinssent avec un esprit de pacification, on leur fit d'abord la guerre sans la leur declarer; les coups de poings ne leur manquèrent pas, et ils n'en laissèrent point manquer ceux qui leur en donnèrent. L'hôtesse, ses amies et ses servantes crioient aux voleurs et n'etoient plus que les spectatrices du combat: les unes, les yeux pochés; les autres, le nez sanglant; les autres, les mâchoires brisées, et toutes decoiffées. Les voisins avoient pris parti pour la voisine contre ceux qu'elle appeloit voleurs. Il faudroit une meilleure plume que la mienne pour bien representer les beaux coups de poings qui s'y donnèrent. Enfin, l'animosité et la fureur se rendant maîtresses des uns et des autres, on commençoit à se saisir des broches et des meubles qui se peuvent jeter à la tête, quand le curé entra dans la cuisine et tâcha de faire cesser le combat. En verité, quelque respect que l'on eût pour lui, il eût bien eu de la peine à separer les combattans, si leur lassitude ne s'en fût mêlée. Tous actes d'hostilité cessèrent donc de part et d'autre, et non pas le bruit: car, chacun voulant parler le premier, et les femmes plus que les hommes, avec leurs voix de fausset, le pauvre bonhomme fut contraint de se boucher les oreilles et de gagner la porte; cela fit taire les plus tumultueux. Il entra dans le champ de bataille, et le frère de l'hôte, ayant pris la parole par son ordre, lui fit des plaintes du corps mort transporté d'une chambre à l'autre. Il eût exageré la mechante action plus qu'il ne fit s'il eût eu moins de sang à cracher qu'il n'en avoit, outre celui qui sortoit de son nez, qu'il ne pouvoit arrêter. La Rancune et l'Olive avouèrent ce qu'on leur imputoit, et protestèrent qu'ils ne l'avoient pas fait à mauvaise intention, mais seulement pour faire peur à un de leurs camarades, comme ils avoient fait. Le curé les en blâma fort, et leur fit comprendre la consequence d'une telle entreprise, qui passoit la raillerie; et, comme il etoit homme d'esprit et avoit grand credit parmi ses paroissiens, il n'eut pas grand'peine à pacifier le differend, et qui plus y mit plus y perdit. Mais la Discorde aux crins de couleuvres [253] n'avoit pas encore fait dans cette maison-là tout ce qu'elle avoit envie d'y faire. On ouït dans la chambre haute des hurlemens non guère differens de ceux que fait un pourceau qu'on egorge, et celui qui les faisoit n'etoit autre que le petit Ragotin. Le curé, les comediens et plusieurs autres coururent à lui et le trouvèrent tout le corps, à la reserve de la tête, enfoncé dans un grand coffre de bois qui servoit à serrer le linge de l'hôtellerie, et, ce qui etoit de plus fâcheux pour le pauvre encoffré, le dessus du coffre, fort pesant et massif, etoit tombé sur ses jambes et les pressoit d'une manière fort douloureuse à voir. Une puissante servante, qui n'etoit pas loin du coffre quand ils entrèrent, et qui leur paroissoit fort emue, fut soupçonnée d'avoir si mal placé Ragotin. Il etoit vrai, et elle en etoit toute fière, si bien que, s'occupant à faire un des lits de la chambre, elle ne daigna pas regarder de quelle façon on tiroit Ragotin du coffre, ni même repondre à ceux qui lui demandèrent d'où venoit le bruit qu'on avoit entendu. Cependant le demi-homme fut tiré de sa chausse-trape, et ne fut pas plutôt sur ses pieds qu'il courut à une epée. On l'empêcha de la prendre; mais on ne put l'empêcher de joindre la grande servante, qu'il ne put aussi empêcher qu'elle ne lui donnât un si grand coup sur la tête que tout le vaste siége de son etroite raison en fut ebranlé. Il en fit trois pas en arrière; mais c'eût eté reculer pour mieux sauter, si l'Olive ne l'eût retenu par ses chausses comme il s'alloit elancer comme un serpent contre sa redoutable ennemie. L'effort qu'il fit, quoique vain, fut fort violent: la ceinture de ses chausses s'en rompit, et le silence aussi de l'assistance, qui se mit à rire. Le curé en oublia sa gravité, et le frère de l'hôte de faire le triste. Le seul Ragotin n'avoit pas envie de rire, et sa colère s'etoit tournée contre l'Olive, qui, s'en sentant injurié, le prit tout brandi [254], comme l'on dit à Paris, le jeta sur le lit que faisoit la servante, et là, d'une force d'Hercule, il acheva de faire tomber ses chausses, dont la ceinture etoit déjà rompue, et, haussant et baissant les mains dru et menu sur ses cuisses et sur les lieux voisins, en moins de rien les rendit rouges comme de l'ecarlate. Le hasardeux Ragotin se precipita courageusement du lit en bas, mais un coup si hardi n'eut pas le succès qu'il meritoit: son pied entra dans un pot de chambre que l'on avoit laissé dans la ruelle du lit pour son grand malheur, et y entra si avant que, ne l'en pouvant retirer à l'aide de son autre pied, il n'osa sortir de la ruelle du lit où il etoit, de peur de divertir davantage la compagnie et d'attirer sur soi la raillerie, qu'il entendoit moins que personne du monde. Chacun s'etonnoit fort de le voir si tranquille après avoir eté si emu; la Rancune se douta que ce n'etoit pas sans cause; il le fit sortir de la ruelle du lit moitié bon gré, moitié par force, et lors tout le monde vit où etoit l'enclouure, et personne ne se put empêcher de rire en voyant le pied de metal que s'etoit fait le petit homme. Nous le laisserons foulant l'etain d'un pied superbe, pour aller recevoir un train qui entra au même temps dans l'hôtellerie.

Note 253: (retour) C'est le *Discordia, vipereum crinem vittis innexa cruentis*, de Virgile, traduit en langue burlesque.

Note 254: (retour) C'est-à-dire malgré lui, de vive force.

CHAPITRE VIII.

Ce qui arriva du pied de Ragotin.

Si Ragotin eût pu de son chef et sans l'aide de ses amis se depoter le pied, je veux dire le tirer hors du mechant pot de chambre où il etoit si malheureusement entré, sa colère eût pour le moins duré le reste du jour; mais il fut contraint de rabattre quelque chose de son orgueil naturel et de filer doux, priant humblement le Destin et la Rancune de travailler à la liberté de son pied droit ou gauche, je n'ai pas su lequel. Il ne s'adressa pas à l'Olive, à cause de ce qui s'etoit passé entre eux; mais l'Olive vint à son secours sans se faire prier, et ses deux camarades et lui firent ce qu'ils purent pour le soulager. Les efforts que le petit homme avoit faits pour tirer son pied hors du pot l'avoient enflé, et ceux que faisoient le Destin et l'Olive l'enfloient encore davantage. La Rancune y avoit d'abord mis la main, mais si maladroitement, ou plutôt si malicieusement, que Ragotin crut qu'il le vouloit estropier à perpétuité; il l'avoit prié instamment de ne s'en mêler plus; il pria les autres de la même chose, se coucha sur un lit en attendant qu'on lui eût fait venir un serrurier pour lui limer le pot de chambre sur le pied. Le reste du jour se passa assez pacifiquement dans l'hôtellerie, et assez tristement entre le Destin et Leandre: l'un fort en peine de son valet, qui ne revenoit point lui apprendre des nouvelles de sa maîtresse, comme il lui avoit promis, et l'autre ne se pouvant réjouir eloigné de sa chère mademoiselle de l'Etoile, outre qu'il prenoit part à l'enlèvement de mademoiselle Angelique, et que Leandre lui faisoit pitié, sur le visage duquel il voyoit toutes les marques d'une extrême affliction. La Rancune et l'Olive prirent bientôt parti avec quelques habitans du bourg qui jouoient à la boule, et Ragotin, après avoir fait travailler à son pied, dormit le reste du jour, soit qu'il en eût envie, ou qu'il fût bien aise de ne paroître pas en public, après les mauvaises affaires qui lui etoient arrivées. Le corps de l'hôte fut porté à sa dernière demeure, et l'hôtesse, nonobstant les belles pensées de la mort que lui devoit avoir données celle de son mari, ne laissa pas de faire payer en Arabe deux Anglois qui alloient de Bretagne à Paris.

Le soleil venoit de se coucher quand le Destin et Léandre, qui ne pouvoient quitter la fenêtre de leur chambre, virent arriver dans l'hôtellerie un carrosse à quatre chevaux, suivi de trois hommes de cheval et de quatre ou cinq laquais. Une servante les vint prier de vouloir ceder leur chambre au train qui venoit d'arriver, et ainsi Ragotin fut obligé de se faire voir, quoiqu'il eût envie de garder la chambre, et suivit le Destin et Leandre dans celle où, le jour precédent, il avoit cru avoir vu mort la Rancune. Le Destin fut reconnu dans la cuisine de l'hôtellerie par un des messieurs du carrosse, ce même conseiller du parlement de Rennes avec qui il avoit fait connaissance pendant les noces qui furent si malheureuses à la pauvre la Caverne. Ce senateur breton demanda au Destin des nouvelles d'Angelique, et lui temoigna d'avoir du deplaisir de ce qu'elle n'etoit point retrouvée. Il se nommoit La Garouffière, ce qui me fait croire qu'il etoit plutôt angevin que breton, car on ne voit pas plus de noms bas-bretons commencer par *Ker* que l'on en voit d'angevins terminer en *ière*, de normands en *ville*, de picards en *cour*, et des peuples voisins de la Garonne en *ac*. Pour revenir à M. de la Garouffière, il avoit de l'esprit, comme je vous ai dejà dit, et ne se croyoit point homme de province en nulle manière, venant d'ordinaire, hors de son semestre, manger quelque argent dans les auberges de Paris, et prenant le deuil quand la Cour le prenoit, ce qui, bien verifié et enregistré, devroit être une lettre non pas de noblesse tout à fait, mais de non-bourgeoisie, si j'ose ainsi parler. De plus, il etoit bel esprit, par la raison que tout le monde presque se pique d'être sensible aux divertissemens de l'esprit, tant ceux qui les connoissent que les ignorants presomptueux ou brutaux qui jugent temerairement des vers et de la prose, encore qu'ils croient qu'il y a du deshonneur à bien ecrire, et qu'ils reprocheroient, en cas de besoin, à un homme, qu'il fait des livres 255, comme ils lui reprocheroient qu'il fait de la fausse monnoie 256. Les comédiens s'en trouvent bien. Ils en sont caressés davantage dans les villes où ils representent: car, etant les perroquets ou sansonnets des poètes, et même quelques uns d'entr'eux, qui sont nés avec de l'esprit, se mêlant quelquefois de faire des comedies, ou de leur propre fonds, ou de parties empruntées 257, il y a quelque sorte d'ambition à les connoître ou à les hanter. De nos jours on a rendu en quelque façon justice à leur profession, et on les estime plus que l'on ne faisoit autrefois 258. Aussi est-il vrai qu'en la comedie le peuple trouve un divertissement des plus innocents, et qui peut à la fois peut instruire et plaire. Elle est aujourd'hui purgée, au moins à Paris, de tout ce qu'elle avoit de licencieux[259. Il seroit à souhaiter qu'elle le fût aussi des filous, des pages et des laquais, et autres ordures du genre humain 260, que la facilité de prendre des manteaux y attire encore plus que ne faisoient autrefois les mauvaises plaisanteries des farceurs; mais aujourd'hui la farce est comme abolie 261, et j'ose dire qu'il y a des compagnies particulières où l'on rit de bon coeur des équivoques basses et sales qu'on y débite, desquelles on se scandaliseroit dans les premières loges de l'hôtel de Bourgogne.

Note 255: (retour) Même au temps de la plus grande faveur des beaux esprits, les auteurs, au XVIIe siècle, étoient considérés comme des personnages subalternes et traités comme tels; il en étoit encore ainsi à l'époque où écrit Scarron; ce ne fut que plus tard que la condition des écrivains se releva un peu, mais non complétement. Ce discrédit devoit être le plus souvent imputé aux auteurs eux-mêmes, qui vivoient sans dignité littéraire, et se plioient, vis-à-vis des grands seigneurs, à une sorte de domesticité commode et salariée. Ducs et marquis étoient fort ignorants pour la plupart. «Du latin! s'écrioit le commandeur de Jars; de mon temps, d'homme d'honneur, le latin eût déshonoré un gentilhomme» (Saint-Evrem., lettre à M. D***.) Suivant le chevalier de Méré, il n'y avoit que les docteurs qui connussent le latin et le grec. M. de Montbazon, qui n'avoit «rien à mespris comme un homme sçavant», n'étoit nullement une exception. V. l'*Onozandre*, satire de Bautru. Néanmoins ces messieurs prétendoient juger les oeuvres d'esprit, et souvent même faisoient de petits vers galants, où ils cherchoient à attraper l'*air de cour*, tout en s'excusant de déroger ainsi. Le mot de Mascarille: «Cela est au dessous de ma condition, mais je le fais seulement pour donner à gagner aux libraires, qui me persécutent» (Pr. rid., 10), avoit plus d'un pendant historique, ne fût-ce que dans les préfaces de M. de Scudéry. «On s'étonnera peut-être qu'un homme de ma naissance et de ma profession se soit donné le loisir de s'attacher à cet ouvrage», écrivoit en 1668 le marquis de Villennes, en tête des Elégies choisies des *Amours d'Ovide*. Souvent même la plus grande préoccupation des gens de lettres étoit de faire croire qu'ils écrivoient par délassement, sans vouloir, à aucun prix, passer pour auteurs de profession. V. Gueret, *Parn. réf.*, p. 65.

Note 256: (retour) La fabrication de la fausse monnoie étoit un crime fort commun à cette epoque, et l'on voyoit même des gentilshommes s'en rendre coupables, témoin le marquis de Pomenars. D'après Tallemant, M. d'Angoulême, et le surintendant des finances de la Vieuville, ainsi que la Montarbault, Saint-Aunais, etc., s'en occupoient également: cette accusation revient très souvent dans ses historiettes.

Note 257: (retour) Cela n'etoit pas rare, soit alors, soit un peu plus tard, sans parler des farceurs dont les *drôleries* ont eté imprimées: je citerai, par exemple, Zach. Jac. Montfleury, à qui Cyrano reproche précisément que sa tragédie «est la corneille d'Esope», et qu'elle est «tirée de l'*Aminte*, du *Pastor fido*, de Guarini, du cavalier Marin et de cent autres». (*Lett. cont. un gros homme*); puis Chevalier, Legrand, Baron, Brecourt, Dorimon, Hauteroche, Villiers, la Thuillerie, Rosimond, la Thorillière, Poisson, Champmeslé, Dancourt, enfin Molière. «La plupart d'entre eux, dit Chappuzeau en parlant des comédiens, sont aussi auteurs.... Dans la seule troupe royale il y en a cinq dont les ouvrages sont bien reçus.» (*Le th. fr.*, l. 2, 9.)

Note 258: (retour) Grâce à la renaissance du théâtre, qui venoit de s'élever à une hauteur nouvelle, surtout avec Corneille; grâce aux excellents acteurs qui honoroient la scène par leur jeu et même par leurs ouvrages; grâce au goût de Richelieu, de Mazarin et de Louis XIV pour les représentations dramatiques; grâce enfin à l'organisation meilleure et plus stable des comédiens. V. Chappuzeau, *Le th. fr.*, p. 139-185; *Mém. de Mme de Sév.*, par Walck., t. 2,. p. 180-2. Aussi Floridor, sieur de Prinefosse, ne crut-il pas, en montant sur le théâtre, déshonorer son titre d'écuyer, qu'il accoloit fièrement à son titre d'acteur, et le roi vouloit bien ne pas le juger déchu par cela même qu'il étoit comédien. La Thorillière et Beauchâteau étoient gentilshommes; les actrices La Mothe, La Chassaigne et Beaumenard étoient *demoiselles*. Enfin en 1669 alloit venir un arrêt du conseil, précédé d'un autre dans le même sens, en 1641, portant qu'on ne déroge pas en s'attachant au théâtre.

Note 259: (retour) On n'a qu'à parcourir, dans les frères Parfait, pour s'en convaincre, la liste des pièces de cette époque, où l'on ne trouvera presque plus rien qui rappelle la licence du vieux théâtre de Hardy et de Larivey, du *Tyr et Sidon* de Schelandre, des *Corrivaux*, de Pierre Troterel, de l'*Impuissance* de Véronneau, du *Pédant joué*, de Cyrano de Bergerac, et même des premières pièces de Rotrou, quoique celui-ci se vantât d'avoir rendu la muse si modeste que «d'une profane il en avoit fait une religieuse». (*Ep. dédic. de la Bague de l'oubli.*) Dans les premières années du siècle, les pièces de l'hôtel de Bourgogne en particulier étoient encore si licencieuses que le P. Garasse, dans sa *Doctrine curieuse*, a pu reprocher aux beaux esprits de fréquenter ce théâtre, comme il leur reproche de fréquenter la Pomme de Pin et les mauvais lieux. «Mais, dit Saint-Evremont, en parlant de la licence des anciens auteurs, depuis que Voiture.. eut évité cette basse manière avec assez d'exactitude, le théâtre même n'a plus souffert que ses auteurs aient écrit une parole trop libre.» (T. 9, p. 58.) On trouve partout des témoignages analogues:

> Quoi! fais-je une action trop libre et trop hardie,
>
> Si je me plais parfois à voir la comedie,
>
> Qu'on a mise à tel point, pour en pouvoir jouir,
>
> Que la plus chaste oreille aujourd'hui peut l'ouïr?

dit Angélique, I, 6, dans l'*Esprit follet* de d'Ouville (1642). Ce qui n'empêcha pas qu'en 1653 et 1654, Quinault, dans ses *Rivales*, La Fontaine, dans son *Eunuque*, etc., n'aient encore hasardé des passages fort licencieux; mais, à cette époque, cela devient une exception, tandis qu'il n'en étoit pas ainsi auparavant. V. *Hist. de Corneille*, de Taschereau, éd. Jannet, p. 16 et suiv. Seulement, il faut convenir que ce n'est pas Scarron lui-même qui a beaucoup contribué à cette épuration de la comédie.

Note 260: (retour) Le parterre de la comédie, où les spectateurs se tenoient debout et souvent entassés les uns sur les autres, étoit par la même le rendez-vous des filous--qui pouvoient d'autant mieux y prendre des manteaux que les vestiaires n'étoient pas encore établis--ainsi que des pages et laquais, qui trouvoient amplement matière à y exercer leur turbulence naturelle, et à qui on fut obligé, en 1635, de ne plus permettre d'entrer avec leurs épées. L'épée fut même complètement interdite aux laquais à partir de 1654, à la suite d'une échauffourée dans laquelle plusieurs d'entre eux avoient tué un capitaine aux gardes:--car ils ne se contentoient pas de se faire «guetteurs d'un coing de ruë» (*Anticaquet de l'accouchée*, éd. Jannet, p. 257), ils alloient parfois jusqu'à l'assassinat. Qu'on ne s'étonne pas de voir Scarron ranger les pages entre les filoux et les laquais, au nombre des ordures du genre humain: de tous les témoignages du temps, aucun ne le contredit sur ce point. V. *Francion*; *le Page disgracié*, de Tristan, *passim*. Ils avoient droit d'entrer gratuitement avec les grands seigneurs. V. Scarron, *Dédic. à Guillemette*. Rojas, dans son *Viage entretenido*, raconte également les troubles qu'occasionnoient au théâtre les pages, laquais, etc.

Note 261: (retour) La plupart des principaux farceurs, Bruscambille, Turlupin, Gros-Guillaume, Gautier-Garguille, Guillot-Gorju, etc., étoient morts ou avoient disparu de la scène, en sorte que la farce proprement dite, telle qu'ils l'avoient créée et fait fleurir, avoit quitté avec eux l'hôtel de Bourgogne, dont ils étoient le principal appui au commencement du XVIIe siècle. Grimarest, dans sa Vie de Molière, et La Grange, dans la préface des Oeuvres de Molière, éd. 1682, témoignent que, lorsque celui-ci joua le *Docteur amoureux* devant le roi (1658), l'usage des petites comédies étoit perdu depuis long-temps. C'étoit par une espèce de tradition empruntée à leur prédécesseurs, les Enfants sans soucy, que les acteurs de l'hôtel de Bourgogne s'étoient d'abord spécialement consacrés à la farce. V. plus haut, p. 276, note 1.

Finissons la digression. Monsieur de la Garouffière fut ravi de trouver le Destin dans l'hôtellerie, et lui fit promettre de souper avec la compagnie du carrosse, qui etoit composée du nouveau marié du Mans et de la nouvelle mariée, qu'il menoit en son pays de Laval; de madame sa mère, j'entends du marié, d'un gentilhomme de la province, d'un avocat du conseil et de monsieur de la Garouffière, tous parens les uns des autres et que le Destin avoit vus à la noce où mademoiselle Angelique avoit eté enlevée. Ajoutez à tous ceux que je viens de nommer une servante ou femme de chambre, et vous trouverez que le carrosse qui les portoit etoit bien plein, outre que madame Bouvillon 262, c'est ainsi que s'appeloit la mère du marié, etoit une des plus grosses femmes de France, quoique des plus courtes, et l'on m'a assuré qu'elle portoit d'ordinaire sur elle, bon an mal an, trente quintaux de chair, sans les autres matières pesantes ou solides qui entrent dans la composition d'un corps humain. Après ce que je viens de vous dire, vous n'aurez pas peine à croire qu'elle etoit très succulente, comme sont toutes les femmes ragottes.

Note 262: (retour) Suivant une clef manuscrite, Scarron auroit voulu railler, sous le nom de madame Bouvillon, une madame Bautru, femme d'un trésorier de France à Alençon, morte en mars 1709. Elle étoit mère de madame Bailly, femme de M. Bailly, maître des comptes à Paris, et grand'mère de M. le président Bailly. V. la notice.

On servit à souper. Le Destin y parut avec sa bonne mine, qui ne le quittoit point, et qui n'etoit point alterée alors par du linge sale, Leandre luy en ayant prêté du blanc. Il parla peu, selon sa coutume, et, quand il eût parlé autant que les autres, qui parlèrent beaucoup, il n'eût peut-être pas tant dit de choses inutiles qu'ils en dirent. La Garouffière lui servit de tout ce qu'il y avoit de meilleur sur la table; madame Bouvillon en fit de même à l'envi de la Garouffière, avec si peu de discretion, que tous les plats de la table se trouvèrent vides en un moment, et l'assiette du Destin si pleine d'ailes et de cuisses de poulets que je me suis souvent etonné depuis comment on avoit pu faire par hazard une si haute pyramide de viande sur si peu de base qu'est le cul d'une assiette. La Garouffière n'y prenoit pas garde, tant il etoit attentivement occupé à parler de vers au Destin et à lui donner bonne opinion de son esprit. Madame Bouvillon, qui avoit aussi son dessein, continuoit toujours ses bons offices au comedien, et, ne trouvant plus de poulets à couper, fut reduite à lui servir des tranches de gigot de mouton. Il ne sçavoit où les mettre, et en tenoit une en chacune de ses mains pour leur trouver place quelque part, quand le gentilhomme, qui ne s'en voulut pas taire au prejudice de son appetit, demanda au Destin, en souriant, s'il mangeroit bien tout ce qui etoit sur son assiette. Le Destin y jeta les yeux et fut bien etonné d'y voir presque au niveau de son menton la pile de poulets depecés dont la Garouffière et la Bouvillon avoient erigé un trophée à son merite. Il en rougit et ne put s'empêcher d'en rire; la Bouvillon en fut defaite; la Garouffière en rit bien fort, et donna si bien le branle à toute la compagnie qu'elle en eclata à quatre ou cinq reprises. Les valets reprirent où leurs maîtres avoient quitté et rirent à leur tour. Ce que la jeune mariée trouva si plaisant, que, s'ebouffant [263] de rire en commençant de boire, elle couvrit le visage de sa belle-mère et celui de son mari de la plus grande partie de ce qui etoit dans son verre, et distribua le reste sur la table et sur les habits de ceux qui y etoient assis. On recommença à rire, et la Bouvillon fut la seule qui n'en rit point, mais qui rougit beaucoup et regarda d'un oeil courroucé sa pauvre bru, ce qui rabattit un peu sa joie. Enfin on acheva de rire, parceque l'on ne peut pas rire toujours, on s'essuya les yeux, la Bouvillon et son fils s'essuyèrent le vin qui leur degouttoit des yeux et du visage, et la jeune mariée leur en fit des excuses, ayant encore bien de la peine à s'empêcher de rire. Le Destin mit son assiette au milieu de la table et chacun y prit ce qui lui appartenoit. On ne put parler d'autre chose tant que le souper dura, et la raillerie, bonne ou mauvaise, en fut poussée bien loin, quoique le sérieux dont s'arma mal à propos madame Bouvillon troublât, en quelque façon, la gaité de la compagnie.

Note 163: (retour) Et non *s'étouffant* ou *s'epouffant*, comme mettent la plupart des éditions. *S'ebouffer de rire* se disoit dans le style burlesque et familier pour éclater de rire:

> Ne manque donc pas de les dire,
>
> Dit Mome; *s'ébouffant* de rire.

(*Typhon*, ch. 2.)

Aussitôt qu'on eut desservi, les dames se retirèrent dans leur chambre; l'avocat et le gentilhomme se firent donner des cartes et jouèrent au piquet. La Garouffière et le Destin, qui n'etoient pas de ceux qui ne sçavent que faire quand ils ne jouent point, s'entretinrent ensemble fort spirituellement, et firent peut-être une des plus belles conversations qui se soit jamais faite dans une hôtellerie du bas Maine. La Garouffière parla à dessein de tout ce qu'il croyoit devoir être le plus caché à un comédien, de qui l'esprit a ordinairement de plus etroites limites que la memoire, et le Destin en discourut comme un homme fort eclairé et qui sçavoit bien son monde. Entr'autres choses, il fit avec tout le discernement imaginable la distinction des femmes qui ont beaucoup d'esprit et qui ne le font paroître que quand elles ont à s'en servir d'avec celles qui ne s'en servent que pour le faire paroître 264, et de celles qui envient aux mauvais plaisans leurs qualités de drôles et de bons compagnons, qui rient des allusions et equivoques licencieuses, qui en font elles-mêmes, et, pour tout dire, qui sont des rieuses de quartier, d'avec celles qui font la plus aimable partie du beau monde et qui sont de la bonne cabale 265. Il parla aussi des femmes qui sçavent aussi bien ecrire que les hommes qui s'en mêlent, et quand elles ne donnent point au public les productions de leur esprit, qui ne le font que par modestie 266. La Garouffière, qui etoit fort honnête homme et qui se connoissoit bien en honnêtes gens, ne pouvoit comprendre comment un comedien de campagne pouvoit avoir une si parfaite connoissance de la veritable honnêteté 267. Cependant qu'il admire en soi-même, et que l'avocat et le gentilhomme, qui ne jouoient plus parcequ'ils s'étoient querellés sur une carte tournée, bâilloient frequemment de trop grande envie de dormir, on leur vint dresser trois lits dans la chambre où ils avoient soupé, et le Destin se retira dans celle de ses camarades, où il coucha avec Leandre.

Note 264: (retour) Scarron fait probablement allusion ici à la surintendante, à qui cette seconde partie est dédiée, et à qui il a dit dans son épître liminaire: «Vous avez beaucoup d'esprit, sans ambition de le faire paroître.»

Note 265: (retour) De la bonne société.

Note 266: (retour) Cette modestie dont parle Scarron se remarque en effet dans plusieurs femmes célèbres du temps, qui donnèrent au public les productions de leur esprit, mais sans les signer de leurs noms et sous le couvert de tel ou tel écrivain de profession. Telles furent mademoiselle de Scudéry, madame de La Fayette, mademoiselle de Montpensier, etc. Mais étoit-ce bien modestie de la part de la grande Mademoiselle?

Note 267: (retour) Bussy, qui devoit s'y connoître, a donné, dans une de ses lettres à Corbinelli (6 mars 1679), une définition de ce qu'on entendoit au

XVIIe siècle par ce mot d'honnête homme, qui se rencontre si souvent dans le *Roman comique*: «L'honnête homme, dit-il, est un homme poli et qui sçait vivre.» Mais il faut bien saisir la signification et l'étendue du mot *poli*, qui comprenoit l'instruction, l'éducation, d'un homme fait aux belles manières et à la bonne société, en un mot l'*humanitas* et l'*urbanitas* des Latins. Cf. La Bruyère, *Des jugements*, et les *Loix de la galanterie*, dont l'auteur définit l'honnête homme «un vrai galant».

CHAPITRE IX.

Autre disgrace de Ragotin.

La Rancune et Ragotin couchèrent ensemble; pour l'Olive, il passa une partie de la nuit à recoudre son habit, qui s'étoit decousu en plusieurs endroits quand il s'etoit harpé avec le colère Ragotin. Ceux qui ont connu particulierement ce petit Manceau ont remarqué que toutes les fois qu'il avoit à se gourmer contre quelqu'un, ce qui lui arrivoit souvent, il avoit toujours decousu ou dechiré les habits de son ennemi, en tout ou en partie. C'etoit son coup sûr, et qui eût eu à faire contre lui à coups de poings en combat assigné, eût pu defendre son habit comme on defend le visage en faisant des armes. La Rancune lui demanda, en se couchant, s'il se trouvoit mal, parcequ'il avoit fort mauvais visage; Ragotin lui dit qu'il ne s'etoit jamais mieux porté. Ils ne furent pas long-temps à s'endormir, et bien en prit à Ragotin de ce que la Rancune respecta la bonne compagnie qui etoit arrivée dans l'hôtellerie et n'en voulut pas troubler le repos; sans cela le petit homme eût mal passé la nuit. L'Olive cependant travailloit à son habit, et après y avoir fait tout ce qu'il y avoit à faire, il prit les habits de Ragotin, et aussi adroitement qu'auroit fait un tailleur il en etrecit le pourpoint et les chausses, et les remit en leur place, et ayant passé la plus grande partie de la nuit à coudre et à decoudre, se coucha dans le lit où dormoient Ragotin et la Rancune.

On se leva de bonne heure, comme on fait toujours dans les hôtelleries, où le bruit commence avec le jour. La Rancune dit encore à Ragotin qu'il avoit mauvais visage; l'Olive lui dit la même chose. Il commença de le croire, et, trouvant en même temps son habit trop etroit de plus de quatre doigts, il ne douta plus qu'il n'eût enflé d'autant dans le peu de temps qu'il avoit dormi, et s'effraya fort d'une enflure si subite [268]. La Rancune et l'Olive lui exageroient toujours son mauvais visage, et le Destin et Leandre, qu'ils avoient avertis de la tromperie, lui dirent aussi qu'il etoit fort changé. Le pauvre Ragotin en avoit la larme à l'oeil; le Destin ne put s'empêcher d'en sourire, dont il se fâcha bien fort. Il alla dans la cuisine de l'hôtellerie, où tout le monde lui dit ce que lui avoient dit les comediens, même les gens du carrosse, qui, ayant une grande traite à faire, s'etoient levés de bonne heure. Ils firent dejeuner les comediens avec eux, et tout le monde but à la santé de Ragotin malade, qui, au lieu de leur en faire civilité, s'en alla grondant contre eux et fort desolé chez le chirurgien du bourg, à qui il rendit compte de son enflure. Le chirurgien discourut de la cause et de l'effet de son mal, qu'il connoissoit aussi peu que l'algèbre, et lui parla un quart d'heure durant en termes de son art, qui n'etoient non plus à propos au sujet que s'il lui eût parlé du prêtre Jean [269]. Ragotin s'en impatienta, et lui demanda, jurant Dieu admirablement bien pour un petit homme, s'il n'avoit autre chose à lui dire. Le chirurgien vouloit encore raisonner; Ragotin le voulut battre, et l'eût fait s'il ne se fût humilié devant ce colère malade, à qui il tira trois palettes de sang et lui ventouza les épaules, vaille que vaille. La cure venoit d'être achevée quand Leandre vint dire à Ragotin que, s'il lui vouloit promettre de ne se fâcher point, il lui apprendroit une mechanceté qu'on lui avoit faite. Il promit plus que Leandre ne voulut, et jura sur sa damnation eternelle de tenir tout ce qu'il promettoit. Leandre dit qu'il vouloit avoir des temoins de son serment, et le remena dans l'hôtellerie, où, en la presence de tout ce qu'il y avoit de maîtres et de valets, il le fit jurer de nouveau, et lui apprit qu'on lui avoit etreci ses habits. Ragotin d'abord en rougit de honte, et puis, pâlissant de colère, il alloit enfreindre son horrible serment, quand sept ou huit personnes se mirent à lui faire des remontrances à la fois, avec tant de vehemence, que, bien qu'il jurât de toute sa force, on n'en entendit rien. Il cessa de parler, mais les autres ne cessèrent pas de lui crier aux oreilles, et le firent si long-temps que le pauvre homme en pensa perdre l'ouïe. Enfin, il s'en tira mieux qu'on ne pensoit, et se mit à chanter de toute sa force les premières chansons qui lui vinrent à la bouche, ce qui changea le grand bruit de voix confuses en de grands eclats de risées, qui passèrent des maîtres aux valets, et du lieu où se passa l'action dans tous les endroits de l'hôtellerie, où differents sujets attiroient differentes personnes.

Note 268: (retour) Tallemant nous apprend qu'une des malices favorites de la marquise de Rambouillet envers les habitués de son hôtel étoit de leur jouer le même tour que l'Olive et la Rancune jouent ici à Ragotin. On étrécit une nuit tous les pourpoints du comte de Guiche; puis, le lendemain, on lui fit croire qu'il étoit enflé pour avoir trop mangé de champignons la veille au soir, et, comme Ragotin, il crut à une maladie sérieuse, jusqu'à ce qu'on lui eût découvert la vérité. (*Histor. de la marq. de Rambouillet.*) C'étoit peut-être aux traditions du lieu que Scarron avoit emprunté cette plaisanterie, souvent répétée depuis, et que Paul de Kock s'est bien gardé de négliger dans ses romans.

Note 269: (retour) La tradition du *Prêtre Jean*, c'est-à-dire d'un souverain de l'extrémité de l'Orient qui réunissoit l'autorité du sacerdoce à celle de l'empire, commença à se répandre vers 1145, et s'accrédita bientôt sans la moindre contestation. Depuis lors, les allusions au *Prêtre Jean*, dont le nom étoit pour ainsi dire passé en proverbe, fourmillent dans notre littérature, surtout dans les écrivains comiques et satiriques. V. les *Nouvelles de la terre de Prestre Jehan*, avec le *Préliminaire*, à la suite de la *Nouvelle fabrique des excellens traits de verité*, édit. Jannet.

Tandis que le bruit de tant de personnes qui rioient ensemble diminue peu à peu et se perd dans l'air, de la façon à peu près que fait la voix des echos, le chronologiste fidèle finira le present chapitre sous le bon plaisir du lecteur benevole ou malevole, ou tel que le ciel l'aura fait naître.

CHAPITRE X.

Comment madame Bouvillon ne put resister à une tentation et eut une bosse au front.

Le carrosse, qui avoit à faire une grande journée, fut prêt de bonne heure. Les sept personnes qui l'emplissoient à bonne mesure s'y entassèrent; il partit, et à dix pas de l'hôtellerie l'essieu se rompit par le milieu. Le cocher en maudit sa vie; on le gronda comme s'il eût eté responsable de la durée d'un essieu. Il se fallut tirer du carrosse un à un et reprendre le chemin de l'hôtellerie. Les habitans du carrosse echoué furent fort embarrassés quand on leur dit qu'en tout le pays il n'y avoit point de charron plus près que celui d'un gros bourg à trois lieues de là. Ils tinrent conseil et ils ne resolurent rien, voyant bien que leur carrosse ne seroit pas en etat de rouler que le jour suivant. La Bouvillon, qui s'etoit conservé une grande autorité sur son fils, parceque tout le bien de la maison venoit d'elle, lui commanda de monter sur un des chevaux qui portoient les valets de chambre, et de faire monter sa femme sur l'autre, pour aller rendre visite à un vieil oncle qu'elle avoit, curé du même bourg où on etoit allé chercher un charron. Le seigneur de ce bourg etoit parent du conseiller et connu de l'avocat et du gentilhomme. Il leur prit envie de l'aller voir de compagnie. L'hôtesse leur fit trouver des montures en les louant un peu cher, et ainsi la Bouvillon, seule de sa troupe, demeura dans l'hôtellerie, se trouvant un peu fatiguée ou feignant de l'être, outre que sa taille ronde ne lui permettoit pas de monter même sur un âne, quand on en auroit pu trouver d'assez forts pour la porter. Elle envoya sa servante au Destin le prier de venir dîner avec elle, et en attendant le dîner se recoiffa, frisa et poudra, se mit un tablier et un peignoir à dentelle, et d'un collet de point de Gênes de son fils [270] se fit une cornette. Elle tira d'une cassette une des jupes de noce de sa bru et s'en para; enfin elle se transforma en une petite nymphe replette. Le Destin eût bien voulu dîner en liberté avec ses camarades; mais comment eût-il refusé sa très humble servante madame Bouvillon, qui l'envoya querir pour dîner aussitôt que l'on eût servi? Le Destin fut surpris de la voir si gaillardement vêtue. Elle le reçut d'un visage riant, lui prit les mains pour les faire laver, et les lui serra d'une manière qui vouloit dire quelque chose. Il songeoit moins à dîner qu'au sujet pourquoi il en avoit eté prié; mais la Bouvillon lui reprocha si souvent qu'il ne mangeoit point qu'il ne s'en put defendre. Il ne sçavoit que lui dire, outre qu'il parloit peu de son naturel. Pour la Bouvillon, elle n'etoit que trop ingenieuse à trouver matière de parler. Quand une personne qui parle beaucoup se rencontre tête à tête avec une autre qui ne parle guère et qui ne lui repond pas, elle en parle davantage: car, jugeant d'autrui par soi-même et voyant qu'on n'a point reparti à ce qu'elle a avancé comme elle auroit fait en pareille occasion, elle croit que ce qu'elle a dit n'a pas assez plu à son indifferent auditeur; elle veut reparer sa faute par ce qu'elle dira, qui vaut le plus souvent encore moins que ce qu'elle a dejà dit, et ne deparle point tant qu'on a de l'attention pour elle. On s'en peut separer; mais, parcequ'il se trouve de ces infatigables parleurs qui continuent de parler seuls quand ils s'en sont mis en humeur en compagnie, je crois que le mieux que l'on puisse faire avec eux, c'est de parler autant et plus qu'eux, s'il se peut. Car tout le monde ensemble ne retiendra pas un grand parleur auprès d'un autre qui lui aura rompu le dé et le voudra faire auditeur par force. J'appuie cette reflexion-là sur plusieurs experiences, et même je ne sçais si je ne suis point de ceux que je blâme. Pour la non-pareille Bouvillon, elle etoit la plus grande diseuse de rien qui ait jamais eté; et non seulement elle parloit seule, mais aussi elle se repondoit. La taciturnité du Destin lui faisant beau jeu, et ayant dessein de lui plaire, elle battit un grand pays. Elle lui conta tout ce qui se passoit dans la ville de Laval, où elle faisoit sa demeure, lui en fit l'histoire scandaleuse, et ne dechira point de particulier ou de famille entière qu'elle ne tirât du mal qu'elle en disoit matière de dire du bien d'elle, protestant à chaque defaut qu'elle remarquoit en son prochain que, pour elle, encore qu'elle eût plusieurs defauts, elle n'avoit pas celui dont elle parloit. Le Destin en fut fort mortifié au commencement et ne lui repondoit point; mais enfin il se crut obligé de sourire de temps en temps et de dire quelquefois ou: «Cela est fort plaisant», ou: «Cela est fort etrange»; et le plus souvent il dit l'un et l'autre fort mal à propos.

Note 270: (retour) La vogue des dentelles d'Italie,--point de Gênes, point de Venise, point de Raguse,--commencée vers la fin du XVIe siècle, se prolongea jusqu'à la fin du XVIIe. «On portoit en ce temps-là, dit Saint-Simon en parlant de l'année 1640, force points de Gênes, qui étoient extrêmement chers. C'étoit la grande parure et la parure de tout âge.» Les choses en vinrent si loin qu'on fut obligé de refréner ce luxe par l'édit du 27 novembre 1660. V. Molière, *Ecole des Maris*, act. 2, sc. 9, et la *Revolte des passemens*, dans le 1er vol. des *Var. hist. et litt.*, chez M. Jannet. Le collet de point de Gênes que portoit le fils de madame Bouvillon étoit sans doute un «de ces grands collets jusqu'au nombril pendants» dont parle Sganarelle.

On desservit quand le Destin cessa de manger. Madame Bouvillon le fit asseoir auprès d'elle sur le pied d'un lit, et sa servante, qui laissa sortir celles de l'hôtellerie les premières, en sortant de la chambre tira la porte après elle. La Bouvillon, qui crut peut-être que le Destin y avoit pris garde, lui dit: «Voyez un peu cette etourdie qui a fermé la porte sur nous!--Je l'irai ouvrir s'il vous plaît, lui repondit le Destin.--Je ne dis pas cela, repondit la Bouvillon en l'arrêtant; mais vous sçavez bien que deux personnes seules enfermées ensemble, comme ils peuvent faire ce qu'il leur plaira, on en peut aussi croire ce que l'on voudra.--Ce n'est pas des personnes qui vous ressemblent que l'on fait des jugemens temeraires, lui repartit le Destin.--Je ne dis pas cela, dit la Bouvillon; mais on ne peut avoir trop de precaution contre la medisance.-

-Il faut qu'elle ait quelque fondement, lui repartit le Destin, et pour ce qui est de vous et de moi, l'on sçait bien le peu de proportion qu'il y a entre un pauvre comedien et une femme de votre condition. Vous plaît-il donc, continua-t-il, que j'aille ouvrir la porte?--Je ne dis pas cela [271], dit la Bouvillon en l'allant fermer au verrou: car, ajouta-t-elle, peut-être qu'on ne prendra pas garde si elle est fermée ou non, et, fermée pour fermée, il vaut mieux qu'elle ne se puisse ouvrir que de notre consentement.» L'ayant fait comme elle l'avoit dit, elle approcha du Destin son gros visage fort enflammé et ses petits yeux fort etincelans, et lui donna bien à penser de quelle façon il se tireroit à son honneur de la bataille que vraisemblablement elle lui alloit presenter. La grosse sensuelle ôta son mouchoir de col et etala aux yeux du Destin (qui n'y prenoit pas grand plaisir) dix livres de tetons pour le moins, c'est à dire la troisième partie de son sein, le reste etant distribué à poids egal sous ses deux aisselles. Sa mauvaise intention la faisant rougir (car elles rougissent aussi, les devergondées), sa gorge n'avoit pas moins de rouge que son visage, et l'un et l'autre ensemble auroient été pris de loin pour un tapabor [272] d'écarlate. Le Destin rougissoit aussi, mais de pudeur, au lieu que la Bouvillon, qui n'en avoit plus, rougissoit je vous laisse à penser de quoi. Elle s'ecria qu'elle avoit quelque petite bête dans le dos, et, se remuant en son harnois, comme quand on y sent quelque demangeaison, elle pria le Destin d'y fourrer la main. Le pauvre garçon le fit en tremblant, et cependant la Bouvillon, lui tâtant les flancs au defaut du pourpoint, lui demanda s'il n'etoit point chatouilleux. Il falloit combattre ou se rendre, quand Ragotin se fit ouïr de l'autre côté de la porte, frappant des pieds et des mains comme s'il l'eût voulu rompre et criant au Destin qu'il ouvrît promptement. Le Destin tira sa main du dos suant de la Bouvillon pour aller ouvrir à Ragotin, qui faisoit toujours un bruit de diable; et voulant passer entre elle et la table assez adroitement pour ne la pas toucher, il rencontra du pied quelque chose qui le fit broncher et se choqua la tête contre un banc assez rudement pour en être quelque temps etourdi. La Bouvillon cependant, ayant repris son mouchoir à la hâte, alla ouvrir à l'impetueux Ragotin, qui en même temps, poussant la porte de l'autre côté de toute sa force, la fit donner si rudement contre le visage de la pauvre dame qu'elle en eut le nez ecaché et de plus une bosse au front grosse comme le poing. Elle cria qu'elle etoit morte. Le petit etourdi ne lui en fit pas la moindre excuse, et, sautant et repetant: «Mademoiselle Angelique est trouvée, mademoiselle Angelique est ici», pensa mettre en colère le Destin, qui appeloit tant qu'il pouvoit la servante de la Bouvillon au secours de sa maîtresse et n'en pouvoit être entendu, à cause du bruit de Ragotin. Cette servante enfin apporta de l'eau et une serviette blanche. Le Destin et elle reparèrent le mieux qu'ils purent le dommage que la porte trop rudement poussée avoit fait à la pauvre dame. Quelque impatience qu'eût le Destin de sçavoir si Ragotin disoit vrai, il ne suivit point son impetuosité, et ne quitta point la Bouvillon que son visage ne fût lavé et essuyé et la bosse de son front bandée, non sans appeler souvent Ragotin etourdi, qui pour tout cela ne laissa pas de le tirailler pour le faire venir où il avoit envie de le conduire.

Note 271: (retour) Est-ce à Mme Bouvillon qu'Alceste auroit emprunté la répétition de son fameux «Je ne dis pas cela?»

Note 272: (retour) Espèce de bonnet à l'angloise, qui servoit pour le jour et la nuit, et dont on abattoit les bords pour se garantir le visage. (*Dict.* de Leroux et de Furetière.) Scarron, dans le *Virgile travesti* (liv. 8), cite les tapabors parmi les seize espèces de couvre-chefs qu'il énumère.

Ce mot de *tapabor*, comme celui de *tabar* (manteau), venoit probablement de l'espagnol *tapar* (courir), en provençal *tapa*. V. *Rev. fr.*, nouv. série, no 78, p. 367, art. de M. Th. Bernard.

CHAPITRE XI.

Des moins divertissans du present volume.

Il etoit vrai que mademoiselle Angelique venoit d'arriver, conduite par le valet de Leandre. Ce valet eut assez d'esprit pour ne donner point à connoître que Leandre fût son maître, et mademoiselle Angelique fit l'etonnée de le voir si bien vêtu, et fit par adresse ce que la Rancune et l'Olive avoient fait tout de bon. Leandre demandoit à mademoiselle Angelique et à son valet, qu'il faisoit passer pour un de ses amis, où et comment il l'avoit trouvée, lorsque Ragotin entra, menant le Destin comme en triomphe, ou plutôt le traînant après soi, parcequ'il n'alloit pas assez vite au gré de son esprit chaud. Le Destin et Angelique s'embrassèrent avec de grands temoignages d'amitié, et avec cette tendresse que ressentent les personnes qui s'aiment quand, après une longue absence, ou quand n'esperant plus de se revoir, elles se trouvent ensemble par une rencontre inopinée. Leandre et elle ne se caressèrent que de leurs yeux, qui se dirent bien des choses, si peu qu'ils se regardèrent, remettant le reste à la première entrevue particulière.

Cependant le valet de Leandre commença sa narration, et dit à son maître, comme s'il eût parlé à son ami, qu'après qu'il l'eut quitté pour suivre les ravisseurs d'Angelique, comme il l'en avoit prié, il ne les avoit perdus de vue qu'à la couchée, et le lendemain jusqu'à un bois, à l'entrée duquel il avoit eté etonné d'y trouver mademoiselle Angelique seule, à pied et fort eplorée. Et il ajouta que, lui ayant dit qu'il etoit ami de Leandre et que c'etoit à sa prière qu'il la suivoit, elle s'etoit fort consolée et l'avoit conjuré de la conduire au Mans ou de la mener auprès de Leandre, s'il sçavoit où le trouver. «C'est, continua-t-il, à mademoiselle à vous dire pourquoi ceux qui l'enlevoient l'ont ainsi abandonnée: car je ne lui en ai osé parler, la voyant si affligée pendant le chemin que nous avons fait ensemble que j'ai eu souvent peur que ses sanglots ne la suffoquassent.»

Les moins curieux de la compagnie eurent grande impatience d'apprendre de mademoiselle Angelique une aventure qui leur sembloit si etrange. Car que pouvoit-on se figurer d'une fille enlevée avec tant de violence, et rendue ou bien abandonnée si facilement, et sans que les ravisseurs y fussent forcés? Mademoiselle Angelique pria qu'on fît en sorte qu'elle se pût coucher; mais, l'hôtellerie etant pleine, le bon curé lui fit donner une chambre chez sa soeur [273], qui logeoit dans la maison voisine, et qui etoit veuve d'un des plus riches fermiers du pays. Angelique n'avoit pas si grand besoin de dormir que de se reposer; c'est pourquoi le Destin et Leandre l'allèrent trouver aussitôt qu'ils sçurent qu'elle etoit dans son lit. Encore qu'elle fût bien aise que le Destin fût confident de son amour, elle ne le pouvoit regarder sans rougir. Le Destin eut pitié de sa confusion, et, pour l'occuper à autre chose qu'à se defaire, la pria de leur conter ce que le valet de Leandre ne leur avoit pu dire; ce qu'elle fit en cette sorte:

Note 273: (retour) Pour la justification de ces bons rapports que Scarron établit entre des comédiens et des gens d'église, on peut consulter Chappuzeau (*Le théât. fr.*, liv. 3, 5): *leur assiduité* (des acteurs) *aux exercices pieux*. De même les acteurs nomades que nous montre Rojas dans le *Voyage amusant*, au milieu de leur vie peu réglée, sont dévots, assistent à la messe et font partie de confréries pieuses. V. aussi plus loin une de nos notes, 3e part, du *Rom. com.*, ch. 6.

«Vous vous pouvez bien figurer quelle fut la surprise de ma mère et la mienne, lorsque, nous promenant dans le parc de la maison où nous etions, nous en vîmes ouvrir une petite porte qui donnoit dans la campagne, et entrer par là cinq ou six hommes qui se saisirent de moi, sans presque regarder ma mère, et m'emportèrent demi-morte de frayeur jusque auprès de leurs chevaux. Ma mère, que vous sçavez être une des plus resolues femmes du monde, se jeta toute furieuse sur le premier qu'elle trouva, et le mit en si pitoyable etat que, ne pouvant se tirer de ses mains, il fut contraint d'appeler ses compagnons à son aide. Celui qui le secourut, et qui fut assez lâche pour battre ma mère; comme je l'en ouïs vanter par le chemin, etoit l'auteur de l'entreprise. Il ne s'approcha point de moi tant que la nuit dura, pendant laquelle nous marchâmes comme des gens qui fuient et que l'on suit. Si nous eussions passé par des lieux habités, mes cris etoient capables de les faire arrêter; mais ils se detournèrent autant qu'ils purent de tous les villages qu'ils trouvèrent, à la reserve d'un hameau, dont je reveillai tous les habitans par mes cris. Le jour vint; mon ravisseur s'approcha de moi, et ne m'eut pas sitôt regardée au visage que, faisant un grand cri, il assembla ses compagnons et tint avec eux un conseil qui dura à mon avis près d'une demi-heure. Mon ravisseur me paroissoit aussi enragé que j'etois affligée. Il juroit à faire peur à tous ceux qui l'entendoient, et querella presque tous ses camarades. Enfin leur conseil tumultueux finit, et je ne sçais ce qu'on y avoit resolu. On se remit à marcher, et je commençai à n'être plus traitée si respectueusement que je l'avois eté. Ils me querelloient toutes les fois qu'ils m'entendoient plaindre, et faisoient des imprecations contre moi, comme si je leur eusse fait bien du mal. Ils m'avoient enlevée comme vous avez vu avec un habit de theâtre, et, pour le cacher, ils m'avoient couverte d'une de leurs casaques. Ils trouvèrent un homme sur le chemin, de qui ils s'informèrent de quelque chose. Je fus bien etonnée de voir que c'etoit Leandre, et je crois qu'il fut bien surpris de me reconnoître, ce qu'il fit aussitôt que mon habit, que je decouvris exprès et qui lui etoit fort connu, lui frappa la vue en même temps qu'il me vit au visage. Il vous aura dit ce qu'il fit. Pour moi, voyant tant d'epées tirées sur Leandre, je m'evanouis entre les mains de celui qui me tenoit embrassée sur son cheval, et, quand je revins de mon evanouissement, je vis que nous marchions, et ne vis plus Leandre. Mes cris en redoublèrent, et mes ravisseurs, dont il y en avoit un de blessé, prirent leur chemin à travers les champs et s'arrêtèrent hier dans un village, où ils couchèrent comme des gens de guerre. Ce matin, à l'entrée d'un bois, ils ont rencontré un homme qui conduisoit une demoiselle à cheval. Ils l'ont demasquée, l'ont reconnue, et, avec toute la joie que font paroître ceux qui trouvent ce qu'ils cherchent, l'ont emmenée, après avoir donné quelques coups à celui qui la conduisoit. Cette demoiselle faisoit des cris autant que j'en avois fait, et il me sembloit que sa voix ne m'etoit pas inconnue. Nous n'avions pas avancé cinquante pas dans le bois que celui que je vous ai dit paroître le maître des autres s'approcha de l'homme qui me tenoit, et lui dit parlant de moi: «Fais mettre pied à terre à cette crieuse.» Il fut obéi; ils me laissèrent, se derobèrent à ma vue, et je me trouvai seule et à pied. L'effroi que j'eus de me voir seule eût eté capable de me faire mourir, si monsieur, qui m'a conduite ici, et qui nous suivoit de loin, comme il vous a dit, ne m'eût trouvée. Vous savez tout le reste; mais, continua-t-elle, adressant la parole au Destin, je crois vous devoir dire que la demoiselle qu'ils m'ont ainsi preferée ressemble à votre soeur ma compagne, a même son de voix, et que je ne sçais qu'en croire: car l'homme qui etoit avec elle ressemble au valet que vous avez pris depuis que Leandre vous a quitté, et je ne puis m'ôter de l'esprit que ce ne soit lui-même. --Que me dites-vous là! dit alors le Destin, fort inquiet.--Ce que je pense, lui repondit Angelique. On peut, continua-t-elle, se tromper à la ressemblance des personnes, mais j'ai grand'peur de ne m'être pas trompée.--J'en ai grand'peur aussi, repartit le Destin, le visage tout changé, et je crois avoir un ennemi dans la province de qui je dois tout craindre. Mais qui auroit mis à l'entrée de ce bois ma soeur, que Ragotin quitta hier au Mans? Je vais prier quelqu'un de mes camarades d'y aller en diligence, et je l'attendrai ici pour determiner ce que j'aurai à faire selon les nouvelles qu'il m'apprendra.»

Comme il achevoit ces paroles, il s'ouït appeler dans la rue; il regarda par la fenêtre, et vit M. de la Garouffière qui etoit revenu de sa visite et qui lui dit qu'il avoit une importante affaire à lui communiquer. Il l'alla trouver et laissa Leandre et Angelique ensemble, qui eurent ainsi la liberté de se caresser après une fâcheuse absence et de se faire part des sentimens qu'ils avoient eus l'un pour l'autre. Je crois qu'il y eût eu bien du plaisir à les entendre, mais il vaut mieux pour eux que leur entrevue ait eté secrète. Cependant le Destin demandoit à la Garouffière ce qu'il desiroit de lui. «Connoissez-vous un gentilhomme nommé Verville et est-il de vos amis? lui dit la Garouffière.--C'est la personne du monde à qui je suis le plus obligé et que j'honore le plus, et je crois n'en être pas haï, dit le Destin.--Je le crois, repartit la Garouffière; je l'ai vu aujourd'hui chez le gentilhomme que j'etois allé voir; en dînant on a parlé de vous, et Verville depuis n'a pu parler d'autre chose: il m'a fait cent questions sur vous dont je ne l'ai pu satisfaire, et, sans la parole que je lui ai donnée que je vous enverrois le trouver, ce qu'il ne doute point que vous ne fassiez, il seroit venu ici, quoiqu'il ait des affaires où il est.»

Le Destin le remercia des bonnes nouvelles qu'il lui apprenoit, et, s'etant informé du lieu où il trouveroit Verville, se resolut d'y aller, esperant d'apprendre de lui des nouvelles de son ennemi Saldagne, qu'il ne doutoit point être l'auteur de l'enlevement d'Angelique, et qu'il n'eût aussi entre ses mains sa chère l'Etoile, s'il etoit vrai que ce fût elle qu'Angelique pensoit avoir reconnue. Il pria ses camarades de retourner au Mans rejouir la Caverne des nouvelles de sa fille retrouvée, et leur fit promettre de lui renvoyer un homme exprès, ou que quelqu'un d'eux reviendroit lui-même lui dire en quel etat seroit mademoiselle de l'Etoile. Il s'informa de la Garouffière du chemin qu'il devoit prendre et du nom du bourg où il devoit trouver Verville; il fit promettre au curé que sa soeur auroit soin d'Angelique jusqu'à tant qu'on la vînt querir du Mans, prit le cheval de Leandre et arriva devers le soir dans le bourg qu'il cherchoit. Il ne jugea pas à propos d'aller chercher lui-même Verville, de peur que Saldagne, qu'il croyoit dans le pays, ne se rencontrât avec lui quand il l'aborderoit. Il descendit donc dans une mechante hôtellerie, d'où il envoya un petit garçon dire à M. de Verville que le gentilhomme qu'il avoit souhaité de voir le demandoit. Verville le vint trouver, se jeta à son col et le tint long-temps embrassé sans lui pouvoir parler, de trop de tendresse.

Laissons-les s'entrecaresser comme deux personnes qui s'aiment beaucoup et qui se rencontrent après avoir cru qu'elles ne se verroient jamais, et passons au suivant chapitre.

CHAPITRE XII.

Qui divertira peut-être aussi peu que le precedent.

Verville et le Destin se rendirent compte de tout ce qu'ils ignoroient des affaires de l'un et de l'autre. Verville lui dit des merveilles de la brutalité de son frère Saint-Far et de la vertu de sa femme à la souffrir; il exagera la felicité dont il jouissoit en possedant la sienne, et lui apprit des nouvelles du baron d'Arques et de M. de Saint-Sauveur. Le Destin lui conta toutes ses aventures sans lui rien cacher, et Verville lui avoua que Saldagne etoit dans le pays, toujours un fort malhonnête homme et fort dangereux, et lui promit, si mademoiselle de l'Etoile etoit entre ses mains, de faire tout son possible pour le decouvrir, et de servir le Destin et de sa personne et de tous ses amis en tout ce qu'il en auroit affaire pour la delivrer. «Il n'a point d'autre retraite dans le pays, lui dit Verville, que chez mon père et chez je ne sçais quel gentilhomme qui ne vaut pas mieux que lui, et qui n'est pas maître en sa maison, etant cadet des cadets. Il faut qu'il nous revienne voir s'il demeure dans la province; mon père et nous le souffrons à cause de l'alliance; Saint-Far ne l'aime plus, quelque rapport qu'il y ait entre eux. Je suis donc d'avis que vous veniez demain avec moi; je sçais où je vous mettrai; vous n'y serez vu que de ceux que vous voudrez voir, et cependant je ferai observer Saldagne, et on l'eclairera de si près qu'il ne fera rien que nous ne le sçachions.» Le Destin trouva beaucoup de raison dans le conseil que lui donnoit son ami, et resolut de le suivre. Verville retourna souper avec le seigneur du bourg, vieil homme, son parent, et dont il pensoit heriter, et le Destin mangea ce qu'il trouva dans son hôtellerie et se coucha de bonne heure pour ne faire pas attendre Verville, qui faisoit etat de partir de grand matin pour retourner chez son père.

Ils partirent à l'heure arrêtée, et, durant trois lieues qu'ils firent ensemble, s'entr'apprirent plusieurs particularités qu'ils n'avoient pas eu le temps de se dire. Verville mit le Destin chez un valet qu'il avoit marié dans le bourg, et qui y avoit une petite maison fort commode, à cinq cents pas du château du baron d'Arques. Il donna ordre qu'il y fût secretement, et lui promit de le revenir trouver bientôt. Il n'y avoit pas plus de deux heures que Verville l'avoit quitté quand il le vint retrouver, et lui dit en l'abordant qu'il avoit bien des choses à lui dire. Le Destin pâlit et s'affligea par avance, et Verville, par avance, lui fit esperer un remède au malheur qu'il lui alloit apprendre. «En mettant pied à terre, lui dit-il, j'ai trouvé Saldagne, que l'on portoit à quatre dans une chambre basse. Son cheval s'est abattu sous lui à une lieue d'ici et l'a tout brisé; il m'a dit qu'il avoit à me parler, et m'a prié de le venir trouver dans sa chambre aussitôt qu'un chirurgien qui etoit present auroit vu sa jambe, qui est fort foulée de sa chute. Lorsque nous avons eté seuls: «Il faut, m'a-t-il dit, que je vous revèle toujours mes fautes, encore que vous soyez le moins indulgent de mes censeurs et que votre sagesse fasse toujours peur à ma folie. Ensuite de cela il m'a avoué qu'il avoit enlevé une comedienne [274] dont il avoit eté toute sa vie amoureux, et qu'il me conteroit des particularités de cet enlevement qui me surprendroient. Il m'a dit que ce gentilhomme que je vous ai dit être de ses amis ne lui avoit pu trouver de retraite en toute la province, et avoit eté obligé de le quitter et d'emmener avec lui les hommes qu'il lui avoit fournis pour le servir dans son entreprise, à cause qu'un de ses frères, qui se mêloit de faire des convois de faux sel, etoit guetté par les archers des gabelles et avoit besoin de ses amis pour se mettre à couvert. Tellement, m'a-t-il dit, que, n'osant paroître dans la moindre ville, à cause que mon affaire a fait grand bruit, je suis venu ici avec ma proie. J'ai prié ma soeur, votre femme, de la retirer dans son appartement, loin de la vue du baron d'Arques, dont je redoute la severité, et je vous conjure, puisque je ne la puis garder ceans, et que je n'ai que deux valets, les plus sots du monde, de me prêter le vôtre pour la conduire avec les miens jusqu'en la terre que j'ai en Bretagne, où je me ferai porter aussitôt que je pourrai monter à cheval. Il m'a demandé si je ne lui pourrois point donner quelques hommes, outre mon valet: car, tout étourdi qu'il est, il voit bien qu'il est bien difficile à trois hommes de mener loin une fille enlevée sans son consentement. Pour moi, je lui ai fait la chose fort aisée, ce qu'il a cru bientôt, comme les fous espèrent facilement. Ses valets ne vous connaissent point, le mien est fort habile et m'est fort fidèle. Je lui ferai dire à Saldagne qu'il aura avec lui un homme de resolution de ses amis, ce sera vous; votre maîtresse en sera avertie, et cette nuit, qu'ils font etat de faire grande traite à la clarté de la lune, elle se feindra malade au premier village. Il faudra s'arrêter; mon valet tâchera d'enivrer les hommes de Saldagne, ce qui est fort aisé; il vous facilitera les moyens de vous sauver avec la demoiselle, et, faisant accroire aux deux ivrognes que vous êtes déjà allé après, il les menera par un chemin contraire au vôtre.»

Note 274: (retour) Il y a beaucoup d'enlèvements soit dans le *Roman comique* proprement dit, soit dans les histoires subsidiaires qui y sont intercalées. On aimeroît à voir dans les premiers une satire ou une parodie comme Sorel en a fait en passant dans *Le Berger extravagant* (liv. II), s'ils n'étoient racontés si sérieusement; mais il faut simplement y voir une influence des romans héroïques à laquelle n'ont pas su se dérober Scarron et son continuateur. Dans le *Cyrus*, Mandane est enlevée quatre fois, et par quatre amoureux différents, ou même huit fois, suivant Boileau. Aussi Minos s'écrie-t-il: «Voilà une beauté qui a passé par bien des mains!» (*Hér. de rom.*). Et, dans *Le Parnasse réformé*, Guéret, se ressouvenant de cet abus des enlèvements, prononce cet arrêt: «Déclarons que nous ne reconnoissons pas pour héroïnes toutes les femmes qui auront eté enlevées plus d'une fois.» (Art. 19.) Sarrazin a fait une ballade pour chanter la mode des enlèvements par amour. Il faut dire que les chroniqueurs du XVIIe siècle justifient sur ce point les romanciers du reproche d'invraisemblance.

Le Destin trouva beaucoup de vraisemblance en ce que lui proposa Verville, dont le valet, qu'il avoit envoyé querir, entra à l'heure même dans la chambre. Ils concertèrent ensemble ce qu'ils avoient à faire. Verville fut enfermé le reste du jour avec le Destin, ayant peine à le quitter après une si longue absence, qui possible devoit être bientôt suivie d'une autre plus longue encore. Il est vrai que le Destin espera de voir Verville à Bourbon, où il devoit aller, et où le Destin lui promit de faire aller sa troupe.

La nuit vint. Le Destin se trouva au lieu assigné avec le valet de Verville; les deux valets de Saldagne n'y manquèrent pas, et Verville lui-même leur mit entre les mains mademoiselle de l'Etoile. Figurez-vous la joie de deux jeunes amans, qui s'aimoient autant qu'on se peut aimer, et la violence qu'ils se firent à ne se parler point. A demi-lieue de là, l'Etoile commença de se plaindre; on l'exhorta d'avoir courage jusqu'à un bourg distant de deux lieues, où l'on lui fit esperer qu'elle se reposeroit. Elle feignit que son mal augmentoit toujours. Le valet de Verville et le Destin en faisoient fort les empêchés pour preparer les valets de Saldagne à ne trouver pas etrange que l'on s'arrêtât si près du lieu d'où ils etoient partis. Enfin on arriva dans le bourg, et on demanda à loger dans l'hôtellerie, qui heureusement se trouva pleine d'hôtes et de buveurs. Mademoiselle de l'Etoile fit encore mieux la malade à la chandelle qu'elle ne l'avoit fait dans l'obscurité. Elle se coucha tout habillée et pria qu'on la laissât reposer seulement une heure, et dit qu'après cela elle croyoit pouvoir monter à cheval. Les valets de Saldagne, de francs ivrognes, laissèrent tout faire au valet de Verville, qui etoit chargé des ordres de leur maître, et s'attachèrent bientôt à quatre ou cinq paysans, ivrognes aussi grands qu'eux. Les uns et les autres se mirent à boire sans songer à tout le reste du monde. Le valet de Verville de temps en temps buvoit un coup avec eux pour les mettre en train, et, sous prétexte d'aller voir comment se portoit la malade pour partir le plus tôt qu'elle le pourroit, il l'alla faire remonter à cheval, et le Destin aussi, qu'il informa du chemin qu'il devoit prendre. Il retourna à ses buveurs, leur dit qu'il avoit trouvé leur demoiselle endormie, et que c'etoit signe qu'elle seroit bientôt en etat de monter à cheval. Il leur dit aussi que le Destin s'etoit jeté sur un lit, et puis se mit à boire et à porter des santés aux deux valets de Saldagne, qui avoient déjà la leur fort endommagée. Ils burent avec excès, s'enivrèrent de même et ne purent jamais se lever de table. On les porta dans une grange, car ils eussent gâté les lits où on les eût couchés. Le valet de Verville fit l'ivrogne, et, ayant dormi jusqu'au jour, reveilla brusquement les valets de Saldagne, leur disant d'un visage fort affligé que leur demoiselle s'etoit sauvée, qu'il avoit fait partir après son camarade, et qu'il falloit monter à cheval et se separer pour ne la manquer pas. Il fut plus d'une heure à leur faire comprendre ce qu'il leur disoit, et je crois que leur ivresse dura plus de huit jours. Comme toute l'hôtellerie s'etoit enivrée cette nuit-là, jusqu'à l'hôtesse et aux servantes, on ne songea seulement pas à s'informer ce qu'etoient devenus le Destin et sa demoiselle, et même je crois que l'on ne se souvint non plus d'eux que si on ne les eût jamais vus.

Cependant que tant de gens cuvent leur vin, que le valet de Verville fait l'inquieté et presse les valets de Saldagne de partir, et que ces deux ivrognes ne s'en hâtent pas davantage, le Destin gagne pays avec sa chère mademoiselle de l'Etoile, ravi de joie de l'avoir retrouvée et ne doutant point que le valet de Verville n'eût fait prendre à ceux de Saldagne un chemin contraire au sien. La lune etoit alors fort claire, et ils etoient dans un grand chemin aisé à suivre et qui les conduisoit à un village où nous les allons faire arriver dans le suivant chapitre.

CHAPITRE XIII.

Mechante action du sieur de la Rappinière.

Le Destin avoit grande impatience de sçavoir de sa chère l'Etoile par quelle aventure elle s'etoit trouvée dans le bois où Saldagne l'avoit prise, mais il avoit encore plus grande peur d'être suivi. Il ne songea donc qu'à piquer sa bête, qui n'etoit pas fort bonne, et à presser de la voix et d'une houssine qu'il rompit à un arbre le cheval de l'Etoile, qui etoit une puissante haquenée [275]. Enfin, les deux jeunes amans se rassurèrent, et, s'étant dit quelques douces tendresses (car il y avoit lieu d'en dire après ce qui venoit d'arriver; et, pour moi, je n'en doute point, quoique je n'en sçache rien de particulier); après donc s'être bien attendri le coeur l'un à l'autre, l'Etoile fit sçavoir au Destin tous les bons offices qu'elle avoit rendus à la Caverne: «Et je crains bien, lui dit-elle, que son affliction ne la fasse malade, car je n'en vis jamais une pareille. Pour moi, mon cher frère, vous pouvez bien penser que j'eus autant besoin de consolation qu'elle, depuis que votre valet, m'ayant amené un cheval de votre part, m'apprit que vous aviez trouvé les ravisseurs d'Angelique et que vous en aviez eté fort blessé.--Moi blessé! interrompit le Destin; je ne l'ai point eté ni en danger de l'être, et je ne vous ai point envoyé de cheval: il y a quelque mystère ici que je ne comprends point. Je me suis aussi tantôt etonné de ce que vous m'avez si souvent demandé comment je me portois et si je n'etois point incommodé d'aller si vite.--Vous me rejouissez et m'affligez tout ensemble, lui dit l'Etoile; vos blessures m'avoient donné une terrible inquietude, et ce que vous me venez de dire me fait croire que votre valet a eté gagné par nos ennemis pour quelque mauvais dessein qu'on a contre nous.--Il a plutôt eté gagné par quelqu'un qui est trop de nos amis, lui dit le Destin. Je n'ai point d'ennemi que Saldagne, mais ce ne peut être lui qui ait fait agir mon traître de valet, puisque je sçais qu'il l'a battu quand il vous a trouvée.--Et comment le sçavez-vous? lui demanda l'Etoile, car je ne me souviens pas de vous en avoir rien dit.--Vous le sçaurez aussitôt que vous m'aurez appris de quelle façon on vous a tirée dû Mans.--Je ne vous en puis apprendre autre chose que ce que je vous viens de dire, reprit l'Etoile. Le jour d'après que nous fûmes revenues au Mans, la Caverne et moi, votre valet m'amena un cheval de votre part, et me dit, faisant fort l'affligé, que vous aviez eté blessé par les ravissurs d'Angelique et que vous me priiez de vous aller trouver. Je montai à cheval dès l'heure même, encore qu'il fût bien tard; je couchai à cinq lieues du Mans, en un lieu dont je ne sçais pas le nom, et le lendemain, à l'entrée d'un bois, je me trouvai arrêtée par des personnes que je ne connoissois point. Je vis battre votre valet et j'en fus fort touchée. Je vis jeter fort rudement une femme de dessus un cheval, et je reconnus que c'etoit ma compagne; mais le pitoyable état où je me trouvois et l'inquietude que j'avois pour vous m'empêchèrent de songer davantage à elle. On me mit en sa place, et on marcha jusqu'au soir; après avoir fait beaucoup de chemin, le plus souvent au travers des champs, nous arrivâmes bien avant dans la nuit auprès d'une gentilhommière 276, où je remarquai qu'on ne nous voulut pas recevoir. Ce fut là que je reconnus Saldagne, et sa vue acheva de me desesperer. Nous marchâmes encore long-temps, et enfin on me fit entrer comme en cachette dans la maison d'où vous m'avez heureusement tirée.»

Note 275: (retour) On sait qu'on appeloit *haquenée* un cheval qui alloit l'amble.

Note 276: (retour) Maison de campagne d'un gentilhomme.

L'Etoile achevoit la relation de ses aventures quand le jour commença de paroître. Ils se trouvèrent alors dans le grand chemin du Mans, et pressèrent leurs bêtes plus fort qu'ils n'avoient fait encore, pour gagner un bourg qu'ils voyoient devant eux. Le Destin souhaitoit ardemment d'attraper son valet, pour decouvrir de quel ennemi, outre le mechant Saldagne, ils avoient à se garder dans le pays; mais il n'y avoit pas grande apparence qu'après le mechant tour qu'il lui avoit fait, il se remît en lieu où il le pût trouver. Il apprenoit à sa chère l'Etoile tout ce qu'il sçavoit de sa compagne Angelique, quand un homme etendu de son long auprès d'une haie fit si grand'peur à leurs chevaux que celui du Destin se deroba presque de dessous lui et celui de mademoiselle de l'Etoile la jeta par terre. Le Destin, effrayé de sa chute, l'alla relever aussi vite que le lui put permettre son cheval, qui reculoit toujours ronflant, soufflant et bronchant comme un cheval effarouché qu'il etoit. La demoiselle n'etoit point blessée; les chevaux se rassurèrent, et le Destin alla voir si l'homme gisant etoit mort ou endormi. On peut dire qu'il etoit l'un et l'autre, puisqu'il etoit si ivre qu'encore qu'il ronflât bien fort, marque assurée qu'il etoit en vie, le Destin eût bien de la peine à l'eveiller. Enfin, à force d'être tiraillé, il ouvrit les yeux et se decouvrit au Destin pour être son même valet qu'il avoit si grande envie de trouver. Le coquin, tout ivre qu'il etoit, reconnut bientôt son maître, et se troubla si fort en le voyant que le Destin ne douta plus de la trahison qu'il lui avoit faite, dont il ne l'avoit encore que soupçonné. Il lui demanda pourquoi il avoit dit à mademoiselle de l'Etoile qu'il etoit blessé; pourquoi il l'avoit fait sortir du Mans; où il l'avoit voulu mener; qui lui avoit donné un cheval. Mais il n'en put tirer la moindre parole, soit qu'il fût trop ivre, ou qu'il le contrefît plus qu'il ne l'etoit. Le Destin se mit en colère, lui donna quelques coups de plat d'epée, et, lui ayant lié les mains du licol de son cheval, se servit de celui du cheval de mademoiselle de l'Etoile pour mener en lesse le criminel. Il coupa une branche d'arbre dont il se fit un bâton de taille considerable pour s'en servir en temps et lieu, quand son valet refuseroit de marcher de bonne grace. Il aida à sa demoiselle à monter à cheval; il monta sur le sien et continua son chemin, son prisonnier à son côté en guise de limier.

Le bourg qu'avoit vu le Destin etoit le même d'où il etoit parti deux jours devant et où il avoit laissé monsieur de la Garouffière et sa compagnie, qui y etoit encore, à cause que madame Bouvillon avoit eté malade d'un furieux *colera morbus* [277]. Quand le Destin y arriva, il n'y trouva plus la Rancune, l'Olive et Ragotin, qui etoient retournés au Mans. Pour Leandre, il ne quitta point sa chère Angelique. Je ne vous dirai point de quelle façon elle reçut mademoiselle de l'Etoile.

Note 277: (retour) Ces mots *colera morbus* se prenoient quelquefois alors comme synonyme de colique violente.

On peut aisement se figurer les caresses que se devoient faire deux filles qui s'aimoient beaucoup, et même après les dangers où elles s'etoient trouvées. Le Destin informa monsieur de la Garouffière du succès de son voyage, et, après l'avoir quelque temps entretenu en particulier, on fit entrer dans une chambre de l'hôtellerie le valet du Destin. Là il fut interrogé de nouveau, et, sur ce qu'il voulut encore faire le muet, on fit apporter un fusil pour lui serrer les pouces. A l'aspect de la machine, il se mit à genoux, pleura bien fort, demanda pardon à son maître et lui avoua que la Rappinière lui avoit fait faire tout ce qu'il avoit fait et lui avoit promis en recompense de le prendre à son service. On sçut aussi de lui que la Rappinière etoit en une maison à deux lieues de là, qu'il avoit usurpée sur une pauvre veuve. Le Destin parla encore en particulier à monsieur de la Garouffière, qui envoya en même temps un laquais dire à la Rappinière qu'il le vînt trouver pour une affaire de consequence. Ce conseiller de Rennes avoit grand pouvoir sur ce prevôt du Mans. Il l'avoit empêché d'être roué en Bretagne et l'avoit toujours protegé dans toutes les affaires criminelles qu'il avoit eues. Ce n'est pas qu'il ne le connût pour un grand scelerat, mais la femme de la Rappinière etoit un peu sa parente. Le laquais qu'on avoit envoyé à la Rappinière le trouva prêt à monter à cheval pour aller au Mans. Aussitôt qu'il eut appris que monsieur de la Garouffière le demandoit, il partit pour le venir trouver. Cependant la Garouffière, qui pretendoit fort au bel esprit, s'etoit fait apporter un portefeuille, d'où il tira des vers de toutes les façons, tant bons que mauvais. Il les lut au Destin, et ensuite une historiette qu'il avoit traduite de l'espagnol, que vous allez lire dans le suivant chapitre.

FIN DU CHAPITRE XIII
ET DU TOME PREMIER.

LE ROMAN COMIQUE
PAR SCARRON
NOUVELLE ÉDITION

Revue, annotée et précédée d'une Introduction

PAR

M. VICTOR FOURNEL

TOME II

CHAPITRE XIV.

Le juge de sa propre cause [278].

Ce fut en Afrique, entre des rochers voisins de la mer, et qui ne sont eloignés de la grande ville de Fez que d'une heure de chemin, que le prince Mulei, fils du roi de Maroc, se trouva seul et à la nuit, après s'être egaré à la chasse. Le ciel etoit sans le moindre nuage, la mer etoit calme, et la lune et les etoiles la rendoient toute brillante; enfin, il faisoit une de ces belles nuits des pays chauds qui sont plus agreables que les plus beaux jours de nos regions froides. Le prince maure, galopant le long du rivage, se divertissoit à regarder la lune et les étoiles, qui paroissoient sur la surface de la mer comme dans un miroir, quand des cris pitoyables percèrent ses oreilles et lui donnèrent la curiosité d'aller jusqu'au lieu d'où il croyoit qu'ils pouvoient partir. Il y poussa son cheval, qui sera si l'on veut un barbe, et trouva entre des rochers une femme qui se defendoit, autant que ses forces le pouvoient permettre, contre un homme qui s'efforçoit de lui lier les mains, tandis qu'une autre femme tâchoit de lui fermer la bouche d'un linge. L'arrivée du jeune prince empêcha ceux qui faisoient cette violence de la continuer, et donna quelque relâche à celle qu'ils traitoient si mal. Mulei lui demanda ce qu'elle avoit à crier, et aux autres ce qu'ils lui vouloient faire; mais, au lieu de lui repondre, cet homme alla à lui le cimeterre à la main, et lui en porta un coup qui l'eût dangereusement blessé s'il ne l'eût evité par la vitesse de son cheval. «Mechant, lui cria Mulei, oses-tu t'attaquer au prince de Fez!--Je t'ai bien reconnu pour tel, lui repondit le Maure; mais c'est à cause que tu es mon prince et que tu me peux punir qu'il faut que j'aie ta vie ou que je perde la mienne.»

Note 278: (retour) Traduit du neuvième récit des *Novelas exemplares y amorosas* de dona Maria de Zayas. Le titre seul de cette nouvelle indique suffisamment son origine. On connoît, dans la littérature espagnole, *le Geôlier de soi-même*, de Caldéron; *le Médecin de son honneur* et *le Peintre de son déshonneur*, du même; *le Vengeur de son injure*, de Moreto; sans parler du *Fils de soi-même*, de Lope, et bien d'autres pièces portant des titres analogues. Lope de Vega a fait un drame intitulé: *El juez en su causa*. (V. notre notice.)

En achevant ces paroles, il se lança contre Mulei avec tant de furie que le prince, tout vaillant qu'il etoit, fut reduit à songer moins à attaquer qu'à se defendre d'un si dangereux ennemi. Les deux femmes cependant etoient aux mains, et celle qui un moment auparavant se croyoit perdue empêchoit l'autre de s'enfuir, comme si elle n'eût point douté que son defenseur n'emportât la victoire. Le desespoir augmente le courage, et en donne même quelquefois à ceux qui en ont le moins. Quoique la valeur du prince fût incomparablement plus grande que celle de son ennemi et fût soutenue d'une vigueur et d'une adresse qui n'etoient pas communes, la punition que meritoit le crime du

Maure lui fit tout hasarder et lui donna tant de courage et de force que la victoire demeura long-temps douteuse entre le prince et lui; mais le ciel, qui protège d'ordinaire ceux qu'il elève au dessus des autres, fit heureusement passer les gens du prince assez près de là pour ouïr le bruit des combattans et les cris des deux femmes. Ils y coururent et recoururent leur maître dans le temps qu'ayant choqué celui qu'ils virent les armes à la main contre lui, il l'avoit porté par terre, où il ne le voulut pas tuer, le reservant à une punition exemplaire. Il defendit à ses gens de lui faire autre chose que de l'attacher à la queue d'un cheval, de façon qu'il ne pût rien entreprendre contre soi-même ni contre les autres. Deux cavaliers portèrent les deux femmes en croupe, et en cet equipage-là Mulei et sa troupe arrivèrent à Fez à l'heure que le jour commençoit de paroître.

Ce jeune prince commandoit dans Fez aussi absolument que s'il en eût dejà eté roi. Il fit venir devant lui le Maure, qui s'appeloit Amet, et qui etoit fils d'un des plus riches habitans de Fez. Les deux femmes ne furent connues de personne à cause que les Maures, les plus jaloux de tous les hommes, ont un extrême soin de cacher aux yeux de tout le monde leurs femmes et leurs esclaves. La femme que le prince avoit secourue le surprit, et toute sa cour aussi, par sa beauté, plus grande que quelque autre qui fût en Afrique, et par un air majestueux, que ne put cacher aux yeux de ceux qui l'admirèrent un mechant habit d'esclave. L'autre femme etoit vêtue comme le sont les femmes du pays qui ont quelque qualité, et pouvoit passer pour belle, quoiqu'elle le fût moins que l'autre; mais, quand elle auroit pu entrer en concurrence de beauté avec elle, la pâleur que la crainte faisoit paroître sur son visage diminuoit autant ce qu'elle y avoit de beau que celui de la première recevoit d'avantage d'un beau rouge qu'une honnête pudeur y faisoit eclater. Le Maure parut devant Mulei avec la contenance d'un criminel, et tint toujours les yeux attachés contre terre. Mulei lui commanda de confesser lui-même, son crime s'il ne vouloit mourir dans les tourmens. «Je sais bien ceux qu'on me prepare et que j'ai merités, repondit-il fièrement, et, s'il y avoit quelque avantage pour moi à ne rien avouer, il n'y a point de tourmens qui me le fissent faire; mais je ne puis eviter la mort, puisque je te l'ai voulu donner, et je veux bien que tu sçaches que la rage que j'ai de ne t'avoir pas tué me tourmente davantage que ne fera tout ce que tes bourreaux pourront inventer contre moi. Ces Espagnoles, ajouta-t-il, ont eté mes esclaves: l'une a su prendre un bon parti et s'accommoder à la fortune, se mariant avec mon frère Zaïde; l'autre n'a jamais voulu changer de religion ni me savoir bon gré de l'amour que j'avois pour elle.» Il ne voulut pas parler davantage, quelque menace qu'on lui pût faire. Mulei le fit jeter dans un cachot, chargé de fers; la renegate, femme de Zaïde, fut mise en une prison séparée; la belle esclave fut conduite chez un Maure nommé Zulema, homme de condition, Espagnol d'origine, qui avoit abandonné l'Espagne pour n'avoir pu se resoudre à se faire chretien. Il etoit de l'illustre maison de Zegris, autrefois si renommée dans Grenade 279, et sa femme, Zoraïde, qui etoit de la même maison, avoit la reputation d'être la plus belle femme de Fez, et aussi spirituelle que belle. Elle fut d'abord charmée de la beauté de l'esclave chretienne, et le fut aussi de son esprit dès les premières conversations qu'elle eut avec elle. Si cette belle chretienne eût eté capable de consolation, elle en eût trouvé dans les caresses de Zoraïde; mais, comme si elle eût evité tout ce qui pouvoit soulager sa douleur, elle ne se plaisoit qu'à être seule, pour pouvoir s'affliger davantage, et, quand elle etoit avec Zoraïde, elle se faisoit une extrême violence pour retenir devant elle ses soupirs et ses larmes. Le prince Mulei avoit une extrême envie d'apprendre ses aventures; il l'avoit fait connoître à Zulema, et, comme il ne lui cachoit rien, il lui avoit aussi avoué qu'il se sentoit porté à aimer la belle chrétienne et qu'il le lui auroit dejà fait sçavoir si la grande affliction qu'elle faisoit paroître ne lui eût fait craindre d'avoir un rival inconnu en Espagne, qui, tout eloigné qu'il eût eté, l'eût pu empêcher d'être heureux, même en un pays où il etoit absolu. Zulema donna bon ordre à sa femme d'apprendre de la chretienne les particularités de sa vie, et par quel accident elle etoit devenue esclave d'Amet. Zoraïde en avoit autant d'envie que le prince, et n'eut pas grande peine à y faire resoudre l'esclave espagnole, qui crut ne devoir rien refuser à une personne qui lui donnoit tant de marques d'amitié et de tendresse. Elle dit à Zoraïde qu'elle contenteroit sa curiosité quand elle voudroit, mais que, n'ayant que des malheurs à lui apprendre, elle craignoit de lui faire un recit fort ennuyeux. «Vous verrez bien qu'il ne me le sera pas, lui repondit Zoraïde, par l'attention que j'aurai à l'ecouter; et, par la part que j'y prendrai, vous connoîtrez que vous ne pouvez en confier le secret à personne qui vous aime plus que moi.» Elle l'embrassa en achevant ces paroles, la conjurant de ne differer pas plus long-temps à lui donner la satisfaction qu'elle lui demandoit. Elles etoient seules, et la belle esclave, après avoir essuyé les larmes que le souvenir de ses malheurs lui faisoit repandre, elle en commença le recit, comme vous l'allez lire.

Note 279: (retour) Zegris est le nom plus ou moins défiguré d'une prétendue famille, originaire d'Afrique, qui, avec celle des Abencerrages, auroit joué un grand rôle dans Grenade. Les Abencerrages et les Zegris figurent pour la première fois dans un roman chevaleresque de Ginez Pérès de Hita. D'après une tradition qui paroît plus romanesque qu'historique, ces deux maisons rivales auroient été tour-à-tour maîtresses de l'Alhambra et de l'Albaycin, les deux principales forteresses de Grenade, s'y seroient livré les assauts les plus terribles, et auroient hâte, par leurs divisions, la chute de la ville et du royaume (1480-92).

Je m'appelle Sophie; je suis Espagnole, née à Valence et elevée avec tout le soin que des personnes riches et de qualité, comme etoient mon père et ma mère, devoient avoir d'une fille qui etoit le premier fruit de leur mariage, et qui dès son bas âge paroissoit digne de leur plus tendre affection. J'eus un frère plus jeune que moi d'une année; il etoit aimable autant qu'on le pouvoit être, il m'aima autant que je l'aimai, et notre amitié mutuelle alla jusqu'au point que, lorsque nous n'etions pas ensemble, on remarquoit sur nos visages une tristesse et une inquietude que les plus agreables divertissemens des personnes de notre âge ne pouvoient dissiper. On n'osa donc plus nous séparer; nous apprîmes ensemble tout ce qu'on enseigne aux enfans de bonne maison de l'un et de l'autre sexe, et ainsi il arriva qu'au grand etonnement de tout le monde, je n'etois pas moins adroite que lui dans tous les exercices violens d'un cavalier, et qu'il reussissoit egalement bien dans tout ce que les filles de condition sçavent le mieux faire. Une education si extraordinaire fit souhaiter à un gentilhomme des amis de mon père que ses enfans fussent elevés avec nous; il en fit la proposition à mes parens, qui y consentirent, et le voisinage des maisons facilita le dessein des uns et des autres. Ce gentilhomme egaloit mon père en bien et ne lui cedoit pas en noblesse; il n'avoit aussi qu'un fils et qu'une fille, à peu près de l'âge de mon frère et de moi, et l'on ne doutoit point dans Valence que les deux maisons ne s'unissent un jour par un double mariage. Dom Carlos et Lucie (c'etoit le nom du frère et de la soeur) etoient egalement aimables: mon frère aimoit Lucie et en etoit aimé, dom Carlos m'aimoit et je l'aimois aussi. Nos parens le sçavoient bien, et, loin d'y trouver à redire, ils n'eussent pas differé de nous marier ensemble si nous eussions eté moins jeunes que nous etions. Mais l'etat heureux de nos amours innocentes fut troublé par la mort de mon aimable frère: une fièvre violente l'emporta en huit jours, et ce fut là le premier de mes malheurs. Lucie en fut si touchée qu'on ne put jamais l'empêcher de se rendre religieuse; j'en fus malade à la mort, et dom Carlos le fut assez pour faire craindre à son père de se voir sans enfans, tant la perte de mon frère, qu'il aimoit, le peril où j'etois et la resolution de sa soeur, lui furent sensibles. Enfin la jeunesse nous guerit, et le temps modera notre affliction.

Le père de dom Carlos mourut à quelque temps de là, et laissa son fils fort riche et sans dettes. Sa richesse lui fournit de quoi satisfaire son humeur magnifique. Les galanteries qu'il inventa pour me plaire flattèrent ma vanité, rendirent son amour publique et augmentèrent la mienne. Dom Carlos etoit souvent aux pieds de mes parens, pour les conjurer de ne differer pas davantage de le rendre heureux en lui donnant leur fille. Il continuoit cependant ses depenses et ses galanteries. Mon père eut peur que son bien n'en diminuât à la fin, et c'est ce qui le fit resoudre à me marier avec lui. Il fit donc esperer à dom Carlos qu'il seroit bientôt son gendre, et dom Carlos m'en fit paroître une joie si extraordinaire qu'elle m'eût pu persuader qu'il m'aimoit plus que sa vie, quand je n'en aurois pas eté aussi assurée que je l'etois. Il me donna le bal, et toute la ville en fut priée. Pour son malheur et pour le mien, il s'y trouva un comte napolitain [280] que des affaires d'importance avoient amené en Espagne. Il me trouva assez belle pour devenir amoureux de moi, et pour me demander en mariage à mon père, après avoir eté informé du rang qu'il tenoit dans le royaume de Valence. Mon père se laissa eblouir au bien et à la qualité de cet etranger; il lui promit tout ce qu'il lui demanda, et dès le jour même il declara à dom Carlos qu'il n'avoit rien plus à pretendre en sa fille, me defendit de recevoir ses visites, et me commanda en même temps de considerer le comte italien comme un homme qui me devoit epouser au retour d'un voyage qu'il alloit faire à Madrid. Je dissimulai mon deplaisir devant mon père; mais, quand je fus seule, dom Carlos se representa à mon souvenir comme le plus aimable homme du monde. Je fis reflexion sur tout ce que le comte italien avoit de desagreable; je conçus une furieuse aversion pour lui, et je sentis que j'aimois dom Carlos plus que je n'eusse jamais cru l'aimer, et qu'il m'etoit egalement impossible de vivre sans lui et d'être heureuse avec son rival. J'eus recours à mes larmes, mais c'etoit un foible remède pour un mal comme le mien. Dom Carlos entra là-dessus dans ma chambre, sans m'en demander la permission, comme il avoit accoutumé. Il me trouva fondant en pleurs, et il ne put retenir les siens, quelque dessein qu'il eût fait de me cacher ce qu'il avoit dans l'ame, jusqu'à tant qu'il eût reconnu les véritables sentimens de la mienne. Il se jeta à mes pieds, me prenant les mains, et qu'il mouilla de ses larmes:

Note 280: (retour) On n'ignore pas qu'à cette époque l'Espagne étoit maîtresse du royaume de Naples, et que, par conséquent, les deux pays entretenoient des relations fréquentes.

«Sophie, me dit-il, je vous perds donc, et un etranger, qui à peine vous est connu, sera plus heureux que moi parcequ'il aura eté plus riche. Il vous possedera, Sophie, et vous y consentez! vous que j'ai tant aimée, qui m'avez voulu faire croire que vous m'aimiez, et qui m'etiez promise par un père! mais, helas! un père injuste, un père interessé, et qui m'a manqué de parole! Si vous etiez, continua-t-il, un bien qui se pût mettre à prix, c'est ma seule fidelité qui vous pouvoit acquerir, et c'est par elle que vous seriez encore à moi plutôt qu'à personne du monde, si vous vous souveniez de celle que vous m'avez promise. Mais, s'ecria-t-il, croyez-vous qu'un homme qui a eu assez de courage pour elever ses desirs jusqu'à vous n'en ait pas assez pour se venger de celui que vous lui preferez, et trouverez-vous etrange qu'un malheureux qui a tout perdu entreprenne toutes choses? Ah! si vous voulez que je perisse seul, il vivra, ce rival bienheureux, puisqu'il a pu vous plaire, et que vous le protegez; mais dom Carlos, qui vous est odieux, et que vous avez abandonné à son desespoir, mourra d'une mort assez cruelle pour assouvir la haine que vous avez pour lui.»

«Dom Carlos, lui repondis-je, vous joignez-vous à un père injuste et à un homme que je ne puis aimer pour me persecuter, et m'imputez-vous comme un crime particulier un malheur qui nous est commun? Plaignez-moi au lieu de m'accuser, et songez aux moyens de me conserver pour vous plutôt que de me faire des reproches. Je pourrois vous en faire de plus justes, et vous faire avouer que vous ne m'avez jamais assez aimée, puisque vous ne m'avez jamais assez connue. Mais nous n'avons point de temps à perdre en paroles inutiles. Je vous suivrai partout où vous me menerez; je vous permets de tout entreprendre, et vous promets de tout oser pour ne me separer jamais de vous.»

Dom Carlos fut si consolé de mes paroles que sa joie le transporta aussi fort qu'avoit fait sa douleur. Il me demanda pardon de m'avoir accusée de l'injustice qu'il croyoit qu'on lui faisoit, et, m'ayant fait comprendre qu'à moins que de me laisser enlever, il m'etoit impossible de n'obéir pas à mon père, je consentis à tout ce qu'il me proposa, et je lui promis que, la nuit du jour suivant, je me tiendrois prête à le suivre partout où il voudroit me mener.

Tout est facile à un amant. Dom Carlos en un jour donna ordre à ses affaires, fit provision d'argent et d'une barque de Barcelone [281] qui devoit se mettre à la voile à telle heure qu'il voudroit. Cependant j'avois pris sur moi toutes mes pierreries et tout ce que je pus assembler d'argent; et, pour une jeune personne, j'avois su si bien dissimuler le dessein que j'avois que l'on ne s'en douta point. Je ne fus donc pas observée, et je pus sortir la nuit par la porte d'un jardin, où je trouvai Claudio, un page qui etoit cher à Carlos, parcequ'il chantoit aussi bien qu'il avoit la voix belle, et faisoit paroître dans sa manière de parler et dans toutes ses actions plus d'esprit, de bon sens et de politesse que l'âge et la condition d'un page n'en doivent ordinairement avoir. Il me dit que son maître l'avoit envoyé au devant de moi pour me conduire où m'attendoit une barque, et qu'il n'avoit pu me venir prendre lui-même pour des raisons que je sçaurois de lui. Un esclave de dom Carlos qui m'etoit fort connu nous vint joindre. Nous sortîmes de la ville sans peine, parle bon ordre qu'on y avoit donné, et nous ne marchâmes pas long-temps sans voir un vaisseau à la rade et une chaloupe qui nous attendoit au bord de la mer. On me dit que mon cher dom Carlos viendroit bientôt, et que je n'avois cependant qu'à passer dans le vaisseau. L'esclave me porta dans la chaloupe, et plusieurs hommes que j'avois vus sur le rivage, et que j'avois pris pour des matelots, firent aussi entrer dans la chaloupe Claudio, qui me sembla comme s'en defendre et faire quelques efforts pour n'y entrer pas. Cela augmenta la peine que me donnoit dejà l'absence de dom Carlos. Je le demandai à l'esclave, qui me dit fierement qu'il n'y avoit plus de Carlos pour moi. Dans le même temps j'ouïs Claudio criant les hauts cris, et qui disoit en pleurant à l'esclave: «Traître Amet! est-ce là ce que tu m'avois promis, de m'ôter une rivale et de me laisser avec mon amant?--Imprudente Claudia, lui repondit l'esclave, est-on obligé de tenir sa parole à un traître, et ai-je dû esperer qu'une personne qui manque de fidelité à son maître m'en gardât assez pour n'avertir pas les gardes de la côte de courir après moi et de m'ôter Sophie, que j'aime plus que moi-même?» Ces paroles, dites à une femme que je croyois un homme, et dans lesquelles je ne pouvois rien comprendre, me causèrent un si furieux deplaisir, que je tombai comme morte entre les bras du perfide Maure, qui ne m'avoit point quittée. Ma pâmoison fut longue, et, lorsque j'en fus revenue, je me trouvai dans une chambre du vaisseau, qui etoit dejà bien avant en mer.

Note 281: (retour) Barcelone, un des principaux ports d'Espagne, renommée pour ses barques, étoit célèbre dans les fastes de la navigation. C'est là que, vers le milieu du XVIe siècle, à l'époque où se passe cette histoire, Blasco de Garay fit, dit-on, le premier essai d'un bateau à vapeur, sous les yeux de Charles-Quint.

Figurez-vous quel dut être mon desespoir, me voyant sans dom Carlos et avec des ennemis de ma loi, car je reconnus que j'etois au pouvoir des Maures, que l'esclave Amet avoit toute sorte d'autorité sur eux, et que son frère Zaïde etoit le maître du vaisseau. Cet insolent ne me vit pas plutôt en etat d'entendre ce qu'il me diroit, qu'il me declara en peu de paroles qu'il y avoit long-temps qu'il etoit amoureux de moi, et que sa passion l'avoit forcé à m'enlever et à me mener à Fez, où il ne tiendroit qu'à moi que je ne fusse aussi heureuse que j'aurois eté en Espagne, comme il ne tiendroit pas à lui que je n'eusse point à y regretter dom Carlos. Je me jetai sur lui, nonobstant la foiblesse que m'avoit laissée ma pâmoison, et avec une adresse vigoureuse à quoi il ne s'attendoit pas, et que j'avois acquise par mon education, comme je vous ai dejà dit, je lui tirai le cimeterre du fourreau, et je m'allois venger de sa perfidie, si son frère Zaïde ne m'eût saisi le bras assez à temps pour lui sauver la vie. On me desarma facilement, car, ayant manqué mon coup, je ne fis point de vains efforts contre un si grand nombre d'ennemis. Amet, à qui ma resolution avoit fait peur, fit sortir tout le monde de la chambre où l'on m'avoit mise et me laissa dans un desespoir tel que vous vous le pouvez figurer, après le cruel changement qui venoit d'arriver en ma fortune. Je passai la nuit à m'affliger, et le jour qui la suivit ne donna pas le moindre relâche à mon affliction. Le temps, qui adoucit souvent de pareils deplaisirs, ne fit aucun effet sur les miens, et au second jour de notre navigation j'etois encore plus affligée que je ne la fus la sinistre nuit que je perdis, avec ma liberté, l'esperance de revoir dom Carlos et d'avoir jamais un moment de repos le reste de ma vie. Amet m'avoit trouvée si terrible toutes les fois qu'il avoit osé paroître devant moi, qu'il ne s'y presentoit plus. On m'apportoit de temps en temps à manger, que je refusois avec une opiniâtreté qui fit craindre au Maure de m'avoir enlevée inutilement.

Cependant le vaisseau avoit passé le detroit et n'etoit pas loin de la côte de Fez quand Claudio entra dans ma chambre. Aussitôt que je le vis: «Mechant! qui m'as trahie, lui dis-je, que t'avois-je fait pour me rendre la plus malheureuse personne du monde, et pour m'ôter dom Carlos?--Vous en étiez trop aimée, me repondit-il, et, puisque je l'aimois aussi bien que vous, je n'ai pas fait un grand crime d'avoir voulu eloigner de lui une rivale. Mais si je vous ai trahie, Amet m'a trahie aussi, et j'en serois peut être aussi affligée que vous, si je ne trouvois quelque consolation à n'être pas seule miserable.--Explique-moi ces enigmes, lui dis-je, et m'apprends qui tu es, afin que je sçache si j'ai en toi un ennemi ou une ennemie.--Sophie, me dit-il alors, je suis d'un même sexe que vous, et comme vous j'ai eté amoureuse de dom Carlos; mais si nous avons brûlé d'un même feu, ce n'a pas eté avec un même succès. Dom Carlos vous a toujours aimée et a toujours cru que vous l'aimiez, et il ne m'a jamais aimée, et n'a même jamais dû croire que je pusse l'aimer, ne m'ayant jamais connue pour ce que j'etois. Je suis de Valence comme vous, et je ne suis point née avec si peu de noblesse et de bien, que dom Carlos, m'ayant epousée, n'eût pu être à couvert des reproches que l'on fait à ceux qui se mesallient. Mais l'amour qu'il avoit pour vous l'occupoit tout entier, et il n'avoit des yeux que pour vous seule. Ce n'est pas que les miens ne fissent ce qu'ils pouvoient pour exempter ma bouche de la confession honteuse de ma foiblesse. J'allois partout où je le croyois trouver; je me plaçois où il me pouvoit voir, et je faisois pour lui toutes les diligences qu'il eût dû faire pour moi, s'il m'eût aimée comme je l'aimois. Je disposois de mon bien et de moi-même, etant demeurée sans parens dès mon bas âge, et l'on me proposoit souvent des partis sortables; mais l'esperance que j'avois toujours eue d'engager enfin dom Carlos à m'aimer m'avoit empêchée d'y entendre. Au lieu de me rebuter de la mauvaise destinée de mon amour, comme auroit fait toute autre personne qui eût eu comme moi assez de qualités aimables pour n'être pas meprisée, je m'excitois à l'amour de dom Carlos par la difficulté que je trouvois à m'en faire aimer. Enfin, pour n'avoir pas à me reprocher d'avoir negligé la moindre chose qui pût servir à mon dessein, je me fis couper les cheveux, et m'etant deguisée en homme, je me fis presenter à dom Carlos par un domestique qui avoit vieilli dans ma maison et qui se disoit mon père, pauvre gentilhomme des montagnes de Tolède [282]. Mon visage et ma mine, qui ne deplurent pas à votre amant, le disposèrent d'abord à me prendre. Il ne me reconnut point, encore qu'il m'eût vue tant de fois, et il fut bientôt aussi persuadé de mon esprit que satisfait de la beauté de ma voix, de ma methode de chanter et de mon adresse à jouer de tous les instrumens de musique dont les personnes de condition peuvent se divertir sans honte [283]. Il crut avoir trouvé en moi des qualités qui ne se trouvent pas d'ordinaire en des pages, et je lui donnai tant de preuves de fidelité et de discretion, qu'il me traita bien plus en confident qu'en domestique. Vous sçavez mieux que personne du monde si je m'en fais accroire dans ce que je vous viens de dire à mon avantage. Vous-même m'avez cent fois louée à dom Carlos en ma presence, et m'avez rendu de bons offices auprès de lui; mais j'enrageois de les devoir à une rivale, et dans le temps qu'ils me rendoient plus agreable à dom Carlos, ils vous rendoient plus haïssable à la malheureuse Claudia (car c'est ainsi que l'on m'appelle). Votre mariage cependant s'avançoit, et mes esperances reculoient; il fut conclu, et elles se perdirent. Le comte italien qui devint en ce temps-là amoureux de vous, et dont la qualité et le bien donnèrent autant dans les yeux de votre père que sa mauvaise mine et ses defauts vous donnèrent d'aversion pour lui, me fit du moins avoir le plaisir de vous voir troublée dans les vôtres, et mon âme alors se flatta de ces esperances folles que les changemens font toujours avoir aux malheureux. Enfin votre père prefera l'etranger, que vous n'aimiez pas, à dom Carlos, que vous aimiez. Je vis celui qui me rendoit malheureuse malheureux à son tour, et une rivale que je haïssois encore plus malheureuse que moi, puisque je ne perdois rien en un homme qui n'avoit jamais eté à moi, que vous perdiez dom Carlos, qui etoit tout à vous, et que cette perte, quelque grande qu'elle fût, vous etoit peut-être encore un moindre malheur que d'avoir pour votre tyran eternel un homme que vous ne pouviez aimer. Mais ma prosperité, ou, pour mieux dire, mon esperance, ne fut pas longue. J'appris de dom Carlos que vous vous etiez resolue à le suivre, et je fus même employée à donner les ordres necessaires au dessein qu'il avoit de vous emmener à Barcelone, et, de là, de passer en France ou en Italie. Toute la force que j'avois eue jusque alors à souffrir ma mauvaise fortune m'abandonna après un coup si rude, et qui me surprit d'autant plus que je n'avois jamais craint un pareil malheur. J'en fus affligée jusqu'à en être malade, et malade jusqu'à en garder le lit. Un jour que je me plaignois à moi-même de ma triste destinée, et que la croyance de n'être ouïe de personne me faisoit parler aussi haut que si j'eusse parlé à quelque confident de mon amour, je vis paroître devant moi le Maure Amet, qui m'avoit ecoutée, et qui, après que le trouble où il m'avoit mise fut passé, me dit ces paroles: «Je te connois, Claudia, et dès le temps que tu n'avois point encore deguisé ton sexe pour servir de page à dom Carlos; et si je ne t'ai jamais fait sçavoir que je te connusse, c'est que j'avois un dessein aussi bien que toi. Je te viens d'ouïr prendre des resolutions desesperées: tu veux te decouvrir à ton maître pour une jeune fille qui meurt d'amour pour lui et qui n'espère plus d'en être aimée, et puis tu te veux tuer à ses yeux pour meriter au moins des regrets de celui de qui tu n'as pu gagner l'amour. Pauvre fille! que vas-tu faire, en te tuant, que d'assurer davantage à Sophie la possession de dom Carlos? J'ai bien un meilleur conseil à te donner, si tu es capable de le prendre. Ote ton amant à ta rivale: le moyen en est aisé si tu me veux croire, et, quoiqu'il demande beaucoup de resolution, il ne t'est pas besoin d'en avoir davantage que celle que tu as eue à t'habiller en homme et à hasarder ton honneur pour contenter ton amour. Ecoute-moi donc avec attention, continua le Maure; je vais reveler un secret que je n'ai jamais decouvert à personne, et si le dessein que je te vais proposer ne te plaît pas, il dependra de toi de ne le pas suivre. Je suis de Fez, homme de qualité en mon pays; mon malheur me fit esclave de dom Carlos, et la beauté de Sophie me fit le sien. Je t'ai dit en peu de paroles bien des choses. Tu crois ton mal sans remède, parce que ton amant enlève sa maîtresse et s'en va avec elle à Barcelone. C'est ton bonheur et le mien, si tu te sais servir de l'occasion. J'ai traité de ma rançon, et l'ai payée. Une galiotte [284] d'Afrique m'attend à la rade, assez près du lieu où dom Carlos en fait tenir une toute prête pour l'exécution de son dessein. Il l'a différé d'un jour; prévenons-le avec autant de diligence que d'adresse. Va dire à Sophie, de la part de ton maître, qu'elle se tienne prête à partir cette nuit à l'heure que tu la viendras querir, amène la dans mon vaisseau; je l'emmenerai en Afrique, et tu demeureras à Valence, seule à posséder ton amant, qui peut-être t'auroit aimée aussitôt que Sophie, s'il avoit su que tu l'aimasses.»

Note 282: (retour) Nous avons déjà trouvé plus haut une invention analogue, dans la nouvelle intitulée: *A trompeur trompeur et demi*.

Note 283: (retour) En Espagne, comme en France, il y avoit certains instruments de musique exclusivement réservés aux personnes de basse condition, et dont l'usage auroit en quelque façon déshonoré un gentilhomme: chez nous, par exemple, le violon étoit de ce nombre; il étoit réservé aux laquais, et souvent même ils avoient charge expresse d'en jouer pour divertir leurs maîtres: «Les violons se sont rendus si communs,--dit Mlle de Montpensier dans sa première lettre à Mme de Motteville,--que, sans avoir beaucoup de domestiques, chacun en ayant quelques-uns auxquels il auroit fait apprendre, il y auroit moyen de faire une fort bonne bande.» Dans *le Grondeur* de Brueys et Palaprat, Grichard dit à son valet L'Olive: «Je t'ai défendu cent fois de râcler de ton maudit violon.» (I, 6.) Tallemant raconte que Montbrun Souscarrière avoit des valets de chambre chargés spécialement de lui jouer de cet instrument. On sait que c'étoit parmi les pages et les valets de pied de Mademoiselle que Lully avoit pris les premières teintures et donné les premières révélations de son talent sur le violon. Le célèbre Beaujoyeux (Baltazirini) étoit de même un des valets de chambre de Catherine de Médicis. De là l'expression de *violon* pour désigner un sot, un pied-plat:

> Ho! vraiment, messire Apollon,
>
> Vous êtes un bon violon.
>
> (Scarr., *Poés.*)

Il en étoit de même de la viole, instrument que Scarron nous montre sur le dos du comédien La Rancune, au premier chapitre du *Roman comique*. Le hautbois, le fifre, le tabourin, la musette, le cistre et la guitare étoient encore des instruments réservés aux gens de basse condition, par exemple aux bohémiens et aux farceurs: «Pour ce qu'elle a accoustumé de servir aux basteleurs, elle ne se peut tenir de mesdire», dit le Luth, en parlant de la Guitare, dans la *Dispute du Luth et de la Guitare*. (*Maison des jeux*, 3e part.) Au contraire, l'épinette, «la reine de tous les instruments de musique»; le luth, qui étoit en fort grande faveur, quoiqu'il servît aux débauchés dans leurs orgies et leurs sérénades; le théorbe, qui l'avoit remplacé, le clavecin, etc., étoient réservés aux personnes de condition. V. cette même pièce et la première lettre de Mademoiselle à madame de Motteville.

Note 284: (retour) Petite galère fort légère et propre pour aller en course. (Dict. de Furetière.)

A ces dernières paroles de Claudia, je fus si pressée de ma juste douleur, qu'en faisant un grand soupir je m'evanouis encore, sans donner le moindre signe de vie. Les cris que fit Claudia, qui se repentoit peut-être lors de m'avoir rendue malheureuse sans cesser de l'être, attirèrent Amet et son frère dans la chambre du vaisseau où j'etois. On me fit tous les remèdes qu'on me put faire; je revins à moi, et j'ouïs Claudia qui reprochoit encore au Maure la trahison qu'il nous avoit faite. «Chien infidèle, lui disoit-elle, pourquoi m'as-tu conseillé de reduire cette belle fille au deplorable etat où tu la vois, si tu ne me voulois pas laisser auprès de mon amant? Et pourquoi m'as-tu fait faire à un homme qui me fut si cher une trahison qui me nuit autant qu'à lui? Comment oses-tu dire que tu es de noble naissance dans ton pays, si tu es le plus traître et le plus lâche de tous les hommes?--Tais-toi, folle, lui répondit Amet; ne me reproche point un crime dont tu es complice. Je t'ai déjà dit que qui a pu trahir un maître comme toi meritoit bien d'être trahie, et que, t'emmenant avec moi, j'assurois ma vie et peut-être celle de Sophie, puisqu'elle pourrait mourir de douleur, quand elle sçauroit que tu serois demeurée avec dom Carlos.»

Le bruit que firent en même temps les matelots qui étoient prêts d'entrer dans le port de la ville de Salé [285], et l'artillerie du vaisseau, à laquelle repondit celle du port, interrompirent les reproches que se faisoient Amet et Claudia et me delivrèrent pour un temps de la vue de ces deux personnes odieuses. On se debarqua; on nous couvrit les visages d'un voile, à Claudia et à moi, et nous fûmes logées avec le perfide Amet chez un Maure de ses parens. Dès le jour suivant on nous fit monter dans un chariot couvert, et prendre le chemin de Fez, où, si Amet y fut reçu de son père avec beaucoup de joie, j'y entrai la plus affligée et la plus désespérée personne du monde. Pour Claudia, elle eut bientôt pris parti, renonçant au christianisme et epousant Zaïde, le frère de l'infidèle Amet. Cette mechante personne n'oublia aucun artifice pour me persuader de changer aussi de religion et d'epouser Amet, comme elle avoit fait Zaïde, et elle devint la plus cruelle de mes tyrans, lorsque, après avoir en vain essayé de me gagner par toute sorte de promesses, de bons traitemens et de caresses, Amet et tous les siens exercèrent sur moi toute la barbarie dont ils etoient capables. J'avois tous les jours à exercer ma constance contre tant d'ennemis, et j'etois plus forte à souffrir mes peines que je ne le souhaitois, quand je commençai à croire que Claudia se repentoit d'être mechante. En public, elle me persécutoit apparemment avec plus d'animosité que les autres, et en particulier elle me rendoit quelquefois de bons offices, qui me la faisoient considérer comme une personne qui eût pu être vertueuse, si elle eût été élevée à la vertu. Un jour que toutes les autres femmes de la maison etoient allées aux bains publics, comme c'est la coutume de vous autres mahometans, elle me vint trouver où j'etois, ayant le visage composé à la tristesse, et me parla en ces termes:

Note 285: (retour) Salé, à l'embouchure de la rivière de Baragray, étoit jadis le siège d'une petite république de pirates. L'entrée de son port est fermée par une barre de sable qui ne laisse passer que les vaisseaux de petite dimension.

«Belle Sophie! quelque sujet que j'aie eu autrefois de vous haïr, ma haine a cessé en perdant l'espoir de posséder jamais celui qui ne m'aimoit pas assez, à cause qu'il vous aimoit trop. Je me reproche sans cesse de vous avoir rendue malheureuse et d'avoir abandonné mon Dieu pour la crainte des hommes. Le moindre de ces remords seroit capable de me faire entreprendre les choses du monde les plus difficiles à mon sexe. Je ne puis plus vivre loin de l'Espagne et de toute terre chretienne avec des infidèles, entre lesquels je sais bien qu'il est impossible que je trouve mon salut, ni pendant ma vie, ni après ma mort. Vous pouvez juger de mon veritable repentir par le secret que je vous confie, qui vous rend maîtresse de ma vie et qui vous donne moyen de vous venger de tous les maux que j'ai été forcée de vous faire. J'ai gagné cinquante esclaves chretiens, la plupart Espagnols et tous gens capables d'une grande entreprise. Avec l'argent que je leur ai secrètement donné, ils se sont assurés d'une barque capable de nous porter en Espagne, si Dieu favorise un si bon dessein. Il ne tiendra qu'à vous de suivre ma fortune, de vous sauver si je me sauve, ou, perissant avec moi, de vous tirer d'entre les mains de vos cruels ennemis et de finir une vie aussi malheureuse qu'est la vôtre. Determinez-vous donc, Sophie, et tandis que nous ne pouvons être soupçonnées d'aucun dessein, deliberons sans perdre de temps sur la plus importante action de votre vie et de la mienne.»

Je me jetai aux pieds de Claudia, et, jugeant d'elle par moi-même, je ne doutai point de la sincerité de ses paroles. Je la remerciai de toutes les forces de mon expression et de toutes celles de mon âme; je ressentis la grâce que je croyois qu'elle me vouloit faire. Nous prîmes jour pour notre fuite vers un lieu du rivage de la mer où elle me dit que des rochers tenoient notre petit vaisseau à couvert. Ce jour, que je croyois bienheureux, arriva. Nous sortîmes heureusement de la maison et de la ville. J'admirois la bonté du ciel, dans la facilité que nous trouvions à faire réussir notre dessein, et j'en benissois Dieu sans cesse. Mais la fin de mes maux n'etoit pas si proche que je pensois. Claudia n'agissoit que par l'ordre du perfide Amet, et, encore plus perfide que lui, elle ne me conduisoit en un lieu écarté et la nuit que pour m'abandonner à la violence du Maure, qui n'eût rien osé entreprendre contre ma pudicité dans la maison de son père, quoique mahometan, moralement homme de bien. Je suivois innocemment celle qui me menoit perdre, et je ne pensois pas pouvoir jamais être assez reconnoissante envers elle de la liberté que j'esperois bientôt avoir par son moyen. Je ne me lassois point de l'en remercier ni de marcher bien vite dans des chemins rudes, environnés de rochers, où elle me disoit que ses gens l'attendoient, quand j'ouïs du bruit derrière moi, et, tournant la tête, j'aperçus Amet le cimeterre à la main. «Infâmes esclaves, s'écria-t-il, c'est donc ainsi que l'on se derobe à son maître?» Je n'eus pas le temps de lui repondre; Claudia me saisit les bras par derrière, et Amet, laissant tomber son cimeterre, se joignit à la renégate, et tous deux ensemble firent ce qu'ils purent pour me lier les mains avec des cordes dont ils s'etoient pourvus pour cet effet. Ayant plus de vigueur et d'adresse que les femmes n'en ont d'ordinaire, je resistai longtemps aux efforts de ces deux mechantes personnes; mais à la longue je me sentis affoiblir, et, me defiant de mes forces, je n'avois presque plus recours qu'à mes cris, qui pouvoient attirer quelque passant en ce lieu solitaire, ou plutôt je n'esperois plus rien, quand le prince Mulei survint lorsque je l'esperois le moins. Vous avez sçu de quelle façon il me sauva l'honneur, et je puis dire la vie, puisque je serais assurement morte de douleur si le detestable Amet eût contenté sa brutalité.»

Sophie acheva ainsi le récit de ses aventures, et l'aimable Zoraïde l'exhorta d'espérer de la generosité du prince les moyens de retourner en Espagne, et dès le jour même elle apprit à son mari tout ce qu'elle a voit appris de Sophie, dont il alla informer Mulei. Encore que tout ce qu'on lui conta de la fortune de la belle chretienne ne flattât point la passion qu'il avoit pour elle, il fut pourtant bien aise, vertueux comme il etoit, d'en avoir eu connaissance et d'apprendre qu'elle etoit engagée d'affection en son pays, afin de n'avoir point à tenter une action blâmable par l'espérance d'y trouver de la facilité. Il estima la vertu de Sophie, et fut porté par la sienne à tâcher de la rendre moins malheureuse qu'elle n'etoit. Il lui fit dire par Zoraïde qu'il la renverroit en Espagne quand elle le voudroit, et, depuis qu'il en eut pris la résolution, il s'empêcha de la voir, se defiant de sa propre vertu et de la beauté de cette aimable personne. Elle n'etoit pas peu empêchée à prendre ses sûretés pour son retour: le trajet etoit long jusqu'en Espagne, dont les marchands ne trafiquoient point à Fez [286]; et quand elle eût pu trouver un vaisseau chrétien, belle et jeune comme elle etoit, elle pouvoit trouver entre les hommes de sa loi ce qu'elle avoit eu peur de trouver entre des Maures. La probité ne se rencontre guère sur un vaisseau; la bonne foi n'y est guère mieux gardée qu'à la guerre, et, en quelque lieu que la beauté et l'innocence se trouvent les plus foibles, l'audace des mechans se sert de son avantage et se porte facilement à tout entreprendre. Zoraïde conseilla à Sophie de s'habiller en homme, puisque sa taille, avantageuse plus que celle des autres femmes, facilitoit ce deguisement. Elle lui dit que c'etoit l'avis de Mulei, qui ne trouvoit personne dans Fez à qui il la pût sûrement confier, et elle lui dit aussi qu'il avoit eu la bonté de pourvoir à la bienséance de son sexe, lui donnant une compagne de sa croyance, et travestie comme elle, et qu'elle seroit ainsi garantie de l'inquietude qu'elle pourroit avoir de se voir seule dans un vaisseau entre des soldats et des matelots. Ce prince maure avoit acheté d'un corsaire une prise qu'il avoit faite sur mer [287]: c'étoit d'un vaisseau du gouverneur d'Oran, qui portoit la famille entière d'un gentilhomme espagnol, que par animosité ce gouverneur envoyoit prisonnier en Espagne [288]. Mulei avait su que ce chrétien étoit un des plus grands chasseurs du monde, et, comme la chasse étoit la plus forte passion de ce jeune prince, il avoit voulu l'avoir pour esclave, et, afin de le mieux conserver, ne l'avoit point voulu separer de sa femme, de son fils et de sa fille. En deux ans qu'il vécut dans Fez au service de Mulei, il apprit à ce prince à tirer parfaitement de l'arquebuse sur toute sorte de gibier qui court sur la terre ou qui s'elève dans l'air, et plusieurs chasses inconnues aux Maures. Il avoit par là si bien merité les bonnes grâces du prince et s'etoit rendu si nécessaire à son divertissement, qu'il n'avoit jamais voulu consentir à sa rançon, et par toutes sortes de bienfaits avoit tâché de lui faire oublier l'Espagne. Mais le regret de n'être pas en sa patrie et de n'avoir plus d'espérance d'y retourner lui avoit causé une melancolie qui finit bientôt par sa mort, et sa femme n'avoit pas vécu long-temps après son mari. Mulei se sentoit du remords de n'avoir pas remis en liberté, quand ils la lui avoient demandée, des personnes qui l'avoient merité par leurs services, et il voulut, autant qu'il le pouvoit, reparer envers leurs enfans le tort qu'il croyoit leur avoir fait. La fille s'appeloit Dorothée, etoit de l'âge de Sophie, belle, et avoit de l'esprit; son frère n'avoit pas plus de quinze ans et s'appeloit Sanche. Mulei les choisit l'un et l'autre pour tenir compagnie à Sophie, et se servit de cette occasion-là pour les envoyer ensemble en Espagne. On tint l'affaire secrète; on fit faire des habits d'homme à l'espagnole pour les deux demoiselles et pour le petit Sanche. Mulei fit paroître sa magnificence dans la quantité de pierreries qu'il donna à Sophie; il fit aussi à Dorothée de beaux presens, qui, joints à tous ceux que son père avoit déjà reçus de la liberalité du prince, la rendirent riche pour le reste de sa vie.

Note 286: (retour) A cause de l'hostilité qui devoit régner naturellement entre les Espagnols et les fils des Maures expulsés d'Espagne, lesquels s'étoient réfugiés dans cette ville.

Note 287: (retour) C'est vers cette époque, à peu près, que les Barbaresques avoient commencé à faire la traite des blancs; la rapide extension de ce fléau fut même une des principales causes de l'expédition de Charles-Quint contre Tunis.

Note 288: (retour) L'Espagne possédoit alors en Afrique Oran, Tanger et plusieurs autres places par exemple Tlemcen et le royaume dont cette ville étoit la capitale, qu'elle eut quelque temps en sa domination au commencement du XVIe siècle. Oran, construite par les Maures chassés d'Espagne, avoit été prise par les Espagnols en 1509, mais fut reprise par les Maures en 1708, pour leur echapper encore en 1732.

Charles-Quint, en ce temps-là, faisoit la guerre en Afrique et avoit assiegé la ville de Tunis [289]. Il avoit envoyé un ambassadeur à Mulei pour traiter de la rançon de quelques Espagnols de qualité qui avoient fait naufrage à la côte de Maroc. Ce fut à cet ambassadeur que Mulei recommanda Sophie sous le nom de dom Fernand, gentilhomme de qualité qui ne vouloit pas être connu par son nom véritable, et Dorothée et son frère passoient pour être de son train, l'un en qualité de gentilhomme et l'autre de page. Sophie et Zoraïde ne se purent quitter sans regret, et il y eut bien des larmes versées de part et d'autre. Zoraïde donna à la belle chretienne un rang de perles si riche, qu'elle ne l'eût point reçu si cette aimable Maure et son mari Zulema, qui n'aimoit pas moins Sophie que faisoit sa femme, ne lui eussent fait connoître qu'elle ne pouvoit davantage les desobliger qu'en refusant ce gage de leur amitié. Zoraïde fit promettre à Sophie de lui faire sçavoir de temps en temps de ses nouvelles par la voie de Tanger, d'Oran ou des autres places que l'empereur possedoit en Afrique.

Note 289: (retour) Le dey de Tunis étoit alors le fameux Barberousse, amiral de Soliman, qui ravageoit la mer par ses pirateries. Charles-Quint, pour le vaincre à coup sûr, transporta en Afrique trente mille hommes sur cinq cents vaisseaux, et se mit à leur tête. Le fort de la Goulette fut enlevé d'assaut, Tunis se rendit, et Muley-Hassan fut rétabli sur le trône (1535).

Après sa victoire, Charles-Quint délivra de l'esclavage et fit ramener à ses frais dans leur patrie environ vingt mille chrétiens.

L'ambassadeur chretien s'embarqua à Salé, emmenant avec lui Sophie, qu'il faut desormais appeler dom Fernand; il joignit l'armée de l'empereur, qui etoit encore devant Tunis. Notre Espagnole deguisée lui fut presentée comme un gentilhomme d'Andalousie qui avoit eté long-temps esclave du prince de Fez. Elle n'avoit pas assez de sujet d'aimer sa vie pour craindre de la hasarder à la guerre, et, voulant passer pour un cavalier, elle n'eût pu avec honneur n'aller pas souvent au combat, comme faisoient tant de vaillans hommes dont l'armée de l'empereur etoit pleine. Elle se mit donc entre les volontaires, ne perdit pas une occasion de se signaler, et le fit avec tant d'eclat que l'empereur ouït parler du faux dom Fernand. Elle fut assez heureuse pour se trouver auprès de lui lorsque, dans l'ardeur d'un combat dont les chretiens eurent tout le desavantage, il donna dans une embuscade de Maures, fut abandonné des siens et environné des infidèles, et il y a apparence qu'il eût eté tué, son cheval l'ayant dejà eté sous lui, si notre amazone ne l'eût remonté sur le sien, et, secondant sa vaillance par des efforts difficiles à croire, n'eût donné aux chretiens le temps de se reconnoître et de venir degager ce vaillant empereur.

Une si belle action ne fut pas sans recompense. L'empereur donna à l'inconnu dom Fernand une commanderie de grand revenu 290, et le regiment de cavalerie d'un seigneur espagnol qui avoit eté tué au dernier combat; il lui fit donner aussi tout l'equipage d'un homme de qualité, et depuis ce temps-là il n'y eut personne dans l'armée qui fut plus estimé et plus consideré que cette vaillante fille. Toutes les actions d'un homme lui etoient si naturelles, son visage etoit si beau et la faisoit paroître si jeune, sa vaillance etoit si admirable en une si grande jeunesse et son esprit etoit si charmant, qu'il n'y avoit pas une personne de qualité ou de commandement dans les troupes de l'empereur qui ne recherchât son amitié. Il ne faut donc pas s'etonner si, tout le monde parlant pour elle, et plus encore ses belles actions, elle fut en peu de temps en faveur auprès de son maître.

Note 290: (retour) Une commanderie étoit une espèce de bénéfice ou revenu attaché aux ordres militaires de chevalerie, et qu'on conféroit à ceux des chevaliers qui s'étoient distingués.

Dans ce temps là, de nouvelles troupes arrivèrent d'Espagne sur les vaisseaux qui apportoient de l'argent et des munitions pour l'armée. L'empereur les voulut voir sous les armes, accompagné de ses principaux chefs, desquels etoit notre guerrière. Entre ces soldats nouveaux venus, elle crut avoir vu dom Carlos, et elle ne s'etoit pas trompée. Elle en fut inquiète le reste du jour, le fit chercher dans le quartier de ces nouvelles troupes, et on ne le trouva pas, parce qu'il avoit changé de nom. Elle n'en dormit point toute la nuit, se leva aussi tôt que le soleil et alla chercher elle-même ce cher amant qui lui avoit tant fait verser de larmes. Elle le trouva et n'en fut point reconnue, ayant changé de taille parce qu'elle avoit crû, et de visage parce que le soleil d'Afrique avoit changé la couleur du sien. Elle feignit de le prendre pour un autre de sa connoissance, et lui demanda des nouvelles de Seville et d'une personne qu'elle lui nomma du premier nom qui lui vint dans l'esprit. Dom Carlos lui dit qu'elle se meprenoit, qu'il n'avoit jamais eté à Seville, et qu'il étoit de Valence. «Vous ressemblez extrêmement à une personne qui m'etoit fort chère, lui dit Sophie, et, à cause de cette ressemblance, je veux bien être de vos amis, si vous n'avez point de repugnance à devenir des miens.--La même raison, lui repondit dom Carlos, qui vous oblige à m'offrir votre amitié, vous auroit déjà acquis la mienne si elle etoit du prix de la vôtre. Vous ressemblez à une personne que j'ai longtemps aimée; vous avez son visage et sa voix, mais vous n'êtes pas de son sexe, et assurément, ajouta-t-il en faisant un grand soupir, vous n'êtes pas de son humeur.» Sophie ne put s'empêcher de rougir à ces dernières paroles de dom Carlos; à quoi il ne prit pas garde, à cause peut-être que ses yeux, qui commençoient à se mouiller de larmes, ne purent voir les changements du visage de Sophie. Elle en fut emue, et, ne pouvant plus cacher cette emotion, elle pria dom Carlos de la venir voir en sa tente, où elle l'alloit attendre, et le quitta après lui avoir appris son quartier, et qu'on l'appeloit dans l'armée le mestre de camp [291] dom Fernand. A ce nom là, dom Carlos eut peur de ne lui avoir pas fait assez d'honneur. Il avoit déjà su à quel point il etoit estimé de l'empereur, et que, tout inconnu qu'il etoit, il partageoit la faveur de son maître avec les premiers de la cour. Il n'eut pas grande peine à trouver son quartier et sa tente, qui n'etoient ignorés de personne, et il en fut reçu autant bien qu'un simple cavalier le pouvoit être d'un des principaux officiers du camp. Il reconnut encore le visage de Sophie dans celui de dom Fernand, en fut encore plus etonné qu'il ne l'avoit été, et il le fut encore davantage du son de sa voix, qui lui entroit dans l'âme et y renouveloit le souvenir de la personne du monde qu'il avoit le plus aimée. Sophie, inconnue à son amant, le fit manger avec lui, et, après le repas, ayant fait retirer les domestiques et donné ordre de n'être visitée de personne, se fit redire encore une fois par ce cavalier qu'il etoit de Valence, et ensuite se fit conter ce qu'elle savoit aussi bien que lui de leurs aventures communes, jusqu'au jour qu'il avoit fait dessein de l'enlever.

Note 291: (retour) Un mestre de camp étoit le chef d'un régiment de cavalerie.

«Croiriez-vous, lui dit dom Carlos, qu'une fille de condition qui avoit tant reçu de preuves de mon amour et qui m'en avoit tant donné de la sienne fut sans fidélité et sans honneur, eut l'adresse de me cacher de si grands défauts, et fut si aveuglée dans son choix qu'elle me preféra un jeune page que j'avois, qui l'enleva un jour devant celui que j'avois choisi pour l'enlever?--Mais en êtes-vous bien assuré? lui dit Sophie. Le hasard est maître de toutes choses, et prend souvent plaisir à confondre nos raisonnements par des succès les moins attendus. Votre maîtresse peut avoir été forcée à se séparer de vous, et est peut-être plus malheureuse que coupable.--Plût à Dieu, lui répondit dom Carlos, que j'eusse pu douter de sa faute! Toutes les pertes et les malheurs qu'elle m'a causés ne m'auroient pas eté difficiles à souffrir, et même je ne me croirois pas malheureux si je pouvois croire qu'elle me fût encore fidèle; mais elle ne l'est qu'au perfide Claudio, et n'a jamais feint d'aimer le malheureux dom Carlos que pour le perdre.--Il paroît par ce que vous dites, lui repartit Sophie, que vous ne l'avez guère aimée, de l'accuser ainsi sans l'entendre, et de la publier encore plus méchante que legère.--Et peut-on l'être davantage, s'ecria dom Carlos, que l'a eté cette imprudente fille, lorsque, pour ne faire pas soupçonner son page de son enlèvement, elle laissa dans sa chambre, la nuit même qu'elle disparut de chez son père, une lettre qui est de la dernière malice, et qui m'a rendu trop miserable pour n'être pas demeurée dans mon souvenir. Je vous la veux faire entendre, et vous faire juger par là de quelle dissimulation cette jeune fille etoit capable.

LETTRE.

*Vous n'avez pas dû me defendre d'aimer dom Carlos, après me l'avoir donné. Un merite aussi grand que le sien ne me pouvoit donner que beaucoup d'amour, et quand l'esprit d'une jeune personne en est prevenu, l'interêt n'y peut trouver de place. Je m'enfuis donc avec celui que vous avez trouvé bon que j'aimasse dès ma jeunesse, et sans qui il me seroit autant impossible de vivre que de ne mourir pas mille fois le jour avec un etranger que je ne pourrois aimer, quand il seroit encore plus riche qu'il n'est pas. Notre faute, si c'en est une, merite votre pardon; si vous nous l'accordez, nous reviendrons le recevoir plus vite que nous n'avons fui l'injuste violence que vous nous vouliez faire.*SOPHIE.

--Vous vous pouvez figurer, poursuivit dom Carlos, l'extrême douleur que sentirent les parents de Sophie quand ils eurent lu cette lettre. Ils esperèrent que je serois encore avec leur fille caché dans Valence, ou que je n'en serois pas loin. Ils tinrent leur perte secrète à tout le monde, hormis au vice-roi, qui etoit leur parent, et à peine le jour commençoit-il de paroître que la justice entra dans ma chambre et me trouva endormi. Je fus surpris d'une telle visite autant que j'avois sujet de l'être, et quand, après qu'on m'eut demandé où etoit Sophie, je demandai aussi où elle etoit, mes parties s'en irritèrent et me firent conduire en prison avec une extrême violence. Je fus interrogé et je ne pus rien dire pour ma defense contre la lettre de Sophie. Il paroissoit par là que je l'avois voulu enlever; mais il paroissoit encore plus que mon page avoit disparu en même temps qu'elle. Les parents de Sophie la faisoient chercher, et mes amis, de leur côté, faisoient toutes sortes de diligences pour découvrir où ce page l'avoit emmenée. C'étoit le seul moyen de faire voir mon innocence; mais on ne put jamais apprendre des nouvelles de ces amants fugitifs, et mes ennemis m'accusèrent alors de la mort de l'un et de l'autre. Enfin l'injustice, appuyée de la force, l'emporta sur l'innocence opprimée; je fus averti que je serois bientôt jugé, et que je le serois à mort. Je n'esperai pas que le ciel fît un miracle en ma faveur, et je voulus donc hasarder ma delivrance par un coup de desespoir. Je me joignis à des bandolliers [292], prisonniers comme moi et tous gens de résolution. Nous forçâmes les portes de notre prison, et, favorisés de nos amis, nous eûmes plus tôt gagné les montagnes les plus proches de Valence que le vice-roi n'en pût être averti. Nous fûmes longtemps maîtres de la campagne. L'infidélité de Sophie, la persécution de ses parents, tout ce que je croyois que le vice-roi avoit fait d'injuste contre moi, et enfin la perte de mon bien me mirent dans un tel desespoir que je hasardai ma vie dans toutes les rencontres où mes camarades et moi trouvâmes de la résistance, et je m'acquis par là une telle réputation parmi eux qu'ils voulurent que je fusse leur chef. Je le fus avec tant de succès que notre troupe devint redoutable aux royaumes d'Aragon et de Valence, et que nous eûmes l'insolence de mettre ces pays à contribution. Je vous fais ici une confidence bien délicate, ajouta dom Carlos; mais l'honneur que vous me faites et mon inclination me donnent tellement à vous que je veux bien vous faire maître de ma vie, vous en révélant des secrets si dangereux. Enfin, poursuivit-il, je me lassai d'être méchant; je me dérobai de mes camarades, qui ne s'y attendoient pas, et je pris le chemin de Barcelone, où je fus reçu simple cavalier dans les recrues qui s'embarquoient pour l'Afrique, et qui ont joint depuis peu l'armée. Je n'ai pas sujet d'aimer la vie, et, après m'être mal servi de la mienne, je ne la puis mieux employer que contre les ennemis de ma loi et pour votre service, puisque la bonté que vous avez pour moi m'a causé la seule joie dont mon âme ait eté capable depuis que la plus ingrate fille du monde m'a rendu le plus malheureux de tous les hommes.»

Note 292: (retour) Vagabonds, voleurs de campagnes qui font leurs expéditions par troupes et avec des armes à feu. (Dict. de Furetière.) Le mot *bandoulier* a précédé *bandit*, et venoit, comme lui, des *bandes* que formoient les voleurs.

Sophie inconnue prit le parti de Sophie injustement accusée, et n'oublia rien pour persuader à son amant de ne point faire de mauvais jugements de sa maîtresse avant que d'être mieux informé de sa faute. Elle dit au malheureux cavalier qu'elle prenoit grande part dans ses infortunes, qu'elle voudroit de bon coeur les adoucir, et pour lui en donner des marques plus effectives que des paroles, qu'elle le prioit de vouloir être à elle, et que, lorsque l'occasion s'en presenteroit, elle emploieroit auprès de l'empereur son credit et celui de tous ses amis pour le delivrer de la persecution des parents de Sophie et du vice-roi de Valence. Dom Carlos ne se rendit jamais à tout ce que le faux dom Fernand lui put dire pour la justification de Sophie; mais il se rendit à la fin aux offres qu'il lui fit de sa table et de sa maison. Dès le jour même cette fidèle amante parla au mestre de camp de dom Carlos et lui fit trouver bon que ce cavalier, qu'elle lui dit être son parent, prît parti avec lui; je veux dire avec elle.

Voilà notre amant infortuné au service de sa maîtresse, qu'il croyoit morte ou infidèle. Il se voit, dès le commencement de sa servitude, tout à fait bien avec celui qu'il croit son maître, et est en peine lui-même de savoir comment il a pu faire en si peu de temps pour s'en faire tant aimer. Il est à la fois son intendant, son secretaire, son gentilhomme et son confident. Les autres domestiques n'ont guère moins de respect pour lui que pour dom Fernand, et il seroit sans doute heureux, se connoissant aimé d'un maître qui lui paroît tout aimable, et qu'un secret instinct le force d'aimer, si Sophie perdue, si Sophie infidèle ne lui revenoit sans cesse à la pensée et ne lui causoit une tristesse que les caresses d'un si cher maître et sa fortune rendue meilleure ne pouvoient vaincre. Quelque tendresse que Sophie eût pour lui, elle etoit bien aise de le voir affligé, ne doutant point qu'elle ne fût la cause de son affliction. Elle lui parloit si souvent de Sophie, et justifioit quelquefois avec tant d'emportement et même de colère et d'aigreur celle que dom Carlos n'accusoit pas moins que d'avoir manqué à sa fidelité et à son honneur, qu'enfin il vint à croire que ce dom Fernand, qui le mettoit toujours sur le même sujet, avoit peut-être eté autrefois amoureux de Sophie, et peut-être l'etoit encore.

La guerre d'Afrique s'acheva de la façon qu'on le voit dans l'histoire. L'empereur la fit depuis en Allemagne, en Italie, en Flandres et en divers lieux. Notre guerrière, sous le nom de dom Fernand, augmenta sa reputation de vaillant et experimenté capitaine par plusieurs actions de valeur et de conduite [293], quoique la dernière de ces qualités-là ne se rencontre que rarement en une personne aussi jeune que le sexe de cette vaillante fille la faisoit paroître.

Note 293: (retour) *Conduite* signifie ici *prudence, esprit de suite*, sens qu'il a très souvent au XVIIe siècle, par exemple dans Bossuet.

L'empereur fut obligé d'aller en Flandres [294] et de demander au roi de France passage par ses Etats. Le grand roi qui regnoit alors [295] voulut surpasser en generosité et en franchise un mortel ennemi qui l'avoit toujours surmonté en bonne fortune et n'en avoit pas toujours bien usé. Charles-Quint fut reçu dans Paris comme s'il eût eté roi de France. Le beau dom Fernand fut du petit nombre des personnes de qualité qui l'accompagnèrent, et si son maître eût fait un plus long sejour dans la Cour du monde la plus galante, cette belle Espagnole, prise pour un homme, eût donné de l'amour à beaucoup de dames françoises, et de la jalousie aux plus accomplis de nos courtisans.

Note 294: (retour) Pour réprimer la révolte des Gantois, qui ne vouloient point payer les impôts votés par les états.

Note 295: (retour) François Ier.

Cependant le vice-roi de Valence mourut en Espagne. Dom Fernand espera assez de son merite et de l'affection que lui portoit son maître pour lui oser demander une si importante charge, et il l'obtint sans qu'elle lui fût enviée. Il fit savoir le plus tôt qu'il put le bon succès de sa pretention à dom Carlos, et lui fit esperer qu'aussitôt qu'il auroit pris possession de sa vice-royauté de Valence, il feroit sa paix avec les parens de Sophie, obtiendroit sa grâce de l'empereur pour avoir eté chef de bandolliers, et même essaieroit de le remettre dans la possession de son bien, sans cesser de lui en faire dans toutes les occasions qui s'en presenteroient. Dom Carlos eût pu recevoir quelque consolation de toutes ces belles promesses, si le malheur de son amour lui eût permis d'être consolable.

L'empereur arriva en Espagne et alla droit à Madrid, et dom Fernand alla prendre possession de son gouvernement. Dès le jour qui suivit celui de son entrée dans Valence, les parens de Sophie presentèrent requête contre dom Carlos, qui faisoit auprès du vice-roi la charge d'intendant de sa maison et de secretaire de ses commandemens. Le vice-roi promit de leur rendre justice et à dom Carlos de protéger son innocence. On fit de nouvelles informations contre lui; l'on fit ouïr des temoins une seconde fois, et enfin les parens de Sophie, animés par le regret qu'ils avoient de la perte de leur fille, et par un desir de vengeance qu'ils croyoient legitime, pressèrent si fort l'affaire, qu'en cinq ou six jours elle fut en etat d'être jugée. Ils demandèrent au vice-roi que l'accusé entrât en prison. Il leur donna sa parole qu'il ne sortiroit pas de son hôtel, et leur marqua un jour pour le juger. La veille de ce jour fatal, qui tenoit en suspens toute la ville de Valence, dom Carlos demanda une audience particulière au vice-roi, qui la lui accorda. Il se jeta à ses pieds et lui dit ces paroles: «C'est demain, monseigneur, que vous devez faire connoître à tout le monde que je suis innocent. Quoique les temoins que j'ai fait ouïr me dechargent entièrement du crime dont on m'accuse, je viens encore jurer à Votre Altesse, comme si j'etois devant Dieu, que non seulement je n'ai pas enlevé Sophie, mais que le jour devant celui qu'elle fut enlevée, je ne la vis point; je n'eus point de ses nouvelles, et n'en ai pas eu depuis. Il est bien vrai que je la devois enlever; mais un malheur qui jusqu'ici m'est inconnu la fit disparoître, ou pour ma perte ou pour la sienne.--C'est assez, dom Carlos, lui dit le vice-roi, va dormir en repos. Je suis ton maître et ton ami, et mieux informé de ton innocence que tu ne penses; et quand j'en pourrois douter, je serois obligé à n'être pas exact à m'en eclaircir, puisque tu es dans ma maison, et de ma maison, et que tu n'es venu ici avec moi que sous la promesse que je t'ai faite de te proteger.»

Dom Carlos remercia un si obligeant maître de tout ce qu'il eut d'éloquence. Il s'alla coucher, et l'impatience qu'il eut de se voir bientôt absous ne lui permit pas de dormir. Il se leva aussitôt que le jour parut, et, propre et paré plus qu'à l'ordinaire, se trouva au lever de son maître. Mais je me trompe, il n'entra dans sa chambre qu'après qu'il fut habillé; car depuis que Sophie avoit deguisé son sexe, la seule Dorothée, deguisée comme elle, et la confidente de son deguisement, couchoit dans sa chambre et lut rendoit tous les services qui, rendus par un autre, lui eussent pu donner connoissance de ce qu'elle vouloit tenir si caché. Dom Carlos entra donc dans la chambre du vice-roi quand Dorothée l'eut ouverte à tout le monde, et le vice-roi ne le vit pas plus tôt qu'il lui reprocha qu'il s'etoit levé bien matin pour un homme accusé qui se vouloit faire croire innocent, et lui dit qu'une personne qui ne dormoit point devoit sentir sa conscience chargée. Dom Carlos lui repondit, un peu troublé, que la crainte d'être convaincu ne l'avoit pas tant empêché de dormir que l'esperance de se voir bientôt à couvert des poursuites de ses ennemis par la bonne justice que lui rendroit Son Altesse. «Mais vous êtes bien paré et bien galant, lui dit encore le vice-roi, et je vous trouve bien tranquille le jour que l'on doit deliberer sur votre vie. Je ne sais plus ce que je dois croire du crime dont on vous accuse. Toutes les fois que nous nous entretenons de Sophie, vous en parlez avec moins de chaleur et plus d'indifference que moi: on ne m'accuse pourtant pas comme vous d'en avoir eté aimé et de l'avoir tuée, et possible le jeune Claudio aussi, sur qui vous voulez faire tomber l'accusation de son enlevement. Vous me dites que vous l'avez aimée, continua le vice-roi, et vous vivez après l'avoir perdue, et vous n'oubliez rien pour vous voir absous et en repos, vous qui devriez haïr la vie et tout ce qui vous la pourroit faire aimer. Ah! inconstant dom Carlos! il faut bien qu'une autre amour vous ait fait oublier celle que vous deviez conserver à Sophie perdue, si vous l'aviez veritablement aimée, quand elle etoit toute à vous et osoit tout faire pour vous.» Dom Carlos, demi-mort à ces paroles du vice-roi, voulut y repondre; mais il ne le lui permit pas. «Taisez-vous, lui dit-il d'un visage severe, et reservez votre éloquence pour vos juges; car pour moi je n'en serai pas surpris, et je n'irai pas pour un de mes domestiques donner à l'empereur mauvaise opinion de mon equité. Et cependant, ajouta le vice-roi, se tournant vers le capitaine de ses gardes, que l'on s'assure de lui: qui a rompu sa prison peut bien manquer à la parole qu'il m'a donnée de ne chercher point son impunité dans sa fuite. On ôta aussitôt l'epée à dom Carlos, qui fit grand'pitié à tous ceux qui le virent environné de gardes, pâle et defait, et qui avoit bien de la peine à retenir ses larmes.

Cependant que le pauvre gentilhomme se repent de ne s'être pas assez defié de l'esprit changeant des grands seigneurs [296], les juges qui le devoient juger entrèrent dans la chambre et prirent leurs places, après que le vice-roi eut pris la sienne. Le comte italien, qui etoit encore à Valence, et le père et la mère de Sophie, parurent et produisirent leurs temoins contre l'accusé, qui etoit si desesperé de son procès, qu'il n'avoit pas quasi le courage de repondre. On lui fit reconnoître les lettres qu'il avoit autrefois ecrites à Sophie; on lui confronta les voisins et les domestiques de la maison de Sophie, et enfin on produisit contre lui la lettre qu'elle avoit laissée dans sa chambre le jour que l'on pretendoit qu'il l'avoit enlevée. L'accusé fit ouïr ses domestiques, qui temoignèrent d'avoir vu coucher leur maître; mais il pouvoit s'être levé après avoir fait semblant de s'endormir. Il juroit bien qu'il n'avoit pas enlevé Sophie et representoit aux juges qu'il ne l'auroit pas enlevée pour se separer d'elle; mais on ne l'accusoit pas moins que de l'avoir tuée et le page aussi, le confident de son amour. Il ne restoit plus qu'à le juger, et il alloit être condamné tout d'une voix, quand le vice-roi le fit approcher et lui dit: «Malheureux dom Carlos! tu peux bien croire, après toutes les marques d'affection que je t'ai données, que, si je t'eusse soupçonné, d'être coupable du crime dont on t'accuse, je ne t'aurois pas amené à Valence. Il m'est impossible de ne te condamner pas, si je ne veux commencer l'exercice de ma charge par une injustice, et tu peux juger du deplaisir que j'ai de ton malheur par les larmes qui m'en viennent aux yeux. On pourroit rechercher d'accorder tes parties, si elles etoient de moindre qualité, ou moins animées à ta perte. Enfin, si Sophie ne paroît elle-même pour te justifier, tu n'as qu'à te preparer à bien mourir.» Carlos, desesperé de son salut, se jeta aux pieds du vice-roi et lui dit: «Vous vous souvenez bien, Monseigneur, qu'en Afrique et dès le temps que j'eus l'honneur d'entrer au service de Votre Altesse, et toutes les fois qu'elle m'a engagé au récit ennuyeux de mes infortunes, que je les lui ai toujours contées d'une même manière, et elle doit croire qu'en ce pays-là, et partout ailleurs, je n'aurois pas avoué à un maître qui me faisoit l'honneur de m'aimer ce qu'ici j'aurois dû nier devant un juge. J'ai toujours dit la vérité à Votre Altesse comme à mon Dieu, et je lui dis encore que j'aimai, que j'adorai Sophie.--Dis que tu l'abhorres, ingrat! interrompit le vice-roi, surprenant tout le monde.--Je l'adore, reprit dom Carlos, fort étonné de ce que le vice-roi venoit de dire. Je lui ai promis de l'épouser, continua-t-il, et je suis convenu avec elle de l'emmener à Barcelone. Mais si je l'ai enlevée, si je sais où elle se cache, je veux qu'on me fasse mourir de la mort la plus cruelle. Je ne puis l'éviter; mais je mourrai innocent, si ce n'est mériter la mort que d'avoir aimé plus que ma vie une fille inconstante et perfide.--Mais, s'écria le vice-roi, le visage furieux, que sont devenus cette fille et ton page? Ont-ils monté au ciel? sont-ils cachés sous terre?--Le page etoit galant, lui repondit dom Carlos, elle etoit belle; il etoit homme, elle etoit femme.--Ah! traître! lui dit le vice-roi, que tu découvres bien ici tes lâches soupçons et le peu d'estime que tu as eu pour la malheureuse Sophie! Maudite soit la femme qui se laisse aller aux promesses des hommes et s'en fait mepriser par sa trop facile croyance! Ni Sophie n'etoit point une femme de vertu commune, mechant! ni ton page Claudio un homme. Sophie etoit une fille constante, et ton page une fille perdue, amoureuse de toi et qui t'a volé Sophie, qu'elle trahissoit comme une rivale. Je suis Sophie, injuste amant, amant ingrat! Je suis Sophie, qui ai souffert des maux incroyables pour un homme qui ne méritoit pas d'être aimé et qui m'a cru capable de la dernière infamie.»

Note 296: (retour) Scarron pouvoit parler ici d'après sa propre expérience. Peut-être songeoit-il alors à Mazarin, dont le changement à son égard étoit, du reste, parfaitement justifié. Mais, sans nous occuper de Mazarin, combien de fois n'avoit-il pas vu de belles paroles et de belles protestations d'amitié de la part des grands seigneurs se changer en indifférence, dès qu'il avoit fallu en venir au fait! Ses oeuvres sont remplies de plaintes sur ce sujet. V. en particulier sa deuxième Requête à la reine, recueil de 1648; *Remerciements au prince d'Orange*, 1651; les premières strophes de *Héro et Léandre*, etc.

Sophie n'en put pas dire davantage. Son père, qui la reconnut, la prit entre ses bras; sa mère se pâma d'un côté, et dom Carlos de l'autre. Sophie se debarrassa des bras de son père pour courir aux deux personnes evanouies, qui reprirent leurs esprits tandis qu'elle douta à qui des deux elle courroit. Sa mère lui mouilla le visage de larmes; elle mouilla de larmes le visage de sa mère; elle embrassa, avec toute la tendresse imaginable, son cher Dom Carlos, qui pensa en evanouir encore. Il tint pourtant bon pour ce coup, et, n'osant pas encore baiser Sophie de toute sa force, se recompensa sur ses mains, qu'il baisa mille fois l'une après l'autre. Sophie pouvoit à peine suffire à toutes les embrassades et à tous les complimens qu'on lui fit. Le comte italien, en faisant le sien comme les autres, lui voulut parler des pretentions qu'il avoit sur elle, comme lui ayant eté promise par son père et par sa mère. Dom Carlos, qui l'ouït, en quitta une des mains de Sophie, qu'il baisoit alors avidement, et, portant la sienne à son epée, qu'on lui venoit de rendre, se mit en une posture qui fit peur à tout le monde, et, jurant à faire abimer la ville de Valence, fit bien connoître que toutes les puissances humaines ne lui oteroient pas Sophie, si elle-même ne lui defendoit de songer davantage en elle; mais elle declara qu'elle n'auroit jamais d'autre mari que son cher dom Carlos, et conjura son père et sa mère de le trouver bon, ou de se resoudre à la voir enfermer dans un couvent pour toute sa vie. Ses parens lui laissèrent la liberté de choisir tel mari qu'elle voudrait, et le comte italien, dès le jour même, prit la poste pour l'Italie ou pour tout autre pays où il voulut aller. Sophie conta toutes ses aventures, qui furent admirées de tout le monde. Un courrier alla porter la nouvelle de cette grande merveille à l'empereur, qui conserva à dom Carlos, après qu'il auroit epousé Sophie, la vice-royauté de Valence et tous les bienfaits que cette vaillante fille avoit merités sous le nom de dom Fernand, et donna à ce bienheureux amant une principauté dont ses descendans jouissent encore. La ville de Valence fit la dépense des noces avec toute sorte de magnificence, et Dorothée, qui reprit ses habits de femme en même temps que Sophie, fut mariée en même temps qu'elle avec un cavalier proche parent de dom Carlos.

CHAPITRE XV.

Effronterie du sieur de la Rappinière.

Le conseiller de Rennes achevoit de lire sa nouvelle, quand la Rappinière arriva dans l'hôtellerie. Il entra en étourdi dans la chambre où on lui avoit dit qu'etoit M. de la Garouffière; mais son visage epanoui se changea visiblement quand il vit le Destin dans un coin de la chambre, et son valet qui etoit aussi defait et effrayé qu'un criminel que l'on juge. La Garouffière ferma la porte de la chambre par dedans, et ensuite demanda au brave la Rappinière s'il ne devinoit pas bien pourquoi il l'avoit envoyé querir. «N'est-ce pas à cause d'une comedienne dont j'ai voulu avoir ma part? repondit en riant le scelerat.-- Comment, votre part! lui dit la Garouffière, prenant un visage serieux: sont-ce là les discours d'un juge comme vous êtes, et avez-vous jamais fait pendre un si mechant homme que vous?» La Rappinière continua de tourner la chose en raillerie et de la vouloir faire passer pour un tour de bon compagnon; mais le senateur le prit toujours d'un ton si severe, qu'enfin il avoua son mauvais dessein, et en fit de mauvaises excuses au Destin, qui avoit eu besoin de toute sa sagesse pour ne se pas faire raison d'un homme qui l'avoit voulu offenser si cruellement, après lui être obligé de la vie, comme l'on a pu voir au commencement de ces aventures comiques. Mais il avoit encore à demêler avec cet inique prevôt une autre affaire qui lui etoit de grande importance et qu'il avoit communiquée à M. de la Garouffière, qui lui avoit promis de lui faire avoir raison de ce mechant homme.

Quelque peine que j'aie prise à bien etudier la Rappinière, je n'ai jamais pu decouvrir s'il etoit moins mechant envers Dieu qu'envers les hommes, et moins injuste envers son prochain que vicieux en sa personne [297]. Je sais seulement avec certitude que jamais homme n'a eu tant de vices ensemble et en plus eminent degré. Il avoua qu'il avoit eu envie d'enlever mademoiselle de l'Etoile aussi hardiment que s'il fût vanté d'une bonne action, et il dit effrontement au conseiller et au comedien que jamais il n'avoit moins douté du succès d'une pareille entreprise: «car, continua-t-il, se tournant vers le Destin, j'avois gagné votre valet, votre soeur avoit donné dans le panneau, et, pensant vous venir trouver où je lui avois fait dire que vous etiez blessé, elle n'etoit pas à deux lieues de la maison où je l'attendois quand je ne sais qui diable l'a otée à ce grand sot qui me l'amenoit, et qui m'a perdu un bon cheval, après s'être bien fait battre. «Le Destin palissoit de colère, et quelquefois aussi rougissoit de honte de voir de quel front ce scélérat lui osoit parler à lui-même de l'offense qu'il lui avoit voulu faire, comme s'il lui eût conté une chose indifferente. La Garouffière s'en scandalisoit aussi et n'avoit pas une moindre indignation contre un si dangereux homme. «Je ne sais pas, lui dit-il, comment vous osez nous apprendre si franchement les circonstances d'une mauvaise action pour laquelle M. le Destin vous auroit donné cent coups, si je ne l'en eusse empêché. Mais je vous avertis qu'il le pourra bien faire encore, si vous ne lui restituez une boîte de diamans que vous lui avez autrefois volée dans Paris dans le temps que vous y tiriez la laine. Doguin, votre complice alors et depuis votre valet, lui a avoué en mourant que vous l'aviez encore; et moi je vous déclare que, si vous faites la moindre difficulté de la rendre, vous m'avez pour aussi dangereux ennemi que je vous ai eté utile protecteur.»

Note 297: (retour) Scarron n'a pas commis la moindre invraisemblance en prêtant tous ces crimes à une personne qui a pour charge de réprimer les crimes d'autrui. La police étoit souvent faite avec la négligence la plus coupable, et pendant assez longtemps elle avoit presque abandonné le soin de la surveillance publique. Ce ne fut guère qu'après l'apaisement des troubles de la Fronde, et même après la conclusion du traité des Pyrénées, que le roi put enfin s'occuper de la réorganiser sur de meilleures bases. V. *Correspondance administrative de Louis XIV*, t. 2, p. 605, etc.; *Traité de la police* de de La Mare, 1705, in-fol., I. 1, tit. 8, ch. 3. Bien plus, à cette négligence se joignit parfois la connivence avec les filous. Le lieutenant-criminel Tardieu, dont Boileau a immortalisé la sordide avarice, fut un de ceux qui prêtèrent le plus à cette accusation, même après la réorganisation de la police; et l'on sait que, lorsqu'il fut assassiné, en 1665, on alloit informer contre lui à cause de ses malversations. (*Not. de Brossette*, sur les v. 308 et 337 de la sat. X de Boielau) «Il a mérité d'être pendu deux ou trois mille fois, dit Tallemant: il n'y a pas un plus grand voleur au monde.» (Histor. de Ferrier, sa fille, et Tardieu.) Vavasseur, le commissaire du Marais, faisoit sous main cause commune avec les filles de sa juridiction. Malherbe parle, dans ses *Lettres* (26 juin 1610), d'un prévôt de Pithiviers qui s'étrangla dans sa prison, où il étoit enfermé comme coupable de complicité dans l'assassinat de Henri IV, de magie et de fausse monnoie. Sur les malversations de toutes sortes des gens de police et des officiers de justice, on peut voir les *Caquets de l'accouchée*, 1re journ., p. 37, 1er janv., et surtout les *Grands jours d'Auvergne*, de Fléchier, où l'on trouvera plusieurs exemples du même genre. Les choses en étoient venues au point qu'on lit dans le *Procès-verbal des confér. tenues pour l'exam. des articl. proposés pour la composit. de l'ordonn. crimin. de 1670*, sur l'art. XII: «M. le premier président a dit que l'intention qu'on avoit, lorsqu'on a institué les prévôts des maréchaux, étoit bonne; mais que... la plupart de ces officiers sont plus à craindre que les voleurs mêmes, et qu'on a reproché aux Grands jours de Clermont que toutes les affaires criminelles les plus atroces avoient été éludées et couvertes par les mauvaises procédures des prévôts des maréchaux. L'on a fait le procès a plusieurs officiers de la maréchaussée, mais on a été persuadé d'ailleurs qu'il n'y en avoit pas un seul dont la conduite fût innocente.»

La Rappinière fut foudroyé de ce discours, à quoi il ne s'attendoit pas. Son audace à nier absolument une mechanceté qu'il avoit faite lui manqua au besoin. Il avoua en begayant, comme un homme qui se trouble, qu'il avoit cette boîte au Mans, et promit de la rendre avec des sermens execrables qu'on ne lui demandoit point, tant on faisoit peu de cas de tous ceux qu'il eût pu faire. Ce fut peut-être là une des plus ingénues actions qu'il fit de sa vie, et encore n'etoit-elle pas nette; car il est bien vrai qu'il rendit la boîte comme il l'avoit promis, mais il n'etoit pas vrai qu'elle fût au Mans, puisqu'il l'avoit sur lui à l'heure même, à dessein d'en faire un present à Mademoiselle de l'Etoile, en cas qu'elle n'eût pas voulu se donner à lui pour peu de chose. C'est ce qu'il confessa en particulier à M. de la Garouffière, dont il voulut par là regagner les bonnes grâces, lui mettant entre les mains cette boîte de portrait pour en disposer comme il lui plairoit. Elle etoit composée de cinq diamans d'un prix considerable. Le père de mademoiselle de l'Etoile y etoit peint en email, et le visage de cette belle fille avoit tant de rapport à ce portrait, que cela seul pouvoit suffire pour la faire reconnoître à son père. Le Destin ne savoit comment remercier assez M. de la Garouffière quand il lui donna la boîte de diamans. Il se voyoit exempté par là d'avoir à se la faire rendre par force de la Rappinière, qui ne savoit rien moins que de restituer, et qui eût pu se prevaloir contre un pauvre comedien de sa charge de prevôt, qui est un dangereux baton entre les mains d'un mechant homme. Quand cette boîte fut otée au Destin, il en avoit eu un deplaisir très grand, qui s'augmenta encore par celui qu'en eut la mère de l'Etoile, qui gardoit cherement ce bijou comme un gage de l'amitié de son mari. On peut donc aisément se figurer qu'il eut une extrême joie de l'avoir recouvrée. Il alla en faire part à l'Etoile, qu'il trouva chez la soeur du curé du bourg, en la compagnie d'Angelique et de Leandre. Ils deliberèrent ensemble de leur retour au Mans, qui fut resolu pour le lendemain. M. de la Garouffière leur offrit un carrosse, qu'ils ne voulurent pas prendre. Les comédiens et les comédiennes soupèrent avec M. de la Garouffière et sa compagnie. On se coucha de bonne heure dans l'hotellerie, et, dès la pointe du jour, le Destin et Leandre, chacun sa maîtresse en croupe, prirent le chemin du Mans, où Ragotin, la Rancune et l'Olive etoient déjà retournés. M. de la Garouffière fit cent offres de services au Destin; pour la Bouvillon, elle fit la malade plus qu'elle ne l'etoit, pour ne point recevoir l'adieu du comedien, dont elle n'etoit pas satisfaite.

CHAPITRE XVI.

Disgrace de Ragotin.

Les deux comediens qui retournèrent au Mans avec Ragotin furent detournés du droit chemin par le petit homme, qui les voulut traiter dans une petite maison de campagne, qui etoit proportionnée à sa petitesse. Quoiqu'un fidèle et exact historien soit obligé à particulariser les accidens importans de son histoire, et les lieux où ils se sont passés, je ne vous dirai pas au juste en quel endroit de notre hemisphère etoit la maisonnette où Ragotin mena ses confrères futurs, que j'appelle ainsi parcequ'il n'etoit pas encore reçu dans l'ordre vagabond des comediens de campagne. Je vous dirai donc seulement que la maison etoit au deçà du Gange, et n'etoit pas loin de Silléle-Guillaume [298]. Quand il y arriva, il la trouva occupée par une compagnie de bohemiens, qui, au grand deplaisir de son fermier, s'y etoient arrêtés sous pretexte que la femme du capitaine avoit eté pressée d'accoucher, ou plutôt par la facilité que ces voleurs espererent de trouver à manger impunement des volailles d'une metairie ecartée du grand chemin. D'abord Ragotin se fâcha en petit homme fort colère, menaça les bohemiens du prevôt du Mans, dont il se dit allié, à cause qu'il avoit epousé une Portail [299], et là dessus il fit un long discours pour apprendre aux auditeurs de quelle façon les Portails etoient parens des Ragotins, sans que son long discours apportât aucun temperament à sa colère immoderée, et l'empechât de jurer scandaleusement. Il les menaça aussi du lieutenant de prevôt la Rappinière, au nom duquel tout genou flechissoit; mais le capitaine boheme le fit enrager à force de lui parler civilement, et fut assez effronté pour le louer de sa bonne mine, qui sentoit son homme de qualité, et qui ne le faisoit pas peu repentir d'être entré par ignorance dans son château (c'est ainsi que le scelerat appeloit sa maisonnette, qui n'etoit fermée que de haies). Il ajouta encore que la dame en mal d'enfant seroit bientôt delivrée du sien, et que la petite troupe delogeroit après avoir payé à son fermier ce qu'il leur avoit fourni pour eux et pour leurs bêtes: Ragotin se mouroit de depit de ne pouvoir trouver à quereller avec un homme qui lui rioit au nez et lui faisoit mille reverences; mais ce flegme du bohemien alloit enfin echauffer la bile de Ragotin, quand la Rancune et le frère du capitaine se reconnurent pour avoir eté autrefois grands camarades, et cette reconnoissance fit grand bien à Ragotin, qui s'alloit sans doute engager en une mauvaise affaire, pour l'avoir prise d'un ton trop haut. La Rancune le pria donc de s'apaiser, ce qu'il avoit grande envie de faire, et ce qu'il eût fait de lui-même si son orgueil naturel eût pu y consentir.

Note 298: (retour) Petite ville à 7 lieues N.-O. du Mans. Scarron introduit volontiers la scène aux alentours de cette ville; c'est peut-être à cause de ses rapports fréquents avec la famille des Lavardin: Sillé étoit fort près des paroisses dont les Lavardin étoient seigneurs. M. Anjubault croit aussi que deux petites métairies dépendantes du bénéfice de Scarron s'y trouvoient situées.

Note 299: (retour) Daniel Neveu, prévôt provincial du Maine, dont le fils, Daniel II, occupa également cette charge, épousa, en 1626, Marie Portail. V. Lepaige, art. Neuvillette. C'est là probablement le prévôt dont parle Scarron et dont La Rappinière étoit lieutenant. Ce nom de Portail est celui d'une famille célèbre dans la magistrature, et originaire du Mans. M. Anjubault nous apprend qu'en 1595 Antoine Portail étoit procureur du roi au Mans, et qu'on retrouve encore ce nom dans la même ville en 1670; plusieurs membres de la même famille et du même nom ont rempli les charges d'avocat général, de premier président et de président à mortier du Parlement de Paris.

Dans ce même temps la dame bohemienne accoucha d'un garçon. La joie en fut grande dans la petite troupe, et le capitaine pria à souper les comediens et Ragotin, qui avoit dejà fait tuer des poulets pour en faire une fricassée. On se mit à table. Les bohemiens avoient des perdrix et des lievres qu'ils avoient pris à la chasse, et deux poulets d'Inde et autant de cochons de lait qu'ils avoient volés. Ils avoient aussi un jambon et des langues de boeuf, et on y entama un pâté de lièvre dont la croûte même fut mangée par quatre ou cinq bohemillons qui servirent à table. Ajoutez à cela la fricassée de six poulets de Ragotin, et vous avouerez que l'on n'y fit pas mauvaise chair. Les convives, outre les comediens, etoient au nombre de neuf, tous bons danseurs et encore meilleurs larrons. On commença des santés par celle du Roi et de messieurs les Princes, et on but en general celle de tous les bons seigneurs qui recevoient dans leurs villages les petites troupes. Le capitaine pria les comediens de boire à la memoire de defunt Charles Dodo, oncle de la dame accouchée, et qui fut pendu pendant le siege de La Rochelle par la trahison du capitaine la Grave. On fit de grandes imprecations contre ce capitaine faux frère et contre tous les prevôts, et on fit une grande dissipation du vin de Ragotin, dont la vertu fut telle que la debauche fut sans noise, et que chacun des conviés, sans même en excepter le misanthrope la Rancune, fit des protestations d'amitié à son voisin, le baisa de tendresse et lui mouilla le visage de larmes. Ragotin fit tout à fait bien les honneurs de sa maison, et but comme une eponge. Après avoir bu toute la nuit, ils devoient vraisemblablement se coucher quand le soleil se leva; mais ce même vin qui les avoit rendus si tranquilles buveurs leur inspira à tous en même temps un esprit de separation, si j'ose ainsi dire. La caravane fit ses paquets, non sans y comprendre quelques guenilles du fermier de Ragotin, et le joli seigneur monta sur son mulet, et, aussi serieux qu'il avoit eté emporté pendant le repas, prit le chemin du Mans, sans se mettre en peine si la Rancune et l'Olive le suivoient, et n'ayant de l'attention qu'à sucer une pipe à tabac qui etoit vide il y avoit plus d'une heure. Il n'eut pas fait demi-lieue, toujours suçant sa pipe vide qui ne lui rendoit aucune fumée, que celles du vin lui etourdirent tout à coup la tête. Il tomba de son mulet, qui retourna avec beaucoup de prudence à la metairie d'où il etoit parti, et pour Ragotin, après quelques soulevemens de son estomac trop chargé, qui fit ensuite parfaitement son devoir, il s'endormit au milieu du chemin. Il n'y avoit pas long-temps qu'il dormoit, ronflant comme une pedale d'orgue, quand un homme nu, comme on peint notre premier père, mais effroyablement barbu, sale et crasseux, s'approcha de lui et se mit à le deshabiller. Cet homme sauvage fit de grands efforts pour ôter à Ragotin les bottes neuves que dans une hôtellerie la Rancune s'etoit appropriées par la supposition des siennes, de la manière que je vous l'ai conté en quelque endroit de cette veritable histoire, et tous ces efforts, qui eussent eveillé Ragotin s'il n'eût pas eté mort ivre (comme on dit), et qui l'eussent fait crier comme un homme que l'on tire à quatre chevaux, ne firent autre effet que de le traîner à ecorche-cul la longueur de sept ou huit pas. Un couteau en tomba de la poche du beau dormeur; ce vilain homme s'en saisit, et comme s'il eût voulu ecorcher Ragotin, il lui fendit sur la peau sa chemise, ses bottes, et tout ce qu'il eut de la peine à lui ôter de dessus le corps, et, ayant fait un paquet de toutes les hardes de l'ivrogne depouillé, l'emporta, fuyant comme un loup avec sa proie.

Nous laisserons courir avec son butin cet homme, qui etoit le même fou qui avoit autrefois fait si grand peur au Destin quand il commença la quête de mademoiselle Angelique, et ne quitterons point Ragotin, qui ne veille pas et qui a grand besoin d'être reveillé. Son corps nu, exposé au soleil, fut bientôt couvert et piqué de mouches et de moucherons de differentes espèces, dont pourtant il ne fut point eveillé; mais il le fut quelque temps après par une troupe de paysans qui conduisoient une charrette. Le corps nu de Ragotin ne leur donna pas plutôt dans la vue qu'ils s'ecrièrent: Le voilà! et s'approchant de lui, faisant le moins de bruit qu'ils purent, comme s'ils eussent eu peur de l'eveiller, ils s'assurèrent de ses pieds et de ses mains, qu'ils lièrent avec de grosses cordes, et, l'ayant ainsi garrotté, le portèrent dans leur charrette, qu'ils firent aussitôt partir avec autant de hâte qu'en a un galant qui enlève une maîtresse contre son gré et celui de ses parens. Ragotin etoit si ivre que toutes les violences qu'on lui fit ne le purent eveiller, non plus que les rudes cahots de la charrette, que ces paysans faisoient aller fort vite et avec tant de precipitation qu'elle versa en un mauvais pas plein d'eau et de boue, et Ragotin par consequent versa aussi. La fraîcheur du lieu où il tomba, dont le fond avoit quelques pierres ou quelque chose d'aussi dur, et le rude branle de sa chute, l'eveillèrent, et l'etat surprenant où il se trouva l'etonna furieusement. Il se voyoit lié pieds et mains et tombé dans la boue, il se sentoit la tête toute etourdie de son ivresse et de sa chute, et ne savoit que juger de trois ou quatre, paysans qui le relevoient, et d'autant d'autres qui relevoient une charrette. Il etoit si effrayé de son aventure, que même il ne parla pas en un si beau sujet de parler, lui qui etoit grand parleur de son naturel, et un moment après il n'eût pu parler à personne quand il l'eût voulu:

car les paysans, ayant tenu ensemble un conseil secret, delièrent le pauvre petit homme des pieds seulement, et, au lieu de lui en dire la raison ou de lui en faire quelque civilité, observant entre eux un grand silence, tournèrent la charrette du côté qu'elle étoit venue, et s'en retournèrent avec autant de precipitation qu'ils en avoient eu à venir là.

Le lecteur discret est possible en peine de sçavoir ce que les paysans vouloient à Ragotin, et pourquoi ils ne lui firent rien. L'affaire est assurément difficile à deviner, et ne se peut sçavoir à moins que d'être revelée. Et pour moi, quelque peine que j'y aie prise, et après y avoir employé tous mes amis, je ne l'ai sçu depuis peu de temps que par hasard, et lorsque je l'esperois le moins, de la façon que je vous le vais dire. Un prêtre du bas Maine, un peu fou melancolique, qu'un procès avoit fait venir à Paris, en attendant que son procès fût en etat d'être jugé voulut faire imprimer quelques pensées creuses qu'il avoit eues sur l'Apocalypse. Il etoit si fecond en chimères et si amoureux des dernières productions de son esprit, qu'il en haïssoit les vieilles, et ainsi pensa faire enrager un imprimeur, à qui il faisoit vingt fois refaire une même feuille. Il fut obligé par là d'en changer souvent, et enfin il s'etoit adressé à celui qui a imprimé le present livre [300], chez qui il lut une fois quelques feuilles [301] qui partoient de cette même aventure que je vous raconte. Ce bon prêtre en avoit plus de connaissance que moi, ayant sçu des mêmes paysans qui enlevèrent Ragotin de la façon que je vous ai dit le motif de leur entreprise, que je n'avois pu sçavoir. Il connut donc d'abord où l'histoire etoit defectueuse, et, en ayant donné connoissance à mon imprimeur, qui en fut fort etonné, car il avoit cru comme beaucoup d'autres que mon roman etoit un livre fait à plaisir, il ne se fit pas beaucoup prier par l'imprimeur pour me venir voir. Lors j'appris du veritable Manceau que les paysans qui lièrent Ragotin endormi etoient les proches parens du pauvre fou qui couroit les champs, que le Destin avoit rencontré de nuit, et qui avoit depouillé Ragotin en plein jour. Ils avoient fait dessein d'enfermer leur parent, avoient souvent essayé de le faire, et avoient souvent eté bien battus par le fou, qui etoit un fort et puissant homme. Quelques personnes du village, qui avoient vu de loin reluire au soleil le corps de Ragotin, le prirent pour le fou endormi, et, n'en ayant osé approcher de peur d'être battues, elles en avoient averti ces paysans, qui vinrent avec toutes les précautions que vous avez vues, prirent Ragotin sans le reconnoître, et, l'ayant reconnu pour n'être pas celui qu'ils cherchoient, le laissèrent les mains liées, afin qu'il ne pût rien entreprendre contre eux. Les Memoires que j'eus de ce prêtre me donnèrent beaucoup de joie, et j'avoue qu'il me rendit un grand service; mais je ne lui en rendis pas un petit en lui conseillant en ami de ne pas faire imprimer son livre, plein de visions ridicules.

Note 300: (retour) Le libraire qui avoit imprimé on fait imprimer la première partie du *Romant comique* étoit Toussaint Quinet (au Palais, sous la montée de la cour des Aydes), bien connu par le mot de Scarron sur les revenus de son marquisat de Quinet, et que notre auteur fait volontiers intervenir dans ses oeuvres, en s'égayant quelquefois sur son compte. V. *Aux vermiss. Dédic. de ses oeuvr. burlesq. à Guillemette*, etc.

Note 301: (retour) Les boutiques des libraires servoient souvent alors de centres de réunions où se tenoient des espèces d'assemblées littéraires, et où même les auteurs lisoient leurs oeuvres. Ainsi, dans *le Berger extravagant* (l. 3), Sorel fait lire à Montenor son *Banquet des dieux* chez un libraire. On peut surtout trouver des renseignements fort curieux sur cette coutume, et un piquant tableau de ces assemblées, dans le 5e livre de *Francion*, du même.

Quelqu'un m'accusera peut-être d'avoir conté ici une particularité fort inutile; quelque autre m'en louera de beaucoup de sincérité. Retournons à Ragotin, le corps crotté et meurtri, la bouche sèche, la tête pesante et les mains liées derrière le dos. Il se leva le mieux qu'il put, et ayant porté sa vue de part et d'autre, le plus loin qu'elle se put etendre, sans voir ni maisons ni hommes, il prit le premier chemin battu qu'il trouva, bandant tous les ressorts de son esprit [302] pour connoître quelque chose en son aventure. Ayant les mains liées comme il avoit, il recevoit une furieuse incommodité de quelques moucherons opiniâtres qui s'attachoient par malheur aux parties de son corps où ses mains garrottées ne pouvoient aller, et l'obligeoient quelquefois à se coucher par terre pour s'en délivrer en les écrasant, ou en leur faisant quitter prise. Enfin il attrapa un chemin creux, revêtu de haies et plein d'eau, et ce chemin alloit au gué d'une petite rivière. Il s'en rejouit, faisant etat de se laver le corps, qu'il avoit plein de boue; mais en approchant du gué, il vit un carrosse versé, d'où le cocher et un paysan tiroient, par les exhortations d'un venerable homme d'eglise, cinq ou six religieuses fort mouillées. C'etoit la vieille abbesse d'Estival [303], qui revenoit du Mans, où une affaire importante l'avoit fait aller, et qui, par la faute de son cocher, avoit fait naufrage. L'abbesse et les religieuses, tirées du carrosse, aperçurent de loin la figure nue de Ragotin qui venoit droit à elles, dont elles furent fort scandalisées, et encore plus qu'elles le père Gifflot, directeur discret de l'abbaye. Il fit tourner vitement le dos aux bonnes mères, de peur d'irregularité, et cria de toute sa force à Ragotin qu'il n'approchât pas de plus près. Ragotin poussa toujours en avant, et commença d'enfiler une longue planche qui etoit là pour la commodité des gens de pied, et le père Gifflot vint au devant de lui, suivi du cocher et du paysan, et douta d'abord s'il le devoit exorciser, tant il trouvoit sa figure diabolique. Enfin il lui demanda qui il etoit, d'où il venoit, pourquoi il etoit nu, pourquoi il avoit les mains liées, et lui fit toutes ces questions-là avec beaucoup d'eloquence, et ajoutant à ses paroles le ton de la voix et l'action des mains. Ragotin lui repondit incivilement. «Qu'en avez-vous à faire?» Et voulant passer outre sur la planche, il poussa si rudement le reverend père Gifflot qu'il le fit choir dans l'eau. Le bon prêtre entraîna avec lui le cocher et le paysan, et Ragotin trouva leur manière de tomber dans l'eau si divertissante qu'il en eclata de rire. Il continua son chemin vers les religieuses, qui, le voile baissé, lui tournèrent le dos en haie, toutes le visage tourné vers la campagne. Ragotin eut beaucoup d'indifference pour les visages des religieuses, et passoit outre, pensant en être quitte, ce que ne pensoit pas le père Gifflot. Il suivit Ragotin, secondé du paysan et du cocher, qui, le plus en colère des trois, et dejà de mauvaise humeur à cause que madame l'abbesse l'avoit grondé, se detacha du gros, joignit Ragotin, et à grands coups de fouet se vengea sur la peau d'autrui de l'eau qui avoit mouillé la sienne. Ragotin n'attendit pas une seconde decharge; il s'enfuit comme un chien qu'on fouette, et le cocher, qui n'etoit pas satisfait d'un seul coup de fouet, le hâta d'aller de plusieurs autres, qui tous tirèrent le sang de la peau du fustigé. Le père Gifflot, quoique essouflé d'avoir couru, ne se lassoit pas de crier: «Fouettez, fouettez!» de toute sa force, et le cocher, de toute la sienne, redoubloit ses coups sur Ragotin, et commençoit à s'y plaire, quand un moulin se presenta au pauvre homme comme un asile. Il y courut ayant toujours son bourreau à ses trousses, et, trouvant la porte d'une basse-cour ouverte, y entra et y fut reçu d'abord par un mâtin qui le prit aux fesses. Il en jeta des cris douloureux et gagna un jardin ouvert avec tant de precipitation, qu'il renversa six ruches de mouches à miel qui y etoient posées à l'entrée, et ce fut là le comble de ses infortunes [304]. Ces petits elephans ailés, pourvus de proboscides et armés d'aiguillons, s'acharnèrent sur ce petit corps nu, qui n'avoit point de mains pour se defendre, et le blessèrent d'une horrible manière. Il en cria si haut que le chien qui le mordoit s'enfuit de la peur qu'il en eut, ou plutôt des mouches. Le cocher impitoyable fit comme le chien, et le pere Gifflot, à qui la colère avoit fait oublier pour un temps la charité, se repentit d'avoir eté trop vindicatif, et alla lui-même hâter le meunier et ses gens, qui à son gré venoient trop lentement au secours d'un homme qu'on assassinoit dans leur jardin. Le meunier retira Ragotin d'entre les glaives pointus et venimeux de ces ennemis volans, et quoiqu'il fût enragé de la chute de ses ruches, il ne laissa pas d'avoir pitié du miserable. Il lui demanda où diable il se venoit fourrer nu et les mains liées entre des paniers à mouches; mais quand Ragotin eût voulu lui repondre, il ne l'eût pu dans l'extrême douleur qu'il sentoit par tout son corps. Un petit ours nouveau-né, qui n'a point encore eté leché de sa mère, est plus formé en sa figure oursine que ne le fut Ragotin en sa figure humaine, après que les piqûres des mouches l'eurent enflé depuis les pieds jusqu'à la tête. La femme du meunier, pitoyable comme une femme, lui fit dresser un lit et le fit coucher. Le père Gifflot, le cocher et le paysan retournèrent à l'abbesse d'Estival et à ses religieuses, qui se rembarquèrent dans leur carrosse, et, escortées du reverend père Gifflot monté sur une jument, continuèrent leur chemin. Il se trouva que le moulin etoit à l'elu [305] du Rignon [306] ou à son gendre Bagottière (je n'ai pas bien sçu lequel). Ce du Rignon etoit parent de Ragotin, qui, s'etant fait connoître au meunier et à sa femme, en fut servi avec beaucoup de soin et pansé heureusement jusqu'à son entière convalescence par le chirurgien d'un bourg voisin. Aussitôt qu'il put marcher, il retourna au Mans, où la joie de savoir que la Rancune et l'Olive avoient trouvé son mulet et l'avoient ramené avec eux lui fit oublier la chute de la charrette, les coups de fouet du cocher, les morsures du chien et les piqûres des mouches.

Note 302: (retour) Cette tournure de phrase se trouve en propres termes dans les *Hist. comiq.* de Cyrano de Bergerac.

Note 303: (retour) Il s'agit ici de l'abbaye d'Estival en Charnie, à 8 lieues du Mans, fondée en 1109 par Raoul II de Beaumont, vicomte du Mans, et qu'il ne faut pas confondre avec celle d'Estival-lez-le-Mans, fondée par saint Bertrand. L'abbesse d'Estival-en-Charnie étoit alors, comme nous l'apprend M. Anjubault, Claire Nau, qui conserva cette dignité de 1627 à 1660. Claire Nau étoit élève de l'abbaye du Pont-aux-Dames, de l'ordre de Cîteaux, renommée surtout pour sa grande régularité, qu'elle aura tenu, sans doute, à transporter dans la maison d'Estival. C'est là peut-être ce qui a pu suggérer à Scarron la plaisanterie qu'on lit quelques lignes plus loin: «Il fit tourner vitement le dos aux bonnes mères, *de peur d'irregularité*.»

Note 304: (retour) Cette succession d'infortunes burlesques ne fait-elle pas songer à celles de Nicodème, dans le *Roman bourgeois* de Furetière, quand il se heurte rudement contre le front de Javotte, casse une porcelaine en voulant se retirer, glisse sur le parquet, se rattrape à un miroir qu'il fait tomber, et brise avec la porte un théorbe qui étoit contre la muraille? (P. 98 de l'édit. Jannet.) C'est là un des lieux communs auxquels a le plus souvent recours le roman comique et familier de cette époque.

Note 305: (retour) Un élu étoit un officier royal subalterne, qui connoissoit en première instance de l'assiette des tailles, aides, subsides, et des différends qui y étoient relatifs. (Dict. de Furetière.)

Note 306: (retour) On trouve au Mans, en 1620, un François de l'Epinay, sieur du Bignon, élu, membre du conseil de l'hôtel de ville. Il suffiroit d'un tout petit trait de plume à la premiere lettre pour en faire notre personnage.

CHAPITRE XVII.

Ce qui se passa entre le petit Ragotin et le grand Baguenodière.

Le Destin et l'Etoile, Leandre et Angelique, deux couples de beaux et parfaits amans, arrivèrent dans la capitale du Maine sans faire de mauvaise rencontre. Le Destin remit Angelique dans les bonnes grâces de sa mère, à qui il sçut si bien faire valoir le merite, la condition et l'amour de Leandre, que la bonne Caverne commença d'approuver la passion que ce jeune garçon et sa fille avoient l'un pour l'autre autant qu'elle s'y etoit opposée. La pauvre troupe n'avoit pas encore bien fait ses affaires dans la ville du Mans; mais un homme de condition qui aimoit fort la comedie supplea à l'humeur chiche des Manceaux [307]. Il avoit la plus grande partie de son bien dans le Maine, avoit pris une maison dans le Mans et y attiroit souvent des personnes de condition de ses amis, tant courtisans que provinciaux, et même quelques beaux esprits de Paris, entre lesquels il se trouvoit des poètes du premier ordre, et enfin il étoit une manière de Mecenas moderne. Il aimoit passionnément la comedie et tous ceux qui s'en mêloient, et c'est ce qui attiroit tous les ans dans la capitale du Maine les meilleures troupes de comediens du royaume [308]. Ce seigneur que je vous dis arriva au Mans dans le temps que nos pauvres comediens en vouloient sortir, mal satisfaits de l'auditoire manceau. Il les pria d'y demeurer encore quinze jours pour l'amour de lui, et pour les y obliger leur donna cent pistoles, et leur en promit autant quand ils s'en iroient. Il etoit bien aise de donner le divertissement de la comedie à plusieurs personnes de qualité, de l'un et de l'autre sexe, qui arrivèrent au Mans dans le même temps et qui y devoient faire sejour à sa prière. Ce seigneur, que j'appellerai le marquis d'Orsé [309], etoit grand chasseur et avoit fait venir au Mans son équipage de chasse, qui etoit des plus beaux qui fût en France. Les landes et les forêts du Maine font un des plus agreables pays de chasse qui se puisse trouver dans tout le reste de la France, soit pour le cerf, soit pour le lièvre, et en ce temps-là la ville du Mans se trouva pleine de chasseurs, que le bruit de cette grande fête y attira, la plupart avec leurs femmes, qui furent ravies de voir des dames de la cour pour en pouvoir parler le reste de leurs jours auprès de leur feu. Ce n'est pas une petite ambition aux provinciaux que de pouvoir dire quelquefois qu'ils ont vu en tel lieu et en tel temps des gens de la cour, dont ils prononcent toujours le nom tout sec, comme par exemple: Je perdis mon argent contre Roquelaure,--Crequi a tant gagné,--Coaquin [310] court le cerf en Touraine. Et si on leur laisse quelquefois entamer un discours de politique ou de guerre, ils ne departent pas (si j'ose ainsi dire) tant qu'ils aient epuisé la matière autant qu'ils en sont capables.

Note 307: (retour) Scarron fait encore allusion à cette avarice dont il accuse les Manceaux dans son *Epistre à Madame d'Hautefort* (1651), où il dit, en parlant des coquettes du Mans:

> Elles portent panne et velours,
>
> Mais ce n'est pas à tous les jours,
>
> Mais seulement aux bonnes fêtes...
>
> Parlerai-je de leur chaussure
>
> Si haute, et qui si longtemps dure,
>
> Car leurs souliers, quoique dorés,
>
> Ont l'honneur d'être un peu ferrés;
>
> Que sur elles blanche chemise
>
> N'est point que de mois en mois mise, etc.

Les Manceaux avoient généralement, au 17e siècle, une assez mauvaise réputation. Ecoutez Regnard:

> Crispin, roux et Manceau, vient d'épouser Julie;
>
> Il est du genre humain et l'opprobre et la lie;
>
> On trouveroit encore à quelque vieux pilier
>
> Son dernier habit vert pendu chez le fripier, etc.

(Satire contre les maris.)

Cette avarice, du reste, s'allie bien avec le goût prononcé pour la chicane dont on les accusoit. (V. notre note, 3e part., ch. 5.)

Note 308: (retour) Ce goût prononcé pour la comédie étoit répandu parmi les hautes classes, surtout vers l'époque de la Fronde. Aussi les grands personnages se faisoient-ils souvent suivre, comme la cour elle-même, de leurs troupes comiques, dans leurs voyages. Loret nous apprend (*Muse hist.*, IV, p. 94 et 95; V. p. 19 et 24) qu'il n'y avoit pas alors de grande fête, ni même de grand repas, sans une représentation théâtrale.

Note 309: (retour) M. Anjubault croit qu'il est probablement question ici du comte de Tessé, allié à la famille des Lavardin en 1638: «Les membres de ces puissantes familles, nous écrit-il, ont occupé les premiers rangs dans le Maine. Ils avoient au Mans l'hôtel de Tessé, qui vient d'être remplacé par le nouveau palais épiscopal. Scarron eut des rapports avec ces personnages... Il est certain qu'ils le traitèrent bien, qu'il les divertit, et qu'ils prirent plaisir à garder sous leurs yeux un souvenir de sa facétieuse imagination.» C'étoit, en effet, au château de Vernie, appartenant au comte de Tessé, que figuroit, avant la révolution, la série de 27 tableaux tirés du *Roman comique*, aujourd'hui au musée communal. Scarron a fait l'épithalame du comte de Tessé.

Note 310: (retour) Jean-Baptiste Gaston, duc de Roquelaure, pair de France, maître de la garde-robe du roi, fameux par ses saillies, étoit grand joueur et fort heureux au jeu. V. son historiette dans Tallemant. Charles, duc de Créqui, pair de France, premier gentilhomme de la chambre du roi, l'un des courtisans les plus assidus de Louis XIV, étoit également connu comme un beau joueur. Coaquin, dont on trouve souvent le nom écrit, à cette époque, de la même maniére, est probablement le marquis de Coëtquen, gouverneur de Saint-Malo, dont il est question dans Saint-Simon et les Lettres de Mme de Sévigné.--Je ne sais si c'est la même famille que celle-ci nomme Coaquin, comme Scarron, dans la généalogie de la maison de Sévigné adressée à Bussy (lettre du 4 déc. 1668).

Finissons la digression. Le Mans donc se trouva plein de noblesse, grosse et menue. Les hôtelleries furent pleines d'hôtes, et la plupart des gros bourgeois qui logèrent des personnes de qualité ou des nobles campagnards de leurs amis salirent en peu de temps tous leurs draps fins et leur linge damassé. Les comediens ouvrirent leur theâtre en humeur de bien faire, comme des comediens payés par avance. Le bourgeois du Mans se rechauffa pour la comedie. Les dames de la ville et de la province etoient ravies d'y voir tous les jours des dames de la cour, de qui elles apprirent à se bien habiller, au moins mieux qu'elles ne faisoient, au grand profit de leurs tailleurs, à qui elles donnèrent à reformer quantité de vieilles robes. Le bal se donnoit tous les soirs, où de très mechans danseurs dansèrent de très mauvaises courantes [311], et où plusieurs jeunes gens de la ville dansèrent en bas de drap d'Hollande ou d'Usseau et en souliers cirés [312]. Nos comediens furent souvent appelés pour jouer en visite. L'Etoile et Angelique donnèrent de l'amour aux cavaliers et de l'envie aux dames. Inezille, qui dansa la sarabande [313], à la prière des comediens, se fit admirer: Roquebrune en pensa mourir de repletion d'amour, tant le sien augmenta tout à coup, et Ragotin avoua à la Rancune que, s'il differoit plus longtemps à le mettre bien dans l'esprit de l'Etoile, la France alloit être sans Ragotin. La Rancune lui donna de bonnes esperances, et, pour lui temoigner l'estime particulière qu'il faisoit de lui, le pria de lui prêter pour vingt cinq ou trente francs de monnoie. Ragotin pâlit à cette prière incivile, se repentit de ce qu'il lui venoit de dire, et renonça quasi à son amour. Mais enfin, en enrageant tout vif, il fit la somme en toutes sortes d'espèces, qu'il tira de differens boursons, et la donna fort tristement à la Rancune, qui lui promit que dès le jour d'après il entendroit parler de lui.

Note 311: (retour) La courante, rangée par nos pères parmi les danses *basses* ou danses *nobles*, devoit son nom aux nombreux mouvements d'allée et de venue dont elle étoit remplie, sans pourtant jamais sortir de cette gravité quelque peu majestueuse qui la faisoit préférer par Louis XIV à toutes les autres danses.

Note 312: (retour) Le drap de Hollande et le drap d'Usseau (ainsi nommé d'un village de Languedoc, près Carcassonne, où il étoit manufacturé) étoient des draps relativement communs. Du reste, tout homme de qualité et de bel air portoit des bas de soie:

On le montre du doigt.....

Ainsi qu'un qui voudroit, en la salle d'un grand,

Avec un bas de drap tenir le premier rang,

Ou bien qui oseroit, avec un bas d'estame,

En quelque bal public caresser une dame,

Car il faut maintenant, qui veut se faire voir,

Aux jambes aussi bien qu'ailleurs la soye avoir.

(*Le Satyr. de la Court*, 3e vol. *Var. hist. et littér.*, éd. Jannet.)

Avec les bas de drap, on laissoit aussi aux provinciaux les souliers cirés; les courtisans et gentilshommes portoient des souliers en castor, en maroquin ou en cuir dit de Roussi, qui, au lieu de se cirer, s'éclaircissoient avec des jaunes d'oeuf. On lit dans le *Récit en prose et en vers de la farce des Précieuses* (Paris, 1660), où est décrit l'accoutrement à la dernière mode du marquis de Mascarille: «Ses souliers étoient si couverts de rubans qu'il ne m'est pas possible de vous dire s'ils étoient de Roussi, de vache d'Angleterre ou de maroquin.» V. aussi le *Banq. des Muses, d'Auvray*, p. 191.

Note 313: (retour) La sarabande étoit venue d'Espagne, comme quelques autres danses du temps, entre autres la pavanne; il étoit donc naturel qu'on la fît danser par Inézille, Espagnole d'origine. Des Yveteaux, s'il faut en croire le récit de Saint-Evremont, se fit jouer une sarabande par sa *bergère* à son lit de mort, pour que son âme passât *allegramente*. Segrais ne désigne pas la sarabande; mais peu importe. On la dansoit à la cour, de même que la courante (V. Bonnet, *Hist. gén. de la danse*), et l'on sait que Richelieu, suivant les *Mémoires de Brienne*, en exécuta une devant la reine, croyant par-là conquérir ses bonnes grâces. Beaucoup de poètes du temps, et en particulier Scarron, ont publié dans leurs oeuvres des vers pour courantes et sarabandes.

Ce jour-là on joua le Dom Japhet, ouvrage de theâtre aussi enjoué que celui qui l'a fait a sujet de l'être peu [314]. L'auditoire fut nombreux; la pièce fut bien representée, et tout le monde fut satisfait, à la reserve du desastreux Ragotin. Il vint tard à la comedie, et, pour la punition de ses pechés, il se plaça derrière un gentilhomme provincial à large echine et couvert d'une grosse casaque qui grossissoit beaucoup sa figure. Il etoit d'une taille si haute au dessus des plus grandes, qu'encore qu'il fût assis, Ragotin, qui n'etoit separé de lui que d'un rang de siéges, crut qu'il etoit debout et lui cria incessamment qu'il s'assît comme les autres, ne pouvant croire qu'un homme assis ne dût pas avoir sa tête au niveau de toutes celles de la compagnie. Ce gentilhomme, qui se nommoit la Baguenodière [315], ignora longtemps que Ragotin parlât à lui. Enfin Ragotin l'appela Monsieur à la plume verte, et comme veritablement il en avoit une bien touffue, bien sale et peu fine, il tourna la tête et vit le petit impatient, qui lui dit assez rudement qu'il s'assît. La Baguenodière en fut si peu emu, qu'il se retourna vers le theâtre comme si de rien n'eût eté. Ragotin lui recria encore qu'il s'assît. Il tourna encore la tête devers lui, le regarda, et se retourna vers le theâtre. Ragotin recria; Baguenodière tourna la tête pour la troisième fois, pour la troisième fois regarda son homme, et, pour la troisième fois, se retourna vers le theâtre. Tant que dura la comedie, Ragotin lui cria de même force qu'il s'assît, et la Baguenodière le regarda toujours d'un même flegme, capable de faire enrager tout le genre humain. On eût pu comparer la Baguenodière à un grand dogue et Ragotin à un roquet qui aboie après lui, sans que le dogue en fasse autre chose que d'aller pisser contre une muraille. Enfin tout le monde prit garde à ce qui se passoit entre le plus grand homme et le plus petit de la compagnie, et tout le monde commença d'en rire dans le temps que Ragotin commença d'en jurer d'impatience, sans que la Baguenodière fit autre chose que de le regarder froidement. Ce Baguenodière etoit le plus grand homme et le plus grand brutal du monde. Il demanda avec sa froideur accoutumée à deux gentilshommes qui etoient auprès de lui de quoi ils rioient; ils lui dirent ingenument que c'etoit de lui et de Ragotin, et pensoient bien par là le congratuler plutôt que lui deplaire. Ils lui deplurent pourtant, et un *Vous êtes de bons sots*, que la Baguenodière d'un visage refrogné leur lâcha assez mal à propos, leur apprit qu'il prenoit mal la chose et les obligea à lui repartir chacun pour sa part d'un grand soufflet. La Baguenodière ne put d'abord que les pousser des coudes à droite et à gauche, ses mains etant embarrassées dans sa casaque, et, devant qu'il les eût libres, les gentilshommes, qui etoient frères et fort actifs de leur naturel, lui purent donner demi-douzaine de soufflets, dont les intervalles furent par hasard si bien compassés, que ceux qui les ouïrent sans les voir donner crurent que quelqu'un avoit frappé six fois des mains l'une contre l'autre à égaux intervalles. Enfin la Baguenodière tira ses mains de dessous sa lourde casaque; mais, pressé comme il etoit des deux frères, qui le gourmoient comme des lions, ses longs bras n'eurent pas leurs mouvemens libres. Il se voulut reculer et il tomba à la renverse sur un homme qui etoit derrière lui, et le renversa lui et son siége sur le malheureux Ragotin, qui fut renversé sur un autre, qui fut aussi renversé sur un autre, et ainsi de même jusqu'où finissoient les siéges, dont une file entière fut renversée comme des quilles. Le bruit des tombans, des dames foulées, des belles qui avoient peur, des enfans qui crioient, des gens qui parloient, de ceux qui rioient, de ceux qui se plaignoient et de ceux qui battoient des mains, fit une rumeur infernale. Jamais un aussi petit sujet ne causa de plus grands accidens, et ce qu'il y eut de merveilleux, c'est qu'il n'y eut pas une epée tirée, quoique le principal demêlé fût entre des personnes qui en portoient, et qu'il y en eût plus de cent dans la compagnie. Mais ce qui fut encore plus merveilleux, c'est que la Baguenodière se gourma et fut gourmé sans s'émouvoir non plus que de l'affaire du monde la plus indifferente, et de plus on remarqua que de toute l'après-dînée il n'avoit pas ouvert la bouche que pour dire les quatre malheureux mots qui lui attirèrent cette grêle de souffletades, et ne l'ouvrit pas jusqu'au soir, tant ce grand homme avoit flegme et une taciturnité proportionnée à sa taille.

Note 314: (retour) *Don Japhet d'Arménie*, comédie de Scarron, représentée pour la première fois en 1652, imprimée en 1653, avoit eu un fort grand succès, et avoit disputé la vogue à *Nicomède*. On a remarqué sans doute la réflexion que Scarron ajoute, après avoir nommé sa pièce. C'est un des rares endroits où la douleur semble prendre le dessus sur la bonne humeur et la force d'âme du patient, et elle se manifeste simplement, sans la moindre affectation. On peut rapprocher cette phrase de son épitaphe, et surtout de cette lettre à Marigny, où il écrit: «Je vous jure, mon cher amy, que, s'il m'étoit permis de me supprimer moi-même, qu'il y a longtemps que je me serois empoisonné.» De même, dans une de ses requêtes à la reine (1651), il dit de lui:

> Souffrant beaucoup, dormant bien peu,
>
> Et pourtant faisant par courage
>
> Bonne mine à fort mauvais jeu.

Note 315: (retour) Suivant une clef manuscrite, l'original du type de la Baguenodière auroit été le fils de M. Pilon, avocat au Mans.

Ce hideux chaos de tant de personnes et de siéges mêlés les uns dans les autres fut longtemps à se debrouiller. Tandis que l'on y travailloit et que les plus charitables se mettoient entre la Baguenodière et ses deux ennemis, on entendoit des hurlemens effroyables qui sortoient comme de dessous terre. Qui pouvoit-ce être que Ragotin? En verité, quand la fortune a commencé de persecuter un miserable, elle le persecute toujours. Le siége du pauvre petit etoit justement posé sur l'ais qui couvre l'egoût du tripot. Cet egoût est toujours au milieu, immediatement sous la corde 316. Il sert à recevoir l'eau de la pluie, et l'ais qui le couvre se lève comme un dessus de boîte. Comme les ans viennent à bout de toutes choses 317, l'ais de ce tripot où se faisoit la comedie etoit fort pourri et s'etoit rompu sous Ragotin, quand un homme honnêtement pesant l'accabla de son corps et de son siége. Cet homme fourra une jambe dans le trou où Ragotin etoit tout entier; cette jambe etoit bottée et l'eperon en piquoit Ragotin à la gorge, ce qui lui faisoit faire ces furieux hurlemens qu'on ne pouvoit deviner.

Note 316: (retour) On tendoit une corde au milieu des jeux de paume, pour servir «à marquer les fautes qu'on *faisoit* en mettant dessous» (Dict. de Fur.), c'est-à-dire en envoyant la balle au-dessous de la corde. V. *Le jeu roy. de la paume*, dans la *Maison académiq.*, 1659, in-12.

Note 317: (retour) Cette phrase de Scarron rappelle le vers de son sonnet burlesque sur son pourpoint troué:

Il n'est point de ciment que le temps ne dissoude,

Et celui de Saint-Amant, dans *le Poète crotté*:

«Mais qu'est-ce que le temps ne lime?»

Quelqu'un donna la main à cet homme, et dans le temps que sa jambe engagée dans le trou changea de place, Ragotin lui mordit le pied si serré, que cet homme crut être mordu d'un serpent et fit un cri qui fit tressaillir celui qui le secouroit, qui de peur en lâcha prise. Enfin il se reconnut, redonna la main à son homme, qui ne crioit plus parce que Ragotin ne le mordoit plus, et tous deux ensemble deterrèrent le petit homme, qui ne vit pas plus tôt la lumière du jour, que, menaçant tout le monde de la tête et des yeux et principalement ceux qu'il vit rire en le regardant, il se fourra dans la presse de ceux qui sortoient, meditant quelque chose de bien glorieux pour lui et bien funeste pour la Baguenodière. Je n'ai pas sçu de quelle façon la Baguenodière fut accommodé avec les deux frères; tant y a qu'il le fut, du moins n'ai-je pas ouï dire qu'ils se soient depuis rien fait les uns aux autres. Et voilà ce qui troubla en quelque façon la première representation que firent nos comediens devant l'illustre compagnie qui se trouvoit lors dans la ville du Mans.

CHAPITRE XVIII.

Qui n'a pas besoin de titre.

On representa le jour suivant le Nicomède de l'inimitable M. de Corneille [318]. Cette comedie [319] est admirable, à mon jugement, et celle de cet excellent poète de théâtre en laquelle il a plus mis du sien et a plus fait paroître la fecondité et la grandeur de son genie, donnant à tous les acteurs des caractères fiers, tous differens les uns des autres. La representation n'en fut point troublée, et ce fut peut-être à cause que Ragotin ne s'y trouva pas. Il ne se passoit guère de jour qu'il ne s'attirât quelque affaire, à quoi sa mauvaise gloire et son esprit violent et presomptueux contribuoient autant que sa mauvaise fortune, qui jusqu'alors ne lui avoit point fait de quartier. Le petit homme avoit passé l'après-dînée dans la chambre du mari d'Inezille, l'operateur Ferdinando Ferdinandi, Normand, se disant Venitien, comme je vous ai déjà dit, medecin spagyrique [320] de profession, et, pour dire franchement ce qu'il etoit, grand charlatan, et encore plus grand fourbe. La Rancune, pour se donner quelque relâche des importunités que lui faisoit sans cesse Ragotin, à qui il avoit promis de le faire aimer de mademoiselle de l'Etoille, lui avoit fait accroire que l'operateur etoit un grand magicien, qui pouvoit faire courir en chemise, après un homme, la femme du monde la plus sage; mais qu'il ne faisoit de semblables merveilles que pour ses amis particuliers dont il connoissoit la discretion, à cause qu'il s'étoit mal trouvé d'avoir fait agir son art pour des plus grands seigneurs de l'Europe. Il conseilla à Ragotin de mettre tout en usage pour gagner ses bonnes grâces, ce qu'il lui assura ne lui devoir pas être difficile, l'opérateur étant homme d'esprit, qui devenoit aisément amoureux de ceux qui en avoient, et qui, quand une fois il aimoit quelqu'un, n'avoit plus rien de reservé pour lui. Il n'y a qu'à louer ou à respecter un homme glorieux, on lui fait faire ce que l'on veut. Il n'en est pas de même d'un homme patient, il n'est pas aisé à gouverner, et l'expérience apprend qu'une personne humble, et qui a le pouvoir sur soi de remercier quand on l'a refusée, vient plutôt à bout de ce qu'elle entreprend que celle qui s'offense d'un refus. La Rancune persuada à Ragotin ce qu'il voulut, et Ragotin, dès l'heure même, alla persuader à l'operateur qu'il étoit un grand magicien. Je ne vous redirai point ce qu'il lui dit; il suffit que l'operateur, qui avoit été averti par la Rancune, joua bien son personnage et nia qu'il fût magicien d'une manière à faire croire qu'il l'étoit. Ragotin passa l'après-dînée auprès de lui, qui avoit un matras sur le feu pour quelque operation chimique, et pour ce jour-là n'en put rien tirer d'affirmatif, dont l'impatient Manceau passa une nuit fort mauvaise. Le jour suivant, il entra dans la chambre de l'opérateur, qui etoit encore dans le lit. Inezille le trouva fort mauvais; car elle n'etoit plus d'âge à sortir de son lit fraîche comme une rose, et elle avoit besoin tous les matins d'être longtemps enfermée en particulier, devant que d'être en etat de paroître en public. Elle se coula donc dans un petit cabinet, suivie de sa servante Morisque, qui lui porta toutes ses munitions d'amour [321], et cependant Ragotin remit le sieur Ferdinandi sur la magie, et le sieur Ferdinandi s'ouvrit plus qu'il n'avoit fait, mais sans lui vouloir rien promettre. Ragotin lui voulut donner des marques de sa largesse. Il fit fort bien apprêter le dîner, et y convia les comediens et les comediennes. Je ne vous dirai point les particularités du repas; vous sçaurez seulement qu'on s'y rejouit beaucoup et qu'on y mangea de grande force. Après dîner, Inezille fut priée par le Destin et les comediennes de leur dire quelque historiette espagnole de celles qu'elle composoit ou traduisoit tous les jours, à l'aide du divin [322] Roquebrune, qui lui avoit juré par Apollon et les neuf Soeurs qu'il lui apprendroit dans six mois toutes les grâces et les finesses de notre langue. Inezille ne se fit point prier, et, tandis que Ragotin fit la cour au magicien Ferdinandi, elle lut d'un ton de voix charmant la Nouvelle que vous allez lire dans le suivant chapitre.

Note 318: (retour) À cette époque, la réputation de Corneille avoit entièrement, et depuis long-temps, triomphé des premières attaques, et le public ne se souvenoit plus des critiques de l'Académie, de Mairet, de Scudéry et de Claveret. Corneille n'étoit plus alors que *l'admirable, l'inimitable* et *l'incomparable*; son nom ne paroissoit guère sans être escorté de ces épithètes, qui sembloient en être devenues partie intégrante. V. encore Rom. com., III, 8. On peut lire, dans *la Prétieuse, ou le mystère des ruelles*, de l'abbé de Pure, un curieux éloge du même poète, qui vient à l'appui de notre remarque. (I, p. 357).

Note 319: (retour) Ce nom de *comédie* s'appliquoit, même encore long-temps après Corneille, comme un terme générique, aux pièces de théâtre, sans en excepter les tragédies proprement dites. On le trouve en ce sens dans Mme de Sévigné: «Les *comédies* de Corneille, dit le P. Bouhours, ont un caractère romain et je ne sais quoi d'héroïque; les *comédies* de Racine ont quelque chose de fort touchant, etc.» Du reste, quoique *Nicomède* ait porté dès son origine le titre de tragédie, le ton général et le caractère de cette pièce, qui ne renferme pas de catastrophe tragique, sont plutôt d'une comédie héroïque que d'une tragédie: on sait, sans parler du rôle de Prusias, que celui du héros principal n'est autre chose que le caractère du railleur mis en scène. Aussi, quand on reprit *Nicomède* pour la première fois, après plus de quatre-vingts ans d'interruption, en 1756, les acteurs ne lui donnèrent d'abord que le titre de tragi-comédie. Du reste, Scarron se trouve ici d'accord, probablement sans s'en douter, pour le nom qu'il donne à cette pièce, avec les principes exposés par Corneille lui-même dans son *Epître dédicatoire* de don *Sanche d'Aragon*, où, expliquant pourquoi il a intitulé cet ouvrage *comédie* héroïque, il en prend occasion de développer ce qui fait, suivant lui, la base essentielle et la différence constitutive de la tragédie et de la comédie.

Note 320: (retour) Epithète savante et prétentieuse, tirée de deux mots grecs ([Greek: span ageirein]), dont s'affubloient les médecins *chimiques* qui n'étoient pas de la Faculté, à l'encontre des médecins *galéniques*.

> Le trop lent *galénique*,
>
> Le chimique trop prompt, l'impudent *spagirique*,
>
> Auront chacun leur dupe, et, par divers chemins,
>
> Feront expérience aux frais des corps humains.
>
> (Sénecé, *Les trav. d'Apollon*, sat.)

Note 321: (retour) Voir, sur ces *medicamenta faciei*, dont usoient les dames du 17e siècle autant que celles du nôtre, un endroit du *Roman satyrique* de Jean de Lannel, 1624 (l. II, p. 194 et suiv.).--V. aussi, dans Scarron, *l'Héritier ridicule* (V. 1), un passage qui semble fait exprès pour cette note:

> Blanc, perles, coques d'oeufs, lard et pieds de mouton,
>
> Baume, lait virginal, et cent mille autres drogues,
>
> De testes sans cheveux, aussi razes que gogues,
>
> Font des miroirs d'amour, de qui les faux appas
>
> Estallent des beautez qu'ils ne possèdent pas.
>
> On les peut appeler visages de moquette:
>
> Un tiers de leur personne est dessous la toilette,
>
> L'autre dans les patins; le pire est dans le lit;

et Molière, *Préc. rid.*, IV, sans parler de quelques ouvrages plus autorisés sur la matière, tels que le *Parfumeur françois*, de Simon Barbe, 1693, etc.

Note 322: (retour) On prodiguoit alors cette épithète aux poètes, surtout dans les madrigaux, odes et sonnets qu'on leur adressoit pour être insérés en tête de leurs oeuvres. Le duc de Saint-Aignan, flatté d'avoir été nommé dans la *Légende de Bourbon*, traita Scarron lui-même de *divin* dans une épître en vers. Ailleurs Mlle Descars lui parle de sa *divine* plume. (Oeuvr. de *Scarr.*, rec. de 1648.)

CHAPITRE XIX.

Les deux Frères rivaux. [323]

Dorothée et Feliciane de Montsalve etoient les deux plus aimables filles de Seville, et, quand elles ne l'eussent pas été, leur bien et leur condition les eussent fait rechercher de tous les cavaliers qui avoient envie de se bien marier. Dom Manuel, leur père, ne s'etoit point encore declaré en faveur de personne, et Dorothée, sa fille, qui, comme aînée, devoit être mariée devant sa soeur, avoit comme elle si bien menagé ses regards et ses actions, que le plus presomptueux de ses pretendans avoit encore à douter si ses promesses amoureuses en etoient bien ou mal reçues. Cependant ces belles filles n'alloient point à la messe sans un cortège d'amans bien parés; elles ne prenoient point d'eau benite que plusieurs mains, belles ou laides, ne leur en offrissent à la fois; leurs beaux yeux ne se pouvoient lever de dessus leurs livres de prières qu'ils ne se trouvassent le centre de je ne sais combien de regards immoderés, et elles ne faisoient pas un pas dans l'eglise qu'elles n'eussent des reverences à rendre. Mais si leur merite leur causoit tant de fatigues dans les lieux publics et dans les eglises, il leur attiroit souvent devant les fenêtres de la maison de leur père des divertissemens qui leur rendoient supportable la severe clôture à quoi les obligeoient leur sexe et la coutume de la nation. Il ne se passoit guère de nuit qu'elles ne fussent regalées de quelque musique, et l'on couroit fort souvent la bague devant leurs fenêtres, qui donnoient sur une place publique.

Note 323: (retour) Traduite librement de la première nouvelle des *Alivios de Cassandra*, intitulée: *La confusion de una noche*. V. notre notice en tête du volume.

Un jour, entre autres, un etranger s'y fit admirer par son adresse sur tous les cavaliers de la ville, et fut remarqué pour un homme parfaitement bien fait par les deux belles soeurs. Plusieurs cavaliers de Seville, qui l'avoient connu en Flandre, où il avoit commandé un regiment de cavalerie, le convièrent de courir la bague avec eux; ce qu'il fit habillé à la soldate. À quelques jours de là, on fit dans Seville la ceremonie de sacrer un evêque. L'etranger, qui se faisoit appeler dom Sanche de Sylva, se trouva dans l'eglise où se faisoit la ceremonie, avec les plus galans de Seville, et les belles soeurs de Monsalve s'y trouvèrent aussi, entre plusieurs dames deguisées comme elles à la mode de Seville, avec une mante de grosse etoffe et un petit chappeau couvert de plumes sur la tête. Dom Sanche se trouva par hasard entre les deux belles soeurs et une dame, qu'il accosta, mais qui le pria civilement de ne parler point à elle et de laisser libre la place qu'il occupoit à une personne qu'elle attendoit. Dom Sanche lui obéit, et, s'approchant de Dorothée de Montsalve, qui étoit plus près de lui que sa soeur et qui avoit vu ce qui s'étoit passé entre cette dame et lui: «J'avois espéré, lui dit-il, qu'etant etranger, la dame à qui j'ai voulu parler ne me refuseroit pas sa conversation; mais elle m'a puni d'avoir cru trop temerairement que la mienne n'etoit pas à mepriser. Je vous supplie, continua-t-il, de n'avoir pas tant de rigueur qu'elle pour un etranger qu'elle vient de maltraiter, et, pour la gloire des dames de Seville, de lui donner sujet de se louer de leur bonté.--Vous m'en donnez un bien grand de vous traiter aussi mal qu'a fait cette dame, lui repondit Dorothée, puisque vous n'avez recours à moi qu'à son refus; mais, afin que vous n'ayez pas à vous plaindre des dames de mon pays, je veux bien ne parler qu'avec vous tant que durera la ceremonie, et par là vous jugerez que je n'ai point donné ici de rendez-vous à personne.--C'est de quoi je suis etonné, faite comme vous êtes, lui dit dom Sanche, et il faut que vous soyez bien à craindre ou que les galans de cette ville soient bien timides, ou plutôt que celui dont j'occupe le poste soit absent.--Et pensez-vous, lui dit Dorothée, que je sçache si peu comment il faut aimer qu'en l'absence d'un galant je ne m'empêchasse pas bien d'aller en une assemblée où je le trouverois à redire? Ne faites pas une autre fois un si mauvais jugement d'une personne que vous ne connoissez pas.--Vous connoîtriez bien, répliqua dom Sanche, que je juge de vous plus avantageusement que vous ne pensez, si vous me permettiez de vous servir autant que mon inclination m'y porte.--Nos premiers mouvemens ne sont pas toujours bons à suivre, lui dit Dorothée, et de plus il se trouve une grande difficulté dans ce que vous me proposez.--Il n'y en a point que je ne surmonte pour meriter d'être à vous, lui repartit dom Sanche.--Ce n'est pas un dessein de peu de jours, lui repondit Dorothée; vous ne songez peut-être pas que vous ne faites que passer par Seville, et peut-être ne sçavez-vous pas aussi que je ne trouverois pas bon qu'on ne m'aimât qu'en passant.--Accordez-moi seulement ce que je vous demande, lui dit-il, et je vous promets que je serai dans Seville toute ma vie.--Ce que vous me dites là est bien galant, repartit Dorothée, et je m'etonne fort qu'un homme qui sçait dire de pareilles choses n'ait point encore ici choisi de dame à qui il pût debiter sa galanterie. N'est-ce point qu'il ne croit point qu'elles en valent la peine?--C'est plutôt qu'il se defie de ses forces, lui dit dom Sanche.--Repondez-moi precisément à ce que je vous demande, lui dit Dorothée, et m'apprenez confidemment celle de nos dames qui auroit le pouvoir de vous arrêter dans Seville.--Je vous ai déjà dit que vous m'y arrêteriez si vous vouliez, lui repondit dom Sanche.--Vous ne m'avez jamais vue, lui dit Dorothée; declarez-vous donc sur quelque autre.--Je vous avouerai donc, puisque vous me l'ordonnez, lui dit dom Sanche, que, si Dorothée de Montsalve avoit autant d'esprit que vous, je croirois un homme heureux dont elle estimeroit le merite et souffriroit les soins.--Il se trouve dans Seville plusieurs dames qui l'egalent et même qui la surpassent, lui dit Dorothée; mais, ajouta-t-elle, n'avez-vous point oüi dire qu'entre ses galans il s'en trouvât quelqu'un qu'elle favorisât plus que les autres?--Comme je me suis vu fort eloigné de la meriter, lui dit dom Sanche, je ne me suis pas beaucoup mis en peine de m'informer de ce que vous dites.--Pourquoi ne la meriteriez-vous pas aussitôt qu'un autre? lui demanda Dorothée. Le caprice des dames est quelquefois étrange, et souvent le premier abord d'un nouveau venu fait plus de progrès que plusieurs années de service des galans qui sont tous les jours devant leurs yeux.--Vous vous defaites de moi adroitement, dit dom Sanche, en me donnant courage d'en aimer une autre que vous, et je vois bien par là que vous ne considéreriez guère les services d'un nouveau galant, au prejudice de celui avec qui il y a longtemps que vous êtes engagée.--Ne vous mettez pas cela dans l'esprit, lui repondit Dorothée, et croyez plutôt que je ne suis pas assez facile à persuader par une simple cajolerie pour croire la vôtre l'effet d'une inclination naissante, et même ne m'ayant jamais vue.--S'il ne manque que cela à la declaration d'amour que je vous fais pour la rendre recevable, repartit dom Sanche, ne vous cachez pas davantage à un étranger qui est déjà charmé de votre esprit.--Le vôtre ne le seroit pas de mon visage, lui repondit Dorothée.--Ah! vous ne pouvez être que fort belle, repliqua dom Sanche, puisque vous avouez si franchement que vous ne l'êtes pas, et je ne doute plus à cette heure que vous ne vous vouliez défaire de moi parceque je vous ennuie, ou que toutes les places de votre coeur ne soient déjà prises. Il n'est donc pas juste, ajouta-t-il, que la bonté que vous avez eue à me souffrir se lasse davantage, et je ne veux pas vous laisser croire que je n'aie eu dessein que de passer mon temps, lorsque je vous offrois tout celui de ma vie.--Pour vous témoigner, lui dit Dorothée, que je ne veux pas avoir perdu celui que j'ai employé à m'entretenir avec vous, je serai bien aise de ne m'en separer point que je ne sache qui vous êtes.--Je ne puis faillir en vous obeissant. Sachez donc, aimable inconnue, lui dit-il, que je porte le nom de Sylva, qui est celui de ma mère; que mon père est gouverneur de Quito dans le Perou, que je suis dans Seville par son ordre, et que j'ai passé toute ma vie en Flandre, où j'ai merité des plus beaux emplois de l'armée et une commanderie de Sainte-Jacques. Voilà en peu de paroles ce que je suis, continua-t-il, et il ne tiendra desormais qu'à vous que je ne vous puisse faire sçavoir, en un lieu moins public, ce que je veux être toute ma vie.--Ce sera le plus tôt que je pourrai, lui dit Dorothée, et cependant, sans vous mettre en peine de me connoître davantage, si vous ne voulez vous mettre en danger de ne me connoître jamais, contentez-vous de savoir que je suis de qualité et que mon visage ne fait pas peur.»

Dom Sanche la quitta, lui faisant une profonde reverence, et alla joindre un grand nombre de galans à louer qui s'entretenoient ensemble. Quelques dames tristes, de celles qui sont toujours en peine de la conduite des autres et fort en repos de la leur, qui se font d'elles-mêmes arbitres du mal et du bien, quoiqu'on puisse faire des gageures sur leur vertu comme sur tout ce qui n'est pas bien averé, et qui croient qu'avec un peu de rudesse brutale et de grimace devote elles ont de l'honneur à revendre, quoique l'enjoûment de leur jeunesse ait été plus scandaleux que le chagrin de leurs rides n'a été de bon exemple, ces dames donc, le plus souvent de connoissance très courte, diront ici que mademoiselle Dorothée est pour le moins une etourdie, non seulement d'avoir si brusquement fait de si grandes avances à un homme qu'elle ne connoissoit que de vue, mais aussi d'avoir souffert qu'on lui parlât d'amour, et que, si une fille sur qui elles auroient du pouvoir en avoit fait autant, elle ne seroit pas un quart d'heure dans le monde. Mais que les ignorantes sachent que chaque pays a ses coutumes particulières, et que, si en France les femmes, et même les filles, qui vont partout sur leur bonne foi, s'offensent, ou du moins le doivent faire, de la moindre declaration d'amour, qu'en Espagne, où elles sont resserrées comme des religieuses, on ne les offense point de leur dire qu'on les aime, quand celui qui le leur diroit n'auroit pas de quoi se faire aimer. Elles font bien davantage: ce sont toujours presque les dames qui font les premières avances, et qui sont les premières prises, parcequ'elles sont les dernières à être vues des galans qu'elles voient tous les jours dans les églises, dans le cours, et de leurs balcons et jalousies [324].

Note 324: (retour) C'est du moins ainsi que les choses se passent presque toujours dans les romans, nouvelles et drames espagnols ou imités de l'espagnol.

Dorothée fit confidence à sa soeur Feliciane de la conversation qu'elle avoit eue avec dom Sanche, et lui avoua que cet etranger lui plaisoit davantage que tous les cavaliers de Seville; et sa soeur approuva fort le dessein qu'elle avoit fait sur sa liberté. Les deux belles soeurs moralisèrent longtemps sur les priviléges avantageux qu'avoient les hommes par dessus les femmes, qui n'etoient presque jamais mariées qu'au choix de leurs parens, qui n'etoit pas toujours à leur gré, au lieu que les hommes se pouvoient choisir des femmes aimables. «Pour moi, disoit Dorothée à sa soeur, je suis bien assurée que l'amour ne me fera jamais rien faire contre mon devoir; mais je suis aussi bien resolue de ne me marier jamais avec un homme qui ne possedera pas lui seul tout ce que j'aurois à chercher en plusieurs autres, et j'aime bien mieux passer ma vie dans un couvent qu'avec un mari que je ne pourrois pas aimer.» Feliciane dit à sa soeur qu'elle avoit pris cette resolution-là aussi bien qu'elle, et elles s'y fortifièrent l'une l'autre par tous les raisonnemens que leurs beaux esprits leur fournirent sur ce sujet.

Dorothée trouvoit de la difficulté à tenir à dom Sanche la parole qu'elle lui avoit donnée de se faire connoître à lui, et elle en temoignoit à sa soeur beaucoup d'inquietude; mais Feliciane, qui etoit heureuse à trouver des expediens, fit souvenir à sa soeur qu'une dame de leurs parentes, et de plus de leurs intimes amies (car toutes les parentes n'en sont pas) [325], la serviroit de tout son coeur dans une affaire où il y alloit de son repos. «Vous sçavez bien, lui disoit cette bonne soeur, la plus commode du monde, que Marine, qui nous a servies si long-temps, est mariée à un chirurgien qui loue de notre parente une petite maison jointe à la sienne, et que les deux maisons ont une entrée l'une dans l'autre. Elles sont dans un quartier eloigné, et quand on remarqueroit que nous irions visiter notre parente plus souvent que nous n'aurions jamais fait, on ne prendra pas garde que ce dom Sanche entre chez un chirurgien, outre qu'il y peut entrer de nuit et deguisé.»

Note 325: (retour) Nouvelle allusion probablement à sa belle-mère, et sans doute aussi à ses soeurs et à son frère du second lit, Madeleine, Claude et Nicolas Scarron, dont il eut beaucoup à se plaindre, et contre qui il fut obligé de plaider. V. *factum* ou *requête*, etc.

Cependant que Dorothée dresse à l'aide de sa soeur le plan de son intrigue amoureuse, qu'elle dispose sa parente à la servir et instruit Marine de ce qu'elle a à faire, dom Sanche songe en son inconnue, ne sçait si elle lui a promis de lui faire sçavoir de ses nouvelles pour se moquer de lui, et la voit tous les jours sans la connoître, ou dans les églises, ou à son balcon, recevant les adorations de ses galans, qui sont tous de la connoissance de dom Sanche, et les plus grands amis qu'il ait dans Seville. Il s'habilloit un matin, songeant à son inconnue, quand on lui vint dire qu'une femme voilée le demandoit. On la fit entrer, et il en reçut le billet que vous allez lire:

BILLET.

Je vous aurois plus tôt fait sçavoir de mes nouvelles si je l'avois pu. Si l'envie que vous avez eue de me connoître vous dure encore, trouvez-vous, au commencement de la nuit, où celle qui vous a donné mon billet vous dira, et d'où elle vous conduira où je vous attendrai.

Vous pouvez vous figurer la joie qu'il eut. Il embrassa avec emportement la bienheureuse ambassadrice, et lui donna une chaîne d'or, qu'elle prit après quelque petite ceremonie. Elle lui donna heure au commencement de la nuit en un lieu ecarté, qu'elle lui marqua, où il se devoit rendre sans suite, et prit congé de lui, le laissant l'homme du monde le plus aise et le plus impatient. Enfin la nuit vint: il se trouva à l'assignation embelli et parfumé, où l'attendoit l'ambassadrice du matin. Il fut introduit par elle dans une petite maison de mauvaise mine, et ensuite en un fort bel appartement, où il trouva trois dames, toutes le visage couvert d'un voile. Il reconnut son inconnue à sa taille, et lui fit d'abord des plaintes de ce qu'elle, ne levoit pas son voile. Elle ne fit point de façons, et sa soeur et elle se decouvrirent au bienheureux dom Sanche pour les belles dames de Montsalve. «Vous voyez, lui dit Dorothée en ôtant son voile, que je disois la verité quand je vous assurois qu'un etranger obtenoit quelquefois en un moment ce que des galans qu'on voyoit tous les jours ne meritoient pas en plusieurs années; et vous seriez, ajouta-t-elle, le plus ingrat de tous les hommes si vous n'estimiez pas la faveur que je vous fais, ou si vous en faisiez des jugemens à mon desavantage.--J'estimerai toujours tout ce qui me viendra de vous comme s'il me venoit du Ciel, lui dit le passionné dom Sanche, et vous verrez bien par le soin que j'aurai à me conserver le bien que vous me ferez que, si jamais je le perds, ce sera plutôt par mon malheur que par ma faute.

> Ils se dirent en peu de temps
>
> Tout ce que l'amour nous fait dire
>
> Quand il est maître de nos sens.

La maîtresse du logis et Feliciane, qui sçavoient bien vivre, s'etoient eloignées d'une honnête distance de nos deux amans, et ainsi ils eurent toute la commodité qu'il leur falloit pour s'entredonner de l'amour encore plus qu'ils n'en avoient, quoiqu'ils en eussent dejà beaucoup, et prirent jour pour s'en donner, s'il se pouvoit, encore davantage. Dorothée promit à dom Sanche de faire ce qu'elle pourroit pour se voir souvent avec lui; il l'en remercia le plus spirituellement qu'il put; les deux autres dames se mêlèrent en même temps dans leur conversation, et Marine les fit souvenir de se separer quand il en fut temps. Dorothée en fut triste, dom Sanche en changea de visage; mais il fallut pourtant se dire adieu. Le brave cavalier ecrivit dès le jour suivant à sa belle dame, qui lui fit une reponse telle qu'il la pouvoit souhaiter. Je ne vous ferai point voir ici de leurs billets amoureux, car il n'en est point tombé entre mes mains. Ils se virent souvent dans le même lieu et de la même façon qu'ils s'etoient vus la première fois, et vinrent à s'aimer si fort, que, sans repandre leur sang comme Pirame et Tisbé, ils ne leur en durent guère en tendresse impetueuse.

On dit que l'amour, le feu et l'argent ne se peuvent long-temps cacher. Dorothée, qui avoit son galant etranger dans la tête, n'en pouvoit parler petitement, et elle le mettoit si haut au dessus de tous les gentilshommes de Seville, que quelques dames qui avoient leurs interets cachés aussi bien qu'elle, et qui l'entendoient incessamment parler de dom Sanche et l'elever au mepris de ce qu'elles aimoient, y prirent garde et s'en piquèrent. Feliciane l'avoit souvent avertie en particulier d'en parler avec plus de retenue, et cent fois, en compagnie, quand elle la voyoit se laisser emporter au plaisir qu'elle prenoit de parler de son galant, lui avoit marché sur les pieds jusqu'à lui faire mal. Un cavalier amoureux de Dorothée en fut averti par une dame de ses intimes amies, et n'eut point de peine à croire que Dorothée aimoit dom Sanche, parcequ'il se souvint que depuis que cet etranger etoit dans Séville, les esclaves de cette belle fille, desquels il etoit le plus enchaîné, n'en avoient pas reçu le moindre petit regard favorable. Ce rival de dom Sanche etoit riche, de bonne maison, et etoit agreable de dom Manuel, qui ne pressoit pourtant pas sa fille de l'epouser, à cause que toutes les fois qu'il lui en parloit elle le conjuroit de ne la marier pas si jeune. Ce cavalier (je me viens de souvenir qu'il s'appeloit dom Diègue) voulut s'assurer davantage de ce qu'il ne faisoit encore que soupçonner. Il avoit un valet de chambre de ceux qu'on appelle braves garçons, qui ont d'aussi beau linge que leurs maîtres ou qui portent le leur, qui font les modes entre les autres valets, et qui en sont autant enviés qu'estimés des servantes. Ce valet se nommoit Gusman, et, ayant eu du ciel une demi-teinture de poesie, faisoit la plupart des romances de Seville [326], ce qui est à Paris des chansons de Pont-Neuf [327]; il les chantoit sur sa guitare, et ne les chantoit pas toutes unies et sans y faire de la broderie des lèvres ou de la langue. Il dansoit la sarabande, n'etoit jamais sans castagnettes, avoit eu envie d'être comedien, et faisoit entrer dans la composition de son merite quelque bravoure, mais, pour vous dire les choses comme elles sont, un peu filoutière. Tous ces beaux talens, joints à quelque éloquence de memoire que lui avoit communiquée celle de son maître, l'avoient rendu sans contredit le blanc [328] (si je l'ose ainsi dire) de tous les desirs amoureux des servantes qui se croyoient aimables [329]. Dom Diègue lui commanda de se radoucir, pour Isabelle, jeune fille qui servoit les dames de Montsalve. Il obeit à son maître. Isabelle s'en aperçut, et se crut heureuse d'être aimée de Gusman, qu'elle aima en peu de temps, et qui, de son côté, vint aussi à l'aimer et à continuer tout de bon ce qu'il n'avoit commencé que pour obeir à son maître. Si Gusman eveilloit la convoitise des servantes de la plus grande ambition, Isabelle etoit un parti avantageux pour le valet d'Espagne qui eût eu les pensées les plus hautes. Elle etoit aimée de ses maîtresses, qui etoient fort liberales, et avoit quelque bien à attendre de son père, qui etoit un honnête artisan. Gusman songea donc serieusement à être son mari; elle l'agrea pour tel; ils se donnèrent mutuellement la foi de mariage, et vecurent depuis ensemble comme s'ils eussent eté mariés. Isabelle avoit bien du deplaisir de ce que Marine, la femme du chirurgien chez qui Dorothée et dom Sanche se voyoient secrètement, et qui avoit servi sa maîtresse devant elle, etoit encore sa confidente dans une affaire de cette nature, où la liberalité d'un amant se faisoit toujours paroître. Elle avoit eu connoissance de la chaîne d'or que dom Sanche avoit donnée à Marine, de plusieurs autres presens qu'il lui avoit faits, et s'imaginoit qu'elle en avoit reçu bien d'autres. Elle en haïssoit Marine à mort, et c'est ce qui m'a fait croire que la belle fille etoit un peu interessée. Il ne faut donc pas s'etonner si, à la première prière que lui fit Gusman de lui avouer s'il etoit vrai que Dorothée aimât quelqu'un, elle fit part du secret de sa maîtresse à un homme à qui elle s'etoit donnée tout entière. Elle lui apprit tout ce qu'elle savoit de l'intrigue de nos jeunes amans, et exagera long-temps la bonne fortune de Marine, que dom Sanche enrichissoit, et ensuite pesta contre elle d'emporter ainsi des profits qui etoient mieux dus à une servante de la maison. Gusman la pria de l'avertir du jour que Dorothée se trouveroit avec son galant. Elle le fit, et il ne manqua pas d'en avertir son maître, à qui il apprit tout ce qu'il avoit appris de la peu fidèle Isabelle.

Note 326: (retour) L'Andalousie, et en particulier Séville, sa capitale, furent de tout temps, dans la réalité comme dans les romans et la poésie, l'asile favori de la bohème espagnole, des vagabonds et joueurs de guitare. Ce n'est pas sans raison que Beaumarchais en a fait le séjour de son Figaro, et que la même ville est restée le lieu privilégié des sérénades dans toutes les romances. Il y avoit surtout le faubourg Triana, qui, à peu près comme notre Pont-Neuf, étoit le centre de réunion de ces personnages, le quartier-général de leurs tours, de leurs exercices de toutes sortes et de leurs vols. Dans la Nouvelle de Cervantes intitulée: *Rinconet et Cortadille*, qui «contient toutes les ruzes et les subtilitez des plus fins et des plus madrez coupeurs de bourses» (trad. de Rosset), le lieu de la scène est à Séville. Cette nouvelle peut même nous donner une idée de ce que Scarron appelle les romances de Séville (qu'il compare d'ailleurs aux chansons du Pont-Neuf; voir la note suiv.), par les chants populaires que Cervantes fait exécuter à ses voleurs et à ses vagabonds, s'accompagnant, l'un d'un balai de palme verte en guise de violon, l'autre d'un patin sur lequel il frappe comme sur un tambour, un autre encore de fragments de plats qui lui servent de castagnettes.

Note 327: (retour) Les écrivains comiques et satyriques du temps, Sorel, Cyrano, Scarron, d'Assoucy, Boileau, Saint-Amant, Naudé dans le *Mascurat*, Tallemant, etc., etc., font souvent allusion aux chantres et poètes du Pont-

Neuf, les hôtes quotidiens du Cheval de bronze. Dès le matin, on entendoit retentir les refrains, parmi les cris des marchands de libelles et de poésies, qui en étoient quelquefois les auteurs eux-mêmes. «Contraint par la nécessité, lit-on dans l'*Histoire du poète Sibus* (recueil en prose de Sercy, 2e v.), il alla encore sur le Pont-Neuf chanter quelques chansons qu'il avoit faites.» Maillet, le *poète crotté*, y heurtoit maître Guillaume, et le comte de Permission y coudoyoit le Savoyard. Celui-ci (de son vrai nom Philippot) étoit le plus célèbre de tous, et il chantoit, en bouffonnant et en se faisant accompagner de jeunes garçons, tantôt des chansons burlesques de Gautier Garguille, tantôt des siennes propres, qu'on a recueillies dans un volume curieux. D'Assoucy, dans ses *Aventures* (p. 247 et suiv.), donne d'intéressants détails sur ce personnage. V. également *Dict.* de Bayle, édit., 1741, t. 2, p. 249 N.C. La muse du Pont-Neuf embouchoit aussi quelquefois la trompette pour célébrer à sa manière les événements nationaux. Les mots *chansons du Pont-Neuf* étoient passés en proverbe, pour désigner, dit Furetière, «des chansons communes qui se chantent parmi le peuple, avec grande facilité et sans art.» On dit encore aujourd'hui: un pont-neuf.

Note 328: (retour) C'est-à-dire le but, la cible.

Note 329: (retour) C'est là le type du valet des romans picaresques, tel qu'on le retrouve aussi dans quelques pages de *Francion*, dans *Gil-Blas* et *le Mariage de Figaro*. Les Crispins et les Frontins de notre comédie classique ont également plusieurs traits de cette physionomie, comme aussi le Mascarille de Molière: «J'ai un certain valet... qui passe, au sentiment de beaucoup de gens, pour une manière de bel-esprit, etc.» (*Préc. rid.* I.)

Dom Diègue, habillé en pauvre, se posta auprès de la porte du logis de Marine la nuit que lui marqua son valet, y vit entrer son rival, et, à quelque temps de là, arrêter un carrosse devant la maison de la parente de Dorothée, d'où cette belle fille et sa soeur descendirent, laissant dom Diègue dans la rage que vous pouvez vous imaginer. Il fit dessein, dès lors, de se delivrer d'un si redoutable rival en l'ôtant du monde, s'assura d'assassins de louage, attendit dom Sanche plusieurs nuits de suite, et enfin le trouva et l'attaqua, secondé de deux braves bien armés aussi bien que lui. Dom Sanche, de son côté, etoit en etat de se bien defendre, et, outre le poignard et l'epée, avoit deux pistolets à sa ceinture. Il se defendit d'abord comme un lion, et connut bien que ses ennemis en vouloient à sa vie et etoient couverts à l'epreuve des coups d'epée. Dom Diègue le pressoit plus que les autres, qui n'agissoient qu'au prix de l'argent qu'ils en avoient reçu. Il lâcha quelque temps le pied devant ses ennemis pour tirer le bruit du combat loin de la maison où etoit sa Dorothée; mais enfin, craignant de se faire tuer à force d'être discret, et se voyant trop pressé de dom Diègue, il lui tira un de ses pistolets et l'etendit par terre demi-mort et demandant un prêtre à haute voix. Au bruit du coup de pistolet les braves disparurent. Dom Sanche se sauva chez lui, et les voisins sortirent dans la rue et trouvèrent dom Diègue, qu'ils reconnurent, tirant à sa fin, et qui accusa dom Sanche de sa mort. Notre cavalier en fut averti par ses amis, qui lui dirent que, quand la justice ne le chercheroit pas, les parens de dom Diègue ne laisseroient pas la mort de leur parent impunie, et tâcheroient assurément de le tuer, en quelque lieu qu'ils le trouvassent. Il se retira donc dans un couvent, d'où il fit savoir de ses nouvelles à Dorothée, et donna ordre à ses affaires pour pouvoir sortir de Seville quand il le pourroit faire sûrement.

La justice cependant fit ses diligences, chercha dom Sanche et ne le trouva point. Après que la première ardeur des poursuites fut passée, et que tout le monde fut persuadé qu'il s'etoit sauvé, Dorothée et sa soeur, sous un pretexte de devotion, se firent mener par leur parente dans le couvent où s'etoit retiré dom Sanche, et là, par l'entremise d'un bon père, les deux amans se virent dans une chapelle, se promirent une fidelité à toutes epreuves, et se separèrent avec tant de regret, et se dirent des choses si pitoyables, que sa soeur, sa parente et le bon religieux, qui en furent temoins, en pleurèrent, et en ont toujours pleuré depuis toutes les fois qu'ils y ont songé. Il sortit deguisé de Seville, et laissa, devant que de partir, des lettres au facteur de son père, pour les lui faire tenir aux Indes. Par ces lettres, il lui faisoit savoir l'accident qui l'obligeoit à s'absenter de Seville, et qu'il se retiroit à Naples. Il y arriva heureusement, et fut bien venu auprès du vice-roi, à qui il avoit l'honneur d'appartenir. Quoiqu'il en reçût toutes sortes de faveurs, il s'ennuya dans la ville de Naples pendant une année entière, puisqu'il n'avoit point de nouvelles de Dorothée.

Le vice-roi arma six galères qu'il envoya en course contre le Turc. Le courage de dom Sanche ne lui laissa pas negliger une si belle occasion de l'exercer, et celui qui commandoit ces galères le reçut dans la sienne et le logea dans la chambre de poupe, ravi d'avoir avec lui un homme de sa condition et de son merite. Les six galères de Naples en trouvèrent huit turques presque à la vue de Messine et n'hesitèrent point à les attaquer. Après un long combat, les chretiens prirent trois galères ennemies et en coulèrent deux à fond. La patronne des galères chretiennes s'étoit attachée à celle des Turcs, qui, pour être mieux armée que les autres, avoit fait aussi plus de resistance. La mer cependant etoit devenue grosse, et l'orage s'etoit augmenté si furieusement, qu'enfin les chretiens et les Turcs songèrent moins à s'entrenuire qu'à se garantir de l'orage. On deprit donc de part et d'autre les crampons de fer dont les galères avoient eté accrochées, et la patronne turque s'eloigna de la chretienne dans le temps que le trop hardi dom Sanche s'etoit jeté dedans et n'avoit été suivi de personne. Quand il se vit lui seul au pouvoir des ennemis, il prefera la mort à l'esclavage, et, au hasard de tout ce qui en pourroit arriver, se lança dans la mer, esperant en quelque façon, comme il etoit grand nageur, de gagner à la nage les galères chretiennes; mais le mauvais temps empêcha qu'il n'en fût aperçu, quoique le general chretien, qui avoit été temoin de l'action de dom Sanche, et qui se desesperoit de sa perte, qu'il croyoit inevitable, fît revirer sa galère du côté qu'il s'etoit jeté dans la mer. Dom Sanche cependant fendoit les vagues de toute la force de ses bras, et après avoir nagé quelque temps vers la terre, où le vent et la marée le portoient, il trouva heureusement une planche des galères turques que le canon avoit brisées, et se servit utilement de ce secours, venu à propos, qu'il crut que le ciel lui avoit envoyé. Il n'y avoit pas plus d'une lieue et demie du lieu où le combat s'etoit fait jusqu'à la côte de Sicile, et dom Sanche y aborda plus vite qu'il ne l'esperoit, aidé comme il etoit du vent et de la marée. Il prit terre sans se blesser contre le rivage, et après avoir remercié Dieu de l'avoir tiré d'un peril si evident, il alla plus avant en terre, autant que sa lassitude le put permettre, et d'une eminence qu'il monta aperçut un hameau habité de pêcheurs, qu'il trouva les plus charitables du monde. Les efforts qu'il avoit faits pendant le combat, qui l'avoient fort echauffé, et ceux qu'il avoit faits dans la mer, et le froid qu'il y avoit souffert et ensuite dans ses habits mouillés, lui causèrent une violente fièvre qui lui fit longtemps garder le lit; mais enfin il guerit sans y faire autre chose que de vivre de regime. Pendant sa maladie, il fit dessein de laisser tout le monde dans la croyance qu'on devoit avoir de sa mort, pour n'avoir plus tant à se garder de ses ennemis les parens de dom Diègue, et pour eprouver la fidelité de Dorothée.

Il avoit fait grande amitié en Flandre avec un marquis sicilien, de la maison de Montalte, qui s'appeloit Fabio. Il donna ordre à un pêcheur de s'informer s'il etoit à Messine, où il savoit qu'il demeuroit, et ayant sçu qu'il y etoit, il y alla en habit de pêcheur, et entra la nuit chez ce marquis, qui l'avoit pleuré avec tous ceux qui avoient été affligés de sa perte. Le marquis Fabio fut ravi de retrouver un ami qu'il avoit cru perdu. Dom Sanche lui apprit de quelle façon il s'etoit sauvé, et lui conta son aventure de Seville, sans lui cacher la violente passion qu'il avoit pour Dorothée. Le marquis sicilien s'offrit d'aller en Espagne, et même d'enlever Dorothée, si elle y consentoit, et de l'amener en Sicile. Dom Sanche ne voulut pas recevoir de son ami de si perilleuses marques d'amitié; mais il eut une extrême joie de ce qu'il vouloit bien l'accompagner en Espagne. Sanchez, valet de dom Sanche, avoit été si affligé de la perte de son maître, que, quand les galères de Naples vinrent se rafraîchir à Messine, il entra dans un couvent pour y passer le reste de ses jours. Le marquis Fabio l'envoya demander au superieur, qui l'avoit reçu à la recommandation de ce seigneur sicilien, et qui ne lui avoit pas encore donné l'habit de religieux. Sanchez pensa mourir de joie quand il revit son cher maître, et ne songea plus à retourner dans son couvent. Dom Sanche l'envoya en Espagne preparer ses voies et pour lui faire savoir des nouvelles de Dorothée, qui cependant avoit cru avec tout le monde que dom Sanche etoit mort. Le bruit en alla jusqu'aux Indes; le père de dom Sanche en mourut de regret et laissa à un autre fils qu'il avoit quatre cent mille ecus de bien, à condition d'en donner la moitié à son frère si la nouvelle de sa mort se trouvoit fausse. Le frère de dom Sanche se nommoit dom Juan de Peralte, du nom de son père. Il s'embarqua pour l'Espagne, avec tout son argent, et arriva à Seville un an après l'accident qui y etoit arrivé à dom Sanche. Ayant un nom different du sien, il lui fut aisé de cacher qu'il fût son frère, ce qu'il lui etoit important de tenir secret, à cause du long sejour que ses affaires l'obligèrent de faire dans une ville où son frère avoit des ennemis. Il vit Dorothée et en devint amoureux comme son frère; mais il n'en fut pas aimé comme lui. Cette belle fille affligée ne pouvoit rien aimer après son cher dom Sanche: tout ce que dom Juan de Peralte faisoit pour lui plaire l'importunoit, et elle refusoit tous les jours les meilleurs partis de Seville, que son père, dom Manuel, lui proposoit.

Dans ce temps-là, Sanchez arriva à Seville, et, suivant les ordres que lui avoit donnés son maître, il voulut s'informer de la conduite de Dorothée. Il sçut du bruit de la ville qu'un cavalier fort riche, venu depuis peu des Indes, en etoit amoureux et faisoit pour elle toutes les galanteries d'un amant bien raffiné. Il l'ecrivit à son maître et lui fit le mal plus grand qu'il n'etoit, et son maître se l'imagina encore plus grand que son valet ne le lui avoit fait. Le marquis Fabio et dom Sanche s'embarquèrent à Messine sur les galères d'Espagne qui y retournoient, et arrivèrent heureusement à Saint-Lucar, où ils prirent la poste jusqu'à Seville. Ils y entrèrent de nuit et descendirent dans le logis que Sanchez leur avoit arrêté. Ils gardèrent la chambre le lendemain, et la nuit dom Sanche et le marquis Fabio allèrent faire la ronde dans le quartier de dom Manuel. Ils ouïrent accorder des instrumens sous les fenêtres de Dorothée, et ensuite une excellente musique, après laquelle une voix seule, accompagnée d'un theorbe, se plaignit long-temps des rigueurs d'une tigresse deguisée en ange. Dom Sanche fut tenté de charger Messieurs de la serenade; mais le marquis Fabio l'en empêcha, lui representant que c'etoit tout ce qu'il pourroit faire si Dorothée avoit paru à son balcon pour obliger son rival, ou si les paroles de l'air qu'on avoit chanté etoient des remercîmens de faveurs reçues plutôt que des plaintes d'un amant qui n'etoit pas content. La serenade se retira peut-être assez mal satisfaite, et dom Sanche et le marquis Fabio se retirèrent aussi.

Cependant Dorothée commençoit à se trouver importunée de l'amour du cavalier indien. Son père dom Manuel avoit une extrême passion de la voir mariée, et elle ne doutoit point que, si cet Indien, dom Juan de Peralte, riche et de bonne maison comme il etoit, s'offroit à lui pour son gendre, il ne fût preferé à tous les autres, et elle plus pressée de son père qu'elle n'avoit encore eté. Le jour qui suivit la serenade dont le marquis Fabio et dom Sanche avoient eu leur part, Dorothée s'en entretint avec sa soeur et lui dit qu'elle ne pouvoit plus souffrir les galanteries de l'Indien, et qu'elle trouvoit étrange qu'il les fît si publiques devant que d'avoir fait parler à son père. «C'est un procedé que je n'ai jamais approuvé, lui dit Feliciane, et, si j'etois en votre place, je le traiterois si mal la première fois que l'occasion s'en presenteroit, qu'il seroit bientôt desabusé de l'esperance qu'il a de vous plaire. Pour moi, il ne m'a jamais plu, ajouta-t-elle; il n'a point ce bon air qu'on ne prend qu'à la Cour [330], et la grande depense qu'il fait dans Seville n'a rien de poli et rien qui ne sente son etranger.» Elle s'efforça ensuite de faire une fort desagreable peinture de dom Juan de Peralte, ne se souvenant pas qu'au commencement qu'il parut dans Seville elle avoit avoué à sa soeur qu'il ne lui deplaisoit pas, et que toutes les fois qu'elle avoit eu à en parler elle l'avoit fait en le louant avec quelque sorte d'emportement. Dorothée, remarquant sa soeur si changée, ou qui feignoit de l'être, dans les sentimens qu'elle avoit eus autrefois pour ce cavalier, la soupçonna d'avoir de l'inclination pour lui, autant qu'elle lui vouloit faire croire de n'en avoir point, et pour s'en eclaircir elle lui dit qu'elle n'etoit point offensée des galanteries de dom Juan par l'aversion qu'elle eût pour sa personne, et qu'au contraire, lui trouvant dans le visage quelque air de celui de dom Sanche, il auroit été plus capable de lui plaire qu'aucun autre cavalier de Seville, outre qu'elle savoit bien qu'etant riche et de bonne maison il obtiendroit aisément le consentement de son père. «Mais, ajouta-t-elle, je ne puis rien aimer après dom Sanche, et, puisque je n'ai pu être sa femme, je ne la serai jamais d'un autre, et je passerai le reste de mes jours dans un couvent.--Quand vous ne seriez pas encore bien resolue à un si etrange dessein, lui dit Feliciane, vous ne pouvez m'affliger davantage que de me le dire.--N'en doutez point, ma soeur, lui repondit Dorothée; vous serez bientôt le plus riche parti de Seville, et c'est ce qui me faisoit avoir envie de voir dom Juan pour lui persuader d'avoir pour vous les sentimens d'amour qu'il a pour moi, après l'avoir desabusé de l'esperance qu'il a que je puisse jamais consentir à l'épouser; mais je ne le verrai que pour le prier de ne m'importuner plus de ses galanteries, puisque je vois que vous avez tant d'aversion pour lui. Et en verité, continua-t-elle, j'en ai du deplaisir: car je ne vois personne dans Seville avec qui vous puissiez être aussi bien mariée que vous le seriez avec lui.--Il m'est plus indifferent que haïssable, lui dit Feliciane, et si je vous ai dit qu'il me deplaisoit, ç'a été plutôt par quelque complaisance que j'ai voulu avoir pour vous, que par une veritable aversion que j'eusse pour lui.--Avouez plutôt, ma chère soeur, lui repondit Dorothée, que vous ne me parlez pas ingenuement, et quand vous m'avez temoigné peu d'estime pour dom Juan, que vous ne vous êtes pas souvenue que vous me l'avez quelquefois extrêmement loué, ou que vous avez plutôt craint qu'il ne me plût trop, que decouvert qu'il ne vous plaisoit guère.»

Note 330: (retour) On reconnoît là, appliquée à la cour d'Espagne, l'opinion commune à toute la *bonne cabale* et à la plupart des écrivains courtisans du XVIIe siècle. Ce n'étoit pas seulement Mascarille qui tenoit «que, hors de Paris, il n'y avoit point de salut pour les honnêtes gens.» (*Préc. rid.*, sc. 10.)

Bussy-Rabutin a dit de même que partout ailleurs qu'à Versailles on devient ridicule.

Feliciane rougit à ces dernières paroles de Dorothée et se defit extrêmement. Elle lui dit, l'esprit fort troublé, quantité de choses mal arrangées, qui la defendirent moins qu'elles ne la convainquirent de ce que l'accusoit sa soeur, et enfin elle lui confessa qu'elle aimoit dom Juan. Dorothée ne desapprouva pas son amour, et lui promit de la servir de tout son pouvoir. Dès le jour même, Isabelle, qui avoit rompu tout commerce avec son Gusman depuis l'accident arrivé à dom Sanche, eut ordre de Dorothée d'aller trouver dom Juan, de lui porter la clef d'une porte du jardin de dom Manuel, et de lui dire que Dorothée et sa soeur l'y attendroient, et qu'il se rendît à l'assignation à minuit, quand leur père seroit couché. Isabelle, qui avoit été gagnée de dom Juan, et qui avoit fait ce qu'elle avoit pu pour le mettre bien dans l'esprit de sa maîtresse, sans y avoir reussi, fut fort surprise de la voir si changée et fort aise de porter une bonne nouvelle à une personne à qui elle n'en avoit encore porté que de mauvaises, et de qui elle avoit déjà reçu beaucoup de presens. Elle vola chez ce cavalier, qui eût eu peine à croire sa bonne fortune, sans la fatale clef du jardin qu'elle lui remit entre les mains. Il mit dans les siennes une petite bourse de senteur [331], pleine de cinquante pistoles, dont elle eut pour le moins autant de joie qu'elle venoit de lui en donner.

Note 331: (retour) C'est-à-dire une bourse parfumée, remplie de senteurs. On disoit, dans le même sens et de la même manière: des peaux, des gants de senteur.

Le hasard voulut que, la même nuit que dom Juan devoit avoir entrée dans le jardin du père de Dorothée, dom Sanche, accompagné de son ami le marquis, vint encore faire la ronde à l'entour du logis de cette belle fille pour s'assurer davantage des desseins de son rival. Le marquis et lui etoient sur les onze heures dans la rue de Dorothée, quand quatre hommes bien armés s'arrêtèrent auprès d'eux. L'amant jaloux crut que c'etoit son rival; il s'approcha de ces hommes et leur dit que le poste qu'ils occupoient lui etoit commode pour un dessein qu'il avoit, et qu'il les prioit de le lui céder. «Nous le ferions par civilité, lui repondirent les autres, si le même poste que vous nous demandez n'etoit absolument nécessaire à un dessein que nous avons aussi, et qui sera executé assez tôt pour ne retarder pas longtemps l'exécution du vôtre.» La colère de dom Sanche etoit déjà au plus haut point où elle pouvoit aller: mettre donc l'epée à la main et charger ces hommes, qu'il trouvoit incivils, fut presque la même chose. Cette attaque imprevue de dom Sanche les surprit et les mit en desordre, et le marquis les chargeant d'aussi grande vigueur qu'avoit fait son ami, ils se defendirent mal et furent poussés plus vite que le pas jusqu'au bout de la rue. Là dom Sanche reçut une legère blessure dans un bras, et perça celui qui l'avoit blessé d'un si grand coup qu'il fut longtemps à retirer son épée du corps de son ennemi, et crut l'avoir tué.

Le marquis, cependant, s'etoit opiniâtré à poursuivre les autres, qui fuirent devant lui de toute leur force aussitôt qu'ils virent tomber leur camarade. Dom Sanche vit à l'un des deux bouts de la rue des gens avec de la lumière qui venoient au bruit du combat; il eut peur que ce ne fût la justice, et c'etoit elle. Il se retira en diligence dans la rue où le combat avoit commencé, et de cette rue dans une autre, au milieu de laquelle il trouva tête pour tête un vieux cavalier qui s'eclairoit d'une lanterne, et qui avoit mis l'epée à la main au bruit que faisoit dom Sanche, qui venoit à lui en courant. Ce vieux cavalier etoit dom Manuel, qui revenoit de jouer chez un de ses voisins, comme il faisoit tous les soirs, et alloit entrer chez lui par la porte de son jardin, qui etoit proche du lieu où le trouva dom Sanche. Il cria à notre amoureux cavalier: «Qui va là?--Un homme, lui repondit dom Sanche, à qui il importe de passer vite si vous ne l'en empêchez.--Peut-être, lui dit dom Manuel, vous est-il arrivé quelque accident qui vous oblige à chercher un asile; ma maison, qui n'est pas eloignée, vous en peut servir.--Il est vrai, lui repondit dom Sanche, que je suis en peine de me cacher à la justice, qui peut-être me cherche, et puisque vous êtes assez généreux pour offrir votre maison à un etranger, il vous fie son salut en toute assurance, et vous promet de n'oublier jamais la grâce que vous lui faites, et de ne s'en servir qu'autant de temps qu'il lui est nécessaire pour laisser passer outre ceux qui le cherchent.» Dom Manuel, là dessus, ouvrit sa porte d'une clef qu'il avoit sur lui, et, ayant fait entrer dom Sanche dans son jardin, le mit dans un bois de lauriers en attendant qu'il iroit donner ordre à le cacher mieux dans sa maison sans qu'il fût vu de personne.

Il n'y avoit pas longtemps que dom Sanche etoit caché entre ces lauriers, quand il vit venir à lui une femme qui lui dit en l'approchant: «Venez, mon cavalier, ma maîtresse Dorothée vous attend.» A ce nom-là, dom Sanche pensa qu'il pouvoit bien être dans la maison de sa maîtresse, et que le vieux cavalier etoit son père. Il soupçonna Dorothée d'avoir donné assignation dans le même lieu à son rival, et suivit Isabelle plus tourmenté de sa jalousie que de la peur de la justice. Cependant dom Juan vint à l'heure qu'on lui avoit donnée, ouvrit la porte du jardin de dom Manuel avec la clef qu'Isabelle lui avoit donnée, et se cacha dans les mêmes lauriers d'où dom Sanche venoit de sortir. Un moment après, il vit venir un homme droit à lui; il se mit en état de se defendre s'il etoit attaqué, et fut bien surpris quand il reconnut cet homme pour dom Manuel, qui lui dit qu'il le suivît et qu'il l'alloit mettre en un lieu où il n'auroit pas à craindre d'être pris. Dom Juan conjectura des paroles de dom Manuel qu'il pouvoit avoir fait sauver dans son jardin quelque homme poursuivi de la justice. Il ne put faire autre chose que de le suivre, en le remerciant du plaisir qu'il lui faisoit, et l'on peut croire qu'il ne fut pas moins troublé du peril qu'il couroit que fâché de l'obstacle qui faisoit manquer son amoureux dessein. Don Manuel le conduisit dans sa chambre, et l'y laissa pour s'aller faire dresser un lit dans une autre.

Laissons-le dans la peine où il doit être, et reprenons son frère dom Sanche de Sylva. Isabelle le conduisit dans une chambre basse, qui donnoit sur le jardin, où Dorothée et Feliciane attendoient dom Juan de Peralte, l'une comme un amant à qui elle a grande envie de plaire, l'autre pour lui declarer qu'elle ne peut l'aimer, et qu'il feroit mieux de tâcher de plaire à sa soeur. Dom Sanche entra donc où etoient les deux belles soeurs, qui furent bien surprises de le voir. Dorothée en demeura sans sentiment, comme une personne morte, et si sa soeur ne l'eût soutenue et ne l'eût mise dans une chaise, elle seroit tombée de sa hauteur. Dom Sanche demeura immobile; Isabelle pensa mourir de peur et crut que dom Sanche mort leur apparoissoit pour venger le tort que lui faisoit sa maîtresse. Feliciane, quoique fort effrayée de voir dom Sanche ressuscité, etoit encore plus en peine de l'accident de sa soeur, qui reprit enfin ses esprits, et alors dom Sanche lui dit ces paroles: «Si le bruit qui a couru de ma mort, ingrate Dorothée, n'excusoit en quelque façon votre inconstance, le desespoir qu'elle me cause ne me laisseroit pas assez de vie pour vous en faire des reproches. J'ai voulu faire croire à tout le monde que j'etois mort pour être oublié de mes ennemis, et non pas de vous, qui m'avez promis de n'aimer jamais que moi, et qui avez si tôt manqué à votre promesse. Je me pourrois venger, et faire tant de bruit par mes cris et par mes plaintes que votre père s'en eveilleroit et trouveroit l'amant que vous cachez dans sa maison; mais, insensé que je suis, j'ai peur encore de vous deplaire, et je m'afflige davantage de ce que je ne dois plus vous aimer, que de ce que vous en aimez un autre. Jouissez, belle infidèle, jouissez de votre cher amant; ne craignez plus rien dans vos nouvelles amours: je vous delivrerai bientôt d'un homme qui vous pourroit reprocher toute votre vie que vous l'avez trahi lorsqu'il exposoit sa vie pour vous venir revoir.»

Dom Sanche voulut s'en aller après ces paroles; mais Dorothée l'arrêta, et alloit tâcher de se justifier, quand Isabelle lui dit, fort effrayée, que dom Manuel la suivoit. Dom Sanche n'eut que le temps de se mettre derrière la porte. Le vieillard fit une reprimande à ses filles de ce qu'elles n'etoient pas encore couchées, et, cependant qu'il eut le dos tourné vers la porte de la chambre, dom Sanche en sortit, et, gagnant le jardin, s'alla remettre dans le même bois de lauriers où il s'etoit dejà mis, et où, preparant son courage à tout ce qui lui pourroit arriver, il attendit une occasion de sortir quand elle se presenteroit. Dom Manuel etoit entré dans la chambre de ses filles pour y prendre de la lumière et pour aller de là ouvrir la porte de son jardin aux officiers de la justice, qui y frappoient pour la faire ouvrir, parcequ'on leur avoit dit que dom Manuel avoit retiré dans sa maison un homme qui pouvoit être de ceux qui venoient de se battre dans la rue. Dom Manuel ne fit point de difficulté de les laisser chercher dans sa maison, croyant bien qu'ils ne feroient pas ouvrir sa chambre, et que le cavalier qu'ils cherchoient y etoit enfermé. Dom Sanche, voyant qu'il ne pouvoit eviter d'être trouvé par le grand nombre de sergens qui s'etoient repandus par le jardin, sortit du bois de lauriers où il etoit, et, s'approchant de dom Manuel, qui etoit fort surpris de le voir, lui dit à l'oreille qu'un cavalier d'honneur gardoit sa parole et n'abandonnoit jamais une personne qu'il avoit prise en sa protection. Dom Manuel pria le prevôt, qui etoit son ami, de lui laisser dom Sanche en sa garde, ce qui lui fut aisement accordé, et à cause de sa qualité, et parceque le blessé ne l'etoit pas dangereusement. La justice se retira, et dom Manuel ayant reconnu, par les mêmes discours qu'il avoit tenus à dom Sanche quand il le trouva et que ce cavalier lui redit, que c'etoit veritablement celui qu'il avoit reçu dans son jardin, ne douta point que l'autre ne fût quelque galant introduit dans sa maison par ses filles ou par Isabelle. Pour s'en eclaircir, il fit entrer dom Sanche de Sylva dans une chambre, et le pria d'y demeurer jusqu'à ce qu'il le vînt trouver. Il alla dans celle où il avoit laissé dom Juan de Peralte, à qui il feignit que son valet etoit entré en même temps que les officiers de la justice, et qu'il demandoit à parler à lui. Dom Juan savoit bien que son valet de chambre etoit fort malade et peu en etat de le venir trouver, outre qu'il ne l'eût pas fait sans son ordre quand il eût su où il etoit, ce qu'il ignoroit. Il fut donc fort troublé de ce que lui dit dom Manuel, à qui, à tout hasard, il repondit que son valet n'avoit qu'à l'aller attendre dans son logis. Dom Manuel le reconnut alors pour ce jeune gentilhomme indien qui faisoit tant de bruit dans Seville, et, etant bien informé de sa qualité et de son bien, resolut de ne le laisser point sortir de sa maison qu'il n'eût epousé celle de ses filles avec qui il auroit le moindre commerce. Il s'entretint quelque temps avec lui pour s'eclaircir davantage des doutes dont il avoit l'esprit agité. Isabelle, du pas de la porte, les vit parlant ensemble et l'alla dire à sa maîtresse. Dom Manuel entrevit Isabelle et crut qu'elle venoit de faire quelque message à dom Juan de la part de sa fille. Il le quitta pour courir après elle dans le temps que le flambeau qui eclairoit la chambre acheva de brûler et s'eteignit de lui-même.

Cependant que le vieillard ne trouve pas Isabelle où il la cherche, cette fille apprend à Dorothée et à Feliciane que dom Sanche etoit dans la chambre de leur père, et qu'elle les avoit vus parler ensemble. Les deux soeurs y coururent sur sa parole. Dorothée ne craignoit point de trouver son cher dom Sanche avec son père, resolue qu'elle etoit de lui confesser qu'elle l'aimoit et qu'elle en avoit eté aimée, et de lui dire à quelle intention elle avoit donné assignation à dom Juan. Elle entra donc dans la chambre, qui etoit sans lumière, et s'etant rencontrée avec dom Juan dans le temps qu'il en sortoit, elle le prit pour dom Sanche, l'arrêta par le bras, et lui parla en cette sorte: «Pourquoi me fuis-tu, cruel dom Sanche, et pourquoi n'as-tu pas voulu entendre ce que j'aurois pu repondre aux injustes reproches que tu m'as faits? J'avoue que tu ne m'en pourrois faire d'assez grands si j'etois aussi coupable que tu as en quelque façon sujet de le croire; mais tu sçais bien qu'il y a des choses fausses qui ont quelquefois plus d'apparence de verité que la verité même, et qu'elle se decouvre toujours avec le temps; donne-moi donc celui de te la faire voir en debrouillant la confusion où ton malheur et le mien, et peut-être celui de plusieurs autres, nous vient de mettre. Aide-moi à me justifier, et ne hasarde pas d'être injuste pour être trop precipité à me condamner devant que de m'avoir convaincue. Tu peux avoir ouï dire qu'un cavalier m'aime, mais as-tu ouï dire que je l'aime aussi? Tu peux l'avoir trouvé ici, car il est vrai que je l'y ai fait venir; mais quand tu sçauras à quel dessein je l'ai fait, je suis assurée que tu auras un cruel remords de m'avoir offensée lorsque je te donne la plus grande marque de fidelité que je te puis donner. Que n'est-il en ta presence, ce cavalier dont l'amour m'importune? Tu connoîtrois par ce que je lui dirois si jamais il a pu dire qu'il m'aimât, et si j'ai jamais voulu lire les lettres qu'il m'a ecrites. Mais mon malheur, qui me l'a toujours fait voir quand sa vue m'a pu nuire, m'empêche de le voir quand il me pourroit servir à te desabuser.»

Dom Juan eut la patience de laisser parler Dorothée sans l'interrompre, pour en apprendre encore davantage qu'elle ne lui en devoit decouvrir. Enfin, il alloit peut-être la quereller, quand dom Sanche, qui cherchoit de chambre en chambre le chemin du jardin, qu'il avoit manqué, et qui ouït la voix de Dorothée qui parloit à dom Juan, s'approcha d'elle avec le moindre bruit qu'il put et fut pourtant ouï de dom Juan et des deux soeurs. Dans ce même temps dom Manuel entra dans la même chambre avec de la lumière, que portoient devant lui quelques uns de ses domestiques. Les deux rivaux se virent et furent vus se regardant fierement l'un l'autre, la main sur la garde de leurs epées. Dom Manuel se mit au milieu d'eux et commanda à sa fille d'en choisir un pour mari, afin qu'il se battît contre l'autre. Dom Juan prit la parole et dit que, pour lui, il cedoit toutes ses pretentions, s'il en pouvoit avoir, au cavalier qu'il voyoit devant lui. Dom Sanche dit la même chose et ajouta que, puisque dom Juan avoit eté introduit chez dom Manuel par sa fille, il y avoit apparence qu'elle l'aimoit et en etoit aimée; que, pour lui, il mourroit mille fois plutôt que de se marier avec le moindre scrupule. Dorothée se jeta aux pieds de son père et le conjura de l'entendre. Elle lui conta tout ce qui s'etoit passé entre elle et dom Sanche de Sylva devant qu'il eût tué dom Diègue pour l'amour d'elle. Elle lui apprit que dom Juan de Peralte etoit ensuite devenu amoureux d'elle, le dessein qu'elle avoit eu de le desabuser et de lui proposer de demander sa soeur en mariage, et elle conclut que, si elle ne pouvoit persuader son innocence à dom Sanche, elle vouloit dès le jour suivant entrer dans un couvent pour n'en sortir jamais. Par sa relation les deux frères se reconnurent: dom Sanche se raccommoda avec Dorothée, qu'il demanda en mariage à dom Manuel; dom Juan lui demanda aussi Feliciane, et dom Manuel les reçut pour ses gendres avec une satisfaction qui ne se peut exprimer.

Aussitôt que le jour parut, dom Sanche envoya querir le marquis Fabio, qui vint prendre part en la joie de son ami. On tint l'affaire secrète jusqu'à tant que dom Manuel et le marquis eurent disposé un cousin, heritier de dom

Diègue, à oublier la mort de son parent et à s'accommoder avec dom Sanche. Pendant la negociation, le marquis Fabio devint amoureux de la soeur de ce cavalier et la lui demanda en mariage. Il reçut avec beaucoup de joie une proposition si avantageuse à sa soeur, et dès lors se laissa aller à tout ce qu'on lui proposa en faveur de dom Sanche. Les trois mariages se firent en un même jour; tout y alla bien de part et d'autre, et même longtemps, ce qui est à considerer.

CHAPITRE XX.

De quelle façon le sommeil de Ragotin fut interrompu.

L'agreable Inezille acheva de lire sa nouvelle et fit regretter à tous, ses auditeurs de ce qu'elle n'etoit pas plus longue. Tandis qu'elle la lut, Ragotin, qui, au lieu de l'ecouter, s'etoit mis à entretenir son mari sur le sujet de la magie, s'endormit dans une chaise basse où il etoit, ce que l'operateur fit aussi. Le sommeil de Ragotin n'etoit pas tout à fait volontaire, et s'il eût pu resister aux vapeurs des viandes qu'il avoit mangées en grande quantité, il eut été attentif par bienséance à la lecture de la nouvelle d'Inezille. Il ne dormoit donc pas de toute sa force, laissant souvent aller sa tête jusqu'à ses genoux, et la relevant, tantôt demi endormi, et tantôt se reveillant en sursaut, comme on fait plus souvent qu'ailleurs au sermon, quand on s'y ennuie.

Il y avoit un belier dans l'hôtellerie, à qui la canaille qui va et vient d'ordinaire en de semblables maisons avoit accoutumé de presenter la tête, les mains devant, contre lesquelles le belier prenoit sa course, et choquoit rudement de la sienne, je veux dire de sa tête, comme tous les beliers font de leur naturel. Cet animal alloit sur sa bonne foi par toute l'hôtellerie, et entroit même dans les chambres, où l'on lui donnoit souvent à manger. Il etoit dans celle de l'operateur dans le temps qu'Inezille lisoit sa nouvelle. Il aperçut Ragotin à qui le chapeau etoit tombé de la tête, et qui, comme je vous ai dejà dit, la haussoit et baissoit souvent. Il crut que c'etoit un champion qui se presentoit à lui pour exercer sa valeur contre la sienne. Il recula quatre ou cinq pas en arrière, comme l'on fait pour mieux sauter, et partant comme un cheval dans une carrière, alla heurter de sa tête armée de cornes celle de Ragotin, qui etoit chauve par en haut. Il la lui auroit cassée comme un pot de terre, de la force qu'il la choqua: mais, par bonheur pour Ragotin, il la prit dans le temps qu'il la haussoit, et ainsi ne fit que lui froisser superficiellement le visage. L'action du belier surprit tellement ceux qui la virent qu'ils en demeurèrent comme en extase, sans toutefois oublier d'en rire; si bien que le belier, qu'on faisoit toujours choquer plus d'une fois, put sans empêchement reprendre autant de champ qu'il lui en falloit pour une seconde course, et vint inconsiderement donner dans les genoux de Ragotin, dans le temps que, tout etourdi du choc du belier et le visage ecorché et sanglant en plusieurs endroits, il avoit porté ses mains à ses yeux, qui lui faisoient grand mal, ayant eté egalement foulés l'un et l'autre chacun de sa corne en particulier, parce-que celles du belier etoient entre elles à la même distance qu'etoient entre eux les yeux du malheureux Ragotin. Cette seconde attaque du belier les lui fit ouvrir, et il n'eut pas plutôt reconnu l'auteur de son dommage, qu'en la colère où il etoit il frappa de sa main fermée le belier par la tête, et se fit grand mal contre ses cornes. Il en enragea beaucoup, et encore plus d'ouïr rire toute l'assistance, qu'il querella en general, et sortit de la chambre en furie. Il sortoit aussi de l'hôtellerie, mais l'hôte l'arrêta pour compter, ce qui lui fut peut-être aussi fâcheux que les coups de cornes du belier.

FIN DE LA SECONDE PARTIE.

Le roman comique de

Mr SCARRON

TROISIÈME PARTIE.

MONSIEUR BOULLIOUD

Ecuyer et Conseiller du Roi
en la senechaussée et siége presidial de Lyon [332].

MONSIEUR,

Je ne sçais si c'est vous donner une grande marque de mon respect que de vous interesser dans le bon ou dans le mauvais accueil que le public pourra faire à cet ouvrage. Comme je ne vous offre rien du mien, je ne devrois pas pretendre que vous me sçussiez gré de mon present, et, puisqu'il n'est peut-être pas digne de vous, il est encore à craindre que vous n'ayez point pour lui toute l'indulgence que j'oserai m'en promettre. En effet, Monsieur, vous pourriez bien vous faire le juge d'une chose dont je ne vous fais que le protecteur, et desavouer le dessein de celui qui vous la presente, si vous ne trouvez pas qu'elle merite votre approbation. Je l'expose beaucoup en l'exposant aux yeux d'un homme aussi sage et aussi eclairé que vous, et toute la bonne opinion que j'en ai conçue ne me persuade pas que vous en deveniez plus favorable à un *Roman comique*. Car enfin ce n'est pas dans ces sortes de livres que l'on recherche le solide ou le delicat; il semble qu'ils ne tiennent ordinairement ni de l'un ni de l'autre, et tout l'avantage que l'on se propose dans leur lecture, c'est d'y perdre assez agreablement quelques momens et de s'y delasser l'esprit d'une occupation ou plus importante ou plus serieuse. Ainsi, comme le vôtre ne s'attache qu'à ce qui a de la force ou de l'elevation, ne vous surprendrai-je point lorsque je vous demanderai votre aveu pour cette production d'un esprit enjoué, et que je l'autoriserai de votre nom pour la rendre recommandable? Non, Monsieur, il ne faut pas que vous condamniez d'abord ma liberté, ou (pour mieux dire) que vous desapprouviez ce temoignage public de ma reconnoissance; je vous ai de si singulières obligations et je suis à vous en tant de manières, qu'il me falloit satisfaire à tous ces devoirs, et joindre à mon ressentiment des marques de la fidèle passion que je vous ai vouée. Ce n'etoit pas repondre tout-à-fait à vos bontés que d'en conserver un juste souvenir; elles exigeoient de moi quelque chose de plus particulier, et je n'ai pas cru, enfin, pouvoir les reconnoître par une plus forte preuve de mon respect, dans l'impuissance où je me vois de les reconnoître autant que j'y suis sensible. Aussi osai-je me flatter que vous la recevrez de fort bonne grâce et qu'elle achèvera de vous persuader que l'on ne peut pas vous honorer avec plus de zèle ni avec une plus parfaite deference. Mais, Monsieur, après avoir agreé mon present, ne jugerez-vous pas favorablement de mon auteur, et le croirez-vous sans merite, puisque je ne doute presque plus que vous ne l'estimiez? Ses expressions sont naturelles, son style est aisé, ses aventures ne sont point mal imaginées, et, pour s'accommoder à son sujet, il etale partout un tour d'agrement qui lui tient lieu de force et de delicatesse. En un mot, il vient de fournir une carrière qu'un illustre de notre temps avoit laissée imparfaite, et il a fouillé jusque dans ses cendres, pour y reprendre son genie et pour nous le redonner après sa mort. C'est de la sorte que l'on peut parler des deux premiers volumes du *Roman comique*, et c'est dans ce troisième que M. Scarron revivra tout entier, ou du moins par la meilleure partie de lui-même. Il est peu de gens qui ne sçachent que cet homme eut un talent merveilleux pour tourner toutes choses au plaisant, et qu'il s'est rendu inimitable dans cette ingenieuse et charmante manière d'ecrire. Elle a eté reçue avec applaudissement de tout le monde; les esprits forts, qui s'offensent de tout ce qui semble opposé à une vertu sévère, n'ont pu s'empêcher de la goûter, et les moins raisonnables ont eté forcés de l'approuver malgré leur caprice 333. Si bien que vous me permettrez, Monsieur, d'esperer un heureux succès dans mon dessein, et de croire non seulement que ma liberté ne vous deplaira pas, mais même que vous appuierez avec joie la suite d'un ouvrage dont la reputation est si bien etablie. Après tout, ne sera-ce pas votre interêt plutôt que le mien? et depuis que de mes mains elle sera passée dans les vôtres, pourrez-vous la regarder que comme une chose qui est absolument à vous? Aussi n'aura-t-elle point de meilleur titre pour s'autoriser ou pour se produire avec avantage. Un magistrat d'un caractère tout à fait singulier, et qui, dans un âge si peu avancé, possède des lumières et des qualités que l'on admire, fera sa plus grande recommandation, et son aveu lui procurera celui de tous les esprits raisonnables. Mais, puisqu'elle peut servir à votre gloire et qu'elle publiera à son tour les bontés et le merite de son protecteur, souffrez qu'elle soit aujourd'hui un hommage que je vous rends et un temoignage eclatant de la respectueuse passion avec laquelle je me dois dire,

Monsieur,

Votre très humble, très obeissant et très obligé serviteur, A. OFFRAY.

Note 332: (retour) C'est peut-être Guillaume Bollioud (*sic*), qui succéda à son père Pierre Bollioud dans les charges d'auditeur de camp, de conseiller au parlement de Dombes et au présidial de Lyon, et qui fut également échevin en 1678 et 1679. Ces fonctions étoient pour ainsi dire héréditaires dans la famille. V. Pernety, *Lyonn. dign. de mém.* Cependant voici ce que m'écrit M. Péricaud aîné: «Je viens de recevoir de M. Belin, magistrat à Lyon, une lettre où se trouve le passage suivant: «Lettres de provisions du conseiller du roi à la Cour des Monnoies de Lyon, données à Paris, le 12 décembre 1720, à Jean-François Boullioud de Chanzieu, (Chanzieu, fief situé sur la paroisse d'Oullins, limitrophe de Saint-Genis-Laval), avocat, en remplacement de Claude Boullioud de Festans, son père, entré en fonctions le 22 mars 1706.»

Un de mes amis possède la Suite d'Offray, Amst. 1705. On a ajouté â la main, sur la dédicace: «Bouilloud de Chanzieu, de Saint-Genis-Laval.» On trouve encore d'autres traces historiques de cette famille à Lyon.--En 1649, il y avoit un Pierre Scarron qui portoit le même titre de conseiller en la sénéchaussée et siége présidial de Lyon, et qui étoit en même temps aumônier du roi, chanoine et sacristain en l'église de Saint-Paul. Ce Pierre Scarron devoit être de la famille de notre auteur, laquelle étoit venue s'établir à Lyon, attirée par l'industrie de la ville, puis étoit allée se fixer à Paris, mais en conservant des liaisons avec Lyon et les Lyonnois.

Note 333: (retour) Boileau,--un de ces *esprits forts* dont parle Offray,--quoiqu'il condamnât sévèrement le genre adopté par Scarron, ne laissoit pas de se relâcher de sa rigueur en faveur du *Roman comique*. L'auteur de *la Pompe funébre de M. Scarron* (Paris, Ribou, 1660) fait prononcer l'éloge de l'écrivain burlesque, en guise de réparation d'honneur, par le poète satirique, et il lui fait dire que le défunt a été le plus galant et le plus agréable homme de son siècle.

AVIS AU LECTEUR.

Lecteur, qui que tu sois, qui verras cette troisième partie du Roman comique paroître au jour après la mort de l'incomparable Monsieur Scarron, auteur des deux premières, ne t'etonne pas si un genie beaucoup au dessous du sien a entrepris ce qu'il n'a pu achever. Il avoit promis de te le faire voir revu, corrigé et augmenté [334]*, mais la mort le prevint dans ce dessein et l'empêcha de continuer les histoires du Destin et de Leandre, non plus que celle de la Caverne, qu'il fait paroître au Mans sans dire de quelle manière elle et sa mère sortirent du château du baron de Sigognac, et c'est sur quoi tu seras eclairci dans cette troisième partie. Je ne doute point que l'on ne m'accuse de temerité d'avoir voulu en quelque sorte donner la perfection à l'ouvrage d'un si grand homme, mais sçache que pour peu d'esprit que l'on ait, on peut bien inventer des histoires fabuleuses telles que sont celles qu'il nous a données dans les deux premières parties de ce roman. J'avoue franchement que ce que tu y verras n'est pas de sa force, et qu'il ne repond pas ni au sujet ni à l'expression de son discours; mais sçache du moins que tu y pourras satisfaire ta curiosité, si tu en as assez pour desirer une conclusion au dernier ouvrage d'un esprit si agreable et si ingenieux. Au reste j'ai attendu longtemps à la donner au public, sur l'avis que l'on m'avoit donné qu'un homme d'un merite fort particulier y avoit travaillé sur les Mémoires de l'auteur: s'il l'eût entrepris, il auroit sans doute beaucoup mieux reussi que moi; mais, après trois années d'attente sans en avoir rien vu paroître, j'ai hasardé le mien, nonobstant la censure des critiques. Je te le donne donc, tout defectueux qu'il est, afin que, quand tu n'auras rien de meilleur à faire, tu prennes la peine de le lire.*

Note 334: (retour) Dans l'avis *au lecteur scandalisé des fautes d'impression*, qui précède la 1re partie.

TROISIÈME PARTIE.

CHAPITRE PREMIER.

Qui fait l'ouverture de cette troisième partie.

Vous avez vu en la seconde partie de ce roman le petit Ragotin, le visage tout sanglant du coup que le belier lui avoit donné quand il dormoit assis sur une chaise basse dans la chambre des comediens, d'où il etoit sorti si fort en colère que l'on ne croyoit point qu'il y retournât jamais; mais il etoit trop piqué de mademoiselle de l'Etoile, et il avoit trop d'envie de sçavoir le succès de la magie de l'operateur, ce qui l'obligea (après s'être lavé la face) à retourner sur ses pas, pour voir quel effet auroit la promesse del signore Ferdinando Ferdinandi, qu'il crut avoir trouvé en la personne d'un avocat qu'il rencontra et qui alloit au palais. Il etoit si etourdi du coup du belier, et avoit l'esprit si troublé de celui que l'Etoile lui avoit donné au coeur sans y penser, qu'il se persuada facilement que cet avocat etoit l'operateur; aussi il l'aborda fort civilement et lui tint ce discours: «Monsieur, je suis ravi d'une si heureuse rencontre; je la cherchois avec tant d'impatience que je m'en allois exprès à votre logis pour apprendre de vous l'arrêt de ma vie ou de ma mort. Je ne doute pas que vous n'ayez employé tout ce que votre science magique vous a pu suggerer pour me rendre le plus fortuné de tous les hommes; aussi ne serai-je pas ingrat à le reconnoître. Dites-moi donc si cette miraculeuse Etoile me departira de ses benignes influences?» L'avocat, qui n'entendoit rien en tout ce beau discours, non plus que de raillerie, l'interrompit aussitôt, et lui dit fort brusquement: «Monsieur Ragotin, s'il etoit un peu plus tard, je croirois que vous êtes ivre [335]; mais il faut que vous soyez fou tout à fait. Eh! à qui pensez-vous parler? Que diable m'allez-vous dire de magie et d'influence des astres? Je ne suis ni sorcier ni astrologue; eh quoi! ne me connoissez-vous pas?--Ah! monsieur, repartit Ragotin, que vous êtes cruel! vous êtes si bien informé de mon mal, et vous m'en refusez le remède! Ah! je...» Il alloit poursuivre, quand l'avocat le laissa là en lui disant: «Vous êtes un grand extravagant pour un petit homme; adieu!» Ragotin le vouloit suivre, mais il s'aperçut de sa méprise, dont il fut bien honteux; aussi il ne s'en vanta pas, et vous ne la liriez pas ici, si je ne l'avois apprise de l'avocat même, qui s'en divertit bien avec ses amis.

Note 335: (retour) D'un bout à l'autre du *Roman comique*, le petit avocat Ragotin nous est présenté comme un ivrogne fieffé, et en cela il ne dérogeoit pas aux habitudes de la plupart des avocats et hommes de loi d'alors. V. *l'Adieu du plaideur à son argent* (*Var. histor.* de Fournier, éd. Jannet, t. 2, p. 205), et aussi un passage des *Grands jours tenus à Paris* (*id.*, t. 1, p. 196).

Ce petit fou continua son chemin, et alla au logis des comediens, où il ne fut pas plutôt entré qu'il ouït la proposition que la Caverne et le Destin faisoient de quitter la ville du Mans et de chercher quelque autre poste, ce qui le demonta si fort qu'il pensa tomber de son haut, et dont la chute n'eût pas eté perilleuse (quand cet accident lui fût arrivé) à cause de la modification [336] de son individu; mais ce qui l'acheva tout à fait, ce fut la resolution qui fut prise de dire adieu le lendemain à la bonne ville du Mans, c'est-à-dire à ses habitans, et notamment à ceux qui avoient eté leurs fidèles auditeurs, et de prendre la route d'Alençon à l'ordinaire [337], sur l'assurance qu'ils avoient eue que le bruit de peste qui avoit couru etoit faux. J'ai dit à l'ordinaire, car cette sorte de gens (comme beaucoup d'autres) ont leur cours limité, comme celui du soleil dans le Zodiaque. En ce pays-là ils viennent de Tours à Angers, d'Angers à la Flèche, de la Flèche au Mans, du Mans à Alençon, d'Alençon à Argentan ou à Laval, selon la route qu'ils prennent de Paris ou de Bretagne; quoi qu'il en soit, cela ne fait guère à notre roman. Cette deliberation ayant eté prise unanimement par les comediens et comediennes, ils se resolurent de representer le lendemain quelque excellente pièce, pour laisser bonne bouche à l'auditoire manceau. Le sujet n'en est pas venu à ma connoissance. Ce qui les obligea de quitter si promptement, ce fut que le marquis d'Orsé (qui avoit obligé la troupe à continuer la comedie) fut pressé de s'en aller en Cour; tellement que, n'ayant plus de bienfaiteur, et l'auditoire du Mans diminuant tous les jours, ils se disposèrent à en sortir. Ragotin voulut s'ingerer d'y former une opposition, apportant beaucoup de mauvaises raisons, dont il etoit toujours pourvu, auxquelles l'on ne fit nulle consideration, ce qui fâcha fort le petit homme, lequel les pria de lui faire au moins la grâce de ne sortir point de la province du Maine, ce qui etoit très facile, en prenant le jeu de paume qui est au faubourg de Mont-Fort, lequel en depend, tant au spirituel qu'au temporel, et que de là ils pourroient aller à Laval (qui est aussi du Maine), d'où ils se rendroient facilement en Bretagne, suivant la promesse qu'ils en avoient faite à monsieur de la Garouffière; mais le Destin lui rompit les chiens en disant que ce ne seroit point le moyen de faire affaires, car, ce mechant tripot etant, comme il est, fort eloigné de la ville et au deçà de la rivière, la belle compagnie ne s'y rendroit que rarement, à cause de la longueur du chemin; que le grand jeu de paume du marché aux moutons etoit environné de toutes les meilleures maisons d'Alençon, et au milieu de la ville; que c'etoit là où il se falloit placer, et payer plutôt quelque chose de plus que de ce malotru tripot de Mont-Fort, le bon marché duquel etoit une des plus fortes raisons de Ragotin; ce qui fut deliberé d'un commun accord, et qu'il falloit donner ordre d'avoir une charrette pour le bagage et des chevaux pour les demoiselles. La charge en fut donnée à Leandre, parce qu'il avoit beaucoup d'intrigues dans le Mans, où il n'est pas difficile à un honnête homme de faire en peu de temps des connoissances.

Note 336: (retour) C'est-à-dire de la manière d'être.

Note 337: (retour) On lit dans Chappuzeau, au sujet des acteurs de province: «Leurs troupes, pour la plupart, changent souvent, et presque tous les carêmes. Elles ont si peu de fermeté que, dès qu'il s'en est fait une, elle parle de se désunir.» (III, 13.)

Le lendemain l'on representa la comedie, tragedie pastorale, ou tragicomedie, car je ne sais laquelle, mais qui eut pourtant le succès que vous pouvez penser. Les comediennes furent admirées de tout le monde. Le Destin y réussit à merveille, surtout au compliment duquel il accompagna leur adieu [338]: car il temoigna tant de reconnoissance, qu'il exprima avec tant de douceur et de tendresse, qui furent suivies de tant de grands remerciments, qu'il charma toute la compagnie. L'on m'a dit que plusieurs personnes en pleurèrent, principalement des jeunes demoiselles qui avoient le coeur tendre. Ragotin en devint si immobile, que tout le monde etoit dejà sorti qu'il demeuroit toujours dans sa chaise, où il auroit peut-être encore demeuré, si le marqueur du tripot [339] ne l'eût averti qu'il n'y avoit plus personne, ce qu'il eut bien de la peine à lui faire comprendre. Il se leva enfin, et s'en alla dans sa maison, où il prit la resolution d'aller trouver les comediens de bon matin, pour leur decouvrir ce qu'il avoit sur le coeur et dont il s'en etoit expliqué à la Rancune et à l'Olive.

Note 338: (retour) Le Destin étoit l'orateur de la troupe, car c'étoit là une charge officielle. V. Chapp., *Le Th. fr.*, l. 3, 49, Fonct. de l'orat.

Note 339: (retour) On entendoit par *marqueur* le «valet du jeu de paume qui marque les chasses et qui compte le jeu des joueurs, qui les sert, qui les frotte.» (Dict. de Furet.)

CHAPITRE II.

Où vous verrez le dessein de Ragotin.

Les crieurs d'eau-de-vie n'avoient pas encore reveillé ceux qui dormoient d'un profond sommeil 340 (qui est souvent interrompu par cette canaille, qui est, à mon avis, la plus importune engeance qui soit dans la république humaine) que Ragotin etoit dejà habillé, à dessein d'aller proposer à la troupe comique celui qu'il avoit fait d'y être admis. Il s'en alla donc au logis des comediens et comediennes, qui n'etoient pas encore levés ni levées, ni même eveillés ni eveillées. Il eut la discretion de les laisser reposer; mais il entra dans la chambre où l'Olive etoit couché avec la Rancune, lequel il pria de se lever, pour faire une promenade jusques à la Couture 341, qui est une très belle abbaye située au faubourg qui porte le même nom, et qu'après ils iroient déjeuner à la grande Etoile d'or, où il l'avoit fait apprêter. La Rancune, qui etoit du nombre de ceux qui aiment les repues franches, fut aussitôt habillé que la proposition en fut faite; ce qui ne vous sera pas difficile à croire, si vous considerez que ces gens-là sont si accoutumes à s'habiller et deshabiller derrière les tentes 342 du theâtre, sur tout quand il faut qu'un seul acteur represente deux personnages, que cela est aussitôt fait que dit. Ragotin donc, avec la Rancune, s'acheminèrent à l'abbaye de la Couture; il est à croire qu'ils entrèrent dans l'église, où ils firent courte prière, car Ragotin avoit bien d'autres choses en tête. Il n'en dit pourtant rien à la Rancune pendant le cours du chemin, jugeant bien qu'il eût trop retardé le déjeuner, que la Rancune aimoit beaucoup mieux que tous ses compliments. Ils entrèrent dans le logis, où le petit homme commença à crier de ce que l'on n'avoit encore apporté les petits pâtés qu'il avoit commandés; à quoi l'hôtesse (sans se bouger de dessus le siége où elle etoit) lui repartit: «Vraiement, monsieur Ragotin, je ne suis pas devine, pour sçavoir l'heure que vous deviez venir ici; à présent que vous y êtes, les pâtés y seront bientôt. Passez à la salle où l'on a mis la nappe; il y a un jambon, donnez dessus en attendant le reste.» Elle dit cela d'un ton si gravement cabaretique, que la Rancune jugea qu'elle avoit raison, et, s'adressant à Ragotin, lui dit: «Monsieur, passons deçà et buvons un coup en attendant.» Ce qui fut fait. Ils se mirent à table, qui fut un peu de temps après couverte, et ils dejeunèrent à la mode du Mans, c'est à dire fort bien; ils burent de même, et se le portèrent à la santé de plusieurs personnes. Vous jugez bien, mon lecteur, que celle de l'Etoile ne fut pas oubliée: le petit Ragotin la but une douzaine de fois, tantôt sans bouger de sa place, tantôt debout et le chapeau à la main; mais la dernière fois il la but à genoux et tête nue, comme s'il eût fait amende honorable à la porte de quelque église. Ce fut alors qu'il supplia très instamment la Rancune de lui tenir la parole qu'il lui avoit donnée, d'être son guide et son protecteur en une entreprise si difficile, telle qu'etoit la conquête de mademoiselle de l'Etoile. Sur quoi la Rancune lui repondit à demi en colère, ou feignant de l'être: «Sçachez, monsieur Ragotin, que je suis homme qui ne m'embarque point sans biscuit, c'est-à-dire que je n'entreprends jamais rien que je ne sois assuré d'y reussir: soyez le de la bonne volonté que j'ai de vous servir utilement. Je vous le dis encore, j'en sais les moyens, que je mettrai en usage quand il sera temps. Mais je vois un grand obstacle à votre dessein, qui est notre depart; et je ne vois point de jour pour vous, si ce n'est en executant ce que je vous ai dejà dit une autre fois, de vous resoudre à faire la comedie avec nous. Vous y avez toutes les dispositions imaginables; vous avez grande mine, le ton de voix agréable, le langage fort bon et la mémoire encore meilleure; vous ne ressentez point du tout le provincial [3430], il semble que vous ayez passé toute votre vie à la Cour: vous en avez si fort l'air, que vous le sentez d'un quart de lieue. Vous n'aurez pas représenté une douzaine de fois que vous jetterez de la poussière aux yeux de nos jeunes godelureaux, qui font tant les entendus et qui seront obligés à vous céder les premiers rôles, et après cela laissez-moi faire; car pour le present (je vous l'ai dejà dit) nous avons à faire à une etrange tête; il faut se menager avec elle avec beaucoup d'adresse. Je sçais bien qu'il ne vous en manque pas, mais un peu d'avis ne gâte pas les choses. D'ailleurs raisonnons un peu: si vous faisiez connoître votre dessein amoureux avec celui d'entrer dans la troupe, ce serait le moyen de vous faire refuser; il faut donc cacher votre jeu.»

Note 340: (retour) Les crieurs d'eau-de-vie parcouroient les rues avant l'aube pour annoncer leur marchandise: «Elle amenoit pour tesmoins de cecy,--lisons-nous dans les *Amours de Vertumne*,--quelques crieurs d'eau-de-vie qui l'avoient trouvé en cet estat, lorsqu'ils avoient commencé d'aller par les rues, estant ceux qui sortoient le plus matin.» (*Maison des jeux*, 3e part.) Tallemant raconte que le baron de Clinchamp, à ce qu'on disoit, appeloit le matin un crieur d'eau-de-vie, qu'il forçoit, le pistolet à la main, de lui allumer un fagot pour se lever (*Historiette* de Clinchamp), et on lit une chose pareille dans la nouvelle d'Oudin intitulée: *le Chevalier d'industrie*.

Note 341: (retour) C'étoit une abbaye de bénédictins, fondée en 595, par saint Bertrand, évêque du Mans, et qui avoit droit de haute, moyenne et basse justice.

Note 342: (retour) C'est-à-dire les tapisseries, les tentures.

Note 343: (retour) Ce n'est pas d'aujourd'hui qu'on se moque des provinciaux et que ce titre est regardé comme une espèce d'injure. Il devoit en être naturellement ainsi en un temps où Versailles et la cour étoient toute la France. On peut lire dans la *Précieuse* de l'abbé de Pure (2e v., p. 119-134) un portrait du provincial assez vivement touché. Molière a repris un sujet analogue dans *Monsieur de Pourceaugnac* et la *Comtesse d'Escarbagnas*: «Me prenez-vous pour une provinciale, madame!» dit la comtesse à Julie (VII). *Le*

Chevræana dit que les provinciaux sont les singes de la cour, et ne paroissent jamais plus bêtes que quand ils sont travestis en hommes. Tallemant a beaucoup de traits à leur adresse. «Les provinciaux et les sots, écrit La Bruyère, sont toujours prêts à se fâcher... Il ne faut jamais hasarder la plaisanterie, même la plus douce et la plus permise, qu'avec des gens polis ou qui ont de l'esprit.» (*De la société et de la cour.*) Il y a aussi quelques épigrammes contre eux dans les vers de Boileau: «M. Tiercelin est gentil, dit-il dans une lettre à Costar, mais il est provincial.» Ce qui rappelle la phrase de Mademoiselle, dans ses *Mémoires*, en parlant de deux femmes de Lyon: «Elles sont bien faites et spirituelles, pour femmes de province»; et le vers de Regnard: «Elle a de fort beaux yeux, pour des yeux de province.» Chapelle et Bachaumont se sont également moqués des provinciaux en plus d'un endroit de leur voyage, et, par exemple, en parlant des précieuses de Montpellier; de même Fléchier, dans ses *Grands jours d'Auvergne*. Scarron y est revenu à plusieurs reprises dans son livre, entre autres, I, 8, et II, 17.

Le petit bout d'homme avoit eté si attentif au discours de la Rancune, qu'il en etoit tout à fait extasié, s'imaginant de tenir dejà (comme l'on dit) le loup par les oreilles, quand, se reveillant comme d'un profond sommeil, il se leva de table et passa de l'autre côté pour embrasser la Rancune, qu'il remercia en même temps et supplia de continuer, lui protestant qu'il ne l'avoit convié à dejeuner que pour lui declarer le dessein qu'il avoit de suivre son sentiment touchant la comedie, à quoi il etoit tellement resolu qu'il n'y avoit personne au monde qui l'en pût divertir; qu'il ne falloit que le faire sçavoir à la troupe et en obtenir la faveur de l'association, ce qu'il desiroit faire à la même heure. Ils comptèrent avec l'hôtesse; Ragotin paya, et, etant sortis, ils prirent le chemin du logis des comediens, qui n'etoit pas fort eloigné de celui où ils avoient dejeuné. Ils trouvèrent les demoiselles habillées; mais comme la Rancune eut ouvert le discours du dessein de Ragotin de faire la comedie, il en fut interrompu par l'arrivée d'un des fermiers du père de Leandre, qu'il lui envoyoit pour l'avertir qu'il étoit malade à la mort, et qu'il desiroit de le voir devant que de lui payer le tribut que tous les hommes lui doivent, ce qui obligea tous ceux de la troupe à conferer ensemble pour deliberer sur un evènement si inopiné. Leandre tira Angelique à part et lui dit que le temps etoit venu pour vivre heureux, si elle avoit la bonté d'y contribuer; à quoi elle repondit qu'il ne tiendroit jamais à elle, et toutes les choses que vous verrez au chapitre suivant.

CHAPITRE III.

Dessein de Leandre.--Harangue et reception de Ragotin à la troupe comique.

Les jesuites de la Flèche n'ayant rien pu gagner sur l'esprit de Leandre pour lui faire continuer ses etudes, et voyant son assiduité à la comedie, jugèrent aussitôt qu'il etoit amoureux de quelqu'une des comediennes; en quoi ils furent confirmés quand, après le depart de la troupe, ils apprirent qu'il l'avoit suivie à Angers. Ils ne manquèrent pas d'en avertir son père par un messager exprès, et qui arriva en même temps que la lettre de Leandre lui fut rendue, par laquelle il lui marquoit qu'il alloit à la guerre et lui demandoit de l'argent, comme il l'avoit concerté avec le Destin quand il lui decouvrit sa qualité dans l'hôtellerie où il etoit blessé. Son père, reconnoissant la fourbe, se mit en une furieuse colère, qui, jointe à une extrême vieillesse, lui causa une maladie qui fut assez longue, mais qui se termina pourtant par la mort, de laquelle se voyant proche, il commanda à un de ses fermiers de chercher son fils pour l'obliger de se retirer auprès de lui, lui disant qu'il le pourroit trouver en s'enquerant où il y avoit des comediens (ce que le fermier sçavoit assez, car c'etoit celui qui lui fournissoit de l'argent après qu'il eut quitté le college); aussi, ayant apris qu'il y en avoit une troupe au Mans, il s'y achemina, et y trouva Leandre, comme vous avez vu au precedent chapitre. Ragotin fut prié par tous ceux de la troupe de les laisser conferer un moment sur le sujet du fermier nouvellement arrivé; ce qu'il fit, se retirant dans une autre chambre, où il demeura avec l'impatience qu'on peut s'imaginer. Aussitôt qu'il fut sorti, Leandre fit entrer le fermier de son père, lequel leur declara l'etat où il etoit et le desir qu'il avoit de voir son fils devant que de mourir. Leandre demanda congé pour y satisfaire, ce que tous ceux de la troupe jugèrent très raisonnable. Ce fut alors que le Destin declara le secret qu'il avoit tenu caché jusque alors touchant la qualité de Leandre, ce qu'il n'avoit appris qu'après le ravissement de mademoiselle Angelique (comme vous avez vu en la seconde partie de cette veritable histoire), ajoutant qu'ils avoient bien pu s'apercevoir qu'il n'agissoit pas avec lui, depuis qu'il l'avoit appris, comme il faisoit auparavant, puisque même il avoit pris un autre valet; que si quelquefois il etoit contraint de lui parler en maître, c'etoit pour ne le decouvrir pas; mais qu'à present il n'etoit plus temps de le celer, tant pour desabuser mademoiselle de la Caverne, qui n'avoit pu ôter de son esprit que Leandre ne fût complice de l'enlèvement de sa fille, ou peut-être l'auteur, que pour l'assurer de l'amour sincere qu'il lui portoit et pour laquelle il s'etoit reduit à lui servir de valet, ce qu'il auroit continué s'il n'eût eté obligé de lui declarer le secret, lorsqu'il le trouva dans l'hôtellerie, quand il alloit à la quête de mademoiselle Angelique. Et tant s'en faut qu'il fût consentant à son enlèvement, qu'ayant trouvé les ravisseurs, il avoit hasardé sa vie pour la secourir; mais qu'il n'avoit pu resister à tant de gens, qui l'avoient furieusement blessé et laissé pour mort sur la place. Tous ceux de la troupe lui demandèrent pardon de ce qu'ils ne l'avoient pas traité selon sa qualité, mais qu'ils etoient excusables, puisqu'ils n'en avoient pas la connoissance. Mademoiselle de l'Etoile ajouta qu'elle avoit remarqué beaucoup d'esprit et de merite en sa personne, ce qui l'avoit fait longtemps soupçonner quelque chose, en quoi elle avoit eté comme confirmée depuis son retour, à cela joint les lettres que la Caverne lui avoit fait voir; mais que pourtant elle ne savoit quel jugement en faire, le voyant si soumis au service de son frère; mais qu'à présent il n'y avoit pas lieu de douter de sa qualité. Alors la Caverne prit la parole, et, s'adressant à Leandre, lui dit: «Vraiment, monsieur, après avoir connu, en quelque façon, votre condition par le contenu des lettres que vous ecriviez à ma fille, j'avois toujours un juste sujet de me défier de vous, n'y ayant point d'apparence que l'amour que vous dites avoir pour elle fût legitime, comme le dessein que vous aviez formé de la mener en Angleterre me le temoigne assez. Et en effet, monsieur, quelle apparence qu'un seigneur si relevé, comme vous esperez d'être après la mort de monsieur votre père, voulût songer à epouser une pauvre comedienne de campagne? Je loue Dieu que le temps est venu que vous pourrez vivre content dans la possession de ces belles terres qu'il vous laisse, et moi hors de l'inquiétude qu'à la fin vous ne me jouassiez quelque mauvais tour.»

Leandre, qui s'etoit fort impatienté en écoutant ce discours de la Caverne, lui repondit: «Tout ce que vous dites, mademoiselle, que je suis sur le point de posseder, ne sauroit me rendre heureux, si je ne suis assuré en même temps de la possession de mademoiselle Angelique, votre fille; sans elle je renonce à tous les biens que la nature, ou plutôt la mort de mon père, me donne, et je vous declare que je ne m'en vais recueillir sa succession qu'à dessein de revenir aussitôt pour accomplir la promesse que je fais devant cette honorable compagnie de n'avoir jamais pour femme autre que mademoiselle Angelique, votre fille, pourvu qu'il vous plaise me la donner et qu'elle y consente, comme je vous en supplie très humblement toutes deux. Et ne vous imaginez pas que je la veuille emmener chez moi, c'est à quoi je ne pense point du tout: j'ai trouvé tant de charme en la vie comique que je ne m'en sçaurois distraire, et non plus que de me separer de tant d'honnêtes gens qui composent cette illustre troupe.» Après cette franche declaration, les comediens et comediennes, parlant tous ensemble, lui dirent qu'ils lui avoient de grandes obligations de tant de bonté, et que mademoiselle de la Caverne et sa fille seroient bien delicates si elles ne lui donnoient la satisfaction qu'il pretendoit. Angelique ne repondit que comme une fille qui dependoit de la volonté de sa mère, laquelle finit la conversation en disant à Leandre que, si à son retour il etoit dans les mêmes sentimens, il pouvoit tout esperer. Ensuite il y eut de grands embrassemens et quelques larmes jetées, les uns par un motif de joie et les autres par la tendresse, qui fait ordinairement pleurer ceux qui en sont si susceptibles qu'ils ne sçauroient s'en empêcher quand ils voient ou entendent dire quelque chose de tendre.

Après tous ces beaux complimens, il fut conclu que Leandre s'en iroit le lendemain, et qu'il prendroit un des chevaux que l'on avoit loués; mais il dit qu'il monteroit celui de son fermier, qui se serviroit du sien, qui le porteroit assez bien chez lui. «Nous ne prenons pas garde, dit le Destin, que M. Ragotin s'impatiente; il le faut faire entrer. Mais, à propos, n'y a-t-il personne qui sçache quelque chose de son dessein?» La Rancune, qui avoit demeuré sans parler, ouvrit la bouche pour dire qu'il le sçavoit, et que le matin il lui avoit donné à dîner pour lui declarer qu'il desiroit de s'associer à la troupe et faire la comedie, sans prétendre de lui être à charge, d'autant qu'il avoit assez de bien, qu'il aimoit autant le depenser en voyant le monde que de demeurer au Mans, à quoi il l'avoit fort persuadé. Aussitôt Roquebrune s'avança pour dire poetiquement qu'il n'etoit pas d'avis qu'on le reçût, en etant des poetes comme des femmes: quand il y en a deux dans une maison, il y en a une de trop; que deux poètes dans une troupe y pourroient exciter des tempêtes dont la source viendroit des contrariétés du Parnasse; d'ailleurs, que la taille de Ragotin etoit si defectueuse, qu'au lieu d'apporter de l'ornement au théâtre il en seroit deshonoré. «Et puis, quel personnage pourra-t-il faire? Il n'est pas capable des premiers rôles: M. le Destin s'y opposeroit, et l'Olive pour les seconds; il ne sçauroit representer un roi, non plus qu'une confidente, car il auroit aussi mauvaise mine sous le masque qu'à visage découvert; et partant je conclus qu'il ne soit pas reçu.--Et moi, repartit la Rancune, je soutiens qu'on le doit recevoir, et qu'il sera fort propre pour representer un nain [344], quand il en sera besoin, ou quelque monstre, comme celui de l'Andromède [345]: cela sera plus naturel que d'en faire d'artificiels. Et quant à la declamation, je puis vous assurer que ce sera un autre Orphée qui attirera tout le monde après lui. Dernièrement, quand nous cherchions mademoiselle Angelique, l'Olive et moi, nous le rencontrâmes monté sur un mulet semblable à lui, c'est-à-dire petit. Comme nous marchions, il se mit à déclamer des vers de Pyrame avec tant d'emphase, que des passans qui conduisoient des ânes s'approchèrent du mulet et l'ecoutèrent avec tant d'attention qu'ils ôtèrent leurs chapeaux de leurs têtes pour le mieux ouïr, et le suivirent jusques au logis où nous nous arrêtâmes pour boire un coup. Si donc il a été capable d'attirer l'attention de ces âniers, jugez ce que ne feront pas ceux qui sont capables de faire le discernement des belles choses.»

Note 344: (retour) Dans les comédies, ou plutôt dans les farces, il y avoit souvent des rôles de nains ou de godenots,--celui du zani, par exemple.--Les nains étoient alors fort à la mode. Mademoiselle avoit une naine célèbre. (Loret, 4, p. 22.) La reine Anne d'Autriche en avoit reçu une de l'infante Claire-Eugénie. V. Tallem., *Nains, naines.--Journal de Richelieu.*

Note 345: (retour) Tragédie à machines, ou plutôt opéra, de P. Corneille (1650), qui eut un très grand succès, et dans lequel, au lieu de mettre l'événement principal en récit, il l'avoit mis en action, en montrant (III, 3) Persée combattant le monstre qui devoit dévorer Andromède. Le titre de l'édition de 1651, in-8, Rouen, porte: «...contenant... la description des monstres et des machines, et les *paroles qui se chantent en musique*.» C'est donc véritablement le premier opéra françois, puisque la pastorale d'Issy, de Perrin et de Cambert, qu'on cite ordinairement comme le premier, n'est que de 1659.

Cette saillie fit rire tous ceux qui l'avoient entendue, et l'on fut d'avis de faire entrer Ragotin pour l'entendre lui-même. On l'appela, il vint, il entra, et, après avoir fait une douzaine de reverences, il commença sa harangue en cette sorte: «Illustres personnages, auguste senat du Parnasse (il s'imaginoit sans doute d'être dans le barreau du presidial du Mans, où il n'étoit guère entré depuis qu'il y avoit été reçu avocat, ou dans l'Academie des Puristes) [346], l'on dit en commun proverbe que les mauvaises compagnies corrompent les bonnes moeurs, et, par un contraire, les bonnes dissipent les mauvaises et rendent les personnes semblables à ceux qui les composent.» Cet exorde si bien débité fit croire aux comediennes qu'il alloit faire un sermon, car elles tournèrent la tête et eurent beaucoup de peine à s'empêcher de rire. Quelque critique glosera peut-être sur ce mot de sermon; mais pourquoi Ragotin n'eût-il pas été capable d'une telle sottise, puisqu'il avoit bien fait chanter des chants d'eglise en serenade avec des orgues? Mais il continua: «Je me trouve si destitué de vertus, que je desire m'associer à votre illustre troupe pour en apprendre et pour m'y façonner, car vous êtes les interpretes des Muses, les echos vivans de leurs chers nourrissons, et vos merites sont si connus à toute la France que l'on vous admire jusques au-delà des poles. Pour vous, mesdemoiselles, vous charmez tous ceux qui vous considèrent, et l'on ne sçauroit ouïr l'harmonie de vos belles voix sans être ravi en admiration: aussi, beaux anges en chair et en os, tous les plus doctes poètes ont rempli leurs vers de vos louanges; les Alexandre et les Cesar n'ont jamais egalé la valeur de M. le Destin et des autres heros de cette illustre troupe. Il ne faut donc pas vous etonner si je desire avec tant de passion d'en accroître le nombre, ce qui vous sera facile si vous me faites l'honneur de m'y recevoir, vous protestant, au reste, de ne vous être point à charge, ni pretendre de participer aux emolumens du theâtre, mais seulement vous être très-humble et très-obeissant serviteur.» On le pria de sortir pour un moment, afin que l'on pût resoudre sur le sujet de sa harangue et y proceder avec les formes. Il sortit, et l'on commençoit d'opiner quand le poète se jeta à la traverse, pour former une seconde opposition. Mais il fut relancé par la Rancune, qui l'eût encore mieux poussé, s'il n'eût regardé son habit neuf, qu'il avoit acheté de l'argent qu'il lui avoit prêté. Enfin, il fut conclu qu'il seroit reçu pour être le divertissement de la compagnie. On l'appela, et quand il fut entré, le Destin prononça en sa faveur. L'on fit les ceremonies accoutumées: il fut ecrit sur le registre, prêta le serment de fidelité; l'on lui donna le mot avec lequel tous les comediens se reconnoissent [347], et il soupa ce soir-là avec toute la caravane.

Note 346: (retour) L'auteur veut sans doute désigner par là l'Académie françoise, qui se distinguoit, en effet, par le purisme exagéré de beaucoup de ses membres. V. la *Requête du dictionn.* de Ménage et la comédie des *Académist.* de Saint-Evremont. On peut consulter aussi le *Rôle des présentat. faites aux grands jours de l'éloq. fr.*, de Sorel. (*Var. hist. et litt.*, chez Jannet, 1er vol.)

Note 347: (retour) Cette espèce de franc-maçonnerie mystérieuse à laquelle il est fait ici allusion existoit réellement entre les comédiens d'alors, et elle semble avoir eu pour signe de reconnoissance un argot semblable dans sa substance, sinon de tous points, à celui que parloient les voleurs, et qui s'étoit continué jusqu'à la fin du siècle suivant. «A cette époque (c'est-à-dire à époque de la jeunesse de mademoiselle Clairon), lisons-nous dans les Mémoires de mademoiselle Dumesnil, les comédiens en avoient encore un (argot) comme les voleurs.» Et l'auteur en cite des exemples: «Cette dialecte, si je puis m'exprimer ainsi, continue-t-elle, étoit très abondante; elle comprenoit à peu près tout ce qui peut se dire en françois. Préville la jargonnoit encore à merveille.» (Edit. in-8, note de la p. 222.) Or, à ce que nous apprend M. Ed. Fournier, du temps de Préville, et à côté de lui, vivoit un très vieux comédien qui avoit joué avec Molière et qui relioit en quelque sorte sa troupe aux traditions du XVIIe siècle. C'étoit lui qui pouvoit avoir appris au célèbre acteur, dont l'apprentissage, du reste, s'étoit fait assez longtemps en province, cet argot qu'il parloit si bien.

CHAPITRE IV.

Départ de Leandre et de la troupe comique pour aller à Alençon. Disgrâce de Ragotin.

Après le souper, il n'y eut personne qui ne felicitât Ragotin de l'honneur qu'on lui avoit fait de le recevoir dans la troupe, de quoi il s'enfla si fort que son pourpoint s'en ouvrit en deux endroits. Cependant Leandre prit occasion d'entretenir sa chère Angelique, à laquelle il reitera le dessein qu'il avoit fait de l'epouser; mais il le dit avec tant de douceurs, qu'elle ne lui repondit que des yeux, d'où elle laissa couler quelques larmes. Je ne sçais si ce fut de joie des belles promesses de Leandre, ou de tristesse de son depart; quoi qu'il en soit, ils se firent beaucoup de caresses, la Caverne n'y apportant plus d'obstacle. La nuit etant dejà fort avancée, il fallut se retirer. Leandre prit congé de toute la compagnie et s'en alla coucher. Le lendemain il se leva de bon matin, partit avec le fermier de son père, et fit tant par ses journées qu'il arriva en la maison de son père, qui etoit malade, lequel lui temoigna d'être bien aise de sa venue, et, selon que ses forces le lui permirent, lui exprima la douleur que lui avoit causée son absence, et lui dit ensuite qu'il avoit bien de la joie de le revoir pour lui donner sa dernière benediction, et avec elle tous ses biens, nonobstant l'affliction qu'il avoit eue de sa mauvaise conduite, mais qu'il croyoit qu'il en useroit mieux à l'avenir. Nous apprendrons la suite à son retour.

Les comediens et comediennes etant habillés et habillées, chacun amassa ses nippes, l'on remplit les coffres, l'on fit les balles du bagage comique, et l'on prepara tout pour partir. Il manquoit un cheval pour une des demoiselles, parce que l'un de ceux qui les avoient loués s'etoit dedit; l'on prioit l'Olive d'en chercher un autre, quand Ragotin entra, lequel, ayant ouï cette proposition, dit qu'il n'en etoit pas besoin, parce qu'il en avoit un pour porter mademoiselle de l'Etoile ou Angelique en croupe, attendu qu'à son avis l'on ne pourroit pas aller en un jour à Alençon, y ayant dix grandes lieues du Mans; qu'en y mettant deux jours, comme nécessairement il le falloit, son cheval ne seroit pas trop fatigué de porter deux personnes. Mais l'Etoile, l'interrompant, lui dit qu'elle ne pourroit pas se tenir en croupe; ce qui affligea fort le petit homme, qui fut un peu consolé quand Angelique dit que si feroit bien elle. Ils dejeunèrent tous, et l'opérateur et sa femme furent de la partie; mais pendant que l'on apprêtoit le dejeuner, Ragotin prit l'occasion pour parler au seigneur Ferdinandi, auquel il fit la même harangue qu'il avoit faite à l'avocat dont nous avons parlé, quand il le prenoit pour lui, à laquelle il repondit qu'il n'avoit rien oublié à mettre tous les secrets de la magie en pratique, mais sans aucun effet; ce qui l'obligeoit à croire que l'Etoile etoit plus grande magicienne que lui n'etoit magicien, qu'elle avoit des charmes beaucoup plus puissans que les siens, et que c'étoit une dangereuse personne, qu'il avoit grand sujet de craindre. Ragotin vouloit repartir; mais on les pressa de laver les mains et de se mettre à table, ce qu'ils firent tous. Après le dejeuner, Inezille temoigna à tous ceux de la troupe, et principalement aux demoiselles, le deplaisir qu'elle et son mari avoient d'un si prompt départ, leur protestant qu'ils eussent bien desiré de les suivre à Alençon pour avoir l'honneur de leur conversation plus longtemps, mais qu'ils seroient obligés de monter en theatre pour debiter leurs drogues, et par conséquent faire des farces; que, cela etant public et ne coûtant rien, le monde y va plus facilement qu'à la comedie, où il faut bailler de l'argent, et qu'ainsi au lieu de les servir ils leur pourroient nuire, et que, pour l'eviter, ils avoient resolu de monter au Mans après leur depart. Alors ils s'embrassèrent les uns les autres et se dirent mille douceurs. Les demoiselles pleurèrent, et enfin tous se firent de grands complimens, à la reserve du poète, qui, en d'autres occasions, eût parlé plus que quatre, et en celle-ci il demeura muet, la separation d'Inezille lui ayant eté un si furieux coup de foudre, qu'il ne le put jamais parer, nonobstant qu'il s'estimât tout couvert des lauriers du Parnasse [348].

Note 348: (retour) Le laurier, comme on sait, passoit chez les anciens pour garantir de la foudre.

La charrette etant chargée et prête à partir, la Caverne y prit place au même endroit que vous avez vu au commencement de ce roman. L'Etoile monta sur un cheval que le Destin conduisoit, et Angelique se mit derrière Ragotin, qui avoit pris avantage [349], en montant à cheval, pour éviter un second accident de sa carabine, qu'il n'avoit pourtant pas oubliée, car il l'avoit pendue à sa bandoulière; tous les autres allèrent à pied, au même ordre que quand ils arrivèrent au Mans. Quand ils furent dans un petit bois qui est au bout du pavé, environ une lieue de la ville, un cerf, qui etoit poursuivi [350] par les gens de monsieur le marquis de Lavardin [351], leur traversa le chemin et fit peur au cheval de Ragotin, qui alloit devant, ce qui lui fit quitter l'etrier et mettre à même temps la main à sa carabine; mais comme il le fit avec precipitation, le talon se trouva justement sous son aisselle, et comme il avoit la main à la detente, le coup partit, et parce qu'il l'avoit beaucoup chargée, et à balle, elle repoussa si furieusement qu'elle le renversa par terre; et en tombant, le bout de la carabine donna contre les reins d'Angelique qui tomba aussi, mais sans se faire aucun mal, car elle se trouva sur ses pieds. Pour Ragotin, il donna de la tête contre la souche d'un vieil arbre pourri qui etoit environ un pied hors de terre, qui lui fit une assez grosse bosse au dessus de la tempe; l'on y mit une pièce d'argent et on lui banda la tête avec un mouchoir, ce qui excita de grands éclats de rire à tous ceux de la troupe, ce qu'ils n'eussent peut-être pas fait s'il y eût eu un plus grand mal; encore ne sçait-on, car il est bien difficile de s'en empêcher en de pareilles occasions; aussi ils s'en regalèrent comme il faut, ce qui pensa faire enrager le petit homme, lequel fut remonté sur son cheval, et semblablement Angelique, qui ne lui permit pas de recharger sa carabine, comme il le vouloit faire; et l'on continua de marcher jusqu'à la Guerche 352, où l'on fit repaître la charrette, c'est-à-dire les quatre chevaux qui y etoient attelés, et les deux autres porteurs. Tous les comediens goûtèrent; pour les demoiselles, elles se mirent sur un lit, tant pour se reposer que pour considerer les hommes, qui buvoient à qui mieux mieux, et surtout la Rancune et Ragotin (à qui l'on avoit debandé la tête, à laquelle la pièce d'argent avoit repercuté la contusion), qui se le portoient à une santé qu'ils s'imaginoient que personne n'entendoit, ce qui obligea Angelique de crier à Ragotin: «Monsieur, prenez garde à vous, et songez à bien conduire votre voiture», ce qui demonta un peu le petit avocat encomedienné, lequel fit aussitôt cessation d'armes, ou plutôt de verres, avec la Rancune.

Note 349: (retour) C'est-à-dire qui avoit pris ses précautions, qui s'étoit aidé, en montant sur une pierre ou en se faisant donner la main par quelqu'un pour se mettre en selle.

Note 350: (retour) Le divertissement de courre le cerf étoit un des plus à la mode, surtout à la cour et parmi les grands seigneurs; il se pratiquoit souvent avec pompe et en grand appareil. Les lettres de la princesse Palatine sont remplies du recit de ces chasses, et Molière s'est moqué de la passion de certains gentilshommes pour ce divertissement, dans ses *Fâcheux* (II, 7). Cette chasse étoit quelquefois dangereuse, et le cerf poursuivi ne se bornoit pas toujours, comme ici, à effrayer un cheval et à faire tomber un cavalier, témoin les comtes de Saint-Hérem et de Melun, qui furent tués par deux de ces bêtes aux abois.

Note 351: (retour) «Il y a dans le Maine, près Montoire, un lieu appelé Lavardin, qui a donné son nom à une très illustre famille du Vendômois.» (*Ménagiana*.) Il y avoit encore, à cinq lieues du Mans, un autre Lavardin, dont les seigneurs avoient pour surnom de Beaumanoir. L'évêque du Mans Charles de Lavardin, comme son neveu Philibert-Emmanuel (né au château de Malicorne), également évêque du Mans, étoit de cette derniere maison, à laquelle appartenoit aussi le marquis de Lavardin, lieutenant du roi dans le Maine.

Note 352: (retour) A deux lieues et demie du Mans, sur la Sarthe.

L'on paya l'hôtesse, l'on remonta à cheval et la caravane comique marcha. Le temps etoit beau et le chemin de même, ce qui fut cause qu'ils arrivèrent de bonne heure à un bourg qu'on appelle Vivain 353. Ils descendirent au Coq-Hardi, qui est le meilleur logis; mais l'hôtesse (qui n'etoit pas la plus agreable du pays du Maine) fit quelque difficulté de les recevoir, disant qu'elle avoit beaucoup de monde, entre autres un receveur des tailles de la province et un autre receveur des epices 354 du presidial du Mans, avec quatre ou cinq marchands de toile. La Rancune, qui songea aussitôt à faire quelque tour de son metier, lui dit qu'ils ne demandoient qu'une chambre pour les demoiselles, et que pour les hommes, ils se coucheroient comme que ce fût, et qu'une nuit etoit bientôt passée; ce qui adoucit un peu la fierté de la dame cabaretière. Ils entrèrent donc, et l'on ne dechargea point la charrette: car il y avoit dans la basse-cour une remise de carrosse où on la mit, et on la ferma à clef; et l'on donna une chambre aux comediennes, où tous ceux de la troupe soupèrent, et quelque temps après les demoiselles se couchèrent dans deux lits qu'il y avoit, savoir, l'Etoile dans un et la Caverne et sa fille Angelique dans l'autre. Vous jugez bien qu'elles ne manquèrent pas à fermer la porte, aussi bien que les deux receveurs, qui se retirèrent aussi dans une autre chambre, où ils firent porter leurs valises, qui etoient pleines d'argent, sur lequel la Rancune ne put pas mettre la main, car ils se precautionnèrent bien; mais les marchands payèrent pour eux. Ce mechant homme eut assez de prevoyance pour être logé dans la même chambre où ils avoient fait porter leurs balles. Il y avoit trois lits, dont les marchands en occupoient deux, et l'Olive et la Rancune l'autre, lequel ne dormit point; mais quand il connut que les autres dormoient ou devoient dormir, il se leva doucement pour faire son coup, qui fut interrompu par un des marchands auquel il étoit survenu un mal de ventre avec une envie de le decharger, ce qui l'obligea à se lever et la Rancune à regagner le lit. Cependant le marchand, qui logeoit ordinairement dans ce logis et qui en sçavoit toutes les issues, alla par la porte qui conduisoit à une petite galerie au bout de laquelle etoient les lieux communs (ce qu'il fit pour ne donner pas mauvaise odeur aux venerables comediens). Quand il se fut vidé, il retourna au bout de la galerie; mais, au lieu de prendre le chemin qui conduisoit à la chambre d'où il etoit parti, il prit de l'autre côté et descendit dans la chambre où les receveurs etoient couchés (car les deux chambres et les montées etoient disposées de la sorte). Il s'approcha du premier lit qu'il rencontra, croyant que ce fût le sien, et une voix à lui inconnue lui demanda: «Qui est là?» Il passa sans rien dire à l'autre lit, où on lui dit de même, mais d'un ton plus elevé et en criant: «L'hôte, de la chandelle! il y a quelqu'un dans notre chambre!» L'hôte fit lever une servante; mais devant qu'elle fût en etat de comprendre qu'il falloit de la lumière, le marchand eut loisir de remonter et de descendre par où il etoit allé. La Rancune, qui entendoit tout ce debat (car il n'y avoit qu'une simple cloison d'ais entre les deux chambres) ne perdit pas temps, mais denoua habilement les cordes de deux balles, dans chacune desquelles il prit deux pièces de toile, et renoua les cordes, comme si personne n'y eût touché, car il sçavoit le secret, qui n'est connu que de ceux du metier, non plus que leur numero et leurs chiffres. Il en vouloit attaquer une autre, quand le marchand entra dedans la chambre, et, y ayant ouï marcher, dit: «Qui est là?» La Rancune, qui ne manquoit point de repartie (après avoir fourré les quatre pièces de toile dans le lit), dit que l'on avoit oublié à mettre un pot de chambre, et qu'il cherchoit la fenêtre pour pisser. Le marchand, qui n'etoit pas encore recouché, lui dit: «Attendez, monsieur, je la vais ouvrir, car je sçais mieux où elle est que vous.» Il l'ouvrit et se remit au lit. La Rancune s'approcha de la fenêtre, par laquelle il pissa aussi copieusement que quand il arrosa un marchand du bas Maine avec lequel il etoit couché dans un cabaret de la ville du Mans, comme vous avez vu dans le sixième chapitre de la première partie de ce roman; après quoi il se retourna coucher sans fermer la fenêtre. Le marchand lui cria qu'il ne devoit pas l'avoir laissée ouverte, et l'autre lui cria encore plus haut qu'il la fermât s'il vouloit; que pour lui, il n'eût pas pu retrouver son lit dans l'obscurité, ce qui n'etoit pas quand elle etoit ouverte, parce que la lune luisoit bien fort dans la chambre. Le marchand, apprehendant qu'il ne lui voulût faire une querelle d'Allemand [355], se leva sans lui repartir, ferma la fenêtre et se remit au lit, où il ne dormoit pas, dont bien lui prit, car sa balle n'eût pas eu meilleur marché que les deux autres.

Note 353: (retour) A une demi-lieue N. E. de Beaumont-le-Vicomte.

Note 354: (retour) «*Epices* aujourd'hui se dit au Palais des salaires que les juges se taxent en argent, au bas des jugements, pour leur peine d'avoir travaillé au rapport et à la visitation des procès par écrit.» (Dict. de Fur.) L'abus des *épices* en étoit venu au point que Saint-Amant, à propos de l'incendie du Palais en 1618, put dire, dans une épigramme bien connue et souvent citée:

> ... Dame Justice,
>
> Pour avoir mangé trop d'épice
>
> Se mit tout le palais en feu.

Note 355: (retour) La réputation des Allemands avoit été fort compromise chez nous par celle des reîtres et des lansquenets; et les guerres récemment soutenues contre eux, en donnant lieu à un grand débordement de chansons satiriques, avoient encore contribué à rendre leur nom synonyme de soudard, de grossier et brutal personnage. L'épithète d'Allemand renfermoit, en France, une injure analogue à celle de Génois chez les Espagnols. Théophile, dans son *Fragm. d'une hist. com.*, parle de la stupidité et de l'ivrognerie des Allemands, qu'il traite de gros *bouffetripes*. «Voilà, dit Garasse dans sa *Doctrine curieuse* (VI, 10), le but auquel visent les axiomes des beaux esprits... faire le saut de l'Allemand, du lit à la table et de la table au lit.» Leur esprit n'étoit pas en plus haute estime que leur caractère: «Gretzer a bien de l'esprit pour un Allemand», disoit le cardinal Du Perron, et le P. Bouhours, qui rapporte cette parole, met en question, dans ses *Entret. d'Ariste et d'Eugène* (sur le bel esprit), si un Allemand peut être bel esprit. On lit dans le *Chevræana*, qui, du reste, entreprend la défense de cette nation: «Les François disent: C'est un Allemand, pour exprimer un homme pesant, brutal.» Plus tard, Grimm écrivoit encore: «Je crois avoir vu le temps où un Allemand donnant quelques symptômes d'esprit étoit regardé comme un prodige.» On comprend maintenant la portée de cette expression proverbiale: faire une querelle d'Allemand.

Cependant l'hôte et l'hôtesse crioient à la chambrière d'allumer vite de la chandelle. Elle s'en mettoit en devoir; mais comme il arrive ordinairement que plus l'on s'empresse moins l'on avance, aussi cette miserable servante souffla les charbons plus d'une heure sans la pouvoir allumer. L'hôte et l'hôtesse lui disoient mille maledictions, et les receveurs crioient toujours plus fort: «De la chandelle!» Enfin, quand elle fut allumée, l'hôte et l'hôtesse et la servante montèrent à leur chambre, où n'ayant trouvé personne, ils leur dirent qu'ils avoient grand tort de mettre ainsi tous ceux du logis en alarme. Eux soutenoient toujours d'avoir vu et ouï un homme et de lui avoir parlé. L'hôte passa de l'autre côté et demanda aux comediens et aux marchands si quelqu'un d'eux étoit sorti. Ils dirent tous que non, «à la reserve de monsieur, dit un des marchands, parlant de la Rancune, qui s'est levé pour pisser par la fenêtre, car l'on n'a point donné de pot de chambre.» L'hôte cria fort la servante de ce manquement, et alla retrouver les receveurs, auxquels il dit qu'il falloit qu'ils eussent fait quelque mauvais songe, car personne n'avoit bougé; et après leur avoir dit qu'ils dormissent bien, et qu'il n'etoit pas encore jour, ils se retirèrent. Sitôt qu'il fut venu, je veux dire le jour, la Rancune se leva et demanda la clef de la remise, où il entra pour cacher les quatre pièces de toile qu'il avoit derobées, et qu'il mit dans une des balles de la charrette.

CHAPITRE V.

Ce qui arriva aux comediens entre Vivain et Alençon.
Autre disgrace de Ragotin.

Tous les heros et heroïnes de la troupe comique partirent de bon matin et prirent le grand chemin d'Alençon et arrivèrent heureusement au Bourg-le-Roi [356], que le vulgaire appelle le Boulerey, où ils dînèrent et se reposèrent quelque temps, pendant lequel on mit en avant si l'on passeroit par Arsonnay, qui est un village à une lieue d'Alençon, ou si l'on prendroit de l'autre côté pour éviter Barrée, qui est un chemin où pendant les plus grandes chaleurs de l'été il y a de la boue où les chevaux enfoncent jusqu'aux sangles. L'on consulta là-dessus le charretier, lequel assura qu'il passeroit partout, ses quatre chevaux etant les meilleurs de tous les attelages du Mans; d'ailleurs, qu'il n'y avoit qu'environ cinq cents pas de mauvais chemin, et que celui des communes de Saint-Pater, où il faudroit passer, n'étoit guère plus beau et beaucoup plus long; qu'il n'y auroit que les chevaux et la charrette qui entreroient dans la boue, parce que les gens de pied passeroient dans les champs, quittes pour ajamber certaines fascines qui ferment les terres afin que les chevaux n'y puissent pas entrer: on les appelle en ce pays-là des éthaliers. Ils enfilèrent donc ce chemin-là. Mademoiselle de l'Etoile dit qu'on l'avertît quand l'on en seroit près, parce qu'elle aimoit mieux aller à pied en beau chemin, qu'à cheval dans la boue. Angelique en dit autant, et semblablement la Caverne, qui apprehenda que la charrette ne versât. Quand ils furent sur le point d'entrer dans ce mauvais chemin, Angelique descendit de la croupe du cheval de Ragotin. Le Destin fit mettre pied à terre à l'Etoile, et l'on aida à la Caverne à descendre de la charrette. Roquebrune monta sur le cheval de l'Etoile et suivit Ragotin, qui alloit après la charrette. Quand ils furent au plus boueux du chemin et à un lieu où il n'y avoit d'espace que pour la charrette, quoique le chemin fût fort large, ils firent rencontre d'une vingtaine de chevaux de voiture, que cinq ou six paysans conduisoient, qui se mirent à crier au charretier de reculer. Le charretier leur crioit encore plus fort: «Reculez vous-mêmes, vous le ferez plus aisement que moi.» De detourner ni à droit ni à gauche, cela ne se pouvoit nullement, car de chaque côté il n'y avoit que des fondrières insondables. Les voituriers, voulant faire les mauvais, s'avancèrent si brusquement contre la charrette, en criant si fort, que les chevaux en prirent tant de peur qu'ils en rompirent leurs traits et se jetèrent dans les fondrières; le timonier se detourna tant soit peu sur la gauche, ce qui fit avancer la roue du même côté, qui, pour ne trouver point de ferme, fit verser la charrette. Ragotin, tout bouffi d'orgueil et de colère, crioit comme un demoniaque contre les voituriers, croyant pouvoir passer au côté droit, où il sembloit y avoir du vide: car il vouloit joindre les voituriers, qu'il menaçoit de sa carabine pour les faire reculer. Il s'avança donc; mais son cheval s'embourba si fort, que tout ce qu'il put faire, ce fut de desetriver promptement et desarçonner à même temps et de mettre pied à terre; mais il enfonça jusqu'aux aisselles, et s'il n'eût pas étendu les bras il fût enfoncé jusqu'au menton. Cet accident si imprevu fit arrêter tous ceux qui passoient dans les champs, pour penser à y remedier. Le poète, qui avoit toujours bravé la fortune, s'arrêta doucement et fit reculer son cheval jusqu'à ce qu'il eût trouvé le sec. Les voituriers, voyant tant d'hommes qui avoient tous chacun un fusil sur l'épaule et une epée au côté, reculèrent sans bruit, de peur d'être battus, et prirent un autre chemin.

Note 356: (retour) A huit lieues N.-E. du Mans; ainsi nommé d'un château qu'y fit bâtir, vers 1099, Guillaume Le Roux, pour tenir les Manceaux en respect et se ménager une entrée facile dans la province.

Cependant il fallut songer à remedier à tout ce desordre, et l'on dit qu'il falloit commencer par M. Ragotin et par son cheval, car ils etoient tous deux en grand peril. L'Olive et la Rancune furent les premiers qui s'en mirent en devoir; mais, quand ils s'en voulurent approcher, ils enfoncèrent jusqu'aux cuisses, et ils auroient encore enfoncé s'ils eussent avancé davantage, tellement qu'après avoir sondé en plusieurs endroits sans y trouver du ferme, la Rancune, qui avoit toujours des expediens d'un homme de son naturel, dit sans rire qu'il n'y avoit point d'autre remède pour sortir M. Ragotin du danger où il etoit, que de prendre la corde de la charrette (qu'aussi bien il la falloit decharger) et la lui attacher au cou et le faire tirer par les chevaux, qui s'etoient remis dans le grand chemin. Cette proposition fit rire tous ceux de la compagnie, mais non pas Ragotin, qui en eut autant de peur comme quand la Rancune lui vouloit couper son chapeau sur le visage, quand il l'avoit enfoncé dedans. Mais le charretier, qui s'etoit hasardé pour relever les chevaux, le fit encore pour Ragotin: il s'approcha de lui, et à diverses reprises le sortit et le conduisit dans le champ où etoient les comediennes, qui ne purent s'empêcher de rire, le voyant en si bel equipage; elles s'en contraignirent pourtant tant qu'elles purent. Cependant le charretier retourna à son cheval, qui, etant assez vigoureux, sortit avec un peu d'aide et alla trouver les autres; en suite de quoi l'Olive et la Rancune, et le même charretier, qui etoient déjà tous gâtés de la boue, dechargèrent la charrette, la remuèrent et la rechargèrent. Elle fut aussitôt reattelée, et les chevaux la sortirent de ce mauvais pas. Ragotin remonta sur son cheval avec peine, car le harnois etoit tout rompu; mais Angelique ne voulut pas se remettre derrière lui, pour ne gâter ses habits. La Caverne dit qu'elle iroit bien à pied, ce que fit aussi l'Etoile, que le Destin continua de conduire jusqu'aux Chênes-Verts, qui est le premier logis que l'on trouve en venant du Mans au faubourg de Mont-Fort, où ils s'arrêtèrent, n'osant pas entrer dans la ville dans un si étrange désordre.

Après que ceux qui avoient travaillé eurent bu, ils employèrent le reste du jour à faire secher leurs habits, après en avoir pris d'autres dans les coffres que l'on avoit dechargés: car ils en avoient eu chacun en present de la noblesse mancelle [357]. Les comediennes soupèrent legèrement, à cause de la lassitude du chemin qu'elles avoient été contraintes de faire à pied, ce qui les obligea aussi à se coucher de bonne heure.

Note 357: (retour) Ces sortes de présents étoient admis chez les acteurs, et s'acceptoient sans honte. Molière fit, à ce que raconter Grimarest, cadeau à l'un de ses anciens camarades, le comédien Mondorge, de 24 pistoles et d'un habit magnifique, et il avoit auparavant agi de la même manière envers Baron, encore enfant, mais déjà acteur dans la troupe de la Raisin. On lit dans le Ragotin de La Fontaine:

La Baguenaudière. ...Que dites-vous de mon habit de chasse?

La Rancune. Qu'il est beau pour jouer un baron de la Crasse.

La Baguenaudière. Je vous en fais présent, etc.

    Cet habit est pour toi; fais m'en venir à bout.

    (II,4.)

Et dans les *Visionnaires* de Desmarets:

Ces vers valent cent francs, à vingt francs le couplet:

Allez, je vous promets un habit tout complet.

dit-on au poète. Chappuzeau (l. III, ch. 18, du *Théâtre franç.*) donne de curieux détails sur les dépenses extraordinaires que les comédiens devoient faire pour leurs habits, tant à la ville qu'au théâtre, «étant obligés de paroître souvent à la cour, et de voir à toute heure des personnes de qualité.» Il nous apprend aussi, au même endroit, qu'en certaines circonstances les gentilshommes de la chambre avoient ordre de contribuer aux frais de ces habits.

Les comediens ne se couchèrent qu'après avoir bien soupé. Les uns et les autres etoient à leur premier sommeil, environ les onze heures, quand une troupe de cavaliers frappèrent à la porte de l'hôtellerie. L'hôte repondit que son logis etoit plein, et d'ailleurs qu'il etoit heure indue. Ils recommencèrent à frapper plus fort, en menaçant d'enfoncer la porte. Le Destin, qui avoit toujours Saldagne en tête, crut que c'etoit lui qui venoit à force ouverte pour enlever l'Etoile; mais, ayant regardé par la fenêtre, il aperçut, à la faveur de la clarté de la lune, un homme qui avoit les mains liées par derrière; ce qu'ayant dit fort bas à ses compagnons, qui etoient tous aussi bien que lui en etat de le bien recevoir, Ragotin dit assez haut que c'etoit M. de la Rappinière qui avoit pris quelque voleur, car il en etoit à la quête. Ils furent confirmés en cette opinion quand ils ouïrent faire commandement à l'hôte d'ouvrir de par le Roi. «Mais pourquoi diable (dit la Rancune) ne l'a-t-il mené au Mans, ou à Beaumont-le-Vicomte, ou, au pis aller, à Fresnay [358]? car, encore que ce faubourg soit du Maine, il n'y a point de prisons; il faut qu'il y ait là du mystère!» L'hôte fut contraint d'ouvrir à la Rappinière, qui entra avec dix archers, lesquels menoient un homme attaché, comme je vous viens de dire, et qui ne faisoit que rire, surtout quand il regardoit la Rappinière, ce qu'il faisoit fixement, contre l'ordinaire des criminels; et c'est la première raison pourquoi il ne le mena pas au Mans.

Note 358: (retour) Petite ville du Maine, sur la Sarthe, à six lieues S.-O. de Mamers.

Or vous sçaurez que, la Rappinière ayant appris que l'on avoit fait plusieurs voleries et pillé quelques maisons champêtres, il se mit en devoir de chercher les malfaiteurs. Comme lui et ses archers approchoient de la forêt de Persaine, ils virent un homme qui en sortoit; mais quand il aperçut cette troupe d'hommes à cheval, il reprit le chemin du bois, ce qui fit juger à la Rappinière que ce pouvoit en être un. Il piqua si fort et ses gens aussi, qu'ils attrapèrent cet homme, qui ne repondit qu'en termes confus aux interrogats que la Rappinière lui fit, mais qui ne parut point de l'être; au contraire, il se mit à rire et à regarder fixement la Rappinière, lequel tant plus il le consideroit, tant plus il s'imaginoit de l'avoir vu autrefois, et il ne se trompoit pas; mais du temps qu'ils s'etoient vus, l'on portoit les cheveux courts et de grandes barbes [359], et cet homme-là avoit la chevelure fort longue et point de barbe, et d'ailleurs les habits differents; tout cela lui en ôtoit la connoissance. Il le fit neanmoins attacher à un banc de la table de la cuisine qui etoit à dossier à l'antique, et le laissa en la garde de deux archers, et s'en alla coucher après avoir fait un peu de collation.

Note 359: (retour) Tallemant dit de même en parlant du grand-père du marquis de Rambouillet: «On portoit la barbe longuette en ce temps-là et les cheveux courts.» (*Hist. du marq. de Ramb.*) C'étoit la mode encore sous le règne de Henri IV, comme on peut le voir par les gravures et les portraits du temps. François 1er avoit commencé à mettre en faveur les cheveux courts et la barbe longue, pour cacher, dit-on, une blessure qu'il avoit reçue au bas de la joue. Cette mode se transforma peu à peu sous les règnes suivants, les cheveux s'allongeant et la barbe se rétrécissant par degrés. Sous Henri IV on portoit les cheveux plus longs que sous François 1er, mais courts encore, surtout relativement à l'immense chevelure et à la non moins immense perruque qui alloient les remplacer sous Louis XIII et Louis XIV. Quant à la barbe, qui alloit bientôt devenir la maigre *royale* que chacun sait, elle gardoit encore quelque chose de son ancienne prestance; elle prenoit dessus et dessous le menton, pour descendre en s'effilant en pointe. Aussi

Bassompierre, en sortant de la Bastille, s'étonnoit-il de ne plus retrouver les barbes de son temps. «Louis XIII, dit Dulaure, monta imberbe sur le trône de son glorieux père. Les courtisans, voyant leur jeune roi sans barbe, trouvèrent la leur trop longue: ils la réduisirent bientôt, etc.» (*Pogonologie*, p. 37.) V., dans Tallemant, *Historiette de Louis XIII*, la chanson:

> Hélas! ma pauvre barbe.
>
> Qu'est-ce qui t'a faite ainsi?
>
> C'est le grand roi Louis
>
> Treizième de ce nom,
>
> Qui toute a ébarbé sa maison, etc.

Le même Louis XIII portoit d'abord les cheveux courts dans sa première jeunesse, comme le prouve une médaille frappée à cette époque, mais bientôt il laissa croître sa chevelure, qu'il ne tarda pas à porter dans toute sa longueur.

Le lendemain, le Destin se leva le premier, et, en passant par la cuisine, il vit les archers endormis sur une mechante paillasse, et un homme attaché à un des bancs de la table, lequel lui fit signe de s'approcher, ce qu'il fit; mais il fut fort etonné quand le prisonnier lui dit: «Vous souvient-il quand vous fûtes attaqué à Paris sur le Pont-Neuf, où vous fûtes volé, et principalement d'une boîte de portrait? J'etois alors avec le sieur de la Rappinière, qui etoit notre capitaine. Ce fut lui qui me fit avancer pour vous attaquer; vous sçavez tout ce qui se passa. J'ai appris que vous avez tout sçu de Doguin à l'heure de sa mort, et que la Rappinière vous a rendu votre boîte. Vous avez une belle occasion de vous venger de lui, car, s'il me mène au Mans, comme il fera peut-être, j'y serai pendu sans doute; mais il ne tiendra qu'à vous qu'il ne soit de la danse: il ne faudra que joindre votre deposition à la mienne, et puis vous sçavez comme va la justice du Mans [360].» Le Destin le quitta, et attendit que la Rappinière fût levé. Ce fut pour lors qu'il temoigna bien qu'il n'etoit pas vindicatif, car il l'avertit du dessein du criminel, en lui disant tout ce qu'il avoit dit de lui, et ensuite lui conseilla de s'en retourner et de laisser ce miserable. Il vouloit attendre que les comediennes fussent levées pour leur donner le bon jour; mais le Destin lui dit franchement que l'Etoile ne le pourroit pas voir sans s'emporter furieusement contre lui avec justice; il lui dit de plus que, si le vice-bailli d'Alençon (qui est le prevôt de ce bailliage-là) sçavoit tout ce manége, il le viendroit prendre. Il le crut, fit detacher le prisonnier, qu'il laissa en liberté, monta à cheval avec ses archers, et s'en alla sans payer l'hôtesse (ce qui lui etoit assez ordinaire) et sans remercier le Destin, tant il etoit troublé.

Note 360: (retour) La justice du Mans devoit sans doute avoir acquis une grande habileté et une promptitude remarquable, grâce à l'exercice que lui donnoit l'esprit processif et litigieux des Manceaux. On sait, en effet, qu'ils ont été renommés de tout temps, non moins que les Normands, pour leurs habitudes chicanières. Boileau les associe à ceux-ci dans ses *Satires* (XII, 341) et ses *Epîtres* (II, 31); il y revient encore dans *le Lutrin* (I, 31). De même Racine dans *les Plaideurs* (III, 3), Dufresnoy dans *la Réconciliation normande* (IV, 3), etc., ont fait allusion à leur goût bien connu pour les procès. «Un Manceau vaut un Normand et demi», dit le proverbe.

Après son depart, le Destin appela Roquebrune, l'Olive et le Décorateur, qu'il mena dans la ville, et allèrent directement au grand jeu de paume, où ils trouvèrent six gentilshommes qui jouoient partie. Il demanda le maître du tripot, et ceux qui etoient dans la galerie, ayant connu que c'étoient des comediens, dirent aux joueurs que c'etoient des comediens, et qu'il y en avoit un qui avoit fort bonne mine. Les joueurs achevèrent leur partie et montèrent dans une chambre pour se faire frotter, tandis que le Destin traitoit avec le maître du jeu de paume. Ces gentilhommes, etant descendus à demi vêtus, saluèrent le Destin et lui demandèrent toutes les particularités de la troupe, de quel nombre de personnes elle etoit composée, s'il y avoit de bons acteurs, s'ils avoient de beaux habits, et si les femmes etoient belles. Le Destin repondit sur tous ces chefs; en suite de quoi ces gentilshommes lui offrirent service, et prièrent le maître de les accommoder, ajoutant que, s'ils avoient patience qu'ils fussent tout à fait habillés, qu'ils boiroient ensemble; ce que le Destin accepta pour faire des amis en cas que Saldagne le cherchât encore, car il en avoit toujours de l'apprehension.

Cependant il convint du prix pour le louage dû tripot, et ensuite le Decorateur alla chercher un menuisier pour bâtir le theâtre suivant le modèle qu'il lui bailla; et les joueurs etant habillés, le Destin s'approcha d'eux de si bonne grâce, et avec sa grande mine leur fit paroître tant d'esprit, qu'ils conçurent de l'amitié pour lui. Ils lui demandèrent où la troupe etoit logée, et lui leur ayant repondu qu'elle etoit aux Chênes-Verts en Mont-Fort, ils lui dirent: «Allons boire dans un logis qui sera votre fait; nous voulons vous aider à faire le marché.» Ils y allèrent, furent d'accord du prix pour trois chambres, et y dejeunèrent très bien. Vous pouvez bien croire que leur entretien ne fut que de vers et de pièces de theâtre, en suite de quoi ils firent grande amitié, et allèrent avec lui voir les comediennes, qui etoient sur le point de dîner, ce qui fut cause que ces gentilshommes ne demeurèrent pas longtemps avec elles. Ils les entretinrent pourtant agreablement pendant le peu de temps qu'ils y furent; ils leur offrirent service et protection, car c'etoient des principaux de la ville. Après le dîner l'on fit porter le bagage comique à la Coupe-d'Or, qui etoit le logis que le Destin avoit retenu, et quand le theâtre fut en etat, ils commencèrent à representer.

Nous les laisserons dans cet exercice, dans lequel ils firent tous voir qu'ils n'etoient pas apprentis, et retournerons voir ce que fait Saldagne depuis sa chute.

CHAPITRE VI

Mort de Saldagne.

Vous avez vu dans le douzième chapitre de la seconde partie de ce Roman comme Saldagne etoit demeuré dans un lit, malade de sa chute, dans la maison du baron d'Arques, à l'appartement de Verville, et ses valets si ivres dans une hôtellerie d'un bourg distant de deux lieues de la dite maison, que celui de Verville eut bien de la peine à leur faire comprendre que la demoiselle s'etoit sauvée, et que l'autre homme que son maître leur avoit donné la suivoit avec l'autre cheval. Après qu'ils se furent bien frotté les yeux, et bâillé chacun trois ou quatre fois, et allongé les bras en s'etirant, ils se mirent en devoir de la chercher. Ce valet leur fit prendre un chemin par lequel il sçavoit bien qu'ils ne la trouveroient pas, suivant l'ordre que son maître lui en avoit donné; aussi ils roulèrent trois jours, au bout desquels ils s'en retournèrent trouver Saldagne, qui n'etoit pas encore gueri de sa chute, ni même en etat de quitter le lit, auquel ils dirent que la fille s'etoit sauvée, mais que l'homme que M. de Verville leur avoit baillé la suivoit à cheval. Saldagne pensa enrager à la reception de cette nouvelle, et bien prit à ses valets qu'il etoit au lit et attaché par une jambe, car s'il eût eté debout, ou s'il eût pu se lever, ils n'eussent pas seulement essuyé des paroles, comme ils firent, mais il les auroit roués de coups de bâton, car il pesta si furieusement contre eux, leur disant toutes les injures imaginables, et se mit si fort en colère, que son mal augmenta et la fièvre le reprit, en sorte que, quand le chirurgien vint pour le panser, il apprehenda que la gangrène ne se mît à sa jambe, tant elle etoit enflammée, et même il y avoit quelque lividité, ce qui l'obligea d'aller trouver Verville, auquel il conta cet accident, lequel se douta bien de ce qui l'avoit causé, et qui alla aussitôt voir Saldagne, pour lui demander la cause de son alteration, ce qu'il savoit assez, car il avoit eté averti par son valet de tout le succès de l'affaire; et, l'ayant appris de lui-même, il lui redoubla sa douleur en lui disant que c'etoit lui qui avoit tramé cette pièce pour lui eviter la plus mauvaise affaire qui lui pût jamais arriver: «Car, lui dit-il, vous voyez bien que personne n'a voulu retirer cette fille, et je vous declare que, si j'ai souffert que ma femme, votre soeur, l'ait logée ceans, ce n'a eté qu'à dessein de la remettre entre les mains de son frère et de ses amis. Dites-moi un peu, que seriez-vous devenu si l'on avoit fait des informations contre vous pour un rapt, qui est un crime capital et que l'on ne pardonne point [361]? Vous croyez peut-être que la bassesse de sa naissance et la profession qu'elle fait vous auroient excusé de cette licence, et en cela vous vous flattez, car apprenez qu'elle est fille de gentilhomme et de demoiselle, et qu'au bout vous n'y auriez pas trouvé votre compte. Et après tout, quand les moyens de la justice auroient manqué, sçachez qu'elle a un frère qui s'en seroit vengé; car c'est un homme qui a du coeur, et vous l'avez eprouvé en plusieurs rencontres, ce qui vous devroit obliger à avoir de l'estime pour lui, plutôt que de le persecuter comme vous faites.

Note 361: (retour) Quelquefois pourtant, surtout quand ces violences étoient exercées par des personnages puissants contre des femmes de classe inférieure. (*Mém.* de Chavagnac, 1699, in-12, p. 100.) Il y a, à cette époque, bien des faits historiques qui peuvent servir d'excuse et de justification au grand nombre de rapts, de violences, de meurtres, qu'on trouve dans le *Roman comique*, et à la facilité avec laquelle la justice passe par-dessus. Qu'il me suffise de citer, outre l'enlèvement, par le père du comte de Chavagnac, de la veuve d'un sieur de Montbrun, celui de madame de Miramion, dans le bois de Boulogne, aux portes mêmes de Paris, et son audacieuse séquestration par Bussy au château de Launay, près de Sens, crime qui, malgré un commencement de poursuites, finit par rester impuni. (V. *Mém.* de Bussy, éd. Amst,, 1731, p. 160 et suiv.) Il y avoit là un reste des habitudes féodales et une dernière trace de l'ancien respect pour le droit du plus fort et la légitimité de l'épée. C'est surtout dans Brantôme qu'on peut lire le récit des attentats les plus fréquents et les plus audacieux commis sur les personnes les plus illustres, sans que la justice intervînt pour les punir. Ces violences sembloient admises par les moeurs. Les Mémoires contemporains et les *Historiettes* de Tallemant des Réaux pourroient nous fournir à l'appui plus d'un trait, que leurs narrateurs racontent comme une chose toute simple, et que nous serions loin de trouver tels aujourd'hui. Vouloit-on se défaire de Jacques de Lafin, qui avoit révélé au roi le complot du maréchal de Biron, et de Concini, on les assassinoit en plein jour, sur un pont, sans qu'on songeât à poursuivre les meurtriers. Saint-Germain Beaupré faisoit assassiner par son laquais, dans la rue Saint-Antoine, un gentilhomme nommé Villepréau. D'Harcourt et d'Hocquincourt proposoient à Anne d'Autriche de la défaire ainsi de Condé. Le chevalier de Guise ne faisoit pas plus de cérémonies pour passer son épée au travers du corps, en pleine rue Saint-Honoré, au vieux baron de Luz, à peu près comme son frère aîné avoit fait pour Saint-Paul; et ce crime non seulement demeuroit impuni, mais valoit au meurtrier les plus chaleureuses félicitations des plus grands personnages. (*Lett.* de Malh., 1er févr. 1613.) On peut lire les *Grands jours d'Auvergne* pour avoir une idée des actes incroyables que se permettoient les gentilshommes d'alors. La justice, dans ces cas-là, ne demandoit pas mieux que de faire comme nous le dit l'auteur (ch. 6) à propos de la mort de Saldagne: «Personne ne se plaignant, *d'ailleurs que ceux qui pouvoient être soupçonnés étoient des principaux gentilshommes de la ville*, cela demeura dans le silence.» Bossuet lui-même, parlant de ceux qui offroient à Charles II d'assassiner Cromwell, se borne à dire: «Sa grande âme a *dédaigné* ces moyens trop *bas*; il a cru qu'en quelque état que fussent les rois, il étoit de leur *majesté* de n'agir que par les lois ou par les armes.» V. *Orais. fun. de la reine d'Anglet.*, vers la fin.

Il est temps de cesser ces vaines poursuites, où vous pourriez à la fin succomber, car vous sçavez bien que le desespoir fait tout hasarder; il vaut donc mieux pour vous le laisser en paix.»

Ce discours, qui devoit obliger Saldagne à rentrer en lui-même, ne servit qu'à lui redoubler sa rage et à lui faire prendre d'etranges resolutions, qu'il dissimula en presence de Verville, et qu'il tâcha depuis à executer. Il se depêcha de guerir, et sitôt qu'il fut en etat de pouvoir monter à cheval il prit congé de Verville, et à même temps il prit le chemin du Mans, où il croyoit trouver la troupe; mais ayant appris qu'elle en etoit partie pour aller à Alençon, il se resolut d'y aller. Il passa par Vivain, où il fit repaître ses gens et trois coupe-jarrets qu'il avoit pris avec lui [362]. Quand il entra au logis du Coq-Hardi, où il mit pied à terre, il entendit une grande rumeur: c'etoient les marchands de toile, qui, etant allés au marché à Beaumont, s'etoient aperçus du larcin que leur avoit fait la Rancune, et etoient revenus s'en plaindre à l'hôtesse, qui, en criant bien fort, leur soutenoit qu'elle n'en etoit pas responsable, puisqu'ils ne lui avoient pas baillé leurs balles à garder, mais les avoient fait porter dans leurs chambres; et les marchands repliquoient: «Cela est vrai; mais que diable aviez-vous affaire d'y mettre coucher ces bateleurs? car, sans doute, c'est eux qui nous ont volés.--Mais, repartit l'hôtesse, trouvâtes-vous vos balles crevées, ou les cordes defaites?--Non, disoient les marchands; et c'est ce qui nous etonne, car elles etoient nouées comme si nous-mêmes l'eussions fait!--Or, allez vous promener!» dit l'hôtesse. Les marchands vouloient repliquer, quand Saldagne jura qu'il les battroit s'ils menoient plus de bruit. Ces pauvres marchands, voyant tant de gens, et de si mauvaise mine, furent contraints de faire silence, et attendirent leur depart pour recommencer leur dispute avec l'hôtesse.

Note 362: (retour) On voit dans la *Relation des grands jours d'Auvergne* et dans beaucoup de tragi-comédies du temps que c'étoit l'usage des gentilshommes de recourir à des spadassins qu'ils payoient pour leurs guet-apens. Ce n'étoit pas seulement pour les assassinats qu'ils en agissoient ainsi, mais pour leurs distributions de coups de bâton et leurs menues vengeances. Le duc d'Epernon, non content de ses laquais, avoit ses donneurs d'étrivières gagés.

Après que Saldagne et ses gens et ses chevaux eurent repu, il prit la route d'Alençon, où il arriva fort tard. Il ne dormit point de toute la nuit, qu'il employa à penser aux moyens de se venger sur le Destin de l'affront qu'il lui avoit fait de lui avoir ravi sa proie; et comme il etoit fort brutal, il ne prit que des resolutions brutales. Le lendemain il alla à la comedie avec ses compagnons, qu'il fit passer devant, et paya pour quatre. Ils n'etoient connus de personne: ainsi il leur fut facile de passer pour etrangers. Pour lui, il entra le visage couvert de son manteau et la tête enfoncée dans son chapeau, comme un homme qui ne veut pas être connu. Il s'assit et assista à la comedie, où il s'ennuya autant que les autres y eurent de satisfaction, car tous admirèrent l'Etoile, qui representa ce jour-là la Cleopâtre de la pompeuse tragedie du grand *Pompée*, de l'inimitable Corneille. Quand elle fut finie, Saldagne et ses gens demeurèrent dans le jeu de paume, resolus d'y attaquer le Destin. Mais cette troupe avoit si fort gagné les bonnes grâces de toute la noblesse et de tous les honnêtes bourgeois d'Alençon, que ceux et celles qui la composoient n'alloient point au theâtre ni ne s'en retournoient point à leur logis qu'avec grand cortège.

Ce jour-là une jeune dame veuve fort galante, qu'on appeloit madame de Villefleur, convia les comediennes à souper (ce que Saldagne put facilement entendre). Elles s'en excusèrent civilement, mais, voyant qu'elle persistoit de si bonne grâce à les en prier, elles lui promirent d'y aller. Ensuite elles se retirèrent, mais très bien accompagnées, et notamment de ces gentilshommes qui jouoient à la paume quand le Destin vint pour louer le tripot, et d'un grand nombre d'autres; ce qui rompit le mauvais dessein de Saldagne, qui n'osa éclater devant tant d'honnêtes gens, avec lesquels il n'eût pas trouvé son compte. Mais il s'avisa de la plus insigne méchanceté que l'on puisse imaginer, qui fut d'enlever l'Etoile quand elle sortiroit de chez madame de Villefleur, et de tuer tous ceux qui voudroient s'y opposer, à la faveur de la nuit. Les trois comediennes y allèrent souper et passer la veillée. Or, comme je vous ai dejà dit, cette dame étoit jeune et fort galante, ce qui attiroit à sa maison toute la belle compagnie, qui augmenta ce soir-là à cause des comediennes. Or Saldagne s'etoit imaginé d'enlever l'Etoile avec autant de facilité que quand il l'avoit ravie lorsque le valet du Destin la conduisoit, suivant la maudite invention de la Rappinière. Il prit donc un fort cheval, qu'il fit tenir par un de ses laquais, lequel il posta à la porte de la maison de ladite dame de Villefleur, qui etoit située dans une petite rue proche du Palais, croyant qu'il lui seroit facile de faire sortir l'Etoile sous quelque prétexte, et la monter promptement sur le cheval, avec l'aide de ses trois hommes, qui battoient l'estrade [363] dans la grande place, pour la mener après où il lui plairoit. Enfin il se repaissoit de ses vaines chimères et tenoit déjà la proie en imagination; mais il arriva qu'un homme d'eglise (qui n'etoit pas de ceux qui font scrupule de tout et bien souvent de rien, car il frequentoit les honorables compagnies et aimoit si fort la comedie qu'il faisoit connoissance avec tous les comediens qui venoient à Alençon [364], et l'avoit fait fort etroitement avec ceux de notre illustre troupe [365]) alloit veiller ce soir-là chez madame de Villefleur, et ayant aperçu un laquais (qu'il ne connoissoit point, non plus que la livrée qu'il portoit) tenant un cheval par la bride, et l'ayant enquis à qui il etoit et ce qu'il faisoit là, et si son maître etoit dans la maison, et ayant trouvé beaucoup d'obscurité en ses reponses, il monta à la salle où etoit la compagnie, à laquelle il raconta ce qu'il avoit vu, et qu'il avoit ouï marcher des personnes à l'entrée de la petite rue. Le Destin, qui avoit observé cet homme qui se cachoit le visage de son manteau, et qui avoit toujours l'imagination frappée de Saldagne, ne douta point que ce ne fût lui; pourtant il n'en avoit rien dit à personne, mais il avoit mené tous ses compagnons chez madame de Villefleur, pour faire escorte aux demoiselles qui y veilloient. Mais ayant appris de la bouche de l'ecclésiastique ce que vous venez d'ouïr, il fut confirmé dans la croyance que c'etoit Saldagne qui vouloit hasarder un second enlèvement de sa chère l'Etoile. L'on consulta ce que l'on devoit faire, et l'on conclut que l'on attendroit l'evenement, et que, si personne ne paroissoit devant l'heure de la retraite l'on sortiroit avec toute la précaution que l'on peut prendre en pareilles occasions. Mais l'on ne demeura pas longtemps qu'un homme inconnu entra et demanda mademoiselle de l'Etoile, à laquelle il dit qu'une demoiselle de ses amies lui vouloit dire un mot à la rue, et qu'elle la prioit de descendre pour un moment. L'on jugea alors que c'etoit par ce moyen que Saldagne vouloit réussir à son dessein, ce qui obligea tous ceux de la compagnie à se mettre en état de le bien recevoir. L'on ne trouva pas bon qu'aucune des comediennes descendît, mais l'on fit avancer une des femmes de chambre de madame de Villefleur, que Saldagne saisit aussitôt, croyant que ce fût l'Etoile 366. Mais il fut bien etonné quand il se trouva investi d'un grand nombre d'hommes armés, car il en etoit passé une partie par une porte qui est sur la grande place, et les autres par la porte ordinaire. Mais comme il n'avoit du jugement qu'autant qu'un brutal en peut avoir, et sans considerer si ses gens etoient joints à lui, il tira un coup de pistolet dont un des comediens fut blessé legèrement, mais qui fut suivi d'une demi-douzaine qu'on dechargea sur lui. Ses gens, qui ouïrent le bruit, au lieu de s'approcher pour le secourir, firent comme font ordinairement ces canailles que l'on emploie pour assassiner quelqu'un, qui s'enfuient quand ils trouvent de la resistance; autant en firent les compagnons de Saldagne, qui etoit tombé, car il avoit un coup de pistolet à la tête et deux dans le corps. L'on apporta de la lumière pour le regarder, mais personne ne le connut que les comediens et comediennes, qui assurèrent que c'etoit Saldagne. On le crut mort, quoiqu'il ne le fût pas, ce qui fut cause que l'on aida à son laquais à le mettre de travers sur son cheval; il le mena à son logis, où on lui reconnut encore quelque signe de vie, ce qui obligea l'hôte à le faire panser; mais ce fut inutilement, car il mourut le lendemain.

Note 363: (retour) C'est-à-dire qui se tenoient aux aguets et alloient à la découverte.

Note 364: (retour) Cela n'étoit pas alors fort rare ni extraordinaire. Racine, dans l'*Abrégé de l'histoire de Port-Royal* (1re partie), rapporte un mot du fameux partisan Jean de Werth (prisonnier de 1638 à 1642), qui s'étonnoit de voir en France les saints en prison et les évêques à la comédie. Renaudot nous apprend de même que les ecclésiastiques, aussi bien que les hommes du monde, assistèrent en foule à l'*Andromède* de Corneille (Gaz. de France, 1650). L'abbé de Marolles raconte, dans ses Mémoires, que les cardinaux, le nonce apostolique et les prélats les plus pieux assistoient aux ballets de la cour

(*Neuvième discours sur les ballets*); qu'on y préparoit des places pour les abbés, les confesseurs et les aumôniers de Richelieu, et qu'après la représentation de *Mirame*, on vit l'évêque de Chartres, Valançay, «le maréchal de camp comique», descendre de dessus le théâtre pour présenter la collation à la reine. Ce fut le même prélat qui fut l'ordonnateur du ballet de la Félicité, à l'hôtel de Richelieu. Cospéan lui-même, le saint évêque de Lisieux, ne reculoit pas devant ce divertissement profane, et le cardinal de Retz rapporte dans ses Mémoires qu'il accepta un jour, sans la moindre difficulté, la proposition que lui firent mesdames de Choisy et de Vendôme de lui donner la comédie dans la maison de l'archevêque de Paris, à Saint-Cloud. Fléchier raconte, dans la *Relation des grands jours d'Auvergne*, que, sous l'épiscopat de Joachim d'Estaing, à Clermont, on voyoit, après le sermon ou l'office, les chanoines «courir aux comédies avec des dames». Lui-même déclare qu'il n'est pas ennemi juré de ces divertissements. D'après Tallemant, la femme du lieutenant criminel Tardieu se fit un jour conduire par l'évêque de Rennes à l'hôtel de Bourgogne, pour y voir l'Oedipe de Corneille. Quand deux cardinaux, Richelieu et Mazarin, favorisoient particulièrement ce genre de spectacle, les évêques mondains et les abbés beaux esprits, comme il n'en manquoit pas, devoient se croire suffisamment autorisés à les fréquenter.

Note 365: (retour) Plusieurs troupes comiques se donnoient ainsi le nom d'*illustres*. Le théâtre sur lequel Molière commença à jouer, sous la direction des Béjart (1645), s'intituloit l'*illustre théâtre*.

Note 366: (retour) On lit une anecdote historique tout à fait analogue dans les *Lettres* de Malherbe à Peiresc (4 juillet 1614).

Son corps fut porté en son pays, où il fut reçu par ses soeurs et leurs maris. Elles le pleurèrent par contenance, mais dans leur coeur elles furent très aises de sa mort; et j'oserois croire que madame de Saint-Far eût bien voulu que son brutal de mari eût eu un pareil sort, et il le devoit avoir à cause de la sympathie; pourtant je ne voudrois pas faire de jugement temeraire. La justice se mit en devoir de faire quelques formalités; mais n'ayant trouvé personne et personne ne se plaignant, d'ailleurs que ceux qui pouvoient être soupçonnés etoient des principaux gentilshommes de la ville, cela demeura dans le silence. Les comediennes furent conduites à leur logis, où elles apprirent le lendemain la mort de Saldagne, dont elles se rejouirent fort, etant alors en assurance; car partout elles n'avoient que des amis, et partout ce seul ennemi, car il les suivoit partout.

CHAPITRE VII.

Suite de l'histoire de la Caverne.

Le Destin avec l'Olive allèrent le lendemain chez le prêtre, que l'on appeloit M. le prieur [367](#) de Saint-Louis (qui est un titre, plutôt honorable que lucratif, d'une petite eglise qui est située dans une île que fait la rivière de Sarthe entre les ponts d'Alençon), pour le remercier de ce que par son moyen ils avoient évité le plus grand malheur qui leur pût jamais arriver, et qui ensuite les avoit mis dans un parfait repos, puisqu'ils n'avoient plus rien à craindre après la mort funeste du miserable Saldagne, qui continuoit toujours à les troubler. Vous ne devez pas vous etonner si les comediens et comediennes de cette troupe avoient reçu le bienfait d'un prêtre, puisque vous avez pu voir dans les aventures comiques de cette illustre histoire les bons offices que trois ou quatre curés leur avoient rendus dans le logis où l'on se battoit la nuit, et le soin qu'ils avoient eu de loger et garder Angelique après qu'elle fut retrouvée, et autres que vous avez pu remarquer et que vous verrez encore à la suite. Ce prieur, qui n'avoit fait que simplement connoissance avec eux, fit alors une fort etroite amitié, en sorte qu'ils se visitèrent depuis et mangèrent souvent ensemble. Or, un jour que M. de Saint-Louis etoit dans la chambre des comediennes (c'étoit un vendredi, que l'on ne representoit pas [368](#)) le Destin et l'Etoile prièrent la Caverne d'achever son histoire. Elle eut un peu de peine à s'y resoudre, mais enfin elle toussa trois ou quatre fois et cracha bien autant; l'on dit qu'elle se moucha aussi et se mit en etat de parler, quand M. de Saint-Louis voulut sortir, croyant qu'il y eût quelque secret mystère qu'elle n'eût pas voulu que tout le monde eût entendu; mais il fut arrêté par tous ceux de la troupe, qui l'assurèrent qu'ils seroient très aises qu'il apprît leurs aventures. «Et j'ose croire, dit l'Etoile (qui avoit l'esprit fort eclairé), que vous n'êtes pas venu jusqu'à l'âge où vous êtes sans en avoir eprouvé quelques-unes; car vous n'avez pas la mine d'avoir toujours porté la soutane.» Ces paroles demontèrent un peu le prieur, qui leur avoua franchement que ses aventures ne rempliroient pas mal une partie de roman, au lieu des histoires fabuleuses que l'on y met le plus souvent. L'Etoile lui repartit qu'elle jugeoit bien qu'elles etoient dignes d'être ouïes, et l'engageaà les raconter à la première requisition qui lui en seroit faite; ce qu'il promit fort agreablement. Alors la Caverne reprit son histoire en cette sorte:

Note 367: (retour) Il y avoit des prieurés de diverses sortes: par exemple les prieurés simples, qui n'obligeoient qu'à la récitation du bréviaire, et les prieurés conventuels, qu'on ne pouvoit posséder sans être prêtre.

Note 368: (retour) Les troupes de Paris, au contraire, représentoient toujours le vendredi, sauf dans les temps de relâche nécessaire. Du reste, aucune troupe ne jouoit tous les jours; on ne représentoit, à Paris, que trois fois la semaine: les vendredi, dimanche et mardi, sans parler des jours de fêtes non solennelles qui se rencontroient en dehors. (Chappuz., 2e, l., 15.)

«Le levrier qui nous fit peur interrompit ce que vous allez apprendre. La proposition que le baron de Sigognac fit faire à ma mère (par le bon curé) de l'épouser la rendit aussi affligée que j'en etois joyeuse, comme je vous ai dejà dit; et ce qui augmentoit son affliction, c'etoit de ne savoir par quel moyen sortir de son château: de le faire seules, nous n'eussions pu aller guère loin qu'il ne nous eût fait suivre et reprendre, et ensuite peut-être maltraiter. D'ailleurs c'etoit hasarder à perdre nos nippes, qui etoient le seul moyen qui nous restoit pour subsister; mais le bonheur nous en fournit un tout à fait plausible. Ce baron, qui avoit toujours eté un homme farouche et sans humanité, ayant passé de l'excès de l'insensibilité brutale à la plus belle de toutes les passions, qui est l'amour, qu'il n'avoit jamais ressentie, ce fut avec tant de violence, qu'il en fut malade, et malade à la mort. Au commencement de sa maladie, ma mère s'entremit de le servir; mais son mal augmentoit toutes les fois qu'elle approchoit de son lit, ce qu'elle ayant aperçu, comme elle etoit femme d'esprit, elle dit à ses domestiques qu'elle et sa fille leur etoient plutôt des sujets d'empêchemens que necessaires, et partant qu'elle les prioit de leur procurer des montures pour nous porter et une charrette pour le bagage. Ils eurent un peu de peine à s'y resoudre; mais le curé survenant et ayant reconnu que monsieur le baron etoit en rêverie [369], se mit en devoir d'en chercher. Enfin il trouva ce qui nous etoit necessaire.

Note 369: (retour) Dans le délire.

«Le lendemain nous fîmes charger notre equipage, et après avoir pris congé des domestiques, et principalement de cet obligeant curé, nous allâmes coucher à une petite ville de Perigord dont je n'ai pas retenu le nom; mais je sçais bien que c'etoit celle où l'on alla querir un chirurgien pour panser ma mère, qui avoit eté blessée quand les gens du baron de Sigognac nous prirent pour les bohemiens. Nous descendîmes dans un logis où l'on nous prit aussitôt pour ce que nous etions, car une chambrière dit assez haut: «Courage! l'on fera la comedie, puisque voici l'autre partie de la troupe arrivée.» Ce qui nous fit connoître qu'il y avoit là déjà quelque débris de caravane comique, dont nous fûmes très aises, parce que nous pourrions faire troupe et ainsi gagner notre vie. Nous ne nous trompâmes point, car le lendemain (après que nous eûmes congédié la charrette et les chevaux) deux comediens, qui avoient appris notre arrivée, nous vinrent voir, et nous apprirent qu'un de leurs compagnons avec sa femme les avoit quittés, et que, si nous voulions nous joindre à eux, nous pourrions faire affaires. Ma mère, qui etoit encore fort belle, accepta l'offre qu'ils nous firent, et l'on fut d'accord qu'elle auroit les premiers rôles, et l'autre femme qui etoit restée les seconds, et moi je ferois ce que l'on voudroit, car je n'avois pas plus de treize ou quatorze ans.

Nous representâmes environ quinze jours, cette ville-là n'etant pas capable de nous entretenir davantage de temps. D'ailleurs, ma mère pressa d'en sortir et de nous eloigner de ce pays-là, de crainte que ce baron, etant gueri, ne nous cherchât et ne nous fît quelque insulte. Nous fîmes environ quarante lieues sans nous arrêter, et, à la première ville où nous representâmes, le maître de la troupe, que l'on appeloit Bellefleur [370], parla de mariage à ma mère; mais elle le remercia et le conjura à même temps de ne prendre pas la peine d'être son galant, parce qu'elle etoit déjà avancée en âge et qu'elle avoit resolu de ne se remarier jamais. Bellefleur, ayant appris une si ferme resolution, ne lui en parla plus depuis.

Note 370: (retour) Les noms de ce genre, tirés du règne végétal, étoient fort communs parmi les comédiens; on connoît, par exemple, Bellerose et mademoiselle Bellerose, Floridor, mademoiselle La Fleur, plus tard Fleuri, sans parler de Des OEillets, etc.

«Nous roulâmes trois ou quatre années avec succès. Je devins grande, et ma mère si valétudinaire qu'elle ne pouvoit plus representer. Comme j'avois exercé avec la satisfaction des auditeurs et l'approbation de la troupe, je fus subrôgée en sa place. Bellefleur, qui ne l'avoit pu avoir en mariage, me demanda à elle pour être sa femme; mais elle ne lui repondit pas selon son desir, car elle eût bien voulu trouver quelque occasion pour se retirer à Marseille. Mais etant tombée malade à Troyes en Champagne, et apprehendant de me laisser seule, elle me communiqua le dessein de Bellefleur. La necessité presente m'obligea de l'accepter. D'ailleurs c'etoit un fort honnête homme; il est vrai qu'il eût pu être mon père. Ma mère eut donc la satisfaction de me voir mariée et de mourir quelques jours après. J'en fus affligée autant qu'une fille le peut être; mais comme le temps guérit tout, nous reprîmes notre exercice, et quelque temps après je devins grosse. Celui de mon accouchement etant venu, je mis au monde cette fille que vous voyez, Angelique, qui m'a tant coûté de larmes, et qui m'en fera bien verser, si je demeure encore quelque temps en ce monde.»

Comme elle alloit poursuivre, le Destin l'interrompit, lui disant qu'elle ne pouvoit esperer à l'avenir que toute sorte de satisfaction, puisqu'un seigneur tel qu'etoit Leandre la vouloit pour femme. L'on dit en commun proverbe que *lupus in fabula* [371] (excusez ces trois mots de latin, assez faciles à entendre); aussi, comme la Caverne alloit achever son histoire, Leandre entra, et salua tous ceux de la compagnie. Il etoit vêtu de noir et suivi de trois laquais aussi vêtus de noir, ce qui donna assez à connoître que son père etoit mort. Le prieur de Saint-Louis sortit et s'en alla, et je finis ici ce chapitre.

Note 371: (retour) Proverbe latin, qu'on trouve dans Plaute (*Stich. IV*, I, v. 71), Térence (*Adelph. IV*, I, v. 21), Cicéron (lettres à *Attic.*, I. XIII, lett. 33), etc. Il s'employoit dans l'origine pour désigner un interlocuteur qui forçoit les autres à se taire, en survenant dans une conversation, semblable au loup, qui, selon la croyance des anciens, rendoit muet l'homme qui le rencontroit d'abord. V. Virg., 9e égl., v. 53: *Lupi Moerin videre priores*. C'étoit là son sens primitif, mais il s'étendit peu à peu jusqu'à une signification analogue à celle de notre proverbe populaire: Quand on parle du loup, etc.

CHAPITRE VIII.

Fin de l'histoire de la Caverne.

Après que Leandre eut fait toutes les ceremonies de son arrivée, le Destin lui dit qu'il se falloit consoler de la mort de son père, et se féliciter des grands biens qu'il lui avoit laissés. Leandre le remercia du premier, avouant que pour la mort de son père, il y avoit longtemps qu'il l'attendoit avec impatience [372]. «Toutefois, leur dit-il, il ne seroit pas seant que je parusse sur le theâtre si tôt et si près de mon pays natal; il faut donc, s'il vous plaît, que je demeure dans la troupe sans representer jusqu'à ce que nous soyons eloignés d'ici.» Cette proposition fut approuvée de tous; en suite de quoi l'Etoile lui dit: «Monsieur, vous agreerez donc que je vous demande vos titres, et comme il vous plaît que nous vous appelions à present.» Sur quoi Leandre lui repondit: «Le titre de mon père etoit le baron de Rochepierre, lequel je pourrais porter; mais je ne veux point que l'on m'appelle autrement que Leandre, nom sous lequel j'ai eté si heureux que d'agreer à ma chère Angelique. C'est donc ce nom-là que je veux porter jusques à la mort, tant pour cette raison que pour vous faire voir que je veux executer ponctuellement la resolution que je pris à mon départ et que je communiquai à tous ceux de la troupe.» En suite de cette declaration, les embrassades redoublèrent, beaucoup de soupirs furent poussés, quelques larmes coulèrent des plus beaux yeux, et tous approuvèrent la resolution de Leandre, lequel, s'etant approché d'Angelique, lui conta mille douceurs, auxquelles elle repondit avec tant d'esprit que Leandre en fut d'autant plus confirmé en sa resolution. Je vous aurois volontiers fait le recit de leur entretien et de la manière qu'il se passa, mais je ne suis pas amoureux comme ils etoient.

Note 372: (retour) L'aveu est au moins singulier, et l'auteur le donne comme une chose toute simple, voulant sans doute par là imiter Scarron, qui, dans les deux premières parties, mentionne les vices et les actes les moins excusables de ses personnages, sans avoir l'air de les blâmer, et se conformer au ton d'un roman comique et *réaliste*, qui doit prendre les moeurs telles qu'elles sont, sans vouloir moraliser ni sermonner hors de propos et à contresens. C'est là une observation qu'on peut faire dans la plupart des romans comiques et familiers du temps, dont les auteurs, peu sensibles aux délicatesses du sentiment, semblent en général remplis d'indulgence pour tout ce qui n'est pas ridicule, mais simplement malhonnête. C'est ainsi que Sorel, dans *Francion* (l. VIII), a l'air de trouver fort joli le bon tour par lequel son héros assoupit un créancier, puis lui prend ses créances dans sa poche et les brûle; que Tristan, dans *le Page disgracié*, laisse en paiement, dans une auberge, une meute de chiens qui ne lui appartient pas, et traite la chose comme une simple plaisanterie (ch. 30). Ce caractère se retrouve dans les pièces de Dancourt et de Regnard, comme dans le *Gil-Blas* de Le Sage; et, du reste, il est commun aux romans picaresques et aux comédies de tous les temps et de tous les pays. Personne n'ignore que le comte de Grammont, et bien d'autres, trichoient au jeu, sans perdre pour cela beaucoup de consideration, aux yeux mêmes des plus honnêtes gens (V. Tallemant, historiette de Beaulieu Picart, au début), et que l'honnête Gourville, si estimé de ses contemporains, enleva un jour un riche directeur des postes, pour lui faire racheter sa liberté à beaux deniers comptants.

Leandre leur dit de plus qu'il avoit donné ordre à toutes ses affaires, qu'il avoit mis des fermiers dans toutes ses terres, et qu'il leur avoit tait avancer chacun six mois, ce qui pouvoit monter à six mille livres, qu'il avoit apportées afin que la troupe ne manquât de rien. A ce discours, grands remerciements. Alors Ragotin (qui n'avoit point paru en tout ce que nous avons dit en ces deux derniers chapitres) s'avança pour dire que puisque M. Leandre ne vouloit pas representer en ce pays, qu'on pouvoit bien lui bailler ses rôles et qu'il s'en acquitteroit comme il faut. Mais Roquebrune (qui etoit son antipode) dit que cela lui appartenoit bien mieux qu'à un petit bout de flambeau. Cette epithète fit rire toute la compagnie; en suite de quoi le Destin dit que l'on y aviseroit, et qu'en attendant la Caverne pourroit achever son histoire, et qu'il seroit bon d'envoyer querir le prieur de Saint-Louis, afin qu'il en ouît la fin comme il avoit fait la suite, et afin que plus facilement il nous debitât la sienne. Mais la Caverne repondit qu'il n'etoit pas necessaire, parce qu'en deux mots elle auroit achevé. On lui donna audience, et elle continua ainsi:

«Je suis demeurée au temps de mon accouchement d'Angelique; je vous ai dit aussi que deux comediens nous vinrent trouver pour nous persuader de faire troupe avec eux; mais je ne vous ai pas dit que c'etoient l'Olive et un autre qui nous quitta depuis, en la place duquel nous reçûmes notre poète. Mais me voici au lieu de mes plus sensibles malheurs. Un jour que nous allions representer la comedie du *Menteur*, de l'incomparable M. Corneille, dans une ville de Flandre où nous etions alors, un laquais d'une dame, qui avoit charge de garder sa chaise, la quitta pour aller ivrogner, et aussitôt une autre dame prit la place. Quand celle à qui elle appartenoit vint pour s'y asseoir et la trouva prise, elle dit civilement à celle qui l'occupoit que c'étoit là sa chaise et qu'elle la prioit de la lui laisser; l'autre repondit que si cette chaise etoit sienne qu'elle la pourroit prendre, mais qu'elle ne bougeroit pas de cette place-là. Les paroles augmentèrent, et des paroles l'on en vint aux mains. Les dames se tiroient les unes les autres, ce qui auroit été peu, mais les hommes s'en mêlèrent; les parens de chaque parti en formèrent un chacun; l'on crioit, l'on se poussoit, et nous regardions le jeu par les ouvertures des tentes du théâtre. Mon mari, qui devoit faire le personnage de Dorante, avoit son epée au côté; quand il en vit une vingtaine de tirées hors du fourreau, il ne marchanda point, il sauta du theâtre en bas et se jeta dans la mêlée, ayant aussi l'epée à la main, tâchant d'apaiser le tumulte, quand quelqu'un de l'un des partis (le prenant sans doute pour être du contraire au sien) lui porta un grand coup d'epée que mon mari ne put parer; car s'il s'en fût aperçu, il lui eût bien baillé le change, car il etoit fort adroit aux armes. Ce coup lui perça le coeur; il tomba, et tout le monde s'enfuit. Je me jetai en bas du theâtre et m'approchai de mon mari, que je trouvai sans vie. Angelique (qui pouvoit avoir alors treize ou quatorze ans) se joignit à moi avec tous ceux de la troupe. Notre recours fut à verser des larmes, mais inutilement. Je fis enterrer le corps de mon mari après qu'il eut été visité par la justice, qui me demanda si je me voulois faire partie, à quoi je repondis que je n'en avois pas le moyen. Nous sortîmes de la ville, et la necessité nous contraignit de representer pour gagner notre vie, bien que notre troupe ne fût guère bonne, le principal acteur nous manquant. D'ailleurs j'etois si affligée que je n'avois pas le courage d'etudier mes rôles; mais Angelique, qui se faisoit grande, suppléa à mon defaut. Enfin nous etions dans une ville de Hollande où vous nous vîntes trouver, vous, monsieur le Destin, mademoiselle votre soeur et la Rancune; vous vous offrîtes de representer avec nous, et nous fûmes ravis de vous recevoir et d'avoir le bonheur de votre compagnie. Le reste de mes aventures a eté commun entre nous, comme vous ne sçavez que trop, au moins depuis Tours, où notre portier tua un des fusiliers de l'intendant, jusques en cette ville d'Alençon.»

La Caverne finit ainsi son histoire, en versant beaucoup de larmes, ce que fit l'Etoile en l'embrassant et la consolant du mieux qu'elle put de ces malheurs, qui veritablement n'etoient pas mediocres; mais elle lui dit qu'elle avoit sujet de se consoler, attendu l'alliance de Leandre. La Caverne sanglotoit si fort qu'elle ne put lui repartir, non plus que moi continuer ce chapitre.

CHAPITRE IX.

La Rancune desabuse Ragotin sur le sujet de l'Etoile,
et l'arrivée d'un carrosse plein de noblesse,
et autres aventures de Ragotin.

La comedie alloit toujours avant, et l'on representoit tous les jours avec grande satisfaction de l'auditoire, qui etoit toujours beau et fort nombreux; il n'y arrivoit aucun desordre, parce que Ragotin tenoit son rang derrière la scène, lequel n'etoit pourtant pas content de ce qu'on ne lui donnoit point de rôle, et dont il grondoit souvent; mais on lui donnoit esperance que, quand il seroit temps, on le feroit representer. Il s'en plaignoit presque tous les jours à la Rancune, en qui il avoit une grande confiance, quoique ce fût le plus mefiable de tous les hommes. Mais comme il l'en pressoit une fois extraordinairement, la Rancune lui dit: «Monsieur Ragotin, ne vous ennuyez pas encore, car apprenez qu'il y a grande différence du barreau au théâtre: si l'on n'y est bien hardi, l'on s'interrompt facilement; et puis la declamation des vers est plus difficile que vous ne pensez. Il faut observer la ponctuation des periodes et ne pas faire paroître que ce soit de la poésie, mais les prononcer comme si c'etoit de la prose; et il ne faut pas les chanter ni s'arrêter à la moitié ni à la fin des vers, comme fait le vulgaire, ce qui a très mauvaise grâce; et il y faut être bien assuré; en un mot, il les faut animer par l'action [373]. Croyez-moi donc, attendez encore quelque temps, et, pour vous accoutumer au théâtre, representez sous le masque à la farce: vous y pourrez faire le second zani [374]. Nous avons un habit qui vous sera propre (c'etoit celui d'un petit garçon qui faisoit quelquefois ce personnage-là, et que l'on appeloit Godenot); il en faut parler à M. le Destin et à mademoiselle de l'Etoile»; ce qu'ils firent le jour même, et fut arrêté que le lendemain Ragotin feroit ce personnage-là. Il fut instruit par la Rancune (qui, comme vous avez vu au premier tome de ce roman, s'enfarinoit à la farce) de ce qu'il devoit dire.

Note 373: (retour) Voilà des préceptes aussi sensés que ceux que donne Hamlet aux comédiens. La Rancune recommande la déclamation telle qu'elle a prévalu aujourd'hui, et non telle qu'elle régnoit encore au commencement de ce siècle, avec Talma, sur notre théâtre. Molière fait à peu près les mêmes recommandations dans *l'Impromptu de Versailles*, en se moquant de la manière ampoulée de l'acteur Montfleury (I, 1), et dans les *Préc. rid.* (X). «Les autres (comédiens), dit Mascarille, sont des ignorants, qui récitent comme l'on parle; ils ne savent pas faire ronfler les vers et s'arrêter au bel endroit.» Cervantes, dans une de ses comédies (*Pedro de Urdemalas*, jorn. 3), met en scène un directeur et un comédien qui veut être engagé, et il fait répondre par celui-ci aux interrogations de l'autre qu'un bon acteur ne doit pas déclamer. Rojas nous apprend que les comédiens espagnols de cette époque déclamoient jusque dans la conversation familière. Les acteurs qui jouoient les pièces de

Montchrestien, de Garnier, de Hardy, de Mairet, etc., avoient besoin d'une déclamation emphatique pour faire valoir leurs médiocres pièces et en racheter les défauts: ce ne fut guère qu'à partir de Corneille qu'on commença à raisonner un rôle et à le jouer avec naturel et vérité. V. Grimarest, *Vie de Mol.*

Note 374: (retour) Le rôle de zani,--mot qui en italien veut dire bouffon,--étoit celui d'un intrigant spirituel, d'un fourbe tantôt valet et tantôt aventurier, d'un Scapin, en un mot. C'étoit un des types de la comédie italienne. Trivelin et Briguelle remplirent successivement, au XVIIe siècle, le rôle du *primo zani* dans la troupe du Petit-Bourbon; celui du second zani étoit rempli par des acteurs moins célèbres. On disoit quelquefois *faire le zani*, pour faire le bouffon.

Le sujet de celle qu'ils jouèrent fut une intrigue amoureuse que la Rancune demêloit en faveur du Destin. Comme il se preparoit à exécuter ce négoce, Ragotin parut sur la scène, auquel la Rancune demanda en ces termes: «Petit garçon, mon petit Godenot, où vas-tu si empressé?» Puis s'adressant à la compagnie (après lui avoir passé la main sous le menton et trouvé sa barbe): «Messieurs, j'avois toujours cru que ce que dit Ovide de la métamorphose des fourmis en pygmées [375] (auxquels les grues font la guerre) etoit une fable; mais à present je change de sentiment, car sans doute en voici un de la race, ou bien ce petit homme, ressuscité, pour lequel l'on a fait (il y a environ sept ou huit cents ans) une chanson que je suis resolu de vous dire; ecoutez bien:

CHANSON.

> Mon pere m'a donné mari.
>
> Qu'est-ce que d'un homme si petit?
>
> Il n'est pas plus grand qu'un fourmi.
>
> Hé! qu'est ce? qu'est-ce? qu'est-ce? qu'est-ce?
>
> Qu'est-ce que d'un homme,
>
> S'il n'est, s'il n'est homme?
>
> Qu'est-ce que d'un homme si petit [376]?

Note 375: (retour) L. VII, fable 25, des *Métamorphoses*.

A chaque vers la Rancune tournoit et retournoit le pauvre Ragotin et faisoit des postures qui faisoient bien rire la compagnie. L'on n'a pas mis le reste de la chanson, comme chose superflue à notre roman.

Note 376: (retour) Cette chanson, effectivement fort ancienne dans les provinces, faisoit partie d'une série de chants satiriques dirigés contre les maris, et qui étoient chantés les jours de noces. Les variations sur ce thème sont fort nombreuses; on peut en voir une plus longue dans la *Comédie des chansons*, III, 1. Elle s'est perpétuée, à peu près telle que la cite l'auteur, jusqu'à nos jours; les petites filles, en dansant aux Tuileries ou dans le jardin du Palais-Royal, chantent encore la ronde suivante, qui n'est qu'une variante brodée sur le texte original:

> Mon père m'a donné un mari.
>
> Mon Dieu! quel homme!
>
> Quel petit homme!
>
> Mon père m'a donné un mari;
>
> Mon Dieu! quel homme! qu'il est petit!
>
> D'une feuille on fit son habit.
>
> Mon Dieu! etc.

Après que la Rancune eut achevé sa chanson, il montra Ragotin et dit: «Le voici ressuscité», et en disant cela il denoua le cordon avec lequel son masque etoit attaché, de sorte qu'il parut à visage decouvert, non pas sans rougir de honte et de colère tout ensemble. Il fit pourtant de necessité vertu, et pour se venger il dit à la Rancune qu'il etoit un franc ignorant d'avoir terminé tous les vers de sa chanson en *i*, comme *cribli*, *trouvi*, etc., et que c'etoit très mal parlé, qu'il falloit dire *trouva* ou *trouvai*. Mais la Rancune lui repartit: «C'est vous, Monsieur, qui êtes un grand ignorant, pour un petit homme, car vous n'avez pas compris ce que j'ai dit, que c'etoit une chanson si vieille que, si l'on faisoit un rôle de toutes les chansons que l'on a faites en France depuis que l'on y fait des chansons, ma chanson seroit en chef. D'ailleurs ne voyez-vous pas que c'est l'idiome de cette province de Normandie où cette chanson a eté faite, et qui n'est pas si mal à propos comme vous vous imaginez? Car, puisque, selon ce fameux Savoyard M. de Vaugelas, qui a reformé la langue française, l'on ne sauroit donner de raison pourquoi l'on prononce certains termes, et qu'il n'y a que l'usage qui les fait approuver [377], ceux du temps que l'on fit cette chanson etoient en usage; et, comme ce qui est le plus ancien est toujours le meilleur, ma chanson doit passer, puisqu'elle est la plus ancienne. Je vous demande, Monsieur Ragotin, pourquoi est-ce que, puisque l'on dit de quelqu'un «il monta à cheval et il entra en sa maison», que l'on ne dit pas *il descenda* et *il sorta*, mais il descendit et il sortit? Il s'ensuit donc que l'on peut dire *il entrit* et *il montit*, et ainsi de tous les termes semblables. Or, puisqu'il n'y a que l'usage qui leur donne le cours, c'est aussi l'usage qui fait passer ma chanson.»

Note 377: (retour) Vaugelas, ce *Savoyard* (il étoit né à Bourg-en-Bresse, appartenant, avant 1600, à la Savoie) qui réforma la langue *françoise*, comme le dit l'auteur, non sans qu'il y ait, ce semble, une nuance d'ironie dans ce rapprochement (ironie qui, du reste, ne prouveroit rien, car la Savoie a produit plusieurs autres écrivains,--dont quelques-uns comptent parmi les premiers de notre langue, par exemple saint François de Sales, Saint-Réal, Ducis, Michaud et les frères de Maistre), préconise partout, et même à satiété, la toute-puissance et les droits de l'usage, dans ses *Remarques sur la langue françoise*. Il lui arrive continuellement de parler comme il fait dans les lignes suivantes, après avoir cité des locutions qui semblent fautives et sont pourtant reçues: «On pourroit en rendre quelque raison, mais il seroit superflu, puisqu'il est constant que l'usage fait parler ainsi, et qu'il fait plusieurs choses sans raison et même contre la raison, auxquelles néanmoins il faut obéir en matière de langage.» Du reste, les remarques de la Rancune présentent, sous une forme plaisante, une critique sérieuse.

Comme Ragotin vouloit repartir, le Destin entra sur la scène, se plaignant de la longueur de son valet la Rancune, et, l'ayant trouvé en differend avec Ragotin, il leur demanda le sujet de leur dispute, qu'il ne put jamais apprendre: car ils se mirent à parler tous à la fois, et si haut qu'il s'impatienta et poussa Ragotin contre la Rancune, qui le lui renvoya de même, en telle sorte qu'ils le ballotèrent longtemps d'un bout du theâtre à l'autre, jusqu'à ce que Ragotin tomba sur les mains et marcha ainsi jusques aux tentes du theâtre, sous lesquelles il passa. Tous les auditeurs se levèrent pour voir cette badinerie, et sortirent de leurs places, protestant aux comediens que cette saillie valoit mieux que leur farce, qu'aussi bien ils n'auroient pu achever, car les demoiselles et les autres acteurs, qui regardoient par les ouvertures des tentes du theâtre, rioient si fort qu'il leur eût eté impossible.

Nonobstant cette boutade, Ragotin persécutoit sans cesse la Rancune de le mettre aux bonnes grâces de l'Etoile, et pour ce sujet il lui donnoit souvent des repas, ce qui ne deplaisoit pas à la Rancune, qui tenoit toujours le bec en l'eau au petit homme; mais, comme il etoit frappé d'un même trait, il n'osoit parler à cette belle ni pour lui ni pour Ragotin, lequel le pressa une fois si fort qu'il fut obligé de lui dire: «Monsieur Ragotin, cette Etoile est sans doute de la nature de celles du ciel que les astrologues appellent errantes: car, aussitôt que je lui ouvre le discours de votre passion, elle me laisse sans me repondre; mais comment me repondroit-elle, puisqu'elle ne m'ecoute pas? Mais je crois avoir decouvert le sujet qui la rend de si difficile abord; ceci vous surprendra sans doute, mais il faut être preparé à tout evenement. Ce monsieur le Destin, qu'elle appelle son frère, ne lui est rien moins que cela; je les surpris il y a quelques jours se faisant des caresses fort éloignées d'un frère et d'une soeur, ce qui m'a depuis fait conjecturer que c'etoit plutôt son galant; et je suis le plus trompé du monde si, quand Leandre et Angelique se marieront, ils n'en font de même. Sans cela, elle seroit bien degoûtée de mepriser votre recherche, vous qui êtes un homme de qualité et de merite, sans compter la bonne mine. Je vous dis ceci afin que vous tâchiez à chasser de votre coeur cette passion, puisqu'elle ne peut servir qu'à vous tourmenter comme un damné.» Le petit poète et avocat fut si assommé de ce discours qu'il quitta la Rancune en branlant la tête et en disant sept ou huit fois, à son ordinaire: «Serviteur, serviteur, etc.»

Ensuite Ragotin s'avisa d'aller faire un voyage à Beaumont-le-Vicomte, petite ville distante d'environ cinq lieues d'Alençon, et où l'on tient un beau marché tous les lundis de chaque semaine; il voulut choisir ce jour-là pour y aller, ce qu'il fit sçavoir à tous ceux de la troupe, leur disant que c'etoit pour retirer quelque somme d'argent qu'un des marchands de cette ville-là lui devoit, ce que tous trouvèrent bon, «Mais, lui dit la Rancune, comment pensez-vous faire? car votre cheval est encloué, il ne pourra pas vous porter.--Il n'importe (dit Ragotin); j'en prendrai un de louage, et si je n'en puis trouver j'irai bien à pied, il n'y a pas si loin; je profiterai de la compagnie de quelqu'un des marchands de cette ville, qui y vont presque tous de la sorte.» Il en chercha un partout sans en pouvoir trouver; ce qui l'obligea à demander à un marchand de toiles, voisin de leur logis, s'il iroit lundi prochain au marché à Beaumont; et, ayant appris que c'etoit sa resolution, il le pria d'agréer qu'il l'accompagnât, ce que le marchand accepta, à condition qu'ils partiroient aussitôt que la lune seroit levée, qui etoit environ une heure après minuit, ce qui fut executé.

Or, un peu devant qu'ils se missent en chemin, il etoit parti un pauvre cloutier, lequel avoit accoutumé de suivre les marchés pour debiter ses clous et des fers de cheval, quand il les avoit faits, et qu'il portoit sur son dos dans une besace. Ce cloutier etant en chemin, et n'entendant ni ne voyant personne devant ni derrière lui, jugea qu'il etoit encore trop tôt pour partir. D'ailleurs une certaine frayeur le saisit quand il pensa qu'il lui falloit passer tout proche des fourches patibulaires, où il y avoit alors un grand nombre de pendus [378]; ce qui l'obligea à s'écarter un peu du chemin et se coucher sur une petite motte de terre, où etoit une haie, en attendant que quelqu'un passât, et où il s'endormit. Quelque peu de temps après, le marchand et Ragotin passèrent; il alloient au petit pas et ne disoient mot, car Ragotin revoit au discours que lui avoit fait la Rancune. Comme ils furent proche du gibet, Ragotin dit qu'il falloit compter les pendus; à quoi le marchand s'accorda par complaisance. Ils avancèrent jusqu'au milieu des piliers pour compter, et aussitôt ils aperçurent qu'il en etoit tombé un qui etoit fort sec. Ragotin, qui avoit toujours des pensées dignes de son bel esprit, dit au marchand qu'il lui aidât à le relever, et qu'il le vouloit appuyer tout droit contre un des piliers, ce qu'ils firent facilement avec un bâton: car, comme j'ai dit, il etoit roide et fort sec; et, après avoir vu qu'il y en avoit quatorze de pendus, sans celui qu'ils avoient relevé, ils continuèrent leur chemin. Ils n'avoient pas fait vingt pas quand Ragotin arrêta le marchand pour lui dire qu'il falloit appeler ce mort, pour voir s'il voudroit venir avec eux, et se mit à crier bien fort: «Holà ho! veux-tu venir avec nous?» Le cloutier, qui ne dormoit pas ferme, se leva aussitôt de son poste, et, en se levant, cria aussi bien fort: «J'y vais, j'y vais, attendez-moi», et se mit à les suivre. Alors le marchand et Ragotin, croyant que ce fût effectivement le pendu, se mirent à courir bien fort; et le cloutier se mit aussi à courir, en criant toujours plus fort: «Attendez-moi!» Et, comme il couroit, les fers et les clous qu'il portoit faisoient un grand bruit, ce qui redoubla la peur de Ragotin et du marchand: car ils crurent pour lors que c'etoit véritablement le mort qu'ils avoient relevé, ou l'ombre de quelque autre, qui traînoit des chaînes (car le vulgaire croit qu'il n'apparoît jamais de spectre qui n'en traîne après soi); ce qui les mit en état de ne plus fuir, un tremblement les ayant saisis, en telle sorte que, leurs jambes ne les pouvant plus soutenir, ils furent contraints de se coucher par terre, où le cloutier les trouva, et qui fit deloger la peur de leur coeur par un bonjour qu'il leur donna, ajoutant qu'ils l'avoient bien fait courir. Ils eurent de la peine à se rassurer; mais, après avoir reconnu le cloutier, ils se levèrent et continuèrent heureusement leur chemin jusqu'à Beaumont, où Ragotin fit ce qu'il y avoit à faire, et le lendemain s'en retourna à Alençon. Il trouva tous ceux de la troupe qui sortoient de table, auxquels il raconta son aventure, qui les pensa faire mourir de rire. Les demoiselles en faisoient de si grands eclats qu'on les entendoit de l'autre bout de la rue, et qui furent interrompus par l'arrivée d'un carrosse rempli de noblesse campagnarde. C'etoit un gentilhomme qu'on appeloit M. de la Fresnaye. Il marioit sa fille unique, et il venoit prier les comediens de representer chez lui le jour de ses noces. Cette fille, qui n'etoit pas des plus spirituelles du monde, leur dit qu'elle desiroit que l'on jouât la Silvie de Mairet. Les comediennes se contraignirent beaucoup pour ne rire pas, et lui dirent qu'il falloit donc leur en procurer une, car ils ne l'avoient plus [379]. La demoiselle repondit qu'elle leur en bailleroit une, ajoutant qu'elle avoit toutes les Pastorales: celles de Racan, la Belle Pêcheuse, le Contraire en Amour, Ploncidon, le Mercier [380], et un grand nombre d'autres dont je n'ai pas retenu les titres. «Car, disoit-elle, cela est propre à ceux qui, comme nous, demeurent dans des maisons aux champs; et d'ailleurs les habits ne coûtent guère: il ne se faut point mettre en peine d'en avoir de sompteux, comme quand il faut representer la mort de Pompée, le Cinna, Heraclius ou la Rodogune. Et puis les vers des Pastorales ne sont pas si ampoulés comme ceux des poèmes graves; et ce genre pastoral est plus conforme à la simplicité de nos premiers parents, qui n'etoient habillés que de feuilles de figuier, même après leur peché [381]». Son père et sa mère ecoutoient ce discours avec admiration, s'imaginant que les plus excellents orateurs du royaume n'auroient sçu debiter de si riches pensées, ni en termes si relevés.

Note 378: (retour) On laissoit les pendus accrochés en permanence aux fourches patibulaires. Cet usage donna lieu à une anecdote assez plaisante, racontée par Tallemant: «Les habitants de Saint-Maixent, en Poitou, quand le feu roi y passa, dit-il, mirent une belle chemise blanche à un pendu qui etoit à leurs justices, à cause que c'etoit sur le chemin.» (*Histor., naïvet. et bons mots*, t. 10, p. 186.)

Note 379: (retour) La *Silvie*, tragi-comédie pastorale (1621). Il y avoit longtemps que Mairet et ses oeuvres, en particulier la *Silvie*, qui pourtant avoit eu un succès extraordinaire et qui avoit été «tant récitée, dit Fontenelle dans l'*Histoire du théâtre françois*, par nos pères et nos mères à la bavette», étoient privés des honneurs du théâtre; la demande de cette fille sentoit sa provinciale arriérée, ce qui fait rire les comédiennes. On a pu voir, par divers endroits du *Roman comique*, que même les acteurs de province étoient au courant des oeuvres du jour, puisque Scarron leur fait jouer *Nicomède*, qui étoit de 1652, et *Don Japhet*, de 1653; on peut remarquer, en outre, que Corneille fait presqu'à lui seul les frais de leurs représentations en dehors de la farce: car ils donnent successivement ou ils parlent de donner *le Menteur*, *Pompée*, *Nicomède*, *Andromède*, et les pièces que cite la demoiselle, un peu plus loin, sont toutes des pièces de Corneille.

Note 380: (retour) Les *Bergeries* de Racan (1625). Quant aux quatre autres pastorales dont les noms suivent, il n'en est que deux dont, après les plus minutieuses et les plus longues recherches dans les répertoires les plus complets, j'aie retrouvé les titres, ou à peu près. *Le Mercier* est évidemment *le Mercier inventif*, pastorale en 5 actes, en vers, publiée à Troyes, chez Oudot (1632, in-12), pièce bizarre et fort libre. *Le Contraire en amour* ne peut être que *les Amours contraires* de du Ryer, pastorale en 3 actes, en vers (1610), à moins que ce ne soit *Philine, ou l'Amour contraire*, autre pastorale de la Morelle (5 a., vers 1630). Je n'ai pu trouver la moindre trace de *Ploncidon*, non plus que de la Belle pêcheuse (il y a la *Belle plaideuse*, tragic. de Boisrobert; *les Pêcheurs illustres*, de Marcassus, et autres pièces dont le titre se rapproche plus ou moins de celui que donne notre auteur, mais pas de *Belle pêcheuse*). Du reste, la façon dont sont tronqués ou dénaturés les deux autres titres indique assez que l'auteur les a donnés à peu près, sans vérifier, et qu'il a bien pu dénaturer ceux-ci de même; peut-être a-t-il désigné les pièces par le nom d'un de leurs principaux personnages, ou par toute autre circonstance qui lui revenoit à l'esprit.

Note 381: (retour) Il est à croire que nos vieux auteurs dramatiques, Hardy, Racan, Mairet, etc., partageoient l'opinion de mademoiselle de la Fresnaye, car les pastorales abondent au théâtre à la fin du XVIe et au commencement du XVIIe siècle, où *l'Astrée*, si souvent mis à contribution pour la scène, leur avoit donné une vogue extraordinaire. Mais elles finirent par se perdre dans la tragédie ou la comédie, dont elles n'etoient pas séparées par des frontières assez nettement tranchées. En outre, le ridicule les tua. On peut voir, dans *le Berger extravagant* de Sorel (1627), et dans la pastorale burlesque qu'en a extraite Thomas Corneille, combien ce genre étoit venu à être décrié par ses fadeurs et son absence de toute vérité. Dès lors la pastorale mourut, pour renaître un peu plus tard, mais en dehors du théâtre, avec Segrais et madame Deshoulières; néanmoins Molière, qui a recueilli, sans en négliger aucune, toutes les traditions théâtrales, a fait quelques pastorales, qui sont loin d'être des chefs-d'oeuvre.

Les comediens demandèrent du temps pour se preparer, et on leur donna huit jours. La compagnie s'en alla après avoir dîné, quand le prieur de Saint-Louis entra. L'Etoile lui dit qu'il avoit bien fait de venir, car il avoit ôté la peine à l'Olive de l'aller querir, pour s'acquitter de sa promesse, à quoi il ne lui falloit guère de persuasion, puisqu'il venoit pour ce sujet. Les comediennes s'assirent sur un lit et les comediens dans des chaises. L'on ferma la porte, avec commandement au portier de dire qu'il n'y avoit personne, s'il fût survenu quelqu'un. L'on fit silence, et le prieur debuta comme vous allez voir au suivant chapitre, si vous prenez la peine de le lire.

CHAPITRE X.

Histoire du prieur de Saint-Louis et l'arrivée de M. de Verville.

Le commencement de cette histoire ne peut vous être qu'ennuyeux, puisqu'il est genealogique; mais cet exorde est, ce me semble, necessaire pour une plus parfaite intelligence de ce que vous y entendrez. Je ne veux point deguiser ma condition, puisque je suis dans ma patrie; peut-être qu'ailleurs j'aurois pu passer pour autre que je ne suis, bien que je ne l'aie jamais fait. J'ai toujours été fort sincère en ce point-là. Je suis donc natif de cette ville: les femmes de mes deux grands-pères etoient demoiselles, et il y avoit du *de* à leur surnom. Mais, comme vous sçavez que les fils aînés emportent presque tout le bien et qu'il en reste fort peu pour les autres garçons et pour les filles (suivant l'ordre du Coutumier 382 de cette province), on les loge comme l'on peut, ou en les mettant en l'ordre ecclesiastique ou religieux, ou en les mariant à des personnes de moindre condition, pourvu qu'ils soient honnêtes gens et qu'ils aient du bien, suivant le proverbe qui court en ce pays: «Plus de profit et moins d'honneur», proverbe qui depuis longtemps a passé les limites de cette province et s'est repandu par tout le royaume 383. Aussi mes grand'mères furent mariées à de riches marchands, l'un de draps de laine et l'autre de toiles. Le père de mon père avoit quatre fils, dont mon père n'etoit pas l'aîné. Celui de ma mère avoit deux fils et deux filles, dont elle en etoit une. Elle fut mariée au second fils de ce marchand drapier, lequel avoit quitté le commerce pour s'adonner à la chicane: ce qui est cause que je n'ai pas eu tant de bien que j'eusse pu avoir. Mon père, qui avoit beaucoup gagné au commerce et qui avoit epousé en premières noces une femme fort riche qui mourut sans enfans, etoit dejà fort avancé en âge quand il epousa ma mère, qui consentit à ce mariage plutôt par obeissance que par inclination: aussi il y avoit plutôt de l'aversion de son côté que de l'amour; ce qui fut sans doute la cause qu'ils demeurèrent treize ans mariés et quasi hors d'esperance d'avoir des enfans; mais enfin ma mère devint enceinte. Quand le terme fut venu de produire son fruit, ce fut avec une peine extrême, car elle demeura quatre jours au mal de l'enfantement; à la fin elle accoucha de moi sur le soir du quatrième jour. Mon père, qui avoit eté occupé pendant ce temps-là à faire condamner un homme à être pendu (parce qu'il avoit tué un sien frère) et quatorze faux temoins au fouet 384, fut ravi de joie quand les femmes qu'il avoit laissées dans sa maison pour secourir ma mère le félicitèrent de la naissance de son fils. Il les regala du mieux qu'il put, et en enivra quelques-unes, auxquelles il fit boire du vin blanc en guise de cidre poiré: lui-même me l'a raconté plusieurs fois.

Note 382: (retour) Le Coutumier étoit le recueil des coutumes et usages qui régissoient une contrée; on appeloit pays coutumier celui où la *coutume* avoit force de loi, par opposition au pays de *droit écrit*, qui étoit soumis au droit romain.

Note 383: (retour) Ces mésalliances intéressées étoient, en effet, fort communes. Si George Dandin avoit épousé mademoiselle de Sotenville pour son titre, celle-ci l'avoit épousé pour son argent. Les filles des partisans et financiers, par exemple, étoient fort recherchées, même par les plus hauts personnages; ainsi, celle de la Raillière, dont il est question dans le *Roman comique*, épousa le comte de Saint-Aignan, de la maison d'Amboise; celle de Feydeau épousa le comte de Lude, gouverneur de Gaston, duc d'Orléans. Mademoiselle de Chemeraut se maria au fils d'un paysan enrichi qui avoit quatre millions. «Le bien est depuis longtemps ce que l'on considère le plus en fait de mariage», dit plus loin l'auteur de cette 3e partie.

Mademoiselle de Gournay, dans son *Traité de la néantise de la commune vaillance de ce temps et du peu de prix de la qualité de la noblesse*, écrit: «Ceux mesmes de qui la noblesse est franche à leur mode du costé des pères sont presque tous meslez à ceste condition citoyenne qu'ils appellent roturière, par les mères, femmes ou maris d'eux, ou leurs proches, ou sont... prêts de s'y mesler, rebuttans fort et ferme les alliances de leur ordre, si les richesses y sont plus courtes de dix escus... Et faut noter en passant que bien souvent ils désirent en vain ces affinitez, estans eux-mesmes fort peu desirez par elles.»

Note 384: (retour) On employoit souvent le fouet dans la pénalité de l'ancienne jurisprudence; ce n'est qu'à partir de 1789 que ce genre de châtiment a été légalement aboli. Le faux témoignage n'étoit pas toujours puni du fouet, mais tantôt par la loi du talion, tantôt par des peines arbitraires qui allèrent plus d'une fois jusqu'à la mort.

Je fus baptisé deux jours après ma naissance; le nom que l'on m'imposa ne fait rien à mon histoire. J'eus pour parrain un seigneur de place fort riche, dont mon père etoit voisin, lequel ayant appris de madame sa femme la grossesse de ma mère, après un si long temps de mariage, comme j'ai dit, il lui demanda son fruit pour le presenter au baptême: ce qui lui fut accordé fort agreablement. Comme ma mère n'avoit que moi, elle m'eleva avec grand soin, et un peu trop delicatement pour un enfant de ma condition. Quand je fus un peu grand, je fis paroître que je ne serois pas sot, ce qui me fit aimer de tous ceux de qui j'etois connu, et principalement de mon parrain, lequel n'avoit qu'une fille unique mariée à un gentilhomme parent de ma mère. Elle avoit deux fils, un plus âgé d'un an que moi, et l'autre moins âgé d'un an, mais qui etoient aussi brutaux que je faisois paroître d'esprit; ce qui obligeoit mon parrain à m'envoyer querir quand il avoit quelque illustre compagnie, car c'etoit un homme splendide et qui traitoit tous les princes et grands seigneurs qui passoient par cette ville. Il me faisoit chanter, danser et caqueter pour les divertir, et j'etois toujours assez bien vêtu pour avoir entrée partout. J'aurois fait fortune avec lui, si la mort ne me l'eût ravi trop tôt, à un voyage qu'il fit à Paris. Je ne ressentis point alors cette mort comme j'ai fait depuis. Ma mère me fit etudier, et je profitois beaucoup; mais, quand elle aperçut que j'avois de l'inclination à être d'église, elle me retira du collège et me jeta dans le monde, où je pensai me perdre, nonobstant le voeu qu'elle avoit fait à Dieu de lui consacrer le fruit qu'elle produiroit s'il lui accordoit la prière qu'elle lui faisoit de lui en donner. Elle etoit tout au contraire des autres mères, qui ôtent à leurs enfans les moyens de se debaucher: car elle me bailloit (tous les dimanches et fêtes) de l'argent pour jouer et aller au cabaret. Neanmoins, comme j'avois le naturel bon, je ne faisois point d'excès, et tout se terrminoit à me rejouir avec mes voisins. J'avois fait grande amitié avec un jeune garçon âgé de quelques années plus que moi, fils d'un officier de la reine mère du roi Louis treizième, de glorieuse memoire, lequel avoit aussi deux filles. Il faisoit sa residence dans une maison située dans ce beau parc, lequel (comme vous pouvez sçavoir) a eté autrefois le lieu de delices des anciens ducs d'Alençon. Cette maison lui avoit eté donnée, avec un grand enclos, par la reine sa maîtresse, qui jouissoit alors en apanage de ce duché. Nous passions agreablement le temps dans ce parc, mais comme des enfans, sans penser à ce qui arriva depuis. Cet officier de la reine, que l'on appeloit M. du Fresne, avoit un frère aussi officier dans la maison du roi, lequel lui demanda son fils, ce que du Fresne n'osa refuser. Devant que de partir pour la cour il me vint dire adieu, et j'avoue que ce fut la première douleur que je ressentis en ma vie. Nous pleurâmes bien fort en nous separant; mais je pleurai bien davantage quand, trois mois après son depart, sa mère m'apprit la nouvelle de sa mort. Je ressentis cette affliction autant que j'en etois capable, et je m'en allai le pleurer avec ses soeurs, qui en étoient sensiblement touchées. Mais, comme le temps modère tout, quand ce triste souvenir fut un peu passé, mademoiselle du Fresne vint un jour prier ma mère d'agréer que j'allasse donner quelques exemples d'ecriture à sa jeune fille, que l'on appeloit mademoiselle du Lys, pour la discerner de son aînée, qui portoit le nom de la maison. «D'autant, lui dit-elle, que l'ecrivain qui l'enseignoit s'en est allé»; ajoutant qu'il y en avoit beaucoup d'autres, mais qu'ils ne vouloient pas aller montrer en ville, et que sa fille n'etoit pas de condition à rouler les ecoles. Elle s'excusa fort de cette liberté; mais elle dit qu'avec les amis l'on en use facilement. Elle ajouta que cela pourroit se terminer à quelque chose de plus important, sous-entendant notre mariage, qu'elles conclurent depuis secretement entre elles. Ma mère ne m'eut pas plutôt proposé cet emploi que l'après-dînée j'y allai, ressentant dejà quelque secrète cause qui me faisoit agir, sans y faire pourtant guère de reflexion. Mais je n'eus pas demeuré huit jours en la pratique de cet exercice que la du Lys, qui etoit la plus jolie des deux filles, se rendit fort familière avec moi, et souvent par raillerie m'appeloit mon petit maître. Ce fut pour lors que je commençai à ressentir quelque chose dans mon coeur, qu'il avoit ignoré jusque alors, et il en fut de même de la du

Lys. Nous etions inséparables, et nous n'avions point de plus grande satisfaction que quand on nous laissoit seuls, ce qui arrivoit assez souvent. Ce commerce dura environ six mois, sans que nous nous parlassions de ce qui nous possedoit; mais nos yeux en disoient assez. Je voulus un jour essayer à faire des vers à sa louange, pour voir si elle les recevroit agreablement; mais, comme je n'en avois point encore composé, je ne pus pas y reussir. Je commençois à lire les bons romans et les bons poètes, ayant laissé les Melusines, ³⁸⁵ Robert-le-Diable, les Quatre fils Aymon, la Belle Maguelonne, Jean de Paris, etc., qui sont les romans des enfans. Or, en lisant les oeuvres de Marot, j'y trouvai un triolet qui convenoit merveilleusement bien à mon dessein. Je le transcrivis mot à mot. Voici comme il y avoit:

> Votre bouche petite et belle,
>
> Est si agréable entretien,
>
> Qui parfois son maître m'appelle,
>
> Et l'alliance j'en retiens:
>
> Car ce m'est honneur et grand bien;
>
> Mais, quand vous me prîtes pour maître,
>
> Que ne disiez-vous aussi bien:
>
> Votre maîtresse je veux être. ³⁸⁶

Note 385: (retour) *Le roman de Mélusine* (vers 1478) a pour auteur Jean d'Arras (Voy. édit. Jannet). On lit: *les Mélusines*, parce que les diverses éditions de ce roman célèbre diffèrent considérablement entre elles. *La Vie du terrible Robert le Diable*, qui est aujourd'hui encore un des livres les plus populaires de la bibliothèque du colportage, remonte à la fin du XVe siècle (1496). *Les Quatre fils Aymon* ont pour auteur Huon de Villeneuve: c'est une espèce d'épopée de la Table ronde. *L'Histoire de Pierre de Provence et de la belle Maguelonne*, dont l'auteur est inconnu, et la 1re édition sans date, mais à peu près de 1490, a de l'intérêt dans sa naïveté: il en existe, dit-on, divers manuscrits antérieurs à cette époque, en vers et prose. Quant à *Jean de Paris*, c'est un roman plein de verve gauloise et de patriotisme narquois, qui remonte aux premières années du XVIe siècle, et dont l'auteur est inconnu. (Voy. édit. Jannet.)

Note 386: (retour) Ces vers, dans Marot, sont adressés à Jeanne d'Albret, princesse de Navarre, son amie et son disciple en poésie (éd. Rapilly, t. 2, p. 484). La pièce est rangée parmi les épigrammes. Je ne sais pourquoi l'auteur donne ce nom à cette petite pièce, sinon peut-être parce qu'elle est composée de huit vers. On sait aussi que Boileau dit de Marot qu'il *tourna des triolets*, quoiqu'il n'y en ait pas un seul dans ses oeuvres. Mais ce mot de triolet se prenoit quelquefois dans des sens très étendus; ainsi, je trouve dans les pièces manuscrites de Fr. Colletet: *Athanatus converti, triolet tragi-grotesque, ou Fantaisie récréative pour servir d'entr'acte à la tragédie du Triomphe de Clovis.*

Je lui donnai ces vers, qu'elle lut avec joie, comme je connus sur son visage; après quoi elle les mit dans son sein, d'où elle les laissa tomber un moment après, et qui furent relevés par sa soeur aînée sans qu'elle s'en aperçût, et dont elle fut avertie par un petit laquais. Elle les lui demanda, et, voyant qu'elle faisoit quelque difficulté de les lui rendre, elle se mit furieusement en colère et s'en plaignit à sa mère, qui commanda à sa fille de les lui bailler, ce qu'elle fit. Ce procedé me donna de bonnes esperances, quoique ma condition me rebutât.

Or, pendant que nous passions ainsi agreablement le temps, mon père et ma mère, qui etoient fort avancés en âge, deliberèrent de me marier, et ils m'en firent un jour la proposition. Ma mère decouvrit à mon père le projet qu'elle avoit fait avec mademoiselle du Fresne, comme je vous ai dit; mais, comme c'etoit un homme fort interessé, il lui repondit que cette fille-là etoit d'une condition trop relevée pour moi, et, d'ailleurs, qu'elle avoit trop peu de bien, nonobstant quoi elle voudroit trop trancher de la dame. Comme j'etois fils unique, et que mon père etoit fort riche selon sa condition, et semblablement un mien oncle, qui n'avoit point d'enfans, et duquel il n'y avoit que moi qui en pût être heritier, selon la coutume de Normandie, plusieurs familles me regardoient comme un objet digne de leur alliance, et même l'on me fit porter trois ou quatre enfans au baptême avec des filles des meilleures maisons de notre voisinage (qui est ordinairement par où l'on commence pour reussir aux mariages); mais je n'avois dans la pensée que ma chère du Lys. J'en etois neanmoins si persecuté de tous mes parens que je pris resolution de m'en aller à la guerre, quoique je n'eusse que seize ou dix-sept ans. L'on fit des levées en cette ville pour aller en Danemark sous la conduite de M. le comte de Montgommeri. Je me fis enroler secretement avec trois cadets, mes voisins, et nous partîmes de même en fort bon equipage; mon père et ma mère en furent fort affligés, et ma mère en pensa mourir de douleur. Je ne pus sçavoir alors quel effet ce depart inopiné fit sur l'esprit de la du Lys, car je ne lui en dis rien du tout; mais je l'ai sçu depuis par elle-même. Nous nous embarquâmes au Havre-de-Grâce et voguâmes assez heureusement jusqu'à ce que nous fussions près du Sund; mais alors il se leva la plus furieuse tempête que l'on ait jamais vue sur la mer océane; nos vaisseaux furent jetés par la tourmente en divers endroits, et celui de M. de Montgommeri, dans lequel j'etois, vint aborder heureusement à l'embouchure de la Tamise, par laquelle nous montâmes, à l'aide du reflux, jusqu'à Londres, capitale d'Angleterre, où nous sejournâmes environ six semaines, pendant lequel temps j'eus le loisir de voir une partie des raretés de cette superbe ville, et l'illustre cour de son roi, qui etoit alors Charles Stuart, premier du nom. M.

de Montgommeri s'en retourna dans sa maison de Pont-Orson, en Basse-Normandie, où je ne voulus pas le suivre. Je le suppliai de me permettre de prendre la route de Paris, ce qu'il fit. Je m'embarquai dans un vaisseau qui alloit à Rouen, où j'arrivai heureusement, et de là je me mis sur un bateau qui me remonta jusqu'à Paris, où je trouvai un mien parent fort proche, qui etoit ciergier du Roi. Je le priai que par son moyen je pusse entrer au régiment des gardes; il s'y employa et fut mon repondant, car en ce temps-là il en falloit avoir pour y être reçu, ce que je fus en la compagnie de M. de la Rauderie. Mon parent me bailla de quoi me remettre en equipage (car en ce voyage de mer j'avois gâté mes habits) et de l'argent, ce qui me faisoit faire paroli 387 à une trentaine de cadets de grande maison 388, qui portoient tous le mousquet aussi bien que moi.

Note 387: (retour) Aller de pair, faire tête, égaler. (*Dict. com.* de Leroux.)

Note 388: (retour) Le régiment des gardes étoit la ressource ordinaire des cadets de grandes familles qui ne se faisoient point d'église. De là l'expression fréquente: un cadet aux gardes.

En ce temps-là les princes et grands seigneurs de France se soulevèrent contre le roi, et même Mgr le duc d'Orléans, son frère; mais Sa Majesté, par l'adresse ordinaire du grand cardinal de Richelieu, rompit leurs mauvais desseins, ce qui obligea Sa Majesté de faire un voyage en Bretagne avec une puissante armée 389. Nous arrivâmes à Nantes, où l'on fit la première execution des rebelles sur la personne du comte de Chalais, qui y eut la tête tranchée 390; ce qui donna de la terreur à tous les autres, qui moyennèrent leurs paix avec le roi, lequel s'en retourna à Paris. Il passa par la ville du Mans, où mon père me vint trouver, tout vieux qu'il etoit (car il avoit eté averti par mon cousin, ce ciergier du Roi, que j'etois au régiment des gardes); il me demanda à mon capitaine, lequel lui accorda mon congé. Nous nous en revînmes en cette ville, où mes parens resolurent que, pour m'arrêter, il me falloit lier avec une femme; celle d'un chirurgien voisin d'une mienne cousine germaine fit venir pendant le carême (sous pretexte d'ouïr les predications) la fille d'un lieutenant de bailli 391 d'un bourg distant de trois lieues d'ici. Ma cousine me vint querir à notre maison pour me la faire voir; mais, après une heure de conversation que j'eus avec elle dans la maison de madite cousine, où elle etoit venue, elle se retira, et alors l'on me dit que c'etoit une maîtresse pour moi; à quoi je repondis froidement qu'elle ne m'agréoit pas. Ce n'est pas qu'elle ne fût assez belle et riche, mais toutes les beautés me sembloient laides en comparaison de ma chère du Lys, qui seule occupoit toutes mes pensées. J'avois un oncle, frère de ma mère, homme de justice, et que je craignois beaucoup, lequel s'en vint un soir à notre maison, et, après m'avoir fort bravé sur le mepris que j'avois temoigné faire de cette fille, me dit qu'il falloit me resoudre à l'aller voir chez elle aux prochaines fêtes de Pâques, et qu'il y avoit des personnes qui valoient plus que moi qui se tiendroient bien honorées de cette alliance. Je ne repondis ni oui ni non; mais, les fêtes suivantes, il fallut y aller avec ma cousine, cette chirurgienne et un sien fils. Nous fûmes agreablement reçus, et l'on nous regala trois jours durant. L'on nous mena aussi à toutes les metairies de ce lieutenant, dans toutes lesquelles il y avoit festin. Nous fûmes aussi à un gros bourg, distant d'une lieue de cette maison, voir le curé du lieu, qui etoit frère de la mère de cette fille, lequel nous fit un fort gracieux accueil. Enfin nous nous en retournâmes comme nous etions venus, c'est-à-dire, pour ce qui me regardoit, aussi peu amoureux que devant. Il fut pourtant resolu que dans une quinzaine de jours on parleroit à fond de ce mariage. Le terme etant expiré, j'y retournai avec trois de mes cousins germains, deux avocats et un procureur en ce presidial; mais, par bonheur, on ne conclut rien, et l'affaire fut remise aux fêtes de mai prochaines. Mais le proverbe est bien veritable, que l'homme propose et Dieu dispose, car ma mère tomba malade quelques jours devant lesdites fêtes et mon père quatre jours après; l'une et l'autre maladie se terminèrent par la mort. Celle de ma mère arriva un mardi, et celle de mon père le jeudi de la même semaine, et je fus aussi fort malade; mais je me levai pour aller voir cet oncle sévère, qui etoit aussi fort malade, et qui mourut quinze jours après. A quelque temps de là, l'on me reparla de cette fille du lieutenant que j'etois allé voir; mais je n'y voulus pas entendre, car je n'avois plus de parens qui eussent droit de me commander; d'ailleurs que mon coeur etoit toujours dans ce parc, où je me promenois ordinairement, mais bien plus souvent en imagination.

Note 389: (retour) V., sur tous ces événements, l'*Histoire de France sous Louis XIII*, par Bazin, t. 2, année 1626. Le roi avoit d'abord passé par Blois, et le cardinal le rejoignit à Nantes, où il alloit ouvrir les Etats de Bretagne.

Note 390: (retour) Chalais, le membre le plus important *du parti de l'aversion*, fut condamné à mort, malgré l'humilité de ses aveux et de son repentir, par arrêt du 18 août 1626.

Note 391: (retour) Les baillis étoient des officiers chargés de rendre la justice dans un certain ressort. Cette fonction passa peu à peu aux mains de leurs lieutenants. «Le bailli, dit Furetière dans son Dictionnaire, est aujourd'hui dépouillé de toute sa fonction, et toute l'autorité de cette charge a été transférée à son lieutenant.»

Un matin, que je ne croyois pas qu'il y eût encore personne de levé dans la maison du sieur Dufresne, je passai devant, et je fus bien etonné quand j'ouïs la du Lys qui chantoit, sur son balcon, cette vieille chanson qui a pour reprise: «Que n'est-il auprès de moi, celui que mon coeur aime!» Ce qui m'obligea à m'approcher d'elle et à lui faire une profonde reverence, que j'accompagnai de telles ou semblables paroles: «Je souhaiterois de tout mon coeur, mademoiselle, que vous eussiez la satisfaction que vous desirez, et je voudrois y pouvoir contribuer: ce seroit avec la même passion que j'ai toujours été votre très humble serviteur.» Elle me rendit bien mon salut, mais elle ne me repondit pas, et, continuant à chanter, elle changea la reprise de la chanson en ces paroles: «Le voici auprès de moi celui que mon coeur aime.» Je ne demeurai pas court, car je m'etois un peu ouvert à la guerre et à la cour, et, quoique le procedé fût capable de me demonter, je lui dis: «J'aurai sujet de le croire si vous me faites ouvrir la porte.» A même temps elle appela le petit laquais dont j'ai dejà parlé, auquel elle commanda de me l'ouvrir, ce qu'il fit. J'entrai, et je fus reçu avec tous les temoignages de bienveillance du père, de la mère et de la soeur aînée, mais encore plus de la du Lys. La mère me demanda pourquoi j'etois si sauvage et que je ne les visitois pas si souvent que j'avois accoutumé, qu'il ne falloit pas que le deuil de mes parens m'en empêchât, et qu'il falloit se divertir comme auparavant; en un mot, que je serois toujours le bienvenu dans leur maison. Ma reponse ne fut que pour faire paroître mon peu de merite, en disant quelque peu de paroles aussi mal rangées que celles que je vous debite. Mais enfin tout se termina à un dejeuner de laitage, qui est en ce pays un grand regal, comme vous savez.--«Et qui n'est pas desagreable, repondit l'Etoile; mais poursuivez.»--Quand je pris congé pour sortir, la mère me demanda si je ne m'incommoderois point d'accompagner elle et ses filles chez un vieux gentilhomme, leur parent, qui demeuroit à deux lieues d'ici. Je lui repondis qu'elle me faisoit tort de me le demander, et qu'un commandement absolu m'eût eté plus agreable. Le voyage fut conclu au lendemain. La mère monta un petit mulet, qui etoit dans la maison; la fille aînée monta le cheval de son père, et je portois en croupe sur le mien, qui etoit fort, ma chère du Lys; je vous laisse à penser quel fut notre entretien le long du chemin, car, pour moi, je ne m'en souviens plus. Tout ce que je vous puis dire, c'est que nous nous separâmes, la du Lis et moi, fort amoureux; depuis ce temps-là mes visites furent fort frequentes, ce qui dura tout le long de l'eté et de l'automne. De vous dire tout ce qui se passa, je vous serois trop ennuyeux; seulement vous dirai-je que nous nous derobions souvent de la compagnie et nous allions demeurer seuls à l'ombrage de ce bois de haute futaie, et toujours sur le bord de la belle petite rivière qui passe au milieu, où nous avions la satisfaction d'ouïr le ramage des oiseaux, qu'ils accordoient au doux murmure de l'eau, parmi lequel nous mêlions mille douceurs que nous nous disions, et nous nous faisions ensuite autant d'innocentes caresses. Ce fut là où nous prîmes resolution de nous bien divertir le carnaval prochain.

Un jour que j'etois occupé à faire faire du cidre à un pressoir du faubourg de la Barre, qui est tout joignant le parc, la du Lys m'y vint trouver; à son abord je connus qu'elle avoit quelque chose sur le coeur, en quoi je ne me trompais pas; car, après qu'elle m'eut un peu raillé sur l'equipage où j'etois, elle me tira à part et me dit que le gentilhomme dont la fille etoit chez M. de Planche-Panète, son beau-frère, en avoit amené un autre, qu'il pretendoit lui faire donner pour mari, et qu'ils etoient à la maison, dont elle s'etoit derobée pour m'en avertir. «Ce n'est pas, ajouta-t-elle, que je favorise jamais sa recherche et que je consente à quoi que ce soit, mais j'aimerois mieux que tu trouvasses quelque moyen de le renvoyer que s'il venoit de moi.» Je lui dis alors: «Va-t-en, et lui fais bonne mine, pour ne rien alterer; mais sçache qu'il ne sera pas ici demain à midi.» Elle s'en alla plus joyeuse, attendant l'evenement. Cependant je quittai tout et abandonnai mon cidre à la discretion des valets, et m'en allai à ma maison, où je pris du linge et un autre habit, et m'en allai chercher mes camarades: car vous devez sçavoir que nous etions une quinzaine de jeunes hommes qui avions tous chacun notre maîtresse, et tellement unis, que qui en offensoit un avoit offensé tous les autres; et nous etions tous resolus que, si quelque etranger venoit pour nous les ravir, de le mettre en etat de n'y reussir jamais [392]. Je leur proposai ce que vous venez d'ouïr, et aussitôt tous conclurent qu'il falloit aller trouver ce galant (qui etoit un gentilhomme de la plus petite noblesse du bas Maine) et l'obliger à s'en retourner comme il etoit venu. Nous allâmes donc à son logis, où il soupoit avec l'autre gentilhomme son conducteur. Nous ne marchandâmes point à lui dire qu'il se pouvoit bien retirer, et qu'il n'y avoit rien à gagner pour lui en ce pays. Alors le conducteur repartit que nous ne sçavions pas leur dessein, et que, quand nous le sçaurions, nous n'y avions aucun interêt. Alors je m'avançai, et, mettant la main sur la garde de mon epée, je lui dis: «Si ai bien moi, j'y en ai, et, si vous ne le quittez, je vous mettrai en etat de n'en faire plus.» L'un d'eux repartit que la partie n'etoit pas egale, et que, si j'etois seul, je ne parlerois pas ainsi. Alors je lui dis: «Vous êtes deux, et je sors avec celui-ci», en prenant un de mes camarades, «suivez-nous». Ils s'en mirent en devoir; mais l'hôte et un sien fils les en empêchèrent, et leur firent connoître que le meilleur pour eux etoit de se retirer, et qu'il ne faisoit pas bon de se frotter avec nous. Ils profitèrent de l'avis, et l'on n'en ouït plus parler depuis. Le lendemain j'allai voir la du Lys, à laquelle je racontai l'action que j'avois faite, dont elle fut très contente et m'en remercia en des termes fort obligeans.

Note 392: (retour) Sorel parle de même, dans *Francion*, d'une société de *bravi* formée entre jeunes gens pour redresser les torts, châtier les fats et les insolents, etc., sans préjudice de la débauche à laquelle ils se livroient en commun. (7e liv.)

L'hiver approchoit, les veillées etoient fort longues, et nous les passions à jouer à des petits jeux d'esprit [393]; ce qui etant souvent reiteré ennuya; ce qui me fit resoudre à lui donner le bal. J'en conferai avec elle, et elle s'y accorda. J'en demandai la permission à M. du Fresne, son père, et il me la donna. Le dimanche suivant nous dansâmes, et continuâmes plusieurs fois; mais il y avoit toujours une si grande foule de monde, que la du Lys me conseilla de ne faire plus danser, mais de penser à quelque autre divertissement. Il fut donc resolu d'etudier une comedie, ce qui fut executé.»

Note 393: (retour) Par exemple, au *jeu des proverbes*, aux jeux de conversation, des éléments, des compliments ou flatteries, des mathematiques, et autres dont on peut voir la description dans la *Maison des jeux*, 1642, in-8.

L'Etoile l'interrompit en lui disant: «Puisque vous en êtes à la comedie, dites-moi si cette histoire est encore guère longue, car il se fait tard, et l'heure du souper approche.--Ha! dit le prieur, il y en a encore deux fois autant pour le moins.» L'on jugea donc qu'il la falloit remettre à une autre fois, pour donner le temps aux acteurs d'etudier leurs rôles; et, quand ce n'eût pas eté pour ces raisons, il eût fallu cesser à cause de l'arrivée de M. de Verville, qui entra dans la chambre facilement, car le portier s'etoit endormi. Sa venue surprit bien fort toute la compagnie. Il fit de grandes caresses à tous les comediens et comediennes, et principalement au Destin, qu'il embrassa à diverses reprises, et leur dit le sujet de son voyage, comme vous verrez au chapitre suivant, qui est fort court.

CHAPITRE XI.

*Resolution des mariages du Destin avec l'Etoile,
et de Leandre avec Angelique.*

Le prieur de Saint-Louis voulut prendre congé, mais le Destin l'arrêta, lui disant que dans peu de temps il faudroit souper, et qu'il tiendroit compagnie à monsieur de Verville, qu'il pria de leur faire l'honneur de souper avec eux. L'on demanda à l'hôtesse si elle avoit quelque chose d'extraordinaire; elle dit que oui. L'on mit du linge blanc, et l'on servit quelque temps après. L'on fit bonne chère, l'on but à la santé de plusieurs personnes et l'on parla beaucoup. Après le dessert, le Destin demanda à Verville le sujet de son voyage en ces quartiers, et il lui repondit que ce n'etoit pas la mort de son beau-frère Saldagne, que ses soeurs ne plaignoient guère non plus que lui; mais qu'ayant une affaire d'importance à Rennes, en Bretagne, il s'etoit detourné exprès pour avoir le bien de les voir, dont il fut grandement remercié; ensuite il fut informé du mauvais dessein de Saldagne et du succès, et enfin de tout ce que vous avez vu au sixième chapitre. Verville plia les epaules en disant qu'il avoit trouvé ce qu'il cherchoit avec trop de soin. Après souper, Verville fit connoissance avec le prieur, duquel tous ceux de la troupe dirent beaucoup de bien, et, après avoir un peu veillé, il se retira. Alors Verville tira le Destin à part et lui demanda pourquoi Leandre étoit vêtu de noir et pourquoi tant de laquais vêtus de même. Il lui en apprit le sujet, et le dessein qu'il avoit fait d'epouser Angelique. «Et vous, dit Verville, quand vous marierez-vous? Il est, ce me semble temps de faire connoître au monde qui vous êtes, ce qui ne se peut que par un mariage»; ajoutant que s'il n'etoit pressé, qu'il demeureroit pour assister à l'un et à l'autre. Le Destin dit qu'il falloit sçavoir le sentiment de l'Etoile; ils l'appelèrent et lui proposèrent le mariage, à quoi elle repondit qu'elle suivroit toujours le sentiment de ses amis. Enfin il fut conclu que, quand Verville auroit mis fin aux affaires qu'il avoit à Rennes, qui seroit dans une quinzaine de jours au plus tard, qu'il repasseroit par Alençon, et que l'on executeroit la proposition. Il en fut autant conclu entre eux et la Caverne, pour Leandre et Angelique.

Verville donna le bonsoir à la compagnie et se retira à son logis. Le lendemain il partit pour la Bretagne, et il arriva à Rennes, où il alla voir monsieur de la Garouffière, lequel, après les complimens accoutumés, lui dit qu'il y avoit dans la ville une troupe de comediens, l'un desquels avoit beaucoup de traits du visage de la Caverne: ce qui l'obligea d'aller le lendemain à la comedie, où ayant vu le personnage, il fut tout persuadé que c'etoit son parent (je dis de la Caverne). Après la comedie il l'aborda, et s'enquit de lui d'où il etoit, s'il y avoit longtemps qu'il etoit dans la troupe et par quels moyens il y etoit venu; il repondit sur tous les chefs en sorte qu'il fut facile à Verville de connoître qu'il etoit le frère de la Caverne, qui s'etoit perdu quand son père fut tué en

Perigord par le page du baron de Sigognac, ce qu'il avoua franchement, en ajoutant qu'il n'avoit jamais pu sçavoir ce que sa soeur etoit devenue. Lors Verville lui apprit qu'elle etoit dans une troupe de comediens qui etoit à Alençon; qu'elle avoit eu beaucoup de disgrâces, mais qu'elle avoit sujet d'en être consolée, parce qu'elle avoit une très belle fille qu'un seigneur de douze mille livres de rentes etoit sur le point d'epouser, et qu'il faisoit la comedie avec eux et qu'à son retour il assisteroit au mariage, et qu'il ne tiendroit qu'à lui de s'y trouver, pour rejouir sa soeur, qui etoit fort en peine de lui, n'en ayant eu aucunes nouvelles depuis sa fuite. Non-seulement le comedien accepta cette offre, mais il supplia instamment monsieur de Verville de souffrir qu'il l'accompagnât, ce qu'il agréa. Cependant il mit ordre à ses affaires, que nous lui laisserons negocier, et retournerons à Alençon.

Le prieur de Saint-Louis alla, le même jour que partit Verville, trouver les comediens et comediennes, pour leur dire que monseigneur l'evêque de Sées l'avoit envoyé querir pour lui communiquer quelque affaire d'importance, et qu'il etoit bien marri de ne se pouvoir acquitter de sa promesse; mais qu'il n'y avoit rien de perdu; que cependant qu'il seroit à Sées, ils iroient à la Fresnaye, representer *Silvie* aux noces de la fille du seigneur du lieu, et qu'à leur retour et au sien, il achèveroit ce qu'il avoit commencé. Il s'en alla, et les comediens se disposèrent à partir.

CHAPITRE XII.

*Ce qui arriva au voyage de la Fresnaye;
autre disgrâce de Ragotin.*

La veille de la noce l'on envoya un carrosse et des chevaux de selle aux comediens. Les comediennes s'y placèrent dedans avec le Destin, Leandre et l'Olive; les autres montèrent les chevaux, et Ragotin le sien, qu'il avoit encore, pour n'avoir pu le vendre, et qui etoit gueri de son enclouure. Il voulut persuader à l'Etoile ou à Angelique de se mettre en croupe derrière lui, disant qu'elles seroient plus à leur aise que dans le carrosse, qui ebranle beaucoup les personnes; mais ni l'une ni l'autre n'en voulurent rien faire. Pour aller d'Alençon à la Fresnaye il faut passer une partie de la forêt de Persaine, qui est au pays du Maine. Ils n'eurent pas fait mille pas dans cette forêt que Ragotin, qui alloit devant, cria au cocher d'arrêter, «parce, dit-il, qu'il voyoit une troupe d'hommes à cheval». L'on ne trouva pas bon d'arrêter, mais de se tenir chacun sur ses gardes. Quand ils furent près de ces cavaliers, Ragotin dit que c'etoit la Rappinière avec ses archers. L'Etoile pâlit; mais le Destin, qui s'en aperçut, l'assura en lui disant qu'il n'oseroit leur faire insulte en la presence de ses archers et des domestiques de monsieur de la Fresnaye, et si près de sa maison. La Rappinière connut bien que c'etoit la troupe comique; aussi il s'approcha du carrosse avec son effronterie ordinaire et salua les comediennes, auxquelles il fit d'assez mauvais complimens, à quoi elles repondirent avec une froideur capable de demonter un moins effronté que ce levrier de bourreau; lequel leur dit qu'il cherchoit des brigands qui avoient volé des marchands du côté de Balon [394], et qu'on lui avoit dit qu'ils avoient pris cette route. Comme il entretenoit la compagnie, le cheval d'un de ses archers, qui etoit fougueux, sauta sur le col du cheval de Ragotin, auquel il fit si grand'peur qu'il recula et enfonça dans une touffe d'arbres, dont il y en avoit quelques-uns dont les branches etoient sèches, l'une desquelles se trouva sous le pourpoint de Ragotin et qui lui piqua le dos, en sorte qu'il y demeura pendu: car, voulant se degager de parmi ces arbres, il avoit donné des deux talons à son cheval, qui avoit passé et l'avoit laissé ainsi en l'air, criant comme un petit fou qu'il etoit: «Je suis mort, l'on m'a donné un coup d'epée dans les reins [395].»

Note 394: (retour) Petite ville du Maine, sur l'Orne, à 4 lieues et demie du Mans.

Note 395: (retour) Cette plaisanterie paroît imitée d'un passage de l'*Euphormion* de Barclay, où César, l'un des personnages, se croit mort, comme Ragotin, parce que, comme lui, à peu près, il a été piqué par une épine à la fesse. (1re part., ch. 30.)

L'on rioit si fort de le voir en cette posture que l'on ne songeoit à rien moins qu'à le secourir. L'on crioit bien aux laquais de le dependre; mais il s'enfuyoient d'un autre côté en riant. Cependant son cheval gagnoit toujours pays, sans se laisser prendre. Enfin, après avoir bien ri, le cocher, qui etoit un grand et fort garçon, descendit de dessus son siége et s'approcha de Ragotin, le souleva et le dependit. On le visita et on lui fit accroire qu'il etoit fort blessé, mais qu'on ne pouvoit le panser que l'on ne fût au village, où il y avoit un fort bon chirurgien; en attendant, on lui appliqua quelques feuilles fraîches pour le soulager. On le plaça dans le carrosse, dont l'Olive sortit, tandis que les laquais passèrent au travers du bois pour gagner le devant du cheval, qui ne vouloit pas se laisser prendre, et qui fut pourtant pris, et l'Olive monta dessus. La Rappinière continua son chemin, et la troupe arriva au château, d'où l'on envoya querir le chirurgien, auquel l'on donna le mot. Il fit semblant de sonder la plaie imaginaire de Ragotin, que l'on avoit fait mettre dans le lit. Il le pansa de même qu'il l'avoit sondé, après lui avoir dit que son coup etoit favorable, et que deux doigts plus à côté il n'y avoit plus de Ragotin. Il lui ordonna le regime ordinaire et le laissa reposer. Ce petit bout d'homme avoit l'imagination si frappée de tout ce qu'on lui avoit dit qu'il crut toujours d'être fort blessé. Il ne se leva point pour voir le bal qui fut tenu le soir après souper: car l'on avoit fait venir la grande bande de violons du Mans, celle d'Alençon etant à une autre noce, à Argentan. L'on dansa à la mode du pays, et les comediens et comediennes dansèrent à la mode de la cour. Le Destin et l'Etoile dansèrent la sarabande, avec l'admiration de toute la compagnie, qui etoit composée de la noblesse campagnarde et des plus gros manans du village.

Le lendemain l'on joua la pastorale que l'épousée avoit demandée; Ragotin s'y fit porter en chaise avec son bonnet de nuit. Ensuite l'on fit bonne chère, et le lendemain, après avoir bien dejeûné, l'on paya et remercia la troupe. Le carrosse et les chevaux furent prêts, et l'on tâcha à desabuser Ragotin de sa pretendue blessure; mais on ne lui put jamais persuader le contraire, car il disoit toujours qu'il sentoit bien son mal. On le mit dans le carrosse, et toute la troupe arriva heureusement à Alençon. Le lendemain on ne representa point, car les comediennes se voulurent reposer. Cependant le prieur de Saint-Louis etoit de retour de son voyage de Sées. Il alla voir la troupe, et l'Etoile lui dit qu'il ne trouveroit point d'occasion plus favorable pour achever son histoire; il ne s'en fit point prier, et il poursuivit comme vous allez voir au suivant chapitre.

CHAPITRE XIII.

Suite et fin de l'histoire du prieur de Saint-Louis.

Si le commencement de cette histoire (où vous n'avez vu que de la joie et des contentemens) vous a eté ennuyeux, ce que vous allez ouïr le sera bien davantage, puisque vous n'y verrez que des revers de la fortune, des douleurs et des desespoirs qui suivront les plaisirs et les satisfactions où vous me verrez encore, mais pour fort peu de temps. Pour donc reprendre au même lieu où je finis le recit, après que mes camarades et moi eûmes appris nos rôles et exercé plusieurs fois, un jour de dimanche au soir nous representâmes notre pièce dans la maison du sieur du Fresne, ce qui fit un grand bruit dans le voisinage; quoique nous eussions pris tous les soins de faire tenir les portes du parc bien fermées, nous fûmes accablés de tant de monde, qui avoit passé le château ou escaladé les murailles, que nous eûmes toutes les peines imaginables à gagner le théâtre, que nous avions fait dresser dans une salle de mediocre grandeur; aussi il resta les deux tiers du monde dehors. Pour obliger ces gens-là à se retirer, nous leur fîmes promesse que le dimanche suivant nous la representerions dans la ville et dans une plus grande salle. Nous fîmes passablement bien pour des apprentis, excepté un de nos acteurs qui faisoit le personnage du secretaire du roi Darius (la mort de ce monarque etoit le sujet de notre pièce [396]): car il n'avoit que huit vers à dire, ce qu'il faisoit assez bien entre nous; mais, quand il fallut representer tout à bon, il le fallut pousser sur la scène par force, et ainsi il fut obligé de parler, mais si mal que nous eûmes beaucoup de peine à faire cesser les éclats de rire.

Note 396: (retour) Il s'agit probablement de *La Mort de Daire*, tragédie de Hardy (1619), où Masoee, qui peut passer en effet pour le secrétaire de Darius, a non pas huit vers, mais dix en tout à prononcer, dans la 1re scène du 2e acte.

La tragedie etant finie, je commençai le bal avec la du Lys, et qui dura jusqu'à minuit. Nous prîmes goût à cet exercice, et sans en rien dire à personne nous etudiâmes une autre pièce. Cependant je ne desistois point de mes visites ordinaires. Or, un jour que nous etions assis auprès du feu, il arriva un jeune homme auquel l'on y fit prendre place; après un quart d'heure d'entretien, il sortit de sa poche une boîte dans laquelle il y avoit un portrait de cire en relief, très bien fait, qu'il dit être celui de sa maîtresse. Après que toutes les demoiselles l'eurent vu et dit qu'elle etoit fort belle, je le pris à mon tour, et, en le considerant avec attention, je m'imaginai qu'il ressembloit à la du Lys, et que ce galant-là avoit quelque pensée pour elle. Je ne marchandai point à jeter cette boîte dans le feu, où la petite statue se fondit bientôt: car, quand il se mit en devoir de l'en tirer, je l'arrêtai et le menaçai de le jeter par la fenêtre. M. du Fresne (qui m'aimoit autant alors comme il m'a haï depuis) jura qu'il lui feroit sauter l'escalier, ce qui obligea ce malheureux à sortir confusement. Je le suivis sans que personne de la compagnie m'en pût empêcher, et je lui dis que, s'il avoit quelque chose sur le coeur, que nous avions chacun une epée et que nous etions en beau lieu pour se satisfaire; mais il n'en eut pas le courage. Or le dimanche suivant nous jouâmes la même tragedie que nous avions dejà représentée, mais dans la salle d'un de nos voisins qui etoit assez grande, et par ce moyen nous eûmes quinze jours pour étudier l'autre pièce. Je m'avisai de l'accompagner de quelques entrées de ballet 397, et je fis choix de six de mes camarades qui dansoient le mieux, et je fis le septième. Le sujet du ballet etoit les bergers et les bergères soumis à l'Amour: car à la première entrée paroissoit un Cupidon, et aux autres des bergers et des bergères, tous vêtus de blanc, et leurs habits tout parsemés de noeuds de petit ruban bleu, qui etoit la couleur de la du Lys, et que j'ai aussi toujours portée depuis; il est vrai que j'y ai ajouté la feuille 398 morte, pour les raisons que je vous dirai à la fin de cette histoire. Ces bergers et bergères faisoient deux à deux chacun une entrée, et, quand ils paroissoient tous ensemble, ils formoient les lettres du nom de la du Lys, et l'amour decochoit une flèche à chaque berger et jetoit des flammes de feu aux bergères, et tous en signe de soumission flechissoient le genou. J'avois composé quelques vers sur le sujet du ballet, que nous recitâmes; mais la longueur du temps me les a fait oublier, et, quand je m'en souviendrois encore, je n'aurois garde de vous les dire, car je suis assuré qu'ils ne vous agréeroient pas, à présent que la poësie françoise est au plus haut degré où elle puisse monter. Comme nous avions tenu la chose secrète, il nous fut facile de n'avoir que de nos amis particuliers, qui insensiblement et sans que l'on s'en aperçût entrèrent dans le parc, où nous representâmes à notre aise les *Amours d'Angelique et de Sacripant, roi de Circassie*, sujet tiré de l'Arioste 399; ensuite nous dansâmes notre ballet.

Note 397: (retour) Le ballet, que Benserade devoit élever à un si haut point de gloire, et que Molière même ne dédaigna pas de cultiver, étoit déjà, à cette époque, en grande faveur. V. *le Mercure* du temps et les *Mémoires* de Marolles, *passim*. En 1630, le fameux ballet préparé par le comte de Soissons pour le retour de Louis XIII à Paris mit la cour et la ville en émoi et préoccupa les esprits plus encore que le procès du maréchal de Marillac. Les ballets de *Maître Galimathias*, des *Goutteux* (1630), du *Monde*, de la *Prospérité des armes de France*, du *Triomphe de la beauté* (1640), etc., n'excitoient guère moins l'attention publique. Déjà, même sous Henri IV, il y avoit eu à la cour plus de 80 ballets.

Note 398: (retour) On peut consulter le *Jeu du galant* (*Maison des jeux*, 3e p.) pour la signification attachée alors à la couleur des rubans. Voici d'abord pour le bleu: «Doriclas, commençant, dit qu'il choisissoit le bleu à cause qu'etant une couleur attribuée au ciel, elle temoignoit que l'on ne vouloit avoir que des affections celestes.» Quant à la couleur feuille morte, elle signifioit la mort de l'espérance, ou au moins d'une espérance.

Note 399: (retour) Encore un sujet emprunté au *Roland furieux*, qui étoit alors mis à contribution par le théâtre presque autant que l'*Astrée*. Je serois assez porté à croire que l'auteur a commis une erreur dans la désignation de cette pièce, car l'Arioste nous montre bien Sacripant amoureux d'Angélique, mais non Angélique amoureuse de Sacripant; d'ailleurs, je ne connois pas, dans notre ancien théâtre, de pièce intitulée ainsi. Il y en a deux, l'une publiée à Troyes, chez Noël Laudereau, l'autre probablement de Ch. Bauter, dit Méliglosse, publiée chez Oudot (1614), qui portent ce titre: *Tragédie françoise des amours d'Angelique et de Medor, avec les furies de Rolland et la mort de Sacripant*, etc. Peut-être l'auteur a-t-il fait une confusion involontaire.

Je voulus commencer le bal à l'ordinaire, mais M. du Fresne ne le voulut pas permettre, disant que nous etions assez fatigués de la comedie et du ballet; il nous donna congé et nous nous retirâmes. Nous resolûmes de rendre cette comedie publique et de la representer dans la ville, ce que nous fîmes le dimanche gras, dans la salle de mon parrain, et en plein jour. La du Lys me dit que, si je commençois le bal, que ce fût avec une fille de notre voisinage qui etoit vêtue de taffetas bleu tout de même qu'elle, ce que je fis. Mais il s'eleva un murmure sourd dans la compagnie, et il y en eut qui dirent assez haut: «Il se trompe, il se manque», ce qui excita le rire à la du Lys et à moi; de quoi la fille s'etant aperçue, me dit: «Ces gens ont raison, car vous avez pris l'une pour l'autre.» Je lui repondis succinctement: «Pardonnez-moi, je sçais fort bien ce que je fais.» Le soir je me masquai avec trois de mes camarades, et je portois le flambeau, croyant que par ce moyen je ne serois pas connu [400], et nous allâmes dans le parc. Quand nous fûmes entrés dans la maison, la du Lys regarda attentivement les trois masques, et, ayant reconnu que je n'y etois pas, elle s'approcha de moi à la porte où je m'etois arrêté avec le flambeau, et, me prenant par la main, me dit ces obligeantes paroles: «Deguise-toi de toutes les façons que tu pourras t'imaginer, je te connoîtrai toujours facilement.» Après avoir eteint le flambeau, je m'approchai de la table, sur laquelle nous posâmes nos boîtes de dragées et jetâmes les dés. La du Lys me demanda à qui j'en voulois, et je lui fis signe que c'etoit à elle; elle me repliqua qu'est-ce que je voulois qu'elle mît au jeu, et je lui montrai un noeud de ruban que l'on appelle à present *galant* [401], et un bracelet de corail qu'elle avoit au bras gauche. Sa mère ne vouloit pas qu'elle le hasardât; mais elle eclata de rire, en disant qu'elle n'apprehendoit pas de me le laisser. Nous jouâmes et je gagnai, et je lui fis un present de mes dragées. Autant en firent mes compagnons avec la fille aînée et d'autres demoiselles qui y etoient venues passer la veillée. Après quoi nous prîmes congé. Mais, comme nous allions sortir, la du Lys s'approcha de moi, et mit la main aux cordons qui tenoient mon masque attaché, qu'elle denoua promptement, en disant: «Est-ce ainsi que l'on fait de s'en aller si vite?» Je fus un peu honteux, mais pourtant bien aise d'avoir un si beau pretexte de l'entretenir. Les autres se demasquèrent aussi, et nous passâmes la veillée fort agreablement. Le dernier soir du carnaval je lui donnai le bal avec la petite bande de violons, la grande etant employée pour la noblesse. Pendant le carême il fallut faire trêve de divertissemens pour vaquer à la piété, et je vous puis assurer que nous ne manquions pas un sermon, la du Lys et moi. Nous passions les autres heures du jour en visites continuelles et en promenades, ou à ouïr chanter les filles de la ville sur le derrière du château, où il y a un excellent echo, où elles provoquoient cette nymphe imaginaire à leur repondre 402.

Note 400: (retour) Ce ne fut que peu d'années avant la composition de cette 3e partie que la cour commença à répandre la mode des mascarades. V. *Mém.* de madem. de Montp., coll. Petitot, XLII, p. 408, et une note de Walckenaër, *Mém.* de Madame de Sévigné, II, p. 481.

Note 401: (retour) On appeloit *galants* des rubans noués, servant à orner les habits ou la tête tant des hommes que des femmes: «Il y a de certaines petites choses qui coûtent peu, et neanmoins parent extrêmement un homme,... comme par exemple d'avoir un beau ruban d'or et d'argent au chapeau, quelquefois entremeslé de soie de quelque belle couleur, et d'avoir aussi au devant des chausses sept ou huit des plus beaux rubans satinés et des couleurs les plus eclatantes qui se voient.... Pour montrer que toutes ces manières de rubans contribuent beaucoup à faire parestre la galanterie d'un homme, ils ont emporté le nom de galands, par preference sur toute autre chose.» (*Loix de la galant.*) On peut voir aussi, dans *la Maison des jeux*, la pièce suivante, intitulée: *le Jeu du galand*, et dans le *Recueil en prose* de Sercy (1642), t. 1er, *l'Origine et le progrès des rubans*. Les *galants* qui ornoient la toilette des femmes prenoient différents noms, suivant la place qu'ils occupoient: on les appeloit le *mignon*, le *badin*, l'*assassin des dames*, etc.

Note 402: (retour) Voilà un ressouvenir de ces *échos* qui avoient fait les délices des cours de François Ier et de Henri II. V. un curieux écho dans les oeuvres de Joach. du Bellay, et dont les pastorales avoient tellement mis l'usage à la mode qu'on les retrouve parfois jusque dans les romans comiques et satiriques, bien que ceux-ci tournent en ridicule la plupart des inventions de la pastorale, comme du roman héroïque et chevaleresque. Ainsi Sorel, dans *Le Berger extravagant*, manifeste lui-même un certain foible pour les échos. (*Remarq.* sur le 1er l.) Boileau se moque de cet usage, à plusieurs reprises, dans les *Héros de roman*.

Les fêtes de Pâques approchoient, quand un jour mademoiselle du Fresne, la fille, me dit en riant: «Me meneras-tu à Saint-Pater 403?» C'est une petite paroisse qui est à un quart de lieue du faubourg de Montfort, où l'on va en devotion le lundi de Pâques, après dîner, et c'est là aussi où l'on voit tous les galans et galantes. Je lui repondis qu'il ne tiendroit qu'à elle. Le jour venu, comme je me disposois à les aller prendre, au sortir de ma maison je rencontrai un mien voisin, jeune homme fort riche, lequel me demanda où j'allois si empressé. Je lui dis que j'allois au Parc querir les demoiselles du Fresne pour les accompagner à Saint-Pater. Alors il me repondit que je pouvois bien rentrer, car il sçavoit de bonne part que leur mère avoit dit qu'elle ne vouloit pas que ses filles y allassent avec moi. Ce discours m'assomma si fort que je ne pus lui rien repliquer; mais je rentrai dans ma maison, où etant, je me mis à penser d'où pouvoit venir un si prompt changement; après y avoir bien rêvé, je n'en trouvai autre sujet que mon peu de merite et ma condition. Pourtant je ne pus m'empêcher de declamer contre leur procédé, de m'avoir souffert tandis que je les avois diverties par des bals, ballets, comedies et serenades, car je leur en donnois souvent, en toutes lesquelles choses j'avois fait de grandes depenses, et qu'à present l'on me rebutoit. La colère où j'etois me fis resoudre d'aller à l'assemblée avec quelques-uns de mes voisins, ce que je fis. Cependant l'on m'attendoit au Parc, et, quand le temps fut passé que je devois m'y rendre, la du Lys et sa soeur, avec quelques autres demoiselles du voisinage, y allèrent. Après avoir fait leur devotion dans l'eglise, elles se placèrent sur la muraille du cimetière, au devant d'un ormeau qui leur donnoit de l'ombrage. Je passai devant elles, mais d'assez loin, et la du Fresne me fit signe d'approcher, et je fis semblant de ne les pas voir. Ceux qui etoient avec moi m'en avertirent et je feignis de ne l'entendre pas et passai outre, leur disant: «Allons faire collation au logis des Quatre-Vents»; ce que nous fîmes.

Note 403: (retour) Ou plutôt *Saint-Paterne*, qui est le vrai nom. V. *Dict.* de Pesche.

Je ne fus pas plustôt retourné chez moi qu'une femme veuve (qui etoit notre confidente) me vint trouver et me demanda fort brusquement quel sujet m'avoit obligé de fuir l'honneur d'accompagner les demoiselles du Fresne à Saint-Pater; que la du Lis en etoit outrée de colère au dernier point, et ajouta que je pensasse à reparer cette faute. Je fus fort surpris de ce discours, et, après lui avoir fait le recit de ce que je vous viens de dire, je l'accompagnai à la porte du Parc, où elles etoient. Je la laissai faire mes excuses, car j'etois si troublé que je n'aurois pu leur dire que de mauvaises raisons. Alors la mère, s'adressant à moi, me dit que je ne devois pas être si credule; que c'etoit quelqu'un qui vouloit troubler notre contentement, et que je fusse assuré que je serois toujours le bienvenu dans leur maison, où nous allâmes. J'eus l'honneur de donner la main à la du Lys, qui m'assura qu'elle avoit eu bien de l'inquietude, surtout quand j'avois feint de ne pas voir le signe que sa soeur m'avoit fait. Je lui demandai pardon et lui fis de mauvaises excuses, tant j'etois transporté d'amour et de colère. Je me voulois venger de ce jeune homme; mais elle me commanda de n'en pas parler seulement, ajoutant que je devois être content d'experimenter le contraire de ce qu'il m'avoit dit. Je lui obéis, comme je fis toujours depuis.

Nous passions le temps le plus doucement qu'on puisse imaginer, et nous eprouvions par de véritables effets ce que l'on dit que le mouvement des yeux est le langage des amans; car nous l'avions si familier, que nous nous faisions entendre tout ce que nous voulions. Un dimanche au soir, au sortir de Vêpres, nous nous dîmes, avec ce langage muet, qu'il falloit aller après souper nous promener sur la rivière et n'avoir que telles personnes que nous designâmes. J'envoyai aussitôt retenir un bateau. A l'heure dite, je me transportai, avec ceux qui devoient être de la promenade, à la porte du Parc, où les demoiselles nous attendoient; mais trois jeunes hommes, qui n'etoient pas de notre cabale, s'arrêtèrent avec elles. Elles firent bien tout ce qu'elles purent pour s'en defaire; mais eux s'en etant aperçus, ils s'opiniâtrèrent à demeurer, ce qui fut cause que quand nous abordâmes la porte du Parc, nous passâmes outre sans nous y arrêter, et nous nous contentâmes de leur faire signe de nous suivre, et nous les allâmes attendre au bateau. Mais quand nous aperçûmes ces fâcheux avec elles, nous avançâmes sur l'eau et allâmes aborder à un autre lieu, proche d'une des portes de la ville, où nous rencontrâmes le sieur du Fresne, lequel me demanda où j'avais laissé ses filles. Je ne pensai pas bien à ce que je lui devois repondre, mais lui dis franchement que je n'avois pas eu l'honneur de les voir ce soir-là. Après nous avoir donné le bon soir, il prit le chemin du Parc, à la porte duquel il trouva ses filles, auxquelles il demanda d'où elles venoient et avec qui. La du Lys lui repondit: «Nous venons de nous promener avec un tel», et me nomma. Alors son père lui accompagna un: «Vous en avez menti», d'un soufflet, ajoutant que si j'eusse eté avec elles (quand même il auroit eté plus tard) il ne s'en fût pas mis en peine. Le lendemain, cette veuve dont je vous ai dejà parlé me vint trouver pour me dire ce qui s'etoit passé le soir précédent, et que la du Lys en etoit fort en colère, non pas tant du soufflet comme de ce que je ne l'avois pas attendue, parce qu'au bateau son intention etoit de se defaire accortement de ces fâcheux. Je m'excusai du mieux que je pus, et je passai quatre jours sans l'aller voir. Mais un jour qu'elle et sa soeur et quelques demoiselles etoient assises sur un banc de boutique, dans la rue la plus prochaine de la porte de la ville par laquelle j'allois sortir pour aller au faubourg, je passai devant elles en levant un peu le chapeau, mais sans les regarder ni leur rien dire. Les autres demoiselles leur demandèrent ce que vouloit dire ce procédé, qui paroissoit incivil. La du Lys ne repondit rien; mais sa soeur aînée dit qu'elle en ignoroit la cause et qu'il la falloit sçavoir de lui-même: «Et pour ne le pas manquer, allons, dit-elle, nous poster un peu plus près de la porte, au-delà de cette petite rue par où il nous pourroit éviter»; ce qu'elles firent. Comme je repassois devant elles, cette bonne soeur se leva de sa place et me prit par mon manteau, en me disant: «Depuis quand, monsieur le glorieux, fuyez-vous l'honneur de voir votre maîtresse?» et à même temps me fit asseoir auprès d'elle. Mais quand je la voulus caresser et lui dire quelques douceurs, elle fut toujours muette et me rebuta furieusement. Je demeurai là quelque peu de temps bien entrepris [404], après quoi je les accompagnai jusqu'à la porte du Parc, d'où je me retirai, resolu de n'y aller plus. Je demeurai donc encore quelques jours sans y aller, et qui me furent autant de siècles; mais un matin j'eus une rencontre de mademoiselle du Fresne la mère, laquelle m'arrêta et me demanda pourquoi l'on ne me voyoit plus. Je lui repondis que c'etoit la mauvaise humeur de sa cadette. Elle me repliqua qu'elle vouloit faire notre accord, et que je l'allasse attendre à la maison. J'en mourais d'impatience et je fus ravi de cette ouverture. J'y allai donc, et comme je montois à la chambre, la du Lys, qui m'avoit aperçu, en descendit si brusquement que je ne la pus jamais arrêter. J'y entrai et je trouvai sa soeur, qui se mit à sourire, à laquelle je dis le procedé de sa cadette, et elle m'assura que tout cela n'etoit que feinte et qu'elle avoit regardé plus de cent fois par la fenêtre pour voir si je paroîtrois, et qu'elle en temoignoit une grande inquietude; qu'elle etoit sans doute dans le jardin, où je pouvois aller. Je descendis l'escalier et m'approchai de la porte du jardin, que je trouvai fermée par dedans. Je la priai plusieurs fois de l'ouvrir, ce qu'elle ne voulut point faire. Sa soeur, qui l'entendoit du haut de l'escalier, descendit et me la vint ouvrir, car elle en sçavoit le secret. J'entrai, et la du Lys se mit à fuir; mais je la poursuivis si bien, que je la pris par une des manches de son corps de jupe, et je l'assis sur un siege de gazon où je me mis aussi. Je lui fis mes excuses du mieux qu'il me fut possible; mais elle me parut toujours plus sévère. Enfin, après plusieurs contestations, je lui dis que ma passion ne souffroit point de mediocrité et qu'elle me porteroit à quelque desespoir, de quoi elle se repentiroit après, ce qui ne la rendit pas plus exorable. Alors je tirai mon epée du fourreau et la lui presentai, la suppliant de me la plonger dans le corps, lui disant qu'il m'etoit impossible de vivre privé de l'honneur de ses bonnes grâces; elle se leva pour s'enfuir, en me repondant qu'elle n'avoit jamais tué personne, et que, quand elle en auroit quelque pensée, elle ne commenceroit pas par moi. Je l'arrêtai en la suppliant de me permettre de l'executer moi-même, et elle me repondit froidement qu'elle ne m'en empêcheroit pas. Alors j'appuyai la pointe de mon epée contre ma poitrine, et me mis en posture pour me jeter dessus, ce qui la fit pâlir, et à même temps elle donna un coup de pied contre la garde de l'epée, qu'elle fit tomber à terre, m'assurant que cette action l'avoit beaucoup troublée, et me disant que je ne lui fisse plus voir de tels spectacles. Je lui repliquai: «Je vous obeirai, pourvu que vous ne me soyez plus si cruelle»; ce qu'elle me promit. Ensuite nous nous caressâmes si amoureusement, que j'eusse bien souhaité d'avoir tous les jours une querelle avec elle pour l'appointer [405] avec tant de douceur. Comme nous etions dans ces transports, sa mère entra dans le jardin, et nous dit qu'elle seroit bien venue plus tôt, mais qu'elle avoit bien jugé que nous n'avions pas besoin de son entremise pour nous accorder.

Note 404: (retour) Perclus, impotent, paralytique, au propre; et, par conséquent, tout interdit, au figuré.

Note 405: (retour) L'arranger, la terminer, terme tiré du langage juridique.

Or, un jour que nous nous promenions dans une des allées du parc, le sieur du Fresne, sa femme, la du Lys et moi, qui allions après eux et qui ne pensions qu'à nous entretenir, cette bonne mère se tourna vers nous et nous dit qu'elle plaidoit bien notre cause. Elle le put dire sans que son mari l'entendît, car il etoit fort sourd; nous la remerciâmes plutôt d'action que de parole. Un peu de temps après, M. du Fresne me tira à part et me decouvrit le dessein que lui et sa femme avoient formé de me donner leur plus jeune fille en mariage, devant qu'il partît pour aller en cour servir son quartier 406, et qu'il ne falloit plus faire de depenses en serenades ni autrement pour ce sujet. Je ne lui fis que des remerciemens confus: car j'etois si transporté de joie d'un bonheur si inopiné et qui faisoit le comble de ma felicité, que je ne savois ce que je disois. Il me souvient bien que je lui dis que je n'eusse pas eté si temeraire que de la lui demander, attendu mon peu de merite et l'inegalité des conditions; à quoi il me repondit que pour du merite, il en avoit assez reconnu en moi, et que pour la condition j'avois de quoi suppléer à ce defaut, sous-entendant du bien. Je ne sçais ce que je lui repliquai, mais je sçais bien qu'il me convia à souper, après quoi il fut conclu que le dimanche suivant nous assemblerions nos parents pour faire les fiançailles. Il me dit aussi quel dot 407 il pouvoit donner à sa fille; mais à cela je repondis que je ne lui demandois que la personne et que j'avois assez de bien pour elle et pour moi. J'etois le plus content homme du monde, et la du Lys aussi contente, ce que nous connûmes dans la conversation que nous eûmes ce soir-là, et qui fut la plus agreable que l'on puisse imaginer. Mais ce plaisir ne dura guères; car l'avant-veille du jour que nous devions nous fiancer, nous etions, la du Lys et moi, assis sur l'herbe, quand nous aperçûmes de loin un conseiller du presidial 408, proche parent du sieur du Fresne, lequel lui venoit rendre visite. Nous en conçûmes une même pensée, elle et moi, et nous nous en affligeâmes sans savoir au vrai ce que nous apprehendions; ce que l'evènement ne nous fit que trop connoître: car le lendemain, comme j'allois prendre l'heure de l'assemblée, je fus furieusement surpris quand je trouvai, à la porte de la basse-cour, la du Lys qui pleuroit. Je lui dis quelque chose et elle ne me repondit rien. J'entrai plus avant, et je trouvai sa soeur au même etat. Je lui demandai que vouloient dire tant de pleurs, et elle me repondit, en redoublant ses sanglots, que je ne le sçaurois que trop. Je montois à la chambre quand la mère en sortoit, laquelle passa sans me rien dire, car les larmes, les sanglots et les soupirs la suffoquoient si fort, que tout ce qu'elle put faire, ce fut de me regarder pitoyablement et dire: «Ha! pauvre garçon!» Je ne comprenois rien en un si prompt changement; mais mon coeur me presageoit tous les malheurs que j'ai ressentis depuis. Je me resolus d'en apprendre le sujet, et je montai à la chambre, où je trouvai M. du Fresne assis dans une chaise, lequel me dit fort brusquement qu'il avoit changé d'avis et qu'il ne vouloit pas marier sa cadette devant son aînée; que quand il la marieroit, ce ne seroit qu'après le retour de son voyage de la cour. Je lui repondis sur ces deux chefs: au premier, que sa fille aînée n'avoit aucune repugnance que sa soeur fût mariée la première, pourvu que ce fût avec moi, parce qu'elle m'avoit toujours aimé comme un frère; que pour un autre elle s'y seroit opposée (je vous puis assurer qu'elle m'en avoit fait la protestation plusieurs fois); et sur le second, que j'attendrois aussi bien dix ans que les trois mois qu'il seroit à la cour. Mais il me dit tout net que je ne pensasse plus au mariage de sa fille. Ce discours si surprenant et prononcé du ton que je vous viens de dire me jeta dans un si horrible desespoir que je sortis sans lui repliquer et sans rien dire aux demoiselles, qui ne me purent rien dire aussi.

Note 406: (retour) Il y avoit, à la cour, des gentilshommes *ordinaires* et des gentilshommes de *quartier*, c'est-à-dire qui venoient y remplir, durant trois mois, les devoirs de leur charge.

Note 407: (retour) Dot étoit du masculin dans la vieille langue. V. Nicot, *Trésor de la langue franç.* On a déjà pu remarquer que l'auteur de cette 3e partie écrit d'un style plus ancien que Scarron.

Note 408: (retour) On entendoit par *présidial* un tribunal établi dans les villes considérables pour y prononcer sur les appellations des juges subalternes, dans les causes de médiocre importance. (*Dict.* de Fur.)

Je m'en allai à ma maison, resolu de me donner la mort; mais comme je tirois mon epée à dessein de me la plonger dans le corps, cette veuve confidente entra chez moi et empêcha l'execution de ce mortel dessein, en me disant de la part de la du Lys que je ne m'affligeasse point, qu'il falloit avoir patience, et qu'en pareilles affaires il arrivoit toujours du trouble; mais que j'avois un grand avantage d'avoir sa mère et sa soeur aînée pour moi, et elle plus que tous, qui etoit la principale partie; qu'elles avoient resolu que quand son père seroit parti, qui seriit dans huit ou dix jours, que je pourrois continuer mes visites, et que le temps etoit un grand operateur. Ce discours etoit fort obligeant, mais je n'en pus point être consolé; aussi je m'abandonnai à la plus noire melancolie que l'on puisse imaginer, et qui me jeta enfin dans un si furieux desespoir que je me resolus de consulter les demons. Quelques jours devant le depart de M. du Fresne, je m'en allai à demi-lieue de cette ville, dans un lieu où il y a un bois, taillis de fort grande etendue, dans lequel la croyance du vulgaire est qu'il y habite de mauvais esprits, d'autant que ç'a eté autrefois la demeure de certaines fées (qui etoient sans doute de fameuses magiciennes) [409]. Je m'enfonce dans le bois, appelant et invoquant ces esprits, et les suppliant de me secourir en l'extrême affliction où j'etois; mais après avoir bien crié, je ne vis ni n'ouïs que des oiseaux qui par leur ramage sembloient me temoigner qu'ils etoient touchés de mes malheurs. Je retournai à ma maison, où je me mis au lit, atteint d'une si etrange frenesie, que l'on ne croyoit pas que j'en pusse rechapper, car j'en fus jusques à perdre la parole.

La du Lys fut malade à même temps et de la même manière que moi; ce qui m'a obligé depuis de croire à la sympathie: car comme nos maladies procedoient d'une même cause, elles produisoient aussi en nous de semblables effets; ce que nous apprenions par le medecin et l'apothicaire, qui etoient les mêmes qui nous servoient; pour les chirurgiens, nous avions chacun le nôtre en particulier. Je gueris un peu plus tôt qu'elle, et je m'en allai, ou, pour mieux dire, je me traînai à sa maison, où je la trouvai dans le lit (son père etoit parti pour la cour). Sa joie ne fut pas mediocre, comme la suite me le fit connoître: car, après avoir demeuré environ une heure avec elle, il me sembla qu'elle n'avoit plus de mal; ce qui m'obligea à la presser de se lever, ce qu'elle fit pour me satisfaire. Mais si tôt qu'elle fut hors du lit elle evanouit entre mes bras. Je fus bien marri de l'en avoir pressée, car nous eûmes beaucoup de peine à la remettre. Quand elle fut revenue de son evanouissement, nous la remîmes dans le lit, où je la laissai pour lui donner moyen de reposer, ce qu'elle n'eût peut-être pas fait en ma presence.

Note 409: (retour) On a dejà rencontré, dans le *Roman comique*, d'assez nombreuses traces des croyances superstitieuses d'alors, qu'avoient partagées, du reste, au dernier siècle surtout, et au commencement du XVIIe, les plus graves et les plus savants esprits, Postel, Bacon, de Thou, Porta, d'Aubigné, Bodin, Malherbe (V. ses *Lettres*), Fléchier (V. sa *Relat. des grands jours*), Richelieu, l'abbé Arnauld, etc. La *Démonomanie* de Bodin, et d'autres livres alors plus récents, tels que le *Discours des sorciers*, de Boguet (Paris, 1603); le *Discours et histoire des spectres*, de P. Le Loyer (1605); l'*Incrédulité et mécréance du sortilège*, et le *Tableau de l'inconstance des mauvais anges et démons*, de Delancre (1612), sont les monuments les plus complets comme les plus terribles de ces superstitions. On croyoit à la sorcellerie, à l'astrologie, comme à l'alchimie et au pouvoir mystérieux des Rosecroix; après Gauric, Agrippa, Cardan, Paracelse et le grand Nostradamus, étoient venus d'autres sorciers non moins célèbres, qui vécurent plus ou moins avant dans le XVIIe siècle,--César (de son vrai nom Jean du Chastel), Cosme Ruggieri (V. *Var. histor.*, édit. Jannet, I, 25), Palma-Cayet (mort en 1610), le fameux astrologue J. B. Morin, Marie Boudin, l'abbé Brigalier, sur lequel Segrais a donné de curieux détails dans ses *Mémoires anecdot.* (t. 2, p. 35 et suiv.), les prophètes et astrologues célèbres Mauregard, Jean Petit, et Belot, le curé de Mi-Monts. Ces comédies tournoient souvent au tragique, et c'est la meilleure preuve de la ténacité avec laquelle cette superstition étoit enracinée dans les esprits. Il n'y avoit pas encore bien longtemps que le peuple de Calais avoit voulu jeter d'Assoucy à la mer comme sorcier, si du moins nous pouvons l'en croire lui-même; et les supplices récents des prêtres Louis Gaufridy et Urbain Grandier, du médecin Poirot, de quatre sorciers espagnols brûlés à Bordeaux en 1610, d'Adrien Bouchard et de Gargan, de Didyme, l'une des trois possédées de Flandres, de la femme Cathin (1640), sans parler de bien d'autres, prouvoient assez que les magistrats eux-mêmes partageoient sur ce point les croyances du peuple.

En 1670 encore, le Parlement de Rouen supplioit Louis XIV de ne rien changer à la jurisprudence reçue dans les tribunaux en matière de sorcellerie; ce ne fut qu'en 1672 que le roi fit défense d'admettre les accusations de ce genre, ce qui n'empêcha pas qu'il n'y eût en 1682 un nouvel édit pour la punition des maléfices. Les forêts, en particulier, étoient la demeure privilégiée des sorciers et le domaine des légendes extraordinaires: c'est dans un bois enchanté, séjour des fées et de l'enchanteur Merlin, que Jeanne d'Arc eut ses visions; c'est là aussi que Cyrano place l'apparition de Corneille Agrippa (*Lettres sur les sorc.*). Le Tasse, en créant la forêt magique de sa *Jérusalem*, n'a fait que donner un corps splendide aux imaginations populaires. La magie joue un grand rôle dans les pastorales et les romans héroïques du XVIIe siècle; les romans comiques ou satiriques l'emploient aussi, parfois sérieusement, comme l'*Euphormion* de Barclay, souvent dans une intention de raillerie et de parodie, comme les *Histoires comiques* de Cyrano, le *Francion* et le *Berger extravagant* de Sorel, et le *Roman comique*. V., par exemple, plus haut, l'anecdote des pendus, IIIe part., ch. 9.

Nous guerîmes entièrement, et nous passâmes agréablement le temps, tout celui que son père demeura à la cour. Mais quand il fut revenu, il fut averti par quelques ennemis secrets que j'avois toujours frequenté dans sa maison et pratiqué familièrement sa fille, à laquelle il fit de rigoureuses défenses de me voir, et se fâcha fort contre sa femme et sa fille aînée de ce qu'elles avoient favorisé nos entrevues; ce que j'appris par notre confidente, ensemble la resolution qu'elles avoient prise de me voir toujours, et par quels moyens. Le premier fut que je prenois garde quand cet injuste père venoit à la ville, car aussitôt j'allois dans sa maison, où je demeurois jusqu'à son retour, que nous connoissions facilement à sa manière de frapper à la porte, et aussitôt je me cachois derrière une pièce de tapisserie, et, quand il entroit, un valet ou une servante, ou quelquefois une de ses filles lui ôtoit son manteau, et je sortois facilement sans qu'il le pût ouïr, car, comme je vous ai dejà dit, il etoit fort sourd, et en sortant la du Lys m'accompagnoit toujours jusqu'à la porte de la basse-cour. Ce moyen fut découvert, et nous eûmes recours au jardin de notre confidente, dans lequel je me rendois par un autre de nos voisins, ce qui dura assez, mais à la fin il fut encore découvert. Nous nous servîmes ensuite des églises, tantôt l'une, tantôt l'autre; ce qui fut encore connu, tellement que nous n'avions plus que le hasard, quand nous pouvions nous rencontrer dans quelques-unes des allées du parc; mais il falloit user de grande précaution. Un jour que j'y avois demeuré assez longtemps avec la du Lys (car nous nous etions entretenus à fond de nos communs malheurs et avions pris de fortes résolutions de les surmonter), je la voulus accompagner jusqu'à la porte de la basse-cour, où etant, nous aperçûmes de loin son père qui venoit de la ville et tout droit à nous. De fuir, il n'y avoit lieu, car il nous avoit vus. Elle me dit alors de faire quelque invention pour nous excuser; mais je lui repondis qu'elle avoit l'esprit plus present et plus subtil que moi, et qu'elle y pensât. Cependant il arriva, et, comme il commençoit à se fâcher, elle lui dit que j'avois appris qu'il avoit apporté des bagues et autres joailleries (car il employoit ses gages en orfevrerie pour y faire quelque profit, etant aussi avare qu'il etoit sourd), et que je venois pour voir s'il voudroit m'accommoder de quelques-unes pour donner à une fille du Mans à laquelle je me mariois. Il le crut facilement: nous montâmes, et il me montra ses bagues. J'en choisis deux, un petit diamant et une rose d'opale. Nous fûmes d'accord du prix, que je lui payai à l'heure même. Cet expedient me facilita la continuation de mes visites; mais quand il vit que je ne me hâtois point d'aller au Mans, il en parla à sa jeune fille, comme se doutant de quelque fourbe, et elle me conseilla d'y faire un voyage, ce que je fis. Cette ville-là est une des plus agreables du royaume, et où il y a du plus beau monde et du mieux civilisé, et où les filles y sont les plus accortes et les plus spirituelles [410], comme vous sçavez fort bien; aussi j'y fis en peu de temps de grandes connoissansances. J'etois logé au logis des Chênes-Verts, où etoit aussi logé un operateur qui debitoit ses drogues en public sur le theâtre, en attendant l'issue d'un projet qu'il avoit fait de dresser une troupe de comediens. Il avoit déjà avec lui des personnes de qualité, entr'autres le fils d'un comte que je ne nomme pas par discretion, un jeune avocat du Mans qui avoit déjà eté en troupe, sans compter un sien frère et un autre vieux comedien qui s'enfarinoit à la farce, et il attendoit une jeune fille de la ville de Laval qui lui avoit promis de se derober de la maison de son père et de le venir trouver. Je fis connoissance avec lui, et un jour, faute de meilleur entretien, je lui fis succinctement le recit de mes malheurs; en suite de quoi il me persuada de prendre parti dans sa troupe, et que ce seroit le moyen de me faire oublier mes disgrâces. J'y consentis volontiers, et si la fille fût venue, j'aurois certainement suivi; mais les parens en furent avertis, ils prirent garde à elle, ce qui fut la cause que le dessein ne reussit pas, ce qui m'obligea à m'en revenir. Mais l'amour me fournit une invention pour pratiquer encore la du Lys sans soupçon, qui fut de mener avec moi cet avocat dont je vous viens de parler, et un autre jeune homme de ma connoissance, auxquels je decouvris mon dessein, et qui furent ravis de me servir en cette occasion. Ils parurent en cette ville sous le titre l'un de frère et l'autre de cousin germain d'une maîtresse imaginaire. Je les menai chez le sieur du Fresne, que j'avois prié de me traiter de parent, ce qu'il fit. Il ne manqua pas aussi à leur dire mille biens de moi, les assurant qu'ils ne pouvoient pas mieux loger leur parente, et ensuite nous donna à souper. L'on but à la santé de ma maîtresse, et la du Lys en fit raison. Après qu'ils eurent demeuré cinq ou six jours en cette ville, ils s'en retournèrent au Mans. J'avois toujours libre accès chez le sieur du Fresne, lequel me disoit sans cesse que je tardois trop à aller au Mans achever mon mariage, ce qui me fit apprehender que la feinte ne fût à la fin découverte et qu'il ne me chassât encore une fois honteusement de sa maison; ce qui me fit prendre la plus cruelle resolution qu'un homme desesperé puisse jamais avoir, qui fut de tuer la du Lys, de peur qu'un autre n'en fût possesseur. Je m'armai d'un poignard et l'allai trouver, la priant de venir avec moi faire une promenade, ce qu'elle m'accorda. Je la menai insensiblement dans un lieu fort écarté des allées du parc, où il y avoit des broussailles; ce fut là où je lui découvris le cruel dessein que le desespoir de la posseder m'avoit fait concevoir, tirant à même temps le poignard de ma poche. Elle me regarda si tendrement et me dit tant de douceurs, qu'elle accompagna de protestations de constance et de belles promesses, qu'il lui fut facile de me desarmer. Elle saisit mon poignard, que je ne pus retenir, et le jeta au travers des broussailles, et me dit qu'elle s'en vouloit aller et qu'elle ne se trouveroit plus seule avec moi. Elle me vouloit dire que je n'avois pas sujet d'en user ainsi, quand je l'interrompis pour la prier de se trouver le lendemain chez notre confidente, où je me tendrais, et que là nous prendrions les dernières resolutions. Nous nous y rencontrâmes à l'heure dite. Je la saluai et nous pleurâmes nos communes misères, et, après de longs discours, elle me conseilla d'aller à Paris, me protestant qu'elle ne consentiroit jamais à aucun mariage, et quand je demeurerois dix ans qu'elle m'attendroit. Je lui fis des promesses reciproques, que j'ai mieux tenues qu'elle n'a fait. Comme je voulois prendre congé d'elle (ce qui ne fut pas sans verser beaucoup de larmes), elle fut d'avis que sa mère et sa soeur fussent de la confidence. Cette veuve les alla querir, et je demeurai seul avec la du Lys. Ce fut alors que nous nous ouvrîmes nos coeurs mieux que nous n'avions jamais fait; et elle en vint jusques à me dire que si je la voulois enlever elle y consentiroit volontiers et me suivroit partout, et que, si l'on venoit après nous et que l'on nous attrapât, elle feindroit d'être enceinte. Mais mon amour étoit si pur que je ne voulus jamais mettre son honneur en compromis, laissant l'evénement à la conduite du sort. Sa mère et sa soeur arrivèrent et nous leur declarâmes nos resolutions, ce qui fit redoubler les pleurs et les embrassemens. Enfin je pris congé d'elles pour aller à Paris. Devant que de partir j'écrivis une lettre à la du Lys, des termes de laquelle je ne me sçaurois souvenir; mais vous pouvez bien vous imaginer que j'y avois mis tout ce que je m'etois figuré de tendre pour leur donner de la compassion. Aussi notre confidente, qui porta la lettre, m'assura qu'après la lecture de cette lettre la mère et les deux filles avoient eté si affligées de douleur que la du Lys n'avoit pas eu le courage de me faire reponse.

Note 410: (retour) Ce n'étoit pas là l'opinion de Scarron, au moins quand il alla prendre possession de son bénéfice. Qu'on voie en quels termes irrévérencieux il traite les habitants du lieu:

> Parleray-je des jouvenceaux...
>
> Ayant tous canon trop plissé,
>
> Rond de botte trop compassé,

> Souliers trop longs, grègue trop large,
>
> Chapeaux à trop petite marge...?
>
> Parleray-je des damoiselles,
>
> Aux très redoutables aisselles? etc.

Et ailleurs (rondeau redoublé à mademoiselle Descart, recueil de 1648), il dit:

> Le Mans seroit un séjour, bien hideux
>
> Sans votre soeur, sans vous, sans votre frère.

Mais ce ne sont là que des boutades; Scarron, à ses premiers voyages, avoit mieux parlé du Mans. Du reste, c'étoit en effet une ville où il y avoit alors du *beau monde*, et du monde *civilisé*: ainsi le gouverneur, M. de Tresmes, le baron de Lavardin, lieutenant du roi, le baron des Essarts, sénéchal, l'archidiacre Costar et Louis Pauquet, les Portail, les Denisot, les Levayer, la famille des Tessé et des Beaumanoir, l'évêque M. de Lavardin, mademoiselle de Hautefort, qui faisoit sans doute, de temps à autre, des excursions au Mans, de son château sis dans le Maine, etc. La *préciosité* s'étoit répandue au Mans et dans la province, et, à en croire *le Procès des pretieuses*, de Somaize, c'étoit un des pays où le langage quintessencié des ruelles avoit le plus pris racine. V. Somaize, Bibl. elzev., t. 2, p. 59, 68, etc. On conçoit donc qu'il pût y avoir beaucoup de filles *accortes et spirituelles*.

J'ai supprimé beaucoup d'aventures, qui nous arrivèrent pendant le cours de nos amours (pour n'abuser pas de votre patience), comme les jalousies que la du Lys conçut contre moi pour une demoiselle sa cousine germaine qui l'etoit venue voir, et qui demeura trois mois dans la maison; la même chose pour la fille de ce gentilhomme qui avoit amené ce galant que je fis en aller, non plus que plusieurs querelles que j'eus à démêler, et des combats en des rencontres de nuit, où je fus blessé par deux fois au bras et à la cuisse. Je finis donc ici la digression, pour vous dire que je partis pour Paris, où j'arrivai heureusement et où je demeurai environ une année. Mais ne pouvant pas y subsister comme je faisois en cette ville, tant à cause de la cherté des vivres [411] que pour avoir fort diminué mes biens à la recherche de la du Lys, pour laquelle j'avois fait de grandes dépenses, comme vous avez pu apprendre de ce que je vous ai dit, je me mis en condition en qualité de secrétaire d'un secrétaire de la chambre du roi [412], lequel avoit épousé la veuve d'un autre secrétaire aussi du roi. Je n'y eus pas demeuré huit jours que cette dame usa avec moi d'une familiarité extraordinaire, à laquelle je ne fis point pour lors de reflexion; mais elle continua si ouvertement que quelques-uns des domestiques s'en aperçurent, comme vous allez voir.

Note 411: (retour) C'est peut-être une allusion à l'horrible famine qui, par suite des guerres civiles et des troubles de la Fronde, désola Paris entre 1649 et 1655. La cherté des vivres augmentoit dans une progression si rapide que le setier de froment, fixé à 13 livres le 2 janvier 1649, étoit à 30 le 9 et à 60 au commencement de mars. Malgré toutes les précautions prises, la famine devint bientôt intolérable. En 1652, le pain se vendoit 10 sous la livre; les pauvres mangeoient de la chair de cheval, des boyaux de bêtes mortes, etc. V. Moreau, *Bibliogr. des Mazar.*, no 1408, le *Franc bourg.--Rec. des relations contenant ce qui s'est fait pour l'assistance des pauvres, de 1650 à 1654*, etc.

Note 412: (retour) On sait qu'on appeloit *chambre du roi*, ou simplement la chambre, l'ensemble des officiers et des meubles de la maison royale.

Un jour qu'elle m'avoit donné une commission pour faire dans la ville, elle me dit de prendre le carrosse, dans lequel je montai seul, et je dis au cocher de me mener par le Marais du Temple, tandis que son mari alloit par la ville à cheval, suivi d'un seul laquais: car elle lui avoit persuadé qu'il feroit mieux ses affaires de la sorte que de traîner un carrosse, qui est toujours embarrassant. Quand je fus dans une longue rue où il n'y avoit que des portes cochères, et par conséquent l'on n'y voyoit guère de monde, le cocher arrêta le carrosse et en descendit. Je lui criai pourquoi il arrêtoit. Il s'approcha de la portière et me pria de l'écouter, ce que je fis. Alors il me demanda si je n'avois point pris garde au procédé de madame sur mon sujet; à quoi je lui répondis que non, et qu'est-ce qu'il vouloit dire. Il me répondit alors que je ne connoissois pas ma fortune, et, qu'il y avoit beaucoup de personnes à Paris qui eussent bien voulu en avoir une semblable. Je ne raisonnai guère avec lui; mais je lui commandai de remonter sur son siége et me conduire à la rue Saint-Honoré. Je ne laissai pas de rêver profondément à ce qu'il m'avoit dit, et quand je fus de retour à la maison j'observai plus exactement les actions de cette dame, dont quelques-unes me confirmèrent en la croyance de ce que m'avoit dit le cocher.

Un jour que j'avois acheté de la toile et de la dentelle pour des collets que j'avois baillés à faire à ses filles de service, comme elles y travailloient, elle leur demanda pour qui etoient ces collets. Elles repondirent que c'etoit pour moi, et alors elle leur dit qu'elles les achevassent, mais que pour la dentelle, elle la vouloit mettre. Un jour qu'elle l'attachoit, j'entrai dans sa chambre, et elle me dit qu'elle travailloit pour moi, dont je fus si confus que je ne fis que des remerciemens de même. Mais un matin que j'ecrivois dans ma chambre, qui n'etoit pas eloignée de la sienne, elle me fit appeler par un laquais, et quand j'en approchai j'entendis qu'elle crioit furieusement contre sa demoiselle suivante et contre sa femme de chambre; elle disoit: «Ces chiennes, ces vilaines, ne sçauroient rien faire adroit! Sortez de ma chambre.» Comme elles en sortoient, j'y entrai, et elle continua à declamer contre elles, et me dit de fermer la porte et de lui aider à s'habiller; et aussitôt elle me dit de prendre sa chemise qui étoit sur la toilette et de la lui donner, et à même temps elle depouilla celle qu'elle avoit et s'exposa à ma vue toute nue, dont j'eus une si grande honte que je lui dis que je ferois encore plus mal que ces filles, qu'elle devoit faire revenir, à quoi elle fut obligée par l'arrivée de son mari. Je ne doutai donc plus de son intention; mais comme j'etois jeune et timide, j'apprehendai quelque sinistre accident: car, quoiqu'elle fût dejà avancée en âge, elle avoit pourtant encore des beaux restes; ce qui me fit resoudre à demander mon congé, ce que je fis un soir après que l'on eut servi le souper. Alors, sans me rien repondre, son mari se retira à sa chambre, et elle tourna sa chaise du côté du feu, disant au maître d'hôtel de remporter la viande. Je descendis pour souper avec lui. Comme nous etions à table, une sienne nièce, âgée d'environ douze ans, descendit, et, s'adressant à moi, me dit que madame sa tante l'envoyoit pour sçavoir si j'avois bien le courage de souper, elle ne soupant point. Je ne me souviens pas bien de ce que je lui repondis; mais je sçais bien que la dame se mit au lit et qu'elle fut extremement malade. Le lendemain, de grand matin, elle me fit appeler pour donner ordre d'avoir des medecins; comme j'approchai de son lit, elle me donna la main et me dit ouvertement que j'etois la cause de son mal, ce qui fit redoubler mon apprehension, en sorte que le même jour je me mis dans des troupes qu'on faisoit à Paris pour le duc de Mantoue [413], et je partis sans en rien dire à personne. Notre capitaine ne vint pas avec nous, laissant la conduite de sa compagnie à son lieutenant, qui etoit un franc voleur, aussi bien que les deux sergens: car ils brûloient presque tous les logemens et nous faisoient souffrir; aussi ils furent pris par le prevôt de Troye en Champagne, lequel les y fit pendre [414], excepté l'un des sergens, qui se trouva frère d'un des valets de chambre de monseigneur le duc d'Orleans, lequel le sauva. Nous demeurâmes sans chef, et les soldats, d'un commun accord, firent election de ma personne pour commander la compagnie, qui etoit composée de quatre-vingts soldats. J'en pris la conduite avec autant d'autorité que si j'en eusse eté le capitaine en chef. Je passai en revue et tirai la montre [415], que je distribuai, aussi bien que les armes, que je pris à Sainte-Reine en Bourgogne [416]. Enfin nous filâmes jusqu'à Embrun, en Dauphiné, où notre capitaine nous vint trouver, dans l'apprehension qu'il n'y avoit pas un soldat à sa compagnie. Mais quand il apprit ce qui s'etoit passé, et que je lui en fis paroître soixante-huit (car j'en avois perdu douze dans la marche) il me caressa fort et me donna son drapeau et sa table.

Note 413: (retour) A qui les Espagnols et le duc de Savoie vouloient enlever le duché de Montferrat

Note 414: (retour) Ces vols et ces abus étoient choses continuelles, dont se rendoient fréquemment coupables les plus bas comme les plus hauts officiers de l'armée. Ainsi le maréchal de Marillac fut mis en jugement (1630) et exécuté à raison des malversations de ce genre «par lui commises dans sa charge de général d'armée en Champagne.» Tallemant raconte qu'un nommé du Bois, qui commandoit les chevau-légers du prince de Conti, avoit énormément volé, également en Champagne, et qu'il fut quitte pour rendre la moitié de ce qu'il avoit pris. (*Historiette* de Sarrazin.) «Partout où les armées ont passé, écrit un peu plus tard Vincent de Paul à l'évêque de Dax, elles y ont commis les sacriléges, les vols et les impiétés que votre diocèse a soufferts; et non seulement dans la Guienne et le Périgord, mais aussi en Saintonge, Poitou, Bourgogne, Champagne et Picardie, et en beaucoup d'autres.» Les pillages et dévastations des troupes produisoient des effets d'autant plus terribles que la plupart de ces provinces, surtout la Picardie et la Champagne, étoient alors dans une horrible misère.

Note 415: (retour) Ce mot se dit de la solde qu'on paie aux soldats dans les revues. (Dict. de Fur.).

Note 416: (retour) Sainte-Reine ou Alise est un bourg, avec eaux minérales, à une lieue de Flavigny.

L'armée, qui etoit la plus belle qui fût jamais sortie de France, eut le mauvais succès que vous avez pu sçavoir; ce qui arriva par la mauvaise intelligence des generaux [417]. Après son debris je m'arrêtai à Grenoble, pour laisser passer la fureur des paysans de Bourgogne et de Champagne, qui tuoient tous les fugitifs, et le massacre en fut si grand que la peste se mit si furieusement dans ces deux provinces, qu'elle s'epandit par tout le royaume [418]. Après que j'eus demeuré quelque temps à Grenoble, où je fis de grandes connoissances, je resolus de me retirer dans cette ville, ma patrie. Mais en passant par des lieux ecartés du grand chemin, pour la raison que j'ai dite, j'arrivai à un petit bourg appelé Saint-Patrice, où le fils puîné de la dame du lieu, qui etoit veuve, faisoit une compagnie de fantassins pour le siége de Montauban [419]. Je me mis avec lui, et il reconnut quelque chose sur mon visage qui n'etoit pas rebutant. Après m'avoir demandé d'où j'etois, et que je lui eus dit franchement la verité, il me pria de prendre le soin de conduire un sien frère, jeune garçon, chevalier de Malte, auquel il avoit donné son enseigne, ce que j'acceptai volontiers. Nous partîmes pour aller à Noves, en Provence, qui etoit le lieu d'assemblée du regiment, mais nous n'y eûmes pas demeuré trois jours que le maître d'hôtel de ce capitaine le vola et s'enfuit. Il donna ordre qu'il fût suivi, mais en vain; ce fut alors qu'il me pria de prendre les clefs de ses coffres, que je ne gardai guères, car il fut deputé du corps du regiment pour aller trouver le grand cardinal de Richelieu, lequel conduisoit l'armée pour le siége de Montauban et autres villes rebelles de Guyenne et Languedoc. Il me mena avec lui, et nous trouvâmes Son Eminence dans la ville d'Albi; nous la suivîmes jusqu'à cette ville rebelle, qui ne le fut plus à l'arrivée de ce grand homme, car elle se rendit, comme vous avez pu sçavoir. Nous eûmes pendant ce voyage un grand nombre d'aventures que je ne vous dis point, pour ne vous être pas ennuyeux, ce que j'ai peut-être dejà trop eté.»

Note 417: (retour) Cette armée, qui étoit sous les ordres du marquis d'Uxelles, fut complétement battue, malgré l'avantage du nombre, par les troupes du duc de Savoie, à l'affaire de Saint-Pierre, dans le marquisat de Saluces (1628). Sur la mauvaise intelligence qui régnoit entre les chefs et les directeurs de l'entreprise, on peut voir, outre les histoires spéciales, les *Mémoires* de l'abbé Marolles (édit. d'Amst., 1755, t. I, p. 146 et 7).

Note 418: (retour) Les paysans étoient irrités des ravages qu'avoit faits l'armée sur la route, des pillages des soldats, des concussions des généraux. La peste dont il s'agit ici fut, en plusieurs endroits, l'occasion d'un nouveau soulèvement contre les réformés, qu'on soupçonna «de propager l'infection au moyen d'un onguent appliqué sur les portes des maisons; on en avoit massacré plusieurs dans les rues, et les magistrats eux-mêmes s'étoient vus forcés de faire exécuter juridiquement quelques malheureux désignés par le cri général comme *engraisseurs de portes et infecteurs publics*.» (Bazin, Histoire de France sous Louis XIII.)

Note 419: (retour) La principale place qui restât aux réformés en France, après la prise de La Rochelle, et la dernière qui se soumit; ce ne fut qu'en 1629 qu'elle se rendit définitivement.

Alors l'Etoile lui dit que ce seroit les priver d'un agreable divertissement s'il ne continuoit jusqu'à la fin. Il poursuivit donc ainsi:

«Je fis des grandes connoissances dans la maison de cet illustre cardinal, et principalement avec les pages, dont il y en avoit dix-huit de Normandie, et qui me faisoient de grandes caresses, aussi bien que les autres domestiques de sa maison. Quand la ville fut rendue, notre regiment fut licencié, et nous nous en revînmes à Saint-Patrice. La dame du lieu avoit un procès contre son fils aîné, et se preparoit pour aller le poursuivre à Grenoble. Quand nous arrivâmes, je fus prié de l'accompagner; à quoi j'eus un peu de repugnance, car je voulois me retirer, comme je vous ai dit; mais je me laissai gagner, dont je ne me repentis pas, car, quand nous fûmes arrivés à Grenoble, où je sollicitai fortement le procès, le roi Louis treizième, de glorieuse memoire, y passa pour aller en Italie [420], et j'eus l'honneur de voir à sa suite les plus grands seigneurs de ce pays [421], et entre autres le gouverneur de cette ville, lequel connoissoit fort M. de Saint-Patrice, auquel il me recommanda, et, après m'avoir offert de l'argent, lui dit qui j'etois, ce qui l'obligea à faire plus d'estime de moi qu'il n'avoit pas fait, bien que je n'eusse pas sujet de me plaindre. Je vis encore cinq jeunes hommes de cette ville qui etoient au regiment des gardes, trois desquels etoient gentilshommes, et auxquels j'avois l'honneur d'appartenir; je les traitai du mieux qu'il me fut possible, et à la maison et au cabaret. Un jour que nous venions de déjeuner d'un logis du faubourg de Saint-Laurent, qui est au delà du pont, nous nous arrêtâmes dessus pour voir passer des bateaux, et alors un d'eux me dit qu'il s'etonnoit fort que je ne leur demandasse point de nouvelles de la du Lys. Je leur dis que je n'avois osé de peur de trop apprendre. Ils me repartirent que j'avois bien fait, et que je devois l'oublier, puisqu'elle ne m'avoit pas tenu parole. Je pensai mourir à cette nouvelle; mais enfin il fallut tout sçavoir. Ils m'apprirent donc qu'aussitôt que l'on eut appris mon depart pour l'Italie, qu'on l'avoit mariée à un jeune homme qu'ils me nommèrent, et qui etoit celui de tous ceux qui y pouvoient pretendre pour qui j'avois le plus d'aversion. Alors j'eclatai, et dis contre elle tout ce que la colère me suggera. Je l'appelai tigresse, felonne, perfide, traîtresse; qu'elle n'eût pas osé se marier me sçachant si près, etant bien assurée que je la serois allé poignarder avec son mari, jusques dedans son lit. Après, je sortis de ma poche une bourse d'argent et de soie bleue, à petit point, qu'elle m'avoit donnée, dans laquelle je conservois le bracelet et le ruban que je lui avois gagné. Je mis une pierre dedans et la jetai avec violence dans la rivière, en disant: «Ainsi se puisse effacer de ma memoire celle à qui ont appartenu ces choses, de même qu'elles s'enfuiront au gré des ondes!» Ces messieurs furent etonnés de mon procedé, et me protestèrent qu'ils etoient bien marris de me l'avoir dit, mais qu'ils croyoient que je l'eusse sçu d'ailleurs. Ils ajoutèrent, pour me consoler, qu'elle avoit eté forcée à se marier, et qu'elle avoit bien fait paroître l'aversion qu'elle avoit pour son mari: car elle n'avoit fait que languir depuis son mariage, et etoit morte quelque temps après. Ce discours redoubla mon deplaisir et me donna à même temps quelque espèce de consolation. Je pris congé de ces messieurs et me retirai à la maison, mais si changé que mademoiselle de Saint-Patrice, fille de cette bonne dame, s'en aperçut. Elle me demanda ce que j'avois, à quoi je ne repondis rien; mais elle me pressa si fort que je lui dis succinctement mes aventures et la nouvelle que je venois d'apprendre. Elle fut touchée de ma douleur, comme je le connus par les larmes qu'elle versa. Elle le fit sçavoir à sa mère et à ses frères, qui me temoignèrent de participer à mes deplaisirs, mais qu'il falloit se consoler et prendre patience.

Note 420: (retour) Il y passa en février 1629, pour diriger la guerre de la succession de Mantoue et de Montferrat, légués par le dernier duc à un prince françois, le duc de Nevers, et que les Espagnols, secondés des Savoyards, ne vouloient pas céder.

Note 421: (retour) chelle, un grand nombre de seigneurs avoient tenu à honneur d'accompagner le roi dans cette nouvelle expédition: les maréchaux de Bassompierre, de Schomberg, de Créqui; le chevalier de Valançay; les ducs de Longueville et de La Trémouille; les comtes d'Harcourt, de Soissons, de Moret; les marquis de La Meilleraye, de Brézé, de La Valette, etc.

Le procès de la mère et du fils termina par un accord, et nous nous en retournâmes. Ce fut alors que je commençai à penser à une retraite. La maison où j'etois etoit assez puissante pour me faire trouver de bons partis, et l'on m'en proposa plusieurs; mais je ne pus jamais me resoudre au mariage.

Je repris le premier dessein que j'avois eu autrefois, de me rendre capucin, et j'en demandai l'habit; mais il y survint tant d'obstacles, dont la deduction ne vous seroit qu'ennuyeuse, que je cessai cette poursuite.

En ce temps-là, le roi commanda l'arrière-ban de la noblesse du Dauphiné pour aller à Casal [422](retour). M. de Saint-Patrice me pria de faire encore ce voyage-là avec lui, ce que je ne pus honorablement refuser. Nous partîmes, et nous y arrivâmes.

Note 422: (retour) Casal, ville du Montferrat, étoit occupée par les troupes du marquis de Spinola, et la citadelle par les François, sous les ordres du comte de Toiras. L'armée françoise marcha sur cette place, guidée par les maréchaux de La Force, de Schomberg et de Marillac (1630). V. Bazin, *Hist. de Louis XIII*, t. 3, p. 87 et suiv.

Vous sçavez ce qu'il en réussit. Le siége fut levé, la ville rendue et la paix faite par l'entremise de Mazarin [423]. Ce fut le premier degré par où il monta au cardinalat, et à cette prodigieuse fortune qu'il a eue ensuite du gouvernement de la France. Nous nous en retournâmes à Saint-Patrice, où je persistai toujours à me rendre religieux. Mais la divine Providence en disposoit autrement. Un jour M. de Saint-Patrice me dit, voyant ma resolution, qu'il me conseilloit de me faire prêtre seculier; mais j'apprehendai de n'avoir pas assez de capacité, et il me repartit qu'il y en avoit de moindres. Je m'y resolus, et je pris les ordres sur un patrimoine, que madame sa mère me donna, de cent livres de rente, qu'elle m'assigna sur le plus liquide de son revenu. Je dis ma première messe dans l'eglise de la paroisse, et ladite dame en usa comme si j'eusse été son propre enfant; car elle traita splendidement une trentaine de prêtres qui s'y trouvèrent et plusieurs gentilshommes du voisinage. J'etois dans une maison trop puissante pour manquer de benefices; aussi six mois après j'eus un prieuré assez considerable, avec deux autres petits benefices. Quelques années après j'eus un gros prieuré et une fort bonne cure: car j'avois pris grande peine à etudier, et je m'etois rendu jusqu'au point de monter en chaire avec succès, devant les beaux auditoires et en presence même de prelats. Je menageai mes revenus et amassai une notable somme d'argent, avec laquelle je me retirai dans cette ville, où vous me voyez maintenant ravi du bonheur de la connoissance d'une si charmante compagnie et d'avoir eté assez heureux de lui rendre quelque petit service.»

Note 423: (retour) Mazarin étoit alors «un officier de guerre au service du pape, que le nonce de Sa Sainteté avoit employé d'abord pour porter ses paroles de médiation, et qui, un an durant, n'avoit cessé de courir d'un camp à l'autre, accrédité partout comme courtier de propositions et messager de réponses.» (Bazin, *Hist. de France sous Louis XIII*.) Au moment où les deux armées alloient se heurter, on le vit sortir des retranchements, agitant un mouchoir blanc au bout d'un bâton; il venoit apporter au maréchal de

Schomberg les conditions auxquelles les Espagnols consentoient à quitter la ville.

L'Etoile prit la parole, disant: «Mais le plus grand que vous sçauriez nous avoir jamais rendu...» Elle vouloit continuer, quand Ragotin se leva pour dire qu'il vouloit faire une comedie de cette histoire, et qu'il n'y auroit rien de plus beau que la decoration du theâtre: un beau parc avec son grand bois et une rivière; pour le sujet, des amans, des combats, et une première messe. Tout le monde se mit à rire, et Roquebrune, qui le contrarioit toujours, lui dit: «Vous n'y entendez rien; vous ne sçauriez mettre cette pièce dans les règles, d'autant qu'il faudroit changer la scène et demeurer trois ou quatre ans dessus.» Alors le prieur leur dit: «Messieurs, ne disputez point pour ce sujet, j'y ai donné ordre il y a longtemps. Vous savez que M. du Hardi n'a jamais observé cette rigide règle des vingt-quatre heures, non plus que quelques-uns de nos poètes modernes, comme l'auteur de *Saint-Eustache* [424]], etc.; et M. Corneille ne s'y seroit pas attaché, sans la censure que M. Scudery voulut faire du *Cid* [425]: aussi tous les honnêtes gens appellent ces manquements de belles fautes. J'en ai donc composé une comedie que j'ai intitulée: *La Fidélité conservée après l'esperance perdue*; et depuis j'ai pris pour devise un arbre depouillé de sa parure verte [426], et où il ne reste que quelques feuilles mortes (qui est la raison pourquoi j'ai ajouté cette couleur à la bleue), avec un petit chien barbet au pied et ces paroles pour âme de la devise: «Privé d'espoir, je suis fidèle.» Cette pièce roule les theâtres il y a fort longtemps.--Le titre en est aussi à propos que vos couleurs et votre devise, dit l'Etoile, car votre maîtresse vous à trompé, et vous lui avez toujours gardé la fidelité, n'en ayant point voulu epouser d'autre.»

Note 424: (retour) Probablement Baro, qui fit, vers 1639, une tragédie de *Saint Eustache*, imprimée seulement en 1659. Il dit lui-même, dans son avertissement: «Cher lecteur, je ne te donne pas ce poème comme une pièce de théâtre où toutes les règles soient observées, le sujet ne s'y pouvant accommoder.» Desfontaines fit aussi un *Martyre de saint Eustache* (1642), qui n'est pas plus régulier que la pièce de Baro. V. la note 1 de la page 211, 1er vol.

Note 425: (retour) Les premières pièces de Corneille, sauf quelques-unes, telles que *Clitandre* et *La Suivante*, sont fort peu dans les règles, comme il l'avoue lui-même dans ses examens, et violent surtout celle des vingt-quatre heures. Pour *Mélite*, il doit s'être passé, dit-il, huit ou quinze jours entre le 1er et le second acte, et autant entre le 2e et le 3e. *La Veuve* se prolonge pendant cinq jours consécutifs. *L'Illusion comique* a l'unité de lieu, mais non celle de temps, etc. Quant au *Cid*, Scudéry ne lui reprocha pas précisément, dans ses *Observations*, d'avoir enfreint cette règle, comme on pourroit le comprendre d'après la phrase de notre auteur, mais d'avoir enfermé «plusieurs années dans ses vingt-quatre heures», en accumulant, contre toute vraisemblance et tout naturel, les accidents de l'action, pour les faire tenir dans les bornes légales.

Note 426: (retour) Personne n'ignore que la couleur verte est le symbole de l'espérance. C'etoit la nuance préférée des amants. «Il n'y a aucune couleur qui leur (aux galants) soit si propre que le vert, témoin la façon de parler proverbiale, qui dit: Un vert galant.» (*Le jeu du gal.*)

La conversation finit par l'arrivée de M. de Verville et de M. de la Garouffière. Et je finis aussi ce chapitre, qui, sans doute, a eté bien ennuyeux, tant pour sa longueur que pour son sujet.

CHAPITRE XIV.

Retour de Verville, accompagné de M. de la Garouffière;
mariage des comediens et comediennes,
et autres aventures de Ragotin.

Tous ceux de la troupe furent etonnés de voir M. de la Garouffière; pour Verville, il etoit attendu avec impatience, principalement de ceux et celles qui se devoient marier. Ils lui demandèrent quels bons affaires [427] il avoit en cette ville, et il leur repondit qu'il n'en avoit aucuns, mais que, M. de Verville lui ayant communiqué quelque chose d'importance, il avoit eté ravi de trouver une occasion si favorable pour les revoir encore une fois, et leur offrit la continuation de ses services. Verville lui fit signe qu'il n'en falloit parler qu'en secret, et, pour lui en rompre les discours, il lui presenta le prieur de Saint-Louis, avec lequel il avoit fait grande amitié, lui disant que c'etoit un fort galant homme. Alors l'Etoile leur dit qu'il venoit d'achever une histoire aussi agreable que l'on en pût ouïr. Ces deux messieurs témoignèrent avoir du regret de n'être venus plus tôt pour avoir eu la satisfaction de l'entendre. Alors Verville passa dans une autre chambre, où le Destin le suivit, et, après y avoir demeuré quelques momens, ils appelèrent l'Etoile et Angelique, et ensuite Leandre et la Caverne, que M. de la Garouffière suivit. Quand ils furent assemblés, Verville leur dit qu'etant à Rennes il avoit communiqué au sieur de la Garouffière le dessein qu'ils avoient fait de se marier, et qu'il devoit repasser par Alençon pour être de la noce, et qu'il avoit temoigné vouloir être de la partie. Il en fût très humblement remercié, et on lui temoigna de même l'obligation qu'on lui avoit d'avoir voulu prendre cette peine. «Mais à propos, dit M. de Verville, il faudroit faire monter cet honnête homme qui est en bas»; ce que l'on fit. Quand il fut entré, la Caverne le regarda fixement, et la force du sang fit un si merveilleux effet en elle qu'elle s'attendrit et pleura sans en sçavoir la cause. On lui demanda si elle connoissoit cet homme-là, et elle repondit qu'elle ne croyoit pas de l'avoir jamais vu. On lui dit de le regarder avec attention, ce qu'elle fit, et pour lors elle trouva sur son visage tant de traits du sien qu'elle s'ecria: «Seroit-ce point mon frère?» Alors il s'approcha d'elle et l'embrassa, l'assurant que c'etoit lui-même, que le malheur avoit eloigné si longtemps de sa presence. Il salua sa nièce et tous ceux de la compagnie, et assista à la conference secrète, où il fut conclu que l'on celebreroit les deux mariages, sçavoir: du Destin avec l'Etoile et de Leandre avec Angelique. Toute la difficulté consistoit à sçavoir quel prêtre les epouseroit; alors le prieur de Saint-Louis (que l'on avoit aussi appelé à la conference) leur dit qu'il se chargeoit de cela et qu'il en parleroit aux curés des deux paroisses de la ville et à celui du faubourg de Montfort; que, s'ils en faisoient quelque difficulté, il retourneroit à Sées et qu'il en obtiendroit la permission du seigneur evêque; que, s'il ne vouloit pas la lui accorder, il iroit trouver monseigneur l'evêque du Mans, de qui il avoit l'honneur d'être connu, d'autant que sa petite eglise etoit de sa juridiction, et qu'il ne croyoit pas d'en être refusé. Il fut donc prié de prendre ce soin-là. Cependant l'on fit secretement venir un notaire et l'on passa les contrats de mariage. Je ne vous en dis point les clauses (car cette particularité n'est pas venue à ma connoissance), oui bien qu'ils se marièrent. MM. de Verville, de la Garouffière et de Saint-Louis furent les temoins. Ce dernier alla parler aux curés, mais aucun d'eux ne voulut les epouser, alleguant beaucoup de raisons que le prieur ne put surmonter, parce qu'il n'en etoit peut-être pas capable, ce qui le fit resoudre d'aller à Sées. Il prit le cheval de Leandre et un de ses laquais, et alla trouver le seigneur evêque, lequel repugna un peu lui accorder sa requête; mais le prieur lui remontra que ces gens-là n'etoient veritablement de nulle paroisse, car ils etoient aujourd'hui dans un lieu et demain dans un autre; que pourtant l'on ne pouvoit pas les mettre au rang des vagabonds et gens sans aveu (qui etoit la plus forte raison sur laquelle les curés avoient fondé leur refus), car ils avoient bonne permission du roi et avoient leur menage, et par consequent etoient censés sujets des evêques dans le diocèse desquels ils se trouvoient lors de leur residence en quelque ville; que ceux pour qui il demandoit la dispense etoient dans celle d'Alençon, où il avoit juridiction, tant sur eux que sur les autres habitans, et que partant il les pouvoit dispenser, comme il l'en supplioit très humblement, parce que d'ailleurs ils etoient fort honnêtes gens. L'evêque donna les mains et pouvoir au prieur de les epouser en quelle eglise qu'il voudroit; il vouloit appeler son secretaire pour faire la dispense en forme, mais le prieur lui dit qu'un mot de sa main suffisoit, ce que le bon seigneur fit aussi agreablement qu'il lui donna à souper.

Note 427: (retour) *Affaire* étoit quelquefois du masculin alors. Dans le *Rôle des présentations faites aux grands jours de l'éloquence françoise*, de Sorel, nous lisons: «S'est présenté un novice en poésie, requérant... qu'il plaise à la compagnie déclarer quel genre sont les mots *navire* et *affaire*.»

Le lendemain il s'en retourna à Alençon, où il trouva les fiancés qui preparoient tout ce qui etoit necessaire pour les noces. Les autres comediens (qui n'avoient point eté du secret) ne sçavoient que penser de tant d'appareil, et Ragotin en etoit le plus en peine. Ce qui les obligeoit à tenir la chose ainsi secrète n'etoit que ce que vous avez appris du Destin: car, pour Leandre et Angelique, cela etoit connu de tous, et aussi la crainte de ne réussir pas à la dispense. Mais, quand ils en furent assurés, l'on rendit la chose publique, et l'on recita les contrats de mariage devant tous, et l'on prit jour pour epouser. Ce fut un furieux coup de foudre pour le pauvre Ragotin, auquel la Rancune dit tout bas: «Ne vous l'avois-je pas bien dit? Je m'en etois toujours defié.» Le pauvre petit homme entra en la plus profonde melancolie que l'on puisse imaginer, laquelle le precipita dans un furieux desespoir, comme vous apprendrez au dernier chapitre de ce roman. Il devint si troublé que, passant devant la grande eglise de Notre-Dame un jour de fête que l'on carillonnoit, il tomba dans l'erreur de la plupart des gens du vulgaire, qui croient que les cloches disent tout ce qu'ils s'imaginent. Il s'arrêta pour les ecouter, et il se persuada facilement qu'elles disoient:

> Ragotin, ce matin,
>
> A bu tant de pots de vin,
>
> Qu'il branle, qu'il branle.

Il entra en une si furieuse colère contre le campanier qu'il cria tout haut: «Tu as menti! je n'ai pas bu aujourd'hui extraordinairement! Je ne me serois pas fâché si tu leur faisois dire:

> Le mutin de Destin
>
> A ravi à Ragotin
>
> L'Etoile, l'Etoile [428],

car j'aurois eu la consolation de voir les choses inanimées temoigner avoir du ressentiment de ma douleur; mais de m'appeler ivrogne! ha! tu la payeras!» Et aussitôt il enfonça son chapeau, et entra dans l'eglise par une des portes où il y a un degré en vis par lequel il monta à l'orgue. Quand il vit que cette montée n'alloit pas au clocher, il la suivit jusqu'au plus haut, où il trouva une porte fort basse, par laquelle il entra, et suivit sous le toit des chapelles, sous lequel il faut que ceux qui y passent se baissent; mais lui y trouva un plancher fort elevé. Il chemina jusqu'au bout, où il trouva une porte qui va au clocher, où il monta. Quand il fut au lieu où les cloches sont pendues, il trouva le campanier qui carillonnoit toujours, et qui ne regardoit point derrière lui. Alors il se mit à lui crier des injures, l'appelant insolent, impertinent, sot, brutal, maroufle, etc.; mais le bruit des cloches l'empêchoit de l'entendre. Ragotin s'imagina qu'il le meprisoit, ce qui le fit impatienter et s'approcher de lui, et à même temps lui baillier un grand coup de poing sur le dos. Le campanier, se sentant frappé, se tourna, et, voyant Ragotin, lui dit: «Hé! petit escargot! qui diable t'a mené ici pour me frapper?» Ragotin se mit en devoir de lui en dire le sujet et de lui faire ses plaintes; mais le campanier, qui n'entendoit point de raillerie, sans le vouloir ecouter, le prit par un bras, et à même temps lui bailla un coup de pied au cul, qui le fit culbuter le long d'un petit degré de bois jusques sur le plancher d'où l'on sonne les cloches à branle. Il tomba si rudement, la tête la première, qu'il donna du visage contre une des boîtes par où l'on passe les cordes, et se mit tout en sang. Il pesta comme un petit demon, et descendit promptement; il passa au travers de l'eglise, d'où il alla trouver le lieutenant criminel pour se plaindre à lui de l'excès que le campanier avoit commis en sa personne. Ce magistrat, le voyant ainsi sanglant, crut facilement ce qu'il disoit; mais après en avoir appris le sujet, il ne put s'empêcher de rire, et connut bien que le petit homme avoit le cerveau mal timbré. Pourtant, pour le contenter, il lui dit qu'il feroit justice et envoya un laquais dire au campanier qu'il le vînt trouver. Quand il fut venu, il lui demanda pourquoi il faisoit injurier cet honnête homme par ses cloches? A quoi il lui repondit qu'il ne le connoissoit point et qu'il carillonoit à son ordinaire:

>Orléans, Beaugenci,
>
>Notre-Dame de Cleri,
>
>Vendôme, Vendôme;

mais qu'ayant eté frappé de lui et injurié, il l'avoit poussé, et qu'ayant rencontré le haut de l'escalier, il en etoit tombé. Le lieutenant criminel lui dit: «Une autre fois soyez plus avisé», et à Ragotin: «Soyez plus sage et ne croyez pas votre imagination touchant le son des cloches.» Ragotin s'en retourna à la maison, où il ne se vanta pas de son accident. Mais les comediens, voyant son visage ecorché en trois ou quatre endroits, lui en demandèrent la raison, ce qu'il ne voulut pas dire; mais ils l'apprirent par la voix commune, car cette disgrâce avoit eclaté, et dont ils rirent bien fort, aussi bien que MM. de Verville et de La Garouffière.

Note 428: (retour) Ce passage semble un ressouvenir de Rabelais et des paroles que les cloches de Varennes prononcent aux oreilles de Panurge: «Marie-toy, marie-toy; marie, marie; si tu te maries, maries, maries, très bien t'en trouveras, veras, veras.» (*Pantag.*, III, 26.) On raconte semblable chose de Withington, qui entendit les cloches lui prédire qu'il seroit maire de Londres.

A propos de la chanson des cloches, M. Ed. Fournier veut bien nous communiquer la note suivante, extraite d'un grand travail qu'il prépare sur nos airs et chansons populaires:

«Cette chanson, que les cloches chantent seules aujourd'hui, est une chanson historique. Elle date du temps où Charles VII n'avoit pour tout royaume qu'un petit coin de la France. On n'en connoît qu'un seul couplet, encore fut-on longtemps à n'en savoir que les derniers mots. C'est Brazier qui le retrouva. Le voici, tel qu'il le donne dans sa notice sur les *sociétés chantantes*, qui se trouve à la fin de son *Histoire des petits théâtres de Paris*, 1838, in-12, t. 2, p. 192:

>Mes amis, que reste-t-il

A ce dauphin si gentil?
Orléans, Beaugency,
Notre-Dame de Cléry,
Vendôme, Vendôme.

«Mon ami Adolphe Duchalais, qui s'occupoit d'une histoire de Beaugency, sa ville natale, ayant eu connoissance de ce couplet, alla voir Brazier pour savoir où il l'avoit trouvé. «Je le tiens de ma nourrice, qui étoit de votre pays, lui répondit le chansonnier; elle me l'a tant chanté, en me berçant, que je ne l'ai jamais oublié.» Duchalais n'eut plus de cesse qu'il n'eût consulté toutes les paysannes des environs de Beaugency, et il en découvrit enfin qui savoient le fameux couplet. M. Philipon de la Madeleine avoit fait la même trouvaille; aussi, parlant de la détresse de Charles VII dans son livre de *l'Orléanois*, p. 213, il cite la chanson en note, en l'accompagnant de ces lignes: «Le souvenir de ses malheurs et de l'affection du peuple se retrouve dans ce couplet, avec lequel nos paysannes des hameaux de Villemarceaux et de Cravant bercent et endorment leurs enfants.» L'air est resté; c'est, comme vous savez, celui du *Carillon de Vendôme*.»

Le jour des epousailles des comediennes etant venu, le prieur de Saint-Louis leur dit qu'il avoit fait choix de son eglise pour les epouser. Ils y allèrent à petit bruit, et il benit les mariages après avoir fait une très belle exhortation aux mariés, lesquels se retirèrent à leur logis, où ils dînèrent. Après quoi l'on demanda à quoi l'on passeroit le temps jusqu'au souper. La comedie, les ballets et les bals leur etoient si ordinaires, que l'on trouva bon de faire le recit de quelque histoire. Verville dit qu'il n'en sçavoit point. Si Ragotin n'eût pas eté dans sa noire melancolie, il se fût sans doute offert à en debiter quelqu'une; mais il etoit muet. L'on dit à la Rancune de raconter celle du poète Roquebrune, puisqu'il l'avoit promis quand l'occasion s'en presenteroit, et qu'il n'en pourroit jamais trouver de plus belle, la compagnie etant beaucoup plus illustre que quand il la vouloit commencer. Mais il repondit qu'il avoit quelque chose dans l'esprit qui le troubloit, et que, quand il l'auroit assez libre, qu'il ne vouloit pas rendre ce mauvais office au poète de faire son eloge, dans lequel il faudroit comprendre sa maison, et qu'il etoit trop de ses amis pour debiter une juste satire. Roquebrune pensa troubler la fête, mais le respect qu'il eut pour les etrangers qui etoient dans la compagnie calma tout cet orage. En suite de quoi M. de la Garouffière dit qu'il sçavoit beaucoup d'aventures dont il avoit eté temoin oculaire. On le pria d'en faire le recit; ce qu'il fit, comme vous verrez au chapitre suivant.

CHAPITRE XV.

Histoire des deux jalouses.

Les divisions qui mirent la maîtresse ville du monde au rang des plus malheureuses furent une semence qui s'epandit partout l'univers, et en un temps où les hommes ne doivent avoir qu'une âme, comme au berceau de l'eglise, puisqu'ils avoient l'honneur d'être les membres de ce sacré corps. Mais elles ne laissèrent pas d'eclore celles des Guelfes et des Gibelins, et, quelques années après, celles des Capelets et des Montesches. Ces divisions, qui ne devoient point sortir de l'Italie, où elles avoient eu leur origine, ne laissèrent pas de se dilater par tout le monde, et notre France n'en a pas eté exempte; et il semble même que c'est dans son sein où la pomme de discorde a plus fait eclater ses funestes effets; ce qu'elle fait encore à present, car il n'y a ville, bourg ni village où il n'y ait divers partis, d'où il arrive tous les jours de sinistres accidens. Mon père, qui etoit conseiller au Parlement de Rennes, et qui m'avoit destiné pour être, comme je suis, son successeur, me mit au collége pour m'en rendre capable; mais, comme j'etois dans ma patrie, il s'aperçut que je ne profitois pas, ce qui le fit resoudre à m'envoyer à La Flèche (où est, comme vous sçavez, le plus fameux college que les Jesuites aient dans ce royaume de France). Ce fut dans cette petite ville-là où arriva ce que je vous vais apprendre, et au même temps que j'y faisois mes etudes.

Il y avoit deux gentilshommes, qui etoient les plus qualifiés de la ville, dejà avancés en âge, sans être pourtant mariés, comme il arrive souvent aux personnes de condition, ce que l'on dit en proverbe: «Entre qui nous veut et que nous ne voulons pas, nous demeurons sans nous marier.» A la fin tous deux se marièrent. L'un, qu'on appeloit M. de Fons-Blanche, prit une fille de Châteaudun, laquelle etoit de fort petite noblesse, mais fort riche. L'autre, qu'on appeloit M. du Lac, epousa une demoiselle de la ville de Chartres, qui n'etoit pas riche, mais qui etoit très belle, et d'une si illustre maison qu'elle appartenoit à des ducs et pairs et à des marechaux de France. Ces deux gentilshommes, qui pouvoient partager la ville, furent toujours de fort bonne intelligence; mais elle ne dura guère après leurs mariages: car leurs deux femmes commencèrent à se regarder d'un oeil jaloux, l'une se tenant fière de son extraction et l'autre de ses grands biens. Madame de Fons-Blanche n'etoit pas belle de visage; mais elle avoit grand'mine, bonne grâce et etoit fort propre; elle avoit beaucoup d'esprit et etoit fort obligeante. Madame du Lac etoit très belle, comme j'ai dit, mais sans grâce; elle avoit de l'esprit infiniment, mais si mal tourné que c'etoit une artificieuse et dangereuse personne. Ces deux dames etoient de l'humeur de la plupart des femmes de ce temps, qui ne croiroient pas être du grand monde si elles n'avoient chacune une douzaine de galans [429]; aussi elles faisoient tous leurs efforts et employoient tous leurs soins pour faire des conquêtes, à quoi la du Lac reussissoit beaucoup mieux que la Fons-Blanche: car elle tenoit sous son empire toute la jeunesse de la ville et du voisinage; s'entend des personnes très qualifiées, car elle n'en souffroit point d'autres. Mais cette affectation causa des murmures sourds, qui eclatèrent enfin ouvertement en medisance, sans que pour cela elle discontinuât de sa manière d'agir; au contraire, il semble que ce lui fût un sujet pour prendre plus de soin à faire des nouveaux galans. La Fons-Blanche n'etoit pas du tout si soigneuse d'en avertir, et elle en avoit pourtant quelques-uns qu'elle retenoit avec adresse, entre lesquels etoit un jeune gentilhomme très bien fait, dont l'esprit correspondoit au sien, et qui etoit un des braves du temps. Celui-là en etoit le plus favori: aussi son assiduité causa des soupçons, et la medisance eclata hautement.

Note 429: (retour) Ce n'est pas là une exagération aussi grande qu'on pourroit croire. Pour s'en convaincre, il suffit d'ouvrir Tallemant des Réaux, les *Mémoires* du chevalier de Grammont, et surtout l'*Histoire amoureuse des Gaules*, de Bussy-Rabutin.

Ce fut là la source de la rupture entre ces deux dames: car auparavant elles se visitoient civilement, mais, comme j'ai dit, toujours avec une jalouse envie. La du Lac commença à medire de la Fons-Blanche, fit epier ses actions et fit mille pieces artificieuses pour la perdre de reputation, notamment sur le sujet de ce gentilhomme, que l'on appeloit M. du Val-Rocher; ce qui vint aux oreilles de la Fons-Blanche, qui ne demeura pas muette: car elle disoit par raillerie que, si elle avoit des galans, ce n'etoit pas par douzaines comme la du Lac, qui faisoit toujours de nouvelles impostures. L'autre, en se defendant, lui bailloit le change, si bien qu'elles vivoient comme deux demons. Quelques personnes charitables essayèrent à les mettre d'accord; mais ce fut inutilement, car elles ne les purent jamais obliger à se voir. La du Lac, qui ne pensoit à autre chose qu'à causer du deplaisir à la Fons-Blanche, crut que le plus sensible qu'elle pourroit lui faire ressentir, ce seroit de lui ôter le plus favori de ses galans, ce du Val-Rocher. Elle fit dire à M. de Fons-Blanche, par des gens qui lui etoient affidés, que quand il etoit hors de sa maison (ce qui arrivoit souvent, car il etoit continuellement à la chasse ou en visite chez des gentilshommes voisins de la ville), que le du Val-Rocher couchoit avec sa femme, et que des gens dignes de foi l'avoient vu sortir de son lit, où elle etoit. M. de Fons-Blanche, qui n'en avoit jamais eu aucun soupçon, fit quelque réflexion à ce discours, et ensuite fit connoître à sa femme qu'elle l'obligeroit si elle faisoit cesser les visites du Val-Rocher. Elle repliqua tant de choses et le paya de si fortes raisons qu'il ne s'y opiniâtra pas, la laissant dans la liberté d'agir comme auparavant. La du Lac, voyant que cette invention n'avoit pas eu l'effet qu'elle desiroit, trouva moyen de parler à du Val-Rocher. Elle etoit belle et accorte, qui sont deux fortes machines pour gagner la forteresse d'un coeur le mieux muni; aussi, encore qu'il eût de grands attachemens à la Fons-Blanche, la du Lac rompit tous ces liens et lui donna des chaînes bien plus fortes; ce qui causa une sensible douleur à la Fons-Blanche (surtout quand elle apprit que du Val-Rocher parloit d'elle en des termes fort insolens), laquelle augmenta par la mort de son mari, qui arriva quelques mois après. Elle en porta le deuil fort austerement; mais la jalousie la surmonta et fut la plus forte. Il n'y avoit que quinze jours que l'on avoit enterré son mari qu'elle pratiqua une entrevue secrète avec du Val-Rocher. Je n'ai pas sçu quel fut leur entretien, mais l'evenement le fit assez connoître, car une douzaine de jours après leur mariage fut publié, quoi qu'ils l'eussent contracté fort secretement, et ainsi dans moins d'un mois elle eut deux maris, l'un qui mourut en l'espace de ce temps-là, et l'autre vivant. Voilà, ce me semble, le plus violent effet de jalousie qu'on puisse imaginer, car elle oublia la bienséance du veuvage et ne se soucia pas de tous les insolens discours que du Val-Rocher avoit faits d'elle à la persuasion de la du Lac; ce qui justifie assez ce que l'on dit, qu'une femme hasarde tout quand il s'agit de se venger, mais vous le verrez encore mieux par ce que je vous vais dire. La du Lac pensa enrager quand elle apprit cette nouvelle, mais elle dissimula son ressentiment tant qu'elle put, et qu'elle fut pourtant sur le point de faire eclater, ayant fait dessein de le faire assassiner en un voyage qu'il devoit faire en Bretagne; dont il fut averti par des personnes à qui elle s'en etoit decouverte, ce qui l'obligea à se bien precautionner. D'ailleurs elle considera que ce seroit mettre ses plus chers amis en grand hasard, ce qui la fit penser à un moyen le plus etrange que la jalousie puisse susciter, qui fut de brouiller son mari avec du Val-Rocher par ses pernicieux artifices. Aussi ils se querellèrent furieusement plusieurs fois, et en furent jusqu'au point de se battre en duel, à quoi la du Lac poussa son mari (qui n'etoit pas des plus adroits du monde), jugeant bien qu'il ne dureroit guère à du Val-Rocher, lequel, comme j'ai dit, etoit un des braves du temps, se figurant qu'après la mort de son mari elle le pourroit encore ôter à la Fons-Blanche, de laquelle elle se pourroit facilement defaire ou par poison ou par le mauvais traitement qu'elle lui feroit donner. Mais il en arriva tout autrement qu'elle n'avoit projeté: car du Val-Rocher, se fiant en son adresse, meprisa du Lac (qui au commencement se tenoit sur la defensive), ne croyant pas qu'il osât lui porter; et ainsi il se negligeoit, en sorte que du Lac, le voyant un peu hors de garde, lui porta si justement qu'il lui mit son epée au travers du corps et le laissa sans vie, et s'en alla à sa maison, où il trouva sa femme, à laquelle il raconta l'action, dont elle fut bien etonnée et marrie tout ensemble de cet evenement si inopiné. Il s'enfuit secretement et s'en alla dans la maison d'un des parens de sa femme, lesquels, comme j'ai dit, etoient des grands et puissants seigneurs, qui travaillèrent à obtenir sa grâce du roi. La Fons-Blanche fut fort etonnée quand on lui annonça la mort de son mari, et qu'on lui dit qu'il ne falloit pas s'amuser à verser d'inutiles larmes, mais qu'il falloit le faire enterrer secretement, pour eviter que la justice n'y mît pas la main, ce qui fut fait; et ainsi elle fut veuve en moins de six semaines.

Cependant du Lac eut sa grâce, qui fut enterinée au Parlement de Paris, nonobstant toutes les oppositions de la veuve du mort, qui vouloit faire passer l'action pour un assassinat; ce qui la fit resoudre à la plus étrange resolution qui puisse jamais entrer dans l'esprit d'une femme irritée. Elle s'arma d'un poignard, et, passant une fois par devant du Lac, qui se promenoit à la place avec quelques-uns de ses amis, elle l'attaqua si furieusement et si inopinement qu'elle lui ôta le moyen de se mettre en defense, et lui donna à même temps deux coups de poignard dans le corps, dont il mourut trois jours après. Sa femme la fit poursuivre et mettre en prison. On lui fit son procès, et la plupart des juges opinèrent à la mort, à quoi elle fut condamnée. Mais l'execution en fut retardée, car elle declara qu'elle étoit grosse, et, ce qui est à remarquer, c'est qu'elle ne sçavoit duquel de ses deux maris. Elle demeura donc prisonnière. Mais, comme c'etoit une personne fort delicate, l'air renfermé et puant de la Conciergerie, avec les autres incommodités que l'on y souffre, lui causèrent une maladie et sa delivrance avant le terme, et ensuite sa mort; neanmoins le fruit eut baptême, et après avoir vecu quelques heures il mourut aussi. La du Lac fut touchée de Dieu; elle rentra en soi-même, fit reflexion sur tant de sinistres accidens dont elle etoit cause, mit ordre aux affaires de sa maison, et entra dans un monastère de religieuses reformées de l'ordre de Saint-Benoît, au lieu d'Almenesche [430], au diocèse de Sées. Elle voulut s'éloigner de sa patrie pour vivre avec plus de quietude et faire plus facilement penitence de tant de maux qu'elle avoit causés. Elle est encore dans ce monastère, où elle vit dans une grande austerité, si elle n'est morte depuis quelques mois.

Note 430: (retour) Bourg à 2 lieues S.-E. d'Argentan.

Les comediens et comediennes ecoutoient encore, quoique M. de la Garouffière ne dît plus mot, quand Roquebrune s'avança pour dire à son ordinaire que c'etoit là un beau sujet pour un poëme grave, et qu'il en vouloit composer une excellente tragedie, qu'il mettroit facilement dans les règles d'un poëme dramatique. L'on ne repondit pas à sa proposition; mais tous admirèrent le caprice des femmes quand elles sont frappées de jalousie, et comme elles se portent aux dernières extrémités. Ensuite de quoi l'on discuta si c'etoit une passion; mais les sçavans conclurent que c'etoit la destruction de la plus belle de toutes les passions, qui est l'amour. Il y avoit encore beaucoup de temps jusqu'au souper, et tous trouvèrent bon d'aller faire une promenade dans le parc, où etant ils s'assirent sur l'herbe. Lors le Destin dit qu'il n'y avoit rien de plus agreable que le recit des histoires. Leandre (qui n'avoit point entré dans la belle conversation [431] depuis qu'il etoit dans la troupe, y ayant toujours paru en qualité de valet) prit la parole, disant que, puisque l'on avoit fini par le caprice des femmes, si la compagnie agréoit, qu'il feroit le recit de ceux d'une fille qui ne demeuroit pas loin d'une de ses maisons. Il en fut prié de tous, et, après avoir toussé cinq ou six fois, il debuta comme vous allez voir.

Note 431: (retour) C'est-à-dire dans la conversation raffinée, subtile et galante. C'étoient là des façons de parler mises à la mode par l'hôtel Rambouillet, et dont nous avons déjà vu plusieurs traces dans cet ouvrage, par exemple l'*illustre* troupe, la *bonne cabale*, etc.

CHAPITRE XVI.

Histoire de la capricieuse amante.

Il y avoit dans une petite ville de Bretagne qu'on appelle Vitré un vieux gentilhomme, lequel avoit longtemps demeuré marié avec une très vertueuse demoiselle sans avoir des enfans. Entre plusieurs domestiques qui le servoient étoient un maître d'hôtel et une gouvernante, par les mains desquels passoit tout le revenu de la maison. Ces deux personnages, qui faisoient comme font la plupart des valets et servantes (c'est-à-dire l'amour), se promirent mariage et tirèrent si bien chacun de son côté que le bon vieux gentilhomme et sa femme moururent fort incommodés, et les deux domestiques vecurent fort riches et mariés. Quelques années après il arriva une si mauvaise affaire à ce maître d'hôtel qu'il fut obligé de s'enfuir, et, pour être en assurance, d'entrer dans une compagnie de cavalerie et de laisser sa femme seule et sans enfans, laquelle ayant attendu environ deux ans sans avoir aucune de ses nouvelles, elle fit courir le bruit de sa mort et en porta le deuil. Quand il fut un peu passé, elle fut recherchée en mariage de plusieurs personnes, entre lesquels se presenta un riche marchand, lequel l'epousa, et au bout de l'année elle accoucha d'une fille, laquelle pouvoit avoir quatre ans quand le premier mari de sa mère arriva à la maison. De vous dire quels furent les plus etonnés des deux maris ou de la femme, c'est ce que l'on ne peut sçavoir; mais, comme la mauvaise affaire du premier subsistoit toujours, ce qui l'obligeoit à se tenir caché, et d'ailleurs voyant une fille de l'autre mari, il se contenta de quelque somme d'argent qu'on lui donna, et ceda librement sa femme au second mari, sans lui donner aucun trouble. Il est vrai qu'il venoit de temps en temps et toujours fort secretement querir de quoi subsister, ce qu'on ne lui refusoit point.

Cependant la fille (que l'on appeloit Marguerite) se faisoit grande, et avoit plus de bonne grâce que de beauté, et de l'esprit assez pour une personne de sa condition. Mais, comme vous sçavez que le bien est depuis longtemps ce que l'on considere le plus en fait de mariage, elle ne manquoit pas de galans, entre lesquels etoit le fils d'un riche marchand, qui ne vivoit pas comme tel, mais en demi-gentilhomme, car il frequentoit les plus honorables compagnies, où il ne manquoit pas de trouver sa Marguerite, qui y etoit reçue à cause de sa richesse. Ce jeune homme (que l'on appeloit le sieur de Saint-Germain) avoit bonne mine, et tant de coeur qu'il etoit souvent employé en des duels, qui en ce temps-là etoient fort frequents [432]. Il dansoit de bonne grâce, et jouoit dans les grandes compagnies, et etoit toujours bien vêtu. Dans tant de rencontres qu'il eut avec cette fille, il ne manqua pas à lui offrir ses services et à lui temoigner sa passion et le desir qu'il avoit de la rechercher en mariage; à quoi elle ne repugna point, et même lui permit de la voir chez elle; ce qu'il fit avec l'agrement de son père et de sa mère, qui favorisoient sa recherche de tout leur pouvoir. Mais, au temps qu'il se disposoit pour la leur demander en mariage, il ne le voulut pas faire sans son consentement, croyant qu'elle n'y apporteroit aucun obstacle; mais il fut fort etonné quand elle le rebuta si furieusement de parole et d'action qu'il s'en alla le plus confus homme du monde.

Note 432: (retour) Cette histoire, comme on peut le voir à l'une des pages suivantes, se passe à l'époque du siége de La Rochelle, c'est-à-dire en 1627. A cette époque, les duels, en effet, étoient des plus fréquents, et souvent pour des motifs tout aussi futiles que celui qui est mentionné plus loin; on se battoit pour un oui, pour un non, pour rien du tout. Il y avoit encore de ces *raffinés d'honneur* qui avoient surtout fleuri sous le règne de Henri IV, «gens, dit d'Aubigné, qui se vattent pour un clin d'uil, si on ne les salue que par acquit, pour une fredur, si le manteau d'un autre touche le lur, si on crache à quatre pieds d'ux..., sur un rapport, vien qu'il se troube faux.» (*Le Bar. de Fœn.*, éd. Jannet, I, 9.) Cela étoit devenu une affaire de mode et de bon ton, tellement que les laquais même, dit Sauval, se portoient sur le pré. On sait avec quelle rigueur Richelieu fut obligé de sévir contre ce cruel et frénétique divertissement, et comment il punit Bouteville de lui avoir désobéi. La fureur des duels étoit telle, d'après Savaron, qu'en vingt ans huit mille lettres de grâce avoient été octroyées à des gens qui avoient tué leurs adversaires en champ-clos (*Traité contre les duels*, 1612). «Un gentilhomme, dit Sorel, n'estoit point prisé s'il ne s'estoit battu en duel.» (*Franc.*, VII.) Et quelques pages plus loin il revient encore sur cet engouement des combats singuliers. Louis XIV lui-même avoit eu velléité d'envoyer un cartel à l'empereur Léopold. (*Lettres de Pellisson.*) V. aussi ce que dit de la même manie le cavalier Marin dans sa Lettre sur les moeurs parisiennes. C'étoit un dernier reste des usages de la chevalerie, entretenu par l'habitude des guerres civiles.

Il laissa passer quelques jours sans la voir, croyant de pouvoir etouffer cette passion; mais elle avoit pris de trop profondes racines, ce qui l'obligea à retourner la voir. Il ne fut pas plutôt entré dans la maison qu'elle en sortit et alla se mettre en une compagnie de filles du voisinage, où il la suivit, après avoir fait des plaintes au père et à la mère du mauvais traitement que lui faisoit leur fille, sans lui en avoir donné aucun sujet; de quoi ils temoignèrent être marris, et lui promirent de la rendre plus sociable. Mais comme elle etoit fille unique, ils n'osèrent lui contredire, ni la presser sur cette matière-là, se contentant de lui remontrer doucement le tort qu'elle avoit de traiter ce jeune homme avec tant de rigueur, après avoir temoigné de l'aimer. A tout cela elle ne repondoit rien, et continuoit dans sa mauvaise humeur: car, quand il vouloit approcher d'elle, elle changeoit de place; et il la suivoit, mais elle le fuyoit toujours, en sorte qu'un jour il fut obligé, pour l'arrêter, de la prendre par la manche de son corps de jupe, dont elle cria, lui disant qu'il avoit froissé ses bouts de manche, et que s'il y retournoit, qu'elle lui donneroit un soufflet, et qu'il feroit beaucoup mieux de la laisser. Enfin, tant plus il s'empressoit pour l'accoster, plus elle faisoit de diligence pour le fuir; et quand on alloit à la promenade, elle aimoit mieux aller seule que de lui donner la main. Si elle etoit dans un bal et qu'il la voulût prendre pour la faire danser, elle lui faisoit affront, disant qu'elle se trouvoit mal, et à même temps elle dansoit avec un autre. Elle en vint jusqu'à lui susciter des querelles, et elle fut cause que par quatre fois il se porta sur le pré, d'où il sortit toujours glorieusement, ce qui la faisoit enrager, au moins en apparence. Tous ces mauvais traitemens n'etoient que jeter de l'huile sur la braise, car il en etoit toujours plus transporté et ne relâchoit point du tout de ses visites. Un jour il crut que sa perseverance l'avoit un peu adoucie, car elle se laissa approcher de lui et ecouta attentivement les plaintes qu'il lui fit de son injuste procedé, en telles ou semblables paroles: «Pourquoi fuyez-vous celui qui ne sçauroit vivre sans vous? Si je n'ai pas assez de merite pour être souffert de vous, au moins considerez l'excès de mon amour et la patience que j'ai à endurer toutes les indignités dont vous usez envers moi, qui ne respire qu'à vous faire paroître à quel point je suis à vous.--Eh bien! lui repondit-elle, vous ne me le sçauriez mieux persuader qu'en vous eloignant de moi; et, parceque vous ne le pourriez pas faire si vous demeuriez en cette ville, s'il est vrai, comme vous dites, que j'aie quelque pouvoir sur vous, je vous ordonne de prendre parti dans les troupes qu'on lève; quand vous aurez fait quelques campagnes, peut-être me trouverez-vous plus flexible à vos desirs. Ce peu d'esperance que je vous donne vous y doit obliger; sinon, perdez-la tout à fait.» Alors elle tira une bague de son doigt, la lui presenta en lui disant: «Gardez cette bague, qui vous fera souvenir de moi, et je vous defends de me venir dire adieu; en un mot ne me voyez plus.» Elle souffrit qu'il la saluât d'un baiser, et le laissa, passant dans une autre chambre, dont elle ferma la porte.

Ce miserable amant prit congé du père et de la mère, qui ne purent contenir leurs larmes et qui l'assurèrent de lui être toujours favorables pour ce qu'il souhaitoit. Le lendemain il se mit dans une compagnie de cavalerie qu'on levoit pour le siége de La Rochelle. Comme elle lui avoit defendu de la plus voir, il n'osa pas l'entreprendre; mais, la nuit devant le jour de son depart, il lui donna des serenades, à la fin desquelles il chanta cette complainte, qu'il accorda aux tristes et doux accens de son luth, en cette sorte:

> Iris, maîtresse inexorable,
>
> Sans amour et sans amitié,
>
> Helas! n'auras-tu point pitié
>
> D'un si fidèle amant que tu rends miserable?

>Seras-tu toujours inflexible?
>
>Ton coeur sera-t-il de rocher?
>
>Ne le pourrai-je point toucher?
>
>Ne sera-t-il jamais à mon amour sensible?

>Je t'obéis, fille cruelle;
>
>Je te dis le dernier adieu;
>
>Jamais, dedans ce triste lieu,
>
>Tu ne verras de moi que mon coeur trop fidèle.

>Lorsque mon corps sera sans ame,
>
>Quelque mien ami l'ouvrira,
>
>Et mon coeur il en sortira
>
>Pour t'en faire un present où tu verras ma flamme.

Cette capricieuse fille s'etoit levée et avoit ouvert le volet d'une fenêtre, n'ayant laissé que la vitre, au travers de laquelle elle se fit ouïr, faisant un si grand eclat de rire que cela acheva de desesperer le pauvre Saint-Germain, lequel voulut dire quelque chose; mais elle referma le volet en disant tout haut: «Tenez votre promesse pour votre profit»; ce qui l'obligea à se retirer. Il partit quelques jours après avec la compagnie, qui se rendit au camp de La Rochelle, là où, comme vous avez pu sçavoir, le siége fut fort opiniâtre, le roi à l'attaquer et les assiegés à se defendre. Mais enfin il fallut se rendre à la discretion d'un monarque auquel les vents et les elemens rendoient obeissance.

Après que la ville fut rendue, on licencia plusieurs troupes, du nombre desquelles fut la compagnie où etoit Saint-Germain, lequel s'en retourna à Vitré, où il ne fut pas plutôt qu'il alla voir sa rigoureuse Marguerite, laquelle souffrit d'en être saluée; mais ce ne fut que pour lui dire que son retour etoit bien prompt, et qu'elle n'etoit pas encore disposée à le souffrir, et qu'elle le prioit de ne la point voir. Il lui repondit ces tristes paroles: «Il faut avouer que vous êtes une dangereuse personne, et que vous ne desirez que la mort du plus fidèle amant qui soit au monde: car vous m'avez par quatre fois procuré des moyens d'eprouver sa rigueur, quoique glorieusement, mais qui eût pourtant eté pour moi très funeste. Je la suis allé chercher là où des plus malheureux que moi l'ont fatalement trouvée, sans que je l'aie jamais pu rencontrer; mais, puisque vous la desirez avec tant d'ardeur, je la chercherai en tant de lieux qu'à la fin elle sera obligée de me satisfaire pour vous contenter; mais peut-être ne pourrez-vous pas vous empêcher de vous repentir de me l'avoir causée, car elle sera d'un genre si etrange que vous en serez touchée de pitié. Adieu donc, la plus cruelle qui soit dans l'univers.» Il se leva et la vouloit laisser, quand elle l'arrêta pour lui dire qu'elle ne souhaitoit du tout point sa mort, et que, si elle lui avoit procuré des combats, ce n'avoit eté que pour avoir des preuves certaines de sa valeur, et afin qu'il fût plus digne de la posseder; mais qu'elle n'etoit pas encore en etat de souffrir sa recherche; que peut-être le temps la pourroit adoucir. Et elle le laissa sans lui en dire davantage. Ce peu d'esperance l'obligea à user d'un moyen qui pensa tout gâter, qui fut de lui donner de la jalousie. Il raisonnoit en lui-même que, puisqu'elle avoit encore quelque bonne volonté pour lui, elle ne manqueroit pas d'en prendre s'il lui en donnoit le sujet. Il avoit un camarade qui avoit une maîtresse dont il etoit autant cheri que lui etoit maltraité de la sienne. Il le pria de souffrir qu'il accostât cette bonne maîtresse, et que lui pratiquât la sienne pour voir quelle mine elle tiendroit. Son camarade ne voulut pas lui accorder sans en avoir averti sa maîtresse, laquelle y consentit. La première conversation qu'ils eurent ensemble (car ces deux filles n'etoient guère l'une sans l'autre), ces deux amans firent echange: car Saint-Germain approcha de la maîtresse de son camarade, lequel accosta cette fière Marguerite, laquelle le souffrit fort agréablement. Mais, quand elle vit que les autres rioient, elle s'imagina que ce changement etoit concerté, de quoi elle entra en de si furieux transports qu'elle dit tout ce qu'une amante irritée peut dire en cas pareil. Elle fut outrée à tel point qu'elle laissa la compagnie en versant beaucoup de larmes; ce qui fit que cette obligeante maîtresse alla auprès d'elle et lui remontra le tort qu'elle avoit d'en user de la sorte; qu'elle ne pouvoit esperer plus de bonheur que la recherche d'un si honnête homme et si passionné pour elle, et que sa politique etoit tout à fait extraordinaire et inusitée entre des amans; qu'elle pouvoit bien voir de quelle manière elle en usoit avec le sien; qu'elle apprehendoit si fort de le desobliger qu'elle ne lui avoit jamais donné aucun sujet de se rebuter. Tout cela ne fit aucun effet sur l'esprit de cette bizarre Marguerite, ce qui jeta le malheureux Saint-Germain dans un si furieux desespoir qu'il ne chercha depuis que des occasions de faire paroître à cette cruelle la violence de son amour par quelque sinistre mort, comme il la pensa trouver: car, un soir que lui et sept de ses camarades sortoient d'un cabaret ayant tous l'epée au côté, ils firent rencontre de quatre gentilshommes dont il y en avoit un qui etoit capitaine de cavalerie, lesquels leur voulurent disputer le haut du pavé dans une rue etroite où ils passoient; mais ils furent contraints de ceder, en disant que leur nombre seroit bientôt egal, et du même pas allèrent prendre quatre ou cinq autres gentilshommes, lesquels se mirent à chercher ceux qui les avoient fait quitter le haut du pavé, et qu'ils rencontrèrent dans la Grande-Rue. Comme Saint-Germain s'etoit le plus avancé dans la dispute, il avoit eté remarqué par ce capitaine à son chapeau bordé d'argent, qui brilloit dans l'obscurité; aussi, dès qu'il l'eut remarqué, il s'adressa à lui en lui donnant un coup de coutelas sur la tête qui lui coupa son chapeau et une partie du crâne. Ils crurent qu'il etoit mort et qu'ils etoient assez vengés, ce qui les fit retirer, et les compagnons de Saint-Germain songèrent moins à aller après ces braves qu'à le relever. Il etoit sans pouls et sans mouvement, ce qui les obligea à l'emporter à sa maison, où il fut visité par les chirurgiens, qui lui trouvèrent encore de la vie. Ils le pansèrent, remirent le crâne et mirent le premier appareil.

La première dispute avoit causé de la rumeur dans le voisinage; mais ce coup fatal y en apporta bien davantage. Tous les voisins se levèrent, et chacun en parloit diversement, mais tous concluoient que Saint-Germain etoit mort. Le bruit en alla jusques à la maison de cette cruelle Marguerite, laquelle se leva aussitôt du lit et s'en alla en deshabillé chez son galant, qu'elle trouva en l'etat où je viens de vous le representer. Quand elle vit la mort peinte sur son visage, elle tomba evanouie, en telle sorte que l'on eut peine à la faire revenir. Quand elle fut remise, tous ceux du voisinage l'accusèrent de ce desastre, et lui representèrent que, si elle l'eût souffert auprès d'elle, elle auroit evité cet accident. Alors elle se mit à arracher ses cheveux et à faire des actions d'une personne touchée de douleur. Ensuite elle le servit avec une telle assiduité (tout le temps qu'il fut hors de connoissance) qu'elle ne se depouilla ni coucha pendant ce temps-là, et ne permit pas à ses propres soeurs de lui rendre aucun service. Quand il commença à connoître, l'on jugea que sa presence lui seroit plus prejudiciable qu'utile, pour les raisons que vous pouvez entendre. Enfin il guerit, et, quand il fut en parfaite convalescence, on le maria avec sa Marguerite, au grand contentement des parens, et beaucoup plus des mariés.

Après que Leandre eut fini son histoire, ils retournèrent à la ville, où etant ils soupèrent, et, après avoir un peu veillé, l'on coucha les epousés.

Ces mariages avoient eté faits à petit bruit, ce qui fut cause qu'ils n'eurent point de visites ce jour-là, ni le lendemain; mais deux jours après ils en furent tellement accablés qu'ils avoient peine à trouver quelques momens de relâche pour etudier leurs rôles: car tout le beau monde les vint feliciter, et durant huit jours ils reçurent des visites. Après la fête passée, ils continuèrent leur exercice avec plus de quietude, excepté Ragotin, lequel se precipita dans l'abîme du desespoir, comme vous allez voir dans ce dernier chapitre.

CHAPITRE XVII.

Desespoir de Ragotin et fin du Roman comique.

La Rancune, se voyant hors d'esperance de reussir en l'amour qu'il portoit à l'Etoile, aussi bien que Ragotin, se leva de bonne heure et alla trouver le petit homme, qu'il trouva aussi levé et qui ecrivoit, lequel lui dit qu'il faisoit sa propre epitaphe. «Eh quoi! dit la Rancune, l'on n'en fait que pour les morts, et vous êtes encore en vie! Et ce que je trouve le plus etrange, c'est que vous-même la faites!--Oui, dit Ragotin, et je vous la veux faire voir.»

Il ouvrit le papier, qu'il avoit plié, et lui fit lire ces vers:

>Ci gît le pauvre Ragotin,
>
>Lequel fut amoureux d'une très belle Etoile
>
>Que lui enleva le Destin,
>
>Ce qui lui fit faire promptement voile
>
>En l'autre monde, où il sera
>
>Autant de temps qu'il durera.
>
>Pour elle il fit la comedie
>
>Qu'il achève aujourd'hui par la fin de sa vie.

«Voilà qui est magnifique, dit la Rancune, mais vous n'aurez pas la satisfaction de la voir dessus votre sepulture: car l'on dit que les morts ne voient ni n'entendent rien.--Ha! dit Ragotin, que vous êtes en partie cause de mon desastre! car vous me donniez toujours de grandes esperances de flechir cette belle, et vous sçaviez bien tout le secret.» Alors la Rancune lui jura serieusement qu'il n'en sçavoit rien positivement, mais qu'il s'en doutoit, comme il lui avoit dit, quand il lui conseilloit d'etouffer cette passion, lui remontrant que c'etoit la plus fière fille du monde. «Et il semble (ajouta-t-il) que la profession qu'elle fait doive licencier les femmes et les filles de cet orgueil, qui est ordinaire à celles d'autres condition. Mais il faut avouer qu'en toutes les caravanes de comediens l'on n'en trouvera point une si retenue et qui ait tant de vertu; et elle a mis Angelique à ce pli-là, car de son naturel elle a une autre pente, et son enjouement le temoigne assez. Mais enfin il faut que je vous decouvre une chose que je vous ai tenue cachée jusqu'à present: c'est que j'etois aussi amoureux d'elle que vous, et je ne sçais qui seroit l'homme qui, après l'avoir pratiquée comme j'ai fait, s'en seroit pu empêcher. Mais, comme je me vois hors d'esperance aussi bien que vous, je suis resolu de quitter la troupe, d'autant qu'on y a reçu le frère de la Caverne. C'est un homme qui ne sçauroit faire d'autres personnages que ceux que je represente, et ainsi l'on me congediera sans doute; mais je ne veux pas attendre cela, je les veux prevenir et m'en aller à Rennes trouver la troupe qui y est, où je serai assurement reçu, puisqu'il y manque un acteur.» Alors Ragotin lui dit: «Puisque vous etiez frappé d'un même trait, vous n'aviez garde de parler pour moi à l'Etoile.» Mais la Rancune jura comme un demon qu'il etoit homme d'honneur et qu'il n'avoit pas laissé de lui en faire des ouvertures; mais, comme il lui avoit dejà dit, elle n'avoit jamais voulu ecouter. «Eh bien! dit Ragotin, vous avez resolu de quitter la troupe, et moi aussi. Mais je veux bien faire un plus grand abandonnement, car je veux quitter tout à fait le monde.» La Rancune ne fit point de reflexion sur son epitaphe, qu'il lui avoit baillée; il crut seulement qu'il avoit fait resolution d'entrer dans un couvent, ce qui fut cause qu'il ne prit point garde à lui, ni n'en avertit personne que le poète, auquel il en bailla une copie.

Quand Ragotin fut seul, il songea au moyen qu'il pourroit tenir pour sortir du monde. Il prit un pistolet, qu'il chargea, et y mit deux balles pour s'en donner dans la tête; mais il jugea que cela feroit trop de bruit. Ensuite il mit la pointe de son épée contre sa poitrine, dont la piqûre lui fit mal, ce qui l'empêcha de l'enfoncer. Enfin il descendit à l'ecurie cependant que les valets dejeunoient. Il prit des cordes qui etoient attachées au bât d'un cheval de voiture et en accommoda une au râtelier et la mit autour de son cou; mais, quand il voulut se laisser aller, il n'en eut pas le courage et attendit que quelqu'un entrât. Il y arriva un cavalier etranger, et alors il se laissa aller, tenant toujours un pied sur le bord de la crèche. Pourtant, s'il y fût demeuré long-temps, il se seroit enfin etranglé. Le valet d'etable, qui etoit descendu pour prendre le cheval du cavalier, voyant Ragotin ainsi pendu, le crut mort, et cria si fort que tous ceux du logis descendirent. On lui ôta la corde du cou et on le fit revenir, ce qui fut assez facile. On lui demanda quel sujet il avoit de prendre une si etrange resolution; mais il ne le voulut pas dire. Alors la Rancune tira à part mademoiselle de l'Etoile (que je pourrois appeler mademoiselle du Destin, mais, etant si près de la fin de ce roman, je ne suis point d'avis de lui changer de nom), à laquelle il decouvrit tout le mystère, de quoi elle fut fort etonnée. Mais elle le fut bien davantage quand ce mechant homme fut assez temeraire pour lui dire qu'il etoit aux mêmes termes, mais qu'il ne prenoit pas une si sanglante resolution, se contentant de demander son congé. A tout cela elle ne repondit pas une parole, et le laissa.

Quelque peu de temps après, Ragotin declara à la troupe le dessein qu'il avoit d'accompagner le lendemain M. de Verville et de se retirer au Mans. Cette circonstance fit que tous y consentirent; ce qu'ils n'eussent pas fait s'il eût voulu s'en aller seul, attendu ce qui etoit arrivé. Ils partirent le lendemain de bon matin, après que monsieur de Verville eut fait mille protestations de continuation d'amitié aux comediens et comediennes, et principalement au Destin, qu'il embrassa, lui temoignant la joie qu'il avoit de voir l'accomplissement de ses desirs. Ragotin fit un grand discours en forme de compliment, mais si confus que je ne le mets point ici. Quand ils furent au point de partir, Verville demanda si les chevaux avoient bu; le valet d'etable repondit qu'il etoit trop matin, et qu'ils les pourroient faire boire en passant la rivière. Ils montèrent à cheval après avoir pris congé de M. de la Garouffière, lequel s'etoit aussi disposé à partir, et qui fut civilement remercié par les nouveaux mariés de la peine qu'il s'etoit donnée de venir de si loin pour honorer leurs noces de sa presence. Après cent protestations de services reciproques, il monta à cheval, et la Rancune le suivit, lequel, nonobstant son insensibilité, ne put pas empêcher le cours de ses larmes, qui attirèrent celles du Destin, se ressouvenant (nonobstant le naturel farouche de la Rancune) des services qu'il lui avoit rendus, et principalement à Paris sur le Pont-Neuf, lorsqu'il y fut attaqué et volé par la Rappinière. Quand Verville et Ragotin eurent passé les ponts, ils descendirent à la rivière pour faire boire leurs chevaux; Ragotin s'avança par un endroit où il y avoit une rive taillée, où son cheval broncha si rudement, que le petit bout d'homme perdit les etriers et sauta par dessus la tête du cheval dans la rivière, qui etoit fort profonde en cet endroit-là. Il ne sçavoit pas nager, et, quand il l'auroit sçu, l'embarras de sa carabine, de son epée et de son manteau l'auroient fait demeurer au fond, comme il fit. Un des valets de Verville etoit allé prendre le cheval de Ragotin, qui etoit sorti de l'eau, et un autre se depouilla promptement et se jeta dans la rivière au lieu où il etoit tombé; mais il le trouva mort. L'on appela du monde, et on le sortit. Cependant Verville envoya avertir les comediens de ce malheur, et à même temps son cheval. Tous y accoururent, et, après avoir plaint son sort, ils le firent enterrer dans le cimetière d'une chapelle de sainte Catherine, qui n'est guère eloignée de la rivière.

Cet evenement funeste verifie bien le proverbe commun: *Qui a pendre n'a pas noyer*. Ragotin n'avoit pas le premier, puisqu'il ne put s'etrangler; mais il avoit le second, puisqu'il fut effectivement noyé.

Ainsi finit ce petit bout d'avocat comique, dont les aventures, disgrâces, accidens, et la funeste mort, seront dans la memoire des habitans du Mans et d'Alençon, aussi bien que les faits heroïques de ceux qui composoient cette illustre troupe. Roquebrune, voyant le corps mort de Ragotin, dit qu'il falloit changer deux vers à son epitaphe, dont la Rancune lui avoit baillé une copie, comme je vous ai dejà dit, et qu'il falloit la mettre comme il s'ensuit:

/* Ci gît le pauvre Ragotin, Lequel fut amoureux d'une très belle Etoile Que lui enleva le Destin, Ce qui lui fit faire promptement voile En l'autre monde sans bateau; Pourtant il y alla par eau. Pour elle il fit la comedie Qu'il achève aujourd'hui par la fin de sa vie. */

Les comediens et comediennes s'en retournèrent à leur logis, et continuèrent leur exercice avec l'admiration ordinaire.

FIN DU TOME SECOND.

Buy Books Online from
www.Booksophile.com

Explore our collection of books written in various languages and uncommon topics from different parts of the world, including history, art and culture, poems, autobiography and bibliographies, cooking, action & adventure, world war, fiction, science, and law.

Add to your bookshelf or gift to another lover of books - first editions of some of the most celebrated books ever published. From classic literature to bestsellers, you will find many first editions that were presumed to be out-of-print.

Free shipping globally for orders worth US$ 100.00.

Use code "Shop_10" to avail additional 10% on first order.

Visit today
www.booksophile.com

www.ingramcontent.com/pod-product-compliance
Lightning Source LLC
Chambersburg PA
CBHW021332230426
43666CB00006B/277